文革史料叢刊第五輯

第二冊

李正中　輯編

只有不漠視、不迴避這段歷史，中國才有希望，中華民族才有希望！忘記歷史意味著背叛！

——摘自「文革史料叢刊・前言」

蘭臺出版社

巴金先生说在文革
受尽火与血磨炼
的人是不会沉默的

八十又
五叟

李正中

著名中國古瓷與歷史學家、教育家。
李正中　簡介

祖籍山東省諸城市，民國十九年（1930）出生於吉林省長春市。

北平中國大學史學系肄業，畢業於華北大學（今中國人民大學）。

歷任：天津教師進修學院教務處長兼歷史系主任（今天津師範大學）。

天津大學冶金分校教務處長兼圖書館長、教授。

天津社會科學院中國文化研究中心主任、研究員。

現任：天津文史研究館館員。

天津市漢語言文學培訓測試中心專家學術委員會主任。

香港世界華文文學家協會首席顧問。

（天津理工大學經濟與文化研究所供稿）

為加強海內外學術交流，應邀赴日本、韓國、香港、臺灣進行講學，其作品入圍德國法蘭克福國際書展和美國ABA國際書展。

文革五十周年祭

百萬紅衛兵打砸搶燒殺橫掃五千年中華文史精華　可惜

中國知識分子慘遭蹂躪委曲求全寧死不屈有氣節　可敬

國家主席劉少奇無法可護窩窩囊囊死無葬身之地　可歎

內門中毛澤東技高一籌讓親密戰友林彪墜地身亡　可悲

2016年李正中於5.16敬祭

前言：忘記歷史意味著背叛

文學巨匠巴金說：

應該把那一切醜惡的、陰暗的、殘酷的、可怕的、血淋淋的東西集中起來，展覽出來，毫不掩飾，讓大家看得清清楚楚，牢牢記住。不能允許再發生那樣的事。不再把我們當牛，首先我們要相信自己不是牛，是人，是一個能夠用自己腦子思考的人！

那些魔法都是從文字遊戲開始的。我們好好地想一想、看一看，那些變化，那些過程，那些謊言，那些騙局，那些血淋淋的慘劇，那些傷心斷腸的悲劇，那些勾心鬥角的醜劇，那些殘酷無情的鬥爭……為了那一切的文字遊戲！……為了那可怕的十年，我們也應該對中華民族子孫後代有一個交代。

要大家牢記那十年中間自己的和別人的一言一行，並不是讓人忘記過去的恩仇。這只是提醒我們要記住自己的責任，對那個給幾代人帶來大災難的「文革」應該負的責任，無論是受害者，或者害人者，無論是上一輩或是下一代，不管有沒有為「文革」舉過手點過頭，無論是造反派、走資派，或者逍遙派，無論是鳳或者是牛馬，讓大家都到這裡來照照鏡子，看看自己為「文革」做過什麼，或者為反對「文革」做過什麼。不這樣，我們怎麼償還對子孫後代欠下的那一筆債，那筆非還不可的債啊！

（摘自巴金《隨想錄》第五冊《無題集・紀念》）

我高舉雙手讚賞、支持前輩巴老的呼籲。這不是一個人的呼籲，而是一個民族對其歷史的反思。一個忘記自己悲慘歷史和命運的民族，就是一個沒有靈魂的民族，沒有希望的民族，沒有前途的民族。中華民族要真正重新崛起於世界之林，實現中華夢，首先必須根除這種漠視和回避自己民族災難的病根，因為那不意味著它的強大，而恰恰意味著軟弱和自欺。這就是我不計後果，一定要搜集、編輯和出版這部書的原因。我想，待巴老呼籲的「文革紀念館」真正建立起來的那一天，我們才可以無愧地向全世界宣告：中華民族真正走上了復興之路……。

當本書即將付梓時刻，使我想到蘭臺出版社出版該書的風險，使我內心感動、感激和感謝！同時也向高雅婷責任編輯對殘缺不全的文革報紙給以精心整理、校對，付出辛勤的勞累致以衷心得感謝！

感謝忘年交、學友南開大學博導張培鋒教授為拙書寫「序言」，這是一篇學者的呼喚、是正義的伸張，作為一個早以欲哭無淚的老者，為之動容，不覺潸然淚下：「一夜思量千年事，人生知己有一人」足矣！

李正中於古月齋

2014年6月1日文革48周年紀念

序言：中國歷史界的大幸，也是國家、民族之大幸

張培鋒

李正中先生積三十年之功，編集整理的《文革史料叢刊》即將出版，囑我為序。我生於1963年，在文革後期（1971-1976），我還在讀小學，那時，對世事懵懵懂懂，對於「文革」並不瞭解多少，因此我也並非為此書寫序的合適人選。但李先生堅持讓我寫序，我就從與先生交往以及對他的瞭解談起吧。

看到李先生所作「前言」中引述巴金老人的那段話，我頓時回想起當年我們一起購買巴老那套《隨想錄》時的情景。1985年我大學畢業後，分配到天津大學冶金分校文史教研室擔任教學工作，李正中先生當時是教務處長兼教研室主任，我在他的直接領導下工作。記得是工作後的第三年即1987年，天津舉辦過一次大型的圖書展銷會（當時這樣的展銷會很少），李正中先生帶領我們教研室的全體老師前往購書。在書展上，李正中先生一眼看到剛剛出版的《隨想錄》一書，他立刻買了一套，並向我們鄭重推薦：「好好讀一讀巴老這套書，這是對「文革」的控訴和懺悔。」我於是便也買了一套，並認真讀了其中大部分文章。說實話，巴老這套書確實是我對「文革」認識的一次啟蒙，這才對自己剛剛度過的那一個時代有了比較深切的瞭解，所以這件事我一直記憶猶新。我記得在那之後，李正中先生在教研室的活動中，不斷提到他特別讚賞巴金老人提出的建立「文革紀念館」的倡議，並說，如果這個紀念館真的能夠建立，他願意捐出一批文物。他說：「如果不徹底否定「文革」，中國就沒有希望！」我這才知道，從那時起，他就留意收集有關「文革」的文獻。算起來，到現在又三十年過去了，李先生對於「文革」那段歷史「鍾情」不改，現在終於將其裒輯付梓，我想，這是中國歷史界的大幸，也是國家、民族之大幸！

前兩年，我有幸讀到李正中先生的回憶錄，對他在「文革」中的遭遇有了更為真切的瞭解。「文革」不僅僅是中國知識分子的受難史，更是整個民族、人民的災難史。正如李先生在「前言」中所說，忘記這段歷史就意味著背叛。李先生是歷史學家，他的話絕非僅僅出於個人感受，而是站在歷史的高度，表現出一個中國知識分子的真正良心。

就我個人而言，雖然「文革」對我這一代人的波及遠遠不及李先生那一代人，但自從我對「文革」有了新的認識後，對那段歷史也有所反思。結合我個人現在從事的中國傳統文化教學與研究來看，我覺得「文革」最大的災難在於：它對中華優秀傳統文化做出了一次「史無前例」的摧毀（當時稱之為「破四舊，立新風」，當時究竟是如何做的，我想李先生這套書中一定有非常真實的史料證明），從根本上造成人心

的扭曲和敗壞，並由此敗壞了全社會的道德和風氣。「文革」中那層出不窮的事例，無不是對善良人性的摧殘，對人性中那些最邪惡部分的激發。而歷史與現在、與未來是緊緊聯繫在一起的，當代中國社會種種社會問題、人心的問題，其實都可以從「文革」那裡找到根源。比如中國大陸出現的大量的假冒偽劣、坑蒙拐騙、貪汙腐化等現象，很多人責怪說這是市場經濟造成的，但我認為，其根源並不在當下，而可以追溯到四十年前的那場「革命」。而時下一些所謂「左派」們，或別有用心，或昧了良心，仍然在用「文革」那套思維方式，不斷地掩飾和粉飾那個時代，甚至將其稱為中國歷史上最文明、最理想的時代。我現在在高校教學中接觸到的那些八十年代、九十年代後出生的年輕人，他們對於「文革」或者絲毫不瞭解，或者瞭解的是一些經過掩飾和粉飾的假歷史，因而他們對於那個時代的總體認識是模糊甚至是錯誤的。我想，這正是從巴金老人到李正中先生，不斷呼籲不要忘記「文革」那段歷史的深刻含義所在。不要忘記「文革」，既是對歷史負責，更是對未來負責啊！

記得我在上小學的時候，整天不上課，拿著毛筆——我現在感到奇怪，其實就連毛筆不也是我們老祖宗的發明創造嗎？「文革」怎麼就沒把它「革」掉呢？——寫「大字報」，批判「孔老二」，其實不過是從報紙上照抄一些段落而已，我的《論語》啟蒙竟然是在那樣一種可笑的背景下完成的。但是，僅僅過去三十多年，孔子仍然是我們全民族共尊的至聖先師，「文革」中那些「風流人物」們今朝又何在呢？所以我認為，歷史是最公正、最無情的，是不容歪曲，也無法掩飾的，試圖對歷史進行歪曲和掩飾其實是最愚蠢的事。李正中先生將這些「文革」時期的真實史料拿出來，讓那些並沒有經歷過那個時代的人們真正認識和體會一下那場「革命」的真實過程，看一看那所謂「革命」、「理想」造成了怎樣嚴重的後果，這就是最好的歷史、最真實的歷史，這也就是巴老所說的「文革紀念館」的一個重要組成部分啊！我非常讚成李正中先生在「前言」中所說的，只有不漠視、不回避這段歷史，中國才有希望，中華民族才有希望！

是為序。

中華民族最黑暗的年代「文革」48周年紀念於天津聆鍾室

〔注〕張培鋒：現任南開大學文學院教授博士班導師

古月齋叢書7　文革史料叢刊　第五輯

内部材料·注意保存

打倒資产阶級反动路綫新的代表人物陶鑄

——陶鑄罪行批判

首都紅代会

斗爭彭、陆、罗、楊反革命修正主义集团筹备处选編

一九六七年三月三日·北京

最 高 指 示

要特别警惕象赫魯曉夫那样的个人野心家和阴謀家，防止这样的坏人篡夺党和国家的各級領导。

阳奉阴违，口是心非，当面說得好听，背后又在搗鬼，这就是两面派行为的表現。

毛泽东

編　者　的　話

这里选的仅是广大革命同志揭发、批判反革命修正主义分子陶鑄罪行中的小小的一部分。目的是为了使广大革命群众进一步看清反革命修正主义分子陶鑄的反动面目，从而进行更深刻的揭发、批判。

由于初次編选，难勉出現缺点和錯誤，还望广大革命同志批評、指教。

一九六七年三月三日·北京

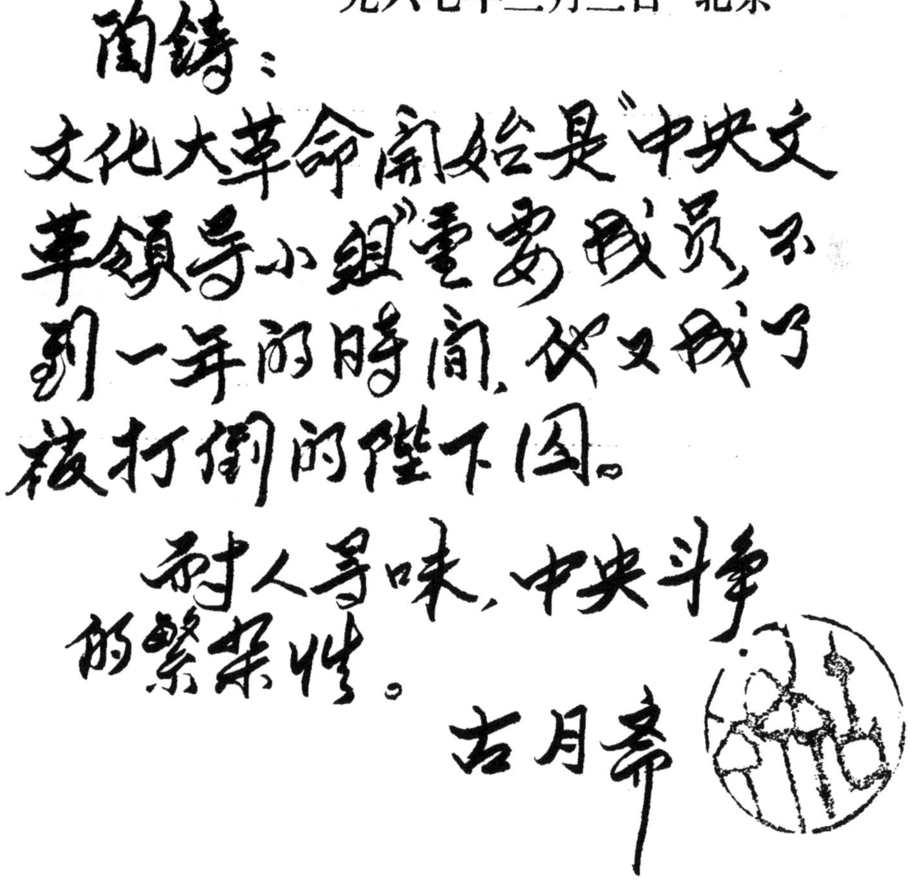
陶鑄：

文化大革命開始是"中央文革領导小組"重要成员，不到一年的時間，他又成了被打倒的階下囚。

耐人寻味，中央斗爭的繁杂性。

古月齋

目　　录

中央首长論陶鑄

我們伟大的領袖毛主席，元月八日在中央文革小組汇报会上說："陶鑄問題是严重的，陶鑄是邓小平介紹到党中央来的，我起初就說，陶鑄这个人不老实。邓小平說，陶鑄还是可以的。"

"陶鑄的問題我没有解决了，你們也没有解决了，紅卫兵起来了就解决了。"

（一）陶鑄是"刘、邓路綫的坚决执行者"

"陶鑄的錯誤之一，就是他在接見中南地区的一次会上說，除了主席和林副主席以外，都可以怀疑。表面上看，好象他說的也对，尊重毛主席，实际上是孤立毛主席和林副主席。这句話是不許可的，不能絕对化，領导干部还要一分为二，还是有好的。"

（一九六七年二月一日周总理对工交口的讲話）

"陶鑄同志到中央来，并沒有执行以毛主席为代表的无产阶級革命路綫，实际上是刘邓路綫的坚决执行者。刘、邓路綫的推广，同它是有关系的，他想洗刷这一点，但洗刷不掉。后来变本加厉。比如你們到中南局去，你們了解了很多情况，的确是有后台的，这个后台就是陶鑄。他在北京接見你們那个态度是完全錯誤的！（指一九六六年十二月三十日晚在中南海小礼堂接見赴广州专揪王任重革命造反团）他是文化革命小組顾問，但对文化革命問題从来未跟我們商量过，他独……（江靑同志插話：独断专行！）他独断专行，他不但背着文革小組，而且背着中央。你們反映的情况是很好的，給我們很多支持，感謝你們。"

（一九六六年一月四日陈伯达同志在中央文革接見赴广州专揪王任重革命造反团时的讲話）

"有一小撮人搞阴謀詭計，想破坏无产阶級文化大革命，想推翻社会主义制度。有些人被揭露了，例如：街上貼"打倒陶鑄！"，我給武汉××造反团談話时說，陶鑄在刘、邓路綫推行时，是坚决执行刘、邓路綫的。中央、毛主席想挽救他，特别是在十一中全会中有的同志揭发陶鑄执行刘、邓路綫这件事，揭穿这件事。中央、毛主席是知道他执行刘、邓路綫的，想挽救他，叫他过来。可是，十一中全会后，沒有过来，沒有执行毛主席的无产阶級革命路綫，也还是継續执行刘、邓資产阶級反动路綫。他和王任重領导着中南局，出現了許多事情，是典型的反动事件，在武汉逮捕了大批群众。相当大規模地逮捕革命群众，在其它地方还沒有发現过。"

（一九六七年一月十日陈伯达同志在接見有关单位代表时的讲話）

"陶鑄么？在刘、邓占統治地位的时候，他是忠实执行刘、邓路綫的，他的屁股就是坐在那一边。在几个重大問題上——在什么派工作組的問題上；在要把人家，把革命群众打成反革命的問題上；在什么所謂恢复党、团組織这样的問題上，就是执行的刘、邓路綫。"

（一九六七年一月九日王力同志在新华社群众大会上的讲話）

（二）陶鑄"千方百計地阻止对刘、邓路綫的批判，千方百計地压制工人运动和农民运动"

"……现在地方上許多执行資产阶級反动路綫的人，他們把矛盾上交，陶鑄給长沙打电話，要三千人来北京，有的买不上票，就打起来了。”

（一九六七年一月十日周总理在接見有关单位代表时的讲話）

“……而在刘、邓被揭露了，刘、邓路綫被批判了，刘少奇、邓小平一边站了，陶鑄成了继續执行刘、邓路綫的人，千方百計地阻止对刘、邓路綫的批判，千方百計地阻止这个批判，继續压制革命，特别是工人运动，农民运动起来了，他更沉不住气了，千方百計地压制工人运动和农民运动。工人运动和农民运动刚起来的时候，这种形势本来是好得很嘛！可是他觉得不得了，一定要把它压下去。凡是他領导的单位，凡是他过問的单位，以毛主席为首的无产阶級革命路綫就不能够得到貫彻，就要继續执行他的那一套。他的那一套是什么东西呢？是什么貨色呢？这是刘、邓的資产阶級反动路綫。当«紅旗»杂志提出彻底批判資产阶級反动路綫，而已經变成一个全国的、群众性的批判資产阶級反动路綫的运动的时候，这个陶鑄，他还是反对提‘資产阶級反动路綫’，連这个詞，他也反对。”

（一九六七年一月九日王力同志在新华社群众大会上的讲話）

（三）陶鑄“耍两面派”，搞“特务活动”。

“从新的中央宣传部，陶鑄同志接管宣传部以后，就接管了新华社。这个新华社在他接管下边，搞了好多非常之糟糕的事情。搞同党的十一中全会相对立的一些照片，明明把中央所批判的以刘、邓为代表的資产阶級反动路綫这样一些代表人物，跟我們伟大領袖毛主席凑在一起，硬要凑在一起，有好几次。你們今天这张（指伪造的六六年国庆节时毛主席和刘少奇在一起的照片），只是其中一张。刚才有个同志递了条子，才可笑哩！說有一张邓小平的照片，身子是陈毅同志的，头是邓小平的，这么凑的！就是想各种办法要在他所操纵的新华社发表的消息，发表的相片和电影，把刘、邓美化。这些算是什么东西？是什么性质的？（众：反党性质！）由你們判断，是不是呀！从文化大革命以来半年了，看我們全国的群众，觉悟得很快，进步很快，你們也一样。这两个传单，就說明了这个問題。你們不肯受蒙騙，不肯受欺骗，揭露了这么一种阴謀，能够識别它，认識这种……（江青同志插話：恶劣的！）极端恶劣的手法，揭发这种阴謀，揭发这种极端卑劣的手法，这是一种很好的現象。这是我們党的以毛主席为代表的我們革命的传統，实事求是的传統，科学的传統，尊重事实的传統。有人在这个文化大革命当中，想把这个传統抛弃掉，想篡改这个传統，这是很清楚的嘛！还有电影（戚本禹同志插話：还有些电影，我把情况說一說吧！主席接見几次，拍了一些电影，这些电影在审查时，发現他們在拍的当中，突出刘、邓，把刘少奇、邓小平的画面搞得很大，形象搞得很大。当时，江青同志，伯达同志指出了这个問題，后来才不得已作了修改。）所以，我們看得很清楚，以毛主席为代表的无产阶級革命路綫和資产阶級反动路綫，在新华社斗爭是很激烈的。在一切文艺界斗爭是很激烈的。現在还是很激烈的，你們挺身而出，来揭露这些事实，我們感謝你們！至少使我增长了許多知識，識别資产阶級反动路綫是怎样搞阴謀。”

（一九六七年一月九日陈伯达同志在新华社的讲話）

“关于陶鑄，我讲几句話。伯达同志讲了，他坚持資产阶級反动路綫，继續推广刘、邓反动路綫，这不是偶然的。在中央文革小組，中央常委面前，在毛主席面前都几次帮助他，批評他，他都采取两面派，有时候很‘左’，实际是形‘左’实右。”

（一九六七年一月十日康生同志在接見有关单位代表时的讲話）

“我們对陶鑄善意批評，他耍两面派，他伪造照片。那次会議是康生同志主持的。他对熊复下命令，一定要有邓小平的照片，就把康老旁边的陈毅同志的头弄掉，換上邓小平的头，这是非常恶劣的，这是特务活动！这些說明陈毅不是他們的人。他們还搞了一张把毛主席、刘少奇、宋庆龄拼凑在一起的照片，已經发行到了全国。（康生同志插話：已經传到外国去了！）陶鑄、熊复就是这样干的，还有一个人，可能还有。唯独陶鑄和熊复这样干的。第三次接見的电影还是违背十一中全会精神的，都是陶鑄干出来的，肖望东也照办。……”

“陈毅同志……不是两面派，……而陶鑄不是这样，他鎮压我們小組，和王任重勾結在一起。”

“刘志坚是第一綫的。去年可捞了一点資本，从此被指定为中央文革副組长。不过，很隐蔽，但狐狸尾巴还是露出来了，开始是王任重，后是他，接着是陶鑄。”

（一九六七年一月十日江青同志在接見有关单位代表时的讲話）

（四）“陶鑄是拥护高崗的”

“建国以后，我們党进行了三次大的斗爭。一次是同高、饒反党集团的斗爭，一次是同彭、黃、张、周的斗爭，一次是彭、陆、罗、楊的斗爭。陶鑄在高、饒問題上犯过錯誤，他在中央工作会議上作过检查，第一次是沒有过关的，第二次勉强过关。你們检查一下《羊城晚报》、《广州日报》也好，他們怎么对待毛主席，对待文化大革命的。周揚的堂兄弟周立波写一篇誣蔑毛主席的《毛主席到韶山》的大毒草，就登在《羊城晚报》上，并且还第二次发表。再比如，去年四月十六日，彭眞弄了个假把戏，搞‘三家村’，《北京日报》作了按語，中央立即通知全国各地不准登載，但隔两个礼拜，广州报紙全篇轉載了。他是反对彭眞，还是拥护彭眞？王任重那一套就是陶鑄那一套。姚文元的文章全国各省都登，就是陶鑄領导的湖南省委沒有登。因此，我們宣布陶鑄的問題不是仓促的。……当时陶鑄是拥护高崗的。”

（一九六七年一月十日康生同志在接見有关单位代表时的讲話）

（五）陶鑄“坚持資产阶級世界观，他不能接受无产阶級世界观”。“社会主义革命过不了”。

“我們想帮助他，帮助陶鑄同志，但他沒有轉过来。他的世界观，他的思想不能接受毛泽东思想。因为他是資产阶級的世界观，他坚持資产阶級世界观，他就不可能接受无产阶級世界观。我們在中央文革小組內部批評他，在常委批評他，但沒有能触及他的灵魂。是否帮助他不够呢？他自己认为是这样，我們认为是认眞帮助过他。在十一中全会前就批評过他，希望他执行毛主席的路綫。当然我們說得婉轉些。十一中全会后，他继續鬧，我們就公开摊牌了。他說：‘公开摊牌好，不然，我就不安了。’他說是这么說，做还是那么做，他仍然照他的軌道前进。街上这么多大字报，“打倒陶鑄！”这是不是中央文革小組的过錯，是不是我陈伯达的过錯？后来他自己写过一封信，有一句話——‘咎由自取’，他自己要这样嘛！所以对資产阶級的代表人物也不以自己意志为轉移，他轉来轉去，最后还是轉到他的路上去。我們帮助也帮不上。是否除陶鑄以外，就沒有其他人了呢？恐怕还有个把吧！我們根据毛主席的‘懲前毖后、治病救人’的方針办事，但有的病不能治了，的确不能治了。陶鑄从八屆十一中全会就表演，这几个月的确够瞧的了。”

（一九六七年一月十日陈伯达同志在中央首长接見有关单位代表时的讲話）

“当然陶鑄在大街上有那么多标語，有群众压力，或許可能好一点吧，看看！这些人在資产阶級民主革命时，跑到我們党內来，也許資产阶級民主革命他可以过关，但到了社会主义革命就过不了，«人民日报»写过一篇社論，我們社会主义經济要过好多阶段，推翻了国民党，沒收官僚資本的关他过了，沒收官僚資本变成社会主义企业的关他过了，三反五反他也馬馬虎虎过关了，反右派、公私合营、三大改造也馬馬虎虎过关了，五七年反右斗爭因为沒有反到他头上，他也馬馬虎虎过关，五九年反对彭德怀，不是直接反对他，他也馬馬虎虎过关了，社会主义革命，毛主席告訴我們，是长时間的，几十年，甚至几百年，因为消灭一切剝削制度，不可能設想很快就沒有斗爭了，剝削阶級总是企图死灰复燃。事实上，資本主义因素在我們国家是存在的，在思想这个問題上影响是很深的，不能低估，到了无产阶級文化大革命这个时候，社会主义这一个大关，很多人，相当多的人就过不了，当然，相当多也还是一小撮。江青同志插話：七亿人口就是有三千万也还是一小撮！)”

(一七六七年一月十日陈伯达同志在中央首长接見有关单位代表时的讲話)

(六)“現在批判陶鑄……，这是对的！”

“批判資产阶級反动路綫要把方向指正了，不要把方向指錯了，要指向制定反动路綫的刘、邓，进一步指向继續执行反动路綫的陶鑄，进一步指向彭、陆、罗、楊反党集团。

……

同志們，刚才說你們要批判刘、邓为代表的資产阶級反动路綫，現在要批判陶鑄同志继續执行的資产阶級反动路綫，这是对的！”

(一九六七年一月八日周总理接見农林口部分师生和人大紅卫兵的讲話)

“我們北京的形势也是好得很，北京的形势，特别是在最近这一个时候，一个最重要的特点就是揭露了陶鑄，揭露了他继續忠实地执行刘、邓路綫，揭开了这样一个盖子，这个变化特别表現在中央直属机关同宣传文教系統各个单位把陶鑄的盖子一揭，机关的文化大革命起来了！过去是一块石头压着。……現在，我們革命群众揭露了陶鑄的問題，現在机关里，好多重要的机关，我們看了看，过去冷冷清清，死气沉沉，現在变化了，盖子揭开了，斗爭展开了。什么陶鑄呀，什么熊复呀，什么大大小小的人物呀，那些继續最頑固地堅持这个資产阶級反动路綫的人，統統被揭露了。”

“在你們新华社搞的一套是什么东西呀？什么照片一定要把邓小平的脑袋搬到陈毅同志的身子上，就光这一条，叫做什么貨色呢？很恶劣！在机关彻底批判陶鑄的这一套，这对机关的无产阶級文化大革命起了很大的作用。……我們这些机关一定能够掌握在毛主席的好学生的手里，那么一些坏家伙，請他們滾！滾下台！”

(一九六七年一月九日王力同志在新华社群众大会上的讲話)

“关于李冠英、錢国屏、齐永冬、朱岩、刘德珍五位同志給陶鑄同志写大字报的問題，我个人认为是可以的。对这张大字报有不同的意見，可以辯論。但是說这张大字报是‘反革命的大字报’，并針对这张大字报說：“誰反对陶鑄同志就砸烂他的狗头’，这是錯誤的。有人把貼大字报的人說成‘反革命’，进行围攻、斗爭、甚至要扣押他們，更是錯誤的，任何人都沒有权力这样做。

反对毛主席、反对林彪同志就是反革命，就是炮打无产阶級司令部。革命的群众必須同反对以毛主席为代表的革命路綫的言論和行动进行坚决的斗爭。但是，革命的群众也不允許任何人假借反对炮打无产阶級司令部的名义、压制革命。”

(一九六六年十二月二十日戚本禹同志給徐昕等五同志的一封信)

(未經首长审閱)

陶鑄是資产阶級反动路綫新的代表人物

中宣部新部长陶鑄，走馬上任以来，不断自我吹嘘自己是劳苦功高的无产阶級的老革命家。例如 1966 年 8 月 21 日凌晨，在人民大学的辯論会上，有人批評他“对貧下中农感情不那么丰厚。”他气憤地回答：“說我对貧下中农感情不丰厚，不一定，至少不比你少！为什么呢？因为你只搞了一次四清，我搞了三次四清。第二，我搞了三个省的土改，消灭了三个省的地主阶級。”8 月 23 日在中国医科大学的群众会上，他心有余憤地将上面的話重述一遍。8 月 25 日下午，在中宣部接見中南地区部分革命同学时，他摆出一付老資格的面孔說：“白色恐怖时期，干革命随时都要流血，我們算是老革命嘍！”12 月 13 日下午，他在对卫生部系統的讲話中，又洋洋得意地說：“我相信我基本上是无产阶級的革命家。”看来，他对自己的結論是坚信不疑的了。

我們最最敬爱的領袖毛主席教导我們：“什么人站在革命人民方面，他就是革命派，什么人站在帝国主义封建主义官僚資本主义方面，他就是反革命派。什么人只是口头上站在革命人民方面而在行动上則另是一样，他就是一个口头革命派，如果不但在口头上而且在行动上也站在革命人民方面，他就是一个完全的革命派。”毛主席还教导我們：“共产党員对任何事情都要問一个为什么，都要經过自己头脑的周密思考，想一想它是否合乎实际，是否眞有道理，絕对不应盲从，絕对不应提倡奴隶主义。”根据主席的这些教导，分析陶鑄在无产阶級文化大革命中的言行，我們觉得必須揭穿陶鑄自我吹噓的騙局；陶鑄是刘邓資产阶級反动路綫积极拥护者，而不是以毛主席为代表的无产阶級革命路綫的忠誠的战士。

一、眼里沒有領袖和群众

党的八届十一中全会，以毛主席为代表的无产阶級革命路綫战胜了刘、邓資产阶級反动路綫，全会公推毛主席的亲密战友林彪同志，做毛主席的接班人，做我們的付統帅。全国革命人民欢呼雀跃，党的报刊热情宣传。然而，身为中宣部部长的陶鑄，在这段时間里从来不提拥护林彪同志。直到 1966 年 8 月 21 日在人民大学的讲話中还說：“今天，只能誓死保卫党中央，只能够誓死保卫毛主席，除此以外，任何人都不能起来保卫。你保卫了，还搞什么文化大革命？大家都保卫了，这个是左派，那个是左派，你还揭什么呢？”很清楚，在陶鑄的心目中，是沒有林彪同志的地位的，在陶鑄看来，我們的付帅林彪同志是不在誓死保卫之列的。这和周总理形成了鮮明的对照。陶鑄为什么是这样？这是令人深思的！

1966 年 6 月 15 日，陶鑄刚当上宣传部长，在高教部、教育部全体干部大会上的讲話中，就狂妄地說：“我当宣传部长的第一次就搞这个事情，就是取消你这个全国高考……。”1966年 10 月 24 日，陶鑄在中南海接見首都大专院校紅卫兵革命造反总司令部部分学校代表的讲話中，談到长征紅卫队时又曾这样說：“这个材料是我先发現的，我向主席汇报，向中央推荐过，大串联，我是极少支持的……。”看！全国高考是他取消的，“长征紅卫队”这个新事物是他发現和支持的！陶鑄竟把自己摆在党中央之上、毛主席之上，貪党中央之功为己功，貪毛主席之功为己功！这和当时《人民日报》的社論和有关的报导又形成了一个鮮明的对照。陶鑄为什么要这样？这是更令人深思的！

大家知道：毛主席在八届十一中全会上的讲話中明确指出："党外有党，党內也有派"，"群众中就有两派"。这是完全合乎实际的，符合阶級斗爭規律的科学論断。但是，陶鑄却与毛主席大唱反調。他在 1966 年 8 月 23 日中国医科大学群众大会上解答問題时說："我們就是一个派，就是反对走資本主义道路的当权派。就是一个派，沒有第二个派，大家都作革命派。"这显然是和毛主席的讲話針鋒相对的，抹煞了人民內部的阶級斗爭，两条路綫的斗爭。身为宣传部长的陶鑄，不宣传毛主席的指示，而鼓吹这种荒唐的謬論，用心何在，目的何在呢？

陶鑄对待革命群众的态度，也是大有問題的。这里且不說当革命群众刚刚起来，猛攻各部門的党內走資本主义道路的当权派时，他到处打保票，說这个不是黑帮，那个是左派，给革命群众大泼冷水，就从他自我吹嘘的一个例子中，也可以清楚地看出他是怎样看待革命群众的。他不是这样說嗎："我搞了三个省的土改，消灭了三个省的地主阶級。你瞧！陶鑄本領多大！三个省的土改都是他搞的，三个省的地主阶級都是他消灭的！这里哪有革命群众的份呢？"群众是眞正的英雄""人民，只有人民才是創造世界历史的动力"。毛主席的这些教导，在他的脑子里，哪里能找到一絲一毫的影子呢？眞是貪天下之功以为己功，狂妄到了极点！

陶鑄目无領袖，目无群众，突出个人，狂妄自大，而竟自封为无产阶級的老革命家，眞是令人齿冷！目无領袖和革命群众的"无产阶級的老革命家"革命群众是决不承认的。

二、心中独有刘、邓

要說陶鑄完全目无領导，也似乎不完全符合实际。資产阶級反动路綫的制訂者、中国修正主义的总头目——刘少奇、邓小平，在陶鑄的心目中就是占有特殊的地位的。他对刘邓唯命是从，即使在刘、邓犯了严重錯誤，遭到批判以后，仍然如此，甚至阿諛逢迎到可耻的地步。

1966年 6 月，陶鑄刚到中宣部不久，卫生部的革命群众揪出了党內走資本主义道路的当权派、"城市老爷部"的活閻王——錢信忠。錢怕得要死，急忙去求救于他的后台老板邓小平。邓小平便給陶鑄挂了个电話說："你是不是开个会讲一讲""根据現有的材料，錢信忠不是黑帮。"陶鑄如奉圣旨，急急忙忙跑到卫生部去保錢信忠，大讲錢信忠的"好事"，大拍胸膛說"錢信忠不是黑邦。"据他自己后来检查說他初来北京，并不了解，起初不願意为錢信忠打保票，錢抄他，他两沒答应。后来所以去保，"是邓小平来了电話，不能反对。"这很明題：毛主席早就批評卫生部是"城市老爷部"，陶鑄却公然为卫生部功摆好，与毛主席唱反調，而邓小平一个电話，不願做的他也順从去做了。陶鑄听誰的，什么人在他心目中占地位，不是十分明显了？

1966年 7 月中旬，刘少奇給陶鑄指示說：中宣部不要关門搞运动，到全国各地去了解情况。意思就是要中宣部派人到全国各地去扑灭无产阶級文化大革命的火焰，只不过說得較隐蔽罢了。陶鑄心領神会，上从中宣部，文办，文化部，国家体委，編譯局抽調干部，組成工作队，打算派到中南、西南、华东。中南由刘祖春带队，西南由委李达带队，华东由孙涛带队。为了更好地完成刘少奇交給的这任务，对队員进行了集中訓练，并特地传达了刘少奇关心教育問題报告让队員們学习討論。后因毛主席回京，工作队沒有派出。这里也可以清楚地看出他和刘少奇的特殊关系了嗎？

从刘邓为代表的資产阶級反动路綫，被以毛主席为代表的无产阶級革命派識破之后，刘少奇、邓小平企图藏住他們的狐狸尾巴，避重就輕，蒙混过关。1966年7月29日，在北京市大专学校和中等学校师生文化大革命积极分子大会上，刘、邓二人狼狽为奸，玩弄“老革命遇到新問題”的鬼把戏，企图将对抗毛主席的路綫的錯誤，說成是认識的錯誤，以“沒有經驗”掩盖他們反毛主席的罪行。八月二日，邓小平在人民大学的讲話中，再一次玩弄这一卑鄙伎俩，說什么“同志們听了二十九日在全市大中学校积极分子代表大会上我的讲話，以及周恩来同志、刘少奇同志的讲話。大家知道，我們确实是这样的，这个問題确实是老革命碰上新問題。……派工作組这件事看来在开始时恐怕是难以避免的。”这是一个十分恶毒的阴謀，他不仅企图为他和刘少奇开脫罪責，而且别有用心地将周总理和他們混在一起，企图陷害，因而，陶鑄却和邓小平唱一个調子，并对邓小平作了肉麻的吹捧，他拿着邓小平的报告說：“我同小平同志来，是毛主席的指示。……确实是个革命遇到了新問題。小平同志算是老革命了，我是中等，不算老，但是碰到了新問題。”阿諛逢迎，簡直到了可耻的地步！我們把陶鑄的这付咀脸和他接見中南区部分革命同志时“我們算是老革命嘍”那付咀脸相对照，陶鑄的丑恶灵魂，眞是暴露无遺，跃然紙上了。

仅仅以上这几个事例，难道还不是已充分說明陶鑄心中独有刘、邓嗎？陶鑄和刘、邓究竟是什么关系，値得我們深思！

三、沒撤銷的党組織就要服从？

毛主席决定的聶元梓等同志的革命大字报在电台广播以后，北京各学校、机关的革命烈火象火山一样迸发出来，烧得大大小小的党內走資本主义的当权派魂不附体，鬼哭狼嚎。正是在这个时候，刘少奇、邓小平向各学校各机关派出了他的消防队——工作組。陶鑄在这时候，一方面向中宣部所属单位（科学院社会科学部、新华书店，广播事业局、卫生部等）大派工作組，另一方面突出强調“加强党的領导。”例如：

1966年6月25日，他奉邓小平之命到卫生部去保錢信忠。会上，他在“代表党中央宣布卫生部党委不是黑邦”以后，突出强調要“加强党的領导。”七月一日他在北京大学全体革命师生員工庆祝党的生日的大会上，再一次提出“加强党的領导”的問題。他說：“最后，我要讲的是要加强党的領导。共产党是工人阶級的先鋒队要十分强調，絕对服从党的領导，沒有考虑的余地，任何反对党的領导的，就是反革命，什么是党的領导，就是党中央，毛主席的領导，就是毛泽东思想的領导，只要他执行党中央的政策，按照毛泽东思想办事，中央还沒有决定撤消这一組組織，我們就服从他的，毛主席就是通过各級这样的組織去領导，……不要以任何借口反对党的領导。”陶鑄的这些讲話，和陈伯达同志的“所有的党組織和党員都要在运动中經受革命群众的审查和考驗”的观点是根本对立的，也是和毛主席的指示背道而馳的。

大家知道：卫生部是毛主席早就批評过的“城市老爷部”，錢信忠是这个“城市老爷部”的党委书記，在他的控制，其中不少党委都是个不折不扣的党內走資本主义道路的当权派。当革命群众刚刚起来火烧这些党內走資本主义道路的当权派，炮轰这一修正主义的党委同时，陶鑄出来为他們大唱頌歌，高喊“加强党的領导”，这实际上就是維护錢信忠之流的修正主义的統治，长党內走資本主义道路的当权派的志气，灭革命群众的威风，从而扑灭卫生部无产阶級文化大革命的火苗，事实証明，陶鑄在卫生部的讲話，起的正是这样的作用。

北京大学，是黑邦控制的名聞全国的頑固堡垒。截至七月一日，北京大学的无产阶級文化大革命开展还不到一个月，陆平黑邦的問題远远沒揭透。在这样的情况下，陶鑄叫嚷“加强党的領导”，实际上也只能起着正制革命群众，扼杀无产阶級文化大革命的作用。

尤其荒謬的是，陶鑄把“中央还沒有决定撤銷这一級組織”和执行党中央的政策，按照毛泽东思想办事并列为絕对服从的条件，說什么“只要……党中央还沒有决定撤消这一級組織，就要服从他。”照陶鑄的邏輯，党中央并沒有决定撤消北京大学党委会，那么北京大学的革命师生員工岂不还要絕对服从原北京大学党委会的領导嗎？师大的党委会、总支，党中央也沒有决定撤消，只是停了程今吾、李容的职，那我們岂不也还要絕对服从方銘、梁仲华等黑邦分子的領导嗎？以此类推，所有北京市的学校，机关的革命群众也都毫无例外地必須絕对服从原来党組的領导，因为党中央并沒有决定撤消任何单位的任何一級党的組織。这样一来，哪里还有什么文化大革命呢？

十分明显，陶鑄的“加强党的領导”，“只要党中央还沒有决定撤銷这一級組織，就要服从他的謬論，是为資产阶級反动路綫服务的，是适应党內那些走資本主义道路的当权派夺权和反扑的需要而提出，起了鎮压革命群众，阻碍无产阶級文化大革命的作用。只能是这样，不管陶鑄的主观意图如何。

四、保票滿天飞

陶鑄自己說过：“我刚来北京一个星期就当了保皇党”（見 1966 年 8 月 23 日下午在医大的讲話）。这句話，反映了眞实，頗有“自知之明”。

陶鑄是 1966 年 6 月上旬来北京走馬上任的，6 月 25 日就跑到卫生部对革命群众說：“不要什么人都是黑邦黑綫。卫生部党委不能說是黑邦。我代表党中央宣布：卫生部党委不是黑邦。从 6 月 15 日到 10 月 6 日，在大会上，在接見敎育部两派代表时，曾几次給刘少奇的信徒、党內走資本主义道路的当权派何伟打保票，說：“何伟与陆定一无关”，“不是黑邦”，何伟的問題不过是“宣传毛泽东思想差些”。8 月 14 日晚，邓小平接見人民大学筹委，要求停止揭发郭影秋，說：“郭影秋不是坚定的左派，也不是黑邦，……。”陶鑄也跟着說：“郭影秋的問題应当在二、三类之間去找。”“首先要斗当权派。在郭影秋的問題上，你們是否可达成协議：既不是坚定的左派，也不是黑邦，是二、三类干部，是人民內部矛盾。……。”8 月 21 日凌晨，在人民大学讲話时，再一次重述了以上的观点。当中宣部的革命群众揪出付部长张子意，陶鑄把张子意划为三类干部；斗黑邦分子龔育之，陶鑄說：龔育之是“起义将領”，是“走錯了房間”。当广播事业局批斗党內走資本主义道路的当权派丁莱夫，陶鑄在該局大会上說：“丁莱夫最大問題是不出来革命。”当民委革命同志要斗倒刘春，陶鑄当刘春面說“刘春是左派”。此外，如外省的李范五、李葆华、王任重、张平化等等大大小小走資本主义道路的当权派，陶鑄为之打保票的不下数十人。对他的心腹王任重、张平化的包庇更为露骨。

陶鑄对一些党內走資本主义道路的当权派的关怀和包庇，簡直到了令人难以置信的地步。湖北革命群众围攻鎮压革命运动的罪魁祸首王任重，陶鑄利用职权批准王任重“离职休养”，結果調到北京；湖南革命群众炮轰张平化，他大为张平化評功摆好，据說还伙同张平化盜用中央名义搞了个鎮压群众的“中央八条”；科学院社会科学部斗爭孙冶方，拉旧中宣部的判官于光远、林澗青陪斗，事后，张平化通过联絡員朱庭先传达他的指示說：“这破坏了中宣部运动計划”，“部領导决定：以后拉中宣部的閻王、判官，必須經过陶鑄同志批准”；历史界在首都剧場斗反党分子、反共历史“权威”侯外庐，备公函拉中宣部判官許立群、林澗青，他竟令原件退还，不予置理；他竟在大庭广众之前，无限同情地对何伟說：“何伟，你瘦了！”事后，何伟逢人便說：“我更加坚定了！”而当11月初教育部同志要大斗何伟时，何伟竟“失踪”了，經过調查，才知道是陶鑄批准何伟进了协和，后又轉到了部队医院。

够了！这一系列的事实无不有力証明陶鑄明目张胆地包庇了党內走資本主义道路的当权派。陶鑄的保票滿天飞，說这个“不是黑邦”，那个“是左派”。我們要质問陶鑄：你的根据何在？你到底是站在哪一边說話？

五、岂仅是“影响”？

陶鑄对他在无产阶級文化大革命中的錯誤，曾羞羞答答地这样作过“检討”：“我脑子里有刘、邓的影响”，“特别是六、七月的五十天內，我們都是受到影响的，不同程度地执行了資产阶級反动路綫”（陶鑄对卫生系統所作的报告）。

我們认为：陶鑄这种輕描淡写的检討不是认真严肃的态度。目无領袖，目无群众，对刘、邓唯命是从、阿諛逢迎，积极地派出工作組，到处包庇党內走資本主义道路的当权派，处处违背以毛主席为代表的无产阶級革命路綫，甚至明目张胆地与毛主席唱反調，这都是极其严重的原則性錯誤，岂仅是“脑子里有刘、邓的影响”而已？至于“我們都受到影响的，不同强度地执行了資产阶級反动路綫”，这乃是混淆是非、污蔑革命群众！許多革命群众，被打成“反革命”、“假左派”“真右派”，受到残酷的迫害，甚至牺牲了生命，难道他們也“不同程度地执行了資产阶級反动路綫”了嗎？

陶鑄是資产阶級反动路綫的积极拥护者和执行者，不是以毛主席为代表的无产阶級革命路綫的忠誠战士，对此，陶鑄必須繳械投降，伏首认罪！

彻底打垮資产阶級反动路綫！

无产阶級文化大革命万岁！

誓死捍卫以毛主席为代表的无产阶級革命路綫！

我們最最敬爱的領袖毛主席万岁！万万岁！

北京师大毛泽东思想紅卫兵
井岡山战斗团挺进支队
一九六七年一月三日

陶鑄是典型的反革命两面派

党的八屆十一中全会，宣告了以毛主席为代表的无产阶級革命路綫的胜利，宣告了以刘少奇、邓小平为代表的資产阶級反动路綫的破产，把无产阶級文化大革命重新引回到毛泽东思想的正确軌道上来。但是，两条路綫的斗爭幷沒有結束，那极少数頑固坚持資产阶級反动路綫的人幷不甘心他們的失敗。他們变换形式继續妄图把斗爭的矛头，指向革命群众，指向无产阶級革命路綫，指向无产阶級的司令部，从而破坏无产阶級文化大革命，以达到他們卑鄙的罪恶的政治目的。陶鑄就是这方面一个新的代表人物。

資产阶級反动路綫的制定者刘少奇、邓小平垮台以后騙得党和人民信任的陶鑄，实际上就是資产阶級黑司令部的代理司令。在新的形势下，他起到了刘、邓已經不能起的恶劣作用。其所以如此，就因为陶鑄善于伪装，（貫耍两面派，阴一套，阳一套，表面是人，暗地是鬼，一时蒙蔽和欺騙了广大革命群众。現在，是彻底揭露批判陶鑄的反革命两面派罪行的时候了！

一、口头上拥护革命路綫，实际上奉行刘、邓路綫

陶鑄从去年六月初到北京任中宣部长以来，十分活跃，到处演讲、作报告，口口声声他是“毛主席无产阶級革命司令部”里的人，“基本上是无产阶級革命家”。他高喊：“坚决执行以毛主席为代表的无产阶級革命路綫”，“彻底批判資产阶級反动路綫”。同时还煞有介事地說：“坚决执行毛主席的无产阶級革命路綫，要看行动，就是要看是不是坚决拥护毛主席，贊成把无产阶級文化大革命进行到底，站在毛主席的革命路綫一边，反对資产阶級反动路綫。”今天要搞好文化大革命，不坚决执行毛主席的革命路綫就不能胜利。”装得多象！左一个“坚决”，右一个“坚决”，一口一个“拥护毛主席”、“执行毛主席的革命路綫”、激昂慷慨，似乎他确是“毛主席无产阶級革命司令部”里的人，确是“坚决执行毛主席的革命路綫”的人。其实，这都是他骗人的表演。让我們看看事实吧：

66年6月，刘、邓趁毛主席不在北京，盗用中央名义，提出資产阶級反动路綫，大派工作組，企图扑灭毛主席亲自点燃的无产阶級文化大革命的熊熊烈火。6月9日，毛主席召集了“杭州会議”，明确指示：“不要急急忙忙派工作組”，6月6日上任的中宣部长陶鑄是参加了这次会議的，好眞得是“坚决拥护毛主席”、“坚决执行毛主席的革命路綫”，那就不会贊成派工作組的措施，就应抵制刘、邓的資产阶級反动路綫。然而，陶鑄6月13日回京后，却对派往中宣部的李剑白工作組，不仅“表示欢迎”，且要“工作队专政”，并分出一批，指派张际春为組长，6月16日派往社会科学部。与此同时，又派出以刘皚风为首的北京小学文化革命工作队。接着又奉刘少奇的黑会从中宣部、文化部、体委、編譯局抽調人員进行集訓，学习刘少奇关于教育問題的报告，准备派往中南、西南和华东。8月23日下午，在医大的讲話中，他直认不諱地說：“派工作組我也贊成”。

看吧！陶鑄究竟是“坚决拥护毛主席”，还是坚决拥护“刘主席”，是坚决执行以毛主席为代表的无产阶級革命路綫，还是坚决执行以刘少奇为代表的資产阶級反动路綫”，这不是清清楚楚嗎？在这里，陶鑄的反革命的两面派的眞面目，不是也暴露无遺了嗎？

当时，无产阶級文化大革命的火苗刚刚燃烧起来，刘、邓不惜盗用中央名义，紛紛派工作組，众所周知，其目的就是要把无产阶級文化大革命卡死在搖籃里。所以，陶鑄从无产阶級文化大革命一开始，就是刘、邓的得力干将，就是扑灭无产阶級文化大革命烈火的祸首，就是資产阶級反动路綫的忠实的执行者。派出的工作組在刘、邓后台老闆的指使下，絕大多数頑固地执行資产阶級反动路綫，千方百計地包庇党內走資本主义的当权派，疯狂地鎮压革命群众。66年6月中、下旬，先后出現了北大的“6.18”，师大的“6.20”等事件，无数的敢說，敢闖、敢革命的同志，被打成“右派”，“反革命”，“假左派、眞右派”、“游魚”，一片白色恐布。在毛泽东思想的指引下，革命群众与工作組展开了不屈不挠的英勇斗爭。掀起了赶工作組的高潮。在这无产阶級革命路綫和資产阶級反动路綫激烈搏斗的时刻，身为中央常务书記，中宣部长的陶鑄却到处讲演，大保工作者，为工作組撑腰。当科学院社会科学部的革命群众，奋起揭发工作組正付組长张际春，潘梓年执行資产阶級反动路綫的罪行时，陶鑄为张开脱罪責說张是老革命遇到了新問題”，大包大攬地說：“潘老过去和我一起坐过牢，我了解他”，“以后黑帮分子停职反省，由潘老負責”。直到9月20日，他还发出“四点指示”，实际上是为工作組打气。当中宣部的革命同志起来和工作組斗爭时，他在9月22日部文革的汇报会上

竟說："中宣部运动的大方向和路綫是确的，方法也是对的。工作队是控制使用的，大权不在他們手里，工作队沒有犯方向路綫的錯誤"。甚至在«紅旗»第十三期社論发表以后，他还在部里叫喊："方向不管"。

十分明显，在工作組的問題上，陶鑄始終是和党中央毛主席唱反調的：党中央毛主席认为派工作組本身就是方向路綫性的錯誤，而陶鑄却为工作組开脫罪責，甚至說"工作队沒有犯方向路綫的錯誤"，党中央毛主席要撤銷工作組，而陶鑄却为工作組撑腰、打气。陶鑄！你这是"坚决执行以毛主席为代表的无产阶級革命路綫"嗎？不！你是在頑固执行刘邓的資产阶級反动路綫！你只是在口头上喊喊"坚决执行以毛主席为代表的无产阶級革命路綫"，那是无济于事的！

二、口头上打倒"当权派"，实际上保护"当权派"

文化大革命以来，陶鑄比誰喊的都响："打倒党內走資本主义道路的当权派"。但实际上，他是那些党內走資本主义道路当权派的"护法神"，口头上叫喊"打倒党內走資本主义道路的当权派"，行动上却千方百計地保护党內走資本主义道路的当权派，这是陶鑄反革命两面派的一个重要的表現方面。

在毛主席点燃了无产阶級文化大革命的烈火之后，革命群众一致奋起，集中目标，猛攻党內走資本主义道路的当权派，烧得他們鬼哭狼嚎，吓得他們魂不附体，昔日威风，扫地以净。就在这个时候，陶鑄出場，可耻地充当了他們的"护法神"。

陶鑄刚到中宣部，就奉邓小平的黑令、于六月二十五日急急忙忙地跑到卫生部去当保皇派。他一方面，給典型的党內走資本主义道路的当权派錢忠信評功摆好，冒充中央的代表宣布："卫生部党委不是黑帮"；另一方面反复强調必須"加强党的領导"，他說："这次文化大革命运动一定要置于党的領导之下，这是区别眞假左派的标志"，不要党的領导，反对党的領导，不管他口号喊的多高，面目多好，都是假左派，眞右派"。又說："党的領导要通过党团組織进行，支部是党的基层組織，要依靠党团組織来进行領导"，"你只拥护毛主席，其他人都不要，主席也是空的啦"！"要加强党的領导，……掌握政权的职能"。七月一日，在北大庆祝党的生日的大会上，他又提出"要加强党的領导"，說什么"只要……中央还沒有决定撤銷他这一組織，我們就服从他的，毛主席就是通过各級这样的組織去領导，……不要以任何借口反对党的領导"。这时，正是轰轰烈烈的群众运动的第一个高潮被一些党內走資本主义道路的当权派和执行資产阶級反动路綫的工作組鎮压下去的时候，陶鑄的这些讲話，恰好被一小撮党內走資本主义道路当权派当作进行反扑和夺权的"法宝"，成为一些工作組"反干扰"，"抓游魚"的"合法"根据。事实証明，正是在陶鑄这些讲話传开之后，不少革命同志才被打成"反党分子"，"假左派，眞右派"，許多党內走資本主义道路的当权派才敢疯狂地进行反扑、夺权的。

此外，如我們在«陶鑄是資产阶級反动路綫的拥护者和执行者»的大字报中所揭露的"何伟不是黑帮"，"刘春是左派"、包庇王任重、张平化、給李花五、李葆华等人打保票等等，无一不是他对党內走資本主义道路当权派的有意保护的罪証。

試問陶鑄：你不是說"坚决执行毛主席的无产阶級革命路綫"，要看行动嗎？

以上这些难道就是你"打倒党內走資本主义道路当权派"的行动嗎？

三、口头上支持革命群众，实际上压制革命群众

以毛主席为代表的无产阶級革命路綫和以刘、邓为代表的資产阶級反动路綫的根本分歧就在于对待革命群众的态度。无产阶級革命路綫，是依靠群众，相信群众，放手发动群众，遵重群众的革命首創精神，让群众自己教育自己，自己解放自己；資产阶級反动路綫恰恰相反，害怕群众，不相信群众，不敢放手发动群众，压制群众的革命积极性，挑动群众斗群众。陶鑄为了掩盖他的眞实面目，継續推行資产阶級反动路綫，采取了两面派手法，口头上坚决支持革命群众，实际上却干着压制群众革命的可耻勾当。

66年6月15日陶鑄在高教部、教育部全体干部大会上，开头就說："今天我要向同志們宣布的，就是高教部这次紧紧依靠群众，依靠同志們的多数，依靠革命左派，把高教部的問題、蔣南翔的問題彻底揭露了。这是一个很大的胜利。中央是很满意的，是完全支持的。今天，我来就是要讲这个問題。就是完全支持你們的行动，……多么"漂亮"！多么"热情"！多么令人"兴奋"！

然而，陶鑄是怎样"完全支持"的呢？第一，他两次正式宣布，何伟同志兼代高教部部长；第二，他給指出了运动的"方向"，說："过去董純才所宣传的凱洛夫，你們要清算呀！在全国中小学中凱洛夫的毒害很深呀"！第三，他不久又宣布何伟为高教部，教育部两部正式部长；第四，他指债雍文涛出面，公开散布"何伟是个好同志"；第五，他把在中宣部頑固执行了資产阶級反动路綫的李剑白派到教育部"帮助工作"；第六，他接見两派代表时說："何伟跟陆定一沒关系"，"何伟是方向路綫錯誤，不能說是黑帮。在陶鑄的这种"完全支持"下，走資本主义道路当权派刘少奇的亲信何伟，洋洋得意地宣布"即日到职"，实行資产阶級专政，包庇反革命修正主义分子刘秀平，戴白韜，把卢正义同志打成"反党分子"，把支持卢正义同志革命行动的广大革命群众，"卢正义党"，"卢正义党出版社纵队"，使白色恐怖籠罩教育部达两个多月之久。陶鑄的"完全支持"确实是坚决有力的，只不过不是"完全支持"革命群众，而是"完全支持"党内走資本主义道路当权派，刘少奇的亲信任伟罢了。

十月五日，中央批轉軍委总政«关于軍队院校无产阶級文化大革命的紧急指示»，十一月十六日，中央再次发出«关于处理无产阶級文化大革命中档案材料的补充规定»，但何伟拒不传达，拒不执行，并有組織有計划地烧毀黑材料。十一月二十二日教育部革命群众为此事要求陶鑄接見，等了一天一夜，陶鑄面也不露。但是，却亲热地接待了鎮压北京市小学文化大革命的罪魁祸首刘皚风，詭称开文教口負責人会議。这就更加清楚地暴露了陶鑄"完全支持"的眞相和实质。

66年6月25日陶鑄在卫生部，七月一日陶鑄在北大，也同样是玩弄两面派的手法。他一方面高喊："支持你們革命"，另一方面却又划框框，定調子，为党內走資本主义道路的当权派"評功摆好"，說他們"不是黑帮"，突出强調"加强党的領导"。8月25日下午他接見了中南海地区部分革命同学，表面上是热情支持，热情鼓励，說"革命就是勇敢嘛！就是杀头也不怕嘛！不管哪一个省委、那一个領导，不革命就把他摧毁"。然而，背地里却千方百計包庇中南区残酷鎮压革命运动的元凶王任重，张平化，与张平化勾結在一起，盗用中央名义，发布"中央八条"，作为鎮压革命群众的"根据"。如此等等，眞是举不胜举。

許多事实証明，陶鑄所謂的"支持"，就是划框框，定調子，轉移斗爭目标，包庇党內走資本主义道路的当权派的代詞。他的每一"支持"都是給革命群众增加了鎮压的法碼。眞正得到他"完全支持"的，只是那些党內走資本主义道路的当权派和頑固执行資产阶級反动路綫的

的工作組，而决不是广大的革命群众。

四、口头上要把文化大革命进行到底，实际上抵制破坏文化大革命

在陶鑄的讲話中，进行无产阶級文化大革命的調子，唱的震彻云霄。什么“文化革命要达到什么目的”呀，“文化革命已进入了新的阶段”呀，“彻底完成斗、批、改”呀，連篇累牍，应有尽有。你看，他对文化大革命的意义认識多么深刻：“这是关系到我国走社会主义道路还是走資本主义道路，是眞走社会主义道路还是假走社会主义道路。要走社会主义道路就要消灭一切資产阶級，消灭剝削阶級，清除旧的东西，剝削阶級的东西，……文化大革命就是要解决我国彻底坚决走社会主义道路的問題，保証我国胜利地向社会主义迈进，最后进入共产主义”。这“对世界革命意义重大”，“对世界人民是巨大的鼓舞”，你看，他多么坚决：“要彻底把文化革命搞好，把資本主义的东西搞掉，把走資本主义道路的当权派彻底揪出来，通过一斗二批三改把文化大革命的目的彻底达到。……我們一切都不怕，什么阻力，什么困难，我們都可以战胜它。”然而，这却是他騙人的鬼把戏，实际上，他处处在抵制和破坏无产阶級文化大革命。这是他資产阶級反动立場和忠实执行刘、邓反动路綫的合乎規律的表現。

陶鑄抵制和破坏无产阶級文化大革命的实例，罄竹难书。以上所談的都是他抵制和破坏无产阶級文化大革命的鉄証。此外还可以举出很多很多。

例如：陶鑄接任中宣部长不久，就别有用心地办了一个內部刊物，为了掩人耳目，名曰《学习毛泽东思想》，他不仅請刘少奇为之題詞，并在“欽定”的稿件大肆吹捧刘少奇，胡說什么早在二十一年前，刘少奇就如何如何“敬仰”毛主席。在去年年底，他曾計划召开“全国学习毛主席著作积极分子大会”，請刘少奇在会上作报告。这不仅典型地暴露了陶鑄反革命两面派的嘴脸，更重要的是揭露了他抵制破坏无产阶級文化大革命的阴謀。陶鑄十分清楚，毛主席亲自領导的伟大的无产阶級文化大革命的烈火，最后必然会烧到資产阶級司令部黑司令刘少奇的头上，所以，他一到中宣部就办起这个內部刊物，就計划請刘少奇在“全国学习毛主席著作积极分子大会”上报告，为刘少奇制造輿論，捞取政治資本，企图在群众中造成刘少奇不反对毛主席、不反对毛泽东思想的深刻印象，从而阻碍无产阶級文化大革命的顺利进行，彻底胜利。陶鑄的用心，可謂毒矣！

再如：党的八届十一中全会，已經宣告了刘邓資产阶級反动路綫的失敗，刘、邓已遭到严肃的批判，刘、邓問題反革命性質已經确定无疑；但陶鑄11月21日在中宣部传达中央工作会議精神时，居然与十一中全会唱反調，說什么“刘、邓路綫主要是认識問題”。11月28日，他在接見部分同志时又說：“刘、邓还是中常委，只能讲是人民內部矛盾，我們不能讲他是走資本主义道路的当权派。

这是公开地制造思想混乱！这是严重的反党行为！我們要問：陶鑄你参加了党中央的会議沒有？你作为中央常务书記竟如此明目张胆为刘邓翻案，用心何在？告訴你，陶鑄！你企图制造思想混乱，阻挠和破坏我們对刘邓資产阶級反动路綫的彻底批判，梦想为刘、邓翻案，那是絕对办不到的！

慣耍反革命两面派的陶鑄已經被揪出来了，让我們乘胜直追，彻底清算陶鑄的滔天罪行吧！

彻底粉碎刘、邓資产阶級反动路綫！

坚决把无产阶級文化大革命进行到底！

伟大的領袖毛主席万岁！万岁！万万岁！

北京师大毛泽东思想紅卫兵井岡山战斗团挺进支队

67.1.8.

徹底清算陶鑄在中宣部的滔天罪行

陶鑄是刘、邓黑司令部的第三号头目，他积极地参与泡制刘少奇、邓小平的資产阶級反动路綫。八届十一中全会之后，他阴一套，阳一套，背着党中央，背着中央文革小組，頑固地、变本加厉地到处推行这条反动路綫，继續和毛主席的革命路綫相对抗。陶鑄鎮压无产阶級文化大革命的滔天大罪，必須彻底清算！

陶鑄在他窃踞的中央宣传部部长的位置上，千方百計地掩盖刘少奇、邓小平的罪恶，继續旧閻王殿反毛泽东思想的阴謀勾当，鎮压无产阶級文化大革命运动。

这里仅就我們接触到的一些很不完全的材料，作如下的揭发。

活学活用毛主席著作，积极宣传毛泽东思想，这是每一个革命战士的第一天职。可是陶鑄干了什么勾当呢？有关部門为了积极地宣传毛泽东思想，提出毛主席著作唱片免税，并将总政編印的«毛主席語录»制成唱片，对内对外发行。十月初报告就送給了陶鑄，但他一直不理！用这种办法不准出版«毛主席語录»唱片！林彪同志在九月間发出要把活学活用毛主席著作的群众运动推向新阶段的号召，陶鑄对于这样极其重大的指示，置若罔聞，毫无动靜。拖了两个月，中宣部才勉强写出了一个貫彻林彪同志指示的文件，可是到了陶鑄手里，又是石沉大海，毫无下文了。

陶鑄一貫打着"紅旗"反紅旗。九月間，当着中南地区广大革命群众起来揭发那里的严重問題，激烈斗爭正在进行的时刻，陶鑄为了压制中南地区的文化大革命，竟利用职权，指定«人民日报»十月九日在头版头条的位置，加上黑体字的編者按，大肆宣揚«中南区农村开展空前規模的学习毛主席著作群众运动»，保王任重，鎮压革命群众。陶鑄从来都是利用各种空子，为自己脸上貼金，七月九日，他也指定«人民日报»在头版头条宣揚«湖北省委在武汉地区积极分子代表会上发出号召，用毛泽东思想指导无产阶級文化大革命，放手发动群众揭露和打倒一切鬼鬼蛇神»，一再宣揚湖北地区文化大革命搞得怎样好，以此压制群众。

陶鑄一到中宣部来就指定要編印«学习毛泽东思想»刊物，在試刊中絕大部分都是宣揚中南地区的和反党修正主义分子薄一波的文章，而在"发刊詞"中，一字不提林彪同志总結的解放軍学习毛主席著作的重要經驗。

在文化大革命刚刚掀起第一个高潮时，陶鑄还要匆匆召开全国学习毛主席著作积极分子代表大会，并且提出由刘少奇作主要讲話。他这样做，一方面是为了粉飾、宣揚刘少奇、邓小平，一方面是以此轉移全党全国人民的視綫，把精力用到选代表、写报告上去，让那些頑固貫彻資产阶級反动路綫的人，用选假代表等办法，打击革命群众，保护自己，压制文化大革命。

陶鑄窃踞中宣部部长职务后，就继承中宣部閻王殿反毛泽东思想的罪恶勾当，对于他的这些罪行，必須彻底清算！彻底批判！

十一中全会揭开刘少奇、邓小平的盖子之后，陶鑄还继續宣揚刘少奇，不許清算刘少奇的罪恶，不許革命群众进行消毒。

刘少奇精心泡制的《論共产党員修养》，是彻头彻尾反毛泽东思想的，是一株大毒草，流毒极广，广大革命群众早就起来要求剷掉，彻底消毒。可是陶鑄对此痛心至极，一拖再拖，是肯处理，直到群众起来直接采取行动，陶鑄才被迫同意停售。但是，陶鑄对此一直不死心，对于一本早被解放軍总政治部撤銷了的《党員教材》，陶鑄却到处推行。原因就是这本《党員教材》里宣揚刘少奇。这件事情也被革命群众揭出，强烈要求中宣部通知撤銷。可是，陶鑄对这一革命要求，竟然不同意，不許报紙公开点名批判。

陶鑄一貫压制无产阶級文化大革命。九月間，广大革命群众紛紛起来，彻底揭露黑龙江省委书記李范五的罪行，要求在报上点名批判他。可是，陶鑄对这一革命要求，竟然不同意，不許报紙公开点名批判。

十一、二月以来，文化、宣教部門的革命群众，紛紛外出进行革命串連，交流經驗。陶鑄对此极端恼火，就在十二月九日，亲自“批示”，通知全国，根本不許这些部門的工作人員外出串連。这个通知下达后，各地坚持資产阶級反动路綫的人，捞到了一根救命草，用这个通知打击革命群众。陶鑄对于推行資产阶級反动路綫的这类問題，一貫积极得很，批办速度很快。又如九月二十一日反革命修正主义分子荣高棠提出不許运动队外出串連的規定，陶鑄知道后，二十三日就批文“即以中宣部名义批发”，唯恐速度不快，一反批办其他問題拖拉的常态。这些压制文化大革命运动的“指示”下达后，引起革命群众的反抗，是理所当然的。那里有压迫，那里就有反抗。解地群众紛紛起来造反。可是陶鑄怎样呢？在群众当面质問他为什么要发这样的通知时，他竟然把責任推得一干二净，当面扯謊。說什么“我不清楚这件事！”品质极端恶劣，他就是这样继續包庇荣高棠，压制文艺、体育队伍的革命，頑固地坚持資产阶級反动路綫！

不少省委的机关报过去一直放毒，至今未消毒，而且继續推行資产阶級反动路綫，革命群众坚決要求查封它，以《人民日报》、《解放軍报》代替。例如辽宁紅卫兵小将要求封閉《辽宁日报》。陶鑄亲自出馬，压制革命群众不准封閉該报。四川革命群众要求封閉《四川日报》，改出《新聞簡报》；山西革命群众坚持要求审查貫彻資产阶級反动路綫的社論起草过程；黑龙江的紅卫兵要求办报，宣传毛泽东思想，宣传文化大革命。对于所有这些革命要求，陶鑄一律不理。說什么“不答复！”不許群众革命！

无产阶級文化大革命，势如燎原，很快从大城市发展到中小城市，发展到农村。革命群众急切要求使用有綫广播站这一重要宣传工具为文化大革命服务。这个問題很早就提給陶鑄，但他却一直不理，不許革命群众使用广播站这个工具为文化大革命服务。

陶鑄一貫反对毛主席，对抗毛主席的革命路綫，頑固地推行資产阶級反动路綫，必須彻底清算陶鑄的这些罪行！

打倒刘少奇！打倒邓小平！打倒陶鑄！

彻底批判刘、邓、陶的資产阶級反动路綫！

誓死保卫以毛主席为代表的无产阶級革命路綫！

无产阶級文化大革命万岁！

中国共产党万岁！

我們最最敬爱的伟大領袖毛主席万岁！万岁！万万岁！

中宣部毛泽东思想战斗队

中宣部毛泽东思想紅卫兵尖刀战斗队

毛主席語录

人民靠我們去組織。中国的反动分子，靠我們組織起人民去把他打倒。凡是反动的东西，你不打，他就不倒。这也和扫地一样，扫帚不到，灰尘照例不会自己跑掉。

打倒資产阶級反动路綫的新代表陶鑄

在无产阶級文化大革命中，陶鑄是炮制刘、邓資产阶級反动路綫的重要人物。八届十一中全会以后，他变本加厉地推行这条反动路綫，压制革命，是刘、邓資产阶級反动路綫的新代表。他的罪恶累累。

一、抵制和反对毛主席的革命路綫

在无产阶級文化大革命运动中，毛主席不贊成派工作队，而刘少奇却背着毛主席坚决派工作队。在六月的杭州会議上，毛主席就表示不要匆匆忙忙的派工作队。杭州会議陶鑄是参加了的，毛主席不贊成派工作队的意見陶鑄是知道的。另外，六月份陈伯达同志根据毛主席的教导，明确的反对派工作队，而且身体力行，«紅旗»杂志的文化革命就沒有派工作队。这一点，陶鑄也是完全知道的。但是，陶鑄从杭州回到北京以后，竟按照刘少奇的黑指示办事，公然对抗毛主席的指示。

六月中旬，陶鑄一回到北京，就把政治大扒手张平化、反革命修正主义分子林枫的心腹李剑白为首的工作队派进了中宣部。

七月十四日，陶鑄又宣布了派南下工作队的决定，他毫不諱言地說："刘少奇同志說 中宣部不要关起門来搞运动，不要那么'悲观'嘛，要派人出去参加文化大革命，要去学习和总結經驗"。随即，三、四天內就由中宣部及其所属的单位，組成了一个庞大的南下工作队，准备分兵华东、中南、西南三路，大举南下，最晚不要超过二十五日，就要赶到所去地点。陶鑄疯狂地反对毛主席的意見，坚决执行刘少奇的黑指示。

为了让刘少奇的思想控制南下工作队。当时发給工作队員儿个完全按照刘少奇的反动思想写的"学习文件"，这就是王任重給湖北省委的一封信；广州"中山医学院"党委領导搞文化革命的所謂"經驗"；以及江苏"南京大学"工作队領导搞文化革命的所謂"經驗"等等。这些文件，都貫穿了一条反动思想：即不相信群众自己教育自己，自己解放自己，压制群众革命积极性，鎮压群众革命运动。王任重的信甚至公开号召抓所謂"右派"，"枪打出头鳥"，是极其反动的。

七月十八日，毛主席回到北京，派工作队的搞法受到批判，但是直到七月二十八日，陶鑄仍然頑固地对抗毛主席的指示，又把原来准备派出的工作队改了个名目，叫什么"观察員"。就在这一天，整天討論刘少奇听何伟汇报教育工作时的"談話紀要"，向工作队員灌了大量毒素。

后来，由于毛主席指示撤銷工作队，南下"观察員"才沒派出去。但是在工作队內，却挑了一批人去当变相的工作队，美其名曰："联絡員"。这些"联絡員"，一方面是为陶鑄及其亲信张平化，提供压制群众的情报；另一方面也是去执行陶鑄压制群众运动的意旨。

甚至到了八月中旬，陶鑄还用派变相工作队的方法，把李剑白派到教育部去鎮压革命。

从上述一系列事实可以看出：一、观察員、联絡員，"帮助工作"者，都是变相工作队，立了那么多名目，只是为了用更隐蔽的形式去执行刘少奇的反动路綫，而反对毛主席的革命路綫；二、指定那些文件，是为了用刘少奇的反动路綫麻痹工作队員，以便让工作队員更坚决地去为刘、邓反动路綫卖力；三、在派不派工作队这个問題上，陶鑄反对毛主席話，而是听刘少奇的話。

二、拼凑一个执行資产阶級反动路綫的新班子

七月十四日，陶鑄代表"中央"宣布了新中宣部部长副部长及宣教口各单位的主要負責人的名单。經过几个月的考驗，証明这个班子根本是不行的。现在，这个班子的絕大部分都犯了执行資产阶級反动路綫的錯誤，露了原形。

张平化，新中宣部常务副部长，在中宣部犯了执行資产阶級反动路綫錯誤；在湖南是鎮压文化革命运动的罪魁祸首。

张际春，新中宣部副部长，也是旧中宣部副部长，刘、邓司令部的人物，閻王殿的大閻王，在"学部"頑固地执行資产阶級反动路綫，現已罢官。

雍文涛，新中宣部副部长兼国务院文教办公室常务副主任，后調任北京市委书記处书記，是鎮压革命运动的宪兵队——西城区糾察队的后台。

熊复、刘祖春在中宣部、新华社、教育部等单位的文化革命运动中，頑固地坚持資产阶級反动路綫。

蕭望东，新文化部代理部长，文化部推行資产阶級反动路綫的总头目。

何伟，新教育部部长，推行刘少奇修正主义教育路綫的大将，教育部資产阶級反动路綫最頑固的推行者。

錢信忠，新卫生部部长，卫生部推行資产阶級反动路綫的罪魁，現已罢官。

丁莱夫，新任广播事业局的局长兼党委第一书記，在广播事业局文化革命运动中，頑固地坚持資产阶級反动路綫，現已停止工作，检查反省。

荣高棠，国家体委新任副主任，是反革命修正主义分子，在国家体委文化革命运动中推行資产阶級反动路綫最頑固的分子，現已被罢了官。

情况很清楚了，陶鑄代表"中央"封的这批"官"中，中宣部六个实际負責工作的副部长，文化部、教育部、卫生部、国务院文办、广播事业局的头目，不是党内走資本主义道路的当权派，就是頑固地推行資产阶級反动路綫。在这里，第一，陶鑄封的这批官是按刘少奇、邓小平的黑指示办事的是用来加强刘、邓黑司令部的势力。第二，七月十四日，被封"官"或晋級的这批人，都还沒有經过文化革命的考驗，当时給他們封官晋級，本身就是一种最大的"保皇"行动。就是保刘少奇、邓小平。第三，让新封的"官"去"領导"文化大革命，推行刘、邓反动路綫，是一种比派工作队鎮压群众革命运动更恶毒的手段。第四，这批新"官"都是陶鑄直接的部下，他們所在单位的文化大革命都直接由陶鑄管，他們那样頑固地坚持資产阶級反动路綫，都是受陶鑄指使的。

三、支持保皇派，鎮压革命群众

中国医科大学五年級学生×××，是卫生部党委、医学科学院、医科大学总支，甚至医科大学各系支部的鉄杆保皇分子，最近，受到医科大学广大革命师生的严厉批判。六月二十五日下午，他在听了陶鑄保錢信忠的报告以后，連夜給陶鑄写了一封信，这封信鼓吹資产阶級反动路綫，为陶鑄的报告捧場，对这样一封完全站在保皇派立場上写的信，陶鑄在接到后，如获至宝，备加贊賞，不到一个礼拜就回了一封信，还觉得回信晚了，“很对不住”！

尤其令人惊訝的是，陶鑄在这里，比在报告中保錢信忠更进一步，完全和鉄杆保皇分子×××打成一伙，他对×××說：“你对一些問題的看法，也很有分析，很有見解”等等。陶鑄这样鼓吹了这个保皇分子以后，还觉得不够，于是又說：“我建議我这封复信和××同学給我的信，一并作为大字报在校內登出。”把这一建議和信开头的称謂联系起来，就很清楚：陶鑄是有意要在卫生部及其所属单位造成輿論，来保它的各級党委，并进而推行資产阶級反动路綫。

陶鑄的信到了医科大学以后，“保字”号們立即用大紅紙把它和×××的信各抄了一份，貼在主楼正門內。陶鑄的信，还鑲了金边，扎了花朵，从七月三日起，一直貼到八月下旬。

在陶鑄报告和信貼出后，不少革命同志尖銳地提出了批評，貼了大字报，陶鑄根本不理这些意見。一直拖到八月下旬，才把两封信摘下来。

在陶鑄报告和信貼出以后，保皇派叫嚷声甚囂尘上，保皇分子得意忘形，反动路綫的推行者肆无忌憚，黑帮分子逍遙法外，一股反动逆流在卫生部、医学科学院、医科大学横冲直撞。另一方面，几百名革命群众受到打击、压制，几十名革命群众被打成反革命，送进了劳改队。在卫生部及其所属单位的文化革命中，陶鑄的罪恶是不可饒恕的。

四、庇护刘少奇的干将何偉

陶鑄在教育部庇护刘少奇的干将何伟，执行了資产阶級反动路綫。

文化革命以前，何伟是刘少奇司令部的人，文化革命中还是刘少奇司令部的人。对这样一个人，在文化大革命中，必須让群众狠揭猛批，才能眞正揭开教育部阶級斗爭盖子。但是，在对待何伟的問題上，陶鑄对群众搞了一套两面手法。

一方面，名义上要解放被何伟打成反党分子的卢正义等同志，号召群众起来揭发批判何伟，但另一方面，却又把何伟封为新教育部部长，疯狂叫嚷，何伟不是黑帮。

陶鑄的这种做法，明眼人一看就知道，支持群众揭发批判何伟是假的，包庇何伟是眞的，因为强調何伟是人民內部問題，不是黑帮，这就給革命群众划了框框、定了調子，捆住了他們手脚。“听其言，观其行”，陶鑄在行动上就是重用何伟、包庇何伟，压制革命群众。

五、包庇郭影秋

陶鑄步邓小平的后尘，包庇郭影秋，于八月二十日，不辞終日劳苦，深夜赶至人民大学参加郭影秋問題辯論会，并于次日凌晨四时发表了长篇演說。在这篇演說中，对人民大学革命师生大耍两面派手法。他一方面說郭影秋在文化大革命中犯了錯誤，并批評“保”字号，不該在会場上起哄。为郭影秋涂脂抹粉，另一方面，說郭影秋在抗日战爭时期、解放战爭时期，“表現是不錯的”；“在社敎运动中，作为一个学校的党委书記，在京郊搞‘四清’，沒有执行北京市委的修正主义路綫，而是执行华北局的精神”，“也是难能可貴的”！郭影秋“不是左派”，“也不是黑帮”，“属于人民內部矛盾”等等。

在这里，陶鑄又是在給革命群众划框框，給保皇派提供炮弹。是对革命群众的假支持，对郭影秋的真包庇。更为恶劣的是，陶鑄在这里，他不是用个人的名义，而是用“中央”的名义保郭影秋。他在为郭影秋歌功頌德以前，反复强調說，对郭影秋，“中央”是了解的，“中央”比你們更了解郭影秋，千方百計給郭影秋洗刷罪行，让郭影秋蒙混过关。

六、包庇张平化

张平化原是湖南省委第一书記，六月中旬調任中宣部常务付部长兼工作队队长，八月二十七日离中宣部返湘。张在中宣部工作期間挑动群众斗爭群众，包庇张际春的資产阶級反动路綫，包庇政治大扒手李剑白；回湖南后，通过九月中旬的一些黑指示和九月二十四日的反革命动員令，在湖南全省的大中城市，掀起了黑风恶浪，到处是一片“大抓右派”“大抓黑鬼”的喧叫声，把許許多多的革命群众打成了“反革命”。

可是，陶鑄在十月三十日接見湖南赴京的革命师生、革命干部代表时，对这样一个鎮压湖南文化大革命运动的罪魁，竟大肆涂脂抹粉：(一)无耻地吹捧张平化在文化大革命前，听毛主席的話，工作搞得好。說什么张平化接周小舟以后“有一段工作做得不好，毛主席批評了他，近几年好些”，“湖南的工作近二年有进步”，张平化对“四淸搞阶級斗爭是坚决的”。(二)縮小湖南問題的严重性，为张平化开脫罪責。說什么“湖南的情况在中南来說是严重的，在全国来說，不算严重”。(三)鼓吹张平化态度好。陶鑄一再对代表們說，张平化“态度还好”，“态度是好的”，(四)更恶劣的是对代表們进行恐吓，說什么“湖南三千八百万人，光你們几个人是打他不倒的”，以此来反对革命群众造张平化的反。(五)給张平化打最大的保票。陶鑄自称“不完全代表个人”和代表們讲話，說“中央”还信任张平化，“还是让他回去当第一书記”。

这些話归結起来就是：包庇张平化；打击革命群众，給受压迫的群众继續打悶棍；給保皇派撑腰壮胆。

特别需要提醒一句，陶鑄这次接談，是在他亲自参加的八屆十一中全会結束仅仅两个半月时間，中央工作会議結束还不到一个礼拜。在这个时候，陶鑄还打这样的硬保票，看他的反动气焰多么猖獗！

更为严重的是，张平化在湖南頑固地坚持資产阶級反动立場，继續推行資产阶級反动路綫，挑动群众斗群众，使湖南发生了严重的武斗，一再发生流血事件，使大批革命群众被保皇軍打伤，甚至打死。陶鑄在十二月二十二日接見湖南赴京的工人代表时，竟然继續給张平化說好話，說原来对张平化估計高了，认为他工作还有一定能力。并且亲自代张平化向工人代表求情，要求再給张平化一两个月的时間，看一看。

七、压制中宣部革命群众批判資产阶級反动路綫的斗爭

在中宣部的文化大革命中，陶鑄执行了一条彻头彻尾的資产阶級反动路綫，在整个部，运动的大方向是根本錯誤的，在批判資产阶級反动战綫的斗爭中，陶鑄一直压制革命派，竭力反对革命同志起来批判資产阶級反动路綫。九月十四日，阮銘同志提出八点意見，尖銳地指出中宣部有两条路綫的斗爭，陶鑄非常害怕，极力反对。他避开阮銘同志提出的問題，用全盘肯定运动的口气說：中宣部运动是依靠了左派，斗爭了黑帮，大的方向和路綫是对的，

方法也是对的，大权不在工作队手里，对工作队是控制使用的(九月二十二日)。中宣部革命同志对陶鑄九月二十一日讲話非常不滿，九月底，秘书处部分工人同志写信給陶鑄，对他提出批評，要求他来听取工人意見，但是，他理都不理。在忍无可忍的情况下秘书处工人同志、毛泽东思想紅卫兵、«革命造反»战斗队自己起来炮轰文革常委，拉工作队李剑白等人回部检查。但是，这場斗爭一直受到陶鑄的压制。

十一月二十一日，陶鑄向中宣部、广播局、新华社等单位党員干部传达中央工作会議精神，仍极力掩盖两条路綫斗爭，胡說刘少奇、邓小平只是“认識問題”。同志們听了以后，极为不滿，当天晚上就貼了他的大字报，陶鑄着了慌，急急忙忙派熊复来部传达他的三句話，老調重弹，固执己見：仍然頑固地坚持資产阶級反动路綫。

陶鑄的这些讲話，对中宣部批判資产阶級反动路綫起了极大的压制作用，激起了革命同志的强烈不滿和气憤。十二月一日毛泽东思想紅卫兵、«革命造反»战斗队代表及部分革命群众找到中南海，要求陶鑄接見，但是陶鑄硬是拒不接見，而且抱怨我們不应該象学校紅卫兵一样，也采取来中南海的办法。后来一拖再拖，不得已于十二月八日晚接見了紅卫兵代表和文革委員，这时陶鑄才在座談中，被迫扭扭捏捏地表了态：过去斗閻王有成績，但不能估計过高；中宣部运动受到反动路綫的严重影响，有些方面执行了反动路綫，留张际春当付部长，对张子意的处理，是执行了反动路綫；工作队李剑白等人在秘书执行了資产阶級反动路綫；派工作队到中南，是受了反动路綫的影响；过去对反动路綫估計輕了；对阮銘同志的信，“只肯定精神，支持不够。”

陶鑄长期以来，頑固地推行資产阶級反动路綫，在遭到中宣部革命同志的强烈抵制以后，他又阴一套，阳一套，大要两面派手法欺骗革命群众，阴謀变本加厉地推行資产阶級反动路綫。

八、包庇閻王张子意，保护张际春，調走张盘石

张子意是陆定一的亲信，是个老右派，犯有反党反社会主义反毛泽东思想的滔天罪行。陶鑄从一进中宣部起，就秉承刘少奇、邓小平意旨，对他竭力保护，只是在革命群众对陶鑄作了一再的斗爭以后，才作了步步为营的退却：第一步：考虑是否留张子意继續当中宣部副部长；第二步：张子意和别的閻王要区别对待；第三步：张子意是四类，但当三类处理，开斗爭会，同别的閻王仍要区别。

由于陶鑄划张子意四类当三类处理的框框，在八月下旬，中宣部革命群众斗爭张子意时，以张平化和刘祖春为首，对斗爭会从規模、形式、标語、口号、到发言讲話分寸，定了許多条条框框。只是在群众的猛烈冲击下，才把那些条条框框冲得稀烂！

张际春、是紧跟刘少奇、陆定一的人，是刘、邓司令部的人，是旧中宣部閻王殿里的副部长。他在文化革命中，旣不揭发閻王殿的滔天罪行，又不做检查交代，对閻王們持包庇态度。而且从中央五月政治局扩大会議以来，表現很坏。陶鑄竟秉承刘、邓意旨，让张际春当了新中宣部副部长，当了哲学社会科学工作組組长，还不顾群众的反对，把他硬塞进了中宣部文革委員会，当了文革委員。

值得注意的是：陶鑄在把张际春塞进中宣部文革的时候，正是学部揭了张际春执行資产阶級反动路綫的时候。仅就这一事实，就說明陶鑄对推行資产阶級反动路綫的张际春是多么器重。

张盘石，是旧中宣部副部长，他对刘、邓的反党罪恶，对旧中宣部陆定一一伙反党反社

会主义反毛泽东思想的滔天罪行，都是知道的，他本人也有严重的問題。但是，这样一个旣知內情，又有严重問題的人，文化大革命开始不久，陶鑄就奉刘、邓之命，用貶官隐居的办法，匆匆忙忙把他調至邯鄲。企图就把刘、邓的罪恶、旧中宣部陆定一一伙的滔天罪行、张盘石自己的严重錯誤，通通包庇过去。

在这里，我們可以清清楚楚看出，陶鑄这样搞，是想在文化大革命中把旧中宣部閻王殿这三个头目，都保护过去，当革命群众对这种錯誤做法提出意見时，陶鑄还辯解，說什么“不能一朝天子一朝臣”。由此可見，陶鑄是一个最大的“保皇”派。

九、保护黑帮的“政治学校”

七月底，陶鑄秉承刘、邓意旨派南下工作队未能得逞以后，还不死心，又将原来工作队分兵三路：一路留部搞运动；一路充当“联絡員”；一路执行“特别任务”。直到現在，我們才清楚，执行“特别任务”的这一路是去筹办“政治学校”。当时还把搞这个学校当成絕密，弄得神乎其神。

这个“政治学校”是黑帮的庇护所。办这所学校是企图把中宣部及其所属单位的黑帮分子弄去，再跟去一批“积极分子”。在那里，用“积极分子”“改造”黑帮分子。这是刘、邓路綫的“杰作”，是不相信群众、害怕群众、包庇黑帮的典型。对創办这个“政治学校”陶鑄火速传令，张平化积极筹办。

十、从几件事情看陶鑄的嘴臉

阮銘同志九月十四日的信，在客观上，有些是直接批評了陶鑄的，而且是触及了陶鑄的灵魂，比如，阮銘同志的信說：有人千方百計地包庇张子意；派变相工作队到教育部去；在中宣部有人支持工作队推行資产阶級反动路綫。这些都是打到了陶鑄的痛处，于是，陶鑄慌了手脚迫不及待的出来声明：我在中宣部的运动中是依靠左派的，中宣部运动的大方向和路綫是对的，“如果說我是走資本主义道路的当权派，我不承认”。

陶鑄那么紧张，慌忙跑出来辯解，眞是“此地无銀三百两”！

十一月二十七日，我們写了一张“和陶鑄同志討論一个問題”的大字报。这张大字报，揭发了陶鑄公然說刘、邓反动路綫是认識問題，而不是立場問題。这张大字报从侧面提到了陶鑄与刘、邓的关系，打中了他的要害，据說，这张大字报使陶鑄六神不安，慌慌张张的問：是这样讲的嗎？随即，就查問有沒有录音？有沒有記录？一再声明报告中关于刘、邓問題的分量說得不輕，并把自己的报告提綱給别人看，让别人驗証，馬上发表“說明”，并指令中宣部文革把“說明”登在中宣部文化革命办公室編的“簡报”和中宣部毛泽东思想紅卫兵編的《战斗快报》上，眞是忙得不亦乐乎！

就从这件事看，陶鑄的面目不就很清楚了嗎？陶鑄来中宣部以来，从不給干部传达毛主席的指示精神。

关于刘、邓的問題，陶鑄对我們一直进行严密封鎖。陶鑄！你以为对我們封鎖消息，就可以保护刘、邓，就可以使你这个刘、邓反动路綫的新代表、党內的野心家不致于暴露嗎？这是妄想！

在毛泽东思想的光輝照耀下，陶鑄現了原形。广大的革命群众已經把陶鑄揪出来了，我們一定要把他斗倒、斗垮、斗臭！

打倒陶鑄！

彻底粉碎以刘、邓、陶为代表的資产阶級反动路綫！
誓死捍卫以毛主席为代表的无产阶級革命路綫！
把无产阶級文化大革命进行到底！
伟大的无产阶級文化大革命万岁！
毛主席的革命路綫胜利万岁！
伟大的中国共产党万岁！
伟大的导师、伟大的領袖、伟大的統帅、伟大的舵手
毛主席万岁！万岁！万万岁！

中央宣传部毛泽东思想紅卫兵編

打倒中南地区資产阶級反动路綫的后台老闆——陶鑄

《人民日报》、《紅旗》杂誌元旦社論指出："极少数頑固坚持資产阶級反动路綫的人，利用这条反动路綫的社会基础和它在党内的影响，兴风作浪。他們使用阴一套，阳一套的种种手段，对抗无产阶級革命路綫，破坏广大革命群众对資产阶級反动路綫的批判。"陶鑄正是这样一个反革命两面派。他就是中南地区少数頑固执行和坚持資产阶級反动路綫的后台老板。

还在一九六六年四月十三日、五月十九日，陶鑄两次作了关于文化大革命的动員。一方面他秉承了黑帮头子彭眞的意旨，把这場文化大革命說成是"不抓人，不杀头，不斗爭；只是开座談会，批判批判。""文化革命是思想上的敌我問題、用人民内部矛盾来处理""我們批判吳晗，把他的思想搞臭，但他还是可以当副市长"。妄图把这場伟大的文化大革命运动引上学术批判的邪路上去。陶鑄还强調各級党委要"十分坚决，十分得力来領导这場斗爭"，在阶級斗爭盖子还未揭开的时候，又提出了划分左、中、右，"党内党外要分左中右"，"社联、教育工会、文联等会員要重新审查，划分左中右"，……这实际上就是为中南地区各級党委、工作队領导运动提出了指导方針。

陶鑄到中央以后，对中南地区的文化革命，表現得特别"关心"。电話往来頻繁，力图控制和鎮压中南地区的文化革命。

陶鑄参加过杭州会議，听了毛主席关于不要急急忙忙派工作組的指示；但是，当刘、邓提出派工作組时，陶鑄却极力贊賞："現在是工作队专政，好的很！"他怕中南局对刘、邓的黑指示执行不力，于六月中旬給中南局打电話，指示要"派强有力的工作組"。他阳一套，阴一套的嘴脸，不是昭然若揭嗎？

六月下旬，陶鑄又来电話，把他在卫生部提出的"左派四条标准"推广到中南来。强調左派要最听党組織的話，也就是說，不管这个組織是好是坏，都要听。

六月二十日左右，陶鑄打电話給中南局秘书长薛光軍，說：各大区都写了运动布署的报告給中央，要求中南局也写一个运动布署报告送中央审批。这个报告写好后，于六月二十三日由中南局书記处书記金明，秘书长薛光軍带去武汉开会。会后，金明、薛光軍根据当时中南局第二书記王任重的黑指示，认为形势复杂得很，强調抓"右派"，还規定了大学学生中百分之三、中学学生中百分之一的"右派"比例。中南局这个《关于运动布署的报告》送去中

央后，身为中央常务书記的陶鑄极为欣賞，他打电話来說："这个报告很快即可批下来。"果然，这个中南局"創造发明"的"抓右派"的报告，便由刘、邓盗用中央的名义批轉給各个大区，向全国推广。后来，"抓右派"这股妖风，不仅把中南地区攪得昏天黑地，而且泛濫全国。除了刘、邓之外，常务书記陶鑄也是罪責难逃的。

王任重等中南局一小撮党內走資本主义道路的当权派和頑固执行資产阶級反动路綫的人，有了陶鑄这个"硬后台"的支持撑腰，推行資产阶級反动路綫更加有恃无恐了。于是便出現了七月三日王任重給湖北省委的一封信，提出了"大暴露，大考驗，大批判，大提高，大革命，大改組"的全面、系統地鎮压革命学生的黑綱領。在这个黑綱領中提出"枪打出头鳥"，要給学生中"个別最坏的戴右派分子帽子"，甚至提出要把"流氓学生"逮捕法办。王任重这个"三七"指示，事先是跟陶鑄商量过的。陶鑄視它如宝貝，把它和刘、邓的黑指示連同中山医学院、南京大学鎮压革命学生的"經驗"列为必讀文章，让当时准备派到各大区鎮压文化大革命的工作队員学习。

陶鑄这个忠实执行和推广刘、邓反动路綫的資产阶級政客，在八届十一中全会以后，更加玩弄他的反革命两面派慣技，背着中央，变本加厉地頑固地堅持資产阶級反动路綫。在中央文教口各部的情况不說，他的手还长长地伸向中南。«中央軍委紧急指示»下达后，中央明文規定要在全国大中学校全文宣讀的。可是，陶鑄狗胆包天，竟敢擅自篡改中央决定，通知广东省委暫不要把«中央軍委紧急指示»在县以下宣讀，反对給因为向工作队和党委提意見而被打成"反革命"、"假左派"、"真右派"的革命群众平反。另据广东省委书記林李明于十一月六日在辯論黑材料的保管和处理問題时說：陶鑄和赵紫阳同志通过电話，陶鑄說：三四天后中央有补充指示下达。要赵等待。赵紫阳如获至宝，按兵不动，至今仍未交出黑材料。

陶鑄就是这样頑固地推行和堅持資产阶級反动路綫，控制中南地区的无产阶級文化大革命，就連一些具体单位的运动，他也是不放过的。这里只举一个小例：十月下旬，中央工作会議期間，去参加会議的中南局秘书长薛光軍曾向陶鑄汇报过«紅卫报»的运动情况，就«紅卫报»运动上不上綫（即是犯方向路綫錯誤）的問題請示陶鑄。陶鑄含糊其詞地說："上不上綫，你們可以考虑，具体情况要具体分析。"意即不同意上綫。后台老板沒有点头，中南局书記吳芝圃、秘书长薛光軍便一直不准«紅卫报»运动"上綫"。报社党委和前工作組在报社革命群众批判揭发的压力下，請示中南局，吳芝圃、薛光軍反而責备他們为什么那么急于"上綫"。結果，一直拖到十一月二十六日凌晨，南下串連革命师生联合造反团跟肖洪达（中南局宣传部副部长、中南局文化革命小組成員兼文革办公室主任、前«羊成晚报»工作組組长）辯論了九个半小时，肖洪达哑口无言，才被迫承认«紅卫报»"在十六条公布之前，犯了方向、路綫錯誤。"象«紅卫报»这样一个中南局管轄下的一个具体单位上不上綫問題，陶鑄不点头，中南局都不敢承认上綫；那么整个中南地区运动上不上綫的問題，能不經过陶鑄批准么！

陶鑄在无产阶級文化大革命中犯下的罪行是罄竹难书的，以上事实只不过是九牛一毛，一鱗半爪，我們呼吁一切革命造反派联合起来，从各个方面彻底揭发陶鑄頑固执行資产阶級反动路綫的滔天罪行，彻底揭发陶鑄反党反社会主义反毛泽东思想的滔天罪行，戳穿两面三刀的資产阶級政客陶鑄的假面具，挖掉埋藏在毛主席身边的定时炸弹！

«紅卫报»革命造反兵团

陶鑄是資产阶級的忠实奴才

——在一个黑会上暴露出的眞相

（一）代表資产阶級发射毒箭

一九六一年，帝国主义、修正主义利用我国遭受严重自然灾害的机会，对我們施加压力，实行經济封鎖，造成我国經济生活一时的严重困难。国內的資产阶級反动分子，也趁此机紛紛出籠，向党向社会主义猖狂进攻。他們采取"拉出去、打进来"的手段，在党內找他們的代理人，妄图自下而上地改变中国的顏色，当时窃踞中南局第一书記兼广东省委第一书記的陶鑄，就是資产阶級在党內找到的高級代理人之一。

一貫吹噓自己"搞阶級斗爭坚决"的陶鑄，在这个时候为資产阶級效劳特别卖力，他利用自己窃踞的領导职权，四出活动，发号施令，要各級党組織和党員干部，无条件地向資产阶級繳械投降，在短短的时間里，他就亲自主持了好几次所謂"高級知識分子"的会議，以中南局名义开了，他又以广东省委名义开，党內开了，党外又开，还命令各級党委，都要仿他的样子，召开投降会議，直到他出国还放心不下，便命令他的得意帮凶王匡，再次于一九六一年十月八日以省委名义召集各厅局党委书記会議，赤裸裸地販卖他亲自炮制的一整套投降主义黑貨。下面我們就将声称代表陶鑄讲話的王匡在这个会上所販卖的陶記貨色，公諸于众，从中可見陶鑄不折不扣地是資产阶級的忠实奴才！

在这个黑会上，从王匡的狗嘴里吐露了陶鑄对毛泽东思想和三面紅旗的刻骨仇恨，不遺余力地进行疯狂攻击，說出了資产阶級分子所不敢公开說的話。他們疯狂地叫嚷："主席讲的敢想、敢說、敢干要与不敢想、不敢說、不敢干結合起来。"公然篡改主席指示。他們还公开誣蔑說，在社会主义社会生活的知識分子"粮食不够吃，油也不够，生病也沒有药医"，还牢騷滿腹地說："难道中华人民共和国要补助几斤粮食也补不起嗎？"他們还造謠說有的"专家"写好书也不能出版，"要拿到香港出版"，甚至連"要用几张好紙也不能解决"。尤甚的是，他們还誣蔑在我們社会主义社会里，有的英文老师被迫在"門口卖糖水"。可見陶鑄和他的奴才王匡对社会主义制度是何等仇恨，对三面紅旗是何等深恶痛絕，他們甚至說我們的学生的英文，"內容都是些三面紅旗、总路綫之类的名詞，外国人是不懂的，英文課本里連个'上帝'也沒有，写信也只告訴人家写'同志'，不懂得英文里本来是应写'你忠实的奴仆'的。"这段黑話，陶鑄非常欣賞。这就赤裸裸地暴露了陶鑄等人对三面紅旗的仇恨和对帝国主义資产阶級卑躬屈膝的奴才面目。这一支比一支恶毒的毒箭，显然是資产阶級通过陶鑄发射出来的。

（二）为資产阶級鳴冤叫屈

陶鑄还通过王匡的狗嘴，拼命地为資产阶級知識分子鳴冤叫屈，大肆散布阶級斗爭熄灭論，大声疾呼要为資产阶級知識分子"摘帽"。陶鑄責成王匡下令："以后不要提資产阶級知識分子这个称呼了"还說："右派早在五七年就划出去了，剩下来的人何必一定給他們戴上資产阶級的帽子呢？为什么我們党內同志对帽子那么感兴趣呢？"这是什么样的論調呵！难道資产阶級的反动本质是别人强加上去的么？难道資产阶級知識分子的阶級本性突然改变了么？

他为了給自己这反动理論找根据，不惜公开造謠說：粵剧名演員"馬师曾受过不吃猪肉的考驗了。"其实，馬师曾这样的人曾几何时沒吃猪肉？这不过是为其貼金罢了。

毛主席教导我們："人民，只有人民，才是創造世界历史的动力。"陶鑄一伙人为了抬高資产阶級知識分子的身价，不惜顚倒是非黑白，将資产阶級知識分子的作用捧上了天。他們公然說："我們常讲的质量、知識、科学、技术从那里来呀？是从高級知識分子那里来的。"甚至連广州的羊城宾館质量不好，"有很多地方不合用而又不能及早发現"，也是归罪于未能很好地发揮資产阶級知識分子的作用。于是，他們就将反动透頂的胡适的后台、反动"权威"馮友兰的老师与清朝皇帝以至蔣介石都有勾搭的反动資产阶級"权威"陈寅恪（現任中山大学教授）这类人捧为"国宝"。一九五八年革命群众批判陈寅恪为"活僵尸"，陶鑄等人憤憤不平，到处为之伸冤叫屈，并且压制革命青年对这个反动"权威"的批判。

（三）向資产阶級卑躬屈膝

陶鑄利用各种場合吹捧資产阶級知識分子，到处頒发投降书，仍嫌不够，又进一步利用职权，三令五申地向各級党組織下达向資产阶級投降的具体綱領。他除了照搬反党头目陆定一的两条投降原則（即：一、不整他們——資产阶級知識分子为反革命；二、向他們学习）之外，又进一步訂出了六条措施：

"一、全省掌握二千人名单，十一月份起每人每月补助食油一斤，粮食十斤；

二、再在这个范围内挑选二百人名单提出保健待遇（按厅局級十一級待遇）；

三、休假住风景区招待所，按四分之一收費（厅局級十一級待遇）；

四、拨一笔外汇专用（治病的进口药和外文資料）；

五、出一学术刊物；

六、在沙面搞一房子，成立学术研究俱乐部，每日补助伙食五角。

此外，他們坐車，省委出油，单位出車。"

大家看看，这样的侍候标准，不是典型的投降主义是什么？那有半点革命味道呢？这班資产阶級老爷有了这样的优厚照顾，那还会有半点思想改造的要求呢？

陶鑄訂出了这样的服侍資产阶級老爷的措施，还唯恐下面的人貫彻不力，又进一步大放厥詞，說什么："要尊重人家，更重要的是要承认人家的优点，要沒认識这个人就先承认他的优点"；又說："要平等待人，不要怕人家翘尾巴。对高等知識分子，我們还怕他不翘尾巴呢！"又說："要侍候人，作好总务工作。有些大专学校里面提为教学服务，为什么不更具体的說也为教授服务呢？……要懂得我們現在侍候的，旣不是地主，更不是官僚。"如此种种，不一而足。如此投降歪論，不亚当年秦檜！

陶鑄不仅发宣言，制綱領，訂措施，还身体力行，奴顏媚骨，令人作呕。一九六一年省委农場供給一些黄豆，有些資产阶級知識分子去买了，陶鑄知訊，为某些单位不給送上門而大发牢騷，說要"追究責任"，生怕劳累了这班資产阶級老爷！对陈寅恪这个"活僵尸"，陶鑄更是唯恐服侍不周，专派得力助手王匡去陈寅恪家里了解他的需要，陈提出三条：一要吃进口面粉；二要吃脫脂鮮奶；三要吃活鮮魚。他們就一口答应。而且，陶鑄还送了陈一架收音机，后来陶鑄从从化溫泉回广州，又特地給陈寅恪送上蜜糖和荔枝干。还給他派了三个护士，专門侍候他。这些事实，足見陶鑄对資产阶級卑躬屈膝到何等田地呵！这样的高級奴才眞是举世罕見！

以上事实可以看出来，陶鑄一伙对知識分子不是采取团結、教育、改造的政策，不是从教育、改造中求团結，而是用高价、用物质刺激收买知識分子，自己甘当奴才还不算，还命令所有党員也去当奴才。这是道道地地的修正主义綱領，比苏修有过之而无不及。它鼓励与支持一部分身存反骨的“資产阶級学术权威”“学閥”更明目张胆地大干反党、反社会主义、反毛泽东思想的罪恶勾当。

陶鑄——赫魯曉夫式的人物

明目张胆对抗毛主席

陶鑄这个大阴謀家，公然說：“太阳也有黑点”，恶毒地攻击我們心中的紅太阳毛主席。

一九五七年四月十七日，陶鑄在作大报告时，公开在数千干部面前攻击我們最最敬爱的領袖毛主席和党中央。他叫囂說：“由于我們在取得全国胜利以后，全国的政权虽然是人民的政权，但政权的直接行使者是在少数人手里，特别是在共产党員手里，这样，就容易使我們脱离群众，产生官僚主义；过去沒有取得政权，要办一件事，必須取得群众同意，現在我們有了政权，往往就容易用行政命令办事，这样，长期习惯于坐在机关里下命令，用行政命令来办事，承上轉下，等因奉此，久而久之，不变成官僚主义也是奇怪的事。”

同志們，請注意，这里，陶鑄不是一般的批評干部中的官僚主义，而是指明：“全国政权的行使者”的“少数人”，陶鑄的矛头指向誰，岂不成了司馬昭之心，路人皆見了嗎？陶鑄居然攻击毛主席和党中央，我們将他的狗头当拍蒜头一样拍碎它！

这里，更不能令人容忍的是：陶鑄竟摆出祖师爷的架势对毛主席和党中央教訓起来。他接着說：“最重要的就是不能脱离群众，从群众中来到群众中去，这样，我們和群众的关系就会不断地、正确地发展，不会是过去历代的統治者与被統治者的关系……”够了，从这一点便可以看出陶鑄对毛主席对党中央的刻骨仇視了。原来，他是把毛主席和党中央看成是“过去历代的統治者”一样！！

了解这一点，就不难明白他在一九五九年大声疾呼，要全省人民都起来学海瑞，都起来反对毛主席、党中央了。他說：“要有海瑞的风格，即敢于提出自己的不同意見，他的风格是很高的，每个共产党員都要学习这种风格。”

同样，了解到这一点，就不难明白这时广东省出現那么多的海瑞戏、发表了这样多的海瑞文章，有的因演不上海瑞戏，就演«齐王求将»、«十奏严嵩»，矛头通通指向党中央，指向毛主席。

陶鑄，你的末日到来了！一切反对毛主席的人都沒有好下場。陶鑄这个大坏蛋同样逃脱不了受人民审判的命运。

陶鑄反对毛主席，我們就砸烂他的狗头！！

陶鑄反对毛主席，我們就把他打倒在地上，踏上一脚，要他永世不得翻身！！！

不准人們学习毛澤东思想

陶鑄反对毛主席，仇視毛泽东思想。在一九六零年三月三十日以大談“学习政治經济学”

为名，抵制革命人民学习毛泽东思想。他說："我們省以下各級党委和各个部門，理論水平是不高的，……对政治經济学就懂得不多，更不能很好地运用政治經济学的理論来指导实际工作。因此，有时候在工作中的盲目性就很大。"接着，他列举了一大堆工作中的問題和錯誤，然后說："所有这些，都是由于缺乏正确的理論指导，工作中盲目性很大所致。"陶鑄大放謬論："社会主义政治經济学的理論，会使我們系統地了解这些道理；这样就有可能避免工作中的盲目性。相反地不懂得和不会运用政治經济学，工作缺乏理論指导，盲目地去搞，就常常会产生乱碰乱撞的情况……"

不仅如此，陶鑄还吓唬大家："（学习政治經济学）这是形势的需要，同时也由于具备了可能的条件。"他說："（学习政治經济学）一方面是为了提高我們对現代修正主义理論的識別能力，以便更好地捍卫馬克思列宁主义；另一方面是为了使我国建設得更好更快，以事实向全世界革命人民和无产阶級政党提供对現代修正主义作斗爭的武器。"

革命同志們，請注意陶鑄下面这段話："可見，我們今天学习政治經济学，同巩固和加强我們和以苏联为首的社会主义各国之間的友好团結，巩固和加强我們和各国人民之間的友好团結，发展和加强全世界革命政党和人民粉碎現代修正主义、捍卫馬克思列宁主义，爭取国际共产主义运动全面的最后的胜利的斗爭，都是密切相关的。"

够了，够了，至此，我們不难看出了陶鑄的大阴謀。原来，他搬出了那需要批判的《政治經济学》来和伟大的毛泽东思想对抗，把《政治經济学》視为神灵，能够系統地、全面地、深刻地、具体地解决我国的社会主义革命和社会主义建設，解决国际共产主义运动的根本問題，"爭取国际共产主义运动全面的最后的胜利。"这一段話，陶鑄一方面抵制伟大的毛泽东思想，另一方面，时到一九六零年，即苏修破坏我們經济建設之后，仍替它撑門面，捧它上天。

革命的同志們，我們讀了陶鑄上面的种种謬論，可以看到，如果按照陶鑄的反动理論去办，那我們手中只要有一本《政治經济学》就够了，我們还要学习毛泽东思想干什么？

好个大胆的陶鑄，居然壮起狗胆企图把我們广大革命干部、革命人民引入歧途，使我們不要学习毛泽东思想，取消伟大的毛泽东思想，从而使我国按着《政治經济学》那一套行事，以便走到修正主义这个罪恶的坟墓中去。

我們警告陶鑄，你不让我們学习毛泽东思想，我們偏学，一千个学，一万个学，活学活用，学到老，用到老。凡是敌人反对的，我們就要拥护。陶鑄，你今天成了我們的反面教員了！

处处与毛主席唱对台戏

毛泽东思想是在新的伟大革命时代全面地系統地发展了的馬克思列宁主义。毛泽东思想是当代馬列主义的頂峰，是最高最活的馬克思列宁主义，是进行社会主义革命和社会主义建設的指針，是战胜帝国主义和現代修正主义的强大思想武器，是实現世界革命最后解放全人类的旗帜。忠不忠于毛泽东思想是眞革命或假革命和反革命的試金石。

可是陶鑄，这个狠心狗肺的家伙，却攻击、污蔑、篡改毛泽东思想，歪曲毛主席的理論，梦想損害毛泽东思想的伟大光輝。毛主席在一九五七年二月二十七日发表了一篇光輝的巨著《关于正确处理人民內部矛盾的問題》，混帐陶鑄在同年的四月十七日在广东省宣传工作会議上唾沫横飞大做其报告。题目是《关于人民內部矛盾和百花齐放百家爭鳴問題》。

毛主席說："在我国，虽然社会主义改造，在所有制方面来說，已經基本完成，革命时期的大規模的急风暴雨式的群众阶級斗爭已經基本結束，但是，被推翻的地主买办阶級的残余还是存在，資产阶級还是存在，小資产阶級刚刚在改造。阶級斗爭幷沒有結束。”

可是陶鑄却把毛主席的伟大論断篡改为：“我国国内阶級矛盾已經基本解决，反革命残余已經基本肃清，人民內部的矛盾已上升到主要矛盾地位。所以說这一問題（指人民內部矛盾）的提出，只有在阶級矛盾解决之后才有可能。”

革命的同志們，毛主席明明指出“阶級斗爭幷沒有結束”，可是陶鑄却說：“阶級矛盾解决了”

对于解决人民內部矛盾的方法，毛主席明确指示：“敌我之間和人民內部这两类矛盾的性质不同，解决的方法也不同。簡单地說起来，前者是分清敌我的問題，后者是分清是非的問題。”

解决人民內部矛盾的方法明明是毛主席提出的，但陶鑄这个混蛋竟然把刘少奇抬出来。他說：“少奇同志讲得很好，他說現在我們解决人民內部矛盾，首先要分清領导本身的是非，然后才能分清人民的是非。”陶鑄贬低毛主席又一例証。

毛主席說：“无产阶級和資产阶級之間的阶級斗爭，各派政治力量之間的阶級斗爭，无产阶級和資产阶級之間在意識形态方面的阶級斗爭，还是长时期的，曲折的，有时甚至是很激烈的。”

但陶鑄的謬論如何？他說：“无产阶級与資产阶級在經济上和政治上的阶級矛盾已經基本上解决了。”

談到地主阶級，毛主席教导我們：“被推翻的地主买办阶級的残余还是存在”。

但陶鑄却說：地主阶級被消灭了，連残余也不存在了。

关于“双百方針”，毛主席說：“百花齐放，百家爭鳴，長期共存，互相监督，这几个口号是怎样提出来的呢？它是根据中国的具体情况提出来的，是在承认社会主义社会仍然存在着各种矛盾的基础上提出来的……”

但是陶鑄居然反对說：“因为国内的阶級矛盾已經基本解决，因而才有可能‘齐放’与‘爭鳴’，假如沒有阶級矛盾解决的前提，就不能提出‘百花齐放、百家爭鳴’……如果阶級矛盾沒有解决，地主阶級沒有消灭，还能爭鳴嗎？

…………

陶鑄与毛主席唱对台戏就这一点嗎？不！他的全部的对抗毛主席的言論不仅不止这一点，就連他这一次讲話中公然反对毛主席的謬論也不止一些。由于篇幅所限，我們仅摘录其中一点点，让革命的同志认識认識陶鑄这个两面三刀的政客面目。

汚蔑我們的革命軍队

陶鑄向党进攻是一貫的，不过有的时候猖狂些，有些时候隐瞞些、阴险些，有时通过指使报紙去搞，有时则赤膊上陣。在上一张传单里，我們主要揭露陶鑄通过报紙向党进攻的罪行，这里我們着重揭他自己亲力亲为向党进攻的罪恶。

大家知道«羊城晚报»是怎样办起来的嗎？原来一九五九年初，那时一班資产阶級右派分子叫嚷我們党沒有园地給他們“鳴放”，于是陶鑄便答应要办一张«晚报»作为“鳴放”园地。后来中間因为种种原因，拖至十月一日才出版。因此，«羊城晚报»一开始就以向党进攻的姿态出現的。

不仅如此、在一九五七年，就是那阶級斗爭最激烈的时候，陶鑄也赤膊上陣了，他以

“处理人民内部矛盾”为名，公开在报紙上发表文章，大量地給党抹黑。他說，“毛主席带領的湖南秋收暴动三十一团”“在士兵和干部中也經常发生吵架、打架的現象”，“他們住在老百姓家里，乱用稻草，拿門搭床鋪，睡后也不給装上，到处拉大便，等等。”“抗日战爭时期，我們在敌后建立根据地，进行抗日战爭，那时和人民之間也是有矛盾的，比如，那时的軍队仍然是住在老百姓家里，尽管軍队紀律很好，总是挤住人家的屋子，老百姓并不是沒有意見的。”“解放后头几年，駐汕头地区的部队住在老百姓家里，群众也沒有什么意見，但是在去年春节，部队买了猪肉、白糖去給老百姓拜年，老百姓却拒絕接受，不要白糖，也不要猪肉，他們說：“最好把屋子还給我，也不要給我拜年。”

看，陶鑄把我們革命的軍队、革命的人民描繪成一个什么样子！！

我們警告陶鑄，我們的軍队是最有觉悟的軍队，我們的人民是最有觉悟的人民，我們的軍民关系是魚水关系，我們的感情是阶級感情。陶鑄把我們的革命軍队描写成国民党反动軍队一般，把我們的革命人民描写成自私自利的小人，眞是反动透頂，我們非把陶鑄的狗头砸碎不可！

陶鑄这个反党急先鋒关鍵时刻就赤膊上陣

就是在阶級敌人掀起了黑风妖浪的一九五七年，陶鑄除了攻击革命的軍队外，还大罵光荣、正确、伟大的中国共产党。

他指着我們党叫嚷：“官僚主义的危害是很大的，而且現在带有普遍性。”他还說：“現在的官僚主义，在我們来讲，还是一个思想傾向。”

好家伙，官僚主义不仅普遍，而且还是傾向，越来越严重，还得了！于是，他恐吓說：“如果我們現在不讲淸这个問題，不注意这个問題，我們就有可能蛻化变成官僚主义者，变成特殊阶級，从而脫离人民，最后被人民所唾弃。”

一九六二年，同样是阶級斗爭十分激烈、尖銳的一年。在这时候，陶鑄又来披甲上陣，向党进攻了。

当时，正値国家受到苏修的破坏和自然灾害的袭击使国民經济出現暂时困难的时候。阶級敌人集中火力攻击“三面紅旗”，从而攻击党的領导。陶鑄也不例外。他在省委五楼召开有数百人参加的厅局长会議上，悪毒地攻击三面紅旗。胡說：“长征苦？长征还沒有大跃进苦。虽然我沒有經过长征，但我有資格讲这些話，我老婆（曾志，原是广东省委候补书記）长征过，我老婆經过长征就是我經过长征。”（按：陶鑄是个吹牛大王，他老婆根本沒有經过长征）。

每到关鍵时刻，陶鑄就出来反党，对这顆定时炸弹一定要把它淸除掉。打倒陶鑄！斬断他的黑手！！

与赫魯曉夫同开一間店鋪

革命的同志們，苏联赫魯晓夫不是极力拍卖他的“阶級斗爭息灭論”嗎？中国的赫魯晓夫陶鑄也积极推銷这一貨色。他叫嚷：“我国国內阶級矛盾已經基本解决，反革命残余已基本肃淸，人民內部的矛盾已上升到主要矛盾的地位。”赫記陶記同开一店。

在明明存在着阶級和阶級矛盾、阶級斗爭的我国，閉着眼說沒有阶級矛盾已属謬誤到极点，更令人可恨的是，这个中国的赫魯晓夫竟然說：“就是看到‘打倒共产党’的口号，也要首先检査我們有沒有不对的地方……”

听！这是什么話！被阶級敌人喊打倒了，还要检查自己不对，这不是同《圣經》所說的，你打我左边的面頰一下，还要轉过脸来，让他在右边也打一下嗎？陶鑄的投降哲学可謂学到家矣！

这个混帐的家伙說了这么一句話还不够，他还說："在貫彻执行正确处理人民内部矛盾的問題上""我看虽然有右的观点，但是不多，左的观点比較多。"那么用什么办法才对呢？陶鑄說："正确处理人民内部矛盾，'大事化小，小事化无'"。看，陶鑄的共产党員的党性到那里去了！

正因为陶鑄认为沒有阶級了，沒有阶級斗爭了，要"大事化小，小事化无"。所以当时有的"作家"要出书，但出版社认为这些书不好，不能出，陶鑄沒有看成这是意識形态方面的阶級斗爭。那怎么办呢？陶鑄出了一个妙計。我下令："采取自費出版的办法，出版社帮助他組織印刷，賺錢归作家，亏本也归作家，盈亏自負。"

看！陶鑄鼓励人們做起生意来了。这个陶鑄共产党員向資产阶級思想完全屈膝投降了。

就是在这种阶級斗爭結束論的思想指导下。直到一九六二年，他还多次强調要給資产阶級知識分子摘掉"資产阶級"的帽子。全国政协在广州举行了会議，陶鑄在会上讲話时說："經过解放多年的思想改造，大多数資产阶級知識分子都有了很大进步，今后可以摘掉帽子，不叫資产阶級知識分子，可叫做革命的知識分子了。"并且荒謬絕伦地說："三年經济困难，考驗大家，都是属于人民了。"他还指着馬师曾說："三年沒有吃猪肉（按：这是假話）还是一样革命，能說他沒有經过考驗和鍛炼？"这眞是荒天下之大唐，吃少一点猪肉就成了革命者，不知那里来的邏輯，况且当时的資产阶級知識分子吃肉就比劳动人民多，因为陶鑄发給他們"高知"票，可买肉、油、水果……

陶鑄吹牛他是"基本无产阶級革命家"，这是自我諷刺。

鼓励农民个人发財

陶鑄是一个老牌的走資本主义的当权派，就在解放初期，他已經是一个資本主义制度的卫道士、黑司令。

一九五二、一九五三年，广东和中南地区先后完成了土地改革运动，这是一个关鍵的时刻。在这时，是領导农民走互助合作道路、走社会主义的道路呢？还是站在富农的一边，引导农民走資本主义的道路？这考驗了一个領导人是无产阶級革命家还是資产阶級革命家的一个試金石。陶鑄在这个关鍵的时刻，却站在資产阶級的立場。一九五二年底到一九五三年初，陶鑄提出了土地改革結束以后，"生产压倒一切"的口号，把发展农业生产，作为土改后的农村的最高无上的任务，要"全力轉向生产"。当时，有人害怕社会主义革命，提出的"巩固新民主主义秩序"的反动口号，企图保住私有制度。而陶鑄在保卫資本主义制度这一点上，比这些人搞得更具体，走得更远。他除了卖力地搞什么的土地买卖，借貸、雇工等几大自由之外，还批評农村干部"怕戴剝削帽子"，不敢放貸，对农民猛灌其"勤劳至富"的方針。陶鑄就是这样要农民走資本主义道路的！不仅如此，陶鑄为了迅速实现他的資本主义迷梦，还以中共中央华南分局书記的身份，勒令广东全省应該开展一个宣传运动，宣传保护农村新的生产关系，以解除农民的思想顾虑，树立勤劳致富的观念。"（陶鑄于一九五三年四月十四日在中共中央华南分局扩大会議上的总結报告）在陶鑄的鼓动下，当时广东农村开展了一个大規模的宣传运动，到处是鼓吹什么四大自由的反动标語。当然，广大革命农民群众，是絕不会跟着陶鑄往資本主义道路上跑的。但是，在資本主义道路当权派陶鑄的策动下，在广东农村里，有一段时間确是資本主义的妖风四起，掀起这股妖风的罪魁祸首就是陶鑄。在这一个事件上，赤裸裸地暴露了陶鑄的走資本主义道路的丑恶嘴脸。

堵塞农民走社会主义的道路

根据党中央，毛主席制定的政策，在土地制度改革后的农村，在把地主阶級所有制改为农民所有制后，必須立刻把农民組織起来，通过互助、合作直至建立人民公社，走社会主义、共产主义的道路，这是唯一正确的道路。可是，陶鑄却不然，他一直是頑固地站在資产阶級立場上，采取維护資产阶級利益、走資本主义道路的政策。在土改結束后，他除了立即采取了上述的反动政策以外，还竭力抵制党中央、毛主席制定的引导农业走社会主义道路的互助合作政策，他对广东广大貧下中农要求組織起来，走社会主义道路的强烈願望抛开不顾，不是大力支持貧下中农的革命要求，而是以“互助合作必需自願”为幌子对农村的互助合作运动采取放任自流态度。因此，在广东农村里，資本主义势力的进攻和某些富裕中农的自发傾向，曾經一度熾盛。后来，陶鑄在一份以省委名义向中央检討的电报中說：“由于对国家工业化需要尽快加速农业合作化的发展速度的迫切性认識不足，因而就不懂得合作化的大发展是一个汹涌澎湃的群众性的革命行动。……但最主要的是对农村情况缺乏阶級分析，土改后，只看到农民生活上升和他們对农业合作化的动摇的一面，（引者按：这是陶鑄对貧下中农的极大的誣蔑，广大农民是坚决要走社会主义道路的），而沒有足够估計絕大部分农民生活不好，迫切要求走社会主义的积极的一面。”其实，在这个問題上，完全暴露了陶鑄的資产阶級反动立場和他的走資本主义道路的黑司令的面目。

一九五三年，我們国家实行了一系列的統购統銷政策，这是保証我国进入有計划地进行社会主义建設的一項重大措施，实行这一系列的措施，也是对資本主义的一个沉重打击，陶鑄对党中央的这一重大政策也是有抵触的，某些統銷政策，經过很长时期，才最后落实下来。

在这里特别指出的是，陶鑄是一个典型反革命两面派，他一貫慣于用两面派的手法，隐藏自己的反革命面目，蒙混过关，打着“紅旗”反紅旗。例如他在土改后提出一系列的有利于資本主义的措施之后不久，听到别人提出的“巩固新民主主义秩序”的資产阶級綱領遭到了批判，他便立即順风轉舵，假惺惺地作了一番检討。其实是把他的右派面目作了一番巧妙的掩飾；但是，本性难移，过了不久，他的反动本能又表現出来了。果然，事隔不久，在一九五七年五月，陶鑄在广东省政协会議上作了一个题为《如何正确处理广东人民內部矛盾的报告》，他在报告中提出“阶級斗爭基本結束”，敌我矛盾已基本解决的謬論，作为保存地主資产阶級反动势力，实行資本主义复辟的准备。

陶鑄罪行累累，罄竹难书。我們一定要把他揭透、揭臭、斗倒、斗臭！

打倒陶鑄，解放中南！

广州日报
- 毛泽东思想工人紅卫軍
- 紅松战斗队
- 无产阶級革命造反总部
- 紅旗公社

揭发陶鑄，打倒陶鑄！

陶鑄統治了广东地区达十七年之久，他是广东省党內走資本主义道路当权派的"大紅伞"，是刘、邓一伙反动路綫的忠实执行者，是两面三刀阳奉阴違的資产阶級反动政客，是埋在毛主席身边、党中央中的一顆定时炸彈。

革命的人民，現在把陶鑄揪出来了，这是毛澤东思想的又一偉大胜利。

現将我們到中共广东省委机关及有关单位收集的材料揭露如下：

陶 鑄 是 什 么 人？

陶鑄——地主阶級的孝子賢孙

地主阶級出身的陶鑄，反动阶級的本性絲毫沒有改变，对他的狗祖宗念念不忘。他的地主母亲死时，他竟要广东省委为他拍一封电报回去，电报中說："在世我不能奉养你（指他的狗母亲），死后也不能去送葬，我不孝了。……"还寄了三百元回去。更严重的是，还利用职权，要中南局以中南局办公厅的名义給他的狗母送了个花圈。

陶鑄与《蔣介石选集》

陶鑄在一次接見中国京剧团的宴会上，問反动艺人馬連良："你見过蔣介石沒有？"馬回答："見过"陶又說："我也見过，蔣介石还是我的校长呢！我是他的学生"接着他又問馬："怎么样？你說蔣介石好不好看？"当时馬不知陶的用意何在，很尷尬，不知如何回答才好，一直不敢回答。陶鑄却說："我說好看。"

可恶，可恨！陶鑄到底还有一点共产党員的气味沒有？

这件事，初看起来似乎是怪事，但是联系历史来看，就幷不奇怪。原来，在一九五七年，陶鑄还主张出版《蔣介石选集》哩！

革命的同志們，难道这还不值得我們深思么？

陶鑄——刘少奇的門徒

（一）一九六四年初中国头号資产阶級当权派——刘少奇带着臭老婆王光美来广东，刘少奇大談特談王光美的四淸功績，陶鑄听后更是大为吹捧王光美，亲自陪同王光美作所謂"四淸經驗介紹"，幷制成了录音在全省四淸工作队播放，甚至制成文件，把王光美"四淸介紹"这株大毒草奉为圣旨。此外，陶鑄还照搬王光美那一套到花县搞試点，造成极坏的影响。

（二）陶鑄調到中央后，他自己己供认，脑子里只有刘、邓二人。在文化大革命中刘、邓制訂和执行了資产阶級反动路綫。

（三）陶鑄最喜欢同刘、邓、彭、罗及他們的老婆在一起鬼混閑談、打麻将。一九六六年某月，陶往京开会住在北京飯店，經常与刘、邓等人打麻将至深夜二、三点钟。据广东知情人反映，陶只要見到刘、邓这伙人就心血来潮，玩个不停。

看陶鑄的恶劣政治品质

大吹特吹他的老婆

陶鑄身为中南局第一书記，一貫爱吹牛皮，在一些高級干部会議中，說他的老婆曾志参加过二万五千里长征（曾志根本沒有参加过长征）。有一次，陶鑄携同他的老婆参加宴会，一位外宾要求見我們参加过长征的女干部，当时接待外宾的負責人眞以为曾志参加过长征，就把曾志介紹同外宾交談，在旁的区梦觉听了吓得脸变黄土，慌忙扯着那位接待外宾負責人的衣角連声說："她沒有經过长征！她沒有經过长征！！"搞得在場的人狼狽不堪，丑态百出。幸得当时翻譯的同志沒有翻譯出去，才免致造成极坏的政治影响。

老虎庇股摸不得

一九五八年秋收后，陶鑄命令在全省农村实行每天吃三餐干飯（按当时粮食实际情况是沒有可能的），造成全省粮食紧张。可是陶鑄为了掩盖自己的錯誤，幷命令在全省农村开了一場反"瞞产"运动，严重地助长了"浮夸风"，挫伤了大批基层干部，后来省委农村一位干部，到从化县錦联大队調查有关粮食增产实际情况，向省委书記处如实反映情况（反映陶鑄提出吃二餐干飯是吹牛皮），岂料陶鑄不仅沒有检查这一錯誤，反而采取打击报复的手段，在一次科以上干部大会上点名批評了那个干部，竭力为自己的錯誤詭辨（赵紫阳也在全省电話会議上点名批評这位同志）。

一九六四年，省委农村社教办公室，按省委的指示，为了摸清低标准社教运动中的問題，更好地指导第一批四清运动，农村政治部、宣传部派了两位同志，到花县炭步公社（中南局的試点）和該社的鴨二大队（陶鑄蹲点的大队）进行調查了解，回来后由一位同志写了一个調查材料，反映炭步公社社教运动后存在一些問題。这个調查材料李子元（省委后补书記）批发給当时在省委召开的地委书記会議参考，陶鑄看了这个材料后，大发雷霆，說是"誹謗"炭步公社和鴨二大队的运动，要追查是誰到他蹲点的地方去。在陶鑄的压力下，写調查材料的同志写了一分报告給李子元，說明經过，但陶鑄还不罢休，在相隔五个月后，在省委会議上，又追查这件事。由此可見陶鑄驕横跋扈，唯我独尊的恶劣政治品质。

两 面 三 刀

欧阳山的«三家巷»大毒草出籠后，陶鑄是加以肯定的。但文化革命开始后，陶鑄看到欧阳山的問題快要暴露了，他就换了一副面孔，假惺惺說："我根本沒看过«三家巷» «苦斗»，这样的书，我才不要看。"一个大区的书記，竟敢在广大群众面前撒謊，企图洗脫他和欧阳山的密切关系，实是两面三刀，无賴至极点！

一件嫁祸于人的严重事件

一九六二年十二月省委××同志要到北京去开会，陶鑄夫妇把××同志叫到房里說："你給我送两箱潮州柑給东北局书記。"（注：在这以前，該东北局书記曾送过苹果給陶鑄夫妇。）××同志就准备了两箱柑子，叫××处一个同志与自己的爱人（系东北人，順路探家）

一起把两箱柑子直接送給东北局书記。东北局还打了收条。

××同志从北京回来后，写了一个关于把事情办完的报告連同东北局的收条一齐交××处負責財务的同志轉給陶鑄。不几天，陶的老婆曾志在省委办公楼三楼碰見××同志时，对××同志說："××同志，这事你办得很快呀！很好呀！謝謝你！"

一九六三年五月开始五反运动时，有人貼了大字报揭发这个問題。陶鑄这个伪君子、两面派，为了維护自己的威信，为了个人向上爬，干了违反中央关于不准送礼的坏事，却嫁祸于人，把責任推得一干二淨，矢口抵賴說："我根本沒有交带过这件事！是××同志捏造的。"这样，一切責任都推到××同志身上。××同志不服，感到委屈，就写了一个詳細报告准备送給陶鑄。后来，赵紫阳用威脇口气对××同志說："你这个报告陶鑄同志是不会滿意的！"这个同志就不敢送了。

伪善面孔

陶鑄平时表面誠实朴素，实是个伪君子，阳一套阳一套。在国家經济困难的时候，××因工作上門請示他。正好他在吃水果，陶便对这位同志說："只有一个，还是我自己种的。……"其实，誰也不会相信这位第一书記艰苦。这不过表現他是个伪善者！而且暴露了陶鑄对現实的不滿。

陶鑄，别人当面送礼物給他，他是"坚决拒絕"的，甚至会批評你一頓，但事后他就派警卫員、司机、炊事員去取。类似这样的事情，为数不少。

陶鑄反毛澤东思想的例証

陶鑄抵制宣传毛泽东思想，禁止出革命宝书也不亚于反革命修正主义分子周揚。一九六五年十月，省委农村四淸运动办公室和省委宣传部合編了一本供四淸工作队員学习的《毛主席語录》，共印了三十万册，却一直被陶鑄扣压不放。

这政治事件的經过是这样：一九六五年下半年，根据广大四淸工作队員的迫切要求，經过中央有关部門的同意，省委农村四淸运动办公室及宣传部参照了解放軍总政的版本及針对四淸运动的特点而編印出《毛主席語录》一册。陶鑄一見样本，就把它定为禁书，下令"全不准发"。后来，只发几本給常委，也发一本給陶鑄。他一看就大怒，重下指令，"不准再发"，連参加編印的同志要求領一两本都被断然拒絕。

这本《毛主席語录》后来是怎样发下去的？这是与旧中宣部压制印刷、出版毛主席著作的滔天罪行被揭发出来了，誰不准印发毛主席著作就要小心他的狗脑袋。陶鑄就是在这种形势逼迫下才同意发去的。

对毛泽东思想、对毛主席著作抱什么态度，这是馬列主义和修正主义的分水岭，陶鑄究竟是站在什么立場上，不是司馬昭之心，路人皆知了嗎？！

反对、歪曲党对知識分子改造的政策

一九六一年底中共广东省委召开了党的代表大会，会上陶鑄专門談了关于"团結改造知識分子問題"。在这个問題上，极尽抵制歪曲毛主席提出的有关知識分子改造政策之能事，与毛泽东思想唱对台戏。

毛主席教导我們："我們現在的大多数的知識分子，是从旧社会过来的，是从非劳动人民家庭出身的。有些人即使是出身于工人农民的家庭，但是在解放以前受的是資产阶級教育，世界观基本上是資产阶級的，他們还是属于資产阶級的知識分子。"而陶鑄在分析我国知識分子队伍时，却胡說："对我国知識分子队伍要有一个正确的估計，他們是人民的队伍，不是資产阶級队伍：一不参加剝削，二不是右派，三参加了工会。原来旧知識分子也不要戴資产阶級帽子……。他作了完全反馬克思列宁主义毛泽东思想的分析，并抗拒党对知識分子的改造政策提供"理論"根据。

毛主席还教导我們："思想改造，首先是各种知識分子的思想改造"，"革命的或不革命的或反革命的知識分子的最后分界，看其是否願意并且实行和工农群众相結合。"但陶鑄却提出了一个对知識分子名曰"改造"，实际上是投降的方針。他說：知識分子也有他們的軟弱性，和資产阶級有千絲万縷的关系，所以要改造，但要建立在团結的基础上进行，首先要关心他們，給予便利。并汚蔑說广东全党对团結改造知識分子重視不够，生活苦，經常批判斗爭，专业研究被称为"白专"，学日語的說成想当汉奸，学英語的被說成想当"买办"……。

恶毒攻击大跃进

一九六二年，陶在省委五楼召开几百人的厅局长会議上，恶毒攻击三面紅旗。他胡說："长征苦？长征还沒有大跃进苦，我虽然沒有經过长征，但我有資格讲这些話，我老婆（曾志，原是广东省委候补书記）长征过，我老婆經过长征就是我經过长征。"（按：陶是吹牛大王！他老婆根本沒有經过长征）。

陶鑄庇护的是什么人

（一）陶鑄是反党分子王匡的后台老板。王匡这个反党反社会主义反毛泽东思想反革命修正主义分子，一直是在陶鑄身边工作，由陶鑄一手提拔起来的。王匡在短短三年內就由广东省委宣传部副部长青云直上当了省委候补书記、中南局委員、宣传部长要职。为什么一个反革命修正主义分子竟能窃錐这样高的职位呢？这是王匡的后台老板陶鑄到中南局不几天，就专門指定要調去的。王匡被革命群众揪出来后，还負隅頑抗，就是因为陶鑄在撑他的腰。

（二）众人皆知的反革命修正主义分子精神貴族欧阳山，是陶鑄"大紅伞"下的人。陶鑄曾公开保欧阳山說："有我陶鑄在，欧阳山就不会倒。"当欧阳山《三家巷》《苦斗》遭受广大工农兵群众和革命知識分子的批判时，陶鑄就站出来，公然为欧解围說："欧的《三家巷》《苦斗》是可以改得好的。"为这两株大毒草定調子，堵塞和抵制了群众的批評。并使得欧阳山有持无恐，頑强抵制批判，叫嚷"批判我八个月，沒有一篇文章說得服我的。"四清时，組織上要欧阳山参加运动，欧阳山极其嚣张地大叫大嚷"别說要我'三同'，我半同也不行。"后来迫于形势，才下了乡。但这个"三反"分子下到海陵公社仍然继續过着精神貴族的生活，坚持反动立場，干尽打击貧下中农的罪恶勾当。但陶鑄无視这些事实，一直庇护到底，竟指定欧为人大代表，上北京开会，不少群众大为不滿說："欧阳山越批判就越爬得高。"大跃进时，欧阳山嫌生活辛苦，曾到生活条件最好的新会县当县委书記不几天，就装病溜回广州，也是陶鑄許可的，并千方百計地为欧阳山安排高級住宅，給他各种良好的物质条件。

（三）陶鑄对馬教曾、紅綫女也极尽保护之能事。陶鑄曾公开說："馬师曾一九五〇年回国，到現在是老革命了。"企图为这个土匪捞取政治資本。在經济困难时期，馬师曾天天杀鸡食，而陶鑄竟經常在大会、小会瞎吹馬师曾"三个月不吃猪肉"，要干部們向他"学习"。把这个土匪捧为干部的"表率"、"标兵"。甚至馬师曾死时，陶鑄为他举行甚为隆重的追悼会，更令人气愤的是还把他安葬在銀河公墓在一起。对紅綫女也是到处吹嘘，說"我宁可不要一个共产党員，而要一个紅綫女。”当粤剧院群众猛揪猛斗紅綫女时，中宣部却要紅綫女上北京参加国庆观礼……。

陶鑄把紅綫女奉若神明，甚至把他的女儿也大为吹嘘，几乎每一次重要外宾来穗，都指定由紅綫女去演出，并經常把紅綫女的女儿給中央負責同志介紹，接見她。紅綫女在过去曾每月領取一千多元的工資。陶鑄說，就是他有本事嘛，如果叫我去唱戏，一张票收五分錢也沒人看，人家还要退票呢。

（四）陶鑄經常給一些反动学术权威人物送厚礼（如送收音机等），而且經常接見那些人，并带他們到最高級的地方游覽。在陶鑄眼里好象沒有这伙人我們的社会主义事业就不能成功一样。反动学者陈寅恪病时，陶鑄給他配了三个护士。群众有意見，陶鑄反駁說：“假如你們有他的本領，我照样給你配三个护士。”这是何其毒矣！

（五）反革命修正主义分子楊奇（原《羊城晚报》总編輯）在老“三反”时是一个大貪污犯，被开除了党籍。不久陶鑄就一再命令《南方日报》党組織要迅速重新吸收他入党，并在《羊城晚报》委之重任。

大力培养个人的权威凌駕在党和毛主席之上

陶鑄执行了一条修正主义的路綫，无处不宣揚个人威信，尤以在文艺知識界里，他每年都要以个人名义給高級知識分子送厚礼，每年冬季总要以个人名义邀請外地高級党外人士来广州度假。有一位仇恨党和社会主义的資产阶級知識分子×××，陶对他关怀备至，在他病危时，陶派人前往医院看望他，那个家伙說：“我相信的是陶先生……，而不是相信党”。

溫泉、鼎湖山、西樵山、七星岩等风景区，过去是不对外开放的，后来陶鑄为了賺錢，便决定对外开放，說什么只要有錢都可以去那里住，結果那些地方便成了高薪阶层人物和港澳資本家的乐园。

一九六三年間，陶以个人名义請中南地区的科学工作者吃飯（設宴会招待他們），宴会后还請他們去軍区礼堂看《白蛇传》、《鴻門宴》等才子佳人、帝皇将相的戏。

陶鑄是中南地区的刘邓資产阶級反动路綫忠实推行者

陶鑄給自己涂脂抹粉，說自己“基本上是无产阶級革命家”。这是弥天大謊。早在去年五月分，陶鑄向中南局、省市委机关干部作文化大革命的动員报告时，就規定要左派才能听，“右派”不能听，运动尚未蓬勃展开，就給群众定左、中、右，訂框框。中南局指示各所属省市各地在运动中要让所謂右派暴露出来，中南各省向各大专院校派工作队，这些都是陶鑄泡制出来的。陶鑄此人，实属中南地区的“刘、邓”，罪恶累累。

陶鑄竭力替刘、邓招政治阴魂

据新华社革命同志揭发：一九六六年九月十五日，我們的伟大导师、伟大領袖、伟大統帅、伟大舵手毛主席第三次检閱文化革命大軍，新华社采取連續向报社发照片。九月十七日晚，陶鑄向新华社摄影部下“指示”，他以政治局常委全部要有照片为名，指令突出刘少奇、邓小平的照片。并叫做赶快把这方面照片送給正在人大会堂开会的陶鑄审閱。根据这个黑指示，新华社摄影部急忙在报紙中挑选了有刘少奇、邓小平的画面，送到大会堂。陶鑄看后立即批发了有刘少奇紧挨着毛主席的一张。这张照片沒有邓小平，陶鑄又另选一张康生同志讲話的，并立即命令送审照片的同志，要他“回去想办法”，把这张照片上原来站在康生同志旁边的陈毅同志换成邓小平。在他的黑指示下，就出現了从另一张照片上剪下邓小平的头，貼在陈毅同志身上的突出邓小平的假照片。

陶鑄費尽心机要新华社发表刘少奇、邓小平的照片，是个极其恶毒的政治阴謀。他的目的是企图利用新聞摄影这个有力的阶級斗爭工具，在尖銳复杂的阶級斗爭中，制造烟幕、混淆視听，欺騙革命群众，保持他們的政治地位。

为勾結刘、邓等"达官貴人"不惜劳民伤財

一九六○年，正当我国經济生活处于暂时困难的时候，陶鑄大肆宣揚广东的气候如何好，吃的如何好，特邀邓小平、彭眞、楊尙昆、李××以及某些中央局书記及他們的老婆孩子共一百多人，組成一个庞大的旅行团，到广州大肆揮霍。单純为了滿足旅行团的麻将瘾，陶竟不顾党紀国法，盗用外汇进口了近十付麻将。后来寒流侵入广东地区，陶鑄极尽逢迎之能事，又大笔一揮，盗用国家外汇进口电暑气几十个，供旅行团分享。

旅行团在广州玩够了，这个一百多人的庞大队伍用六架飞机及部分汽車，浩浩蕩蕩的开赴海南島。此后，每天又用飞机为旅行团运送蔬菜、水果、报紙、画报，还送去电燙斗、电暖器、厨具等东西。陶鑄为了勾結那些所謂中央的"达官貴人"，竟不惜人民的血汗，使出这种卑鄙手段，以达到其向上爬的政治阴謀。陶鑄眞是罪該万死！

陶鑄的"边防"政策是什么貨色？

一、为逃港的牛鬼蛇神大开綠灯。一九六一年到一九六二年，国内資本主义势力和封建势力向社会主义发动进攻达到了高潮。苏修联合美帝国主义和各国反动派，加紧对我国我党进行封鎖、包围、誣蔑、滲透、顚复。国内的妖魔鬼怪、牛鬼蛇神紛紛出籠，认为时机已到，到处活动，企图推翻无产阶級专政，在中国实行反革命复辟。身为中南局第一书記的陶鑄，竟在这个关鍵时刻，为內外的牛鬼蛇神大开綠灯，批示深圳边防地区开放边防。因此，附近地区的地富反坏右分子，成批成批的逃港。仅与香港靠近的一个县，有半数以上的地富反坏右分子逃到香港，这批牛鬼蛇神逍遙法外，充当了帝国主义蔣介石卖国賊反攻大陆的馬前卒。同时由于陶这个批示的罪行，带来这些地区的大块大块的农田被擱荒。

二、支持县委书記大搞走私活动，陶鑄支持惠阳地委副书記、宝安县委第一书記李富林，大搞走私漏税；还批示宝安县为特殊的边防地区，这里的国营商店可以行使外币，这里的社員分配还可以分配百分之几的外币。在这个黑指示影响下，腐蝕了不少干部。这里的市場也成了資本主义市場。而陶还恬不知耻地把香港与宝安县关系說成城乡关系。

三、一九六○年陶鑄亲自出馬，带領反动艺人馬师曾和文艺界資产阶級当权派紅綫女汇合香港資产阶級演員张英、吳楚帆等人参加深圳水庫戏院落成典礼，这一天，陶鑄調动了大批公安人員，到处警戒森严，不准車辆来往，不准工农兵群众通行，傾刻深被恐怖籠罩着，在广大工农兵中造成极坏的影响。此外陶鑄还批准宝安县进口西德、日本和苏联反动色情影片，美其名为"內部参考"拿到县委、省委放映，来腐蝕干部，为大搞資本主义复辟作思想准备。

陶鑄和广东省委是如何互相包庇的？

在这場文化大革命中，陶鑄和广东省委互相包庇，干了不少不可告人的勾当，互相拍馬庇互相保烏紗帽，对抗文化大革命。

一、省委机关批判斗爭反革命修正主义分子王匡时，赵紫阳、张根生心怀鬼胎，上台作了所謂揭发批判王匡讲話。他們的讲話实质上是为了包庇陶鑄，向革命群众要假批判、眞包庇的阴謀。說什么“王匡的問題陶鑄很早就发觉了，一直把王匡作反对派、右派使用。”“王匡是假借陶鑄的名义大干坏事”，明眼人一看就清楚，中南局一成立，陶鑄就把这个原在广东省委任候补书記的王匡調到中南局当宣传部长、中南局委員。王匡的升官，就是陶鑄一手扶植的，这明摆着陶鑄是王匡的后台老板。赵紫阳、张根生千方百計地把王匡的問題說成与陶鑄无关。这不是舍車馬保主帅的阴謀行动又是什么呢？

一、正当紅卫兵、革命师生等革命群众炮轰广东省委、火烧赵紫阳时，陶鑄却跳出来为赵紫阳涂脂抹粉。去年十一月間陶在北京一次接見革命师生时說：“广东省委第一书記赵紫阳人很聪明，人家叫他站起来他就站起来，态度很老实，这对于他克服特殊化、官僚主义作风有改正的希望。”赵紫阳是人是鬼，革命群众正在审查他时，陶鑄就迫不及待跳出来給群众定調子，把赵紫阳的問題有意說成是特殊化、官僚主义作风，居心何其毒也！

三、省委当权派把陶鑄当作一支王牌，陶鑄把广东地区当作自己捞取政治資本的基地。文化大革命初期，陶鑄竭力把广东农村学习毛主席著作树为一面旗帜，大发文章，并組織中南五省到广东农村参观学习。其实广东农村学习毛主席著作也还刚开始，虽有一定成績，但还是初步的。陶鑄极力抬高广东地位目的何在？說穿了，就是为自己和广东省委，双双得利。

在农业建設方面执行了資产阶級反动路綫

自一九五八年以来，以陶鑄为首的广东省委在农业建設方面，一直貫徹了一条資产阶級反动路綫，以大量的投資投注珠江三角洲的建設，輕視和放弃了山区半山区的建設。而以陶鑄为首的广东省委領导人极少下乡到山区，陶鑄更是典型之典型，自己亲自抓的就是花县和从化两县。由于陶鑄和广东省委只顾平原区的建設，其結果使全省的經济发展极不平衡，有有些地区每天三餐干飯还有大量余粮，有些地方每天两餐稀飯，有时还难保；社員收入水平的差距也是十分惊人的，有是地方平均每人每年收入二、三百元，有些地方却低至二、三十元，这不是富的越富，穷的越穷嗎？解放已經十七年了，这种地区差別不但沒有縮小，而是继續扩大，这是什么原因呢？这是陶鑄和广东省委在农业建設方面执行資产阶級反动路綫的結果。

陶鑄在对待知識分子問題上完全执行一条修正主义路綫

他对資产阶級知識分子，只讲团結，不讲改造，不讲阶級斗爭，大搞物质刺激。尤其在經济困难时期，大搞照顾，每月都发“卡片”，吃特殊餐。他还多次在会上讲：“資产阶級知識分子已經改造好了，以后都不要再讲資产阶級知識分子了。”

一九六二年他在省委礼堂处以上干部会議上作的一次报告中說：“文艺作品少，是由于我們对他們的生活照顾不够，所以拿不出东西来，今后温泉、鼎湖山、西樵山、七星岩等名胜风景区都是属于他們的，为他們服务的。”（大意）。同时又說：“諸葛亮是个知識分子，刘备之所以能利用他，就是因为有物质上的攏絡手段。”（大意）請看陶鑄完全取消了党对知識分子的改造的政策，搞修正主义的高薪阶层，为資本主义复辟鳴鑼开道。接着在同年十月間，陶鑄召开了高級知識分子座談会。这个会是黑会，是陶鑄反党反社会主义反毛泽东思想的又一罪証。他胡說什么“对知識分子应有一个新的认識，这是知識分子本身的变化和社会主义經济建設的需要。知識分子，十多年过来了，是否还說他們是資产阶級知識分子？我們不能否认他們中还有一些或少許資产阶級的知識分子，但是我們不能再給他們戴資产阶級知識分子的帽子。陆部长（指黑帮陆定一）讲：一部份是工人阶級的知識分子，另一部份是資产阶級中的左派知識分子，还有一部份是資产阶級中的中間知識分子。不能再給他們戴資产阶級知識分子的帽子了。脫了帽的就是中間分子。”

广东省委根据陶鑄这个黑会上的黑指示，馬上制定了对高級知識分子搞物质刺激的七項決定：

1．一千人的名单，如：工程技术人員、科学家、医生、艺术家、新聞工作者、健将，每人每月食油一斤，每戶每月粮食十斤（孩子多的多些；孩子少的少些）。

2．挑选二千人中的一、二百人在医疗、休养等方面与厅局十一級同等待遇。

3．休假时在风景区按四分之一价收費，厅局級亦如此。

4．每年分出一定数量的外汇作科学家治病之需。

5．明年恢复学术刊物，以便更好展开“两百”活动。（按陶鑄要“明年恢复学术刊物”就是为秦牧等反革命修正主义分子进行反党反社会主义反毛泽东思想活动准备陣地）

6．在沙面搞个俱乐部，使郊区知識分子开会来往住宿方便。胜利大厦先拨出二十个床位，每天一元五角。（按：这就是陶鑄搞的“裴多芬”俱乐部）

7．解决交通問題。名单以上的人車辆要解决，汽油由省委給。

此外，社会活动不超过六分之一，保証充分研究时間。

陶鑄在文艺界中的罪恶勾当

一、陶鑄大跃进后通知省文化局修繕海南島的海瑞墓。后来省文化局就拨了款将海瑞墓修理了。

二、一九六一、六二年間，陶鑄通知原省文化局局长侯甸要修理和重新整理海口市的“五公祠”（“五公”包括海瑞、李綱等几个封建皇朝的宰相和地主阶級詩人苏东坡）。陶对海瑞五体投地崇拜，对封建时代失意詩人苏东坡怀緬頗深。

三、欽县刘永福故居原駐有一連解放軍，因陶說刘永福是抗法英雄，要改为紀念館，叫解放軍搬出。县委及文化館便根据陶当时的指示要求省拨款、拨編制。后来查实刘永福不是民族英雄，而是曾鎭压过云南少数民族及越南人民，十分忠于清朝皇帝的民族敗类。

四、約在一九六一、六二年間，陶在一次文艺界的座談会上作了报告后对侯甸和杜埃說：广东历史上出了許多“名人”，比如南海的康有为，新会的梁启超（二人为均清末保皇党）指示要把梁启超故居挂一个牌子，收集一些梁的文物紀念品。此外，还提到新会明代一位唯心主义理学家陈白沙的文物。

五、大約在一九六三年上半年，正是舞台上帝王将相、才子佳人毒草戏继續泛濫的时候，陶在一次文艺界会議上报告时說：东莞县历史上出了个与岳飞差不多的英雄名叫袁崇范，說他看过东莞县志，宣传这个人的史实很值得編一个戏来演一演，并当場点了省文化館副館长胡希明的名，要胡希明編一个粤剧。袁崇范是明末抗清兵一員“大将”，后因受吳三桂的害，被明朝皇帝罢了官。袁崇范是个对明朝皇帝“忠心耿耿”的人物，陶为什么要表揚、宣传他呢？

陶对历史上这些保皇党、忠于封建皇朝的大官僚及地主阶級的名士詩人，都很崇拜，要为他們修墓、修室、树碑立传。这說明陶鑄是与周揚、陆定一等反革命修正主义分子同穿一条連襠褲的。

六、陶对資产阶級“权威”、“专家”，十分推崇，百般爱护（比如他的“高級知識分子”政策，就是捧他們，物质上給了无微不至的照顾等）他对黑帮关山月极为賞識（关为美术学院副院长），关曾送一幅題名“东风”的画給陶，陶十分欣賞，并回贈新购的画笔、徽墨一盒。

七、他对資产阶級“权威”宠爱的另一例子：一九六三年“五反”时，广东粵剧院群众对馬师曾提了些意見，被馬师曾听到了，便写了一封信給陶，要求“辞职”，陶将信轉了下来，要省委文教部去安慰馬师曾，并說告訴馬“广东粵剧院院长一职，由馬师曾担任到死为止，不必顾虑”。又在六一、六二年几次大会报告中表揚馬师曾，說馬师曾跟我們干部一样，困难时期沒吃猪肉，經过了三年‘考驗’，与我們同甘苦，是革命同志。”其实馬在困难时期，因有特殊照顾，又有八、九百元的月薪，应有尽有。

八、約在六二、六三年間，陶亲自决定要把广东粵剧院的性质明确下来，規定粵剧院性质是挂国家剧院招牌，經济收支則按集体所有制原則处理，有盈余可以不必上繳財政厅。前几年粵剧院每年都有十万元存款，說是給他們作生活福利添置服装道具之用，国家不在乎这几个錢。陶这决定实际上是：①挖社会主义墙脚；②为資本主义复辟鳴鑼开道。

九、王匡亲自泡制的大毒草《山乡风云》演出后，有爭論，陶則一直加以肯定，包庇王匡。后来香港粵語电影界吳楚帆等一大批人到广州来看了，把《山乡风云》捧上了天。陶便在一次会上說：“对粵剧，我說了，你們說了，都不算，主要是靠熟悉粵剧的广东人看了点头才算数。吳楚帆等点了头我看他們的意見是对的”（大意）。陶对国內許多党內同志包括兄弟省代表团的意見不听，倒一心一意听吳楚帆的意見，以吳的意見为准。（吳楚帆是香港典型的資产阶級“名演員”、“粵語电影皇帝”）。

大党閥、大野心家、大陰謀家陶鑄
网罗党羽、結党营私、包庇坏蛋
到处埋下定时炸彈

陶鑄是赫魯曉夫式的大阴謀家，是中国第一号保皇派

陶鑄同头号走資本主义道路的当权派刘少奇、邓小平进一步勾結，狠狈为奸。是刘邓黑司令部的第三号头目。自从陶鑄窃踞了中央书記处常务书記、中央宣传部部长要职以后，他更滥用职权，大肆起用刘、邓、陶司令部里的人物，到处安插亲信，网罗党羽，結党营私。从中南地区調去了大批干部，其中不少是党內走資本主义道路的当权派或頑固坚持資产阶級反动路綫的人，来夺取中央的領导权，为他阴謀篡党作組織上的准备。下面就让我們看看他任用的代理人：

（一）陶鑄把中宣部組成新的閻王殿。他到中宣部后，挑选的部一級干部，不是老中南局的，就是新中南局的。

张平化原任湖南省委第一书記，中南局书記处书記，是个資产阶級反动路綫的頑固坚持者，却安插在中宣部当常务副部长。

雍文涛，原任中南局常委，秘书长，广州市委第一书記，陶鑄把他拉到中央，让他当起中宣部副部长兼国务院文办常务副主任，中央文教部主任（雍已官职累累，陶还嫌不够，又

委任他为北京市委书記处书記）雍文涛这家伙就是北京东、西城区和海淀区糾察队的后台老板，陶鑄的得力帮凶。

熊复也被安放在中宣部当副部长兼新华社社长。他曾任老中南局宣传部副部长，前中南局机关报长江日报社社长、新华社中南总分社社长陶鑄的老部下，是混入党內的大政治騙子，刘、邓、陶黑司令部的喉舌。

刘祖春是陶鑄的忠实奴才，陶鑄很尝識被安上中宣部当副部长兼秘书长。刘曾任老中南局宣传部副部长、秘书长。

（二）中央文教政治部成立之后，全班人馬都是从中南地区招去的。主任是雍文涛，常务副主任孙正是陶鑄的哈叭。陶鑄还让孙正窃踞卫生部临时党委书記。……

（三）陶鑄这个大野心家，大阴謀家，在他力所能及的关鍵性的要害部門，安插他的党羽，如把他的接班人，反毛主席的两面派王任重，塞进中央文革当副組长，并委任王任重为北京新市委的顾問，把原河南省委第一书記刘建勛，安插为华北局常务书記兼北京市委书記处书記，陶鑄为了控制中央組織部，特从中南調了聶济峰，作为他鎮压中央組織部革命的总代表，把中南局組織部副部长楊青安插到中央办公厅当副主任兼国家档案局局长。窃踞了党和国家的机要大权。

陶鑄窃踞中央常务书記以后，明目张胆地与以毛主席为首的党中央唱对台戏。应該由中央常委討論决定的重大問題，他背着中央实行个人独裁。

（一）去年七月十四日在中宣部改組的大会上，陶擅自宣布肖望东提任文化部部长，何伟（原广州市委第一书記，广州市市长，陶鑄的老部下）任高教，教育两部合并后的部长、丁萊夫兼任广播局局长（原仅是党委第一书記，不兼局长）。

（二）刘祖春因在教育部检查的事，触怒了陶鑄，在去年十月十七日一次会議上，陶鑄就擅自宣布撤刘祖春中央宣传部副部长之职。当刘祖春这个奴才投其所好，收回检查，吹捧陶鑄是“无产阶級革命路綫的代表”以后，陶鑄又立即批准刘官复原职。

（三）安插他的亲信张云（原广东省委书記处候补书記）到教育部当副部长，陶鑄只是凭他的死党雍文涛写了一个便条，就决定了。

（四）中央文教政治部是中央的直属部門，和中央宣传部是平行机构，陶鑄为了把中央文教政治部置于他的絕对控制之下，竟违背中央規定，个人决定中央文教政治部由中央宣传部管轄。

（五）陶鑄将他的亲信孙正安插到卫生部去以后大肆給卫生部派干部，力图控制卫生部，将孙正从中南带去的秦燃弄去当政治部副主任，派于汇川去当干部司第一副司长。这两个人的任职，是陶鑄指使张孟旭、孙正給他写一封信，然后由他大笔一揮，就算决定了。

陶鑄在文化大革命中，大反两头；上面反对毛主席，下面反对革命群众。而对于从中央到地方的党內走資本主义道路的当权派和頑固坚持資产阶級反动路綫的人，则竭力包庇、纵容。

（一）他一手遮天，竟敢包庇中国头号反革命修正主义头目刘少奇、邓小平。多次說刘、邓是“老革命遇到新問題”，“只有短短的五十天錯誤。”中央工作会議以后，陶鑄更是变本加厉，公开为刘、邓翻案。竟然叫嚷：刘、邓“对于文化大革命很不理解，沒有經驗，只是认識問題。”接着，他还給这两个中国的赫魯晓夫打保票，說：“刘、邓問題在中央已經解决了，他們现在是中央政治局常委嘛！是人民內部矛盾的問題。”

（二）陶鑄力图将各省、市、自治区党委走資本主义道路的当权派，全部保护过关。他在一次会上，公然說：“全国二十八省、市的第一书記，除两人外（一是黑龙江的李范五、一是甘肃的汪鋒），其余都是人民內部矛盾”。話外有話，他明白表示：中南五省，如反党阴謀家王任重之流都是“无产阶級司令部”；烏兰夫、李井泉之类的修正主义头子都要保护过关；为全国各省市委坚持資产阶級反动路綫、反对毛主席革命路綫的頑固分子鼓气撑腰。

陶鑄推行資产阶級反动路綫、搞資产阶級专政的得力帮凶张平化、何伟、肖望东等一伙，被革命群众揪出后，他竭力包庇，划框框，定調子，說这些人“不是黑帮”，是“执行正确路綫的”。当这伙人被革命群众揪住以后，陶鑄更是怒不可遏，大发雷霆。例如荣高棠这个彭眞式人物，被体委广大革命群众揪住以后，陶鑄在中組部就十分恼恨地說：“文化大革命是搞大民主，古今中外沒有的，但有些学生还不滿足，随便抓，象老鷹抓小鸡一样。体院就把荣高棠抓走了，我不贊成！”

（三）包庇旧中宣部大閻王陆定一、周揚、許立群、姚臻、林默涵、张子意、童大林以及张际春。他在斗爭陆定一、周揚的会上，公然替閻王們的罪行粉刷。他将反革命阴謀政变头目、反党老手陆定一說成是“封建主义多一些”，胡說什么“陆定一在一九六二年批評右傾是好的”，吹捧文艺黑帮头目周揚“有才干”，只是“資产阶級思想多一些。”

陶鑄公然說彭眞的死党許立群“在好的領导下，可以做很多工作；在坏的領导下，也可以干坏事。”陶鑄包庇閻王张子意，更是明目张胆，說张是“老革命”，“不是黑帮”，“与陆定一只是工作关系”，还在一次会上正式宣布：“张子意在文化大革命后期，另行分配工作。”

陶鑄对盘踞在中組部的彭、罗、陆、楊反革命修正主义集团的分店安子文、赵汉、乔明甫、陈野苹、楊以希等一伙野心家、党閥、叛徒，也是处心积虑地包庇。陶鑄完全蔑視中組部广大革命同志的强烈要求，一直不給这伙人停职反省。在一次会議上，公开說：“不宣布他們停职反省为好，他們交待好，还可以当副部长嘛！”赵汉是个死心塌地的反革命分子，陶鑄对他的反革命才能十分欣賞，說：“赵汉年輕，要給出路。李宗仁可以上天安門，为什么不可以給赵汉出路？”

广东省委常委王兰西，原是中央电影局长，黑电影的泡制手，鎭压革命学生的罪魁祸首，也是一个叛徒，革命小将印了《炮打王兰西，猛揪区梦觉》的革命传单，他指示中南局不准革命小将散发这分传单。

网罗、重用右派分子和資产阶級学术“权威”

下面举几个广州主要大专院校的領导成員作为例子：

中山大学——校长許崇清（老牌的資产阶級反动权威），党委第一书記李嘉人（副校长，是頑固执行資产阶級反动路綫的人物）。

中山医学院——党委第一书記兼院长柯麟（反革命修正主义分子），第二书記李靜揚（頑固执行資产阶級反动路綫的人物）。

暨南大学——第一任校长是陶鑄本人，第二任校长是陈序經（老牌資产阶級反动学术权威，美国洋奴。調南开大学当副校长后已被革命师生揪出来了）。前任党委书記梁奇达（修正主义分子，严重违法乱紀，走資本主义道路，已在一九六三年撤职）。現任党委第一书記兼校长楊康华（漏网大右派，党內走資本主义道路当权派、前省委文教部长，統战部长，省委常委，副省长），第二书記兼副校长聶菊蓀（反革命修正主义分子，“三家村”反革命集团头子彭眞手下的老干部）。

华南师范学院——党委第一书記兼院长王燕士（漏网大右派、反革命修正主义分子。前广州軍区政治部文化部长，陶鑄老部下）。

华南农学院——党委第一书記兼院长杜雷（已被革命师生揪出的走資本主义道路当权派）。資产阶級反动学术权威、老右派李沛文（李济深之子，国民党反动高級軍官），林孔湘（大右派），都是学院的紅人。

华南工学院——党委第一书記张进（已被革命师生揪出的走資本主义道路当权派），副院长兼教务长馮秉銓（老右派、資产阶級反动路綫权威）。

陶鑄在广东执行一整套彻头彻尾的資产阶級、修正主义、封建主义的教育方針，是与毛主席的教育思想完全对立的。

① 一九六〇年十月十八日，他在南方日报向广州新聞界干部会上讲話时說："我們学校现在质量提高不少了，去年統考八十分以上的占百分之九，今年占百分之五十六。……"看！陶鑄就是这样公开地宣揚分数主义！他办学的标准，就是学生的分数高，要作分数的奴隶，这正是毛主席所一再反对資产阶級教育制度的一个重要方面。

② 一九六二年五月二十三日，陶鑄在广州軍区軍区礼堂向广东文教战綫干部讲話时讲到"教育方針"时說："今天我要讲个大方針。我看，首先是吃飯，其后才是教育，'衣食足而后知礼义'。"又說："重点中学要保証升高中、大学的质量，一般中学要学会写信、打算盘，可以当会計，培养有文化的工人和农民。是个消灭文盲，普及文化問題。"

陶鑄完全不提毛主席的教育方針，而是和毛主席的教育方針相对抗。**毛主席教导說："我們的教育方針，应該使受教育者在德育、智育、体育几方面都得到发展，成为有社会主义觉悟的有文化的劳动者。"**而陶鑄却把教育看成是"普及文化"，有意和毛主席的教育方針对抗。

更为荒謬的是：陶鑄竟然从孔老二垃圾堆里搬出什么"衣食足而后知礼义"的"理論"来。这是完全否认政治思想工作的伟大作用。

③ 一九六五年五月二十日，陶鑄在暨南大学題詞中說："热爱劳动，努力学习，又紅又专，具有高度的社会主义的觉悟，这就是我們的教育方針。"

注意：陶鑄这个"教育方針"，是一九六五年五月提出的。我們知道：一九六四年春节，毛主席召开了教育工作座談会，对教育工作作了重要的指示，提出了学生要"过一年半軍事生活"、"学制，課程，考試方法都要改。"对我們的教育方針作了进一步的发展。可是，陶鑄这个家伙胆敢不提毛主席的伟大指示，却提出自己的一套"教育方針"，眞是狂妄之极！可恶之极！

从上述可見，陶鑄处处同我們的伟大領袖毛主席唱对台戏的！

煽动資产阶級分子抗拒思想改造，拼命培植特殊阶层

地主阶級的孝子賢孙陶鑄，公然对抗毛主席关于对資产阶級知識分子的政策。陶鑄一味肉麻地、使劲吹捧資产阶級知識分子，以奉以高工資，高待遇，高稿酬，拼命扩大三大差别，大搞修正主义，煽动他們抗拒思想改造，培植复辟資本主义的社会基础。

毛主席教导我們：**"为了充分适应新社会的需要，为了同工人农民团結一致，知識分子必須继續改造自己，逐步地抛弃資产阶級的世界观而树立无产阶級的、共产主义的世界观。世界观的轉变是一个根本的轉变，现在多数知識分子还不能說已經完成了这个轉变。"**狗胆包天的陶鑄却公然对抗毛主席这一伟大指示，在一九五七年五月四日，在省政协会議上讲如何正确处理广东人民內部矛盾的問題中說："党和知識分子的矛盾——过去我們搞运动，有缺点，伤了感情。現在应当有缺点就改正，搞錯了承认錯誤。有些机关对知識分子尊重不够，什么都讲旧社会来的，主要是党員干部的宗派主义。"一九六二年五月二十三日，他在广州軍

区礼堂向广东文教干部讲話，又說："知識分子表现很好，大家知道，我們是共命运的。"看！这是十足的阶級投降主义，完全抹煞了阶級斗爭这一客观事实，閉口不讲思想改造，唯恐对那些資产阶級"学者"、"专家"、"权威"吹捧不够，在一次广州文艺界整风会議上又說："广州文艺界大部分是充分运用他們的才能为社会主义建設服务。""精神生活方面的工作者，都是灵魂工程师。"极力为資产阶級知識分子和混进文艺界的牛鬼蛇神涂脂抹粉，还說："我們提倡自觉为社会主义服务，革命不能勉强。我們是姜太公釣魚，願者上鈎。"一九五九年十月，在广东人民广播电台对广州新聞干部讲話說："我們对新聞工作者，就要求他們比一般做实际工作的同志高明一些。""不仅仅要提高文字技巧，更重要的是增长多方面的知識。一句話就是要多讀书。"陶鑄就是与"三家村"邓拓、吳晗、廖沫沙放的一个屁！陶鑄这个大阴謀家早于一九五七年十二月二十四日，在中山紀念堂向省直属机关干部作上山下乡的报告时說："我們干部一定要成为各种专家。""我們干部如果不钻研生产，如果不成为各級专家，要想实現第二个五年計划，要想使国家成为現代化国家……是不可能的。"陶鑄就是要拉干部上白专道路。他甚至連反革命分子胡风的破烂也爱不释手，提倡了什么"深入群众，就可以写出好东西。"可就是根本不提改造世界观，只字不提用毛泽东思想武装人的头脑。

在陶鑄这种阶級投降政策庇护下，一些所謂"名演員"、"名作家"、"教授"、"专家"等資产阶級反动权威老爷，騎在人民头上，吸吮人民血汗，不到工农群众中去，不和工农結合，而大搞其毒害人民的宣揚封建主义、資本主义、修正主义的"杰作"。为了裝飾門面，就叫欧阳山到南海"蹲点"，紅綫女到阳山"搞四清"，并开动宣传机器，在«羊城晚报»、«广东画报»上发新聞，出画頁，大吹特吹，成了不可一世的"紅人"。陶鑄亲信王匡还叫嚷"叫演員下乡是摧残他們"。請看，陶鑄这条疯狗是何等的猖狂！

陶鑄醉生梦死于資本主义、修正主义，对資产阶級知識分子实行修正主义的"三高"政策，扩大三大差别，制造特殊阶层。

这些"三高"政策就是：高工資——粵剧界馬师曾、紅綫女等人薪金都在千元以上，白駒荣、文觉非、罗家宝等人也每月五、六百元至七、八百元，后来所謂"减薪"，以保持在五、六百元，連一些青年演員也月薪儿百元，高等院校一級教授工資达四、五百元，一般教授月薪也在二百元以上。

高稿酬——出版社、报社、电台，对所謂"名演員"，"名作家"、"名教授"、"名記者"的作品，是稿必登，必播，凡登了播了，必付高額稿酬，欧阳山、秦牧写了大毒草«三家巷»、«苦斗»、«艺海拾貝»，每年有儿万元稿費收入，紅綫女在电台录一次音，就有儿十元，上百元稿酬，反革命分子秦牧从古巴訪問回来，在电台作了儿分钟的广播，就发給他五十元稿費。只要那些資产阶級反动学者权威，张张嘴，放个屁，就把大叠鈔票往他袋里塞。

高待遇——广州各高等院校，都建有高等"教授宿舍"，設計讲究，設备豪华，但只供教授专用，即使空着，一般教师也可望而不得住。馬师曾、紅綫女在华侨新村建有小洋房，还为反革命修正主义分子欧阳山建造一座"特种别墅"，要儿层窗戶，怕蚊子干扰他的創作思路。反革命修正主义分子，前广东人民广播电台台长田蔚的宿舍，因为浴室不称他的心意，就要建了又拆，拆了又建，搞了三次，好让那些資产阶級老爷們过着驕奢淫侈，腐化堕落的生活。在一九六〇年至一九六二年經济生活暂时困难时期，陶鑄又訂出了特殊措施，对高等院校教授，讲师以上，文艺界演員、作家、实行肉、油类，烟、糖的特别供給，給予种种脱离群众的特殊待遇，扩大三大差别培植特殊阶层，大搞修正主义，为复辟資本主义提供前提，眞是罪大恶极，不打倒陶鑄，毛主席的伟大指示就无法得到貫徹。

黑扒手陶鑄胆大包天、恶毒地攻击毛主席《关于正确处理人民内部矛盾的問題》的光輝著作

一九五七年，我們伟大导师、伟大領袖、伟大統帅、伟大舵手毛主席发表了《关于正确处理人民内部矛盾的問題》这篇光輝著作后的第三个月，大阴謀家陶鑄看到正是一个打着“紅旗”反紅旗，攻击、污蔑毛泽东思想的大好时机，于是，他立即召集了省政协的成員們，作了所謂“关于如何正确处理广东人民内部矛盾的报告”。纵观这篇黑报告，提出了广东人民内部矛盾的十多个方面，还提出什么解决問題的主要措施。其实，通篇大放厥詞，压根儿不讲无产阶級和資产阶級两个阶級的斗爭，不讲社会主义和資本主义两条道路的斗爭。这是一篇修正主义的阶級投降书。陶鑄在这篇黑报告中說：“我們搞敌我矛盾、搞阶級斗爭是有經驗的，但搞人民内部矛盾是沒有經驗的。”这里非常明显，陶鑄故意把敌我矛盾、阶級斗爭說成是与人民内部矛盾截然不同的两回事了。喊出一种人民内部矛盾就不是阶級斗爭的的十分荒誕离奇的謬論。**毛主席說：“人民内部的矛盾，在劳动人民之間說来，是非对抗性的；在被剝削阶級和剝削阶級之間說来，除了对抗性的一面以外，还有非对抗性的一面。”**拿陶鑄的說法与毛主席的論断一对照，他故意歪曲，反对毛泽东思想，取消阶級斗爭，取消两条道路斗爭的阴謀，不是昭然若揭了嗎？

陶鑄这个反革命修正主义分子，从这个奇談怪論出发，他如何分析广东省人民内部的矛盾呢？他說：“广东有三千七百万人口，关系比較复杂，有工人、农民、知識分子。”这眞是把群众当阿斗，誰不知道广东有工人、农民、知識分子？又有誰不知道其他省也有工人、农民、知識分子呢？这又怎么“关系比較复杂”呢？他又說：“广东农民比外省复杂，有华侨、渔民、盐民、船民、少数民族，民主党派比較多，还有老革命根据地，又邻近港澳……所以矛盾比較广，比較复杂。”这里罗列的当然是事实，但是，提出这些情况究竟为了什么，他不是对这些情况作出毛泽东思想的分析，用区分两类矛盾的观点，用正确处理人民内部矛盾的观点去看待这些情况，使人們自觉地进行阶級斗爭，投入社会主义革命和社会主义建設运动，而是别有用心地吓唬人們，說什么“这些矛盾解决不好，更容易出問題”，叫嚷“人們工作要特别謹愼”，企图轉移人民群众进行阶級斗爭，进行两条道路斗爭的方向，压抑人民群众进行社会主义革命和建設的积极性，这不是反毛泽东思想又是什么呢？

陶鑄对于农村阶級关系的分析，完全不提两条道路的斗爭，他把农村出現的問題，統統归納于“农民和国家的矛盾”，歪曲城乡关系。于是，他大力提倡大搞小自由，助长資本主义自发势力。陶鑄为了“論証”农村出現的問題是“农民和国家的矛盾”，于是，他列举了“五大事例”。他說，第一是“农民和国家有矛盾，一个是国家的計划和农民的經营生产有矛盾。……还有猪的价格問題，国家收购价低一些，农民不願卖。”“城乡关系間有矛盾，……农民想到城里来，我們不叫他們来，他們有意見。”这是其二。第三是“干部作风不民主，强迫命令，有些合作社干部有貪污現象，問題不少。”第四是“集体和个人”有矛盾，自由市場一开放，养鴨养鸡，不願出工；合作社限制社員搞副业，社員有意見”。第五是“有一些人想搞单

干，有些人搞商业。小贩……合作社想办法限制单干戶。”陶鑄罗列的“五大事例”，到底反映一个什么問題呢？他只字不提农村阶級斗爭，他提出了两个解决这些問題的“药方”，他說，第一“搞一个大丰收，問題就基本解决。”第二“可以允許社員搞副业”，“合作社分給社員的占社員收入百分之七十，社員家庭收入占百分之三十，这是个大体上的标准。……一个主要劳动力一年应出一百二十个工。……合作社应帮助社員搞家庭副业。”

陶鑄罗列的农村問題“五大事例”，其实是农村阶級斗爭的反映，是农村两条道路斗爭的表現形式，但陶鑄却故意不提它的本质，即两条道路的斗爭，而是别有用心地把“农民和国家的矛盾”突出来，把农村中出現的問題归罪于国家“收购猪的价格低”，把責任推到国家身上，閉口不談农村資本主义势力在兴风作浪，这难道是陶鑄一时疏忽或是“理論”水平低嗎？不！而是他充当了农村資本主义势力的代言人。从陶鑄所提出的解决矛盾的两条“药方”中可以看出；陶鑄是一个农村資本主义自发势力的代言人。他說“搞一个大丰收，問題就解决了。”这是十足的經济主义的謬論。試問，农村中如果不搞突出政治、突出毛泽东思想，不搞好思想革命化，不解决两条道路斗爭的問題，阶級斗爭的問題，丰收又从何来？即使有个好年景，但如果不坚持走社会主义道路，而是向資本主义的斜坡滑下去，一定滑到資本主义老路上去，广大貧下中农就会回到旧社会的苦海中。但陶鑄又說，“可以允許社員搞家庭副业”、“社員副业收入可占百分之三十”，还說一个主要劳动力一年只要出工一百二十天就算尽了对 集 体的义务。这不是明目张胆扶植农村的自发势力嗎？

陶鑄对关于城乡关系的說法，也是严重歪曲的，按照陶鑄的“理論”，城乡矛盾主要表現在“农民想到城市中来，我們不叫他們来。”而农民想进城的原因是因为城市“生活好，待遇高”。解决的“处方”，就是“組織干部下乡，和农民一起生产，加强和农民的联系。”此話听来，似是而非，但細細分析，又是抛掉阶級分析，抹煞两条道路斗爭的偸梁换柱的手法。陶鑄的一貫伎俩，善于用一些表面現象去迷惑、欺騙一些人，以达到他掩盖阶級斗爭、搞阶級調和的目的。

城乡关系，也是一个阶級斗爭的反映。在資本主义社会，城乡关系是对立的。在社会主义社会，在城市和农村彻底搞社会主义革命，城乡差别就能逐步縮小，城乡关系問題就得到解决。而陶鑄撇开这些不談，而大讲“农民想进城，我們不叫他們进城。”什么农民才放弃集体生产不顾而想进城？这要有一个阶級分析，不能象陶鑄那样不加分析地一概而論。絕大部分坚决在农村搞社会主义的貧下中农，是决不会放弃集体生产想进城去追求“生活好，待遇高”的。随着农村社会主义革命的不断深入，农民活学活用毛主席著作，思想觉悟大大提高，集体生产一年比一年好，集体經济不断巩固和壮大，广大农民决心在农村干一輩子革命，这些事实，是不容陶鑄抹煞的。陶鑄說“組織干部到农村去劳动”，并不是为了干部改造思想，和貧下中农同甘共苦，促进思想革命化，共同建設社会主义，而仅仅是为了“加强和农民的联系”，这不是为了搞阶級調和，装門面，做幌子，以掩盖阶級斗爭又是什么？！

抹黑能手陶鑄說：“合作社干部問題不少”，貪污呀，强迫命令呀、作风不民主呀，等等。請同志們注意，陶鑄这些話，都讲在一九五七年五月初，那时候，正是广东实現农业合作化不久，广大农村基层干部，成了农业合作化的带头人和骨干，他們响应毛主席的伟大号召，开始走上农业合作化，走社会主义道路。当然，他們当中，也有一些人作风有些問題，但主流是好的，决不是象陶鑄所讲的那样滿地螞蚁，“問題不少”。陶鑄的这些話讲完不久，資产阶級右派分子也利用“不民主”，“强迫命令”，“貪污”等等罪名，攻击农村基层干部，提供右派分子向党猖狂进攻的“炮弹”，有陶鑄的一份“大功劳”！

陶鑄还以"各打五十大板"的手法，說什么"合作社限制社員搞副业，社員有意見"，"有一些人想单干，……合作社想办法限制单干戶"。我們不禁要問陶鑄究竟宣揚什么，提倡什么，反对什么？陶鑄在这些关系到农村阶級斗爭，两条道路斗爭的关鍵問題上，总是那样吞吞吐吐，含含糊糊，充分暴露了他两面三刀，搞阶級調和的丑恶嘴脸。**毛主席教育我們："我們必須坚持眞理，而眞理必須旗帜鮮明。我們共产党人从来认为隐瞞自己的观点是可耻的"。**陶鑄在关鍵問題上装糊涂，耍两面三刀的手法，对抗毛主席的教导，想道这还有半点共产党員的气味嗎?!当然陶鑄所坚持的資本主义道路，他必然不可能旗帜鮮明，必然要隐瞞自己的观点，来欺騙群众了。

陶鑄搞資本主义复辟，还表現在"工資問題"、"福利問題"、"地下工厂合法化問題"、"坚持临时工制度等"一系列問題上，大力販卖修正主义黑貨。他宣揚什么，"工人方面的矛盾——提高工資以后，工資更不合理了，有些太高了，要降低；太低了，可以調高一些。……有些胜利中存在一些問題，如房子問題。"这是一。第二，"工厂管理不够民主"。第三"临时工不能轉正，学徒可以毕业，但明天才能轉正。"第四，"地下工厂需要的可以合法，改为地上工厂"……。

把陶鑄这些黑貨拿来解剖一下，便可以更清楚地看出他要搞垮社会主义的恶毒居心了。他把工資、福利問題放在"工人方面的矛盾"的第一位，这是糖衣炮弹，是从赫魯曉夫那那里撿来的修正主义破烂。他妄图以物质刺激来收买工人阶級，大搞經济主义，完全抹煞了两条道路的斗爭：到底要把工矿企业办成社会主义企业还是資本主义企业这个实质問題。

陶鑄說什么"工厂管理不民主"，实际也是有意掩盖問題的实质。一九五七年正是苏修一整套工厂管理制度束縛着我們工矿企业的发展，資产阶級的技术"权威"也限制了工人的积极性和創造性。要彻底改变我們的工厂管理制度，把我們的企业办成眞正的社会主义企业，必須打碎旧的一套，而不仅仅是什么坏民主的問題。陶鑄在这里使用的一套欺騙手法，是为了达到他不可告人的政治目的服务的。

学徒制是資本主义残酷剝削工人的一种方式。"临时工"制度是胡少奇等人一手泡制的修正主义黑貨，受到工人强烈的反对。但陶鑄对这些黑貨視如珍宝，执意坚持，可見他从来就站在資产阶級的立場上。更卑鄙的是，陶鑄这个野心家，竟然公开为那些不合法的，专門破坏經济的"地下工厂"找出路。他不是疯狂地說什么：只要"需要"，地下工厂可以合法，改为地上工厂。这不是明目张胆地为資本主义复辟鳴鑼开道，取得"合法"地位嗎？

在劳动力就业問題上，陶鑄提出一条所謂"过渡办法"。他大肆叫嚷"开放手工业"，开放劳动力的"自由市場"，"不能扣得那么死"，在陶鑄这个黑指示下，广州市的私人开办的"学校"，曾一度泛滥成灾。这些"学校"，成了传播資产阶級思想的陣地，成了爭夺青年一代的資本主义場所。至于开放"自由市場"，更是陶鑄在"劳动就业"的幌子下，大挖社会主义的墙脚。

在毕业問題上，陶鑄别有用心地强調"能升学的，尽量帮助他們全部升学。"在他的心目中，毕业生的出路，首先是升学，而不是服从社会主义革命和建設的需要。什么党的号召，知識青年上山下乡，都是无关重要的，"升学"第一。就在陶鑄发表这一謬論的前两个月，我們伟大領袖毛主席提出**"没有正确的政治观点，就等于没有灵魂。"**这一光輝論点。毛主席对我国的教育方針、知識分子和青年学生的政治教育問題，作了重要的指示。陶鑄有意完全不提毛主席这一指示，强調"能升学的，尽量帮助他們全部升学。"这是有意和毛主席唱对台戏，以升学第一来反对党的教育方針，其居心可謂毒矣！

更阴险的是，陶鑄公然提出“华侨学生可以照顾，他們要出国，可以。”明目张胆地鼓励华侨学生离开社会主义祖国，去投奔資本主义世界。陶鑄的反党反社会主义言行，果眞到了丧心病狂的程度！

毛主席在《关于正确处理人民內部矛盾的問題》中强調指出：“在我国，虽然社会主义改造，在所有制方面說来，已經基本完成，革命时期的大规模的急风暴雨式的群众阶級斗爭已經基本結束，但是，被推翻的地主买办阶級的残余还是存在，資产阶級还是存在，小資产阶級刚刚在改造，阶級斗爭并没有結束。”陶鑄却公然在他的“正确处理广东人民內部矛盾”的报告中与毛主席这个正确伟大的阶級分析大唱反調，抹煞阶級斗爭，甚至劝說人民去怜惜我們的阶級敌人。如他談到华侨的問題上就說过这样的話：“摘掉地主的帽子的华侨，他們一定要原来的房子，应該叫农民給他們换房子。”华侨，本身并不一个阶級，保护华侨正当的利益这是党的政策，但陶鑄讲这句話絕不是为了保护华侨利益，而是以“保护华侨利益”作幌子，站在地主阶級的立場，叫农民去“迁就”地主，这就暴露了陶鑄眞面目。**正如毛主席所說的：“凡是劝說人民怜惜敌人，保存反动势力的人們，就不是人民的朋友，而是敌人的朋友了。”**

在对待資产阶級分子問題上，陶鑄大贩阶級調和論黑貨。**毛主席在《关于正确处理人民內部矛盾的問題》中严正指出，資产阶級的“剝削根子还没有脫离，他們同工人阶級的思想感情、生活习慣还有一个不小的距离。”**并且說：**“就是不拿定息，摘掉了資产阶級的帽子，也还需要一个相当的时間继續进行思想改造。”**陶鑄却拒不执行毛主席这一指示，在报告中极力充当資产阶級的辯护士，甚至不惜顚倒黑白說什么“我們干部对工商业者看不到他們进步一面。”这岂不是說資产阶級改造得不錯了嗎？不需要再强調阶級斗爭了嗎？事实是如此嗎？不！就在陶鑄发表这个謬論后不到一个月，資产阶級右派分子就向我們党发动猖狂的进攻。从以上事实不是让我們更清楚地看到：在資产阶級右派分子向我們党猖狂进攻的前夕，陶鑄扮演的是一个什么角色！

毛泽东思想工人紅卫軍广州日报联絡部
毛泽东思想革命造反紅卫兵广州日报工人总部
广州日报无产阶級革命造反总部
暨南大学“黄洋界”战斗团
一九六七年一月三十一日

陶鑄在暨大犯下的滔天罪行

前　　言

1958年——1963年，陶鑄在任中共广东省委第一书記、中共中央中南局第一书記的同时，兼任暨南大学校长。在这期間，他从暨大的筹办、基建，定名、設計，到教学方針的制定，人員的配备，样样都管，正如暨大前副校长、党委书記，反革命修正主义分子梁奇达、聶菊蓀所一再宣称的那样：“陶书記是非常关心暨大的。”但是，陶鑄这个政治大扒手在暨大究竟干了些什么呢？一句話：对抗毛主席提出的教育方針，培养精神貴族，大搞資本主义复辟。下面，让我們看事实：

一、公然对抗毛主席所提出的教育方針

毛主席教导我們："我們的教育方針，应該使受教育者在德育、智育、体育几方面都得到发展，成为有社会主义觉悟的有文化的劳动者。"毛主席在《被敌人反对是好事而不是坏事》一文中又說："抗大的教育方針是：坚定正确的政治方向，艰苦扑素的工作作风，灵活机动的战略战术。"

陶鑄在兼任暨南大学校长期間，对抗毛主席所提出的教育方針，眞是达到极其猖狂的地步。一九六五年，他給暨大題辞，題辞全文是："热爱劳动，努力学习，又紅又专，具有高度的社会主义的觉悟，这就是我們的教育方針，也是暨大的校风。"

陶鑄在这个題辞中，竟只字不提学习毛主席著作，不提听毛主席的話，做毛主席的好学生，不提培养"有社会主义觉悟的有文化的劳动者"。須知，一九六五年，全国已掀起了学习毛主席著作的高潮。陶鑄在这个題辞中抵制毛主席的光輝思想，把所謂"努力学习"放在极其显要的位置上。他不让全校革命师生按毛主席提出的教育方針办事，而是别有用心地給暨大另外提出这么一套所謂"教学方針"和"校风"。暨大曾經有一个教师气势凶凶地对同学說："陶鑄的話都不听，还听誰的？"由此可見，陶鑄的毒种，已經在暨大生根发芽了。在某些人心眼里，只要听陶鑄的話，只要按陶鑄提出的教育方針办事，就是最正确的了。

誰反对毛主席，我們就要打倒誰，这是我們最坚定不移的信念。陶鑄如此猖狂地反对毛主席提出的教育方針，我們坚决要斗倒他，斗臭他！

二、培养精神貴族，大搞資本主义复辟

陶鑄在兼任暨南大学校长期間，明目张胆地对抗毛主席所提出的教育方針，用一套修正主义的教育方法来办学校，用資产阶級人生观来毒害青年一代，在这方面，陶鑄的罪恶也是罄竹难书的！

为誰而学习？这是摆在每个学生面前的一个重大問題。毛主席教导我們："全心全意地为人民服务，一刻也不脫离群众；一切从人民的利益出发，而不是从个人或小集团的利益出发……"干工作应抱着这个目的，学习也应該抱着这个目的。可是，陶鑄竟然与我們最最敬爱的領袖毛主席唱对台戏，公然鼓励学生为自己而学习。一九六三年，他向暨大全校师生員工作了一次讲話，他說："学好毕业，你們高高兴兴，对得起父母，不論到那里工作，或在国內，或回华侨家里，工作不困难……，你們努力学一下，不是为学校，而是为你們自己。"毛主席教导我們"为人民服务"；党号召我們"为革命而学习"，而陶鑄呢？却鼓励学生为父母、为自己而"努力学一下"（即个人奋斗一下），陶鑄要把学校办成什么？要把学生引向何方？不是一目了然了嗎？

陶鑄兼任暨南大学校长期間，反复强調暨大要"面向海外"。怎样"面向海外"呢？請听他1963年在暨大的一个报告里的自白吧！他对学生說："毕业后，願意出去工作（按：指到資本主义国家謀生）也可以，就是不搞社会主义，也会起作用的。"毛主席对青年說："世界是你們的，也是我們的，但是归根結底是你們的。……希望寄托在你們身上。"毛主席是多么关心和信任我們青年啊！毛主席要我們負起創造美好未来的重任。可是陶鑄却煽动学生"不搞社会主义"。陶鑄要把我們的社会主义大学办成資本主义复辟陣地的狼子野心，不是昭然若揭了嗎？根据陶鑄的"指示"，暨南大学一九六三年（或一九六四年）已批准五个毕业生到香港、澳門就业了。

为了使暨南大学彻底地变成資本主义复辟的陣地，陶鑄一再鼓吹暨大应該“自由化一点”。一九六二年，陶鑄派他的欽差大臣、广东省委宣传部长王匡到暨大，說暨大可以自由化一点，可以收学費，伙食可以分几等，学生可以住单人床，四人住一間房也可以。当时，社会上一批牛鬼蛇神兴风作浪，大刮“单干”的妖风。陶鑄、王匡之流到暨大煽黑风、点鬼火，与社会上牛鬼蛇神配合，大搞資本主义复辟。

一九六〇年，陶鑄对暨南大学和华南师院学生作了題为《理想·情操·精神生活》的报告，把一群封建統治者的孝子賢孙奉为“榜样”，要学生向他們学习。还不遺余力地鼓吹个人奋斗。当时暨大的某些領导也忙着出来帮腔，竭力提倡学生“坐板凳”（即坐下去埋头学习专业，不要管国家大事）。在陶鑄和他的应声虫的鼓动之下，当时暨大就有很多学生不問政治，成天关在屋里讀书，有些人竟可悲地走上了歧途。

总之，陶鑄在兼任暨南大学校长期間，完全把暨大当做資本主义复辟的試驗田来办。他所要培养的是資产阶級的精神貴族；他所醉心大搞的是資本主义复辟。

三、拾起“暨南”臭招牌，开个“校董”杂貨鋪

“暨南大学”为什么叫作“暨南大学”？揭开罩在这块金字招牌上的紗布，同样可以暴露出陶鑄的丑恶灵魂。

“暨南大学”原是抗日战爭前海外資本家在上海設立的一所典型的資产阶級大学。由于这所大学的后台是大資本家，加上当时該校主持人善于拍馬逢迎，于是，旧“暨南大学”就在海外的大資本家和資产阶級知識分子中，留下了所謂影响。

在一九五八年的大跃进号声中，教育事业蓬勃发展，中央决定在广州創办一所社会主义的新型的大学。也就是这个陶鑄，从他的資产阶級立場出发，如获至宝地检起“暨南”这块散发着資产阶級腐臭的招牌，欽定了这个校名，并举笔揮毫，为这个大学題下了“暨南大学”四个大字。难道从这里我們还不能看出陶鑄灵魂深处喜欢的是什么嗎？

我們的伟大領袖早在一九四五年就英明地指出：“我們是主张自力更生的。我們希望有外援，但是我們不能依賴它，我們依靠自己的努力，依靠全体軍民的創造力。”但是，作为省委的領导人的陶鑄，无視毛主席的教导，南霸一天，在暨南大学筹建时，就为这所社会主义大学的資本主义复辟鋪平了道路。

暨大的筹建还未就緒，陶鑄唯恐暨大的資本主义复辟过于迟緩，于是，死死地抱住了海外大資本家的大腿不放。馬上由他出面，組成了校董会。并亲自推荐了廖承志为董事长，李嘉人为副董事长。所謂董事会，完全是資本主义国家的臭貨色，可是堂堂陶鑄，却把它搬到社会主义国家的学校里来了。这岂不是“天方夜談”？不过，这也不奇怪，因为陶鑄要在暨大搞的，就是資本主义复辟！那么，暨大校董会又是什么貨色呢？簡言之，就是一間資本主义复辟的“杂貨鋪”。校董中，大資本家占了絕大部分。毛主席教导我們：“我們应当相信群众，我們应当相信党，这是两条根本的原理。”可是，陶鑄办暨大死死地抱住海外大資本家的大腿不放。如果說这也是“統战”的話，那么，我們不禁要問：陶鑄，你要把我們国家的教育事业“統”到什么地方去？

在无产阶級专政的国家，在培养社会主义事业接班人的新型大家中，出现这种奇怪的現象，眞是絕无仅有，破天荒第一回。

这种現象是偶然的么？不！絕不是！这是陶鑄大搞資本主义复辟的一个組成部分。陶鑄明目张胆地对抗我們伟大領袖毛主席的指示，不遺余力地进行資本主义复辟，其居心何其毒

四、招降納叛，网罗牛鬼蛇神

毛主席說："一个軍事学校，最重要的問題，是选择校长教員和規定教育方針。"陶鑄給暨大选择什么样的人来办学呢？是梁奇达、陈序經、楊康华、聶菊蓀、方思远之流的一大批右派分子、牛鬼蛇神，就是这些人，掌握了学校的大权，大肆販卖資产阶級、修正主义的貨色，企图把暨大引上資本主义复辟的道路，为資产阶級培养大批接班人。

陶鑄兼任暨大校长时，选择了梁奇达作为他的副手。梁任职后，忠实地执行陶鑄的修正主义的办学路綫。一九六三年，梁奇达的修正主义面目暴露了，再也无法混下去了，陶鑄就假惺惺地在全校师生員工面前，装模作样地开了一个大会，把梁奇达的职务撤去，以掩盖他继續在暨南大学实行資本主义复辟的阴謀。接着，陶鑄又派陈序經来当校长。陈序經是何許人也？他是个大洋奴，是美帝的大走狗，資产阶級反动权威。他毕业于美国，并在美国得到博士学位，又曾为美帝国主义效劳了好长一段时間。起初，这个脑滿腸肥的家伙不知怀着什么不可告人的目的，不願到暨大来。然而，在陶鑄再三再四的"懇請"下，他終于应邀而来了。陈序經接任校长时，陶鑄带着他来，并向全校师生員工作了一次讲話，宣称他的暨大校长之职交給陈序經，还說，他是来办移交手續的。在这个会上，陶鑄竭力吹捧这个极端反动的資产阶級学术权威，說什么陈序經是老岭南大学的校长，他搞暨大工作将比以往更好等等。老一輩的人都知道岭南大学是一个地地道道的資产阶級学校，是一所貴族的、公子哥儿的学校。毫无疑問，这样的学校的校长是什么貨色？陶鑄却看中了这样的一个人，还把他說得天上有地下无，其目的就是为了更好地在暨大搞資本主义复辟。然而，"好景"不长，陈序經的反党、反人民、反毛泽东思想的面目很快就暴露了。在这次无产阶級文化大革命中，他已被南开大学的革命师生揪出来了（陈后来調到南开大学）。反革命修正主义分子、漏网大右派楊康华（前广东省副省长）之所以来暨大当校长，也是陶鑄一手选拔的。

陶鑄似乎有很大的决心要把暨南大学"办好"，因此，他除了物色他的"理想"的人物当校长以外，他还得有一批手下"大将"来响应他的号召、执行他的路綫。所以他也不畏"艰辛"地为暨大搜罗了一批他意中的党委书記、系主任以至一般的教师。

修正主义分子聶菊蓀是陶鑄所宠爱的。陶鑄曾說："調聶菊蓀来当书記，是上級領导决心把暨大办好，加强暨大工作。"看！陶鑄多么"关心"年青的一代！陶鑄眞的为培养好下一代而呕尽心血嗎？聶菊蓀是什么人？这个一貫与党离心离德的家伙，在社联工作时就犯下极端严重的錯誤，来到暨大以后，又和楊康华等党委一些負責人忠实地执行陶鑄的一整套修正主义办学方針，完全依靠資产阶級"专家""教授"办校，大搞資本主义复辟。在文化大革命中，又执行了資产阶級反动路綫，打击、压制群众。党委副书記、反党反社会主义反毛泽东思想分子方思远、牛鬼蛇神罗戈东、卢文，以及右傾机会主义者黄焕秋等，都是陶鑄一手抽調来的。

臭名昭著的方思远是潮阳县的县委記书，在潮阳犯下了滔天罪行，"五反"时群众对他进行了坚决的斗爭。但过了不久，这个高踞于人民头上的"干部"，人民目中的恶霸、土皇帝，却被陶鑄看中了，把他調来暨大作党委副书記。由于陶鑄对他的重用，因此，他很得意。他曾公开說："如果說我是杜桐（中文系牛鬼蛇神）的后台老板，那我的后台老板就是陶鑄。"从这里可以看出陶、方的关系，这次文化大革命中，戈枫（工作队队长）一再保护方思远，就是因为有陶鑄这个后台老板。

三十年代的僵尸、周揚門下的打手、“国防文学”的鼓吹者——何家槐，早在三十年代就以各种各样的手段来攻击鲁迅，然而，陶鑄却把他挖出来了，并調来暨大当中文系的系主任。暨大中文系×××反右时是个大右派，后来他写信給陶鑄，要求調到大学搞古典文学。陶鑄认为他是个好材料，也就送到暨大来了。陶鑄的走狗楊康华唯命是从，还在党員大会上說：“准备調一个人来，你們一定不滿意，不滿意也要接受，因为是陶鑄同志調来的。”

陶鑄就是这样用两面三刀的手法，欺騙党中央和毛主席，不遺余力地結党营私，培植私人势力，腐蝕年青一代，以达到他的反党反社会主义，把中国引向資本主义复辟道路的罪恶目的。

全体工农兵群众、紅卫兵战士、革命的知識分子和革命师生联合起来，彻底揭发、批判政治阴謀家陶鑄的一切罪行，肃清其流毒，把无产阶級文化大革命进行到底！

暨南大学黄洋界战斗团

广州日报无产阶級革命造反总部

陶鑄在交际接待部門推行的修正主义貨色

資产阶級反动路綫的新代表，刘、邓資产阶級反动路綫的忠实推行者，两面三刀的政治大阴謀家，毛主席身边的定时炸弹——陶鑄，已被广大革命群众揪出来了。这是以毛主席为代表的无产阶級革命路綫又一个新的伟大胜利。

“独有英雄驅虎豹，更无豪杰怕熊羆”。我們是舍得一身剐，敢把陶鑄拉下馬的革命造反者，我們要彻底揭发和清算陶鑄在交际接待部門推行資产阶級修正主义接待路綫的滔天罪行，坚决把他斗垮、斗臭、斗倒！

十几年来，广东省的交际接待工作，执行的是一条修正主义的接待路綫。这条路綫的制定者就是陶鑄。陶鑄在广东省和中南局当第一书記期間，搞“独立王国”，施展两面三刀的手法，明一套，暗一套，抵制和对抗中央的指示。他在交际接待工作上，大力販卖西方資本主义国家和修正主义的貨色，企图实行資本主义复辟；他采取剝削阶級的交际手段，任意揮霍国家和人民的財富，討好“上級”，拉攏干部，收买人心，扩大和发展个人的影响，捞取政治資本，达到他往上爬的个人野心。我們怀着无限憤恨的心情，揭发和控訴陶鑄在接待工作所犯下的滔天罪行：

揭开“接委”的黑面紗，陶鑄的丑恶灵魂毕露

一九六一年，我国由于遭受三年严重的自然灾害，加上苏修的破坏，国民經济出现了暫时的困难。当时党內一小撮走資本主义道路的当权派和社会上的牛鬼蛇神，乘机兴风作浪，企图把社会主义方向扭向右轉，实行資本主义复辟。就在此时，陶鑄批准把原交际处改为“广东省委接待委員会。”他赤膊上陣，一馬当先，为这个“接委”制定了一条“自負盈亏”的走資本主义道路的总方針。他竟然把一个党委机关变成为一个資本主义經营形式的企业，完全摆脫国家計划部門的安排和財政机关的监督。在陶鑄这条黑方針的指引下，以陆荧、苏汉华、李文、苏瑞光等一小撮当权派把持下的“接委”，成了配合社会上牛鬼蛇神，扰乱和破坏我国財政金融，販卖資产阶級黑貨的有力工具。当时，社会上的牛鬼蛇神兴风作浪，煽动一些人从国外寄运食物和用品，干尽其投机倒把之坏事。国外的資本家也乘机大搞物資进口，

渗注我国市場。在这个时候，毛主席向全国发出“自力更生，奋发图强”的号召，但陶鑄不去执行毛主席的指示，也沒有抵制这股黑风，而是以照顾改善人民經济生活紧张和爭取多赚外汇为借口，依靠和乞求外来的“支援”，陶鑄竟然同意“接委”管轄的侨务部門大搞联运。陶鑄这样做就是打着“紅旗”反紅旗。接委挂起省委的招牌，打着侨务部門运輸华侨物資的旗号，在祖国的边防进出口处設点摆摊，与港澳資本家大做生意，充当了資本家向我国傾銷物資的运輸站，給这些吸血成性的資本家在社会主义中国大开投机倒把、破坏国民經济之門。更令人气憤的是，他們唯恐触怒和得罪資本家，怕生意做不成，竟利用交际接待手段，把資本家捧为上宾。在資本家面前献媚，嘻皮笑脸，点头哈腰，大搞請客送礼。一套令人作呕的奴才相，如此卑鄙！如此可耻！

不仅如此，在陶鑄的黑方針指引下，当时的“接委”走資本主义道路更跨进了一步。他們不是把获得的外汇上繳国家，而是打着发展农业生产需要的旗号，向香港进口了上千吨的化肥。他們又利用化肥，到处拉关系，大搞非法协作，換取牲猪、三鳥、蛋类、白糖和水果等副食品，破坏国家的統购統銷政策。換来的副食品囤积如山，单是冷庫存的猪肉就有十万多斤，相当于当时二十万人一个月的供应量。这些副食品，除供宾客食用外，还作为宾館高价对外开放之用。几經轉折，暴利累累，仅一年左右，“接委”的經营利潤竟高达六百多万元。此款本应上繳国家，但由于有了陶鑄这个“自負盈亏”的“皇牌”，“接委”也就据为己有。有了这一笔巨款，以陶鑄为首的省委一小撮人，就大讲闊气，大摆排場，大搞伙食补貼，大搞請客送礼，揮金如土。单招待費一項就用去近四十万元(房租、伙食补貼、宴会等項)。直到一九六二年底中央通报批評“广东省委接待委員会”两起“事件”（羊城宾館，即东方宾館清仓隐瞞物資，九佛农場領导违法乱律)。这一下，給了陶鑄当头一棒，他見势不妙，生怕問題暴露，无法收拾，便急急忙忙宣布撤銷“接委”。陶鑄想得太聪明了，历史是客观的事实，你想逃脱也是逃脱不了的。今天，你終于受到人民的清算。

大搞高級楼、堂、館、所，大卖封、資、修貨色

一九五九年后，党中央和国务院三令五申，严禁基建、楼、堂、館、所。但是陶鑄这个两面三刀的家伙，利用广东“得天独厚”的条件，打着接待外宾需要的旗号，背着中央大搞扩建和新建高級宾館。不但在广州，而且在省內一些风景区，大量修建别墅式的招待所。单广州市新建的就有东方、越秀、珠江、小島、人民大厦新楼、山庄、双溪、三元里矿泉等八个大小宾館(大厦)；扩建的有溫泉、迎宾、胜利等宾館，加上原有的人民大厦旧楼，东风大厦等已有大小十三个宾館(大厦、旅社)，但出尽风头的陶鑄，醉心于“尖端”，他感到广州的“人民大厦”还不是全国最高，因此又再建一座全国最高的二十六层大厦，想在中国搞“摩天大楼”，并在黃婆洞又修建一座“大观园”式的别墅。就这样，一建再建，一个比一个高級，一个比一个洋气，一个比一个堂皇，現在广州地区新建和扩建宾館的面积，就有十多万平方，投資高达三千多万元。陶鑄所搞的都是高級的宾館，有些宾館一套房間一个晚上的租价高达五十元、八十元，三元里矿泉旅社竟然高达一百元和二百元！大家看，这是为誰服务？为誰而建？陶鑄口口声声說：面向工农。但他所搞的宾館、旅社有多少是为工农兵服务的呢？还不是为一些养尊处优的少数人服务的嗎！陶鑄自己也表白地說：“貧下中农不能叫他們享受这样好的生活，因为他們享受好了，他們就会有意見……”大家听，这是什么話？这不是陶鑄的地主阶級反动本质的大暴露嗎！

陶鑄喜爱的是什么？是封、資、修字号的东西，他极力鼓吹把西方的破烂搬过来。在陶

滲注我国市場。在这个时候，毛主席向全国发出“自力更生，奋发图强”的号召，但陶鑄不去执行毛主席的指示，也沒有抵制这股黑风，而是以照顾改善人民經济生活紧张和爭取多賺外汇为借口，依靠和乞求外来的“支援”，陶鑄竟然同意“接委”管轄的侨务部門大搞联运。陶鑄这样做就是打着“紅旗”反紅旗。接委挂起省委的招牌，打着侨务部門运輸华侨物資的旗号，在祖国的边防进出口处設点摆摊，与港澳資本家大做生意，充当了資本家向我国傾銷物資的运輸站，給这些吸血成性的資本家在社会主义中国大开投机倒把、破坏国民經济之門。更令人气憤的是，他們唯恐触怒和得罪資本家，怕生意做不成，竟利用交际接待手段，把資本家捧为上宾。在資本家面前献媚，嘻皮笑脸，点头哈腰，大搞請客送礼。一套令人作呕的奴才相，如此卑鄙！如此可耻！

不仅如此，在陶鑄的黑方針指引下，当时的“接委”走資本主义道路更跨进了一步。他們不是把获得的外汇上繳国家，而是打着发展农业生产需要的旗号，向香港进口了上千吨的化肥。他們又利用化肥，到处拉关系，大搞非法协作，换取牲猪、三鳥、蛋类、白糖和水果等副食品，破坏国家的統购統銷政策。換来的副食品囤积如山，单是冷庫存的猪肉就有十万多斤，相当于当时二十万人一个月的供应量。这些副食品，除供宾客食用外，还作为宾館高价对外开放之用。几經轉折，暴利累累，仅一年左右，“接委”的經营利潤竟高达六百多万元。此款本应上繳国家，但由于有了陶鑄这个“自負盈亏”的“皇牌”，“接委”也就据为已有。有了这一笔巨款，以陶鑄为首的省委一小撮人，就大讲闊气，大摆排場，大搞伙食补貼，大搞請客送礼，揮金如土。单招待费一项就用去近四十万元(房租、伙食补貼、宴会等項)。直到一九六二年底中央通报批評“广东省委接待委員会”两起“事件”（羊城宾館，即东方宾館淸仓隐瞞物資，九佛农場領导违法乱律)。这一下，給了陶鑄当头一棒，他見势不妙，生怕問題暴露，无法收拾，便急急忙忙宣布撤銷“接委”。陶鑄想得太聪明了，历史是客观的事实，你想逃脱也是逃脱不了的。今天，你終于受到人民的淸算。

大搞高級楼、堂、館、所，大卖封、資、修貨色

一九五九年后，党中央和国务院三令五申，严禁基建、楼、堂、館、所。但是陶鑄这个两面三刀的家伙，利用广东“得天独厚”的条件，打着接待外宾需要的旗号，背着中央大搞扩建和新建高級宾館。不但在广州，而且在省內一些风景区，大量修建别墅式的招待所。单广州市新建的就有东方、越秀、珠江、小島、人民大厦新楼、山庄、双溪、三元里矿泉等八个大小宾館(大厦)；扩建的有溫泉、迎宾、胜利等宾館，加上原有的人民大厦旧楼，东风大厦等已有大小十三个宾館(大厦、旅社)，但出尽风头的陶鑄，醉心于“尖端”，他感到广州的“人民大厦”还不是全国最高，因此又再建一座全国最高的二十六层大厦，想在中国搞“摩天大楼”，并在黄婆洞又修建一座“大观园”式的别墅。就这样，一建再建，一个比一个高級，一个比一个洋气，一个比一个堂皇，現在广州地区新建和扩建宾館的面积，就有十多万平方，投資高达三千多万元。陶鑄所搞的都是高級的宾館，有些宾館一套房間一个晚上的租价高达五十元、八十元，三元里矿泉旅社竟然高达一百元和二百元！大家看，这是为誰服务？为誰而建？陶鑄口口声声說：面向工农。但他所搞的宾館、旅社有多少是为工农兵服务的呢？还不是为一些养尊处优的少数人服务的嗎！陶鑄自己也表白地說：“貧下中农不能叫他們享受这样好的生活，因为他們享受好了，他們就会有意見……”大家听，这是什么話？这不是陶鑄的地主阶級反动本质的大暴露嗎！

陶鑄喜爱的是什么？是封、資、修字号的东西，他极力鼓吹把西方的破烂搬过来。在陶

鑄这条修正主义路綫的指导下，把无产阶級的宾館建得奇形怪状。有西洋化的东方宾館，日本式的人民大厦新楼，大观园式的三元里矿泉旅舍和黄婆洞，盘景式的山庄、双溪旅舍，一些旅舍还搞室內花园，园中有园，还准备搞什么水晶宫，望月台等一些資产阶級腐朽沒落的东西。山庄旅舍是典型的資本主义产物，从外型的設計到家具样式都是日本式的，是林西資产阶級腐朽灵魂的代表作。当建好时，林西馬上向陶鑄报功。陶急忙亲临“視察”，看后大加贊賞，并說：“不錯，有文化，高水平，其他地方也可以再搞一点嘛！（大意）”大家听，陶鑄不就是在推行修正主义黑貨嗎！陶鑄曾对他最宠爱的得意門生林西說：“你的錯誤已經給你搞清楚了嘛，（五二年“三反”犯錯誤），为什么这样消沉，挺起腰来嘛，你是有才干的人，大胆干嘛，……。”言下之意，就是我陶鑄相信你，支持你，按照我陶鑄的意图去办沒有錯，在陶鑄的指使下，林西更加猖狂地到处推行黑貨。三元里矿泉旅舍、黄婆洞相继出現。这些别墅的建筑和装館更加抽象、更加浪漫、更加洋化。不但新的这样搞，对原有的宾館也多方設法改建。迎宾館內的园林本来已是不錯，可是陶鑄看不慣。于是要林西、郑少康仿照西方色彩，花了八万多元，把迎宾館內的园林搞得不中不西，破坏了原来的民族色彩。改建后，陶鑄从北京开会回来，一下飞机就馬上驅車到迎宾館来“驗收”，他环繞一周，大加贊揚地說：“搞得好，广东还是有水平，能搞出一些东西来。（大意）”陶鑄对溫泉宾館的基建更是“重視”，对一些地方稍不如意，他就指示重新改建，一改再改，一次比一次高級，本来該館在六〇年前已有大小楼房二十六幢，但陶鑄还感到不够雅致，不够高級，亲自拨了三百多万元大搞大观园式的小别墅。“修”就“修”在这里，烂也就是烂在这些！

陶鑄把广东的接待部門当作他的小天地，他对宾館很“重視”、很“操心”，从基建設計，客房布置，家俬設备，以至一草一木都要过問，还亲自下令溫泉宾館进口英国的百叶窗，美国的冷风机。可是对宣传毛泽东思想不但不提倡，而且极力反对和仇視。一九六一年，×××給溫泉宾館写了一首毛主席詩詞，准备挂在客房，陶鑄知道后，很不滿地說：“应該把自己心里所想的东西写出来嘛，不要老写别人的。”大家听，陶鑄不是在公开反对毛主席又是什么呢？有的宾館提出要挂字画，陶鑄就积极支持，并說：“上海有很多名画家，可以花点錢請他們来嘛。”結果那些所謂“名画家”就云集广州，大放毒草，各个宾館触目皆是，可是毛主席画象，語录和反映工农兵生活的詩画一点也沒有，陶鑄是心知肚明的，但却不聞不問。

陶鑄就是这样披着馬列主义的外衣，大力吹捧和推行封、資、修的腐朽貨色，有意的抵制毛泽东思想，把社会主义的宾館变成西方式的“游乐园”，現在广州市大小十四个宾館（大厦）就是陶鑄修正主义路綫的物証。

利用交际接待手段推行“和平演变”阴謀

中央和国务院从五一年以来，就多次明文規定：“不准用公款請客，不准用公款送礼。”“严格禁止举办不应举办的宴会，不得在开会时随便請客，不准用公家的物品送礼。必須举办的宴会，一般应按四菜一湯的标准从俭办理。”可是以陶鑄为首的中南局和省委，十几年来一直采取阳奉阴违，用明一套，暗一套的手段，对抗中央指示。他們名义上也有所規定：“对国內来往客人一律不宴請，不送礼。”“內宾一律不摆烟、茶、水果、糖等”。“必須的宴会应按四菜一湯的标准办理”。这个規定，只不过是为他們对抗党中央和国务院指示的挡箭牌。陶鑄說的是一套，做的又是另一套。他为了收买人心，扩大和发展个人的影响，捞取政治資本，他干了許多对抗中央的罪恶勾当。我們是搞具体接待工作的，我們最清楚。陶鑄在广东統治时期，請客送礼，任意揮霍人民的血汗，所用之款是无法計算的。他以什么“广东特产”，“广东风味”，“食在广州”等等为由，大設筵席和送礼。而且宴請的范围越来越大，宴請的对象越来越广，有老上級，老同事，老战友，老部下，又有外地剧团，名演員，名艺术家，高級知識分子，高級民主人士等等，五湖四海，面面俱全，无所不請。宴請的規模也是一次比一次大，独桌有之，几十台甚至上百桌的也有之，宴請标准低者有几十元，高有百多元一桌。陶鑄不仅在广州地区这样放肆，他往北京开会时也是如此。有一次他到北京开会，食指一动，便打长途电話回广州，派人专程給他送去两条狗和其他一些野生动物，在京大請其客。

中央規定：“內宾不准招待烟、茶、水果、糖”，但陶鑄却与中央这个規定唱反調，給接待部門規定說：广东是水果之乡，应該摆水果。有一段时期，接待部門按照中央指示办理，沒有摆烟、茶、水果、糖。陶鑄聞知后，杀气騰騰，責罵說：“广东是水果之乡，你們为什么不給人家水果吃呢？”不仅如此，陶鑄以广东是水果之乡和越秀牌香烟产地，所以送水果，送越秀牌香烟更是不在話下，一九六一年，为了送两箱潮州柑給东北局第一书記宋任穷，便派了一个干部花了三百元交通費专程送去。一九六二年全国××会議几百人在广州召开，陶鑄大作人情，大慷国家之慨，給与会者每人送白糖五斤、猪肉两斤、高級香烟一条。受厚礼者无不称贊陶鑄“好客”，可是国家則为他的送礼付出一笔巨大的开支。陶鑄請客送礼眞是枚不胜举。

“活跃生活”为何人，招来貴客“逛海南”

中央有关規定：“所有招待部門对来往人員的吃飯、住房、用車，一律都要按規定收費。”而广东省在陶鑄的授意下，省委則規定：“凡属接待疗养对象，房租一律免收。”这个資产阶級接待路綫的規定，受到广大职工的抵制，以陶鑄为首的省委，却泡制出一个“象征性”的收費制度。即收四分之一，二分之一和以戶計每天一元等規定。更令人气憤的是，一九六〇年到一九六二年，正当我国遭到严重自然灾害，国民經济出現暫时困难时，陶鑄却破例地拼命指示：“要开放风景区，活跃人民群众的生活。”大力鼓吹住好，吃好，玩好的阴风。陶鑄的“活跃生活”是指什么呢？請看：就在这个时期，他大批大批地組織全国那些所謂高級知識分子、名演員、名作家、名画家、民主人士等到风景区，高級宾館度假休养。光广东省就批准了二百多名所謂“高知分子”，对这些人实行了一个特殊照顾的制度，住房可以不收費，吃飯有补貼，放映专場电影等等。如他批准本市四十名“教授”在胜利宾館专門留用了二十个房間，不收費。自六二年一月到六六年六月，整整四年半时間，国家就要給他們付出达十二万四千多元的房租費。大家看，只是四十个“教授”，国家就要付出这样的巨款，可想而知，全省将要多少呢？！可是，推行修正主义路綫的陶鑄，他怎么会想到这些？他实质上是以此招降納叛，培养貴族，在政治上就給了那些沒有改造和沒有改造好的所謂高級知識分子过着荒淫无耻的剝削生活，放弃了对他們的思想改造，給无产阶級造成了养痈遺患的后果。在經济上，大挖社会主义的墻脚。

一九五九年，陶鑄为了籠絡“上司”，邀請邓小平、李井泉和黑帮头子彭眞等十多戶共一百多人(包括家属和随行人員)，成群結队，浩浩蕩蕩，来广东过春节。这些人到广州后，陶鑄为了使他們更风流，又請他們到海南島去游覽。海南此行，惊天动地。陶鑄为了博取“上司”欢心，不惜一切人力和物力，专派六架飞机来往广州——海口，两艘炮艇来往琼州海峽，二十多辆小汽車奔跑湛江——广州，海、陆、空护駕森严。陶鑄为了在“上司”面前显示他的殷勤，特意在途中一些重点县安排吃飯和休息。陶鑄还下令沿綫各县粉刷房屋。有的县仅仅其道而行之，他不是提倡演革命現代戏，而是大力吹捧演出被埋葬了帝王将相，才子佳人的所謂传統戏。这就暴露了陶鑄打着“紅旗”反紅旗的眞面目，和周揚是一丘之貉。

陶字号的“广东酒家” 毕筵四桌花款一万余

一九六五年广东省在北京設立一間高級飯店——广东酒家。广东酒家的建立，有以陶鑄为首的中南局和广东省委一小撮人不可告人的目的。陶鑄等人說：北京有广东籍的国家領导人和高級民主人士，可就是沒有一間广东风味的飯店。于是大兴土木，用十八万多元改建了一間“广东酒家”。与其說是为了关心国家領导人的生活，不如說是推行修正主义搞特殊阶层的黑貨。这間酒家的經营由于陶鑄等人給定了突出“广东风味”的調子，所以专营广东的山珍海味，野生动物，这些食物和用料都由广州运去，国家每年要为这間小小的酒家亏补六万至十万元的巨款。而更令人气憤和惊奇的，是陶鑄在“广东酒家”开幕时，他出尽风头，不遺余力，亲自出馬，大搞請客，四桌宴会，威震首都，惊动南北。他兴师动众，下令所需食物尽要广东出产的山珍海味和野生动物，并且要活生生的。結果从广州运去的野生动物应有尽有，遙遙数千里，上有专机空运，下有火車专卡，还有几个干部专为护送。他不仅請客的标准大大超过了国宴的标准，每桌一百四十元(国宴六十——八十元)，更惊人的是为了搞这四桌宴会，专机和火車专卡的运費就花了一万七千多元（其中专机一万四千多元，专卡三千多元）平均一桌宴会四千多元。陶鑄何等闊气！何等派头！揮霍劳动人民的血汗何等放肆！

以越秀牌香烟为誘餌 收买“上司”籠絡人心

陶鑄为了达到往上爬而干下的又一罪証：他为了迎合和討好刘少奇等极少数人，不顾政治影响和財力、物力損失，大搞特殊化，于一九五九年下令广州中一烟厂专門生产越秀牌香烟，为刘少奇等少数人服务。

越秀牌香烟，名义上是中国商标，实际上是外国香烟。这种香烟的烟叶有百分之三十是进口的，所有配料基本上也都是西德、法国、英国、南非等国家进口的，几年来单是进口原料就用去外汇五万多元。国产烟叶占百分之七十，但这些烟叶都要經过严格挑选，一百斤国产烟叶只能挑出二至三斤。为了生产越秀牌香烟，滿足陶鑄等人的要求，中一烟厂不得不抽調二十多人成立高級制烟組。当任务急时，还要派专人到云南、河南等产烟地区空运烟叶，为了少数人享受，就有一大批人为他們服务。越秀牌香烟每包成本八角，但是售价只是五角八分。几年来不但耗去了大笔外汇和人力物力，国家还要为这些享乐者补貼差价一万五千元。

越秀牌香烟一度因原料缺乏，又亏本，加之人力不足，中一烟厂曾停止生产。因为沒有香烟作为“貢品”，陶鑄就难以在刘少奇等人面前献媚了。这可触怒了陶鑄，他在一九六四年的一次輕工业工作会議上，就大发雷霆，大声叫：“中一烟厂最臭蛋。中一有沒有人来，站起来”。大家看！陶鑄是多么盛气凌人，仅仅由于越秀牌香烟，就如此嚣张，这不就暴露了陶鑄与刘少奇等人有着不正常的关系嗎？所以在文化大革命中，陶鑄忠实地执行了刘、邓的資产阶級反动路綫是不足为奇的，是有其內因的。

陶鑄在交际接待系統推行的是一条地地道道的修正主义路綫。这条反动的修正主义路綫不仅在我省的接待部門影响极坏，毒素很深，而且泛滥全中南，罪恶滔天！

“宜将剩勇追穷寇，不可沽名学霸王”。我們将同中南和省市接待系統的革命造反派、革命同志們一起乘胜追击，穷追猛打，继續揭发陶鑄的罪行、砸烂資产阶級接待路綫、彻底鏟掉修正主义的根子，不获全胜，决不罢休！

打倒資产阶級反动路綫！

以毛主席为代表的无产阶級革命路綫胜利万岁！

无产阶級文化大革命万岁！

战无不胜的毛泽东思想万岁！

伟大的中国共产党万岁！

我們伟大領袖毛主席万岁！万岁！万万岁！

广州日报联絡部等

陶鑄的修正主义新聞、文艺路綫

陶鑄提出的“移風易俗，指导生活”，是修正主义新聞路綫的总綱領

毛主席在《对晋綏日报編輯人員的談話》中指出：“报紙的作用和力量，就在它能使党的綱領路綫，方針政策，工作任务和工作方法，最迅速最广泛地同群众見面。”毛主席在一九五八年一月又指出：“一张省报，对于全省工作，全体人民，有极大的組織、鼓舞、激励、批判、推动的作用。”从毛主席的这些指示中，我們可以看到，党报是阶級斗爭的工具，而党报的根本任务在于宣传伟大的毛泽东思想，宣传党的綱領路綫、方針政策，以教育和团結人民群众，同阶級敌人进行斗爭。但是，陶鑄却別有用心地在一九六〇年初提出所謂“移风易俗，指导生活”，反对党报宣传毛泽东思想，反对党报宣传党的綱領路綫、方針政策，猖狂地反对毛主席关于党报的性质和作用的論述，居心实在是恶毒之极！我們必須坚决粉碎陶鑄提出的“移风易俗，指导生活”的修正主义新聞綱領。

陶鑄提出了“移风易俗，指导生活”这一条修正主义的新聞綱領后，立即得到广东新聞界的牛鬼蛇神的喝采，并成为他們利用党报这个宣传陣地进行反党、反社会主义、反毛泽东思想的罪恶活动的“理論根据”。王匡、楊奇、秦牧、何軍、刘逸生、楊家文这伙反革命修正主义分子、資产阶級右派分子就是按照“移风易俗，指导生活”的修正主义新聞綱領，在《羊城晚报》上大肆放毒，大搞特搞所謂“八小时以外”的东西，大登特登吃、喝、玩、乐的东西，大写特写游山玩水，花、鳥、虫、魚等的趣聞，宣揚資产阶級的腐朽、庸俗、低級的所謂趣味性、知識性的东西，充斥整个《羊城晚报》，大肆丑化社会主义社会、丑化工农群众的东西塞滿了《羊城晚报》的篇幅，使《羊城晚报》变成了为复辟資本主义作輿論准备的工具。而这个为复辟資本主义作輿論准备的罪魁就是陶鑄。

陶鑄提出的“移风易俗，指导生活”的修正主义新聞理論，其流毒是非常之广的，不但在《羊城晚报》起了作用，而且在《南方日报》、《广州日报》和广东人民广播电台，也起了作用。根据这一条修正主义的新聞理論，《南方日报》的“采色版”（即副刊）大登特登粵剧女艺人的黄色照片和生活軼事；广东人民广播电台也大播特播紅綫女等人演唱的《卖荔枝》、《花园对枪》等黄色、下流、反动的粵曲；《广州日报》也大登特登什么《在热带森林中》、《广东风光》、《广州新姿》、《市場漫步》、《能手录》等等修正主义貨色，在党的宣传陣地上刮起了陣陣妖风，大肆宣揚封建阶級、資产阶級的生活情趣，大搞“和平演变”。而大搞“和平演变”的罪魁

就是陶鑄。

还应該指出，陶鑄提出的“移风易俗，指导生活”这一条修正主义的新聞理論，不但在广东新聞界流毒甚广，而且在全国新聞界也流毒甚广。陶鑄的手下“名将”楊奇，在几次向“南宁晚报”、«郑州晚报»、«天津日报»等单位来广州“取經”介紹所謂办晚报的經驗时，也大吹特吹陶鑄提出的“移风易俗，指导生活”；并在上海举行的全国晚报座談会上，也大談特談陶鑄提出的“移风易俗，指导生活”，于是，許多晚报和日报也跟着大搞特搞所謂“八小时以外”的东西，大写特写所謂趣味性、知識性的东西，在全国許多党报上大刮阴风，大肆反党、反社会主义、反毛泽东思想。

陶鑄大肆煽动报紙大揭社会主义的“阴暗面”

在我国續連三年經济生活暂时困难的时候，以“群众喉舌”自居的前«羊城晚报»，四处煽风点火，大搞所謂群众关心的“問題”，大揭社会主义社会的“阴暗面”。霎时，为什么沒有这样，为什么沒有那样的“群众呼声”充斥报紙。商店里一时皮鞋少了，报紙上立即写专文«为什么不易买到合适的皮鞋？»說是因为商业部門“隔山买牛”，产銷不对路；由于台风影响；市場上一时蔬菜脫銷，报紙上便大叫大喊«为什么蔬菜供应紧张？»、«糕蹋蔬菜現象何时了？»；由于自然灾害，棉布供应不足时，报紙又抛出«何来奇装异服？»，說“不少百貨商店、服装店都积压了大量的奇装异服，光是美华百貨商店一家，滞銷的服装就达十万元以上”；当百貨公司的日用小商品比較少的时候，又抛出«为广貨荣誉担忧»，說“这么大一个广州市，为什么几顆灰色鈕扣都制不出来，却叫人跑一趟上海”；搭車的人多了，交通車辆的增加一时未能滿足需要，报紙又抛出一組«三輪車乘客的呼声»……据統計，从一九六一年下半年到一九六二年九月的十五个月中，«羊城晚报»除了經常在«五层楼下»发表不少揭露“阴暗面”的讀者来信外，单独或一組发表的所謂批評稿，所謂提問題的报道便有六十二件之多。（有些一件便包括十多篇报导）如以平均每篇一千字計算，連同«五层楼下»每天七百字（其中百分之七十五是属于揭露“阴暗面”的），十五个月便刊載了所謂提問題、揭露阴暗面的报道共約三十万字。这一束一束密集的毒箭，直接射向党的領导，射向社会主义制度，弄得广州上空一时黑云翻滚，风雨滿城。这股黑风是誰刮起来的？是陶鑄！

早在一九五九年五月，陶鑄在«太阳的光輝»这篇黑文中，就暴露了他的反党祸心。陶鑄公开叫嚣說：“用九个指头与一个指头来形容我們工作中成績是主要的，缺点和錯誤是次要的，当然是可以的。但是，这决不等于只談九个指头，不談一个指头；更不等于那一个指头已經不存在。”又說：“九个指头可以議論，九个指头和一个指头可以同时議論，一个指头也可以議論。”在一九六零年底出版的«随行紀談»序言中，陶鑄說得更露骨：“我們的新聞工作人員就是不敢尖銳地提出問題，怕在报紙上开展批評。省委多年来要求报紙开展批評，而批評总是展不开。”看，陶鑄不打自招，原来他多年来就一直在精心策划大揭“阴暗面”，挖社会主义社会的墙脚啊！

陶鑄不但大写黑文，为在报紙上大揭社会主义社会“阴暗面”，为复辟資本主义社会作輿論准备鳴鑼开道，而且赤膊上陣，身体力行。一九六〇年，当我国經济生活碰到暂时困难的时候，陶鑄就曾經亲自带領一群所謂“秀才”，到广东各地到处游蕩，連篇累牍地写了一套«随行紀談»（即随陶鑄之行，紀陶鑄之談），其中有不少是反党反社会主义的黑材料，有一部分文章居然被香港反动报紙«星島日报»、«香港晚报»摘录发表。当然，对于这些陶鑄是不以为然的，因为早在«太阳的光輝»黑文中，陶鑄就公开說过：“有些同志还怕談缺点会被反誤？"他还說："从这里說明，新聞有天地，天地有新聞。"

由于陶鑄的大力提倡支持，《五层楼下》近十年来放的毒，痲痹了不知多少讀者，而且还流毒很广，全国許多晚报相继办起类似《五层楼下》的黑栏目。除广州氮肥厂、广州造船厂、广州建設材料厂的黑板报办有这样栏目外，南方日报的《南海潮夕》，南宁晚报的《水塔脚下》，北京晚报《钟鼓楼》，南昌晚报和汕头日报的《街头巷議》，合肥晚报的《了望台》，郑州晚报的《讀者中来》，《武汉晚报》的《五分钟》和长沙晚报的《分金炉》等等都是。

陶鑄是大搞"和平演变"的罪魁禍首

陶鑄一手办起来的《羊城晚报》，是修正主义报紙的活标本。陶鑄早在《羊城晚报》創刊之初，便已給这张晚报訂下了修正主义的新聞軌道，把晚报看成"知識园地"是供人茶余飯后"娛乐"的，这是地地道道的修正主义办报路綫。从陶鑄这一个反党的調子出发，下面的一群牛鬼蛇神便有恃无恐地公开对抗无产阶級办报路綫。反党分子王匡（中南局前宣传部长），就曾向羊城晚报編輯記者作过不少黑"指示"，說什么"要寓共产主义教育于談天說地之中"，說什么要写有共同兴趣的东西，例如，"广东足球队战胜了劲旅，便可以发一版头条消息"。說什么"工厂生产成功鋁制飯盒（当时市面上飯盒很缺），不是新聞，报道那里有鋁制飯盒出售才是新聞"，等等荒謬的理論；反党分子楊奇（前羊城晚报总編輯）也一再跟着陶鑄的調子，叫囂說："晚报可以不配合党的中心工作，晚报不但負指导工作的任务。……"接着，他們就采取步驟，大肆排挤貶低反映三大革命运动的稿件，提高那些知識性、趣味性、言不及义的稿件。幷在《羊城晚报》与《广州日报》合併后，把原来《广州日报》的通訊員网全部打乱取消了，直接地与毛主席的全党办报思想相对抗。

在这一条反毛泽东思想的黑綫控制下，《羊城晚报》毒草丛生，充斥着光怪陆离的所謂知識性、趣味性的东西，副刊《晚会》便是个典型。这个《晚会》絕口不談毛泽东思想伟大紅旗，而对其他杂七杂八的东西却几乎全部談到了，天文地理，古人洋人，花鳥魚虫，……应有尽有。在这个《晚会》里，有介紹山水名胜的专栏《談山說水》；有介紹掌故的《羊城掌故》，还大量报道艺人生活，什么薛觉先生活二三事，紅綫女温泉游泳之类的文章，也有各种所謂科学小品，諸如什么《以魚捕魚》、《西瓜的东迁及其他》、《金魚可医病》等，幷有不少无聊之极的考証，比如"张飞的胡須有多长"？"元代女艺人朱廉秀的知心朋友是誰"，或剧团在古代是否称为"戏班"等等。这些光怪陆离的題材，备受陶鑄贊賞，他經常强調要《晚会》保持特色，甚至直到一九六五年国庆前后，他还念念不忘"古人"，"指示"《晚会》要刊登一些介紹古代战爭的文章。在陶鑄的修正主义办报路綫指导下，《晚会》办成了一个完全脫离无产阶級政治，大量販卖封、資、修貨色的"黑会"。

这股所謂知識性、趣味性的歪风，不但在副刊刮，就在新聞版也大刮特刮。反党分子楊奇，按照陶鑄的腔調，强調新聞版要大搞"衣、食、住、行、用"的报道，大写所謂共同兴趣的东西。結果，版面上出現了大批投合小市民口味的新聞稿件，什么《大象結婚》、《邮寄外甥女》、《五位幼女成了小天使，昨天由穗飞沪見祖母》等等，还辟了《星期特写》一栏目，連篇累牍刊登养魚經、尝花經、保命經……比如什么《滿塘彩色写金魚》、《眞假难分話魔术》、《你想长命百岁嗎？——三位人瑞談养生之道》等，眞是无聊之极，庸俗之极。这些低級趣味的东西，长期来霸占了《羊城晚报》的版面，散发着修正主义的思想情調，腐蝕广大群众，消磨革命斗志，給革命事业造成严重的損失。陶鑄的反党罪責是推卸不了的，我們一定要彻底挖掉修正主义办报路綫的总根子，一定要彻底地把陶鑄批臭、批倒。

用修正主义慣用的手法腐蝕新聞队伍

这些年来，陶鑄为了推行他的修正主义新聞路綫，一直搬用現代修正主义慣用的手法，利用各种机会对我們編輯記者进行腐蝕，妄图使我們无产阶級記者“和平演变”为資产阶級記者。其中，他在«南方日报»創刊十周年时对广州新聞工作者所作的一篇题为«思想•感情•文采»的讲話，就是腐蝕我們无产阶級新聞队伍的一副毒药。在这篇长达五六千字（根据以后整理发表的文章計算）的讲話中，陶鑄只空洞地提了一句要編輯記者学习毛泽东思想，接着，就把話头一轉，不遺余力地鼓吹編輯記者走白专道路，死啃毒本，死钻文字技巧。

現在，我們就来看看陶鑄在这篇讲話中是怎样腐蝕我們新聞工作者：

首先，他反对毛主席对于党报作用的估价，企图把我們新聞工作者引向邪路。毛主席說：**“报紙的作用和力量，就在它能使党的綱領路綫，方針政策，工作任务和工作方法，最迅速最广泛地同群众見面。”**但陶鑄却說：“在大城市里办一张晚报，我是很贊成的。一张晚报，既有时事政策宣传材料，又有增知識、广見聞、提高文化的材料以补日报不足；人們吃了晚飯，看看打球、下棋等等消息，至少也是一种娱乐，比天天逛街、打“五百分”有意义得多。”看，在这里，陶鑄把一张党报的作用降低到什么样的地步，这完全是对我們无产阶級新聞事业的污蔑。毛主席曾經指出：**“报紙工作人員为了教育群众，首先要向群众学习。同志們都是知識分子。知識分子往往不懂事，对于实际事物往往没有經历，或者經历很少。……要使不懂得变成懂得，就要去做去看，这就是学习。”**但是陶鑄却說：“我們对于新聞工作者，就要求他們比一般做实际工作的同志高明一些。”这实际上就是要新聞工作者脫离实际，脫离群众，脫离三大斗爭。

第二，他强調記者要有所謂“敏感”。我們知道，毛泽东思想是我們革命人民心中最紅最紅的紅太阳，沒有正确的政治观点，就等于沒有灵魂。但是，陶鑄在这篇题为«思想•感情•文采»的讲話中，却根本沒有强調要我們新聞工作者去学习毛主席著作，用毛泽东思想武装自己的头脑，指导自己的行动，而是强調要有“高度的敏感”。所謂“敏感”，他說来源于“高度的热情，来自經常的观察”。要做“有心人而不是无心人”。怎样做有心人呢？陶鑄介紹自己的經驗：他在延安时，人家送了两顆金蓮花种給他，他把种子种上以后，特別給它做了記号，天天都去看看，这样經常观察，它一出芽就辨別出来了。看，在革命的紧张年代，在战火紛飞的延安，陶鑄要人們培养的是什么“敏感”呢！

第三，他鼓吹白专道路，妄想使无产阶級記者“和平演变”为資产阶級記者。他說：“新聞工作是文字工作，需要讲求文字表現的功夫，需要讲求技巧。”“我接触过一些农村基层干部，他們的共产主义思想感情可强了，对党的爱戴、对总路綫的拥护坚定得很；可是，你要他写报道、写社論，那可不行，因为他們还沒有掌握文字技巧。可見文字技巧也是很重要的，要不然，我們就沒有必要去組織专业的新聞队伍，沒有必要去培养‘秀才’了。”接着他又說：“既然新聞工作者靠写文章吃飯，那就必須在文字方面下功夫。”怎样下功夫呢？陶鑄說：“应該讀点有关生产知識、技术知識、历史知識、文学知識的书。例如«資治通鉴»就很可以讀一讀，以增加历史知識。詩詞歌賦讀一点，也可以从中吸取一些有生命的詞汇，丰富文章的色采。李杜之詩、苏辛之詞，就很值得一讀。諸如«官場現形記»、«儒林外史»、«古今奇观»等等，也可以翻翻。外国书也可以讀一点，諸如«天方夜談»、«伊索寓言»以及各家小說，也可以看看。我們既然在广东工作，那么屈大均的«广东新語»也是可以讀讀的。”看，这就是陶鑄給我們新聞工作者开的一副“良方”，这实际上是一副毒药。鼓吹一本一本的讀书，积累知識，写东西，以"学者""名家""秀才"作誘餌等等，这是資产阶級、修正主义惯用的拉攏青年、腐蝕干部的一种手段。所謂要"靠写文章吃飯"、要"培养秀才"，实际上是极力向新聞工作者兜售封建主义、資本主义的貨色，反对記者做无产阶級政治家，妄图培养記者做地主資产阶級的接班人。这是道道地地的一副毒药，任何人中了他的毒，上了他的这一圈套，就会变为新的資产阶級知識分子。因此，很显然，这是一条不折不扣的資产阶級、修正主义的路綫。

陶鑄还在新聞界大肆招降納叛，搜罗政治垃圾。陶鑄最重用的"才子"王匡，是个反动文人，曾出版过大毒草«过門集»。王匡这个家伙在解放战爭的后期，只不过是新华社的一名随軍記者。当年曾同他一起工作的干部反映，他經常騎着馬，表現出极高傲的样子，在群众中影响极坏。就是这样一个随軍記者，广州解放后不久，就爬上了新华社广州分社社长的"宝座"。后来，陶鑄看中了王匡，就把他拉到广东省委，当了宣传部副部长，从此，王匡簡直是扶搖直上，从副部长到部长，到省委候补书記，到中南局宣传部长，都是陶鑄一手提拔起来的。早在一九五七年反右派斗爭以前，王匡就有不少反党反社会主义反毛泽东思想的言行，但却在陶鑄的包庇下，被保护过关了，而且还受到重用，被提拔。

陶鑄的手下"名将"楊奇，是一个大貪污分子，一九五二年"三反"时曾被开除党籍。一九五七年十月，陶鑄倡办«羊城晚报»时，就把楊奇提拔为副总編輯，并在一九五八年通过反党分子、南方日报总編輯黃文俞拉楊奇重新入党。«羊城晚报»于一九六一年＿月同«广州日报»合併时，又提拔楊奇为总編輯。«羊城晚报»从一九六五年七月归中南局宣传部領导后，又提拔楊奇当副社长兼总編輯。这个楊奇，是个对党对社会主义怀有刻骨仇恨的資产阶級右派分子。

还有，秦牧、何軍、刘逸生、楊家文等反党分子，都是在陶鑄的包庇下，滑过了反右派这一关，都是一伙漏网的右派分子。由中南局任命为«广州日报»总編輯的林里，是一个乱搞男女关系，生活极端腐化堕落的大坏蛋，是一貫反党、反社会主义、反毛泽东思想的反党分子，是大毒草«記者的日常生活»的作者（化名王君父）。（刊登在一九六二年十月、一九六三年一、三月«羊城晚报»上）

請看，陶鑄就是千方百計地包庇、重用和提拔这些反动文人、資产阶級右派分子的。这笔帐，革命的人民一定要彻底清算！

陶鑄大吹特吹帝王将相才子佳人的毒戏

在文艺方面的問題上，陶鑄也是打着"紅旗"反紅旗，公然反对毛主席的文艺思想的。一九六二年，正当我国阶級斗爭极其尖銳的时候，周揚的一員黑将田汉到广州来主持了一个什么"全国話剧歌剧創作会議"，大刮阴风，給牛鬼蛇神擂鼓助威，向毛主席的文艺思想发动了猖狂进攻。陶鑄亲临这个黑会，发表了一整套极端反动的文艺理論，公然和毛主席的文艺思想唱对台戏。

陶鑄明目张胆地攻击党对文艺的領导是"主观主义地乱指揮"，"不尊重作家，干預太多"，"要作家看你的眼色去修改"，"我們現在有些領导文艺工作的同志，对历史并不很熟悉，对生活并不很理解，对文艺創作也并不那么內行，却偏爱发号施令，干預人家，要人家照着他的想法来創作。在这种情况下，要創作出好作品来是困难的。"于是他大肆鼓吹："要尊重作家創作上的自由"，要"叫作家更充分地发揮他們的自由"。公开反对党对文艺工作的領导，說什么："作家的笔是他自己的，作家的思想也是他自己的。"陶鑄到底要給作家們一些什么

“自由”？很明显，这就是周揚所极力鼓吹的作家要干預生活，要大写社会主义生活的“阴暗面”的“自由”，陶鑄在讲話中說：“生活是多方面的，不拘一格，不要划一个框框，”“应当允許作品写缺点”，“題材要广泛些”，这就难怪陶鑄不但让广东的欧阳山等反党作家写大毒草，而且还亲自吹捧大毒草《三家巷》是“社会主义的好作品”，并要大量发行了。

在戏剧方面，陶鑄不但長期来都給才子佳人占領舞台大开方便之門，而且还公开吹捧很多才子佳人的坏戏和反党反社会主义的毒草，紅綫女演大毒草《李香君》时，陶鑄在广东省思想政治工作会議上，居然挂起那大談“阶級斗爭”的招牌，贊揚《李香君》有一定意义。一九六五年七、八月間，全国各行政区紛紛举行現代戏会演，陶鑄一看形势不妙，也急急忙忙举办了一个所謂“中南区戏剧观摩演出大会”，但就在这次观摩演出大会上，陶鑄不但继續吹捧表現新才子佳人的“补鍋”等坏戏，还胡說什么：“現代戏現在是霸占舞台”，又說：“光靠行政命令去霸占是不行的，要思想、艺术上占領了，才算占領舞台。”这不是明目张胆地继續大长传統戏的威风，灭革命現代戏的志气嗎？不仅这样，陶鑄还說：“我們不是把所有传統剧目一概丢掉，今后一个也不准演出。过一段期間，等到革命現代戏舞台占領住了，传統戏还是要演一点的。”看，在那时候，陶鑄还念念不忘那些才子佳人的“传統戏”呢。長期来，陶鑄公开对抗毛主席的文艺思想，陶鑄有罪，对他的一切反党反社会主义的严重罪行，都必須彻底清算！

誓死捍卫毛泽东思想广州日报硬骨头赤卫队总部
毛泽东思想工人赤卫队广州日报总部
广州日报一群革命干部

陶鑄对党的知識分子政策的恶毒攻击

61年前后是国内地主阶級、資产阶級社会上的牛鬼蛇神向党、向社会主义、向毛泽东思想发动猖狂进攻的时間。在这期間，陶鑄的反革命修正主义嘴脸，得到了充分地暴露。他是牛鬼蛇神队伍的召集人，是这場反动大合唱的指揮者。

六一年、六二年在广州曾經召开过全国話剧、歌剧創作会議和多次高級知識分子座談会。在这样一些黑会上陶鑄曾筑起高台，大祭妖风，恶毒地攻击毛主席制定的知識分子政策，煽动对社会主义制度心怀不滿的資产阶級知識分子向党大举进攻。陶鑄滔天罪行必須清算！他所散布的反动影响必須肃清！

一、攻击党的知識分子政策，煽动資产阶級知識分子起来反党：

我們伟大的領袖毛主席在各个历史阶段都反复提醒全党同志充分注意知識分子問題。毛主席指出：“对于知識分子的正确的政策，是革命胜利的重要条件之一”。又說：“我們的艰巨的社会主义建設事业，需要尽可能多的知識分子为它服务。凡是眞正願意为社会主义事业服务的知識分子，我們都应当給予信任，从根本上改善同他們的关系，帮助他們解决各种必須解决的問題，使他們得以积极地发揮他們的才能”。多年来党正确地执行了知識分子的政策，教育和組織广大的革命知識分子参加革命队伍，在斗爭中改造自己并对革命做出应有的貢献。陶鑄等反革命修正主义分子对于党的知識分子政策怀有刻骨仇恨，他們妄想把知識分子的队伍拉上反党反社会主义的道路，成为他們进行資本主义复辟活动的主力。在61年、62年期間他們集中很大的火力攻击党的知識分子政策，攻击党的統战政策，耍阴謀、施詭計、极力挑拨資产阶級知識分子和党的关系。

陶鑄恶毒地誣蔑党不重視知識分子，甚至用借古喻今的手法漫罵党对待知識分子的态度不如封建帝王。他說："孟尝君这么一个封建人物都懂得重視知識分子"，說，"刘备三顾茅庐，懂得知識分子的重要，諸葛亮明知不可为而为之，感情难却。……諸葛亮跟着刘备物质条件不好，但在精神上刘备很尊重他，所以諸葛亮"六出祁山"、"鞠躬尽瘁"。又說："唐明皇是个封建帝王，他为了討得一个妃子的欢心，对李白能够那么尊重，現在我們为了人民，希望作家能写出为人民欢迎的好东西，为什么对作家不尊重？"他大力吹捧封建帝王能够选賢任能，目的是攻击党不"尊重"知識分子，說党連封建帝王都不如，陶鑄和他所代表的知識分子要的是怎样的"尊重"呢？在这个問題上陶鑄把自己装扮成个清似水，明如鏡的包待制、海青天，为那些沒有"自由"的，非常"痛苦"的日子，"混不下去"的人們鳴冤叫屈了！他說："又要馬儿跑，又要馬儿不吃草是不行的"。他們要的"草料"是精神貴族水平的特殊物质待遇。陶鑄又說："'我們旣沒有充分'放'起来，也沒有充分'鳴'起来"，"言路窄"了，要"尊重作家的創作自由"。他們要的"自由"，是疯狂地攻击党，攻击社会主义。陶鑄还說："不能随便乱扣帽子，不能象唐僧对孙悟空一样，动不动就念緊箍咒"。还說："应該尊重知識分子，特别是老知識分子……使人家眞正有职有权"，看！这就接触到他們的問題核心了！他們要的"尊重"，第一是不改造思想，頑固地保持資产阶級世界观，第二是要有"权"，有把文化列車开上資本主义軌道的駕駛权。总之，陶鑄是代表資产阶級，代表一切牛鬼蛇神，在向党索取反党，反社会主义，反毛泽东思想的"自由"，让党"尊重"他們反动的阶級根性，保护他們的阶級利益。这就是让我們党交出印把子，放弃社会主义道路，这决不是单单攻击党的知識分子政策，而是向党、向社会主义、向毛主席、向全体工人、农民和革命的知識分子的猖狂进攻！

反革命修正主义分子陶鑄，阴险地挑动資产阶級立場还沒有轉变过来的知識分子对党不滿，吹邪风，点鬼火，企图煽动他們起来反党。在一些会議上他以中南局最高領导人的身份，以最公正，光明的姿态訓斥党的干部，說出了那些对党，对社会主义不滿的資产阶級知識分子未敢公开說出的話，他是資产阶級的代言人。他为蠢蠢欲动的牛鬼蛇神助威打气，撑腰壮胆。他指責說："我們有些同志对历史不熟悉……对文艺是外行，却偏偏热忠于发号施令，要人家照他的想法来創作。这怎么談得上創作呢？我看这是对作家的虐待"。他打算挑动作家来反"虐待"。他又"批評"道："你經常整人家，还自以为党性很强，却很少考虑人家被整是多么痛苦。……不要动不动就划人家右派分子，在我們这个国家里，讲誰是右派、反党，那他是混不下去的呀！……大家都是来革命的咗！人同此心，心同此理"。

看！他原来和右派分子怀同一条心，据同一个理！陶鑄的反党反社会主义的猙獰面目，在这里已經袒露无遺了！他甚至說："孙悟空是資产阶級个人主义者，在花果山鬧独立王国，以后改造好了，成了正果。唐僧念緊箍咒，如果不是这办法，孙悟空可以改造得更快些，更好些，証明唐僧本領并不大"。这里說的緊箍咒是指党对知識分子的批評，教育、改造。陶鑄竟然认为有些資产阶級知識分子改造得慢，是由于党的政策的錯誤。这眞是黃泉碧落都寻不見的混帐邏輯！陶鑄竟敢这样公开地挑拨知識分子和党的关系，妄图在这些基本立場沒有轉变的資产阶級知識分子心中，点燃起仇恨的邪火，和他們这些党內走資本主义道路的当权派糾結在一起，里应外和，发动起对党对社会主义对毛主席的疯狂进攻，在全国范围內实行資本主义的复辟。

二、反对知識分子进行思想改造、推行反革命的阶級投降主义

关于知識分子改造問題，毛主席曾經做过許多英明的論述。毛主席一直十分强調地指示我們，所有的知識分子都需要改造。在57年时毛主席說："广大的知識分子虽然已經有了进步，但是不应当因此自滿。为了充分适应新社会的需要，为了同工人农民团結一致，知識分子必須继續改造自己，逐步地抛弃資产阶級世界观，而树立无产阶級的，共产主义的世界观。"毛主席对于知識分子的政治态度也做了精辟的分析。毛主席指出："这五百万左右的知識分子中，絕大多数人都是爱国的，爱我們的中华人民共和国，願意为人民服务，为社会主义的国家服务。有少数知識分子对于社会主义制度是不那么欢迎，不那么高兴的。他們对社会主义还有怀疑，但是帝国主义面前，他們还是爱国的。对于我們的国家抱着敌对情緒的知識分子，是极少数。这种人不喜欢我們这个无产阶級专政的国家，他們留恋旧社会。一遇机会，他們就会兴风作浪，想要推翻共产党，恢复旧中国。这是在无产阶級和資产阶級两条路綫、社会主义和資本主义两条路綫中間、頑固地要走后一条路綫的人。"在61年62年反党妖风吹得最猛烈的时候，那些对我們国家抱着敌对情緒的知識分子，首先跳出来向党向社会主义发动进攻。那些对社会主义还有怀疑的人，也摇摆于两条路綫中間。事实完全按照毛主席的估計那样出現了。

但反革命修正主义分子陶鑄却与毛主席相对抗，声嘶力竭地叫嚷："要重新估計"知識分子的状况。公然說："我們过去对知識分子的进步估計不足，現在要作新的估計，要重新估計"。他居然把矛头指向我們敬爱領袖毛主席。什么是陶鑄的"新的估計"呢？那就是对資产阶級知識分子的大吹特吹，大捧特捧。他对高級知識分子們說："这几年，可以說大家都經过考驗了，大多数都可以打四分，大家生活搞得相当苦，許多人仍然沒有怨言，不讲怪話，讲几句也不算多，还是苦干，这就不容易。几次大运动，又是右傾机会主义'又是什么'主义'，又沒有猪肉吃，这就是考驗。"他揮动着朱笔給那些享有高薪的高級知識分子，慷慨地打上四分，"起碼三分"，連每月拿千、八百元的"名演員"也受到了他的表揚，表揚的原因是沒有猪肉吃，他也过来了。在陶鑄看来这些人都經过考驗了，于是在这个"新的估計"的基础上，他作出了一項决定，給資产阶級知識分子摘掉帽子，并且利用他中南局书記的职权，宣布在中南区废除資产阶級知識分子这个詞儿。經济困难时期，党內走資本主义道路的当权派給他們特殊的待遇；几次大运动中又把他們中的一些人包庇过了关，确实是平平稳稳地过来了！于是陶鑄找到了"論据"，大叫："我們不能老是讲人家是資产阶級知識分子了。人家經过了考驗，有了进步，为社会主义建設服务，是国家的知識分子，民族的知識分子，社会主义建設的知識分子。"陶鑄在阶級、阶級斗爭仍然存在的社会中，居然发現了全国家的，全民族的知識分子，眞是"慧眼"！在他的"慧眼"之下，分属于各个阶級的知識分子已經不存在了，再沒有工人阶級知識分子和資产阶級知識分子之分了。他认为"都可以叫同志，是搞社会主义建設的同志"。这样一来，那些对党对社会主义不滿或抱有敌对情緒的高級知識分子，就遇到了千載难逢的"知己"了，就紛紛拜在陶鑄的麾下，为复辟資本主义的共同目的而奔走吶喊了！

毛主席指示說："統一战綫的原則有两个；第一个是团結，第二个是批評、教育和改造。"陶鑄疯也似地反对毛主席制定的統战原則，只要"团結"，不要批評、教育和改造。他

所要的"团結"，是沒有斗爭的团結，就是阶級投降的修正主义路綫。陶鑄說："搞好团結的关鍵有两个：一是尊重，二是关心。""尊重"和"关心"就是他达到阶級投降的途径。陶鑄說："現在搞得人家心情很不舒暢，怎么能使人家对社会主义有丰富感情呢？你把人家見外于社会主义嘛！人家就是有点受排挤嘛！"他很理解和体貼那些不願彻底改造的人的心情，改变立場是一个脫胎換骨的过程，当然要有痛苦的斗爭，陶鑄认为这就是"心情不舒暢"；就是不"尊重"不"关心"，千万要不得！他說："今后主要是自我思想改造，尽可能不搞运动或少搞运动。現在看来，思想改造搞大运动效果并不好"。从这里可以明显地看出，陶鑄是多么憎恨积极的思想斗爭，多么仇恨毛主席发动和領导的群众运动！他和他們的大头目刘少奇操着一个腔調，叫卖"自我改造"的膏药。說什么要提倡曾子"吾日三省吾身"的方法，"清夜捫心自問"的方法，脫离群众运动，脫离社会实践，去完成那种自我的道德修养。这实际上是不要党的領导，反对党对知識分子进行批評教育和改造。这完全是一套修正主义的阶級投降路綫！执行了这样一条路綫，天下就成了党內走資本主义道路的当权派和他們所保护的反动学术权威的天下，他們就可以利用他們掌握的党、政、財、文大权，把我們的党我們的祖国推向敗亡的深渊！

三、招降納叛，把資产阶級知識分子拉入党內，妄图改变党的顏色

毛主席指出："知識分子既然要为工农群众服务，那就首先必須懂得工人、农民，熟悉他們的生活、工作和思想。"一切願意革命的知識分子，只有按照毛主席的教导到工农中間去，才能彻底改变自己非无产阶級的立場和世界观。而陶鑄則处处与毛主席相对抗，千方百計地保持資产阶級知識分子的特权，維护他們精神貴族的地位。在六一年六二年我国經济困难时期，他在广东、中南地区实行了一套"照顾"高級知識分子的修正主义办法，給他們"补助"大米、白面、油、粮和香烟等等，使那些高級知識分子們經受住了陶鑄的"考驗"，取得了陶鑄給評的"四分"。陶鑄一再叫喊对待高級知識分子"应尽可能地給予精神上和物质上的照顾"。所謂精神上的照顾，就是允許他們坚持反动立場，不改造資产阶級世界观，使他們能够"心情舒暢"；所謂物质上的照顾，就是給他們高薪上面再加薪，給他們高級物品的享受特权。六一年广州的一位名教授便得意洋洋地夸耀說：在广东作家协会的聚餐会上，我吃到了熊肝湯，这东西在过去很不容易吃到。"可見他們当时經受到的是什么样的考驗！他們不但可以拿着高薪、稿費，保持高水平的生活，享有固定的特殊照顾，而且还有統战部、作家协会等等方面做东道主，一月一大宴，一周一小宴地盛情款待。目的是招降納叛，妄图糾集起一支复辟資本主义的队伍。

反革命修正主义分子陶鑄，儼然以好客的孟嘗君自居，他大喊大叫地說："对于我們来說，有才能的专家越多越好，"韓信将兵，多多益善"，他不厌其多的是什么样的人才呢？他說："要鼓励大家向专深方面发展，越专越好。紅不能要求太高，紅得差不多就可以了，越专越紅"。可見，他网罗的是只专不紅的資产阶級"专家""学者"。他还猖狂地說："批評什么'一本书主义'，其实出一本书有什么不好呢？眞正科学的东西是永垂不朽的，一本就够了。"这就是他对"有才能的专家"的要求！于是，修正主义分子欧阳山的大毒草《三家巷》、《苦斗》就成了陶鑄心目中的不朽之作；国民党反动派的"国宝"，反动学术权威陈寅恪也被陶鑄視为至宝。漏网大右派秦牧也成了陶鑄的座上客。什么名演員、名导演、名画家、名作家、名教授在陶鑄召开的一系列座談会上，都按照他定的調子发牢騷，吐怨气，泻私憤，向党向社会

主义向毛泽东思想猖狂进攻，一时間竟鬧得烏烟瘴气！在陶鑄建立的独立王国中，那些对社会主义抱有敌对情緒的人受到了"尊重"，得到了"自由"。陶鑄甚至說："对于作家艺术家中，在創作上确有成就，对革命事业有显著供献，合乎共产党員标准的，我們就应該吸收到党內来"。这是一道黑令，所謂"合乎共产党員标准"指的是他們的修正主义标准，"越专越紅"的标准。把这些人拉入党內，目的就是改变党的顏色，实現他們篡党、篡政，在全国范围內实行資本主义复辟的罪恶阴謀。陶鑄說在他那里是"溫暖的春天"，有"和煦的春风"，于是許多牛鬼蛇神都紛紛集聚在他的門下，筑成了一个頑固的反动营垒。他們在那里出书、写文章、演戏、作画，利用一切手段进行反革命复辟的輿論准备。

如今，无产阶級文化大革命的烈火燃遍了整个中国，所有阴暗的角落，一切牛鬼蛇神，都要被烧得土崩瓦解，粉身碎骨，直至灰飞烟灭！在这一片大好的形势下，陶鑄的破坏党的"統战"政策的阴謀失敗了！招降納叛，糾集反革命队伍的計划破产了！我們要乘胜追击，彻底摧毁他的独立王国，彻底干净地清除他的恶劣影响！

坚决打倒反革命修正主义分子陶鑄！

以毛主席为代表的无产阶級革命路綫万岁！

伟大的領袖毛主席万岁！万岁！万万岁！

北京师大井岡山公社挺进大队

一九六七年二月二十日

陶鑄是《羊城晚报》販毒的总經理

在全国革命造反派向資产阶級反动路綫猛烈开火的隆隆炮声中，陶鑄这个两面三刀的政治阴謀家，資产阶級反动路綫的新的代表人物，被揪出来了！好得很！好得很！这是无产阶級文化大革命的又一重大胜利！是毛泽东思想的又一重大胜利！

众所周知，«羊城晚报»(去年九月改名«紅卫报»)，是陶鑄于一九五七年亲手創办起来的一张报紙（当时陶是中共广东省委第一书記）。陶鑄任中南局第一书記后，又于一九六五年七月把晚报接管，成为中南局的"不是机关报的机关报"。九年多来，这张报紙一直牢牢控制在陶鑄和他手下的干将前中南局宣传部长、"三反"分子王匡和"三反"分子楊奇手中。«羊城晚报»自創刊以来，毒草丛生，成为牛鬼蛇神向党、向社会主义、向毛泽东思想进攻的一个陣地。别人不敢說的，«羊城晚报»敢說，别人不敢做的，«羊城晚报»敢做。«羊城晚报»何以如此胆大妄为？就因为它的后台老板、它的总指揮是頂頂大名的陶鑄！

多年来，«羊城晚报»一貫都是在陶鑄的亲自掌握、控制之下出版的。大至办报方針，組織領导，人員配备，小至各版、各栏目稿件安排，以至什么栏目的稿件采用什么字体，陶鑄都亲自过問，用"三反"分子王匡的原話来說，陶鑄对«羊城晚报»的"重視"，已經达到了"一个人一个人的考虑，一个問題一个問題的考虑"的程度！（見一九六六年三月十日«羊城晚报»党委会議中王匡的发言記录）因此，王匡、楊奇黑帮在«羊城晚报»犯下的滔天罪行，我們必須彻底清算，作为报紙的創办者、最高决策者，并对报紙作过許許多多具体"指示"与«羊城晚报»有着不寻常关系的陶鑄，他的罪責，我們也不能放过。

一、《羊城晚报》——陶鑄亲自給牛鬼蛇神提供的一个反党陣地

《羊城晚报》創刊于一九五七年。为什么要在这一年里創办《羊城晚报》？用当时的話来說，是要“給知識分子提供一个爭鳴的园地。”九年以后，用陶鑄自己的話来說則是：

“为什么要办《羊城晚报》？反右以前，有人說文化战綫沒有园地。我們当然要給一个园地。問題是要讲革命的話和希望革命的話。”（見一九六六年三月陶鑄对《羊城晚报》怎样宣传毛泽东的指示）。

前后对比，九年以后，陶鑄加上了“問題是要讲革命的話和希望革命的話”这段仿佛是“革命”的注释，其实，这是一个絕大的騙局。

十年来的事实是怎样的呢？

其一，秉承陶鑄意旨、由“三反”分子、《南方日报》总編輯黃文俞执笔起草的《羊城晚报》創刊詞，就是陶鑄为什么要創办《羊城晚报》的一个大暴露。在这篇創刊詞里，公然抽掉了毛主席提出的百花齐放百家爭鳴方針的阶級內容，鼓吹沒有阶級性的所謂“爭鳴”，实际上是給牛鬼蛇神向党进攻开放綠灯！（見一九五七年七月一日《羊城晚报》）。

其二，十年来《羊城晚报》大肆放毒的事实，眞是罄竹难书。《花地》，实际上是“毒草地”；《晚会》，实质上是“黑会”；《五层楼下》为敌人提供向党、向社会主义、向毛泽东思想进攻的炮弹，更是难以数計。香港极端反动的《星島日报》等，不仅摘要轉載、选載《羊城晚报》的消息、文章和《五层楼下》的“批評”稿，而且加上按語，大做文章，使《羊城晚报》变成了敌人的弹药庫。

其三，从陶鑄本人对晚报的評价，他喜爱什么，又不喜爱什么，他推崇什么，又叫他的嘍囉們照着什么路子去办报，也可以看出陶鑄到底是給誰提供“园地”，想叫誰讲話，讲的又是些什么話：

陶鑄說：“晚报当时（按指初办时期）有几个东西：《花地》，《晚会》，《体育》，《港澳新聞》，《今日台湾》，《五层楼下》。当时的对象主要是广州。說不上什么言論。一出以后，很受欢迎。說明这样办也还可以。当时一版主要是反映群众要求，敢于提出批評。”（見一九六六年三月陶鑄对《羊城晚报》怎样宣传毛泽东思想的指示）。

陶鑄說：“《花地》，开始也不錯。后来长东西多了，不是那么精采了。《体育》，开始也不錯，現在大大逊色了。《晚会》，移风易俗，小小掌故，短，讀者可从中找一些适合自己的来看。时事版一直沒搞好。受欢迎的还是一版（按：即所謂“反映群众要求，敢于提出批評”的一版；陶鑄曾多次贊揚，幷亲自出点子，为敌人提供了大量向党进攻的炮弹的《五层楼下》，就在这个版。）和副刊（亦即《花地》《晚会》《体育》等栏目的二、三版。）……讲馬克思主义不多，——总比打‘五百分’、逛大街好一些”。

能够說，陶鑄在一九五七年提供的这个“园地”，是想要“讲革命的話和希望革命的話”嗎？不！一千个不！一万个不！他认为“当然”要提供的这个“园地”，实际上是給牛鬼蛇神一个反党陣地。

二、反对党报的阶級性、指导性鼓吹“趣味性”、“知識性”

毛主席說：“报紙的作用和力量，就在它能使党的綱領路綫，方針政策，工作任务和工作方法，最迅速最广泛地同群众見面。”

陶鑄公然违背毛主席的指示，給«羊城晚报»規定了所謂“移风易俗，指导生活”的方針。这个口号的实质，是与毛主席提出的党报是阶級斗爭的工具，是要指导工作的方針相对抗的。«羊城晚报»长期以来，大量发表吟风弄月，吃喝玩乐，腐朽不堪的資产阶級的、修正主义的貨色，就是在这样的方針指导下大批問世的。陶鑄說：“一张晚报，既有时事宣传材料，又有增加知識、广見聞、提高文化的材料以补日报之不足，人們吃了晚飯，看看打球，下棋等等消息，至少也是一种娛乐，比天天逛街，打“五百分”，有意义得多。”（一九五九年关于«羊城晚报»的性质和任务）。他就是这样把党报这个宣传毛泽东思想的重要陣地，阶級斗爭的重要工具，貶低到仅仅起“娛乐”的作用，而且长期以来頑固地坚持他的主张。一九六四年，全国各地革命群众积极响应毛主席关于“全国都要学习解放軍”的号召，在全国范围掀起一个学习毛主席著作的群众运动，已經蓬蓬勃勃地发展起来，作为当时中共广州市委的机关报的«羊城晚报»，在陶鑄的操纵下，不去强調报紙对于推动学习毛主席著作的群众运动，对于指导工作的作用，却仍然处处要求“独具一格”，保持“特点”。一九六四年三月十三日，陶鑄对«羊城晚报»工作的“指示”中說：

“晚报是給城市各阶层人民看的，包括工人、学生、知識分子，居民、干部，要抓住特点来办。你們的报紙既要有«解放日报»的特点，又要有«光明日报»的特点，还要有«新民晚报»的特点。这当然比較难办。但一定要独具一格地办好这张报紙。”

一九六五年，全国人民学习毛主席著作的群众运动，更加广泛深入地开展。这时候，作为中南局第一书記、又是直接抓«羊城晚报»的陶鑄，却依然无視这一变化，继續頑固地坚持他的修正主义办报路綫。就在这一年八月（«羊城晚报»归中南局接办以后的一个月），陶鑄又对«羊城晚报»的性质、任务和它的“特点”作了如下的指示：

“晚报，是中南局的报紙，要起机关报的作用，又要是晚报。……但是，它应該办成基本上还是晚报的样子。«朝阳»（話剧）里不是說‘一只手抓不了两个兎子嗎？两个兎子是可以抓的，但要先抓一个，再抓另一个。”

“党的办报方針不能变，但是，要有晚报特点。全国晚报还不多，«羊城晚报»与讀者还有联系，所以首先要作为晚报来办。”

請注意，陶鑄这时候强調的是“首先要作为晚报来办。”“先抓”晚报特点，什么样的晚报和晚报特点？就是以前的毒草丛生的«羊城晚报»。他还唯恐别人对他的意图領会不深，貫彻不力，于是进一步作了更具体的闡述：

“晚报的«花»、«晚会»、«体育版»，再加上«港澳新聞»«今日台湾»，是很大的特点。港澳、台湾的一些情况，許多人都想知道；搞些新聞性强的，从各方面暴露它們那里的黑暗的，可以加强报紙与讀者的联系。”（一九六五年八月二十六日）。

不仅如此，他还露骨地提出要把宣传毛泽东思想、突出政治放在次要的地位，明目张胆地抵制毛泽东思想的传播。在同一天的讲話中，他說：

“人家看你的报紙，你总要满足一下群众的需要吧，革命的功利主义总是要讲一点吧。所以，首先要有晚报自己的特点。在此基础上，再面向中南。面向中南搞什么？学毛主席著作、革命化，文化革命和文化建設。”

“体育应該是晚报主要的一个项目。吃完晚飯，看看体育，这是馬克思列宁主义的娛乐。它应該是晚报很主要的一个內容。我就是担心你們把老的特色失掉，新的上不来，要慢慢来。不要一下子把什么都丢掉。”

一九六六年三月，陶鑄为了洗刷他过去在羊城晚报犯下的罪責，来晚报所謂蹲点一个月之后，作工作总結，他仍然念念不忘"趣味性"。下面是他在总結会議上的儿段发言記录：

"經一个月試驗証明，晚报是可以办好的。既不削弱晚报特点（革命的趣味性），又有强烈的政治性。《羊城晚报》就要办成这个样子。这是一条新的办报路子。一般机关报，革命的趣味性薄弱，或者与强烈的政治性結合得不怎么好。《羊城晚报》要把强烈的政治性与革命的趣味性二者結合起来。（一九六六年三月二日在从化会議上的讲話）。"晚报，就是要有体会，有体育。"（一九六六年三月二日晚，陶鑄《对二月的估計》）。

"晚报要有特色，其中一个特点，就是晚上看。晚上看的东西，各方面都有一些，又突出政治，这就既具有晚报特色，又可以起到中南局指导工作的作用。"（一九六六年三月十七日传达陶鑄关于报紙怎样宣传毛泽东思想的指示）。

从陶鑄对《羊城晚报》的許多"指示"中不难看出，他所要办的不是一张高举毛泽东思想紅旗，团結、教育、鼓舞人民群众起来，为实現共产主义而奋斗的报紙，而是打着紅旗反紅旗，以"趣味性""知識性"等来迎合資产阶級知識分子和一部分落后群众的心理，腐蝕广大群众的革命意志，以此来打开一个缺口，为他推行修正主义，复辟資本主义作好准备，其用心不可謂不毒！

陶鑄对前《羊城晚报》的流毒之广之深还远不满足，又再三指示要加强晚报发行工作，让它的毒液噴射到全国各地。他說：

"你們报紙发行份数比《南方日报》多，应該重視这一点。向上海发行多少？（"三反"分子楊奇回答：过去曾經发行一万多份，現在只有三百多份。）这太少了，搞它一万份。报紙可以多发些。北京、上海，特别是中南地区的城市要多发行一些，要增加一、二万份。广州市的工厂、学校，也要多发些，要多搞些紙张。"（一九六四年三月十三日陶鑄《对羊城晚报工作的指示》）。

陶鑄极力想扩大《羊城晚报》的影响，这是陶鑄的政治野心的一个大暴露。

三、陶鑄——《羊城晚报》反党合唱的幕后总指揮

陶鑄不但对《羊城晚报》的办报方針、性质、任务作了規定，而且，給各个版、各个栏目怎样去做，都作了种种的具体"指示"。

一九六五年七月开始，尤其是一九六六年二月，陶鑄亲自蹲点办报，要搞出个什么"样版"，以便嘍罗們依样画葫芦。以后，在《羊城晚报》上，一时間仿佛注意了宣传"学习毛主席著作、革命化、文化革命和文化建設"（見一九六五年八月二十六日下午，陶鑄召集晚报党委到他那里开会的讲話）。实际上这是一个幌子，是一个阴謀。戳穿了說，这只不过是想洗刷自己，掩飾自己，挂上了一个"羊头"，以便更好的卖他的"狗肉"。

請看事实：

一九六六年三月一日晚，在研究《羊城晚报》工作的从化会議上，晚报"三反"分子司徒堅发言时，陶鑄曾有过一段这样的插話："差一点（指稿件不够），开天窗嘛！搞毛主席語录，搞照片也可以嘛！"——在这句黑話里，陶鑄竟然把最高指示当成填补空白的可有可无的东西，眞是可恶之极！

一九六六年三月二日，在另一次研究《羊城晚报》工作的从化会議上，陶鑄又說过："学习毛主席著作文章很多，总是一篇上有那么一点点好东西，如編輯工作搞得好，把一篇中最精彩的东西抽出来就好了。酒中摻水多了，就不好了。"——陶鑄对于广大工农兵群众活学活用毛主席著作的好文章，說是水分多，又是何等的鄙視。恨不得要把它們打下十八层地獄。

同一天，陶鑄还这样說过：“现在都是‘老三篇’，一讀就通，这就沒有人願看了，应从多方面闡述。”——閃耀着无比光輝的“老三篇”，林彪同志指示我們要当成座右銘来学，而陶鑄却胆敢公然与林副主席的指示唱对台戏。

陶鑄又是想怎样去“从多方面闡述”毛主席著作呢？他沒有詳細談到，但从一九六六年二月八日晚在从化研究«羊城晚报»工作会議上的他的发言中，却露出了馬脚。他嘉奖«羊城晚报»“三反”分子刘日波的大毒草’«毛泽东选集»成語解释：“你算有本事，写得不錯。”还給这个“三反”分子大壮其胆：“有不同的反映，听了再說。”——原来，陶鑄的所謂“从多方面闡述”，其实际上就是要从各个方面去貶低毛主席著作，引导讀者去向“死人”、“古人”学习，而弁不是想叫讀者去学习毛主席著作，按照毛主席的指示去改造主观世界和客观世界！

在这段时間里，陶鑄在口头上唱“学习毛主席著作”和“革命化”調子仿佛頗“高”，然而，事实正好相反。

陶鑄所謂宣传毛泽东思想，只是为他更好地打着“紅旗”反紅旗作幌子。从下面一段話中，我們也可以看出。他說道：“什么叫革命化？就是把工作做好。說学好毛著，工作又做不好，怎么行？只能說学毛著在你那儿不灵了。”(一九六六年三月，陶鑄对«羊城晚报»怎样宣传毛泽东思想的指示)——陶鑄不仅在販卖学习毛主席著作要落实到业务上的反动理論，与林副主席提出的学习毛主席著作要首先落到人的思想革命化唱对台戏，而且他还恶毒地攻击了毛著“不灵”！

对于«花地»，陶鑄說：“旣然叫«花地»，就要有花，不能光是野草。要眞正登出些有水平的作品来。”(一九六五年八月二十六日下午，陶鑄召集晚报党委到他那里开会时的讲話)。他还說：“«花地»沒有花，就搞綠肥。紫云英就很好看。”(一九六六年二月八日晚在研究«羊城晚报»工作的从化会議上的讲話)。

什么是“花”，什么才是“眞正……有水平的作品”呢？一九六六年一月二十六日晚，陶鑄在一次讲話中，树立了一个“样板”，那就是把矛头直接指向我們最最敬爱的伟大領袖毛主席的大毒草：周立波的«韶山的节日»(見一九六六年一月二十一日«羊城晚报»)。那一晚他在批評了“«花地»办得也不行”之后，接着便大肆吹捧«韶山的节日»，說什么“韶山的节日»，又朴素，又感动人。这样的文章，一个月能发一篇也不錯。”

对于«晚会»，陶鑄說得最多，也布置得最具体。他說：“«晚会»，要有点味道，能增加知識，搏聞广見；不要把突出政治簡单化了。”要“寓大义于微言”。他甚至叫喊“政治性不要狹义理解。光喊口号就叫政治性？”(均引自一九六六年二月八日晚研究«羊城晚报»工作的从化会議上的讲話)。这与旧中宣部閻王殿的黑話如出一轍。一九六六年三月二日晚，在研究«羊城晚报»工作的从化会議上，陶鑄又說道：“«晚会»，搞微言大义，革命趣味，不要板起面孔。一定板起面孔，就馬列主义呀？苏斯洛夫的文章就板面孔，但全部是修正主义。”眞是荒唐之至。

一九六五年十月二十三日，陶鑄对«羊城晚报工作的指示»中他再次“指示”：“«晚会»科学知識、历史知識、植物知識都可以登一些。总之，寓教育于趣味之中，旣要有趣味，又能給人增加知識，富有教育意义。”

他甚至还指定了具体的題目和題材。要搞些科学知識。掌故也可以要。”(一九六五年八月二十六日下午陶鑄召集晚报党委到他那里开会时的讲話)“游山玩水的东西，有新的观点也可要，还是有人看的。我过去就很喜欢看旅行杂志。”(一九六六年二月八日在研究«羊城晚报»工作的从化会議上的讲話)甚至那些“有些带迷信色彩的，我們也要用新的观点来写，来介紹。”（一九六六年八月二十六日下午陶鑄召集晚报党委到他那里开会时的插話）。他还胡說，新知識分子，也要学一些古的东西。写文章，老是那么干巴巴的，怎么行？讲历史“偶尔出点錯，不要紧。”陶鑄就是这样为他的嘍囉們打气、壮胆，积极鼓励他們放手販卖封、資、修的黑貨。陶鑄岂止是給《晚会》打开了綠灯，他还給《晚会》开了一路通行的路条。他下令道：“原則上不要挤《晚会》，挤《体育》。要挤，《花地》，四版让一点。总是要有特色嘛！”（一九六六年三月二日晚在研究《羊城晚报》工作的从化会議上的讲話）这就是說，即使是重要的稿子很多，使当天的报紙容納不下，《晚会》也不能因此給挤掉，以便这个“黑会”能够晚晚举行！

众所周知，《五层楼下》是陶鑄特别“重視”的一个栏目，因而也給予了特别的“关心”。这种心情，只要引用一次“指示”中的讲話，就可以看出：

“第一版，《五层楼下》过去我很爱看，現在，《五层楼下》的稿件有点凑数，不如以前的好。应該編得突出些。应該以批評为主，是小言論。当然也不是空洞的議論，而是讲事实。文字要生动活泼，但不是俏皮，不要‘油里油气’。要严肃。是用一种較輕松的形式批評缺点。稿子要編得有文采。标题要大些，鲜明些。字体可以排仿宋。五层楼是在越秀山上的，站在上面看下来，看得很清楚，所以，《五层楼下》这一栏也要站得高些，‘微言大义’，‘小题大做’。”（一九六四年三月十三日陶鑄对《羊城晚报工作的指示》）

四、推行专家办报、关門办报，为牛鬼蛇神大开綠灯

毛主席教导我們：“我們的报紙也要靠大家来办，靠全体人民群众来办，靠全党来办，而不能只靠少数人关起門来办。”（《对晋綏日报編輯人員的談話》）

可是，胆大包天的陶鑄他竟敢明目张胆地与我們最最敬爱領袖毛主席相对抗，不遺余力地鼓吹靠少数人来办报，关起門来办报。

一九六六年二月，陶鑄在《羊城晚报》蹲点办报一个月以后，在总結經驗时就总結出了一条这样的經驗：“这一次，我們几个人来抓，急忙上陣。現在看，临陣磨枪也可快可光。”自我貼金。（一九六六年三月二日晚在研究《羊城晚报》工作的从化会議上的讲話）

事实上，《羊城晚报》从創刊以来，在陶鑄的亲自指导下，一貫就执行着一条专家办报、关門办报的路綫。《羊城晚报》除了編委会之外，还特地請一些所謂“知名”的資产阶級知識分子、“三反”分子等組成的“顾問会”，每逢集会之日，让他們一边大吃大喝，一边給报紙出黑主意，就是专家办报、关門办报的最突出的产物。

同年三月二日晚，在研究《羊城晚报》工作的从化会議上关于作者的队伍，稿件的来源，陶鑄又作了这样“指示”：“《花地》要組織中南的作家写稿子。把他們好好組織起来。要了解他們的写作情况……”（一九六六年三月二日晚在研究《羊城晚报》工作的从化会議上的讲話）

“《思想战綫》，……稿子有几个来源：一、內部文稿和各省（区）的写作小組；二、四清簡报，四清办公室；三、学习毛主席著作中选取一些文章。”（引同上）

可是，在陶鑄的所有“指示”、“談話”里，就是不談靠大家来办报，靠人民群众来办报，靠全党来办报！

陶鑄到底靠了一些什么人来办《羊城晚报》呢？事实証明，他实际上依靠的是一帮“三分”分子，老右派分子。請看：

黄秋耘，这个人人共知的老右派，連全国文艺界黑帮的“副帅”林默涵也說他是个“人道主义者”。可是，陶鑄却視若珍宝。为了加强晚报的力量，他亲自下令說：“黄秋耘要来，放

晚报。”(一九六六年三月二日在研究《羊城晚报》工作的从化会議上的讲話)。

他說：“二、三版，秦牧，楊家文，刘日波，还有黃秋耘，四个人管。一、四版，楊奇、何軍、××、×××，也是四个人管。”(按：提名者均系“三反”分子。引同上)。

他說：“《思想战綫》，姚錫华参加党委，把它管起来，把它办好。”(一九六五年八月二十六日下午，陶鑄召集晚报党委到他那里开会时的讲話)这里提到的姚錫华，又是何許人也？在《紅旗》杂志社时(他原是《紅旗》杂志社反党集团头目邓力群手下的一員干将)就曾干了許多坏事，竟然胆敢收集陈伯达同志的材料，反对陈伯达同志。一直到最近，在他的黑窩里，还珍藏着他与“三反”分子、前中宣部副部长許立群同写的关于“包产到戶”等妄图复辟資本主义的所謂关于几个經济政策的建議！

陶鑄，就是这样把《羊城晚报》交給了一批黑人物。而且还給这批黑家伙大力撑腰：“你們不要縮手縮脚，不要太局促，要向党負責，要有自己独到的見解。”他說，“編委有权利处理稿子，以体現自己的方針。除了中央来的稿子必須按照指示刊登外，其余稿子，你們該怎么办就怎么办。”(一九六五年八月二十六日下午陶鑄召集《羊城晚报》党委到他那里开会时的讲話)。

陶鑄不但給了他手下的嘍罗生杀之权，而且，对于他手下的嘍罗的所作所为，也是贊揚的。在一次研究《羊城晚报》工作的从化会議上，“三反”分子楊家文在汇报工作时說到未抓好《花地》，以致放毒还不够，觉得有些惭愧。陶鑄就馬上这样說过：“有些惭愧，不必要。过去中南局沒有抓嘛。我們不抓，要你們办(得)很好，有困难的。戏剧，也是中南局抓了以后，才好一点吧。現在是我們抓，你們很听抓嘛，好嘛！”(一九六六年三月一日在研究《羊城晚报》工作的从化会議上的讲話)。

陶鑄还在物质上千方百計地为这帮黑家伙提供了条件：“紙张不足，……想办法解决一下。”他还提出“要自己搞个印刷厂。”而且“搞就搞得象个样子。明年年底以前搞起来，現在就做准备工作。还差几十万，由办公厅来补。另外还可以貸款，依靠自己积累逐年归还。”(均引自一九六五年八月二十六日下午陶鑄召集《羊城晚报》党委到他那里开会时的讲話)。

上述材料表明，就是在陶鑄这个两面三刀的政治阴謀家指揮下，中南地区的牛鬼蛇神以及其他各地的大小牛鬼蛇神，紛紛利用《羊城晚报》这个陣地，向党、向社会主义、向毛泽东思想射出了大量的毒箭，犯下了滔天的罪行。

《紅卫报》革命造反兵团

陶鑄論陶鑄

代序

人們总想了解新任中宣部长陶鑄的一些情况。遺憾的是，我們无法得到他諸如自传之类的东西。幸好，陶鑄在文化革命中讲了很多話，作过不少自我介紹。現将其中有关部分摘录編印在一起，命題为陶鑄論陶鑄。因客观条件所限，未經本人审閱，故仅供讀者研究有关問題时参考。

《宝塔山》編印者一九六七年一月五日

一、“我是一貫革命的”

一、“我参加革命，才十八岁……在南京水西門外监牢，我坐了五年监牢，被判处无期徒刑，沒想到出来，后来叶剑英同志把我保出来……”

（接見华工学院赴京代表团时的讲話）

二、“共产党公开提的第一任辽宁省委书記就是我。五四年解放后，我就任省委书記，以后任辽东、辽西省委书記，我和东北还是很有感情的。”

（十一月十七日接見沈阳大专院校毛泽东思想紅卫兵总部代表讲話）

三、“我当了十四年省委书記，可神气了，在全国不算最神气，但也够神气了，这次官气打掉了百分之七、八十。”

（接見华东工学院赴京代表团时的讲話）

四、“我这个宣传部长不是知識分子宣传部长，我是知識分子，就不够格当宣传部长呢！”

（八・二三在中国医科大学的讲話）

五、“說过对貧下中农感情不丰厚，不一定，至少不比你少！为什么呢！因为你只搞过一次四清，我搞了三次四清，第二，我搞了三个省的土改，消灭了三个省的地主阶級。”

（同　上）

六、“什么是老革命？我这样談不上老革命，毛主席、董老才是眞正的老革命。”

（同　上）

七、“白色恐怖时期，干革命，随时都要流血，我們算是老革命了，算是老革命遇到新問題嘍！”

（八・二五接見中南地区部分革命师生时的讲話）

八、“确实是老革命遇到新問題。小平同志算是老革命了，我是中等，不算老。”

（八・二在中国人民大学的讲話）

九、“我可以說，我是一貫革命的，但我不是一貫正确。說我陶鑄不革命就要和他們辯論，說我不正确可以。”

（十一・十七接見沈阳农学院紅卫兵的讲話）

十、“我这个人左的錯誤、右的錯都犯过，但我未犯过路綫錯誤。”

（十一・十六接見山东学生代表同学时的讲話）

二、“我沒有私心杂念”

一、“我沒有私心杂念，我又不想当省委第一书記……”

（十・三十日接見湖南赴京革命师生、革命干部的讲話）

二、“«人民日报»改組后，是陈伯达同志和我抓的，«人民日报»改組后有根本的变化。現在«人民日报»基本上按毛泽东思想办事……”

（十・二四接見三司代表时的讲話）

三、“关于«长征紅卫队»这一宣传，是党中央决定的毛主席极力称贊的，……这个材料是我首先发現，我向毛主席汇报，向中央推荐过，大串連我是极力支持的，当时还有些同志反对……”

四、“我这次比上次有进步，你們就要欢迎。”

（八·二三在医大的讲話）

五、“你有批評的权力，我有不接受批評的权力。”

（同　上）

六、“我讲的这些話，不让你們讲出去的，不准讲出去！如果讲出去，我就說你們造謠！”

（九·八接見人大校筹委余景清等人中南地区代表时的讲話）

七、“你們去調查吧（指人大有同学去中南調查陶鑄的材料）我不怕！”

（八·十七接見人大校筹委余景清等人的讲話）

三、“我代表共产党”

一、“你說我对貧下中农感情不丰厚，我讲貧下中农对无产阶級感情沒有！我代表共产党！”

（八·二五在中国医科大学讲話）

二、“我的大字报可以貼，可以审查，可以批判。我相信，我基本上是无产阶級革命家。”

（十二·二五对卫生系統作报告）

三、“各个大区，中央小組在安排，以大区为单位，个別接見。我是顾問么。”

（八·二五对中南区部分革命同学讲話）

四、“貼大字报可不可以貼在街上，我看，你們觉得必要，可以……”

（同　上）

五、“現在党中央就是毛主席的无产阶級司令部，我們就是在这个司令部工作的。”

十一·十一在中南区小礼堂）

六、“有人說是修正主义总根子，我說我不是，該信任党中央的司令部，司令部不能只有司令、副司令……”

（同　上）

七、“我还有这个野心，想看到共产主义在全世界的胜利。”

（十一·十二对华东工学院赴京战斗团）

八、“解放軍学毛选就是学得好，主要是林副主席領导的好，我把宣传部办成毛泽东思想学习处，”

（同　上）

九、“中央准备发一个通知，主席、林彪同志，周总理和我都是同意的，基本原則不会变了。”

（同　上）

十、“誰留一手不拿出来（指黑材料），以后拿出来就开除党籍。关于这一点，主席、林彪、周总理和我都是同意的。”

（同　上）

十一、“西安同学把大字报貼到街上，在街上辨論，我說可以算是創举。”

（同　上）

四、“而你們說我是黑帮”

一、“邓小平打电話要我讲一讲，我就去了，运动刚刚起来，我就匆匆忙忙去保他（錢信忠）。……我那个时候可以拒絕么！問題是我头脑里有刘邓思想，也受他的影响了。”

（十二·十三对卫生系統所作报告）

二、“我这个人不算很保守的，但現在看起来是保守了。

（十·三十日对湖南赴京革命师生、干部的代表的讲話）

三、“当前我們要努力跟上。前一阶段沒有跟上，派工作組我也贊成。”

（八·二五在医大的讲話）

四、“湖南的情况在中南区算严重的，在全国来說不算严重，你們要帮助湖南的同志。”

（同 二）

五、“湖南省有成績，我家是湖南的，我听說一些。”

（同 四）

六、“我本来是好心好意給你們解决問題，而你們說我是黑帮，到中南去調查我的材料。你們人大的事，我不管了！”

（九·八对人大筹委余景清等人讲話）

七、“給林彪、总理、伯达，給中央文革貼大字报是不可以，是反革命。但是可以給我貼大字报，要发揚大民主么。”

（十二·二二对人大紅卫兵代表讲話）

八、“郭秋影是二类，我想都沒想过，四类都沾边了。”

（八·十七对人大紅卫兵代表讲話）

九、“就現有材料看，郭秋影同志不是黑帮，根据文化大革命的表現，不能算革命左派，既然不是黑帮，那就属于人民內部矛盾，只要是人民內部矛盾可以先放下来。”

（八·二十在人大讲話）

（原載《井岡山》报）

打倒

刘少奇　邓小平　陶铸

——彻底粉碎刘少奇的反革命复辟的阴谋

天津大学"八·一三"无线电系宣传组

天津大学"八·一三"《触魂》翻印

1967.8.16.

毛泽东思想变为实际的不可抗御的力量。"但是到了六二年，在那样的阶级斗争形势下，刘少奇在大讲《修养》，都出尔反尔，闭口不讲毛泽东思想了，果真是"七大"以前没有树立毛主席的绝对威信就拼命树，"七大"以后觉得不提大家也知道。"了吗？不！绝不是，毛泽东思想同反毛泽东思想的斗争，从来没有停止过，《七大》以前是这样，《七大》以后还是这样，今天如此，将来还是如此，这是革命和反革命的焦点。林彪同志主持军委工作以来，就高举这一面毛泽东思想伟大红旗，过去这样高举了，现在仍这样高举，而且在军队的带动下，全国展开了一个又一个从林彪同志当榜样的活学活用毛主席著作的群众运动，而刘少奇这时却破门而出，大讲其《修养》，闭口不提毛泽东思想，却别有用心地大讲要作马克思列宁主义"的好学生（《修养》第一一页）这不明明是与林彪同志唱反调，妄图把毛泽东思想从《修养》中踢出去吗？这就是一场高举毛泽东思想伟大红旗同反毛泽东思想的斗争！应该指出，一九四九年的《修养》里，刘少奇本来写的是"我们党是马克思、恩格斯、列宁、斯大林的最好学生"，但后来在以《修养》第二版中，刘少奇却别有用心地"修改"为"大马克思、恩格斯、列宁、斯大林……"[illegible]"刘少奇从……那里得到什么"启示"，大反斯大林，刘少奇不是很清楚了吗？！（全文删去）

林彪同志一九五九年就指出："毛泽东同志创造性地发展了马克思列宁主义，综合了前人的成果，加上了新的内容。"一九六〇年又进一步指出："毛泽东思想是当代马克思列宁主义的顶峰"。刘少奇这个"伪君子"，为了反对毛泽东思想，他不惜在《修养》中大肆歪曲，采取偷天换日的手法，把毛主席的一句话砍头去尾，塞进他的[illegible]，以实现他掩盖修正主义思想的阴谋，这不是十分明显吗！难怪他删一个字、改一句话都小心谨慎，唯恐露出了马脚，而这样处心积虑地修改《修养》，结果不就欲盖弥彰吗了吗？

（三）刘少奇一九六二年修改补充版的《修养》，是刘少奇妄图篡党的号召书

刘少奇大反毛泽东思想，大反"封、资、修"的思想，只是一种手段，其目的是为了篡夺以毛主席为首的党中央的领导权。

一九五九年的庐山会议，在毛主席的英明领导下，粉碎了右倾机会主义分子向党、向社会主义的猖狂进攻，罢了他们的官，撤了他们的职，但是到了六二年，他们以为春天已到，大地将要解冻。于是大刮"翻案风"。正值此时，刘少奇"发言"了：

"党内的左倾机会主义者对待党内斗争的态度，他们的错误是很明显的。……完全一致的党内和平，也是不行的，不容许任何党内和平，即使是在党内并没有分歧的时候，也硬要去制造斗争对象，把某些同志当作"机会主义者"、"革命斗争"的靶子，……只有依靠这种射击"靶子"，他们认为，党的发展，无产阶级革命斗争的胜利，才能得到"如神的开展"。（《修养》第四十一页）

必须指出：着重号全是版改增有（下同），而整段则是旧版中的几段凑在一起，进一步强调、精心补充和修改了的，他的补充和修改

矛头所指，难道还不是很明显了吗？！

我们伟大的领袖毛主席教导我们："党内不同思想的对立和斗争是经常发生的，这是社会的阶级矛盾和新旧事物的矛盾在党内的反映。党内如果没有矛盾和解决矛盾的斗争，党的生命也就停止了。"刘少奇如此对抗毛泽东思想，何其猖狂，难道不是明目张胆地为右倾机会主义翻案吗？！

一九五七年三月十二日，毛主席在中国共产党全国宣传工作会议上……主义，现在要开展对修正主义的批判……[illegible]……在党内出现……[illegible]……《修养》第……[illegible]……是正确的补充和发展……[illegible]……

清華大學 井岡山 2.8

天津大学加印 无线电系 2.28

天大八一八加印《魔魂》翻印 3.6

最　高　指　示

共产党员应是实事求是的模范，又是具有远见卓识的模范。因为只有实事求是，才能完成确定的任务；只有远见卓识，才能不失前进的方向。

当前机关运动的大方向

“打倒李雪峰、打倒解学恭”的口号，在《红旗》杂志第四期社论，特别是第三期社论（以下简称四期社论、三期社论）发表之前，在华北局机关基本上是正确的、革命的。对机关文化大革命起了推动作用。坚持这个口号并有实际行动的战斗组织、革命同志是革命造反派，大方向是正确的。谁否认这一点，就是否认华北局机关的无产阶级文化大革命，我们坚决反对。

以《红旗》杂志第三期社论为起点，全国的无产阶级文化大革命进入了一个新阶段。

三期社论指出：“无产阶级革命造反派联合起来，向党内一小撮走资本主义道路的当权派手里夺权，这是大方向。”

四期社论指出：“在无产阶级专政条件下，无产阶级革命派大联合，向党内一小撮走资本主义道路当权派的夺权斗争中，怎样对待干部问题，是一个重大问题，关鍵问题。”

“大方向”，是伟大的舵手毛主席指给我们的新航向。

“关鍵问题”，是伟大的统帅毛主席交给我们的战斗任务。

全国革命造反派紧跟毛主席，坚决执行毛主席的指示，掌握“大方向”，狠抓“关鍵问题”，无产阶级文化大革命运动，更深入更健康地沿着毛主席指示的轨道向前发展。整个形势好得很！好得很！

如果说运动前一段衡量一个组织是不是革命造反派，主要看他对毛泽东思想伟大红旗，对革命造反旗帜举得高不高。那末，四期社论发表以后，在无产阶级革命派大联合、大夺权的新阶段，还要看能否高举革命派大联合的旗帜，能否坚决贯彻执行毛主席的干部路线，严格区分两类不同性质的矛盾。

三期社论指出："……在夺权斗争中，无产阶级革命派，必须集中目标，狠狠地打击敌人。必须严格区分敌我矛盾和人民内部矛盾，绝不能把人民内部矛盾当作敌我矛盾，乱轰一气。否则，就会妨碍向党内一小撮走资本主义道路的当权派的夺权，就会犯方向的错误，就会被阶级敌人利用。"

四期社论指出："马克思列宁主义、毛泽东思想告诉我们，对于社会上的一切事物，都必须进行阶级分析，对于当权派，当然也必须进行阶级分析。一定要分清是无产阶级当权派，还是走资本主义道路的当权派。一切革命群众对于一小撮走资本主义道路当权派，必须坚决打倒，而对于无产阶级当权派，则应当坚决支持。对当权派，不作阶级分析，一概怀疑，一概否定，一概排斥，一概打倒，这是一种无政府主义的思潮。"

华北局机关的革命造反派，同样应该紧紧地跟上中央的精神，跟上全国形势，坚决贯彻执行毛主席的干部路线。掌握斗争的大方向。那种以"机关情况特殊"不执行中央指示的说法和作法都是十分错误的、危险的。

毛主席教导我们说："我们应当相信群众，我们应当相信党，这是两条根本的原理。如果怀疑这两条原理，那就什么事情也做不成了。"

半年多的运动实践证明，从现在揭发出来的材料看，李雪峰、解学恭同志，虽然犯有这样那样的错误，甚至严重的错误，但他们并不是党内走资本主义道路的当权派，不是打倒对象。他们是革命的领导干部。李雪峰同志受毛主席的指派，正在天津领导大联合、大夺权，解学恭是天津市革命造反派"三结合"的对象，并且正在很好地实行"三结合"。华北局机关的革命造反派，要正视这个现实，不应该也不能背离这个现实；要看到天津市的革命形势，并不是孤立的，不应该也不能背离天津市的革命形势；要支持天津市的革命造反派，不应该也不能把斗争的主要矛头指向李雪峰、解学恭。对李、解的错误当然必须继续揭发、批判。使他们更好地克服缺点，修正错误。那种认为不是打倒对象，就不需要继续揭发、批判的想法也是不对的。

在现阶段，高喊"打倒李雪峰、解学恭"的口号是错误的。固执这个口号，就会走向自己的反面，就会背离毛主席的革命路线，就会犯方向的错误。这个口号很容易被阶级敌人利用，现在华北局机关已经有一小撮人利用了这个口号。革命的同志们，要提高警惕，小心扒手。

当前机关运动的矛头应该对准谁？我们认为应该对准华北局机关党内走资

本主义道路的当权派、反革命修正主义分子、黑帮分子李立三、黄志刚、朱理治，还有陈鹏、范儒生、刘莱夫、梁寒冰等一小撮混蛋。“一万年太久，只争朝夕”，我们应该迅速地集结火力，向李立三等一小撮反革命修正主义分子猛烈开炮。

有人说：“李立三是只死老虎”。我们认为：既未死。更沒臭。李立三一贯反对毛主席，他的修正主义思想、路线流毒甚广，影响甚大，至今还沒有彻底肃清其恶劣影响，需要进行大规模的群众性的揭发、批判、斗争。最近，他还打着“造反”的旗子，急急忙忙地跳出来“亮相”，投“三结合”的机，企图混水摸鱼。这是对华北局机关革命造反派的莫大侮辱，极大的挑衅。我们绝不能叫他的阴谋得逞！我们要学习鲁迅痛打落水狗的精神，把李立三这条癞皮狗斗倒、斗垮、斗臭；乘胜追击，横扫窝藏在华北局各部委办厅的党內走资本主义道路的当权派。

“打倒李立三！”……这就是华北局机关运动的大方向。我们希望机关造反派的同志们，认清这个大方向，掌握这个大方向，在这个大方向的基础上联合起来，共同战斗。任何的犹豫和迟疑都将给革命事业带来不应有的损失。

“打倒李立三！”……必须坚决果断，坚定不移。有个别人想通过搞李立三，通过他们提供子弹，搞倒李雪峰、解学恭，这是十分错误的。我们绝不能与反革命修正主义分子搞联合，绝不能做政治交易。“谁是我们的敌人？谁是我们的朋友？这个问题是革命的首要问题。”革命的同志们，务必充分注意，万万不可粗心大意。

毛主席教导我们：“一个正确的认识，往往需要经过由物质到精神，由精神到物质，即由实践到认识，由认识到实践，这样多次的反复，才能够完成。”

《争朝夕》战斗队对中央精神的理解，对上述问题的认识，就经过了反复的过程。我们相信机关的绝大多数革命组织、革命同志已经或正在认清这个问题，并且准备采取革命行动。我们愿意与机关革命造反派的同志们并肩战斗，将华北局机关的无产阶级文化大革命进行到底！我们坚信：毛泽东思想必胜！毛主席的革命路线必胜！华北局机关的革命造反派一定会冲决一切阻力，在伟大的毛泽东思想的光辉旗帜下联合起来，夺取新的胜利！

《争朝夕》战斗队为了实现机关革命造反派的大联合，于三月八日发出了关于成立批斗李（立三）、朱（理治）、黄（志刚）联络站的“紧急呼吁”。我们仍然坚持“紧急呼吁”的原则，希望“总部”与“兵团”的革命造反派同志为促进全机关的大联合，做出有益的贡献。

革命造反派的同志们，让我们以百倍的信心，百倍的勇气，坚定斗争大方向，昂首阔步，迎接新的伟大胜利吧！

华北局机关红色造反团《争朝夕》战斗队

一九六七年三月九日

最高指示

人民靠我們去組織。中国的反动分子，靠我們組織起人民去把他打倒。凡是反动的东西，你不打，他就不倒。这也和扫地一样，扫帚不到，灰尘照例不会自己跑掉。

炮轰天津市委　　火烧王眞如

天津市委委員、监委副书記王眞如是万、张反党宗派集团的骨干分子。王眞如原在华北局工作时，就与万晓塘交往甚密。王来津后，紧紧依附万晓塘、张淮三，对万、张百依百顺，深受万、张器重。王眞如公开讲："我的观点就是张淮三的观点。"一九五八年，万晓塘窃取了天津市委第一书記后，馬上調任王眞如为监委副书記，让他把持监察大权。王果然不負主子所望，积极推行万、张反党宗派集团的宗派主义組織路綫，包庇坏人，打击陷害革命同志，招降納叛，結党营私。文化大革命以来，王又秉承万、张反党宗派集团的旨意，充当破坏文化大革命的急先鋒，犯下了累累罪行。

一、炮打无产阶級司令部，攻击陷害陈伯达同志。

一九六一年以来，陈伯达同志曾多次来天津視察工作，并在南郊小站地区搞过四清，对天津市的党、政、工业、农业、科学技术等方面的工作作了許多重要指示。但万晓塘这个反党野心家，阳奉阴违，兩面三刀，甚至公然抵制陈伯达同志的指示。为此，陈伯达同志对万晓塘等提出了尖銳地批評。这就使他們怀恨在心，蓄意阴謀陷害陈伯达同志。王眞如积极地参与了这一罪恶活动。

一九六四年，陈伯达同志在南郊蹲点搞四清时，就反革命分子
、张风琴的問題，批評了南郊区委，也批評了天津市委。王眞如就恶毒地用諷刺的口吻說：“人家水平高啊！”“人家有干將么（指江枫同志）！”

去年，路达老婆郭书眞（市监委委員，万、张反党集团的忠实爪牙）到公安局所属某工厂搞四清时，王眞如策划了一个利用該厂副厂长宛吉春的問題整公安局、搞江枫同志、进而反对陈伯达同志的阴謀，授意于郭书眞。王眞如对郭說：“宛吉春的問題是有根子的，你們去了要挖根子，那里的根子又深又长。”暗示郭把斗爭矛头指向陈伯达同志。所以郭进厂后，她的第一个动員报告就煽动群众說：“你們敢不敢挖根子”。

以后王眞如就一直在幕后指揮着郭书眞在这个厂耍阴謀，兴风作浪。他一再提醒郭：“宛吉春的十二条（发展某項工业的建議）有問題，要大魄力地去抓！”接着王又进一步指示郭說：“你們是否給江青同志写封信，让她轉給毛主席。”并要郭等在写信前“找

宛吉春談談，摸摸底”，“問問为什么陈伯达对这个厂这么支持，这么感兴趣？对宛吉春这么欣尝？”

郭书眞找宛吉春談話后,沒有找到陷害陈伯达同志的借口,向王眞如作了汇报。但王眞如賊心不死,又指示郭蒙騙操纵部分群众,对宛进行批斗，逼迫宛承认陈伯达同志是他的“根子”。他們直言不諱地問宛：“你和陈伯达是什么关系？”“他向你讲了些什么話，有沒有包庇你的問題？”甚至对陈伯达同志和宛吉春談話时的表情也詳細追問。与此同时，他們还兩次派人去北京調查陈伯达同志。最后，他們以“批斗宛吉春战斗小組”的名义，給江青同志写信。这封信还特意給了陶鑄。信中恶毒地放肆地攻击陈伯达同志，并要毛主席“审查”陈伯达同志。

二、瘋狂地鎮压革命群众，把斗爭矛头指向中国人民解放軍

去年八月，文化大革命初期，发电設备厂某些群众和四清工作队之間发生了矛盾。万、张反党宗派集团一看該厂工作队成員大部分是駐津人民解放軍，特派王眞如亲自率領所謂“检查組”到該厂，打着“調查解决問題”的幌子，施展了鎮压革命群众、打击解放軍的阴謀伎俩。

王眞如进厂后，大肆挑动群众斗群众。厂内的革命学工成立了紅卫兵，要造市委的反，他針鋒相对地操纵一些不明眞象的群众，組織工人“紅卫兵”，支持一方，打击一方。革命学工要进行串

連，他拼命禁止；甚至威脅革命学工說："你們这是发高烧，你們的行动已达到犯罪的边緣，应該赶快悬崖勒馬！"八月二十日，王眞如在厂內召开大会，革命群众和学工冲到台上要和他辯論。这时，一些在王眞如操纵下的职工当場和学工扭打一团，不少职工和学工受了重伤。王眞如先是"坐山观虎斗"，后来偷偷溜掉了。事后才弄清楚，原来这起震动全市的"八．二〇"事件，是以王眞如为首的市委"检查組"一手泡制的。

王眞如在挑动群众斗群众的同时，极力制造群众与解放軍的矛盾，挑动群众斗爭参加該厂四清的解放軍同志。致使有的解放軍同志被围攻，有的甚至被打成"反革命"，批斗游街示众，陷害解放軍，造成十分严重的政治恶果。

王眞如不仅在厂內拨弄是非，而且在外面散布流言蜚語，說什么："发电設备厂的問題很复杂，不好解决。搞四清的解放軍告到林彪同志那里，我們地方上也告到陈伯达同志那里，是林彪同志和陈伯达同志的矛盾"等等。明目张胆地攻击林副主席和陈伯达同志，眞是狂妄至极！

三、在"十六中事件"中，阴謀陷害胡昭衡、朱彪等革命領导同志。

十六中的革命学生，响应毛主席的伟大号召，勇敢地起来鬧革命，第一个提出揭发市委問題。这些革命小將的革命行动好得很！

但万、张反党宗派集团怕的要死，恨的要命，把十六中革命学生視为“右派”，疯狂进行鎮压，以后又以“加強工作队”为名，把王眞如派去，調查所謂“十六中事件”的背景。王眞如到十六中之后，就別有用心的对站在斗爭前列的革命学生李罗力（胡昭衡同志之子）、朱強（朱彪同志之子）等进行了秘密調查，千方百計地追査他們的“后台”，把矛头指向坚决与万、张反党宗派集团作斗爭的胡昭衡、朱彪等革命領导同志，妄图进行政治陷害。

四、蓄意整垮公安局，打击陷害江枫同志。

万、张反党宗派集团通过监委整公安局、打击陷害江枫同志是由来已久的。从“反右傾”以来，李守眞（监委书記）和王眞如就有計划、有目的地“調查”、整理江枫同志的黑材料。

路达的老婆郭书眞在监委本来是分工抓区委工作的。王眞如却布置她調查公安局的情况。郭书眞煞費心机地在公安分局搜集了一些片面材料，拼凑了一个报告。王眞如精心修改后，报給了市委书記处。事后，王眞如鼓励郭书眞說：“市委很欣尝那个报告，希望以后多搞些这类材料。”

去年，王眞如让郭书眞到公安局所属某厂搞四清。去之前，王眞如就明确指示郭书眞到那里主要是搞公安局和江枫同志的問題。郭到該厂后，在王眞如的指揮下，籠絡了一些对党不滿和蒙蔽一些不明眞象的群众，打击勇于同万、张反党宗派集团作斗爭的革命同志，煽动不明眞象的群众到公安大楼鬧事。幷妄图抓住宛吉春問題，打开缺口，以达到整垮公安局，陷害江枫同志的罪恶目的。

文化大革命以来，王眞如积极支持反动組織“天津政法公社”，不仅給了很多黑指示，而且不惜破坏党的紀律，把监委掌握的許多人事机密主动提供給“天津政法公社”，作为打击公安局和江枫等领导同志的“炮弹”。有一次“天津政法公社”后台老板娘张露派人去监委搜集整江枫等同志的材料，在王眞如的授意下，王的忠实走卒、监委委員常銳主动透露公安局领导干部××的問題。更严重的是，他們还把××和×××的档案材料交給“天津政法公社”拿走使用。

去年十月二十九日，万、张反党宗派集团的头子张淮三召集他們的部分骨干分子开了一次反革命黑会，王眞如就是这个黑会的参加者。在这个黑会上，他們极力混淆是非，顚倒黑白，把公安局广大革命群众和革命领导干部积极同万 张反党宗派集团进行斗爭的革命行动，誣为公安局要搞“政变”，事后，他們还特别用监委文革名义，向书記处写假报告，造謠說公安局要搞政变。企图以此对公安局革命群众和革命领导干部进行政治陷害，想置公安局于死地。他們用心之险恶，眞是达到了登峰造极的地步！

万、张反党宗派集团长期以来，貫徹着一条反党、反社会主义、反毛泽东思想的黑綫，他們疯狂地鎮压革命群众，残酷打击革命领导干部，蓄意整垮无产阶級专政机关，恶毒攻击人民解放軍，甚至胆大包天炮打无产阶級司令部，陷害陈伯达同志，誣蔑林彪同志，眞是罪恶滔天。王眞如在其中起了极坏的作用。我們一定要把这个坏蛋揪出来，彻底斗倒、斗垮、斗臭！叫他永世不得翻身！

彻底砸烂万、張反党宗派集团！

无产阶級文化大革命万岁！

无产阶級专政万岁！

偉大的中国共产党万岁！

偉大的战无不胜的毛泽东思想万岁！

我們最最敬爱的偉大领袖毛主席万岁！万岁！！万万岁！！！

天津市公安局无产阶級革命造反总部

一九六七年三月十七日

彻底砸烂

刘少奇大叛徒集团

——伪“北平反省院”概况

修訂本第二集

南开大学　八一八　紅色造反团

一九六七年三月二十八日

最　高　指　示

敌人是不会自行消灭的。无論是中国的反动派，或是美国帝国主义在中国的侵略势力，都不会自行退出历史舞台。

《将革命进行到底》

在拿槍的敌人被消灭以后，不拿槍的敌人依然存在，他們必然地要和我們作拚死的斗爭，我們决不可以輕視这些敌人。如果我們現在不是这样地提出问题和認識问題，我們就要犯极大的錯誤。

《在中国共产党第七届中央委員会第二次全体会議上的报告》

伪“北平反省院”概况

一、情况簡介：

“北平反省院”于一九三一年九月間建立，地址在北平草嵐子。这个监獄是专門收容共产党犯人的。监獄分“南号”、“北号”，亦称“南监”、“北监”，可容納一百多人。监獄前面有办公楼，后面空地是“犯人”放风的地方。南、北监之間設有崗楼，为国民党特务监視两监“犯人”之用，严禁互相接触。

南、北监各有牢房一排，中間是走道。牢房面积很小，每边可容犯人五十余。每間房中住五六十人，挤得不能翻身。敌人認为問題严重者，单人占一小間。

“北平反省院”于一九三七年同当时的监獄合併。

一九三一年“九·一八”事变之后，国民党蔣介石实行“安內讓夷”政策，日寇鉄蹄踐踏了祖国东北三省。其后，民族危机日益加深，日本帝国主义侵略軍队进逼华北。国民党反动派为了进一步投靠日本帝国主义，变本加厉地实行反共反人民的政策。于一九二九年、一九三三年两次頒布“反省条例”，对共产党人和爱国同胞实行反革命的“軟化政策”。

三六年初，刘少奇来到天津，担任当时北方局書記，林枫任秘書长兼刘少奇秘書，与彭眞等人共同組成北方局。

此时平、津一带，国民党反动派的統治机构主要是：河北省、北平的国民党党部；一九三三年上半年随何应欽北上接管軍分会而設立的政訓处；进住北平的宪兵三团（团长蔣孝光，蔣介石的侄兒）。一九三〇、一九三一年，我党津平先后两次遭到大破坏，仅宪兵三团在一九三四年就屠杀共产党員和其他爱国同胞三千多人。敌人实行的政策是抓住就杀的办法。

一九三四年，我紅軍北上，奔赴抗日最前綫。八月一日我党发布《为抗日救国告全体同胞書》，十一月二十八日，发表《抗日救国宣言》。全国人民在我党的伟大号召之下，抗日浪潮汹涌澎湃。国民党反动派面对群众的抗日热潮，被迫由大量屠杀鎮压的强硬手段轉而实行軟化政策。把反省院当成变相的特务訓練机关，使背叛变节者成为国民党的走狗，为达此目的，国民党CC大特务头子陈果夫、陈立夫制定了《破案留根》的反动政策。即破共产党之案，其根留于国民党特务机关内，抓住叛变者的把柄，以便出獄后，打入我党各級組織，为国民党效力。

做为当时我党北方局主要負責人的刘少奇，不是对国民党的反动政策做針鋒相对的斗爭，而是迎合国民党的反动政策，背着以我們伟大的領袖毛主席为首的党中央，出卖全党、全民族的利益。三六年六、七月間，发出了"獄中共产党員可以履行反共自首手續"的黑指示。当时参与这一反革命罪恶活动的叛党分子还有：林楓（中共中央高級党校校长）、徐冰（中央統战部长）、孔祥禎（第一輕工业部付部长）、魏夢玲（外貿部机械进出口公司付經理）等人。叛党投敌黑指示是通过林楓和徐冰，讓孔祥禎写成信件，由魏文伯介紹魏夢玲送进监獄中去的。

当时在伪"北平反省院"我党有两个支部。南监支部的主要負責人先后是陈远道、殷鑑、薄一波等人；北监支部的主要負責人是刘格平同志等。敌人将獄中表現动搖的人送到南监，而敌人認为"頑固不化"的坚定同志集中在北监，所以只有从北监向南监轉移，沒有从南监向北监轉移的。

南监支部書記薄一波等人收到刘少奇"黑指示"后，正中下怀，欢喜若狂。馬上从獄里写信出来，詢問細情。徐冰对孔祥禎講：这是中央（实际上是刘少奇这个叛徒集团的黑司令）的指示，"要作組織上的任务去完成"。在刘少奇得力打手徐冰的授意下，按照刘少奇的旨意写了第二封信。獄中南监在薄一波把持下，一方面积极策划，通过各种方法，从各个渠道做叛党的思想工作。讓楊献珍起草"反共啓事"；另一方面，再次从獄中給刘少奇写信。提出"三項要求"：

（1）自首出獄的責任要由党負；

（2）自首出獄后不受歧視；

（3）自首出獄后要按正式党員立即分配工作。

刘少奇把薄一波的"三項要求"写成信件，送交当时的党中央总書記张聞天。张聞天背着毛主席和以毛主席为首的党中央，暗自签署同意。这是刘少奇、张聞天之流合伙同謀策划的叛党罪恶勾当（見附件）。这时，楊献珍起草的"反共啓事"也得到了国民党反动派的同意。于是这群叛徒們举起了双手，跪下了双膝，在《反共啓事》上签名画押，投进了敌人的怀抱，薄一波、安子文、楊献珍等无恥之徒，便分批从敌人的狗洞子里爬出来。

与此同时，在北监里，以刘格平同志为代表的坚定同志，面对着敌人的鉄窗、镣铐、面对着敌人的利誘軟化，面对着来自叛徒們精心設計的"反共啓事"，刘格平同志，堅持斗爭，並公开說："我不出去！"在刘格平同志的領导下，开始大多数同志是抵制的，同刘格平同志站在一起。然而叛徒們使尽了花招。第一批叛徒出獄之后，就向獄中写来了大批信件，說什么“外面需要人”，做許多敌人不能做到的瓦解工作。这样叛变出獄的日益多了。到“七·七事变”之后，留下的只不过三十来人。在敌人监獄里，不反共是时刻有被杀头的危险的。然而，眞正的革命者对杀头有何所惧？！砍头不要紧，只要主义眞。宁愿将牢底坐穿，也不屈膝自首，表現了一个共产党人大义凛然的英雄气概。刘格平同志就是这样的人，由于拒不签字，坐了十年零三天才出獄。相形之下，叛徒們的可恥咀脸，是何等可恶可憎？！（刘格平同志回忆伪“北平反省院”的情况請見附录）

刘少奇的黑指示不仅在伪“北平反省院”起了作用，而且对当时的南北方伪“反省院”都起了指导作用，引起了連鎖的反应。叛徒們的“反共啓事”，在政治上給敌人提供了炮弹。国民党反动派利用这顆炮弹，不知残害了我們多少革命志士，瓦解了我們多少党的組織。今天是我們向叛徒們討还血債的时候了。

我們看一看无产阶級大叛徒薄一波吧。他于一九三〇年在天津第一次被捕，国民党把他关进了“第三监獄”。当时的天津，是国民党大軍閥閻錫山的势力范围，閻錫山一眼就看中了薄一波（他們是同乡）。因此，仅六个月薄一波就被释放了。一九三一年薄一波在北平第二次被捕，經第二监獄轉到北平軍人反省分院。一九三六年，閻錫山看到时机成熟，便派遣其亲信大叛徒郭鉅才（和閻同村），大特务头子梁化之（閻的亲戚）携带巨款和亲笔信，到北平进行上层活动。郭、梁找了大軍閥、卖国汉奸宋哲元，一力保释薄一波等大叛徒。薄一波出獄后，曾在北平太庙茶房同徐冰接头，談到恢复党籍和分配工作問題。不久，薄一波“奉命”前往太原，去投奔和見望他的恩人閻锡山。見面时，閻当众写了一个“人”字，意思是說薄一波是一个“人材”。从此薄一波跪倒在閻錫山的脚下，一跃而成为閻錫山的大紅人，扶搖直上，成了閻錫山的秘書和专員。閻錫山凭靠薄一波大捞政治資本，网罗了大批叛徒，組織了所謂“犧牲同盟救国会”。这个反动組織的核心就是閻錫山的嫡系部队“决死队”。而薄一波就是决死队第一縱队的“政委”。

这个隱藏在党內三十多年的大叛徒集团，長期以来，特別是建国十七年以来，上竄下跳，或策划于密室，或点火于基层，呼风唤雨，推波助瀾。这个庞大的叛徒网，遍布全国各地，以京津、西北、中南、西南为重心，企图篡党、篡政、篡軍，实行宮廷政变，阴謀变天。这些大大小小的刘少奇們，是藏在我們內臟中的毒瘤，是埋在我們党內的定时炸弹。

十七年来，他們耍阴謀，放暗箭，大搞独立王国，向党中央、向毛主席发动了猖狂的进攻。直到去年十月，刘少奇、邓小平还糾結特务集团、反革命集团、叛徒集团，預謀炮轟天安門，血染全中国，实行反革命的“宮廷政变”。十月以后，叛徒們不甘心失敗，多次互訂攻守同盟。波一薄、徐冰、孔祥禎甚至狗胆包天，利用毛主席接見紅卫兵的时間，在天安門城楼休息室密謀。王鶴峰等利用电报、电話，互相通气，負隅頑抗。革命的同志們，請看大叛徒王鶴峰从大連拍給李治文的电报：

东北局組織部李治文同志：

請即从电台用急电（或通过中央組織部李楚离同志）帮助轉告北京市委馮基平、陝西省委刘文玉、华北局魏文伯、赵明新、天津南大高仰雲、吉林赵林等，如果有紅卫兵問他們我和殷鑑在獄中的名字时务請絕对不要告訴他們。

王鶴峰　　1966年11月29日

同志們，这是多么惊心动魄的阶級斗爭啊！不仅如此，刘少奇叛徒集团还預謀在六七年三月份发动軍事政变。目前，在无产阶級革命派大联合、夺权的关鍵时刻，叛徒还十分猖狂。他們大肆宣揚叛徒哲学，有的甚至至今还以"左派"自居；而一小撮保皇死党也竭力为其主子辯护。

毛主席教导我們："凡是反动的东西，你不打，他就不倒。"刘記叛徒集团也是这样，当他們感到末日已到、死期逼近的时候，他們会使用出种种卑鄙手段，倒打一耙，妄图把水攪渾，蒙混过关。在我們調查的过程中，狗叛徒徐冰还狗胆包天，竟往柯庆施同志身上栽髒，胡說刘少奇对监獄的罪恶黑指示是通过柯庆施同志传送的。現在有些单位竟然輕信叛徒的口供，不作周密的調查研究，公然把柯庆施同志、刘格平同志打成"叛徒"，是可忍，孰不可忍？！反革命修正主义总头目刘少奇、邓小平曾多次陷害柯老，柯老之死，就与刘少奇有直接的关系。柯老是在四川养病时死的。逝世时刘少奇曾經給李井泉打过一个密电，这个密电后来落在北京"西糾"手里。"柯老当时若不在四川，满可以死不了！"因此我們郑重声明：柯庆施同志是毛主席的好学生！是坚强的共产主义战士！华北一批敗类自首叛变，柯庆施同志沒有一絲一毫的責任！

史无前例的无产阶級文化大革命，敲响了刘少奇叛徒集团的丧鐘，在我們最高統帅毛主席的領导下，我們同全国革命造反者一道，揪出了这个庞大的叛徒集团，揭开了它的黑幕，宣判了它的死刑。这是战无不胜的毛泽东思想的伟大胜利！是无产阶級文化大革命的伟大胜利！我們一千遍、一万遍地欢呼：战无不胜的毛泽东思想万岁！伟大的无产阶級文化大革命胜利万岁！

最最伟大的領袖毛主席，我兵团全体战士向您庄严宣誓：我們要用鮮血和生命来捍卫您、捍卫以您为首的党中央，我們一定高举起您的思想的光輝旗帜，坚决把刘少奇大叛徒集团一网打尽，不获全胜，决不收兵！

南开大学八一八紅色造反团

二、叛徒名单（一部分）

原　名	現　名	現地址及职务
付茂公	彭　眞	前北京市委書記
	徐　冰	中共中央統战部部长
	孔祥禎	第一輕工业部党委書記
田增寿	田　益	卫生出版社付主任
徐子文	安子文	中共中央組織部长
周　斌	周仲英	国家經委付主任
张永璞	薄一波	国务院付总理
楊仲仁	楊献珍	中央高級党校校长
徐子榮	徐子榮	公安部付部长
刘华甫	刘瀾涛	西北局第一書記
馮俊斋	馬輝之	交通部付部长
王　桐	付玉田	广西僮族自治区付主席
王德光	王鶴峰	东北局监察組組长
胡中田	胡敬一	中共中央第二档案舘舘长
李　明（山东）	赵明新	科学院华东分院党委書記
李　明（山西）	吳云夫	山西省付省长
李即吾	李楚离	中央組織部付部长
刘振帮	刘愼之	华东局检查組
王伯庆	王　德	中南局組織部长
侯正寅	侯正亚	福建省委書記处書記
张鵬德	彭　德	大連海运学院党委書記
赵云生	刘文五	陕西省总工会主席
刘俊才	刘子八	西北局政治研究所
刘崇善	刘尙文	北京內燃机厂付厂长
馮明新	馮基平	西安市公安局局长
胡錫昆	胡錫奎	西北局書記处書記
廖广馨	廖魯言	农业部部长
刘相臣	刘有光	七机部付部长
王子喜	王心波	大庆油田付总指揮
张建勳	唐方雷	陕西省委农村工作部长
朱　金	朱則民	中国农业科学院付院长
刘錫五	刘錫武	中央监委付書記
罗林祥	赵　林	吉林省代理書記
高仰云	高仰云	前南开大学党委書記

三、附录：

1.张聞天交待材料——关于一九三六年"自首案"眞相（摘录）

南开大学抓叛徒战斗队：

我現在交待以下三个問題：

（1）立場問題……

（2）事实眞相：……刘少奇初去北方局（1936年春）不久，就給了我一封关于如何解决白区工作干部問題的信。……他說，現在北平监獄中有一批干部，过去表現好，据监獄內部传出消息，管理监獄的人自知日子不长，准备逃走，也想及早处理这批犯人，所以只要履行一个反共不发表的簡单手續（按：这是胡說八道）犯人即可出獄。……此外他还附带着寄来獄中干部提出有三个条件的請求書，要我签字，好使獄中干部相信，中央是同意那样办的。[redacted]很相信刘少奇的意見，並也在請求書上签了字，退回去了。……我現在記得，我当时沒有把此事报告毛主席，或提到中央特别討論。

（3）責任問題：根据以上的立場和具体情况，即可看出，关于此案的直接主謀者、組織者和执行者是刘少奇。他利用他的資产阶級的招降納叛的干部政策，以实現他篡党、篡軍、篡政的政治野心。但是我在这方面，也負有严重的政治責任。……沒有請示我們的伟大領袖毛主席，沒有提到中央会議上正式討論，而輕率地以我个人名义，同意了刘少奇的建議，並在請求書上签了字。这样，我不但违反了党章、党紀的規定，損害了党的組織的純洁性，沾污了我們共产党人永不变节、忠貞不屈的光荣传統，而且也給刘少奇招降納叛的干部政策打开了方便之門。我在这个問題上犯了严重的反党罪行，而且也成了刘少奇的帮凶。

张聞天

一九六七年二月十八日

2.下面是刘格平同志（現山西省革命委員会主任委員）对当时伪"北平反省院"的回忆，这是一篇好文章，是一篇对叛徒的控訴書，很值得一讀：

一九三六年一月，我被送到北平軍人反省院。当时里面有六、七十人，分为南监、北监。前面有办公楼，后面可以放风散步。南北监之間有崗楼，不叫两面的人見面。每边最多装五十人，房子面积很小，人挤得都不能翻身，平时每五、六个人一間房。

和我一起去的共三十人，大部分在北监，也有几个在南监。那时国民党軍法处經常給作工作。方法很多，有的用錢收买，有的封官，有的把母亲、老婆、兒子等亲人叫去，設法叫你叛变，开始只有少数人叛变。

〈一〉写"反共啓事"是經过酝釀的

"反省政策"是从三二年、三三年开始的。以前采用抓住就杀，后来采用了"反省"政策，登报反共。我原在外工作时，凡是登报的都是叛徒，就不是党員了。在獄中有的想要出去，我們就不和他接触。……

一九三六年秋天，南监有人要登报出去（可能是殷鑑）征求我的意見，我說："我不出去"。他說："可以不写反共啓事"。开始他就对我說了声明的前几句"因年幼无知，交际不愼……"看来他們早就有酝釀。那时獄中爭論也很厉害，他們找我联系說外面組織批准。开始大多数人是抵抗的，他們把我当作頑固的釘子，尤其是北监的人大部分和我站在一起。

第一批出去以后，他們就来信号召，說什么外面很需要人，这样出去的人就多了，原来抵抗的也就不抵抗了，大部分就出去了。到“七七事变”时差不多就都出去了，留下的也不过三十来人，留下的情况也不同。那时也有規定坐獄半年以后才能写啓事出去，我反正不写啓事。那时在獄中不反共是时刻有被处死的可能的。他們出去后，鬧得很厉害，写信动員。我还得革命，一坐到底！不能怕死。

〈二〉叛徒苟活一时、革命者慘遇迫害

在獄中，开始坚持斗爭我們是一致的，但在出獄这个問題上不一致，开始多数人不同意出去，后由于出去人的来信动員，多数人就动搖了出去，我們由多数人变成了少数。他們把我看成頑固分子。

“七七事变”后，我們要求按释放政治犯的条件释放。他們說对我保护，实际又把我送到第一监獄重新坐牢，一九四九年期滿出獄，实际坐獄十年零三天。

〈三〉叛徒們隱瞞了自己的历史

我出来以后，到了解放区，知道凡写“反共啓事”的大部分都改名了。

我出来以后，他們（薄一波、安子文等）都沒事兒，有的还担任重要工作。我以为他們是什么特殊情况，組織批准了，又經过了整风、审干等运动，根本不知道他們有“反共啓事”，更想不到他們把这个事竟隱瞞起来了。

〈四〉他們这种写“反共啓事”的行为是恶劣的

我最近看了几个人的关于这个問題的結論都有問題，如吳云夫的是：

經組織活动出獄

安子文

根本不提登报，更不說反共的內容。这个問題是严重的，不过也是可以理解的，安子文在組織部已二十多年了，以后又是組織部長，这些問題都是經过他的，还能弄好了？

〈五〉中央对此問題很重視

南开同学来我这兒，讓我看了高仰云的“反共啓事”以后，我才重視了这件事情，我就到中央反映这个問題，中央同志接見了我。……中央对此問題很重視。中央說同学們作得很好。

我完全支持你們，有問題什么时候来都可以。

（注：小标題为編者所加）

李雪峰同志不是打倒的对象

——文革中不同的声音

2

注：李雪峰 河北省委书记

天津市东方红业中毛泽东思想《起宏图》战斗队、
天津市毛泽东主义战校（教）《万水千山》战斗队
（教）《从头越》战斗队

联合翻印

一九六七年三月卅日

天津驻军组训505师22团张政委谈话纪要 一九六七年三月廿四日

军训联合指挥部通知　　　一九六七年三月廿三日

李雪峰是党中央派来的，党中央是信任他的，我们相信党中央，我们相信李雪峰。

2 有人反对李雪峰，我们军队是不支持他们的。

问：你对当前天津形势看法如何？

答　天津形势大好，正处在夺权前夜也是阶级斗争比较激烈的时候　夺权斗争较激烈，但他们不能说公开保万张集团，采取多种形势反夺权　目前反夺权有三种形式，但都有一个共同点　即都反李雪峰　这三种形式是：①以反李雪峰为名，行反解放军之实。解放军坚决支持革命左派的，解放军是无产阶级专政的柱石　他们知道不反解放军是达不到反夺权的目的的　有人说"郑三生是镇压文化革命的刽子手　说在解放军后期要揪出　批牛鬼蛇神，有的说解放军犯了暂时性的错误，说解放军镇压"政法公社"是错了，第三号通令……，把矛头指向解放军。

② 反对天津市大联合，三结合，把"三结合"污蔑"三捏合"，说革命干部不是站出来的，是揪出来的，说权已经在李雪峰　解学恭、胡昭衡手里，万晓塘已经死了，张淮三揪出来了，不应当再夺了。万晓塘虽然死了，他的阴魂还在，还要反夺权。

③转移矛头　转移大方向　我们指向万张集团，他们把矛头指向了李雪峰以达到保万张的目的。采取以上形式达到反扑的目的。

他们采取的手段是①说现在我们（指反李雪峰的人）已经犯错误了，叫李雪峰跪到我们前面了，应赶快行动赶到李雪峰前面，虚张声势，化整为零。大字报签名的人很多　很能迷惑一些人。②采取夜间行动，十二点以后，偷改标语，在支持李雪峰的标语上把李雪峰之字划叉。把支持李雪峰改成打倒李雪峰。他们上街游行，廿多人打一面旗（好像单位很多的样子）开誓师大会　企图以他们为首召开一个红代会，对抗现在的红代会。

我们认为这是正常现象，不出现这股逆流是反常现象，不是反常现象，是符合阶级斗争规律的，有阶级斗争存在必然要反夺权，他们在天津是极少数（指反李雪峰的人）多说　点不过是十万人。

问：这股逆流是否以后还会扩大

答　以后这股逆流还要大　可能，这是阶级斗争的形势但扭转不了主流。

问　解放军对李雪峰的看法。

答：李雪峰在过去文化大革命中犯了严重的错误　执行了资产阶级反动路线　他经过了十多次的检查　中央认为他的检查态度是诚恳的　所以毛主席派夭到天津来。我们相信党中央，相信毛主席，相信李雪峰。天津是直辖市　是直接受中央领导的，在天津有中央观察员　甚至可能有中央首长，中央对天津是了解的，如果李雪峰有问题，中央就会不支持李雪峰，如果李雪峰有问题，中央一定会给军队打电话，军委争得中央支持（电话十几分钟就能打一次），叫军队不支持他。我们受北京军区领导，直属中央领导。北京、太原来了一些人，但不能说有什么材料，谈了两次也没有什么东西。

问：现在为什么有些保守组织加入红代会，而有的保守组织却加入不了红代会？

答：也有这样的情况，过去保了，允许他革命，过去保了，现在认为好，这就不行。具体情况具体分析。

问：对“八·二五”怎么看法？

答：“八·二五”到处冲击解放军，不是个别人的问题，是整个有组织有计划的，性质是严重的，虽然请了罪，我们还要考验他们……现在我们不公开支持，看能不能顶住。

问：“劳二半”说：“解放军就是解放军，李雪峰就是李雪峰，您怎么看？

答：一切事物都有联系，劳二半那是形而上学地看问题，不能孤立地看问题，解放军跟李雪峰有关系，李雪峰是中央派来的，解放军是支持左派的，天津驻军支持李雪峰指导天津文化大革命。

问：有人说，五个代表大会中央为什么不广播？人民日报不登出是否中央不支持，您有什么看法？

答：这五个代表大会中央是支持的，我们相信这件事是瞒不了中央的，当天情况都要向中央汇报，中央能没有指示吗？况且中央在天津还有观察员，说中央不支持那是瞎说。人民日报登不登那是另一个问题。为什么北京消息广播那么快呢？那是树典型，推广全国，稿子去了要排队，登不登以后再看。

问：“劳二半”说32个单位的夺权筹备小组是大杂烩？您怎么认识？

答：我们认为32个单位是可以的，筹备小组是服务机关，没什么问题，不是夺权机关，只是跑跑腿，人家提倡议为什么不可以？他们说是大杂烩，那是他们的看法，我们不这样认为。

问：“劳二半”说现在的夺权我们不承认，您怎么看？

答：夺完了权，你就得承认，他不承认是他的问题，现在不承认不奇怪，将来他们还得承认。

问：“劳二半”说，周总理曾给解学恭打电话，不承认32个夺权筹备小组，是否有这回事。

答：没这回事。我们说倒有这么回事，原来天津早就想夺权，形式跟山西一样，但报告中央后，周总理说，天津要采取新形式，也就是指召开这五个代表大会。

问：有人说，李雪峰在大专红代会上的讲话是棵大毒草，您看法如何？

答：我们认为李雪峰的讲话是客观的，是诚恳的，是好的，还是比较虚心的。

问：有人说，天津夺权，工人没有当主体，是以学生为主体，您看法如何？

答：他们这样说是没有根据的，现在还没有夺权，看不出是以学生为主体。他们这样说，只是在挑拨工人和学生之间的关系。

问：听说聂元梓、陈永贵也反对李雪峰，您对此有何看法？

答：这是没有根据的，我们并不知此事，也没有看到有什么言行。

一五中·十六中（教）《万水千山》联合翻印 67.3.29

世界是在进步的，前途是光明的，这个历史的总趋势任何人也改变不了。

毛泽东

看々上海 想々天津

按语：一月底，上海以"红革会"为首的一小撮人曾掀起一股反张春桥、反即将诞生的上海人民公社的逆流。目前天津也出现了一股反李雪峰，反对革命的"三结合"的逆流。何其相似也！诚然，李雪峰不等于张春桥，但实质完全一样，即：以否定革命领导干部开始，进而破坏革命的"三结合"。

	上海市	天津市
形势	1.形势大好，处于大夺权前夕，各革命组织积极进行上海人民公社的准备工作。 2.反革命修正主义分子陈丕显、曹荻秋已感到冬天的威胁，但还未冻僵，陈丕显利用"红革会"破坏上海人民公社宣言书。 3"红革会"等破坏革命派大联合，北上返沪一、二、三团等几十个组织企图另外成立一个"公社"，伺机夺权，为反张春桥、反上海人民公社作组织和舆论的准备。	1.形势大好，五个代表会已胜利召开，各革命派开门整风，为大夺权做思想准备。 2.万张反革命修正主义集团尚未斗倒、斗臭，扭满怠，张淮三仍在活动，参与插探目前的反动逆流。 3."劳二半八一八"和某些工人组织破坏革命派大联合，但立山头为王，网罗炮打李雪峰的组织。
主要论点	1.上海市委是个黑窝为什么张春桥独但为左派。 2.张春桥有缺点，有错误，为什么不可以砲轰？砲轰不等于打倒。 3.张春桥是左派就轰不倒。 4.张春桥欺骗中央，欺骗中央文革小组。 5.上海文艺界的运动为什么开展不起来？ 6.相信党中央，相信毛主席，相信中央文革小组，就是不相信	1.华北局是个黑窝，为什么李雪峰独但为左派？为革命领导干部？ 2.李雪峰有缺点、错误，为什么不可以砲轰？ 3.砲轰李雪峰就是有理。 4.李雪峰欺骗了党中央、毛主席解放军。 5.天津保守势力为什么抬头了？ 6.相信党中央、相信毛主席、相信解放军，就是不相信李雪峰

	张春桥	李雪峰
主要论点	7.张春桥就是张春桥，不等于中央文革小组。 8.有具体材料足以证明张春桥有严重问题。 9.上海人民公社不能代表全上海一千万人民，因为常委会中没有"红革会"，全公社成员中没工三司，北上返沪一二三团红卫军(此五个组织共有几十万人)整个公社只有38个组织参加，还包括若干驻沪联络站。	7.李雪峰就是不等于解放军。 8.有具体材料可证明李雪峰是走资本主义道路的当权派。 9.天津的大联合是大杂烩，不能代表四百万人民；"第二半"势力太小，成员只有32人。
标语	1.重炮猛轰张春桥。 2.张春桥就是张春桥。张春桥就是不等于中央文革小组。 3.张春桥是陶铸、王任重式的人物。 4.炮轰张春桥，打倒陈丕显，砸烂曹荻秋，保卫毛主席。 5.张春桥的老虎屁股偏要摸。 6.谁欺骗中央文革小组，谁就没有好下场。 7.舍得一身剐，敢把张春桥拉下马。 8.准备坐牢，炮轰张春桥。 9.打倒张春桥，砸烂张春桥的狗头。	1.炮轰李雪峰。 2.李雪峰就是李雪峰，李雪峰就是不等于党中央，李雪峰就是不等于解放军。 3.李雪峰是谭震林式的人物。 4.打倒李雪峰，保卫毛主席。 5.誓与李雪峰血战到底。 6.李雪峰是万张反革命修正主义集团的后台。 7.舍得一身剐，敢把李雪峰拉下马。 8.不怕坐牢，不怕没饭吃，就是要把李雪峰拉下马。 9.打倒李雪峰，枪毙李雪峰
结局	1.一月廿九日，中央文革拍了紧急电报，上海各革命造反组织及外地驻沪联络站全线出击，打退逆流。 2.上海人民公社成立，开除"红革会"委员资格。 3.陈丕显、曹荻秋之流被打垮。	1."红革会"的下场等待着"第二半"。 2.天津革命委员会成立。 3.万张反党集团被彻底打倒。

天津大专红代会南大卫东《进军号》《红海燕》印3.26

调查报告（一）

时间：67年3月25日晨7点；地点：山西省昔阳县革命总指挥部陈永贵办公室；内容：对李雪峰的看法和陈永贵是否支持了山西的学生来天津造李反拉李雪峰下马、打倒李雪峰的问题。

陈永贵说：我对李雪峰的问题，就是：一、"廿三"条下来以后，我们64

年四清问题。二、去年华北局在山西绛县召开学毛着积极分子大会，有河北省的吕玉兰参加，就是没有我们大寨参加。莫非我们大寨主席著作学的不好？不知这是什么意思？我对这件事很有意见！这件事到底是谁搞的还不清楚，因为那时李雪峰已调到北京新市委去工作了。

后来65年春天，李雪峰来大寨一次，让我汇报生产，但我汇报了四清问题。因为我认为大寨的四清搞的太不象话了，迫害了我们全县30多个好干部。四清中，原来说大寨四清不派工作组，后来不知为什么又派了工作组。关于派工作组问题，小道消息，我听说李雪峰不同意派工作组到大寨，后来也去了，对大寨有很大打击。关于派工作组去大寨是否是李雪峰搞的，还不一定。

关于是否打倒李雪峰的问题，谁也没表过态。谁问就是那两条。

上次太原开会有几个学生问我："北京打电话说李雪峰正在天津搞"三结合"，要去津造李的反，你有什么意见？"我不了解情况，所以我没表态，我没说过支持，更没说过支持他们去打倒李雪峰。

张日清若要支持他们打倒李雪峰，他一定会告诉我，因为我们经常在一起吃饭。可现在张日清没给我说，我不知道，你们可以去问问张日清同志。

调查报告（二）

时间：67年3月26日上午十点；地点：山西省军区张日清办公室；被访人：郭处长（因张日清同志开会没在军区）；关于张日清同志是否支持山西去津学生打倒李雪峰问题，郭处长说：山西去天津造李之反的学生不是山西军区派的。

山西的学生要去津造李反之事，张政委知道。

去津造李雪峰反之事，山西核心领导小组（相当于过去山西省委）用电话请示过中央文革，中央文革小组没表示态度。李雪峰是毛主席派到天津去的，此件事是肯定的。

中央对李雪峰的态度，周总理已谈过两次，我们是明白的。现在的情况（指对李的态度）我不知道。

现在山西核心领导小组已决定把去津造李反的山西学生叫回来，并用电话通知了他们。

天津大专院校红代会天津工学院
毛泽东思想红卫兵赴晋战斗团 67.3.29

天津十大中翻印 67 3 30

林彪同志对某军区的指示

批示：此件发至军区以上机关，地方上进行传达。

毛泽东

要把对于学生的工作当做工作来做，这是送上门来的群众工作，不但不应当由于这个问题而引起军队与革命学生的对抗，而且应当借这个机会大力加强军队与革命师生的团结，处理这个问题的原则集中以下三条：

1、领导干部要挺身而出同群众见面，既不可躲，也不能压，越躲越压、越糟糕。

2、对学生提出的正确批评、要诚恳接受，完全接受，自己做错了，要坦率地进行自我批评，他们的合理要求，能做到的完全做到，对他们的不正确意见和不合理的要求，要进行解释和教育。

3、从头到尾贯彻对学生热情、友好、耐心的态度 要耐心的问、军队要做出榜样，听了反面的话绝不要粗暴发脾气。

天津十八中《万山红遍》印 67.3.29
天津十六中 毛泽东思想学习宣传阵地
翻印 67.3.30

周總理 3月22日讲话（摘要）

现在象样的革命委员会还没有几个，凡是搞得好的地方，如上海贵州、黑龙江、山西、山东，还有北京 天津的夺权中央准备承认……。

北京 天津快成熟了……。

摘自《北京大专红代会清华井冈山》
河北财政学校东方红公社"春雷"印
67.3.29
天津十六中翻印 67.3.30

中共中央文件 中发〈66〉626号

各中央局、各省、市、自治区党委，中央各部委、党组、国家机关党委、党组人民团体、党组总政治部：

中央认为，李雪峰同志在12月16日所做的检讨，是好的、诚恳的。根据毛主席指示发给大家参考。

中央1966年12月29日

李雪峰同志在华北局机关的检讨要点

一九六六年十二月十六日

同志们：

今年十月间，我先后在几个会议作过检查，我们机关有些同志听了，检查也都印给大家看了。在华北局机关，九月中旬我也曾作过一次初步检查。所以我想在这个检查中尽量避免与前几次检查的重复。希望同志们把这个检查同前几次的检查一起进行进一步的批判。

在华北局机关作进一步检查，本来上月中就准备了，但因机关文革筹委会商量，没有找到适当时间，未能检查成，后来我身体不好，检查就推迟下来了。

这一期间，华北局机关的革命同志高举毛泽东思想伟大红旗，批判了资产阶级反动路线，捍卫了以毛主席为代表的无产阶级革命路线，揭发批判了我和华北局书记处的错误，揭发的好，批判的好。我表示支持和感谢，并代表书记处表示支持和感谢。欢迎革命同志继续放手揭发，放手批判，督促帮助我们彻底纠正错误。

下面我的检查，从文化大革命中所犯的路线错误说起。

在文化大革命中执行了以刘少奇，邓小平两位同志为代表的资产阶级反动路线。这主要是六月初到七月下旬，大约五十天的时间内，在领导北京市的文化大革命运动中，执行了刘，邓路线犯了方向性错误，路线错误。在此期间向华北局其他省、市、自治区推荐了北京市的错误经验，在指导华北局地区的文化大革命运动中，也犯了方向错误，路线错误。所犯错误的实质，就是站在资产阶级反动立场上，用资产阶级老爷式的态度对待群众，对待群众运动，正当群众轰轰烈烈起来的时候，怕字当头，怕群众，怕革命，怕大民主，不相信群众、~~不依靠群众~~，迷信工作队，实行资产阶级专政，颠倒黑白，混淆是非，围剿革命派，镇压革命群众，实行白色恐怖，自以为得意，长资产阶级威风，灭了无产阶骸志气，将无产阶级轰轰烈烈的文化大革命运动打了下去。十一中全会后，毛主席纠正了这条错误路线，华北局和北京市委的不少领导同志都在努力贯彻执行以毛主席为代表的无产阶级革命路线的。但是尽管如此，也还是在工作中，犯了这样那样的错误，甚至是比较严重的错误。

从我的指导思想来检查，十一中全会以前，犯的错误，首先是集中对待群众，群众路线，群众运动的问题上。对这场社会主义革命新阶段的文化大革命，对无产阶级革命更高级的大革命在 发意义，也实际是对全党干部的一次大检查，大批判运动的伟大意义很不理解。对毛主席发动这场大革命的伟大气魄，彻底革命和彻底群众路线的精神，充分放手让青年人起来革命，造反"大闹天宫"的精神，很不理解。同时对这次伟大群众运动的特点群众运动的新形势——无产阶级专政条件下的大民主，以及作为这次运动革命的急先锋的革命青少年的特点，很不认识，没有看到广大青年学生是毛泽东时代，受毛泽东思想培育起来的，他们能够自己学习毛主席著作，学习党的政策，思想活泼，精神充沛，有革命造反精神，有革命首创精神，起来的快，发动的快，运动发展迅猛异常，形势多种多样等等特点。又没有及时到他们里面去，甘当小学生，向他们请教，听取他们的意见，了解他们的真实情况。因而对革命群众，对革命左派不相信，不依靠，不放手，不民主，而是在实际上采取了国民党"训政"的办法，派工作队以约束他们，限制他们，发展到镇压他们。尽管在六月二十日前后，普遍发生了工作队被赶的情况，也没有能够觉悟。直到七月中旬，发现北大"六一八"革命事件被定反革命事件的错误后，对工作仍采取改良的办法，提出"批评工作队，帮助工作队"，实际上保工作队的机会主义。当时错误的认为，没有工作队就不能体现党组织的作用领导。总觉得在党组织垮了的地方，离了工作队不行，只相信工作队，不相信群众。

同时在指导思想上，对敌情的分析，对反革命修正主义集团的阴险咀脸，严重程度估计不足，因此缺乏彻底放手发动群众，依靠群众，依靠群众革命造反，来彻底批倒，摧毁他们，而是过早的对他们注意区别对待 尽可能分化出一些人，挽救一些人。当群众起来火力猛一点时，就怕扩大打击面，怕误伤好人，表现为惊慌失措，另一方面又错误的估计了敌人的干扰。当我们派出的工作队，遇到革命群众的抵制、批评时我们就把革命群众这种正确行动，错误的同敌人的阴谋破坏活动联系起来了，把革命群众的要求错误的认为是敌人的干扰，把少数革命群众当成"右派"，因此采取了"排除干扰"的措施，没有抓住斗争的重点是党内走资本主义道路的当权派——这个大方向，因而滑到邪路上去了，犯了方向错误，路线错误。

我在犯错误后，认识检查错误也表现的迟缓，这说明纠正自己的错误，要有一个过程。十一中全会以前，在(撤)工作队时，只是初步地检查了方向错误，路线错误，还没有觉悟到资产阶级反动路线的巨大危害。十一中全会后没有向广大革命群众作系统地检查，对于彻底纠正错误路线不够有力，也即对于那些错误路线受害的革命派，坚决地，及时的支持不够，对于给被打成"右派""反革命"的革命群众的平反工作进行的缓慢。对于消除北京市错误经验在华北(其他)地区的影响，注意差，抓得不够迅速。对华北局机关的运动我和书记处其他同志都抓得不紧，也抓得不好。

我这次文化大革命中犯错误的根本原因是自己对毛泽东思想伟大红旗举得不高，甚至在若干重要问题上，走到违背毛泽东思想道路上去了。

自己对毛主席著作，指示没有很好的活学活用，没有下苦功夫。因此对毛主席(若干)指示精神，是吃得很不够的，往往缺乏从实际上，从战略上去理解，去认识，并且有时不懂而自己以为懂了。例如：这次文化大革命运动中，当主席六月　日批示并公布聂元梓等大字报后，我虽然感到这是一个伟大号召(有很重)有很重要的意义，也一般地提到要适应这个新的形势，至……切为前线，要站在运动前面领导，但是，当时并没有懂得主席指示的伟大精神实质。我紧接着在六月三日，四日连续讲了束缚群众的八条政策，即大字报要内外有别，不要上街，不要打人等等，急急忙忙向大中学(校)派出工作组，这不是明明与主席公布大字报，大点革命之火，大放手的发动群众的精神相违背吗？虽然，主席六月中旬，又在中央召开的会上指示，不要急急忙忙派工作组，不要怕乱，让他乱几个月然后一分为二。我对主席的这个指示，虽然立即传达，并口头上一再强调这个指示的重要意义，可是并没有吃透主席的精神，因而六月二十三日我的讲话，强调了右派赶走工作队，要顶住，赶也不走，并提出了排除干扰的问题，使错误进一步发展到更为严重的地步了。

现在检查，在文化大革命之前，对主席的若干重要指示就大都领会的很差，执行的不好。如一九六四年四清运动中，强调扎根串连的错误，把一年々初执行主席指示大讲十条经验丢了，这年的秋天，刘少奇同志提出以县为单位派大工作队，打歼灭战，实际上搞人海战术。当时我们不同意这个意见。主席听了我们的意见后向我们指出人多会不会发生"经流"的问题，并决定召开工作会议，专门讨论这个问题，鼓励我们在会上发表我们的意见。可是在中央工作会议上，刘少奇同志没有传达毛主席这个重要指示，也没有专门让我们就这个问题发表不同意见。我在这个问题上也犯了错误，就是没有在主席的教示下，进一步考虑这个问题，没有在会议上坚持我们的意见。并且回来走向了我们原来意见的反面，采取人海战术，派了许多大工作队，迷信扎根串连，害怕勇敢分子当敌，不是大胆放手发动群众，从运动中考验，生長积极分子。在制定二十三条的会议上，主席批评这种做法后，对主席的精神仍然是领会不深，以后在四清中，大工作队包办代替的问题，一直没有得到解决。又如对毛主席一九六一年底关于最困难时期，已经过去了的指示，我对当时的形势一度把困难估计的过重了。对毛主席制定的正确政策，动员群众的伟大作用，估计不足，这正如主席在一九六二年中央工作会议上主席所指示的：你们又说政策对，又把形势估计的那样坏。再如主席关于文艺工作的指示，关于批判吴晗的指示，关于接班人的五条和用干部的有关指示，关于调查研究，向群众寻求真理的指示等々，都贯彻执行的不好，对思想文化这条战线工作，直到文化大革命以前一直没有抓住，在用干部方面，对干部往々看好的方面多，要求不严格，对别人看他的"才华"多，而对他的思想意识注意不够，有用人不当的错误。联系干部的面很窄，既使接近比较多的干部，平时交谈不够。在调查研究方面，突出的是在这次文化大革命中，忙于事物，不上前线，没有感性知识，没有接近群众，用耳朵代替眼睛，一些问题脱离实际，不能及时了解真实情况，又轻信了一些错误的，不真实的情况反映。四清中蹲点也蹲的不好，在一段时间内，对蹲点的认识有形而上学，绝对化的观点。

几年来，对于学习毛主席著作的群众运动，没有认真抓、没有早抓，没有抓好。对毛泽东思想的伟大作用、对毛泽东同志是当代最伟大的馬克思列宁主义者，对毛泽东把馬克思列宁主义提高到一个崭新

的阶段　毛泽东思想是全党全国一切工作的指导方针　一定要活学活用，狠抓用字等々，自己也讲，但实际了解的很浮浅。今春华北局所作的学习毛泽东思想的决定，缺乏正面写毛泽东思想的伟大意义　就是一个错误。对于全党全国人民要有　个统一思想，对于工农兵掌握毛泽东思想的新时代　对于用毛泽东思想武装　代新人——共产主义新人的巨大作用等々，也理解得十分差。因此，对学习毛主席著作的群众运动，就缺乏当成一个伟大的，重于一切的群众运动去抓，全神贯彻地去抓，雷厉风行地抓，对发挥学习毛主席著作积极分子的典型作用，对向陈永贵、周明山以及焦裕禄，刘英俊等一代共产主义新人的学习，都抓得差，对周明山的经验注意的比较早，但缺乏大力推广。此外，举办的高级干部学习会，从学习毛主席著作中，触及灵魂，开展意识形态领域中的阶级斗争，落脚到世界观的改造，实现思想革命化　也很不够。

如果再进一步的挖一下　为什么如此？为什么对毛主席著作学习很差？尤其是为什么主席批示八佈聂元梓等七同志的大字报后，我竟在六月三、四日讲了与毛主席批示不相符合的八条政策呢？为什么主席讲了不要急々忙々派工作队，不要怕乱之后　我却作了六月三日的讲话呢？为什么主席讲了工作队人多了会不会发生"经流"的问题之后，又放弃自己原来的正确意见而走向反面，派大工作队搞人海战术呢？为什么四清中按主席指示紧々抓住了斗争的重点是整党内走资本主义道路的当权派，却在文化大革命中犯了群众斗群众的错误呢？如此等々的问题，都发人深思，值得自己深省。平常自己对主席的尊重，信仰是没问题的，对主席的指示是有秘录、并积极传达、努力实践的　然而实事上却又在不少问题上违背主席指示之所以如此，归根到底关键还是自己资产阶级世界观没有改造好，毛主席反复告诫我们不破不立、不塞不流，不止不行的真理。我深々感到，破自己的思想差、破自己的资产阶级世界观差、破自己资产阶级思想差，而不大破这些东西，就不能大立毛泽东思想，大立无产阶级世界观。要破就要联系实际，及时揭露自己，批判自己，要揭露和批判资产阶级世界观　和资产阶级思想。我对高级干部改造世界观，改造旧思想的重要性　对学"老三篇"的重要性，过去是认识不足的　因而就缺乏改造客观世界的同时改造主观世界。缺乏在工作中，在斗争中随时认真改造自己。对主席反对骄傲自满，故步自封的指示　抓到是狠抓了，但是　又抓了整别人，而没有整自己，这是一个很深刻的教训。

自己的资产阶级思想，最根本的表现在"私"字上，个人主义"我"字太多，考虑我如何如何就是私　作官当老爷　特殊化，优越感，就是私。接近顺自己的，听顺自己的　看顺自己々　而听　进不同自己，听不进反对之言 这有认识问题 也有私字，旧的习惯爱好，舍不得丢，留恋旧东西，有旧的文化观点、旧的艺术爱好，所谓旧，就是旧社会遗留下来的资产阶级和一切剥削阶级的东西，我在一九六四年和一九六五年关于文艺方面的几次讲话，就有这方面的错误。这次文化大革命中，犯这些错误最根的一点，就是革命革到自己头上来了，没有自觉地把自己摆进来亮出去，随时批判自己，革自己的命，相反地在有的问题上，实际上是在说话保自己。如六月三日市委机关一部分同志写大字报批评我，我没有看大字报一听到反映就提出"反对新市委就是反对党中央"。结果在市委机关造成了打击一些革命同志的严重事件，这是令人十分痛心的，是深感内疚的。所以这次犯路线的错误是有社会、历史和思想根源的。

资产阶级思想再一个表现，就是在骄字上，有骄傲自满情绪，固步自封，自以为是，好为人师，别人讲的不顺耳的话，往往听不进去。有些经验总结，从群众中，从实践中，经过分析调查得来的少，有些指示从自己脑子里来的，往往主观主义，经验主义，今年六月三日的讲话和一九六四年搞的四清讨论提纲，就突出的反映了这种毛病，相仗自己的长期的旧经验，容易老一套，遇到新事物容易首先拿框框，旧经验去套、去衡量他正确与否，搞新事物差。由骄而燥，忙时易燥。表现得脾气大 火力冲，不以平等态度对待人。主席说："力戒骄傲"，这对领导者是一个原则问题，"要防止极端危险的骄傲情绪。"骄就是一种个人主义。如不意注防止纠正，一任自流发展，就有伸手的危险，有失职的危险，有不利于党的团结的危险，有晚节过不去的危险。

资产阶级思想，另一个重要表现的是"一言堂"不民主。不是多谋善断，而是个人独断。一听汇报就表态，断得太快，尊重别人不够。这样就犯了若干本来可以避免的错误。如一九六四年批发霸县评功摆好的报告，以及这次文化大革命中、北京市四清工作队员会议，仓促散会等等问题，教训都在此。就严重妨害发挥别的同志的积极性，妨害党的集体领导的原则，这次接受北京市的工作任务，就没有在华北局书记处好好议议，就是对形势的分析及有关政策方针问题等。都没有议，就急急忙忙上了阵，这样没有不犯错误的。对别的工作不放手 让别人干的事，又往往干予多，出不必要的点子多，叫人不讲串话 只许自己讲串话，一开会人家还未讲，自己就讲 大篇，堵塞人家思路，言路。会开的长，会开的多。烦锁哲学，抓纲不够，抓目过多。抓事物性，技术性的事物过细，如 在四清中抓具体，步骤，步署 安排多。总之，独断最危险。主席说"独裁没有不垮台的"。主席批评我："你就是喜欢讲长话。"对主席这些亲切指示，应该成为我的座右铭，深自警惕，坚决纠正自己的错误。改正自己的错误 信心是有 ，主席 指示 革命群众，革命同志的帮助，给了我彻底纠正错误的力量。当然要过好这一关，仍要自己做艰苦的努力。当前，文化革命中两条路线斗争中，仍在继续，要在两条路线斗争中，检查自己，改讲自己，鞭策自己，一定真正切实改正自己的错误，回到以毛主席为代表的无产阶级革命路线上来，不使错误发展成为反党反社会主义，反毛泽东思想的问题。为此，我有同刘邓路线彻底决裂，彻底划清界限的真实意愿和决心，继续诚恳地、公开地向群众检查错误，同群众站在一起，批判自己的错误，批判资产阶级反动路线，认真平反，真正给被打成"反革命"、"右派"等々的革命群众恢复名誉，向受错误路线蒙蔽的群众和干部承担责任，帮助他们提高认识，促使广大群众团结起来，并在实际行动上，支持革命群众的革命行动。放下臭架子，当小学生，向革命群众寻求真理，一定倾听群众意见，包括逆耳之言，重视群众的创造和新鲜事物。对于主席关于群众路线，最概括的几句话"从群众中来，到群众中去"、"集中起来，坚持下去"，"先当学生，后当先生"这些根本指示，也要同学"老三篇"一样，反复学，反复用。努力搞好自己的思想革命化，做到向群众中来的名言那样，即职务高了，普通一兵的本色不变；年令大了，朝气勃々的劲头不变；生活好了，艰苦朴素的作风不变，斗争资历长了，革命到底的意志不变。同时在当前文化大革命中，要结合实际斗争，联系自己的错误，努力学习毛主席著作，并坚决按照主席指示，振作精神，好々工作，力争不犯，少犯错误，发现就改，这仍然需要同志的帮助。过去几个月，同志们给我写了很多大字报，提出了很多很好的批评，这是一种很大的帮助和鞭策，我接受同志们这些批评和意见，向同志们表示衷心的感谢。

此外，我在这里说明一下，由于我犯了路线错误，使华北局机关，参加北京市委工作队的同也犯了一些错误。但这些同志的错误，是在我犯错误路线的影响下犯的，要承担主要责任，当然个人有个人的账，在这场大革命中，我们一起受一次群众的大批判，会使自己得到考验，将大有好处。

无产阶级文化大革命万岁！

以毛主席为代表的无产阶级革命路线万岁！

伟大的毛泽东思想万岁！

伟大的领袖毛主席万岁！万岁！万万岁

〈机密〉中共河北省办公厅翻印　67.1.2
河北大学八一八红卫兵六中队翻印　67.2.3
河北大学八一八红卫兵3211战斗队印　67.3.8

走访华北局"红一九""争朝夕"战斗队
——李雪峰情况调查

我们伟大的领袖毛主席教导我们说："我们应当相信群众，我们应当相信党，这是两条根本的原理。如果怀疑这两条原理，那就什么事情也做不成了。"

三月二十五日，我市总工会红色造反团战士，走访了华北局机关"红一九"战斗队和"争朝夕"战斗队，对李雪峰的有关情况进行了调查：

他们坚决拥护毛主席、党中央派李雪峰到天津去组织革命派大联合、大夺权；

坚决支持解放军天津驻军支持左派联络站三月十二日的声明，

坚决支持人民解放军和天津革命造反派对一小股反革命逆流的迎头痛击[illegible]

坚决支持天津市无产阶级革命派大联合、革命的"三结合"；热烈欢呼天津市五个代表会议的胜利召开，对华北局机关一小撮人干扰天津大夺权表示坚决反对。

他们向我们提供了有关李雪峰的许多情况和材料，其中既有中央负责同志的看法，同时也讲到李雪峰同志所犯的严重错误。我们谈到当前天津市掀起的一股大反特反李雪峰同志的反革命逆流，矛头不是指向李雪峰本人，而实际是给中央施加压力，攻击中国人民解放军；破坏天津市革命的"三结合"、破坏文化大革命。

下面我们将走访的有关情况整理如下：

毛主席、周总理、中央文革的有关指示

1. 去年下半年，在一次会议上，毛主席问李雪峰："你现在干什么"，李雪峰回答："正在做检讨"。毛主席说："检讨，检讨就够了，总尽管检讨干啥，要做说服工作嘛！"

2. 李雪峰同志去年十二月十六日的检查，主席看了后，认为他的检查"是好的、诚恳的"，并经中央批转全国县以上机关。

3. 在一次批斗李雪峰的大会上，李带病认真地作检查，周总理知道后，派人将李雪峰从大会上接到中南海休息、养病。

4. 一月三十一日周总理与华北局机关革命造反联络总部的代表的谈话中[illegible]"现在李雪峰在搞天津问题，天津很乱，很紧，主席派

他出去的；伯达同志和我都很关心天津的问题。"

5.华北局机关"总部"提出开李雪峰的批斗会，总理三会五中的指出："李雪峰去天津是毛主席派他去组织大夺权的，天津的大局应该照顾。"

6.华北局造反总部查抄了李雪峰、解学恭同志，周总理很严肃地指出："李雪峰同志是中共中央政治局候补委员，他的文件不许动。关于你们拿了解学恭的材料要送还。"

在总理批评了造反总部以后，当时答应把文件送还。但后来总理听说仍继续查抄解学恭的家；总理很气愤地说："你们欺骗我"、"马上停止"。

7.二月十三日"河大八一八"发表《关于天津市委问题的严正声明》指出必须集中一切火力，彻底摧毁万张反党集团；坚决支持解学恭同志领导天津市无产阶级文化大革命；反对打倒一切。这个《严正声明》送交中央文革，中央文革指出：对万张集团提得不够狠，应将反党集团改为反革命修正主义集团；对解学恭提的不够，应明确表示，我们相信中央解学恭是中央派来的，坚决支持他领导天津市文化大革命。

8.二月十七日当解放军粉碎了反动组织《天津政法公社》的反革命政变，接管天津市公安局以后，周总理在接见财贸口革命造反派代表时指出："……天津更严重，内部的坏人造了反，张准三这样的人造了反。天津十几天连岗楼上的民警也没有，他们还挂了天津政法公社。这是假的，我们只好接管，接管后天津人民欢腾极了……。"

我们认真领会中央以上九点指示，李雪峰究竟是哪个司令部的人不是很清楚了吗？

李雪峰没有参加反党集团

1.李雪峰同彭真的关系：一月中间周总理说："李雪峰是反映彭真问题最早的一个，说彭真与主席有距离。"一月十三日总理接见华北局"卫东"五代表时，有人对总理讲："有人对总理讲："有人认为李雪峰、陶铸是刘邓司令部的哼哈二将。"总理（笑了笑）"那不见得"。一月三十一日总理又说"李雪峰对彭真不满，李雪峰在中央工作会议上还与彭真进行了斗争。李雪峰对彭真在四清运动中的修正主义讲话是做了抵制的。

2.河北问题：李雪峰对林铁这个修正主义分子在两条道路斗争的问题上，六二年就进行过斗争。六六年五月前门饭店会议上，在李雪峰的督促下，才把林铁揪出来，李雪峰早在六四年就批评了万晓塘是"死猪不怕开水烫。"

3.内蒙古问题：李雪峰对乌兰夫的斗争，六四年就开始了，当时李严厉的批判了乌兰夫对"五个用革命"的动摇，六四年又狠批了不抓阶级斗争的问题，说内蒙古是"一池死水"、"雷打不动"，为了扭转这个局面，派解学恭主持召开了三级干部会议，揭开了内蒙古阶级斗争的盖子。六六年二、三月以来又对乌兰夫的民族分裂主义活动展开了斗争。

4.山西问题：在很早以前，李就批评卫衡（原山西省委第一书记）是"水泼不进"。李雪峰曾派到山西两个负责干部，在文化革命运动中均遭到残害致死。山西夺权时李在天津曾写贺电，而竟有人说是卫衡给通了信。经了解是周总理给李打的电话。

有人怀疑李是山西（黑帮分子）的后台，恰恰在六六年五月前门饭店会议上，李点了内蒙和山西的名，说山西你们再不搞，我就要搞了。（发言

是有会议记录可查的）

关于陈永贵同志，是前山西省委四清工作队搞的，把陈永贵一脚踢开。总理知道后 指示中间农业口和华北局农办重新组织班子，给陈平了反。"树大寨、立标兵，一带二，一片红"这口号是李提的。

揪出黑手

正当天津市的无产阶级文化大革命在党中央毛主席的亲切关怀下，形成革命的"三结合"、大联合，向万张反革命修正主义集团大夺权的前夜一小撮党内走资本主义道路的当权派，他们是不甘心自己的灭亡的，他们正拼死地掀起一股反对革命的"三结合"的反革命逆流，妄图把天津市的大好形势搅乱，破坏向万张反革命修正主义集团的大夺权，以便趁火打劫 实现其资本主义复辟的罪恶目的。

华北局机关革命造反总部联络的一些人来天津大肆宣传李的"罪状"，成为刮起这股黑风的"参谋长"，他们的幕后是有黑手的。

1 老右派分子李立三最近突然活跃起来，二月二十八日李同陈康白（农办付主任）的一段对话，完全泄露了他们的天机。李："我要革命 我的心情很激动。"陈"你这样激动很不好，你这是何苦，你的身份……这样搞也影响"一联"（即造反联络总部）"李："我要革命么，你为什么不让我革命呢。"看，李立三这样的老右派今天也要跳出来"革命"了，他要革谁的命，这难道不值得深思吗？其实，早在二月一日老右派李立三就同"一联"总部某些负责人通信了，明白地提出，要为打倒李雪峰"贡献力量"。

彭真集团的黑帮分子刘英夫（华北局组织部付部长）一月廿日下午给"一联"总部打电话："听说天津一两天就要夺权，夺了权李雪峰就是宋任穷，解学恭就是潘复生就打不倒了，建议总部抓紧时间作工作"。刘英夫打完电话后，"一联"派出大批人马到天津宣传打倒李雪峰，刘英夫讲的很清楚，不就是破坏天津市的大夺权吗。

二月十六日 在"一联"总部召开的所谓领导干部"亮相"会上刘大放厥词，说什么"李雪峰就象抗战后的蒋介石一样，从峨嵋山上下来抢桃子 搞政治投机。"还说中央"派李雪峰到天津去是想要他扮演第一个宋任穷的角色 是个大阴谋"。谁都知道，李雪峰是毛主席派到天津来的，是对天津人民的最大关怀。刘英夫竟说是"大阴谋"，矛头所指不是很清楚吗。

2 天津的无产阶级革命派在党中央和中央文革的亲切关怀、领导和支持下，揪出了万张反革命修正主义集团，这是毛泽东思想的伟大胜利。但万张反革命修正主义集团的阴谋不散，还有他们的代言人，他们煽阴风 点邪火，在向万张反革命修正主义集团大夺权的关键时刻，企图扭转斗争的大方向，把矛头指向李雪峰，他们的目的是为了保护万张反革命修正主义集团 我们必须提高警惕。目前这股逆流是万张反革命修正主义集团新反扑的垂死挣扎。

我们相信，反对天津市革命的"三结合"联合夺权的大多数是受蒙蔽的，他们是会觉悟起来的，我们希望这些同志杀个回马枪，揪出破坏天津市大夺权的罪魁祸首。让我们遵照毛主席的教导 实现无产阶级革命派的大联合，实现革命的"三结合"，迎接天津市的新生，把无产阶级文化大革命进行到底！

（整理未经"红一九"、"争朝夕"战斗队审阅 如有错误由整理人负责）

天津市总工会红色造反团整理

河大八一八 五中队四小队印 67.3.29

最高指示

我们必须坚持真理，而真理必须旗帜鲜明。我们共产党人从来认为隐瞒自己的观点是可耻的。

毛泽东

＊＊＊＊＊＊＊＊＊＊

略谈华北局机关文化大革命运动中两条路线的斗争

华北局机关在文化大革命运动中两条路线的斗争始终是存在的。当文化大革命初期，毛主席发出了"先让它乱一阵 然后再一分为二"的指示，下需要"敢"字当头，"破"字当头，冲破资产阶级反动路线的压抑，向一切"四旧"，向一切走资本主义道路的当权派，向 切牛鬼蛇神猛烈开火的时候，一小撮保皇势力拼命地压抑广大革命群众的革命积极性和"五敢"精神。使造反派抬不起头来。当少数革命造反派起来造反的时候，他们就冷潮热讽，造谣言，放暗箭，颠倒黑白，混淆是非，妄图把革命烈火扑灭下去。以保住资产阶级反动路线不受批判，保住一小撮真正走资本主义道路的当权派。当革命造反派势力由星々之火变成燎原之势，熊々燃烧起来之后 一小撮保皇势力，又削尖了脑袋钻进革命造反派内部或者千方百计地影响革命造反派，企图把运动引向邪路，把矛头对准那些犯有错误，但不是反党反社会主义，更不是屡教不改的人。当运动进入了一个崭新的历史阶段毛主席号召大联合大夺权的时候，一些人又以极"左"的面貌出现，大搞形"左"实右，拒绝毛主席和党中央的指示，不搞大联合大夺权，不对干部实行一分为二。非要把毛主席司令部的人当刘邓司令部的人去打，并把这说成是"当前华北局文化大革命运动中心的中心，重点的重点"。企图转移斗争的大方向，保住一贯反党反社会主义反毛泽东思想的李立三、梁寒冰之流。

华北局机关文化大革命运动中两条路线斗争的实质，就是以毛主席为代表的无产阶级革命路线和以刘邓为代表的资产阶级反动路线的斗争。就是毛主席的正确路线，与"左"的或右的形々色々的机会主义路线的斗争。

当前，华北局机关两条路线的斗争进入一个新的、复杂的、激烈的斗争的阶段。具体内容，就是毛主席的正确路线，与一条形“左”实右的反毛泽东思想的路线的斗争。

当前，华北局机关真正的革命造反派，受到形“左”实右的人们种种攻击。尽管“革命造反联络总部”（以下简称“一联”）中的“官老爷”布置：“不要理睬他们，看抬高了他们的身价！”（对说这话的人我们嗤之以鼻）但是，谩骂和围攻还是纷纷而来，造谣和中伤还是遍地流，满天飞。

“你们看气候。”这话讲对了，我们就是要看气候。种庄稼要看春夏秋冬，阴晴旱涝，清明谷雨。“八月十五种花生”，当然是白丢籽粒。山顶上种水稻，自然是会有事无功。在无产阶级专政的中国，不按照毛主席的指示办事，不按党中央的指示办事，不按《红旗》社论办事，而是随心所欲，搞资产阶级的“我行我素”，当然是不行的。这也就叫无政府主义，如实说叫逆革命而动。所以，我们就是要看“政治气候”。

“你们奉命造反”。这话说得好。革命造反本来就是奉命的。自从人类社会进入阶级社会以后，任何政治斗争，都是阶级斗争，你不为这个阶级的利益而斗争，就为那个阶级的利益而斗争。你既然为某个阶级服务，你必然要奉那个阶级的命令。造反也是这样。你不是奉这个阶级之命造那个阶级的反，就是奉那个阶级之命造这个阶级的反。无阶级性的造反是不存在的。我们就是奉当代无产阶级的最高司令毛主席之命而造反的。他老人家指示我们造谁的反我们就造谁的反。他老人家叫我们造到什么程度，我们就坚决造到什么程度。毫不含糊，决不违命。

“你们一百八十度大转弯。”毛主席早已批判了“左”倾机会主义者“革命道路笔直又笔直”的错误观点。革命的道路和自然间的道路一样，本来就是弯曲的，当必须转弯的时候，就得转弯。否则不是碰壁，就是跌沟。一百八十度、一百九十度，甚至三百六十度的弯都是世界上存在的。盘桓上山就是转弯的典型。可能不少同志都走过。这只是个比喻。至于在李学峰问题上的转弯，也是完全有道理的。前一段，我们觉得他的问题严重，他执行了刘邓资产阶级反动路线，又以为他是刘又司令部的人。所以，说他是党内走资本主义道路的当权派，也同意"打倒李雪峰"的口号。经过一段时间了解到他与刘邓没有黑幕，了解了他的全部历史和全部工作。周总理几次讲话肯定了他。毛主席又批准了他的检查。知道他是毛主席司令部的人。不是打倒对象，决不应该打倒。所以，我们就公开申明了自己的观点，这本来是无可非议的，正常的。有些人却无理刁难我们队伍中的同志。说什么前段第一个提打倒李雪峰的是他，现在提出"李雪峰不能打倒"的也是他。这是没有道理的。提这种观点的人，不是别有用心，就是思想方法上的形而上学，或者是辩证法少了 点，也许是不了解情况。对任何事物的认识都不可能 次完成，必须有个认识过程。有人就不许你有这个过程。他们说：提出的口号，必须自始至终坚持，不许改变。改变了就是"政治投机"，"别有用心"等等。在前一段，李雪峰面貌不清群众没有发动起来，又怀疑李雪峰是走资本主义道路的当权派的时候口号提高 点是正常的，可以理解的。当李雪峰同志的面貌基本清楚，群众已充分发动起来，中央提出对干部要一分为二的时候，提出新的 恰当的口号也是完全正确的。毛主席教导我们，当群众没有发动起来的时候要防右。当群众发动起来以后，要防"左"。毛主席的这个教导不是十分亲切的吗？

"材料越揭越多，你们反而降调，没有道理。"李雪峰同志的材料现在揭发的越来越多，这倒是事实。但是，我们应当认真的分析 下材料来源和材料的可靠程度。当前揭发出的李雪峰的材料，大致可以分成三类：可靠的、夸大的和捕风捉影的。从可靠部分材料中可以看出，李雪峰同志的错误均为说错话，办错事两类。没有一件可以说明李雪峰搞什么阴谋。不可设想一个人干几十年革命，做几十年事，不办错事，不讲错话。如果你把这些错话错事加在 起，加以夸大，再分析提高，算总帐，那当然严重的多。如果把他说错话办错事的时间、地点、条件加以具体分析，再把他的工作成绩加以实事求是的评价，才能得出正确的结论。具体的、零碎的材料收集 大堆，并不能说明李雪峰就是党内走资本主义道路的当权派。周总理一月十七日的讲话中已批判了"唯材料论"。直到现在竟然还有人啃住这一点不放，不知用意何在。

"只能革，不能保。"《人民日报》社论是讲过"革"与"保"是两条道路的斗争。这是完全正确的。问题在于我们如何正确理解这一口号。"革"与"保"都是对党内走资本主义道路当权派而言的。对于他们当然是"只能革，不能保"了。如果保他们，那便是养虎遗患，留毒祸已。对于毛主席司令部的人，对于走社会主义道路的当权派，包括犯错误的干部在内，就不存在保不保的问题，而是如何实事求是的评价他们的问题。对于他们的错误，当然也要批判揭发，从广 讲，也是"革"。但不是"革"倒他们，而是"革掉他们的错误，使他们坚定的站到毛主席的革命路线上来，更好的为社会主义服务，更好地为党工作。

有人说我们对李雪峰同志作出实事求是的客观评价，提出不同意见，就要保李雪峰，就是"别有用心"，"想捞稻草"，"政治投机"。那么，我们倒想反问那些起誓发咒坚持要把李雪峰打成走资本主义道路的当权派的一小撮，你们倒有什么目的，有什么用心，想捞什么东西又是什么投机呢？你们是不是象总理所说的想当华北局书记呢？是不是想把老牌修正主义分子李立三捧上台去？

"不打死老虎，要打活老虎。"当有人说到李雪峰不应该打倒，李立三之流应该打倒的时候，有人这样说：我们早已说过李雪峰不是老虎，不是打倒对象。是虎打虎，当然是对的。不是老虎，硬要把人当老虎打，而且要打死，必然要犯错误的。李立三之流倒是真正的老虎。而且还活着，完全应当打倒。李立三近四十年来，一直反对毛主席，反对林付主席。思想始终没有改造过来。不断进行反党反社会主义反毛泽东思想的罪恶勾当。文化大革命以来仍然消遥法外，不触及灵魂。不久前，公开跳出来，表示支持革命造反联络总部打倒李雪峰等"一切革命行动"并且"请求工作"，要为打倒李雪峰效力。这难到能说他是死老虎吗？ 毛主席教导我们："凡是反动的东西，你不打，它就不倒，这也和扫地一样，扫帚不到灰尘照例自己不会跑掉。"如果

缺頁

資产阶級分子王光美在高鎮、周家庄四清运动中的黑話（摘录）

天津东风大学八一八红卫兵团“钢铁支队”

一九六七年四月

最　高　指　示

在拿枪的敌人被消灭以后，不拿枪的敌人依然存在，他们必然地要和我们做拼死的斗争，我们决不可以轻视这些敌人。如果我们现在不是这样地提出问题和认识问题，我们就要犯极大的错误。

凡是错误的思想，凡是毒草，凡是牛鬼蛇神，都应该进行批判，决不能让它们自由泛滥。

人民靠我们去组织。中国的反动分子，靠我们组织起人民去把他打倒。凡是反动的东西，你不打，他就不倒。这也和扫地一样，扫帚不到，灰尘照例不会自己跑掉。

資产阶級分子王光美
在高鎮、周家庄四清运动中的黑話（摘录）

前　　言

八届十中全会以后，在我们伟大领袖毛主席亲自领导下，开展了城乡社会主义教育运动，也就是"四清"运动。这是无产阶级专政条件下，无产阶级对资产阶级进行革命的阶级斗争，把社会主义革命推向前进的新形式。这个运动成为我国社会主义建设事业的推动力。

但是，党内最大的走资本主义道路的当权派，怕伟大的四清运动摧毁了他进行资本主义复辟的农村基础，于是亲手泡制了形"左"实右的资产阶级反动路线，来对抗毛主席的革命路线，充当了破坏四清运动的罪魁祸首。

刘少奇不仅自己出马，而且还通过他的臭妖婆，资产阶级分子王光美以“蹲点”为名，来破坏四清运动。她于一九六三年——一九六四年在“桃园”包办代替，大整社员群众，并且抛出了臭名昭著的“桃园经验”。以后，一九六四年十一月——一九六六年三月，又先后到新城的高镇和定兴的周家庄去破坏四清运动。她在这些地方，极力散布反对毛主席、反对毛泽东思想的黑话，积极推行形“左”实右的资产阶级反动路线，大肆贩卖反革命修正主义的黑货，给四清运动带来了极为严重的恶果。她是党内最大走资本主义道路当权派刘少奇的黑舌头，黑帮凶。

现在，党内最大的走资本主义道路的当权派和她的臭妖婆，资产阶级分子王光美，已经被揭露了出来，这是毛泽东思想的伟大胜利。我们一定要高高举起无产阶级革命的批判旗帜，运用毛泽东思想这个最大的战斗武器，彻底批判和肃清党内最大走资本主义道路当权派刘少奇为代表的资产阶级反动路线在各个方面的流毒，誓把无产阶级文化大革命进行到底！

为此，我们东风大学（原天津师范学院）八·一八红卫兵团《钢铁支队》派出专人于今年二月中至四月初到新城县和定兴县对资产阶级分子王光美破坏四清运动的罪行，进行了专案调查。我们访问了新城县高镇和定兴县周家庄的貧下中农和县、社、队的革命干部，与他们“三同”，发动群众，开座谈会；还访问了与王光美一起进行四清的工作队员；并审问了河北省委、省人委，保定地委、市委、专署的党内走资本主义道路的当权派，收集了大批的揭发材料和资料。现从这些材料中，摘录出一部分王光美在四清运动中的黑话，并略加按语，供革命的同志们分析、批判。

一、疯狂地反对我们最最敬爱的伟大领袖毛主席，反对毛泽东思想。

1、阴险地贬低毛主席，极力吹捧刘少奇

一九六四年十月王光美在桃园四清时，向貧下中农说：“少奇让我来的，少奇让我转达你们一句话，谁敢打击你们貧下中农，你们就找我们，由少奇给你们撑腰。”

王光美在高镇四清时說：“刘少奇是很忙的，毛主席经常不在北京，党中央和国家大事都由他来处理，同时他还考虑国际共产主义运动的问题，即使这样忙，四清点上的材料他还要亲自看和处理。”

王光美在定兴四清时，一个工作队员怀着对毛主席无限热爱的心情对她說：“你在党中央的机关里能经常见到毛主席，经常听到毛主席的亲切教导，多么幸福啊！”而王光美却十分恶毒地說：“咳，也没什么，就那么回事呗！”

定兴县的貧下中农和社员群众在四清运动中，通过学习主席著作，思想觉悟迅速提高，他们表示：“要站在家门口，眼望天安门，心向毛主席。”王光美听了却说什么：“这话不合乎实际，定兴离北京一百多里，怎么能看见天安门呢？”

定兴周家庄社员群众在批斗四类分子周坚的大会上，群众高呼“毛主席万岁”时，王光美无动于衷，不张口，不举手，呼其它口号时她才呼。

（按）：毛主席天才地、创造性地、全面地发展了马克思列宁主义。毛主席根据马克思列宁主义的基本原理，总结了我国革命和世界革命的实践经验，系统地提出了关于社会主义社会的阶级，阶级矛盾和阶级斗争的理论，提出了反对和防止修正主义，防止资本主义复辟的一系列英明的政策，大大丰富和发展了马克思列宁主义。毛主席的话，句句是真理，一句顶一万句。毛主席是我们心中最红最红的红太阳，我们对毛主席无限热爱，无限崇拜，无限信赖。我们的心永远向着毛主席。我们誓死用鲜血和生命保卫毛主席。

党内最大的走资本主义道路当权派刘少奇的臭婆娘，资产阶级分子王光美，阴险地贬低我们最最敬爱的伟大领袖毛主席，无耻地吹捧刘少奇，是他们篡党、篡军、篡政，为资本主义复辟准备条件。在这次无产阶级文化大革命中，我们一定要遵照毛主席的教导，组织起浩浩荡荡的无产阶级革命的文化大军，彻底粉碎党内最大的走资本主义道路当权派刘少奇和他的臭婆娘、资产阶级分子王光美的猖狂进攻，挖出这个修正主义的总根子，打倒这个赫鲁晓夫式的个人野心家和阴谋家，把他斗倒、斗臭、斗垮，让他永世不得翻身。

2、拼命地反对活学活用毛主席著作

江苏省方巷大队四清工作队在四清运动中高举毛泽东思想伟大红旗，狠抓毛主席著作的学习，用毛泽东思想武装广大社员群众，因而不仅保证了四清运动的胜利完成，也为农村政治工作奠定了基础。林彪同志对此作了重要指示，《人民日报》还发表了社论。但是，资产阶级分子王光美对方巷大队四清工作队的经验却怕得要死，拼命地反对。她說：“你们（指定兴四清工作团的同志）看到《人民日报》登的江苏方巷大队的社教经验了吗？看看有什么问题？”

“光念语录怎么能发动群众，四清的方法路子怎么走？”并别有用心的說：“林彪的威信高嘛！”

“这个报导使人怀疑，不应一进村就学毛著，得先清经济。”

“方巷大队的实际情况，不一定就是那样，不要生搬硬套外地经验，部队的经验地方上不一定适用。”

“军队有军队的特点，农村有农村的特点，不能把军队的特点搬到农村去。”

定兴县四清工作队队员组织社员群众学习毛主席著作，王光美拼命地反对，胡说什么学习主席著作“把四清运动引入歧途”，“起坏作用”，“把矛头转向社员”，来反对社员群众活学活用毛主席著作。她说：

“这是搞运动，不是搞学习！”

“学习主席著作不要强加于人嘛！”

“学习主席著作不能代替四清！”

“光搞主席著作学习，就要把四清运动引入歧途！”

“在四清运动中学习《为人民服务》群众都检查起来，倒不能清干部。”

“现在有些地方想进村后，叫群众学习《为人民服务》整落后社员。”

“有的工作队一进村就让群众学习《为人民服务》，解决农民的世界观问题。这就把矛盾转向社员。”

“一进村学习《老一篇》，群众不需要这个，群众有私心，学习《老一篇》都检查自因己，谁还敢给干部提意见呐。”

“在四清运动中学习二十三条就是学习主席著作，别的怎么结合，搞不好起坏作用。干部洗澡，群众要提意见，要学《反对自由主义》，正好被犯错误的干部利用了。”

有一次，一个工作队员向王光美汇报群众活学活用毛主席著作，狠斗“私”字时，王光美恶毒地说：“和我斗呀！斗呀！还和别的斗不斗？”

定兴县四清工作队中的一个记者，写了一篇社员群众《斗倒“我”字，换上“公”字》的通讯后，王光美一见便破口大骂：“光和我斗怎么行？”

当定兴县广大社员群众掀起大学主席著作的高潮时，资产阶级分子王光美又胡说什么“形式主义”、“冲击运动”、“强制”、“要求过多”……，来破坏社员群众活学活用毛主席著作。她说：

“赶集，下地带语录牌，纯粹是形式主义。”

“有的地方，你说要主席思想挂帅，学习主席著作，他就给下边搞多少语录牌，买多少书，这会促使搞形式主义。”

“统计买毛主席著作，是强制人家学习。”

“学习毛主席著作不能要求过急，不要搞形式，不要强制，群众有了问题，感到需要向毛主席著作请教时，才有积极性。”

“我不是说学习不重要，不可以学（指毛主席著作），应当学好，但是学习安排得过多，不能活学活用，那就会冲击了中心，把运动时间拖长，运动总有它的规律嘛。”

“在四清运动中主要学习二十三条，不要过多地学习毛主席其他著作，学习多了会冲击运动。”

“在四清运动中，对学习主席著作不能要求过高。”

资产阶级分子王光美不仅拼命地反对社员群众大学毛主席著作，也反对工作队队员活学活用毛主席著作。她说：

“工作队员是搞四清的，就是学习二十三条，不必布置其他学习（指毛主席著作）任务。”

学习毛主席著作要结合实际情况，忙了就别学。”

“不要用毛主席的话去套，不然，一说是主席说的，别人有意见也不敢反驳了。”

“整训中硬叫我们周家庄工作队检查活学活用毛主席著作不好的问题，我要在家就不检查，我们始终是高举毛泽东思想伟大红旗，活学活用毛主席著作的。”

（按）：毛泽东思想是当代马克思列宁主义的顶峰，是当代最高最活的马克思列宁主义，是中国人民战无不胜的强大武器，也是世界革命人民战无不胜的强大武器。对待毛泽东思想采取什么态度，是承认还是抵制，是拥护还是反对，是热爱还是仇视，这是真革命和假革命、革命和反革命、马克思列宁主义和修正主义的分水岭和试金石。党内最大走资本主义道路的当权派刘少奇和他的臭婆娘、资产阶级分子王光美，从他们反动的剥削阶级本能出发，对毛泽东思想怕得要死，特别是害怕毛泽东思想和广大工农兵群众相结合。因为广大工农兵群众掌握了毛泽东思想这个锐利的武器，他们篡党 篡军、篡政的阴谋，就要被彻底揭穿，他们的丑恶嘴脸就要暴露在光天化日之下，他们复辟资本主义的幻梦就要完全破灭。

敌人越是反对毛泽东思想，我们就越加热爱毛泽东思想，就 定抓住活学活用毛主席著作不放。毛泽东思想是我们的命根子，谁反对毛泽东思想，我们就要全党共诛之，全国共讨之。

目前，党内最大的走资本主义道路的当权派刘少奇和他的臭婆娘资产阶级分子王光美，已经被揪了出来，这是我们社会主义革命中的又一重大胜利，是毛泽东思想的伟大胜利。"宜将剩勇追穷寇"我们一定要遵照毛主席的教导，穷追党内最大的走资本主义道路的当权派和他支持的一小撮反革命修正主义分子。夺取被他们篡夺的一切堡垒，让毛泽东思想占据一切阵地，把毛泽东思想伟大红旗插遍全中国，让他永远永远放出灿烂的光芒！

3 反对突出无产阶级政治

王光美说："一进村（指四清工作队）就组织群众学习毛主席著作，解决不了问题，应先解决经济问题。"又说："应先抓生产、从生产入手然后再转入四清阶段。"

王光美说："突出政治，突出思想看怎么理解，着重的是叫他们（指干部）认识错误，要充分重视清经济"。

一九六五年二月王光美说：忆苦，一进村就忆不行，一忆只能说新社会好。"

一九六五年十二月王光美说："粗线条四清时，听有些人诉苦，可是他问题很大，一诉苦，软化了领导，过了去（指滑过去）。"

王光美说："学习王杰这都是好的，但是从领导上要注意不要在思想上刮共产风，要考虑到社会主义的经济基础。"

一九六六年二月周家庄四清工作队在讨论树立貧下中农优势，防止农村资本主义自发势力时，王光美说："貧下中农的经济优势如何树立？一、学技术活，二、多出工，三、养猪，四、教会过日子、教会讲卫生。"又说："集体经济发展了，资本主义的东西自然就少了。"不要纠纏在自留地上，要搞好集体经济，集体搞好了，社员们主动要求自留地集体种""你们不要纠缠这些小事，集体经济发展了，他们自然会放弃的。"

（按）：毛主席教导我们，**政治是统帅，是灵魂。政治工作是一切经济工作的生命线。**我国的社会主义教育运动，是无产阶级和資产阶級两个阶级的斗争，是社会主义和资本主义两条道路的斗争，是一场伟大的社会主义革命运动。在这一革命运动中，哪里突出无产阶级政治，坚持毛泽东思想挂帅，那里运动就搞得深，搞得透，人的精神面貌就会发生根本变化，生产面貌也就会焕然一新。反之，不突出无产阶级政治，不坚持毛泽东思想挂帅，就没有社会主义革命的胜利，就没有无产阶级专政，就没有人民的一切。

党内最大的走资本主义道路当权派刘少奇的臭婆娘、资产阶级分子王光美的反动阶级嗅觉是很敏锐的。他深怕无产阶级政治挂帅会使其借以安身的一切东西全部崩溃，于是大反政治挂帅。她一听到毛泽东思想挂帅，阶级忆苦教育、学习王杰……就咒骂，就暴跳雷。她开口"经济"。闭口"生产"，似乎"集体经济发展了，资本主义东西自然就少了"这是地地道道的修正主义货色。其目的是反对无产阶级政治挂帅，为复辟资本主义准备条件。

二、顽固地推行形"左"实右的反动路线，破坏四清运动

1、歪曲四清运动的性质

一九六四年十二月王光美到高镇后，大肆贩卖刘少奇的黑货，她在讲四清运动性质时说："四清运动的性质是'四清和四不清的矛盾、'党内外矛盾交叉，或者是敌我矛盾和人民内部矛盾交叉"。

"四清和四不清问题，这几天才认识清楚了，其实在我们进村时，四清和四不清的斗争就开始了，四不清一定反对四清，这几天感觉才明朗了。"

"四清和四不清的斗争是客观存在，你不抓，不等于他不存在。"

"我们必须用四清去改造四不清。"

"四清：一是民主革命的补课，二是社会主义革命补课，三是把变坏的干部变回来。"

（按）：毛主席早就指出，过渡时期存在着阶级矛盾，存在着无产阶级和资产阶级的阶级斗争、存在着社会主义和资本主义的两条道路斗争的科学论断。四清运动，就是在毛主席亲自领导下，无产阶级对资产阶级进行的阶级斗争。

可是，资产阶级分子王光美却大肆贩卖她的狗丈夫刘少奇的黑货，极力歪曲四清运动的性质，胡说什么："四清和四不清的矛盾"、"党内外矛盾的交叉，或者是敌我矛盾和人民内部矛盾的交叉"。他们这些作法的目的是为了抹煞阶级斗争、破坏四清运动。

2、不相信群众、大搞神秘化

王光美在高镇四清时，进村后不放手发动群众，大搞神秘化——扎根串连，结果工作队进村几十天后，运动仍是冷冷清清，她还说："群众觉悟低，认识水平有限"。

王光美在高镇扎根串连时说："贫下中农数来数去没有多少没问题的，完全干干净净地是那些小青年。物色根子确实非常困难，找不着劳动好、成份好、威信高的理想的根子对象。"

"根子光是老贫农、劳动好、成份好还不行，还得要革命"。

"有的人千方百计的哄他革命（指贫下中农），求他革命、扶他革命，八抬大轿抬他革命，好象非他不可，光拍肩膀说，你快快来革命吧！这不好。过去的干部就这样上台的，我们现在还这样搞的话，效果也会和过去一样"。

（按）：是否信任群众，依靠群众，敢不敢放手发动群众，这是无产阶级世界观和资产阶级世界观的分水岭，也是真正的马克思列宁主义政党和修正主义政党的一个根本区别。毛主席早就指出："我们历来主张革命要依靠人民群众，大家动手、反对只依靠少数人发号施令。"而资产阶级分子王光美却反其道而行之，她在四清运动中，不是放手发动群众，而是大搞神秘化，大搞扎根串连，只在少数人中间活动，把运动搞得冷冷清清。这是她害怕群众，害怕群众运动的反革命修正主义面目的大暴露。

3、大搞矛盾上交，用捕人来"发动"群众

王光美在新城四清中，不是深入群众，放手发动群众，而是大轰大嗡，随时捕人，制造恐怖气氛，来打开局面，借以推动工作。她在进新城高镇不久，就决定开除犯有轻微四不清错误的治保主任的党籍。当有的工作队员不同意这样处理时，她还胡说什么："春节前如果不开一个会（处理），过春节他给乡亲们拜年，一说好话就消气啦"，还说："如果不开除他的党籍，可能挽救不了他，因为他是党员，有包袱"。"我碰到几个党员，办法用尽了，可就教育不过来，开除了倒能教育过来"。

在高镇四清运动中，王光美还大搞矛盾上交，随意捕人。高镇三队队长坏分子王永增，罪行严重，经过群众和工作队支部讨论后一致认为经过批斗后，可以留村监督劳动改造。群众表示有信心管得了他。但在开批斗会时，王光美临时决定当场逮捕法办，说什么："这样的人再不捕就没有群众观点了，就没有阶级感情了"，"王永增人口少，不怕死，他在家谁敢说话呀，不捕不能发动群众"。

高镇另一个坏分子王永璞逼死了张宝昌，工作队逮捕了他，王光美从北京回来后，质问工作队："逮捕王永璞以后，为什么不开全村大会，为什么不利用这个大好形势""既然捕了（指王永璞）为什么不大张旗鼓"，"为什么捕人不点火""王永璞捕后，应利用这个事来发动群众，死人是坏事，捕人是好事，应利用。"

在二十三条公布后，王光美仍大力推广以捕人推动工作的"经验"。她在定兴四清时，知道太平庄支部书记王树海罪行严重后，立即安排召开全县的万人大会，大张旗鼓地进行处理，借以推动全县工作。材料未经调查核实，即当场宣布开除党籍，逮捕法办。会后，她大肆宣扬这个"经验"说："……从干部方面看，也是这样。有的干部现在表现满不在乎，没有什么压力"，"原来我们周家庄想开个从宽会，现在看来要是开了，可能震动不大，因为干部还没有什么压力，还满不在乎么！""我们几个人考虑过，在农村先搞从宽，不太适宜。去年在高镇就是这样。原来也没想先从严，后来王永璞逼死了张宝昌，这时开了个从严大会，这个大会震动很大。""如果借上太平庄的东风（指逮捕王树海）就借，借不上就借本村的，再不行我们就用第二手——搞大小队干部联合检查会。"

二十三条公布后，王光美仍狂妄叫喊"不能怕违犯'矛盾上交'这一条就放回来，也不能怕他们凶，就是群众发动起来，现在没有理由把他们放出来，现在是二队群众多数不同意放出来，要放是我们捕错了，放出来没有原则"。

（按）：资产阶级分子王光美在四清中，不是扎扎实实地放手发动群众，而是强调大轰大嗡，用"热处理"、"逮捕人"来造声势，从上而下地施加压力，借以打开局面，推动工作。她的这种作法，完全是出于其反动阶级本性，只不过是以极"左"的面目出现，来达到破坏四清运动的险恶目的。

4、大搞经济主义，把伟大的四清运动引入歧途。

王光美在定兴四清期间，有一次她从北京回来，工作队员向她汇报工作情况说："前段工作清政治不彻底，应补课"，王光美听后恶狠狠地说："怎么还搞清政治，搞得冷冷清清赶快转入建设阶段"。

王光美在四清中，极力把这场伟大的政治运动贬低为一场经济战。她说："一般要突出清经济，要把清经济的意义，提到高度来认识"。"经济问题是和平演变的开始，突出的要把清经济搞好"。"要把清经济放在第一位"。

在清经济开始后，群众还没有揭发，王光美就定调说："这个村（定兴周家庄）非搞出双四万（四万斤粮、四万元钱）不行"。接着就大会搞、小会攻，不分真假，谁"坦白"交待多，就从宽处理，十几天就搞出了双四万。

在清经济中，王光美说："退赔要彻底，从而取得群众的同情、再搞减、缓、免"。她还一再主张对问题大的开大会实行大量的减、缓、免，以推动坦白交待。副队长马俊生交待贪污五千斤粮，一千元钱，就召开公社干部社员大会，从宽处理，不戴帽子，不处分，粮减二千斤钱八百元，群众意见很大。

在清经济的后期，王光美还搞了个"退赔团结大会"，敲锣打鼓，吹着喇叭，用红纸包着钱，在退赔大会上分配"胜利果实"。将退赔物资集中起来搞交易市场，减价出售，提倡东西不出村。她还胡说什么："农民是现实主义者，不给点实惠不行"。

（按）：伟大的四清运动，是无产阶级对资产阶级进行的一场革命的阶级斗争，而资产阶级分子王光美极力把这场阶级斗争引入经济主义的岐途。她说什么"把清经济放在第一位"，"退赔要彻底"，召开什么"退赔团结大会"分配胜利果实，等等。他们这样作的目的，完全是为了扭转斗争的大方向，扼杀伟大的四清运动，保存其进行资本主义复辟的农村基础。

5、打击一大片、保护一小撮党内走资本主义道路的当权派

王光美在干部问题上，也大搞形"左"实右的反动路线，把基层干部看成一团糟，一团黑。她在高镇四清时说："既然基层干部的问题这样严重，他怎么能不抵制四清呢？"她到周家庄四清时，刚进村二天就说："这个村是个大二类，支部都烂掉了，干部都有贪污"。

王光美在高镇四清时说："对基层干部的态度是不相信，不依靠，不扔掉，不撇掉"。"不能过早的解放干部，过早解放会走过场"。"必须经过清经济以后，每个干部过了筛子才能搞结合"。

王光美在四清中还大搞社员群众，她说："不整社员，不等于社员有问题就不解决。"在这种思想指导下，大大扩大了打击面，把饲养员，车把式，副业人员都划为四不清干部的范围。周家庄是一个三百来户的村庄，四不清对象就有一百二十多人。

王光美在四清中对一小撮党内走资本主义道路的当权派，是千方百计地加以保护。在新城四清时，开始有的公社召开贫下中农代表会给公社党委提意见，揭发问题，群众起来对党内走资本主义道路当权派进行斗争。这下可吓坏了王光美，她说："这样还了得，揪住公社书记就斗争！"于是她在第二期清经济的意见中说："公社可召开贫下中农代表大会，或召开三级干部会，由公社党委作集体领导的检查，并由公社领导干部中问题较多，检讨较好的作示范检查，鼓舞群众情绪，带动基层干部自觉革命"。从而扭转斗争的大方向。

当新城各地区群众起来后纷纷揭发党内走资本主义道路当权派的问题时，王光美说："积极分子的情绪有点过火了！""说话没边了！""行市一直在涨"，"再这样下去就搞过了头，就得纠偏"。

（按）：二十三条明确指出，大多数干部是好的和比较好的，要逐步做到团结百分之九十五以上的干部；对犯错误的干部要实行"惩前毖后，治病救人"的政策；重点是打击党内一小撮走资本主义道路的当权派。可是资产阶级分子王光美，却反其道而行之。她用"打击一大片，保护一小撮"的反革命伎俩，把斗争的矛头从党内走资本主义道路当权派身上，转移到广大基层干部和社员群众身上。他们这样做的目的是要把水搅的浑浑的，把阶级阵线打得乱乱的，既能把轰轰烈烈的群众运动打下去，又能掩护走资本主义道路的当权派，从而扼杀伟大的四清运动。

6、污蔑、攻击贫下中农和社员群众

王光美说："看起来，群众对地主、富农并不讨厌。"

王光美说："群众看见四清工作队带答不理，甚至吃饭都找不到地方。我们交一斤四两粮票，四毛钱，群众明明有好处，可硬是不欢迎。""根本没有感情，就是到一些根子家吃饭，也不热情。"

王光美说："到社员家里吃稀的，不吃干的；开始群众是不信任我们的，给我们吃稀的，饿了一个多月"。

王光美说："贫下中农都有点小偷小摸吗？因为干部大偷大摸。"

王光美说："对我们来讲，我们是革命的，是革命事业我们就搞。但是群众（贫下中农）主要是看对他们本身的利益如何，农民群众是讲实惠的。"她还胡说什么：我们房东是个下中农，……谁都说他落后，说他的脑袋一斧子也劈不开，动员他参加会也不去，去了也打瞌睡。这次会后，（宣布社员不退赔大会）回来就主动和我们讲话，说会上讲得太好了，听得可明白了。有人问他都讲了些什么，他说记不清了，又问他，你总会记住一点吧？他只讲了一句："社员不退赔"。可见这些天，压在他身上的担子就是这了。从这一天起他就积极开会还发言。接着，又发生了显著的变化，他原来挂一个硬门帘，又脏又破，根本遮不住门。后来知道是用我们在他家吃饭给的钱和他家做工挣的钱买的。又过了两天，又出了一辆破自行车，是去年买的，以前藏在柴房里；原来穿的很薄这时候破皮袄也穿出来了。从这些具体事上，看出了他的心理状态，现在最穷的贫下中农也怕露富，后来问他为什么这样，他讲，我在油房里吃过两顿饭，那是干部叫吃的。两顿饭就把他压得不敢讲话"。

（按）：毛主席说：**"最干净的还是工人农民，尽管他们手是黑的，脚上有牛屎，还是比资产阶级和小资产阶级知识分子都干净。"**

可是，资产阶级分子王光美却对贫下中农极尽污蔑、歪曲和丑化之能事，胡说什么：农民是讲实惠的"、"落后的"、"自私的"、"没有感情的"。实际上，这些都是资产阶级分子王光美的资产阶级唯利是图的阴谋暗的里的自我大暴露。

三、疯狂地反对毛主席亲自领导下制定的二十三条，对抗以毛主席为代表的无产阶级革命路线：

1、千方百计地反对和抵制贯彻二十三条，对抗以毛主席为代表的无产阶级革命路线

二十三条公布后，保定地委总团党委会上传达二十三条，传达到"逐步做到两个依靠，三个结合"一条时，王光美猖狂地说："这一条有什么实践经验做基础。"并说："回北京提意见去。"后来她去北京回来后说："意见提了，少奇说已通过，不用提了，有'逐步'二字就解决了。"

保定地委总团党委会上传达二十三条，传达到"过去我们党采用的开调查会等行之有效的调查研究方法，应当继续采用"一条时，王光美极为不满地说："有谁说过不采用呢？"后来在一九六五年七月中，在保定地区县委书记蹲点座谈会上，他还大肆叫喊："点，非蹲不可，""一杆子扎到底，蹲下去，蹲好。"并说："把贫下中农叫到一起谈话，他们不和你讲，不说实话，只有蹲下来。"

保定地委总团决定全体队员集中三天学习二十三条时，王光美说："不要耽悮工作，结合着运动学习就行了。"

保定地委总团研究贯彻执行二十三条时，王光美说："前段运动符合二十三条，不需要再宣传贯彻了。"

在工作队根据二十三条总结工作时，王光美说："我们这里的运动是符合二十三条精神的，可不能造成纠偏的现象。"

王光美在新城四清，派了一万二千人的工作队（新城二十七万人口），大搞人海战术，毛主席对此提出了批评，而且在二十三条中又明确指出："要适当集中力量，打歼灭战"、"不是靠人海战术"。王光美对于毛主席这一批评一直心怀不满，她一再满腹牢骚地说："人海战术固然不对，但是四清运动总得有工作队的领导；运动初期，工作队就得包办代替。""反对包办代替，不是说就放任自流。怕包办代替，就不敢去领导也是不对的。我们为什么要这么多的工作队？就是要加强领导嘛！"

一九六五年六月，王光美在起草"保定地委关于农村四清运动的规划"时，仍与二十三条唱反调，对抗毛主席对"人海战术"的批评，她说："有的地方（实际指毛主席和正确贯彻二十三条的地方）认为这种搞法（指人海战术）太慢，实践证明，这种搞法看来是慢，实际上既好又快。"

王光美在新城四清期间，一再反对二十三条中"抓面的工作"、"面上，也要适当地进行社会主义教育"的规定，她说："粗线条四清没有强大的工作队不但解决不了问题，反而捅了马蜂窝"，"面上没有力量就不要挑起矛盾，解决不了就让它不动也好，维持原样，对生产可能更好些"，"搞了比不搞更坏得多"，"面上搞糟了"，"干部都躺倒不干了"，"贫下中农有意见"等等。

九六五年六月，王光美在起草"保定地委关于农村四清运动的规划"时，仍与二十一条唱反调，她对面上的工作只写了一句"依靠干部和群众搞好生产和当年分配"，完全取消了面上也要适当地进行社会主义教育的精神。

（按）：二十三条是毛主席亲自领导下制定的，是进行四清运动的行动纲领。二十三条的制定是毛主席的革命路线和刘少奇的形"左"实右的资产阶级反动路线作斗争取得胜利的产物。但是，资产阶级分子王光美仍然贼心不死，千方百计的抵制贯彻二十三条，这是她一贯地反对毛主席、反对毛泽东思想，对抗毛主席的革命路线的又 次大暴露。

2、猖狂地攻击二十三条，大肆吹捧后十条和"桃园经验"

王光美不仅千方百计地反对贯彻二十三条，而且猖狂地攻击二十三条，大肆吹捧后十条和她的"桃园经验"。她说：

"（二十三条）没有什么新东西，一个大队的经验（指她的"桃园经验"）已经有了！"

"二十三条主要强调了毛主席的战术思想。"

"是不是讲了二十三条有消极情况？各方面理解的都有，真有的工作队消极下去了。现在有的贫协提出调换工作……有的干部还搞合法斗争……"。

"现在对二十三条的讲解有片面性，群众听了以后就记得一个退赔减缓免，干部一分为二，这是强调策略性，忽视革命性。”

“前十条原则，发动群众不突出，后十条具体，发动群众也突出，在四清运动中，不仅要学好前十条、二十三条，还要学好后十条。”

“过去我们进村（指桃园），半个月群众就发动起来了，为什么我们进村（指在周家庄，即贯彻二十三条以后）一个多月群众仍然没有发动起来呢？……为什么这次后十条有了彻底修改。有党中央、毛主席撑腰，有这么大的工作队，怎么不如去年起来的快呢？”

“有人说，不能用过去的经验，指导现在的运动。过去的好经验（指她的“桃园经验”）为什么不能指导现在的运动？……我认为，去年我们的路子基本上是对的，摸出了一套经验（指她的“桃园经验”）。”

在二十三条经过学习、贯彻，日益深入人心之后，王光美虽然再不敢明目张胆地攻击二十三条了，但她采用了更为狡猾的手法，即强调后十条，把后十条和二十三条、前十条并列起来，并把后十条说成是“毛主席的著作”，来用后十条抵制二十三条和前十条。她曾多次地说：

“我们的四清运动就是以二十三条、双十条（凡提双十条处，实际上都是指后十条，下面从略）为指导的，二十三条、双十条就是主席著作，所以学习二十三条、双十条就是学习主席著作。”

“现在有些人还很糊涂，认为学习二十三条、双十条不是学习主席著作，用二十三条、双十条教育农民，就不是用主席思想教育农民。”

“学习主席著作要学习二十三条、双十条，那也是主席著作。”

“这些成绩都是贯彻了二十三条和双十条，二十三条和双十条，都是毛主席的最新著作。”

“双十条在群众中有好经验，所以我们要提。”

当新城工作队知道后十条和“桃园经验”有问题时，王光美恶毒地说：“什么叫经验主义？什么叫教条主义？什么叫框框？马列主义不是框框，毛泽东思想不是框框，普遍真理也不是框框，有些成功的经验（指桃园经验）还没有理解就否定了，这样否定一切，否定客观真理，这叫什么主义？”

王光美还以“中央没有取消”为借口，仍然顽固坚持贯彻后十条。她说：

“中央没有取消吧！（指后十条）我们还得照这个精神办。”

“双十条也是中央文件，应该贯彻。”

王光美在新城四清时，保定地委总团的文件，都要经她亲自修改，审查，才能定稿。凡是原稿上有“贯彻二十三条”的字样，她都在后边加上“双十条”（实际上加上后十条）当别的队员提出意见后，她还蛮横地说：“中央并没有宣布双十条全部作废！”

（按）：资产阶级分子王光美不仅千方百计地反对和抵制二十三条的贯彻，而且更猖狂地把她和刘少奇的修正主义货色——后十条和“桃园经验”和毛主席亲自领导制定的前十条和二十三条相提并论，妄图鱼目混珠，以达到既掩盖他们的反动本质，又恶毒地攻击我们伟大的领袖毛主席。我们必须戳穿她的反革命的阴谋伎俩，彻底批臭他们的形“左”实右的资产阶级反动路线，让他们修正主义的后十条、“桃园经验”见鬼去吧！

四、大肆宣扬资产阶级人生观

1、宣扬刘少奇的市侩哲学

一九六五年五月，王光美在高镇干部会上说："以后办事情，要先考虑到大家，我们只要为大家着想，大家也为咱们着想。去年报上登了一个支书的故事，他一心为大家，帮助大家盖了不少的房子，他的房子住不得，也没盖，他有一次外出开会，大伙把房给他盖上了。×××（高镇大队长）的房子过不了雨季，可是他没有报名盖房，大伙眼睛亮，给他报上了。给×××（高镇干部）布票，他不要，穿大雨褲，群众反应很好。事情总是这样，我们关心群众，群众就关心我们嘛！我们首先不考虑自己，吃不了亏。"王光美说："首先不考虑自己，吃不了亏，×××（高镇新上台的干部）盖了房子，看起来是占了便宜，实际是吃了亏，小伙子在四清中积极能干，大家信得过他，才选了他，又吸收他入了党，可是一抢先盖房，社基地又大，就被动了。"

一九六五年二月，王光美在高镇贫协会上说："当了干部，如何领导社员？……我说咱们学会一套新方法。第一听党的话，要带头干，这几个月，咱们开会多些了。，不开会的时候就去干活，哪里脏，哪里累，咱们就到哪里去。干在大家头里，吃在大家后头，这样咱说话就硬气，就有威信，别人就会听咱们的领导。"

王光美对高镇新上台的干部说："能吃亏，到头来占个大便宜，能取得群众拥护和信任。""那些有四不清错误的干部……也就是从占小便宜开始，……结果吃了大亏。干那些事，多丢人呀！要检讨，还要退赔。"

（按）：资产阶级分子王光美大肆贩卖党内最大走资本主义道路当权派"发明"的"吃小亏占大便宜"的妙论，说什么"首先不考虑自己，吃不了亏"，"能吃亏到头来占个大便宜"这是地地道道的资产阶级个人主义的市侩哲学。

毛主席教导我们："**就世界观来说，在现代基本上只有两家，就是无产阶级一家，资产阶级一家。或者是无产阶级的世界观，或者是资产阶级的世界观。**"为公、为私，是无产阶级和资产阶级两个阶级的世界观。非此即彼，并顾不得。"吃小亏占大便宜"是为"公"为手段为"私"为目的。他们的出发点，是个人利益，落脚点还是个人兼益。这是彻头彻尾的资产阶级世界观。

可耻！可恶！党内最大的走资本主义道路当权派刘少奇和他的臭婆娘、资产阶级分子王光美灵魂的腐朽，嘴脸的丑恶！真是无以复加！

2、宣扬资产阶级的腐朽思想：

王光美对工作队员说："少奇讲，不出名的人要往下钻，越往下钻，到后来就可能出名。""决心往下钻，这是我去桃园前少奇对我说的，我搞了个大队，搞了个公社，再搞个县团，将来可以当个地委副书记试试看。"

一九六五年三月，王光美在高镇贫协会上说："雷锋也不比咱们在坐的条件更好些，他身体很弱，当兵时都不要他，可是他下决心革命，并且 直坚持下去，就作出了那样的光辉事迹来。咱们这些共产党员，贫协委员，咱们村的贫下中农， 下决心，坚持下去，也可能成为何支书样的干部，社员都可能成为李双双式的社员。”

工作队队员守则中规定：在四清期间队员不许搞恋爱。而王光美对保定地委总团的负责人说：“工作队员青年多，不搞恋爱那行！”又说：“工作队员与工作队员之间，可以谈恋爱，如不谈，搞几期四清岁数就大了嘛！可以谈，工作队守则中的不许谈恋爱这条可以删掉。”后来因为上级不同意，王光美竟把定兴总团印发的四清队员守则中的这条删掉了。

王光美对定兴评剧团的负责人说：“你要关心演员生活，……大家生活安排好些，生活标准可高于四清工作队员，再是你要帮助年龄大的妇女解决婚姻问题，别包办。”

王光美在四清期间，还以“关心”社员生活为名，大搞婚姻交易，她对省妇联负责人说：“有些贫下中农结不了婚，就是因为没有人管，……是否办一个婚姻服务小组。”“婚姻服务小组，要添个青年人，有人关心和反映青年人的要求。”

王光美在高镇还亲自出马，为婚姻服务小组做出“样板”。高镇村妇女孙××是个寡妇，她大伯子是个单身汉 王光美不顾她本人、家属和群众的反对，硬把他们二人搞在一起，结了婚。她说：孙××可以和她大伯子结婚嘛，她婆婆是个老封建，杨正和不同意得批评（杨正和是她已死去的丈夫的三兄弟），大伯子怕对不起他弟弟，要勇敢，由贫协帮助解决，孙××结婚演演‘李二嫂改嫁’。”还说：“死了人也要搞，上吊就让她（指孙的母亲）上我门上（王光美的宿舍）吊去！”

王光美在高镇的群众大会上说：“自已挣来的东西，吃起来，用起来痛快。自已挣来的钱，也不是不可以穿好一点。”

（按）：资产阶级分子王光美在四清中，极力宣扬资产阶级人生观。她破着嗓门宣传资产阶级名利思想，鼓吹个人成名成家，并以“关心群众生活”为名，大搞婚姻交易，散布资产阶级腐朽思想，来毒害群众，毒害青年，为其资本主义复辟打好思想基础。资产阶级分子王光美的狼子野心，何其毒也！

3、王光美的自我吹嘘

一九六五年九月王光美说：关于搞好社会主义教育运动的六条标准“毛主席原来提出的是四条标准，是我提了意见增加了两条，才成了六条标准的。”

王光美在高镇讲蹲点时說：“什么是科学实验？我从桃园回到北京，看到×××的夫人，是搞原子的，我们是同学，见了面，我祝贺她们的科学成就，她說：‘你的报告，我们都学习了’。我说：你是搞科学的，我改了行。她說：‘你也是搞科学的呀！你的桃园经验不就是社会科学报告吗！’是呀！搞四清蹲点，也是科学实验，是社会科学实验啊！”

王光美在高镇四清时說：“毛主席提出的搞好运动的六条标准，可以用来衡量我们的桃园，我看还是够得上这六条……，我去了许多地方，桃园是最高的了。”

王光美說：“我是个普通工作人员，作的是平凡的工作。”接着又說：“少奇给雷锋的提词：伟大出自平凡，这话的意义是深刻的。”

一九六五年七月，中央某部的几个同志到定兴搞四清，王光美去看他们，天晚了留她住宿，王光美回来后说：“她们想留我同他们住在一起，想留个纪念。”（按：王光美还要留念，纪她的踪迹所至，就要遗臭万年，这是她的最好纪念。）

王光美說：“我随少奇出国访问，不知道的人都说出国这好那好，实际上出国就是搞国际阶级斗争，随时都有生命的危险！”（按：王光美在印尼给大流氓苏加诺点烟，和苏加诺小老婆及右派军人拍照，她带着金项链，献媚于大资产阶级，丑态百出，丢尽了中国人民的脸，可卑！可鄙！反过来，还以功臣自居，真不知人间有羞耻事！）

王光美說：“各国赠送的礼品、物质，我都不自己要，送到办公厅，礼品被统一处理了。”（按：王光美在胡说八道！仅仅她拿到农村去的就有日本半导体收音机、柬埔寨的枕头、印度的防晒膏、缅甸香水、印尼的雪茄烟…　。这些东西都是哪里来的？！）

王光美說：“我家里的孩子们穿的都很朴素，还不如农村青年穿得好呢！”

王光美在关于高镇四清情况向华北局、河北省委汇报中說：“我们房东是个下中农，家里又穷又脏，是全村最困难的一个，我到他家吃饭，群众都挤眼。有人说：宁可饿三顿也不去他家吃饭。”（按：胡说八道！据四清工作队员揭发，王光美到贫下中农家吃饭有个要求：有传染病的不去，太穷太脏的不去。而且自带碗筷，吃饭时只吃稀的，回来后钻在屋里偷吃饼干、花生仁，高级点心、糖。）

（按）：资产阶级分子王光美在四清中，大耍资产阶级的庸俗伎俩，极力吹嘘自己，抬高个人身价。她丑态百出，真不要脸。她这样做绝不是一般的不谦虚，风头主义，个人主义，联系到他们的阴谋目的来看，这些都是捞取政治资本的手段，为她和她的狗丈夫刘少奇阴谋篡党、篡军、篡政、复辟资本主义准备条件。

4、王光美的“三同经验”

一九六五年，中央某部几位同志下来蹲点　清王光美介绍蹲点经验，她说：“你们在首都机关住得好，吃得好，下去蹲点最主要的是如何保养好身体。”还说：“吃饭怎么也吃不好，要从北京买点高级点心或奶粉，晚上吃点。”“花生仁营养最好，热量最多，每天吃二、三两比什么营养都大。”

王光美在贫下中农家吃饭时，吃菜不吃碗边上的，不吃表面上的，把菜拨开吃中间的，而且从来不吃生菜。到定兴以后，她还作为一条经验向别人介绍。她说：“吃熟菜不闹肚子，可以长期在农村里坚持下去，一次不吃，二次不吃，第三次就给做熟菜了。”

王光美在定兴还向其他队员说：“这次是剩饭你不吃，下次就做新的了。”又说：“花生仁热最大”。为此，定兴四清办公室给她买了二十斤花生米。

王光美在四清时说：“一个礼拜劳动二、三个半天就行了，吃派饭别太多，有时吃点就行了，也算三同。”

王光美偶尔劳动时，戴上口罩，蒙上头巾，戴着手套。夏天戴着草帽，还擦印度的防晒膏，缅甸的香水，她怕别人知道解释说：“……缅甸送的，治脸上的皮肤病很见效。”她脚上还擦香脂，说什么“出国穿丝绸衣服，手脚粗糙了划衣服”。

王光美在保定地委总团用十元钱买一车西瓜请客，当时有人说：“工作队员纪律上规定不准买零食吃”，王光美不满地说：“有卖的，就有买的。你不买、他不买、这东西卖给谁”。

王光美是个怕死鬼，她在四清时白天有四、五个保卫人员保护她，夜间站岗、放哨，这样她还怕不行，还问：“这一带有军队吗？”结果又调了一个班的公安部队住在附近村庄负责巡罗、放哨。

王光美平时还假惺惺地向保卫人员说：“我是一个普通工作队员，不要保卫我，我可以给你开个条子，死了没关系。”实际上从早到晚，都要有警卫。王光美在高镇村时，有一次她去同一个胡同的另一个队员那里去，警卫人员以为她去厕所，就在屋里等她，过了一个小时她回来后，大发雷霆，训斥警卫人员说：“我出去你们为什么不知道？出了事看你们哪里去找？”警卫人员说：“以为你去厕所了。”她又声色俱励地说：“我去厕所这么长时间？若掉在厕所里，你们也就等着呗！”

（按）：王光美到处宣扬她如何同贫下中农实行“三同”，在三同中如何改造思想。这是骗人的鬼话。实际上，她是洋相百出，丑态毕露，到处散发着资产阶级的糜烂臭气，那里还有一点贫下中农的感情！哪里有一点点共产党员的味道！她是一个地地道道的资产阶级分子！

东风大学（原天津师院）八·一八红卫兵团“钢铁支队”

九六七年四月十日

一九六七年四月十八日再整理

刘少奇

履歷表

姓　名：刘少奇

职　务：党內头号走資本主义道路的当权派

天津大专院校紅代会

河北輕工业学院《紅旗》批判刘、邓、陶联絡站翻印

67年4月于保定

姓名	刘少奇（注：中国少有，世界出奇之謂也。）
原名	刘作黄
别名	赫魯少奇、黑司令、白骨精
曾用名	胡服、刘仁
姓别	男　党派　假共产党
职业	在中国复辟資本主义
籍貫	湖南宁乡花明楼
家庭出身	地主（一説为破落地主，一説为富农）
出生年月	××××年×月×日（注：因我多次謊报年龄，故現今各国人名辞典中众説不一，有説1898年生，有説1899年生，有説1900年生，有説1905年生，似应取最后一説为佳！）
主要亲屬及其政治状况	祖父：刘××——地主，拥有土地120亩； 父亲：刘××——（破落）地主； 母亲：刘×氏——出身不明，只知道很富裕； 大哥（即四哥）刘墨欽——恶霸地主分子，当过北洋軍閥的連（营）长； 二哥（即六哥）刘云庭——富农分子； 二哥（即七哥）刘作洪（衡）——恶霸地主分子； 六姐×刘氏——地主分子； 七姐×刘氏——地主分子。
婚否	据記忆所及，先后正式結婚六次。

配偶姓名　　簡況

一：楊　氏：老家娶的。事隔年久，記不清是哪一年娶，哪一年扔的了。

二：賀宝珍：湖南人：苦人家出身。1914年結婚，1931年被捕，押在南京老虎桥监獄，1934年或1935年牺牲。

三　謝　飞：广东人，苦人家出身。在长征途中认識，1935年在瓦窑堡騙到手的。1940年把她扔了，因为她在政治上反对我，再者年紀也老了（二十六岁了）。

四、王　前：安徽人，是1941年我在新四軍中騙到手的。結婚时她十六岁，我瞞了十岁，勉强报了个一十二岁。1947年把她扔了，因为她在政治上反对我，再者年紀也老了（　十二岁了）。

五、王 健：北平人，可取之处是文化水平高(高中毕业)。我离了王前，在1947年又搞上了她（一說是在与王前离婚之前就搞了，我也記不准了），但是她有病，因此結婚后两二个月（一說是一天，反正就那么回事）就把她送走了，一送了之。

六、王光美：（一名光丑、臭妖婆、交际花、大扒手，現定为反动資产阶級分子）天津人，大資本家出身，大学毕业。1948年由楊尚昆、安子文撮合成婚，从此我就跟国民党空軍司令王淑銘的干女儿、外国神甫的钟情者、大資本家的娇小姐情投意合，臭味相投，至今已二十年。为什么至今沒有离开她呢？我也莫名其妙！可能是太适合我的口味了吧！

家庭成員

长子：刘允彬——1925年賀宝珍生，曾送到苏联留学，据說現在造我的反了。

长女：刘爱琴——1927年賀宝珍生，同年我为逃命把她弃在汉口，1938年找回，后送到苏联留学。

次子：刘允若——1929（或1930）年賀宝珍生，我把他扔在上海，流落成了小流氓，1945年找回，送延安、送苏联，回国后在七机部工作，是里通外国的反革命分子。

次女：刘 涛——1944年王前生，現在清华大学讀书。在文化大革命中因执行我的旨意"飞黃騰达"了，几天就垮了；現在又揭了我不少丑事，看来这孩子也想背叛我了。

三子：刘允眞——1946年王前生，現在也跟着他小姐姐要造我的反了。

三女：刘平平——1951年王光美生，师大一附中学生，当过"革委会主任"，現在也背叛我了。

四女：刘婷婷——1953（？）年王光美生，师大女附中学生。

五：：刘元元——王光美生。

个人簡历

解放前：（塡写可簡略）

二十以前我在家讀书，从不劳动。1921年混入中国共产党，从"五大"以后我挤进了中央，在白区和新四軍中工作多年，自己被捕过二次，短期就被释放了。1936年我指示过北京、太原、武汉、南京、苏州、济南、合肥等地数百人集体变节向国民党自首。1939年出版了我的黑"修养"。七大以后，搞了政治投机，从此爬上中央領导地位。1947年土改整党中我大搞形"左"实右。总之，多年来一直暗中（或半公开地）对抗毛主席的革命路綫。1948年我和王光美結了婚。

解放后（詳細塡写）

1949年我发表了《天津讲話》，主张"剝削有理"，为工商界先生們大鼓了一陣气。同年再版了我的黑"修养"。

1950年，我大肆吹棒《清宮秘史》，使之长期流毒全国，不受批判。我在政协鼓吹长期保存富农經济和阶級斗爭熄灭論。

1952年，参加苏共十九大，裝病叫王光美去苏联享了一陣"幸福"，我花了好几百芦布，頗为愜意，我还对留苏学生宣揚口紅胭脂和白专道路。

1953年，我批准发表了苏联格列則尔曼的信，从此为攻击毛澤东思想开放綠灯，在宪法草案报告中，我写上了"要巩固新民主主义秩序"即要在中国发展資本主义。

1954年，我决定把留学生党团組織关系交給苏修去管，以培养"修苗"，我还伙同邓小平玩弄了舍車保师的手段，打了高、饒、保了自己。

1955年，我伙同邓子恢反对合作化高潮，砍了二十万个合作社，我給安子文去信，狠狠打击王前一頓。

1956年，我在八大鼓吹阶級斗爭熄灭論，伙同邓小平在报告中删掉"毛澤东思想"字样，鼓吹"三和一少"，又在党章中砍掉"毛澤东思想"。

1957年，我伙同邓小平、陈云反"冒进"，我对工商界宣传"顾一头，才会有两头"，对統战部說"資产阶級也快沒有了"；我伙同邓小平保了陆定　、周揚、邓拓等大右派。

1958年，我在天津窃取了半工半讀的"发明权"，七月份我到处調查訪問、搜集大跃进、人民公社的"缺点錯誤"，准备秋后算帐。

1959年，我爬上了共和国主席座位，芦山会議上，我"批評"了彭德怀，我說："与其你篡党不如我篡党"；我鼓吹"搞邓小平个人崇拜"，我还发表了《馬克思列宁主义在中国的胜利》这一大毒草。

1960年，我同王光英一家兄嫂們談話，鼓励他們吃小亏占大便宜；我去莫斯科参加各国共产党会議时，与赫秃师兄勾搭一番。

1961年，我在庆祝"七一"四十周年大会上貶低毛主席对馬列主义的发展。

1962年，在七千人大会上，我大肆攻击三面紅旗，为彭德怀集团翻案主張包产到戶和单干；我让知識分子"出气"，再版了我的黑"修养"印一千余万册。

1963年，我携王光美訪印尼，出了很多洋相，在科学院学部会議上我主张"反外修不反內修"，我派王光美搞《桃园經驗》。

1964年，我泡制了《后十条》，推行形"左"实右的社教路綫，我正式提出"两种教育制度"，我在給江謂清的信中胡說"把毛主席著作当成教条"。

1965年，我公开反对毛主席"七·一"指示，我抵制姚文元的《評新編历史剧》、《海瑞罢官》　文在北京发表。

1966年，我又带王光美出訪一次，又出了一次大洋相，我批轉了彭眞的《二月提綱》，企圖把文化革命納入純学术討論；我直接公开对抗毛主席革命路綫，在全国大派工作組，鎮压革命群众，包庇党羽，大搞白色恐怖，我的罪恶活动开始被揭露。

１９６７年，文化大革命进入决战时刻，我还不低头认罪，仍在負隅頑抗；我已于二月被定性。嗚呼！

〔附启〕上述各点远不足以表达我的“业績”于万一。請参看长城內外，大江南北，墻上地下、街头巷尾的大字报，小字报以及扩播、报紙、传单、漫画等，恕不在此一一贅述。

主要“著作”（即毒草）

《論共产党員的修养》（一名《黑修养》１９３９年一版、１９４９二版、１９６２年再版）

《人的阶級性》（１９４１年）

《論党內斗爭》（１９４１年）

《論党》（１９４６年，內包括大毒草若干篇）

《天津讲話》（1.９４９年）

《八大政治报告》（１９５６年）

《上海党員干部大会上的讲話》（１９５７年）

《八大二次会議报告》（１９５８年）

《馬克思列宁主义在中国的胜利》（１９５９年）

《与王光英一家談話紀要》（１９６０年）

（其它各种毒草或糖衣毒药太多，不胜枚举、从略）

家庭經济状况	每月收入（双职工）計約６００元，但經济上仍很結据，每月不得不再靠稿費收入一百余元补貼。至于各地“餽贈”“揩油”“假公”而得的各項財产（如熊掌等）不計算在內。此外，存款数額因“儲戶秘密”，不宜公布。 〔附启〕另有古瓷瓶四支存老家；白区工作时貪汚了一批党費，制成金皮带圈一枚借已归王前，不再屬我所有，另尙存金鞋拔一个。
历史上曾否被捕、叛变、自首	１９２５（２６）年被捕，由汪精卫保释出来；１９３０年在东北被捕两月，出獄經过不便說；１９２６年再次被捕，出獄經过不便說；只是在１９３６年曾指示过北平数十人（此外，尙有太原、苏州等地数百人）自首叛变，仅此而已。

<table>
<tr><td rowspan="2">主要社会关系</td><td>海外（最主要的）</td><td>赫魯晓夫：一名赫秃、老玉米，系我大师兄。
苏 加 諾：一名加諾兄，与我秉性相同，臭味相投。
宋 先 生：即宋棐卿，买办資本家，老交情了（已死）。</td></tr>
<tr><td>海內（最主要的）</td><td>党政軍文各界：邓、陶、高、饒、彭、黃、张、周、彭、陆、罗、楊；賀龙、李井泉、李維汉、烏兰夫、林枫、周揚、胡乔木、林鉄、蔣南翔、刘仁、刘白羽……等数十人。
三十年代叛徒界：薄一波、刘瀾涛、安子文、刘錫吾、胡錫奎、楊献珍、廖魯言、徐冰、刘子久、魏文伯、乔明甫、侯正亚、龔子荣……数百人。諸亲好友：王槐青（已經“千古”的老岳丈、大資本家），王光英（大舅子，大資本家，其他兄嫂从略）；刘作洪（胞兄、恶霸地主；其他兄嫂从略）；洪賡揚（二十年代的把兄，国民党陆軍稽查处处长）。
（其余从略）</td></tr>
<tr><td>組織結論</td><td colspan="2">中国的赫魯晓夫、反革命修正主义分子，
党內头号的走資本主义道路的当权派。</td></tr>
<tr><td>組織处理</td><td colspan="2">拉下馬！靠边站！斗倒！斗臭！！</td></tr>
</table>

彻底揭露陶鑄的反革命修正主义罪行

（批判资料，仅供参考）

北 京 大 学 文 化 革 命 委 员 会 资 料 组
新北大公社彻底批判刘、邓、陶资产阶级反动路线联络站

一九六七年四月

编 者 的 话

陶铸，资产阶级反动路线的又一代表人物，刘、邓、陶资产阶级司令部的黑司令之一，他一贯对抗毛主席，反对毛泽东思想，反对毛主席的阶级斗争学说，恶毒地攻击中国共产党，攻击社会主义制度，攻击三面红旗，大搞资本主义复辟阴谋活动，又是一个两面派，是一个赫鲁晓夫式的野心家。

为了彻底揭露他的反革命修正主义嘴脸，根据我们现有的材料编了这本供批判用的资料。为了节省篇幅，除部分地方外一般未加按语或批判文字。此外，在无直接批判文字的章节内，陶铸的引话均未加引号。由于我们水平不高，难免有许多缺点和不当之处，我们殷切地希望同志们批评和帮助。

新北大文化革命委员会（原）驻广州联络站
新　北　大　0262—(3)　支　队　编

一九六七年三月

毛主席語录

人民靠我们去组织。中国的反动分子，靠我们组织起人民去把他打倒。凡是反动的东西，你不打，他就不倒。这也和扫地一样，扫帚不到，灰尘照例不会自己跑掉。

《抗日战争胜利后的时局和我们的方针》

他们必须是眞正的马克思列宁主义者，而不是象赫鲁晓夫那样的挂着马克思列宁主义招牌的修正主义者。

……

要特别警惕象赫鲁晓夫那样的个人野心家和阴谋家，防止这样的坏人篡夺党和国家的各级领导。

《关于赫鲁晓夫的假共产主义及共在世界历史上的教训》

目 录

中央首长论陶鑄

我们伟大的领袖毛主席，元月八日在中央文革小组汇报会上说："陶铸问题是严重的，陶铸是邓小平介绍到党中央来的，我起初就说，陶铸这个人不老实。邓小平说，陶铸还是可以的。"

"陶铸的问题我沒有解决了，你们也沒有解决了，红卫兵起来了就解决了。"

（一）陶铸是"刘、邓路线的坚决执行者"

"陶铸的错误之一，就是他在接见中南地区的一次会上说，除了主席和林副主席以外，都可以怀疑。表面上看，好象他说的也对，尊重毛主席，实际上是孤立毛主席和林副主席。这句话是不许可的，不能绝对化，领导干部还要一分为二，还是有好的。"

（一九六七年二月一日周总理对工交口的讲话）

"陶铸同志到中央来，并沒有执行以毛主席为代表的无产阶级革命路线，实际上是刘、邓路线的坚决执行者。刘、邓路线的推广，同它是有关系的，他想洗刷这一点，但洗刷不掉。后来变本加厉。比如你们到中南局去，你们了解了很多情况，的确是有后台的，这个后台就是陶铸。他在北京接见你们那个态度是完全错误的！（指一九六六年十二月三十日晚在中南海小礼堂接见赴广州专揪王任重革命造反团）他是文化革命小组顾问，但对文化革命问题从来未跟我们商量过，他独……（江青同志插话：独断专行！）他独断专行，他不但背着文革小组，而且背着中央。你们反映的情况是很好的，给我们很多支持，感谢你们。"

（一九六七年一月四日陈伯达同志在中央文革接见赴广州专揪王任重革命造反团时的讲话）

"有一小撮人搞阴谋诡计，想破坏无产阶级文化大革命，想推翻社会主义制度。有些人被揭露了，例如：街上贴"打倒陶铸！"，我给武汉××造反团谈话时说，陶铸在刘、邓路线推行时，是坚决执行刘、邓路线的。中央、毛主席想挽救他，特别是在十一中全会中有的同志揭发陶铸执行刘、邓路线这件事，揭穿这件事。中央、毛主席是知道他执行刘、邓路线的，想挽救他，叫他过来。可是，十一中全会后，沒有过来，沒有执行毛主席的无产阶级革命路线，也还是继续执行刘、邓资产阶级反动路线。他和王任重领导着中南局，出现了许多事情，是典型的反动事件，在武汉逮捕了大批群众。相当大规模地逮捕革命群众，在其他地方还沒有发现过。"

（一九六七年一月十日陈伯达同志在接见有关单位代表时的讲话）

"陶铸么？在刘、邓占统治地位的时候，他是忠实执行刘、邓路线的，他的屁股就是坐在那一边。在几个重大问题上——在什么派工作组的问题上；在要把人家，把革命群众打成反革命的问题上；在什么所谓恢复党、团组织这样的问题上，就是执行的刘、邓路线。"

（一九六七年一月九日王力同志在新华社群众大会上的讲话）

（二）陶铸"千方百计地阻止对刘、邓路线的批判、千方百计地压制工人运动和农民运动"

"……现在地方上许多执行资产阶级反动路线的人，他们把矛盾上交，陶铸给长沙打电话，要三千人来北京，有的买不上票，就打起来了。"

（一九六七年一月十日周总理在接见有关单位代表时的讲话）

“……而在刘、邓被揭露了，刘、邓路线被批判了，刘少奇、邓小平一边站了，陶铸成了继续执行刘、邓路线的人，千方百计地阻止对刘、邓路线的批判，千方百计地阻止这个批判，继续压制革命，特别是工人运动，农民运动起来了，他更沉不住气了，千方百计地压制工人运动和农民运动。工人运动和农民运动刚起来的时候，这种形势本来是好得很嘛！可是他觉得不得了，一定要把它压下去。凡是他领导的单位，凡是他过问的单位，以毛主席为首的无产阶级革命路线就不能够得到贯彻，就要继续执行他的那一套。他的那一套是什么东西呢？是什么货色呢？这是刘、邓的资产阶级反动路线。当《红旗》杂志提出彻底批判资产阶级反动路线，而已经变成一个全国的、群众性的批判资产阶级反动路线的运动的时候，这个陶铸，他还是反对提‘资产阶级反动路线’，连这个词，他也反对。”

（一九六七年一月九日王力同志在新华社群众大会上的讲话）

（三）陶铸“耍两面派”，搞“特务活动”。

“从新的中央宣传部，陶铸同志接管宣传部以后，就接管了新华社。这个新华社在他接管下边，搞了好多非常之糟糕的事情。搞同党的十一中全会相对立的一些照片，明明把中央所批判的以刘、邓为代表的资产阶级反动路线这样一些代表人物，跟我们伟大领袖毛主席凑在一起，硬要凑在一起，有好几次。你们今天这张（指伪造的六六年国庆节时毛主席和刘少奇在一起的照片），只是其中一张。刚才有个同志递了条子，才可笑哩！说有一张邓小平的照片，身子是陈毅同志的，头是邓小平的，这么凑的！就是想各种办法要在他所操纵的新华社发表的消息，发表的相片和电影，把刘、邓美化。这些算是什么东西？是什么性质的？（众：反党性质！）由你们判断，是不是呀！从文化大革命以来半年了，看我们全国的群众，觉悟得很快，进步很快，你们也一样。这两个传单，就说明了这个问题。你们不肯受蒙骗，不肯受欺骗，揭露了这么一种阴谋，能够识别它，认识这种……（江青同志插话：恶劣的！）极端恶劣的手法，揭发这种阴谋，揭发这种极端卑劣的手法，这是一种很好的现象。这是我们党的以毛主席为代表的我们革命的传统，实事求是的传统，科学的传统，尊重事实的传统。有人在这个文化大革命当中，想把这个传统抛弃掉，想篡改这个传统，这是很清楚的嘛！还有电影（戚本禹同志插话：还有些电影，我把情况说一说吧！主席接见几次，拍了一些电影，这些电影在审查时，发现他们在拍的当中，突出刘、邓，把刘少奇、邓小平的画面搞得很大，形象搞得很大。当时，江青同志，伯达同志指出了这个问题，后来才不得已作了修改。）所以，我们看得很清楚，以毛主席为代表的无产阶级革命路线和资产阶级反动路线，在新华社斗争是很激烈的。在一切文艺界斗争是很激烈的。现在还是很激烈的，你们挺身而出，来揭露这些事实，我们感谢你们！至少使我增长了许多知识，识别资产阶级反动路线是怎样搞阴谋。”

（一九六七年一月九日陈伯达同志在新华社的讲话）

“关于陶铸，我讲几句话。伯达同志讲了，他坚持资产阶级反动路线，继续推广刘、邓反动路线，这不是偶然的。在中央文革小组，中央常委面前，在毛主席面前都几次帮助他，批评他，他都采取两面派，有时候很‘左’，实际是形‘左’实右。”

（一九六七年一月十日康生同志在接见有关单位代表时的讲话）

“我们对陶铸善意批评，他耍两面派，他伪造照片。那次会议是康生同志主持的。他对熊复下命令，一定要有邓小平的照片，就把康老旁边的陈毅同志的头弄掉，换上邓小平的头，这是非常恶劣的，这是特务活动！……他们还搞了一张把毛主席、刘少奇、宋庆龄拼凑在一起的照片，已经发行到了全国。（康生同志插话：已经传到外国去了！）陶铸、熊复就是这样干的，还有一个人，可能还有。唯独陶铸和熊复这样干的。第三次接见的电影还是违背十一中全会精神的，都是陶铸干出来的，肯望东也照办。……”。

“他镇压我们小组，和王任重勾結在一起。”

“刘志坚是第一线的。去年可捞了一点资本，从此被指定为中央文革副组长。不过，很隐蔽，但狐狸尾巴还是露出来了，开始是王任重，后是他，接着是陶铸。”

（一九六七年一月十日江青同志在接见有关单位代表时的讲话）

（四）“陶铸是拥护高岗的”

“建国以后，我们党进行了三次大的斗爭。一次是同高、饶反党集团的斗爭，一次是同彭、黄、张、周的斗爭，一次是彭、陆、罗、杨的斗爭。陶铸在高、饶问题上犯过错误，他在中央工作会议上作过检查，第一次是沒有过关的，第二次勉强过关。你们检查一下《羊城晚报》、《广州日报》也好，他们怎么对待毛主席，对待文化大革命的。周扬的堂兄弟周立波写了一篇诬蔑毛主席的《毛主席到韶山》的大毒草，就登在《羊城晚报》上，并且还第二次发表。再比如，去年四月十六日，彭真弄了个假把戏，搞‘三家村’，《北京日报》作了按语，中央立即通知全国各地不准登载，但隔两个礼拜，广州报纸全篇转载了。他是反对彭真，还是拥护彭真？王任重那一套就是陶铸那一套。姚文元的文章全国各省都登，就是陶铸领导的湖南省委沒有登。因此，我们宣布陶铸的问题不是仓促的。……当时陶铸是拥护高岗的。”

（一九六七年一月十日康生同志在接见有关单位代表时的讲话）

（五）陶铸“坚持资产阶级世界观，他不能接受无产阶级世界观”。“社会主义革命过不了”。

“我们想帮助他，帮助陶铸同志，但他沒有转过来。他的世界观，他的思想不能接受毛泽东思想。因为他是资产阶级的世界观，他坚持资产阶级世界观，他就不可能接受无产阶级世界观。我们在中央文革小组內部批评他，在常委批评他，但沒有能触及他的灵魂。是否帮助他不够呢？他自己认为是这样，我们认为是认真帮助过他。在十一中全会前就批评过他，希望他执行毛主席的路线。当然我们说得婉转些。十一中全会后，他继续闹，我们就公开摊牌了。他说：‘公开摊牌好，不然，我就不安了。’他说是这么说，做还是那么做，他仍然照他的轨道前进。街上这么多大字报，“打倒陶铸！”这是不是中央文革小组的过错，是不是我陈伯达的过错？后来他自己写过一封信，有一句话——‘咎由自取’，他自己要这样嘛！所以对资产阶级的代表人物也不以自己意志为转移，他转来转去，最后还是转到他的路上去。我们帮助也帮不上。是否除陶铸以外，就沒有其他人了呢？恐怕还有个把吧！我们根据毛主席的‘懲前毖后、治病救人’的方针办事，但有的病不能治了，的确不能治了。陶铸从八届十一中全会就表演，这几个月的确够瞧的了。”

（一九六七年一月十日陈伯达同志在中央首长接见有关单位代表时的讲话）

“当然陶铸在大街上有那么多标语，有群众压力，或许可能好一点吧，看看！这些人在资产阶级民主革命时，跑到我们党內来，也许资产阶级民主革命他可以过关，但到了社会主义革命就过不了，《人民日报》写过一篇社论，我们社会主义要经过好多阶段，推翻了国民党，沒收官僚资本的关他过了，沒收官僚资本变成社会主义企业的关他过了，三反五反他也马马虎虎过关了，反右派、公私合营、三大改造也马马虎虎过关了，五七年反右斗爭因为沒有反到他头上，他也马马虎虎过关了，五九年反对彭德怀，不是直接反对他，他也马马虎虎过关了，社会主义革命，毛主席告诉我们，是长时间的，几十年，甚至几百年，因为消灭一切剝削制度，不可能设想很快就沒有斗爭了，剝削阶级总是企图死灰复燃。事实上，资本主义因素在我们国家是存在的，在思想这个问题上影响是很深的，不能低估，到了无产阶级文化大革命这个时候，社会主义这一个大关，很多人，相当多的人就过不了，当然，相当多也还是一小撮。（江青同志插话：七亿人口就是有三千万也还是一小撮！）”

（一九六七年一月十日陈伯达同志在中央首长接见有关单位代表时的讲话）

（六）“现在批判陶铸……这是对的！”

“批判资产阶级反动路线要把方向指正了，不要把方向指错了，要指向制定反动路线的刘、邓，进一步指向继续执行反动路线的陶铸，进一步指向彭、陆、罗、杨反党集团。

…………

同志们，刚才说你们要批判刘、邓为代表的资产阶级反动路线，现在要批判陶铸同志继续执行的资产阶级反动路线，这是对的！”

（一九六七年一月八日周总理接见农林口部分师生和人大红卫兵的讲话）

“我们北京的形势也是好得很，北京的形势，特别是在最近这一个时候，一个最重要的特点就是揭露了陶铸，揭露了他继续忠实地执行刘、邓路线，揭开了这样一个盖子，这个变化特别表现在中央直属机关同宣传文教系统各个单位把陶铸的盖子一揭，机关的文化大革命起来了！过去是一块石头压着。……现在，我们革命群众揭露了陶铸的问题，现在机关里，好多重要的机关，我们看了看，过去冷冷清清，死气沉沉，现在变化了，盖子揭开了，斗争展开了。什么陶铸呀，什么熊复呀，什么大大小小的人物呀，那些继续最顽固地坚持这个资产阶级反动路线的人，统统被揭露了。”

“在你们新华社搞的一套是什么东西呀？什么照片一定要把邓小平的脑袋搬到陈毅同志的身子上，就光这一条，叫做什么货色呢？很恶劣！在机关彻底批判陶铸的这一套，这对机关的无产阶级文化大革命起了很大的作用。……我们这些机关一定能够掌握在毛主席的好学生的手里，那么一些坏家伙，请他们滚！滚下台！”

（一九六七年一月九日王力同志在新华社群众大会上的讲话）

“关于李冠英、钱国屏、齐永冬、朱岩、刘德珍五位同志给陶铸同志写大字报的问题，我个人认为是可以的。对这张大字报有不同的意见，可以辩论。但是说这张大字报是‘反革命的大字报’，并针对这张大字报说：‘谁反对陶铸同志就砸烂他的狗头’，这是错误的。有人把贴大字报的人说成‘反革命’，进行围攻、斗争、甚至要扣押他们，更是错误的，任何人都沒有权力这样做。

反对毛主席、反对林彪同志就是反革命，就是炮打无产阶级司令部。革命的群众必须同反对以毛主席为代表的革命路线的言论和行动进行坚决的斗争。但是，革命的群众也不允许任何人假借反对炮打无产阶级司令部的名义，压制革命。”

（一九六六年十二月二十日戚本禹同志给徐昕等五同志的一封信）

（未经首长审阅，据《斗陶战报》创刊号）

(一) 反对毛主席，反对毛泽东思想，反对学习毛主席著作

一、含沙射影，借古讽今，恶毒攻击毛主席和以毛主席为首的党中央

他们（指广大人民群众）以太阳来歌颂我们的事业，歌颂我们的党和领袖，……但是，又有谁认为太阳毫无缺点呢？尽管太阳是人类生存不可缺少的，但总还是有人批评太阳的某些过失。比如当大暑天骄阳似火，晒得人们流汗的时候，人们就会埋怨，说太阳的光和热发射的过份了。而且大家都知道并且也都指出过，太阳本身还有黑点。

（《太阳的光辉》《上游》一九五九年第十期）

一个人的伟大并不在于他“一贯正确”（这是不可能的），而在于他既善于观察形势，当机立断；又能够不断地发现问题，根据客观形势的发展来改变他的措施。

（《总路线和工作方法》《上游》一九五九年第十一期）

不准乱提口号，不准乱出花样，不准宣传个人，要大力地正确地宣传毛泽东思想，宣传党的方针政策和群众的英雄创造。

（《关于整顿和改进不良作风的十项建议》一九六一年四月）

中国有句古话“人非圣贤，孰能无过？”这句话不对。什么圣人沒有错误？孔夫子是几千年来的“大成至圣”，也有错误嘛！而且错误很多，斯大林是个伟大的马克思列宁主义者，也只能三七开，三分错误，七分成绩。难道我们沒有错误。

（《中南通讯》一九六五年四月）

春秋战国时百家爭鸣很活跃，后来给孔夫子统死了，被捧到是“大成至圣先师文宣王”太过分了，实际上也不见得他是先师。

（一九六一年八月五日在恳谈会上的讲话）

要跟共产党走，不是跟那个人走。

（一九六二年三月五日在广州召开的全国歌剧话剧创作会议上的一次讲话）

不要把中央和主席倒提，应是中央才主席，个人作用和集体作用要正确。

（在天津会议上的讲话）

其实讲错话是很难免的，话讲多了就会有些错误的。列宁写的文章改动很多，可见第一次写时是有错误的，毛主席的稿也一改再改，就是最初不太正确，“文不加点，一字不改”是吹牛皮的。写文章是很费力的，思考也是这样，何况说话？

（一九六一年八月五日对广州市中等学校校长、党支书、教师的讲话）

上梁不正下梁歪，中梁不正塌下来。

（经济困难时期的一次讲话）

一九五九年毛主席提出了反右倾，庐山会议解决了彭德怀的反党问题，但全国反右倾是不恰当的。

（一九六一年十月十一日在中南区高级知识分子会议上的讲话）

[illegible]的风格，即敢于提出自己的意见。他的风格是很高的，每个共产党员，都应学习[illegible]风格。

（«广东省常委汕头扩大会议上的总结»一九五九年五月十五日）

[illegible]我过去从来没有喊过毛主席万岁，今后要喊毛主席万岁啦。……

我本是剥削阶级出身，也坐过监，要吃饭到国民党那里可以找到饭吃，在共产党这里也可以找到饭吃。

（一九六三年在广州中山纪念堂处长级以上干部"七一"报告会上的讲话）

由于我们在取得全国胜利以后，全国的政权虽然是人民的政权，但政权的直接行使者是在少数人手里，特别是共产党员手里，这里，就容易使我们脱离群众，产生官僚主义……现在我们有了政权，往往就容易用行政命令办事，这样，长期习惯于坐在机关里下命令，用行政命令来办事，承上转下等因奉此久而久之，不变成官僚主义也是怪事。

最主要的就是不能脱离群众，从群众中来，到群众中去。这样我们和群众关系就会不断地正确地发展；不会是过去历代统治者和被统治者的关系。……

（一九五七年四月十七日的报告）

我们时代和以前的封建时代不同了，我们的党是无产阶级的政党，它从来就是要求大家来批评、来提意见，不然，我们连唐太宗能做到的事都办不到，那确有愧于伟大的共产党的称号。……

（一九五九年五月十九日在广东省委常委汕头会议（扩大）上的总结发言）

有些人对待知识分子不如封建帝王，唐明皇很尊重李太白。孙悟空是资产阶级个人主义者，在花果山闹独立王国，以后改造好了，成了正果。唐僧只会念"紧箍咒"，如果不是这办法，孙悟空可能改造得更好些、更快些，证明唐僧本领不大。

（一九六二年在广州知识分子会议上的讲话）

唐明皇是个封建帝王，他为了讨得一个妃子的欢心，还对李白那么尊重。现在我们是希望作家写出人民欢迎的好东西，为什么对作家不尊重呢。

（一九六二年三月九日在话剧歌剧创作会议上的讲话）

"偶语者弃市"是过去反动统治者的做法……我认为秦始皇是有一定的功劳的，不好的是他焚书坑儒。其实他坑儒也不多，不过四五百人。

（一九六一年八月五日广州市中学校长党支部书记和教师座谈会上的讲话）

毛主席领导的湖南秋收暴动三十一团……在士兵和干部中也经常发生吵架、打架的现象……他们住在老百姓家里，乱用稻草，拿门搭床铺，睡后又不给装上，到处拉大便等。

（同上）

有些同志不愿听别人讲自己的缺点和错误，还由于缺乏一种革命者所必须具有的宽阔胸襟。

（«太阳的光辉»）

由于我们主观上对客观规律的局限性，在工作中有缺点和错误是难免的；……在工作中没有缺点和错误的人是没有的。除非他不做工作。一个政党也是如此。

（同上文）

有些同志听不得人家的批评，看不得人家的批评文章，一听到或者看到就跳起来，说人家为什么不看到九个指头，说人家为什么否定我们的成绩……

我们的事业本身早已证明，一个指头仅只是一个指头，正如同太阳中的黑点也仅只是黑点一样，指出来正应该欢迎，为什么要反对呢？

（《太阳的光辉》）

二、竭力贬低毛泽东思想，挥舞“庸俗化”“简单化”的大棒，反对学习毛主席著作

我们省以下各级党委和各个部门，理论水平是不高的，……对政治经济学就懂得不多，更不能很好地运用政治经济学的理论来指导实际工作。因此，有时候在工作中的盲目性就很大。

社会主义政治经济学的理论，会使我们系统地了解这些道理；这样就有可能避免工作中的盲目性。相反地不懂得和不会运用政治经济学，工作缺乏理论指导，盲目地去搞，就常常会产生乱碰乱撞的情况……。

这是形势的需要，同时也具备了可能的条件。……，一方面是为了提高我们对现代修正主义的识别能力，以便更好地捍卫马克思列宁主义；另一方面是为了使我国建设得更快更好。

（一九六〇年三月三十日的讲话）

宣传毛泽东思想，不要庸俗化，如打球也宣传。要注意只讲毛泽东思想，不讲马列主义，就会变成无源之水。在反对现代修正主义斗争中，我们要高举马列主义大旗。……

（在天津会议上的讲话）

什么叫做体现毛泽东思想？只要是工农兵喜欢看，看后认识有所提高，就是体现了。至于演出中拿不拿毛主席著作，挂不挂毛主席象，不一定。

（一九六五年八月在中南区戏剧汇演时的讲话）

现在这个大队（按：指宝安县新生大队）毛泽东思想家喻戶晓，成为“金科玉律”，神圣不可侵犯，谁不按毛泽东思想办事，谁就沒有地位。

（一九六六年五月十九日在中南区文化革命动员大会上的讲话）

和尚也天天念经，你们共产党员不也天天读毛主席著作。

（一九六五年在一次会议上的讲话）

报头不登语录，可以多登一条消息。

现在都是一般化，怕困难，就学习《愚公移山》，一学就通了。

开会就是开个编报纸的会，天天学毛著，连报纸也编不好，变得沒有用。

体育报是否要办好，晚会，不然……你们不是晚报，体育版比过去低了，体育也是毛泽东思想；

不要搞得那么单调，不要公式化；

有点知识好，不要把突出政治简单化；

晚会要有趣味，更不要板起面孔，板起面孔不一定是马列主义，文字多些风趣不一定就不是马列主义。

（一九六六年四月对羊城晚报指示）

学习毛主席著作要发表新的有份量的东西。这几天日报发表多钻学习毛著的报告就是以前报导过的，沒有什么新东西。

（一九六五年八月二十六日对晚报党委的讲话）

挂主席象、念主席语录是可以的，但不能以此为标准，挂了毛主席象就是高标准？

我可以讲很多毛主席的话，因为我同毛主席接触总比你们多，但我讲话不如你们演戏，实

票是沒有人买的。

标语口号有伟大的作用，但是不能拿来唱戏，这和戏不能拿来作标语口号是一个道理。

（一九六五年七至八月中南会演的一些讲话）

十三级以上干部以学习马、恩、列、斯著作（三十二本）为主，十三级以下干部学习毛选四卷。

（一九六四年中南局直属机关理论学习规定）

"老三篇"很简单，干部沒有什么可学，主要是农民学习。干部要学习基本理论。

（一九六四年在广东花县花山公社蹲点时对四清干部的讲话）

我们不能把原子弹看成和普通的炸弹一样，把它看得狗屁不如，如果这样，那当然是阿Q精神的表现。

（《对三个问题的看法》，《上游》一九五八年第十期）

谈到读书，最根本的一条是认真学习毛主席的著作，……除此以外，还应当读点有关生产知识、技术知识、历史知识、文学知识的书。例如《资治通鉴》就很可以读一读，……李杜之诗、苏辛之词就值得一读。诸如《官场现形记》《儒林外史》《今古奇观》啦，也可以翻。外国书也可以读一点，诸如《天方夜谭》《伊索愚言》以及名家小说也可以看看。……屈大均的《广东新语》也是可以读的。

（《思想、感情、文采》，《上游》一九六〇年第一期）

周扬同志说得好，以自学为主，县以上机关（干部）要学十本书，马恩列斯五本，毛主席和刘少奇共五本。

干部学习要研究一下，要读读报纸、杂志，现在读书的空气不太浓了，读书中有两种偏向，一是只读书，不问工作；二是只有几本小册子，不读经典著作，基层干部文化学习要办。

（一九六三年十二月二十四日在中南局扩大会议上的讲话）

* * *

陶铸抵制宣传毛泽东思想，禁止出革命宝书也不亚于反革命修正主义分子周扬。一九六五年十月，省委农村四清运动办公室和省委宣传部合编了一本供四清工作队员学习的《毛主席语录》，共印了三十万册，却一直被陶铸扣压不放。

这政治事件的经过是这样：一九六五年下半年，根据广大四清工作队员的迫切要求，经过中央有关部门的同意，省委农村四清运动办公室及宣传部参照了解放军总政的版本及针对四清运动的特点而编印出《毛主席语录》一册。陶铸一见样本，就把它定为禁书，下令"全不准发"。后来，只发几本给常委，也发一本给陶铸。他一看就大怒，重下指令，"不准再发"，连参加编印的同志要求领一两本都被断然拒绝。后来是在旧中宣部压制印刷、出版毛主席著作的滔天罪行被揭发以后，迫于形势陶铸才同意发下去。

(二) 反对毛主席关于社会主义时期阶級、阶級矛盾、阶級斗争的学說，鼓吹阶級斗爭熄灭论

一、陶铸对抗主席关于肃反问题的重要指示，美化、同情反革命分子，妄图取消阶级斗争，削弱无产阶级专政，大肆宣扬阶级调和论

开展坦白检举运动以来，是很紧张的，这是可以理解的，因为这是反革命分子最后被消灭的问题……

（一九五八年八月十日《必须解决几个问题》）

我们向来都是主张"先礼后兵"的。对反革命分子我们首先讲宽大，只要归向人民，为人民服务，我们还是欢迎的。这样宽大政策，若不是经过几年，而是当时（按：指解放初期）便对反革命分子予以镇压的话，那便是不教而杀，不是"先礼后兵"。但是在五年后，当人民已经给他们相当长的时期改过自新，而他们还继续进行反革命活动，还在反对我们，那便于情于理，都说不过去……所以过去在我们内部不早搞肃清反革命斗争，对反革命分子来说，也可以说是我们在等待他们，希望他们放弃其罪恶活动。

（同上文）

目前中国大陆上潜伏的反革命分子的精神状态和他们的处境是可怜的，心情是痛苦的，不是很愉快的。他们为什么还进行反革命活动呢？我看大多数是由于被欺骗。

（同上文）

但他们毕竟还是在"自欺欺人"的境况中过日子，内心还是很矛盾的……现在有些想不做坏事，又怕得不到人民的宽大，他们思想是有矛盾的。他们会考虑到，如果他们坦白，得不到人民的宽大，他们为什么要坦白呢？他们这种顾虑、怀疑，表明他们对我们的政策不了解，但他们是在矛盾之中。

（同上文）

我们要很好地向他们反复交待政策。这样，他们便会考虑要坦白得到宽大好呢？还是顽抗被镇压好呢？我想，绝大多数的反革命分子是会走前一条路的。

（同上文）

如果他们（按：指反革命分子）认为在新社会这碗饭吃不下去的话，我们可以请他们再等待一下，事实会教育他们放弃阶级成见的。

（同上文）

二、篡改、歪曲毛主席关于社会主义社会的阶级斗争学说，积极鼓吹阶级斗争熄灭论、抹杀阶级矛盾；贩卖修正主义货色

无产阶级与资产阶级在经济上和政治上阶级矛盾已经基本解决了。

现在阶级斗争基本结束，人民内部矛盾显露出来，这是一种新的情况。

不要忘记，我们的国家是一个六万万人口的大家庭，现在阶级已经基本消灭，反革命分子虽然还沒有完全肃清，但已经是少数了，国内敌我矛盾已经解决。

因三大改造基本完成后，阶级矛盾基本解决了，今后要解决人民内部矛盾问题，要用思想方法解决。

我们中国的历史进入一个新的时期了，我国国内阶级矛盾已经基本解决，反革命残余已经基本肃清，人民内部矛盾已上升到主要矛盾的地位，这一个问题的提出，只有在阶级矛盾解决之后才能可能。

无产阶级与资产阶级在经济上和政治上的阶级矛盾已经基本解决了。因为国内的阶级矛盾已经基本解决，因而才有可能"齐放"和"争鸣"。假如沒有阶级矛盾解决的前提，就不能提出"百花齐放、百家争鸣"……如果阶级矛盾沒有解决，地主阶级沒有消灭，怎能"争"呢？能叫地主和我们"争鸣"吗？地主阶级被消灭了，连残余也不存在了。

随着阶级矛盾的解决和消灭，政权的专政职能要减弱，从而转到领导生产、组织人民的经济生活和调整人民内部矛盾方面去。

必须使全体同志认识，要争取革命的胜利，必须采取阶级斗争和专政的手段，而要巩固革命的胜利并把社会主义社会向前推进发展，则必须正确地处理人民内部问题……对于"左"的情绪必须克服，当然右的情绪也要加以防止……就目前来说，我看还是"左"的教条主义的阻碍是主要的。

（以上均摘自陶铸一九五七年四月十七日在省市宣传工作会议上的讲话）

我们搞敌我斗争，搞阶级斗争是有经验的，但搞人民内部矛盾是沒有经验的。

农民和国家有矛盾，一个是国家的计划和农民的经营生产有矛盾……还有猪的价格问题，国家收购价低一些，农民不愿意卖……城乡关系间有矛盾……农民想到城里来，我们不叫他们来，他们有意见……干部作风不民主，强迫命令，有些合作社干部有贪污现象，问题不少……集体和个人有矛盾，自由市场一开放，养鸭养鸡，不愿出工；合作社限制社员搞副业，社员有意见……有些人想搞单干，有些人搞商业、小贩……（解决这些问题的）药方，（第一）搞一个大丰收，问题就基本解决了。（第二）可以允许社员搞副业。……合作社分给社员的占社员收入70%，社员家庭收入占30%，这是一个大体的标准……一个主要劳动力一年应出120个工……合作社应帮助社员搞家庭副业。

工人方面的矛盾——提高工资以后，工资更不合理了，有的太高了，要降低；太低了，可以调高一些……有些福利中存在一些问题，如房子问题……工厂管理不够民主……临时工不能转正，学徒可以毕业，但明年才能转正……地下工厂需要的可以合法，改为地上工厂……

通过团结——批评——团结的公式，人民内部矛盾是可大事化小，小事化无，不满消除，团结增进，有利于社会主义建设的。

（以上摘自一九五七年陶铸《关于如何正确处理广东人民内部矛盾的报告》）

现在情况不同了，从国内来讲．我们的阶级斗争基本结束了，所以整风运动大体告一段落后，就要更好地向自然界作斗争，要革自然界的命。

（一九五八年《创作无愧于时代的作品》）

在解决了阶级关系的情况下，怎样征服自然，改造自然就变得迫切须要解决了。

（同上文）

我们现在正处在一个新的时代。新的时代是什么内容呢？首先是阶级斗争为主的时代已经过去了……现在是以阶级斗争为主的阶段过渡到技术革命的阶段……现在是建设的竞赛，当然也不放弃军事竞赛。

（一九五八年八月在广东科学工作会议上的讲话）

因为我们战胜了右派才彻底解决了两条路线的问题……反右派斗争最后从思想上 政治上解决了消灭资产阶级的问题。

（一九五八年六月在华南师范学院的报告《我们是怎样取得彻底完成社会主义革命的胜利的》）

农村完成了土地改革，不仅消灭了地主阶级，而且孤立了富农。要使农民团结在无产阶级领导下，在合作化后工农联盟更巩固了，从而资本主义在农村的阵地就完全丧失了。由于上述两方面的结果，中国资产阶级彻底孤立了。

（同上文）

三、吹捧、美化资产阶级知识分子，取消意识形态领域里的阶级斗争，取消对资产阶级知识分子的思想改造

我们已等待了十年，总希望能很好合作共同努力来建设我们的国家……他们所响往的只是他们过去站在人民头上屙屎所过的那种荒淫糜烂的寄生虫的生活，这就难怪他们对于我们事业总是百般挑剔、万般责难了。……当然，我们这样说，绝不意味着我们封某些人的嘴巴，拒绝听某方面的意见，完全没有这个意思。共产党人最能虚心听取各方面的意见的，是能正视自已的缺点、错误并且勇敢地改正。我们批评这些人是希望他们改变立场，把身心都参加到社会主义建设的行列里来，为建设我们的国家贡献出我们自已的力量。

（一九五九年《胜利得来不易》）

反右派以后两条道路问题基本解决了，今后党内外应互相信赖，加强团结，同舟共济。

（一九六一年八月五日《在恳谈会上的讲话》）

土改结束将近十年了，有些地主表现好的，已经取得了社员资格或候补社员资格，一部分人还沒有取得这种资格，但在经济上还是按社员待遇。看来，随着时间的推移，这些地主多数也是可以改造的。那么，改造一个，我们就团结一个。官僚资产阶级分子很多跑掉了，沒有跑掉的，改造了以后，我们也要团结。资产阶级右派分子摘掉帽子之后，也就是可以团结的人了；帽子还沒摘掉的，只要自已愿意改造，也有机会摘掉。至于一般民族资产阶级分子和我们一道建设社会主义的人，在广义上讲，都可以叫同志，是搞社会主义建设的同志。

（一九六一年九月在中南区高级知识分子座谈会上的讲话）

我们不能老讲人家是资产阶级知识分子……（高级知识分子）是国家的知识分子，民族的知识分子，社会主义建设的知识分子……不要用"资产阶级知识分子"这个名词了。

（同上文）

知识分子是一个阶层，不是一个阶级……另外，中国的知识分子确实是革命的。

（一九六二年三月五日在话剧、歌剧创作会议上的讲话）

要做到关心别人就象关心自己一样。不要动不动就划人家右派分子。在我们这国家，讲谁是右派、反党，那他是混不下去的呵……大家都是来革命的嘛，人同此心，心同此理，我看，除了极少数人外，谁个不想把我们的国家搞好呵，谁愿意永远贫困，谁愿意沦为殖民地的奴隶呵！

（同上文）

言为心声。强笑为欢，不是內心的话，不是眞情的流露，是写不出好作品来的。……这能怪作家吗？当然作家要负一定的责任，但主要还是我们工作沒做好，搞得人家心情不舒畅，反过来还要求人家歌颂社会主义，对社会主义有深厚感情，这也困难了。

（出处不详）

社会主义还一定要过渡到共产主义，不过，我们不要空谈过渡，而要扎扎实实地从生产着手，为过渡创造条件。

（一九五九年十月二十八日访问韶关市郊区樟市人民公社时的讲话）

搞农村的办法：一个叫半机械化，一个叫养猪积肥。

（一九六〇年在四级干部会议上讲话）

如果对人民公社还有怀疑，也可以保留自己的意见，再看它一两年，希望把这些话向其他上中农讲一讲，叫大家有意见就提，提什么意见都不要紧。

（一九五九年十月二十八日访问韶关市郊区樟市人民公社的讲话）

上中农和贫农、下中农都是农民兄弟，正如同在一个大家庭里，兄弟之间总会有意见。

（同上文）

共产主义风格不能作为普遍要求，而只能作为思想教育来讲……就是作为思想教育来说，也只是一个方面而言，作为一种思想觉悟而努力。而在党內来说，也不能提得过多，因为目前还是社会主义社会，还是按劳分配原则。不能提：只要劳动，不计报酬。

（一九六一年在省三干会议上的讲话）

(三) 恶毒攻击党的领导，攻击社会主义制度

一、极尽歪曲、攻击、丑化之能事，竭力反对和企图削弱党的领导

不能随便乱扣帽子，不能象唐僧对孙悟空一样，动不动就念“紧箍咒”；再就是今后的思想斗争不能采取粗暴的方法，只能采取交心，恳切，切磋的办法。不要搞运动。

（一九六一年十月在中南高级知识份子座谈会上的讲话）

这两年有些地方我们搞“左”了，有些运动搞的过了火，这不能怪下面。运动绝不应多搞，应严格。这几年运动是搞多了。

（一九六二年三月五日在广州会议上的讲话）

我们的党执政了，就凭行政命令办事，不做群众工作了。……

（一九六三年七月二十四日在中山大学党委书记、副书记会议上的讲话）

共产党坐轿，民主人士抬轿，抬轿的人有四个。第一个说：“扬眉吐气”；第二说：“不敢放屁”；第三个说：“昏天黑地”；第四个说：“多走半里地”。

* * * *

共产党搞工作，怎么搞法？是指手划脚，还是发挥大家的积极性？如果搞的死气沉沉，教学质量降低，这是不行的，这叫包办嘛！

（一九六一年九月二十八日的报告）

我们要帮助大家排除障碍，克服困难。而不是制造障碍，诸多留难。否则，我看有领导不如没有领导好。……

领导工作还有一条，就是要保证作家的工作条件。……领导不是讲空话，不是念“紧箍咒”，要解决工作的问题，给大家制造工作的条件。

（一九六二年三月五日在广州会议上的讲话）

要多快好省的建设社会主义，不转到上面去反对官僚主义怎么可能？

（一九六〇年《随行纪谈》）

不关心人，不谈心，不尊重人家怎能领导，这就不是以德服人，而是以力服人，不靠真理，靠压力，靠权威，靠狠，这是不成的，这样下去权力也不能长久，人家不会拥护我们。

（一九六一年八月五日在恳谈会上的讲话）

看来中学不能让党支部领导，要实现校长领导。

（一九六一年九月二十八日的讲话）

这个副校长很强调支部领导学校，我告诉他支部不能领导学校（大学党委当然不同），只能起党的监督作用和保证作用。但是，他不满意，说我取消党的领导，是朱可夫思想。

（一九六一年九月二十八日的讲话）

这个会调动了知识分子的积极性，过去这些知识分子开会都是坐在角落里，这次扬眉吐气，纷纷坐到前面来。党政领导人过去都是大摇大摆坐在前面，现在却缩到后面去了。

（一九六二年在从化温泉召开的高级知识分子座谈会上的讲话）

我们党员，包括我自己在內，有时自己不察不觉，总是有那么一点"党气"。这"党气"实际就是"官气"哩。为什么有一股"党气"，就是有优越感。党员就是与众不同！就是高人一等！有了这股"党气"，我看一切领导就完了。你有"党气"呵，人民就沒有"民气"了。

（一九六二年三月五日在话剧歌剧创作会议上的讲话）

我要谈谈党內党外关系问题。现在有些党员有优越感，盛气凌人，"我来领导你。"中学不少党员负责人很年轻，沒有什么经验，而党外校长是很有经验的。

（一九六一年八月五日在悬谈会上的讲话）

广东有一个中学的副校长……很强调支部领导学校，我告诉他支部不能领导学校，只能保证学校任务的完成。但是，他不满意。他说我是朱可夫思想。好大的一顶帽子！难道只有他那个支部领导学校才是党来领导，教育厅党组领导，广州市委来领导就不是党的领导。说得严重点，眞有点"飞扬跋扈"呵！所以我总希望，我们不要再刮秋风了，多刮一点温暖的春风吧。秋风一来，树叶尽脱，还有什么百花齐放呢？

（一九六二年三月五日在话剧歌剧创作会议上的讲话）

现在有些单位的领导不与群众商量，少数人包办，自己外行又不懂装懂，搞不好人家有意见就整人家，对人很不尊重。"外行领导内行"是指总的政治方向，领导大家搞社会主义建设，但具体业务不是包办代替。如汽车中途抛锚了，我们只能安慰司机，鼓励他的情绪，这样就是政治领导，不能靠自己动手搞，或者开一个会，作出决议汽车非走不可，这样汽车还是不走的。

（一九六一年八月五日在悬谈会上的讲话）

根据我看，我们既沒有"放"起来，也沒有"鸣"起来，相反地，近几年的创作更加有些萎缩了，言路更窄了。这是不是危言以耸听闻，这是不是右倾呢？不是，我看应该这样讲。为什么会这样？这和我们领导文艺工作部门的同志，不尊重创作的"所有权"，不尊重作家，瞎指挥等有很大关系。大家听过侯宝林说的相声"关公大战秦琼"吧，这段相声说韩复榘的父亲听戏的事……汉朝的关公战唐朝的秦琼！这是对一些无知的人而又乱干预别人，持权行事的人的一种讽刺，一种非常尖刻的讽刺。当然，我们的同志们不会糊涂无知到韩复榘父亲那种地步，但是，有些地方也很有点相象。要作家完全按照自己的想法去创作，要作家看着自己的眼色去修改，而且创造出"我出思想，作家出技巧"的"理论"，这还怎么能"百花齐放，百家争鸣"呢？这还怎么能从各方面来反映我们时代的面貌呢？这还怎么能表现出作家的个性和风格呢？当然不能。

（一九六二年三月五日在话剧歌剧创作会议上的讲话）

我们现在偏偏有些同志，对历史并不很熟悉，对生活并不很理解，对文艺创作更是外行，但是他却偏偏热衷于发号施令，干预人家，要人家照着他们的想法来创作，来办事情……我看这是对作家的一种"虐待"。这种情况，应该立即改变。这两三年来，大家物质生活已经相当苦了，沒有猪肉吃，沒有烟抽，再加上精神上受"虐待"，那怎么还能创作出好的作品来呢？

（同上文）

现在有些同志年纪轻轻，高高在上，发号施令。据说十一中搞了一次测验，有些老师答不出，本来答不出也不奇怪，省委一个总务处长是党员，一次政治测验共产党总书记是谁？法西斯首领是谁？他也不知道，老婆提示了他也搞错了，把总书记答成是墨索里尼。

（一九六一年八月五日在悬谈会上的讲话）

有些教师有这样的意思："肃清反革命斗争我不怕，我又不是反革命分子，我心中有数，就是共产党老搞运动不好。搞运动，思想批判，老要检讨……这样搞，我便吃不消、受不了。"知识分子的自尊心是很强烈的，这一点要照顾。

（《需要解决的三个问题》）

比如人事部门有些干部，盛气凌人，觉得自己是代表党的，自己马克思列宁主义十足，这些对付非党人士的态度要迅速改变。

（同上）

关心人家也不要板起面孔，天天教训人家一顿，而要作为一个真正的朋友那样来对待，这样人家才会什么事情都跟你讲。

（同上）

干部当然要政治可靠，也要有才能才行，总之，一点才能也没有，这个人有什么大用呢？

（同上）

学校的党政负责人，不要采取偏颇的态度，要采取公正的态度，不能往往只看到老年人的缺点而看不到年轻人的缺点。这是不公正。

（同上）

除了反革命分子以外，对一切人都要有感情。

（同上）

二、恶毒地攻击社会主义制度

在旧社会是"不如意事常八九"，现在也还有些黑暗的东西，主观与客观还有不一致，有时事与愿违，但现在只是"不如意事常二三"，这个社会制度总的是合理的。

（一九六三年十二月二十五日在中南局常委会听取文教五反座谈会时的插话）

把太阳的光辉来比喻我们党所领导着的六亿五千万人民所从事的社会主义的伟大事业，是再恰当不过的了。……但是又有谁说过太阳毫无缺点呢？尽管太阳是人类生存不可缺少的，但总还是有人批评太阳的某些过失。譬如当大暑天骄阳似火，晒得人们流汗的时候，人们就会埋怨，说太阳的光和热，发射得过分了。并且大家都知道并且也都指出过，太阳本身还有黑点。

（《太阳的光辉》）

我们有人经常批评社员有资本主义思想，说人家讲'吃饭靠集体，用钱靠自己'不对。当然，社员走资本主义道路，我们是反对的，不但你必须要解决社员的生活问题，比如有些地方每人每年只有三十来块钱的收入，试问我们有什么资格批评人家吃饭靠集体，用钱靠自己呢？他不靠自己靠谁呀？

（一九六五年在湘潭地委召开的公社党委书记会议上的讲话）

但是我们今天在取得了全国胜利，急于要把我们的国家建设好，在'加速社会主义建设''目前利益必须服从于长远利益'的口号下，容易产生而且产生的片面情绪是：过多地强调注意国家建设的一方面，而忽视对人民生活改善的一面，即过多地强调了国家的（亦即是人民的）根本的长远的利益一面，而忽视了个人目前的利益的一面，可以说这已经是我们工作中存在着的一个极大的危险了！因为这正大大地削弱了广大劳动人民的积极性。试想一下，他们对社会主义建设满怀热情与希望，积极地贡献出自己所有的力量，而他们的生活却一无改善，或是改善得很少，那他们对社会主义建设还有什么劲头呢？这劲头又怎样会愈来愈大呢？必须从本质上认识这一点；国家的社会主义建设，就是人民自己的建设；当人民感觉社会主义对自己无甚所得时，他是不会支持和爱护这种建设。

（一九五六年九月十日在中共广东省第二次代表大会上的工作报告）

值得注意的是：这些损害群众利益，不关心群众利益的行为，是在这样的思想指导下产生的，以为这样做，并不是违背了群众利益的要求，而是为了对群众负责，以为多从群众中拿些东西来，是为了国家利益，少给群众一些东西，也是为了国家的利益，群众有任何个人利益的要求，都是“非法”的，都是“资本主义自发行为”，是“抗拒社会主义改造”的表现。有人说：“国民党强迫农民为自己做事，才是强迫命令；我们为了搞好生产，叫群众执行上级指示，还不算强迫命令；如果不是这样，那才是对群众的生产和生活不负责，才是不关心群众疾苦的表现。”我们损害群众利益的行为，还有一种不正确的见解支持着，如果不及时提起注意，真是到了十分危险的地步了。

（一九五六年七月在中共广东省第一次代表大会上的工作报告）

在城市里，我们对工人的生活利益，也是照顾得很不够的，工人的工资的增长跟劳动生产率的增长速度很不相称，在工矿企业里，几乎普遍存在着对群众的物质利益漠不关心的严重现象。劳动条件沒有注意，沒有改进，以致人身伤亡事故经常发生。有些企业的住宅问题十分糟糕，也不设法适当解决。

（同上）

有些地方，百种货物脱销，大部分付食品绝市，严重影响了职工生活。

（同上）

现在很多城镇，显得破破烂烂，与解放前差不了多少。

（同上）

仍有些县的中学校、医院、公园等等，现在还是破烂的不象样子，看不到多少景象。在乡村，有些路坏得厉害，桥要塌了，学校简陋不堪，都无人过问，而很多乡的自筹款挪作旁用了，可就是沒有人来整如何使用这些款来为群众办几件事。

（同上）

中国有了强大的政治基础，再加上强大的物质技术基础，在科学上突破尖端，有了原子弹，那就好办了，那时仗就可能打不起来了，现在我们不仅沒有原子弹，而且鸡蛋、鸭蛋也不多！

（一九六一年十月十一日在中南区高级知识分子座谈会上的讲话）

又要马儿好，又要马儿不吃草，是不行的。当然，今天各方面都有困难，但是，不能解决猪肉，也可以解决一点香烟呵……写东西总要稿纸嘛，不能叫人家在竹子上刻书，现在竹也沒有呵！

（一九六二年三月五日在话剧歌剧创作会议上的讲话）

我们现在的紧张是什么紧张呢？无非是粮食少一点，城市副食品比较紧张，东西比较少了，货币不能回笼，至于其它的钢筋、水泥之类的东西少一点，问题不大，无非是少修些房子，少建点工厂，停些基建，也就可以了，但粮食不够老是沒有猪肉吃人家意见就大呀。

（一九六一年三月十四日对港澳出品会议上的讲话）

你讲现在我们的东西有多余呀？沒有那一点是多余的，什么东西都不出，什么都进口更好，国家这样大，那一样不需要！如果要出口，广东的蚊子、苍蝇很多，消灭四害，这可以出口，麻疯如果有人要，也可以出口，血吸虫是有的，但这些东西是不能出口的。其他的东西，象猪肉，香港澳门的人要吃猪肉，我们不想吃猪肉？中南老百姓不想吃猪肉，广东老百姓不想吃猪肉，广州老百姓不想吃猪肉？广州在去年北戴河会议后我们就停止供应猪肉了，现在一年就是吃三顿猪肉，就是中秋节、国庆节、春节这三次，一次半斤，这是空前的，过去沒有这样苦过。

（同上）

三、为美帝、苏修、蒋匪涂脂抹粉

我们现在是不是东风压倒了西风呢？应该说现在东风开始压倒西风。

（一九五九年在一次会上的讲话）

如果我们眞的赶上英国，苏联赶上美国，那末战爭就打不起来了。各国也就可以分头革命了，世界革命也就解决了。

美国每人每年平均 2000 斤粮食，但其一亿七千万人口只由 2800 万农业人口来养活，原因是有 12 亿匹马力的农业机器，而我国农业机器只有 2 亿匹马力，经常运转的只有 1 亿匹马力。1 马力可当三个劳动力，美国之所以富的原因在此。

（在中南区高级知识分子会议上的讲话）

现在我们搞社会主义……但我们生产还很落后，农民耕田靠两只手，美国农民一点钟可以生产二百斤粮食，我们的农民一点钟只能生产 12 斤，美国表面上只有六百万农民，但却有六亿匹马力农业机械的力量，相当于二十一亿劳动力，我们虽然有五亿四千万农民，其中一半是全劳动力，总计也不够三亿，比较起来差得较远……并不是美国人特别聪明，就是因为机械化，我国要富强，就是要机械化，用工业武装农业……才能眞正翻身，才能摆脱一穷二白。

（一九六一年八月五日在广州市中学校长、党支部书记和教师座谈会上的讲话）

老英帝国的落后原因是，主要是其资源枯竭了。……我们的祖宗把一些资源都保留下来，英国虽然先进，但资源用完了是一个破产戶，沒什么东西了，从现在看来，过去我们虽然落后，但我们有东西开，而英国要进步也沒有资源了。

苏联现在也搞“庄际联合”，也是在搞人民公社，准备过渡到全民所有制。

（同前）

*　　　*　　　*　　　*

在一次接见京剧团的宴会上，陶铸问反动艺人马连良：“你见过蒋介石沒有？”马说：“见过。”陶又说：“我也见过，蒋介石还是我的校长呢！我是他的学生。”接着他又问马：“怎么样，你说蒋介石好不好看？”马不知陶的用意何在，很尴尬，不知如何回答才好，一直不敢回答。陶却说：“我说好看。”陶就是这样念念不忘蒋介石的。

陶还到蒋介石的老巢去“朝圣”：

1966 年 3 月杭州会议后，陶铸不立即回广州，却以“观察浙江的农业生产”为名，带着他的亲信王任重，和他们的老婆、女儿，来到奉化县溪口镇，拜访了蒋贼的故居（那里完整的保存了蒋贼写的匾额和他的祖宗牌位）。又到几十里外去看蒋贼母亲的坟墓和蒋贼的避暑“胜地”。而且还在蒋贼修建的一个和尚庙里进午餐，还大言不惭地说什么这一餐吃得最“香”，这一天玩得最痛快。在宁波还找了一个血债累累、罪大恶极的反革命分子（一个判处死刑后，又被某个领导人特赦的坏蛋）“医生”为王任重的女儿看病。

陶、王的奉化之行，沒有访问过一个贫下中农，也未访问过一个工人，所关心的是他多次声称是他的校长的人民公敌蒋介石及其死去的“太夫人”。

(四) 恶毒攻击三面紅旗

一、诬蔑大跃进，人民公社搞得太快了！

我们的经验教训，我看就是这两条：一条是所有制（指人民公社所有制）不应变动的变动了，应变少的变多了；二是速度和比例不妥。

（一九六一年六月二十四日在广西三级干部会上的报告）

1956 年党中央毛主席提出合作化，原来说搞初级社，高级社搞试点，后来一下子就全部化了，组织高级社了；高级社不久，就是公社化；公社化原来也讲搞试点，说是要分好多批搞的，接着一下子就化掉了。

（一九六五年五月二十二日在中南区农村电影与幻灯发行放映工作会议上的报告）

我们把所有制变动太大了，结果所有制的改变不但没有推动生产的前进，反而破坏了生产，阻碍了生产的发展。

（一九六一年六月二十四日在广西三干会上报告）

1958 年搞了人民公社，总的方向是对的，但没有经验，具体步骤不当，看来人民公社有几个阶段：现阶段是联社阶段，将来是公社所有制阶段，再进一步转到全民所有制。而我们 1958 年，一步登天，一下子搞全民所有制，当然会吃亏。

（一九六一年十月在中南地区高级知识分子座谈会上的讲话）

以人民公社来说，……问题在于一步登天，搞的太快了。

（一九六二年五月二十三日对广东文教宣传战线干部的讲话）

人民公社搞起来是必要的，但所有制改变太快就犯了错误。

（一九六一年八月五日在广州中学校长党支书和教师座谈会上的讲话）

现在设想，假若 1958 年成立人民公社，只是人民搞一个公社一级，收若干公共积累，由公社一级来组织一些大型的农业基本建设，其它按照高级社的好办法来办事，那就适合生产力的水平和它的发展要求。

（一九六一年九月二十八日对广东省高级知识分子的报告）

这几年来，工作中存在的问题，主要是生产关系的改变有某些很不适当的地方，影响到生产力的发展。本来只应该前进一步的，我们前进了十步，结果超越了生产力的实际发展水平，不适合目前生产力的状况。

（一九六一年四月二十三日在广东省三干会上总结报告）

在速度问题上，我们这两年是有错误的，搞的太快了。

（一九六一年六月二十四日在广西三干会上讲话）

我们几年来发展速度太快，比例关系应该讲有些失调。过去比例失调不能讲，讲了就是右倾机会主义。

（一九六一年六月二十四日在广西三干会上的报告）

问题是这三年我们搞得太快了，结果欲速不达。这是由于我们没有经验，加上 1958 年以后我们的脑子发热，不谨慎，再加上几年来一直普遍反右，总路线的方向有了，正确的具体措施不够，结果发生缺点和错误当然就比较带普遍性。

（一九六一年九月在中南局科以上党员干部大会上的报告）

58年大跃进快，快多少，不知道。现在知道，快可以，但不能太快。太快会影响扩大再生产，影响人民生活。

（一九六一年九月二十八日对广东省高级知识份子的报告）

现在要求我们把步子跑慢一些，就是因为前三年跑得太快了，现在需要休整一番，把步子放慢一些，……。

（一九六〇年十二月二十日在广东三干会上的总结）

问题是我们搞得太快了。现在我们取得了经验，把搞快的那一部分退回来。

（一九六一年十月在中南地区高级知识份子座谈会上的讲话）

快是可能的，但过快了不行。太快了人民吃不消。积累太多，基础太多，再生产太多，人民生活就有困难。积累多了，消费少了；长远利益多，目前利益少了。可以快一点，但不能捆住肚子。

（一九六一年九月二十八日对广东省高级知识份子的报告）

十年来最大的错误是钢铁搞快了。现在看，不是一个指头是两个指头，三个指头。可以大家议论，……有多少错误就是多少错误。

虽然搞了很大的工业基础，但是人民吃了苦头，那我们就要作检讨。

（一九六一年八月五日在广州中学校长党支书和教师座谈会上的讲话）

用秦始皇的办法完成任务，修成长城，十天搞个小水库，很可爱，但有血腥味。

（一九六〇年六月二十日在广东省委扩大会议小组会上的发言）

二、胡说我党在大跃进中“碰得焦头烂额”“破坏了生产力”，鼓吹“后退”，搞资本主义复辟

如果采取按劳分配，少搞点供给便好。一步跨远了，这两年碰得焦头烂额，不主动改变不行。

（一九六一年三月三十一日传达中央工作会议精神）

我们工作中的错误……例如我们执行中央路线政策，错误很多，当然这种错误，还是执行上的错误，但看来这种错误，已经不只是一个指头的问题，而是两个、三个、四个指头的问题了。

（一九六一年六月二十四日在广西三干会上的报告）

现在不是踏步，而是后退，而且要退够。为什么只能前进不能后退呢？这两年我们打了一个遭遇战，敌人消灭很多，但我们也牺牲不少。力量消耗了，就要缩编。沒有不打败仗的将军。

（一九六一年六月二十日传达中央工作会议精神）

看来，如果搞人海战术，不计成本，这是不能持久的。事实上，这两年我们搞了很多东西，很多都是亏本的。

（一九六一年六月二十四日在广西三干会上的报告）

现在的工业情况不好，小平同志估计是处在半瘫痪的状态。从中南地区来看，停工、半停工的企业占多数。……现在我们的很多企业是亏本的，工作是很混乱的。

（一九六一年九月在中南局直属机关科以上党员干部大会上传达中央工作会议的报告）

去年搞了×吨钢，但是把别的东西都挤掉了，弄得很紧张，连死人用的棺材都沒有了，这怎么行呢？我们想早过关，结果还要返回到五二年去。

（一九六一年六月二十日传达中央工作会议精神）

现在许多手工业产品沒有了，老百姓意见多极了，主要是58年搞掉的，怎么搞掉的呢？我看是两个方面：一个就是大办工业，把手工业都合并到国营工厂里面去了；第二就是农村大办社会企业，城市人民公社大办街道工业，就把手工业办掉了。……我看这是对人民不负责，这是作孽，“天作孽尤可为，自作孽不可活”。这难道不是罪过吗？城市街道搞工厂把原来很多产品搞掉了，单一化，叫做什么为大工厂服务，……为什么城市市面上人民日常用品这样缺乏，我看手工业搞掉了是个很大的原因。过去我们很强调手工业，这两年好象吃了迷药一样，盲目追求什么工业化，工厂化，造成经济上很大的损失。

（一九六一年四月二十七日在中南计委、经委、财办主任会上的讲话）

我们这三年的经验，除了整个的速度搞快了之外，就是破坏了企业管理上的一些规章制度，满足于表面上轰轰烈烈的群众运动（实际上是空空洞洞的），现在有些工厂沒有规章制度，无政府状态。

（一九六一年九月在中南局科以上党员干部会上报告）

经济生活本来比较紧张、产品不足，加上商业只有国营一条大血管，而且有点硬化，其它管道阻塞不通，结果就使整个市场死而不活了。

（一九六一年四月二十七日在中南五省计委、经委、财办主任会议上的讲话）

看来三、四年我们犯的错误就是这个情况：学校办得很多，经济负担不起，培养出来的学生水平也不那么高，这是一个很大的危险性。一个是和农业发展水平不适应，影响农业；另一个是若干年后我们国家的文化水平不是提高了，而是压低了一级。不是一年，若干年都这样办下去的话，将来大学生变成高中程度，或者大学毕业生变成大学二年级的程度。这样，我们成了千古的罪人。其名为提高国家文化，结果把文化水平降低了。表面上看，我们大专学校办了多少，有多少学生，但是质量下降，这是得不偿失。

（一九六一年在广州市各高等学校党委书记、校（院）长、教师和学生代表会上的报告）

我们的票子是发多了。实际上，我们现在是通货膨胀。

（一九六二年在广州市各高等学校党委书记、校（院）长教师和学生代表会上的报告）

搞社会主义建设，原来想搞快一点，但是主观主义，超过了客观实际可能，结果事与愿违，不仅沒有快，反而慢了；不仅慢了，反而造成粮食和其它生活用品供应的紧张，人民生活很困难，这是原来沒有预想到的。……总之，问题成堆，值得我们深思、反省、检查。

（一九六一年六月二十日传达中央工作会议精神）

三、夸大三年困难时期的暂时困难，恶毒攻击、丑化社会主义制度

问题很严重。……人民生活不能这样下去，人民生活已经到了最低限度。

（一九六〇年在广东省召开的第一书记会议上的总结讲话）

农村生活已经降到了最低水平，死亡边缘。

（一九六二年十二月在三干会上的讲话）

贫、下中农的地位不是比土改前提高了，今不如昔。

（给张更生的信）

苦战三年，人民生活水平提高不多，甚至有所下降；人民体质不好，不解决是不能持久的。

（一九六四年在中南局林业会议上的讲话）

我们现在不能共产，就是因为沒有产可共。

（一九六一年十月在中南地区高级知识份子座谈会上的谈话）

如果不解决群众的生活用材，有了钱还是沒房子住，结婚连个床铺都沒有，那还有什么社会主义优越性？

（一九六四年在中南局林业会议上的讲话）

我们不搞贫苦的社会主义，我们要搞富裕的快乐的社会主义，我们前三年搞了个贫困的痛苦的社会主义，这样的社会主义就沒有味道了。

（在广东澄海县公社三干会上讲话）

现在职工的货币工资下降了百分之四十至五十，有的职工说："过去我生一个孩子降一级，现在沒生孩子就降了两三级。"加上物价上涨，实际生活水平下降更多，现在很多工人变卖衣物维持生活。同时劳动保护用品缺乏，劳动条件很坏。在这种情况下，有的同志还讲人家沒有积极性，我看他的觉悟能变，他不跑就算很好了。

（一九六一年八月十五日在中南局南岳会议上讲话）

长征苦，长征还沒有大跃进苦。

（一九六二年在省委厅局长会议上讲话）

四、污蔑我们遇到的暂时困难，主要是"人为因素"，借以恶毒攻击三面红旗

产生国民经济暂时困难的原因是："违反了客观规律""违反了有计划，按比例发展的规律，价值规律""作计划工作不讲经济，不按程序办事"。"生产力和生产关系的问题，是生产关系跑的快了，如反映在人民公社方面。"

产生暂时困难的原因："高——过高的速度；大——一切是大办；平——共产风；急——急于求成，不实事求是；散——战线长，人力物力分散；乱——比例失调"。

目前全国农业生产下降，死了一些人，倒底是天灾还是人为的呢？天灾是有的，看来，多数地方，人为因素是主要的。

（一九六一年六月二十四日在广西三干会上的报告）

据我看，形成目前困难的原因、性质，当然主要的是我们工作错误所造成的。这沒有问题。天灾有很大的关系，恰恰我们主观上犯错误，"上帝"也惩罚我们。

（一九六二年在广州各高等学校党委书记、校（院）长、教师和学生代表会上的报告）

我看，造成困难，工作上的缺点、错误是主要的原因，加上连年天灾，增加我们的困难。天灾是个大原因，但要从总结经验着眼，不怨天，不怨天灾。

三年来，我们在高速度问题上所犯的主观主义错误，对于农业生产发展速度估计过高，是最根本的原因。

（一九六一年七月六日在广东三干会结束时的讲话要点）

因为三年来，大家都不同程度地碰了一些钉子，很多理论问题搞乱了，是非不分，乱提口号，有些问题不恰当地提到高度原则上去。

（一九六一年六月二十四日在广西三干会上的报告）

这几年来，由于共产风，农业生产不断下降，而国家建议要求提高。……本来应当向前一步，

（一九六一年四月二十三日关于《农村人民公社工作条例（草案）》的报告）

错误的性质在哪里呢？我看是执行总路线的错误。这包括两部分：一个是执行有毛病，另一个总路线缺少一套具体办法。

（一九六二年五月二十三日向广东文教宣传战线干部所作形势报告）

1958 年以前我们搞的不坏；就是 58 年以后这三年，我们冲昏了头脑，犯了错误，搞得不好。

（一九六二年在广州各高校党委书记校（院）长、教师和学生代表会上的报告）

工业我们想转，但转的慢了，所造成的后果还继续在表现，钢煤生产还在下降。怎么下降的呢？就是我们过去"拔苗助长"、"杀鸡取蛋"的结果。

（一九六一年八月十五日在中南局南岳会议上的讲话）

（所有制）凡是变动大的地方，倒霉就大。越是高级形式，倒霉就越厉害，因为它违反了客观规律。

（一九六一年六月二十四日在广西三干会上的报告）

我们在 1958 年能搞那样的大跃进，还不是有点粮食！到了 1960 年就是"强弩之末"了，还不是粮食搞掉了！但我们以前不懂得，不认识，还是要拚命跃当然跃不上去。

（一九六二年四月在中南局常委扩大会议上的总结）

现在的产值不是 1958 年的产值，1958 年那时只讲产值，不讲质量。

（一九六四年七月一日纪念党诞生 43 周年大会上的报告）

我们现在的工作是扎扎实实的，不象 1958 年那样。

（一九六四年七月一日在纪念党诞生 43 周年会上的报告）

五、污蔑三面红旗是违反客观规律，是"左"

三年来反右影响很大，有左也不敢反，不敢讲。

这几年唯心主义有了很大发展，……。不讲条件，不搞调查研究，好象一切问题都靠反右倾鼓干劲就可以解决。

这几年反右过分了，民主生活不正常，有话不敢讲，有些同志看到一些问题，但把握不大就不敢讲，这是反右倾的不良倾向。

（一九六一年六月二十日传达中央工作会议精神）

开国以来，一切顺利。特别是大跃进开始时，形势极好。全党除毛主席、少奇同志等几个中央领导同志外，脑子发热，以致很不谨慎，以愿望代替实际。近几年来，党内主要是一直反右，这就使得党内实际存在着的占主要地位的"左"的倾向，得不到迅速彻底的纠正。又由于"左"的东西没有反掉，又由于为反右后出现的工农业增产的假象所蒙蔽，"左"的东西搞得更厉害了，这不能不说是一个严重的教训。

（一九六一年七月六日在广东三干会结束时的讲话）

问题是二次郑州会议后，我们省委以下的人，脑子还不清醒，起初抵触，后来虽然在坚决地贯彻执行，但庐山会议后，我们脑子又发热，本来反"左"不彻底，结果又大力反右，这样当然不

仅使前功尽弃，而且是“左”上加“左”。

（一九六一年四月二十三日在广东三干会上总结报告）

近几年来，党内主要是一直反右，这就使得党内实际存在着的占主要地位的“左”的倾向得不到迅速彻底的纠正。特别要指出的是庐山会议时，彭、黄、张、周反党集团向党进攻，被迫改反“左”为反右。这样一来，原来左的东西沒反掉，又由于反右后出现的工农业增产的象所蒙蔽，“左”的东西搞的太厉害了。这不能不说是一个严重的教训。

（一九六一年四月二十三日在广东三干会上的总结报告）

作为党内倾向斗争来说，就不能说反右是主要的，因为党内倾向的斗争是怎么样搞社会主义的问题，一些人要搞快一点，一些人是要搞慢一点……

（一九六一年六月二十四日在广西三干会上讲话）

象我们现在这样的计划，在某些地方还不如资本主义经济；资本主义还有价值法则来调节，而我们什么都包在计划里面，结果包而不管，沒有就沒有了。

（一九六一年八月十五日在中南局南岳会议上讲话）

例如干部中的贪污浪费、官僚主义和“五风”是怎么产生的？这些风为什么刮得那样普遍？这与所有制的变动有很大关系。所有制变动以后，上层建筑必然跟着发生问题。

（一九六一年六月二十日传达中央工作会议精神）

过去我们搞东西搞政治的办法，靠刮共产风的办法，那样不仅搞不到，而且破坏生产，越搞越少，现在要采取经济的办法。

（一九六一年三月十四日在港澳出口会议上的讲话）

唯物主义观点，有一段是很差的。五九年有一段旧态复萌。六〇年下半年比较好些，但离要求远得很。不从实际出发，就必然要违反事物发展的客观规律。

（一九六二年二月三日在扩大的中央工作会议广东组大会上的讲话）

脑子是反映客观的，我们反映广大人民群众和干部的这种要求改变一穷二白的强烈愿望，但反映以后就变成不要客观了，只看到有利条件，不看困难条件，出现了急躁冒进的左倾偏向。……四九年到五八年以前是适应客观需要，脱了裤子过河，一步一步地走，五八年以后便不谨慎了。

（一九六一年六月二十日传达中央工作会议精神）

主观动能性是有极大作用的，对客观规律不是无能为力的。但是，主观能动性只能发现客观规律和运用客观规律进行工作。在这个范围内所发挥的主观能动性，才是眞正的马列主义毛泽东思想；超出这个范围，以为主观能动性可以制造客观规律，任意改变客观规律，或者要客观规律服从主观能动性，则是非马列主义的，非毛泽东主义的。

（一九六一年七月六日在广东省三干会结束时的讲话要点）

革命不能天天革，一天一个革命，一步也不能停，人民群众无论如何是受不了的。因为所谓革命就是质变，是质的飞跃。

（一九六一年七月六日在广东三干会结束时的讲话要点）

光是靠人海战术是不行的，是沒有办法同人家竞争的。……不讲成本搞人海战术、亏本，这个问题不解决是不行的。

（一九六一年六月二十四日在广西三干会上讲话）

过去我们冒冒失失往前闯，表现轻率，现在退的时候也不要冒冒失失，不能溃退。

（一九六一年八月十五日在中南局南岳会议上的讲话）

问题是过去破的有些过分，立的又有些不大正确。……特别重要的是：三年来我们付出了相当大的代价，大家吃了苦头。

（一九六一年七月六日在广东三干会结束时的讲话要点）

六、污蔑三面红旗"褪了色"，"总路线本身也不完备"

总路线、大跃进、人民公社三面红旗，是正确的。但是，由于我们执行当中犯了错误，这三面红旗应该讲褪了色了，不那样红了。

（一九六一年六月二十四日在广西三干会上的讲话）

我看还是我们执行总路线中的错误。这包括两方面：一方面总路线是正确的，我们执行得不好；另方面总路线本身也不完备，因为我们沒有经验。

（一九六二年在广州各高校党委书记、校（院）长、教师和学生代表会上的报告）

错误的性质在那里呢？我看是执行总路线的错误。这包括两方面：一个是执行有毛病，另一个是总路线缺少一套具体办法。

总路线本身有些不完备，加上执行中的主观主义，片面性，包括沒有经验在內。

光有总路线，而不能按照客观所允许的条件进行工作是不行的，也就是说我们如果不按照生产关系必须与生产力相适应的原理去办事，是一定要跌跤子，犯错误的。

八届二次会议，批准了总路线，要根据客观规律能快一点就快一点。现在则是超过客观的了。少奇同志说，搞总路线、大跃进、人民公社犯了严重错误，这错误中央负主要责任，主要原因是我们缺乏经验。

现在群众对政策又相信又不相信，因为三年来我们变来变去，变得太多了。我们党的讲话信用，并不象以前那样高了。那怎么办呢？天天讲空话沒有用。

（一九六一年六月二十四日在广西三干会上的报告）

总路线本身不完备，有些具体措施规定得不妥善，加以我们执行得不好，主观主义、片面性，错误就产生了。

（一九六二年在广州各高校党委书记、校（院）长、教师和学生代表会上的报告）

有了正确的总路线，沒有正确的工作方法，便不能很好贯彻执行总路线，正确的总路线就会失去意义。

但是，总路线正确并不等于一切问题都解决了。

总路线对我们加速建设社会主义具有决定性的意义，但有了它决不等于已经加速了社会主义建设。

因此我们决定了一个方针政策以后，决不认为万事大吉，而要通过实践来检验它，来加以补充或改变。我们不能认为看到一个问题，一下子就是千真万确的了。

如果发现客观实际不象原来所认识的那样，那就应该改变原来的措施，怕抛掉原来的公式，实际上是唯心主义的，不强调在实践过程，随着客观形势的需要来补充或改变既定的措施，就是思想僵化，这样做事情沒有不失败的。

如果我们只看到全国六亿人民的冲天干劲，而看不到这些方面的限制，企图"一步登天"，那不但不能实现，而且只会受到挫折。

可以这样说，如果我们做的事情真正对群众有利，真正把群众调动起来，大多数群众和我们讲心坎里的话，那大概就是比较正确的实践。相反，有些事情广大群众沒有调动起来，只是得到小部分的拥护，群众有时也可能在口头上讲一两句"拥护"的话，但这肯定地不能算是正确的实践。

（一九五九年《总路线与工作方法》）

相当多的同志还怀疑，我们错误的形成是路线搞错了，大跃进搞错了，三面红旗不正确。同志们要议论是可以的，有这种看法也是可以的，民主嘛，国家大事，大家议论，大家谈嘛。

（一九六二年在广州各高校党委书记、校（院）长、教师、学生代表会上的讲话）

……特别是因为我们国家很穷，农业落后，工业没有基础，解放时破坏得很厉害，只经过三年恢复和第一个五年计划，我们就大搞工业，是一个失策的地方。

（一九六二年在广州各高校党委书记、校（院）长、教师学生代表会上的讲话）

过去我们有些政策看来好象是高明，实际上是自杀政策，买不到东西的政策。

（一九六一年三月十四日在对港澳出口会议上的讲话）

在工农业生产战綫上推行資本主义复辟

一、反对政治挂帅，对抗毛主席的“政治工作是一切经济工作的生命线”的指示，鼓吹物质刺激、金钱万能、经济主义，散布“生产好就是政治好”的谬论，贩卖赫鲁晓夫的修正主义黑货。

为人民群众谋利益，动员和组织群众起来为自己的利益而奋斗，这就是我们共产党人所毕生致力的事业，也就是我们党的群众观点的中心。

我们党的政策的总的出发点，就是这个群众观点。目前，在我们社会主义建设时期，发展生产就是最直接最主要的群众利益。因而也可以这样说，生产观点就是我们的群众观点的集中表现，有无生产观点就是有无群众观点的试金石。……我们的一切工作，必须按党的政策办事，必须以群众观点和生产观点为其基本的出发点。

（《随行记谈》序言）

搞好农业生产最根本的还是靠人的劳动，……问题的关键在于领导要重视，要认识生产搞不好，光是依靠斗资本主义思想是解决不了问题的。要巩固合作社，使社员坚决走社会主义的道路，最基本的还在于搞好生产，增加收入。

什么叫社会主义？就是生产高度发展，社会物质财产很丰富，实行按劳付酬原则。

全国人民拥护共产党拥护毛主席为了什么？无非是共产党，毛主席能够领导人民建成社会主义，改变落后面貌，提高政治地位使生活过得好一点。

人民拥护共产党，就是为了国家有个好的政治地位，过好生活。

（一九五七年十二月）

走社会主义就是要发展生产，增加收入，增加社员的分配呀。……

（在兴安社教总团队委以上党员干部会上讲话）

无论从社员增加收入的情况看，或者从生产发展的情况来看，都已经显示出它的巨大优越性。

他思想觉悟再高，他吃饭靠集体，用钱还得靠自己，这个问题不解决，社会主义制度就不能巩固，你最多讲点共产主义教育也不行，共产主义加用钱靠集体就能解决问题了。

（虎门公社调查报告，一九五九年）

过去我们搞东西靠政治的办法，靠刮共产风的办法，那样不仅搞不到，而且破坏生产，越搞越少，现在要采取经济的办法。什么是经济的办法？就是等价交换的办法，使老百姓愿意拿出东西来。

（一九六一年三月十四日在对港澳出口会议上的讲话）

虎门公社原来就有一种奖勤惩懒的制度，它在督促群众积极参加生产方面是起作用的。它以工资的百分之二十为奖金，每五天评一次劳动态度和检查完成任务的情况，每一个月评一次奖，得奖者除了工资之外还可以得到奖金。每三个月评一次劳动级别，调整一次工资，对于出勤不积极和懒惰成性的人，无故不出工的作旷工论，旷工一天扣二天工资。这个办法是可行的，别的公社还沒有建立这一制度，也可以参照虎门公社的办法把它建立起来。……订出了集体奖励与惩罚办法，如超额完成任务时，以一部分拿出来做奖金；减产或不能完成任务超过百分之二十而又沒有正当理由的，就要按减产比例扣本年度工资，由下年度工资中扣除。

（虎门公社调查报告，一九五九年）

如何才能有效地发挥这种积极性呢？在目前说来我们认为最要紧的，莫过于在发展生产的基础上逐步改进劳动人民的生活。

忽视了个人目前的利益的一面。可以说，这已经是我们工作中存在着的一个极大的危险了！因为这正大大削弱了广大劳动人民的积极性。

（一九五六年七月）

关于今后七年，十年的奋斗目标，广东也应该有个远景规划。定个十年计划，争取七年完成……

第一粮食……

第二造林绿化……

第三除四害……

第四扫盲……

总的说来，就是要集中力量，在七年内解决吃、穿、用的问题。

（一九六一年十二月二十四日在中共广东省第二次代表大会上的讲话）

现在猪肉和食糖都不凭票了，猪肉还降了价，市场一片繁荣，今年春节过得比较满意。

我们把生产搞好些，城市就业的人多一些，农民分配多一些，人民生活好一些，群众的积极性就更高一些。

总之，人民生活搞好些，党和群众的关系就更加密切。今年我去看花市就有些感觉。我们天天讲革命化，突出政治，但也要有物质。当然，只讲改善生活，只讲物质刺激，不讲突出政治，就是物质刺激论，那就是修正主义，但不关心群众生活，只是空谈政治，也不能解决问题。

我们只要能达到一个劳动日一块钱的工分值就不想种自留地了。自己也不想别的门路了。

（一九六五年在湘潭地委召开的公社党委书记会议上的讲话）

按现在条件说，佛山地区集体分配应当做到一般最低每人平均一百元。这样一戶农民四口人收入四百元，加上家庭副业大概一百元，共五百元的收入，那农民就高兴了，他们就安心了，就不再往城市跑了，觉得农村有前途了，青年农民也安心在农村了。

要知道，多分配点，增产增收，调动发展积极性，依靠群众搞好工作，这也是一种政治工作。

（一九六五年十二月在佛山地委四级干部会议上的讲话）

从化县今年计划搞八百五十斤很好嘛，如果你能搞到八百斤我就满意，搞到八百五十斤我就很满意。社员分配能达到七十元我就满意，能分配到八十元我就很满意。

今年分配每人可以达到八十元，明年每人分配一百元，加上社员家庭副业，养鸡、养鸭、养猪每人收入二十元，每人平均就有一百二十元。有了这个分配就不错，生活就比城市工人好。

荔枝管理要搞好……可订一个制度，偷一个荔枝罚一元。

（一九六五年九月十一日在温泉召开从化县委、公社党委书记温泉大队干部座谈会上的指示）。

社员集体分配能够达到一百元，社员生活就比较安定，要搞什么都好办了。

目标是三个“一”，单产一千斤，每人分配一百元，上调商品粮大米一亿斤。

[illegible]等级差别最少不得少于八级，必要时还可以扩大一两级，这是沒有什么坏[illegible]反，今天有些地方在工资等级上差别太小，倒影响了群众的积极性。

我们还发现，有些[illegible]收户和增加收入不多的户，账算得更仔细些，比如他们有人算过，你说[illegible]不要钱，要打出多少钱的医疗费来，可是我一年到头都不生病，那还不是不划算。

（虎门公社调查报告）

今年是合作化大发展的第一年，合作化的优越性必须要从增加社员收入表现出来，只有这样，才能巩固农民走合作化道路的决心，也只有这样，才能更大的激发农民的生产积极性。

当我们考虑到对经济作物的价格政策时，应当照顾到农民的利益。须要知道，如果农民种植经济作物感到无利可图，那想在七年的时间內，扩大这样多的经济作物种植面积，是很困难的。

广东省的农业与工业的七年规划，规模是相当大的，任务是艰巨的，这样大规模的艰巨的计划，如果不高度发挥全省人民的劳动积极性，肯定的说，是不可能完成的。但是，如何才能有效地发挥这种积极性呢？在目前说来，我们认为最要紧的，莫过于在发展生产的基础上逐步改进劳动人民的生活。

（一九五六年七月十日在中共广东省第一次代表大会上的工作报告）

……看来城市困难多些，抓什么？压人口，整顿。压人口为什么这样重要，因为在二、三年內增加口粮是困难的，农村养活不了这么多城市人口，还可以调整工资，恢复各种合理的奖励制度。

（一九六一年九月二十六日关于中央八月会议传达的报告）

每人每月增加几斤口粮，就可以大大激励千百万农民生产积极性，换得晚造生产更加丰收……必须使广大的农村干部正确地认识到夏收粮食分配的重要意义，它既是经济工作，同时也是政治工作。不过我们要正确地做好夏收粮食分配，进一步来鼓舞广大农民的劳动热情，鼓舞他们苦战苦干的精神，以实现增产再增产，丰收再丰收，把晚造的生产搞得更好。

（一九五八年六月十六日在潮安县庵埠刘陇社干部座谈会上的讲话）

搞卫生也要以生产好，收入增加为前提。"衣食足然后知礼义"。做到每人每年收入150元，每户600元，就更有条件搞好卫生了。

（一九六五年六月五日在花县关于农村文化工作问题的谈话）

所谓革命化，就是把工作做好。

（一九六二年三月十六日的一次谈话）

重型厂革命革些什么？一方面铸钢任务不够，一方面不锈钢的塡焊力量不足。如果今年任务完成得很好，塡焊问题解决了，就是很好地学了解放军。中南要搞五千吨，氮肥厂、重型厂要分一些任务。

所以，革命化各厂都要有具体目标，首先表现在生产，各有各的要求不一样。

（在一次广州市委干部会议上的讲话）

现在如果问题是工业，城市，干劲还不够。学解放军、油田，上海的比、学、赶、帮运动，要眞正搞起来。究竟怎样才是搞起来？怎样才算学到手？我看了重型、氮肥厂、纸厂，首先，要看生产搞得怎么样，究竟搞得怎么样？油田就是首先表现在生产，拿下了年产×××万吨的大油田。过去如果说开会、参观是必要的话，现在是行动的时候了。氮肥厂去年四月才投入生产，今年中央规定补贴亏损三百万元，但实际可以盈利100万元，今年生产水平就可以超过设计能力。达到三万吨合成銨（要开三台机）日产90吨，口号是二万八千吨，但不必登报。

（在一次广州市委干部会议上的讲话）

氮肥厂今年任务28000吨，准备搞三万吨，如果达到，就是眞正学到大庆。纸厂要在质量上赶上吉林，数量要求达到年产八万吨，就眞的是革命化。

（一九六四年三月十五日在广州市委干部会议的讲话）

明年的大增产要看今年的分配政策，不能挫伤群众的积极性。

孟尝君的故事，"食无鱼、行无车。"他是收买人心，我们是发动人民，生活水平提高，积极性才会提高。

（一九六五年十月二十三日对红卫报负责人的谈话）

生产多就收入多、省委已下决心、毫不动摇地这样做。

（一九六二年十一月十日在广东省委干部会议上农业问题讲话。）

大队干部是土改干部，他们任务很重，要很好依靠，不能伤感情，调整后大队干部完全脱产，实行工资奖励办法，使大队干部关心大队的生产。

（一九六五年三月三日在广东省委政治经济学学习班的讲话。）

二、刮单干风，鼓吹包产到戸、自发倾向，推行复辟资本主义的阴谋。

中南地区一九六二年曾大刮单干风，根子是谁呢？就是陶铸！请看如下事实：

一九六二年，吳南生在广东澄海、潮安县，以改善经营管理为幌子，写了五份所谓调查报告，以此作为宣言书，妄图在农村实现资本主义复辟。

是谁指使吳南生干的呢？就是陶铸、王任重、金明。一九六二年七月九日，吳南生随陶铸、金明去汕头。任务之一，就是以研究生产责任制为名，进行搞单干的"调查"。在汕头开了县委第一书记座谈会，到澄海和委员、公社党委又开了座谈会。因为中央在北戴河召开会议，陶铸、金明前往出席，便面授机宜，指使吳南生留下，着手单干"调查"工作。吳南生秉承旨意，于七月下旬匆匆忙忙完成了四份"调查报告"，这就是《集体经营，"三包"到人——澄海县碧沙大队调查》《从一个生产队看产查责任制》《产量责任制爭论中的几个问题》《澄海县试行四种经营管理办法的调查报告》。随后，于八月五日，又在潮安意溪公社搞了一份《实行"集体经营包管到戸对产负责"责任制的调查报告》大肆宣扬公社化、合作化搞糟了，"肚子吃不饱就落后"，强调恢复发展生产的唯一途径，只有单干。这些"报告"都尽快送给了在北戴河开会的陶铸、金明，准备在中央工作会议上推销黑货。

这时，吳南生仍然在汕头地区大肆推广单干"经验"，还把这些黑材料介绍到中南区别的农村工作重点上去。吳南生猖狂地说："你们怕什么？怕它变到台湾去吗？整个国家这么大，一部分搞资本主义也不会损坏我们。"他又说"社员自留地扩大了，既增加社会物资，又增加社员收入，有什么不好呢？"吳南生又说："碧沙的经验，王任重、陶铸、邓小平等领导人都看过了，并作了很好的评价。"怪不得吳南生这个马前卒如此嚣张，原来有王、陶、邓作他的后台。

这使我们不能不联想到中南局地区一九六二年以前的单干风。当时，眞是"黑云压城城欲摧"。现在，问题很清楚了，兴风作浪的，就是陶铸、王任重、金明以及他们的马前卒吳南生等一小撮人。

* * *

田间管理要搞责任制，要把个体的积极性最大限度地转到集体方面来。水稻有百分之二十五的工种可以包到戸，不必天天去排工，其次要固定地段，再次坚决实行评比奖罚，估产的那

[illegible]奖。

（一九六二年十一月十日在广东省三级干部会议[illegible]讲话）

[illegible]管理，调动社员的积极性。……稻田的田间管理如何搞，联系产量包产到户可能好，但目前没有经验，还是不搞，但可以搞评奖的办法来加强田间管理。

（同上）

大集体中的小自由，只要人类社会存在，就永远会有的，所以要适当给予保障。……退一万步，即便有点资本主义自发势力活动，最多也是出几个“小贩资本家”，这有什么可怕……。

（一九六〇年十二月七日在中共广东省三级干部会议上的讲话纪要）

现在，社员的家庭副业很少，一定要放手地迅速地发展起来，不要怕自发。

（一九六一年四月二十三日在广东省三级干部会议上的总结报告）

二百万人口的城市，搞那么一、两万人个体所有制，对城市人民生活有很大便利，它怎么也变不成资本主义。本来我们的东西就少，又加上我们是蠢妇，结果就搞的更死，把城市生活搞的非常单调。现在我们的生产很落后，有很多东西是国营不能办的，集体也不能办的，个体比较方便。

（一九六一年八月十五日在中南局南岳会议上的讲话）

目前主要应该做到：立即坚决按照规定留给自留地，并鼓励和帮助种好；……。在这同时，最重要的是有领导有计划地迅即恢复农村集市，把农村初级市场开放起来，给群众家庭副业的产品以出路，活跃农村经济，并且可以满足和解决一部分的城市供应和出口需要。这样做，沒有坏处，主要是领导要有决心。

（一九六〇年十一月二十四日在省委召开的电话会议上的讲话）

必须看到，今天的问题不是放得太多太乱，而是管得太多太死，所以不能再让“怕乱”来束缚手脚、而胆战心惊，堵塞了群众利用业余劳动生产的产品填补市场需要。必须改变这种情况，使市场活跃起来。

（同上）

清远县洲心公社，一九五八年时“共产风”刮的很厉害，群众情绪很坏，粮食很紧张，但是，在改变了领导、彻底向群众承认错误，干部以身作则，不瞎指挥，走群众路线，分足自留地，开放初级市场，坚持实行“三包一奖”、评工记分等制度后，一九五九年的形势就大有转变，……。这充分说明了问题在于我们自己的工作做得如何，也说明了要眞正改变面貌并不困难，只要做好几件事情、就可以把形势扭转过来。

（一九六〇年十二月二十四日在中共广东省委三级干部会议上的总结）

现在看来，在全省范围内，应当普遍大力推广农田管理大段包工责任制，即评比奖励的田间管理责任制。这确实是一种好办法，但是要贯彻执行得好也不容易。

现在在全省还在小量地试行一种超产奖励的田间管理责任制。基本做法与上述办法相同，只是增加了两个内容：一是对划定的责任地段实行评定产量；一是收割后对超产部分按比例分成。

我这次在从化县附城公社塘下大队看到两个毗邻的生产队：一个是生产搞得好的有名的“王牌”队，一个是有名的落后队。落后队晚造生产试行了超产奖励责任制，由于社员积极加工施肥，禾苗生长得很好，赶上了“王牌”队；“王牌”队的禾苗虽然也长得不错，但开始一段却比不上人家，只是由于看到落后队超过了他们，他们又追施了一次化肥，禾苗才长得差不多。

（一九六二年十一月十日在广东省厅局长以上干部会议上的讲话）

要定下这样的方针，即粮产区除了完成计划以外，超产的可以喂猪，可以卖计划外的奖售粮。奖售粮现在我们是加价百分之五十到百分之七十，……

（一九六五年二月十七日在中共广东省委二届三次全会上的总结报告）

当然，主要产品不能给合作商店，他可以搞点什么王老吉凉茶，竹蔗水，鱼虾之类，就是只搞一些小饮食业，服务业，修补业，还有一部分迷信品，这些东西让他们搞更好，可以解决一部分人民的需要，而且他也有积极性。

（一九六一年四月二十七日在中南五省计委、经委、财办主任会议上的讲话）

当然，供销社的利润里面，公社，大队要分一部分成，还要拿一点股金红利分给社员，不然，他们没有积极性，……

…………

当然，公社要保证完成国家的收购任务，在这个前提下，多余的东西归他自由处理，他们要开饭馆也可以，允许他们赚钱，怕什么呢！没有完成国家任务当然不能自由处理。这样，既有限制又有积极性。

（同上）

工厂要把经营管理制度健全起来，实行定原料，定资金，定劳动力，定任务（即产品）的四定办法，象农村一样，包工包产，超产奖励；

…………

工资问题。要尽可能推行计件工资的办法，计时工资也要以天作计算单位。要贯彻按劳分配，多劳多得，超产奖励制度，以提高工人的劳动生产积极性。

（同上）

附：陶鑄一九六二年七月在澄海县公社党委书記会議上的讲話（摘录）

按：陶铸在广东省澄海县，赤膊上阵，恶毒攻击我们搞的是一个“贫困痛苦的社会主义”，公开鼓吹包产到户，大搞物质刺激，妄图复辟资本主义。他认为，只有这样才是一个“富裕的快乐的社会主义”。通篇讲话都与毛泽东思想针锋相对，是陶铸反党反社会主义的大暴露。“奇文共欣赏”，现将这篇讲话摘录附后。

鼓吹包产到户

生产责任制要搞好，秧插好了，还要田间管理，晚造生产管理责任制，要责任到组到户，犁亩、肥料、插秧都统一，田间管理定产包给组或户，超产奖工分或粮食，例如超产五十斤，拿出十斤奖励田间管理，这管理是很重要的，但不能把超产全部奖给它，因为还有别的工种要奖。小块根本种不好的土地，可以采取分散包工分、成本、肥料、包上交产量办法。如永新，番薯包上缴产量到组到户都可以。你们的冬耕（种）实际上是包上缴，不是资本主义，不是包产到户，你们看，因为生产资料、犁耙、肥料、时间都是统一的，如果增产了，也只奖超产的部分，也不是全部资本主义。特别是果树要坚决全部包到组包到户。一九五九年以后，果树减产很严重，刮共产风已解决，但经营管理问题未解决，隆都南溪果树部分不包下去，你们还要搞个贫困痛苦的社会主义吗？凡是增产就是马克思主义，减产就是主观主义，要很耐心的经营，包工包产包成本到组到戶，超产分成或奖励，不这样搞还会垮的。

……这不叫包产到戶，这样作才是社会主义。集体优越性是通过个人积极性表现出来的，要把集体优越性和个人积极性结合起来(金明说，这实际是多劳多得的办法)。什么叫包产到戶，把土地一块块分给农民，每年只管收公粮，什么也不管它，这才是叫包产到戶。

破坏集体经济

夏收分配要搞好。首先公社一点不插手，我们不搞贫困的痛苦的社会主义，我们要搞富裕的快乐的社会主义，我们前三年搞了个贫困的痛苦的社会主义，这样的社会主义就无味道了。公社要把经济全部下放给一些贫困的生产队，把生产队的家当搞起来，公社一点不搞，公社完全变成区。上华公社把一千只母鸭放下去了，你们一只都不留，好嘛！公社要下放，存个空架了，督促领导，帮助下面搞好生产就行。其次不是大队为核算单位的，(大队)都变为小乡，不搞企业，干部减少，把企业全部交给生产队，可以吗？……公积金、公益金也不要搞，除留生产资金外，全部分下去，有些生产队困难戶较多，负担重的，可以抽一点调剂。还有生产队产品除粮食外，其他产品完成任务之后，一律可以上农贸市场。

大搞物质刺激

换购：你们搞得不错，去年有好经验，派购完成，办法可以不变，但不完整。除单项换购不不动外，再搞个综合奖售。卖了多少东西给国家，国家供应多少东西给生产队，例如多卖一百元，奖十——十五元的工业品，生产队按社员的工分发给工业票，这样多劳就多得口粮，又多得工业品，县里要多搞点工业品奖售给生产队和农民，把搞粮食的积极性调动起来，买东西统一用工业票，后门也就堵住了。……社员买到东西，生产积极性高，这也是推动生产的好办法。

综合奖售可以搞试点，突出粮食，秋收以后全面搞，明年生产要靠此调动群众。

（按：文內小标题系编者所加）

㈥ 推行修正主义教育路綫，对資产阶级知識分子采取投降主义路綫

一、取消党的领导，对抗毛主席提出的党的教育方针，推行修正主义教育路线

热爱劳动，努力学习，又红又专，具有高度的社会主义觉悟，这就是我们的教育方针，也是暨大的校风。

（一九六五年五月二十一日给暨南大学的题辞）

外行领导内行是指总的政治方向，领导大家搞社会主义建设。比如汽车中途抛锚了，我们只能安慰司机，鼓励他的情绪，这样就是政治领导，不能靠自己的手搞。……具体业务不懂就要尊重人家让人家搞，加以鼓励。

（一九六一年八月五日在广州中学校长、党支部书记和教师座谈会上的讲话）

看来中学不能由支部领导，要实现校务委员会领导下校长负责制，校长要在其位，谋其政，确实是懂教育，有经验，就可以做校长。不一定要是共产党员，只要三条：一拥护共产党不反对共产党；二有教育工作经验；三积极地把学校工作搞好，当校长有职，就要有权。……校长负行政责任，支部书记管政治领导。……大家各得其所，站在不同岗位上发挥作用，不是互相牵制。……党应该相信人家……孙中山讲的"精诚团结"还用得着，团结就要精诚……。

（同上）

教育工作中应贯彻百花齐放、百家争鸣……物之不齐，观点不能一致，看戏也一样，有人说马师曾好，有人说马师曾不好，杨康华喜爱粤剧，杜老喜爱潮剧……我什么都喜爱，个人爱好问题，不能要求一切相同。

（同上）

反右派以后两条道路问题基本上解决了，今后党内外应互相依赖，加强团结，同舟共济。毛主席说过：今后主要是解决人民内部矛盾……。

（同上）

教育工作也应该百家齐放，百家争鸣。可能有人相信杜威的教育观点，（杨康华插话：只要拥护党的教育方针就行。）是呀！杜威的观点也可保留，物之不齐，观点不能一致。

现在问题是运动多，好象只有运动才能进步，课本也太深了，高中讲《叛徒考斯基》《论权威》，想把十六、七岁的青年一下子变成马克思，用心是好的，但效果就不会好，几年来多搞运动是可以理解的，无非是想把社会主义搞快一点。但运动多了，不念书质量就会下降，这个运动，那个运动，学生愈运愈差。运动会发热，需要补充，不然光出汗怎么成！几年来运动多，学生不能安心读书，教师不能安心教书，这实在是贻误青年，是质量不高的重要原因，这是一个教训。

（同上）

陶铸兼任暨南大学校长期间，反复强调暨大要"面向海外"。"毕业后，愿意出去工作（按：指到资本主义国家谋生）也可以，就是不搞社会主义也会起作用。"

以后大学中学应让学生好好念书，教师要好好教书，……学校要不要念书，正如军队要打仗，理发店要理发，理发店不能成为炼钢厂。农民不会种田，军队不会打仗，学生不会念书，那成什么话？……对文教工作也应该注意，这是做人的工作，……古时有句话："有人始有土，有土始有财"，可见人很重要，（注意陶铸之流在和党、和毛主席争夺青年一代了）如果我们培养的后一代，未老先衰，文化很低，名义上是初中生，实际上是高小生，那我们就是搞下降，不是提高。"

（同上）

六二年，陶铸说："大力办好国家重点中学，培养初中升高中，高中升大学的人才，一般学校为农民服务，……培养又红又专的农民、工人。"

两种劳动制度，两种教育制度，应大力宣传，反复地用各种形式进行宣传。（按：在今天我们只要一种教育制度，就是毛主席说的"半工半读"，而陶铸却和刘少奇同唱一调，大肆鼓吹资本主义教育制度"双轨制"，陶如此猖狂地反对毛主席，实在令人气愤！）

二、吹捧资产阶级知识分子，胡说他们是"最大的财富"，搞社会主义沒有他们"不行"

现在我们有些同志一是不懂得知识分子的重要或懂得不够深刻；二是不懂得培养新知识分子要依靠老知识分子，有了新的不要老的，沒有充分发挥老一辈的作用；三是对知识分子要求过高，以为高级知识分子都是万能的。

（一九六一年十月十一日在中南区高级知识分子座谈会上的讲话）

现在我们国家需要各种专家，越多越好。

（同上）

孟尝君这么一个封建人物都懂得重视知识分子，何况我们共产党要建设社会主义，不团结一切有一技之长的人怎么能搞得好呢？所谓"士为知己者死"，"女为悦己者容"，就是这个道理。总的讲，高级知识分子经过了十二年的考验，是可以信赖的，是可以和我们合作搞社会主义的。但我们不能要求过高，相反地对己要严，对人要宽。缺点人人都有，那个人沒有缺点呢？

（同上）

发展生产，一方面要广大群众有高度的积极性，另一方面是要有高度的科学技术。我看蒋介石留下来的最大财富是一大批高级知识分子，其它沒留下什么财产，我们接受的是一个破破烂烂的摊子。当然，高级知识分子不能算是他的财富，而是社会的财富，……这笔财富对我们搞社会主义建设有有利的。

（同上）

文天祥是有猪肉吃的人，物质生活并不坏，为什么他要写"正气歌"，而不写猪肉歌呢？刘备三顾茅庐，懂得知识分子的重要，诸葛亮明知不可为而为之，盛情难却。诸葛亮恐怕也是富农出身，不是沒有饭吃的人，如果为了吃饭，他是不会干的。至于讲近代人物，那就更多。简单地为了物质生活，不是眞正的人，有理想的人，人最重要的是精神有所寄托，能够用自己的才智为社会做点事情，即所谓有所抱负。所以我们要看重人家，尊重人家。

（同上）

到了共产主义社会，人们的文化科学知识水平比之现在是极大地提高了，但是专家还是少的，还是要有"红线女、马师曾"的。

（同上）

沒有专家是不行的。现在不发挥人家专长，搞专业还被批评为不对，批评什么“一本书主义”。其实出一本书有什么不好？眞正科学的东西是永垂不朽的，一本就够了。当然我们要求的不只是一本书，反对的是一本书主义。

（同上）

“我们对新闻工作者，就要求他们比一般做实际工作的同志高明一些。”“不仅仅要提高文字技巧，更重要的是增长多方面的知识。一句话就是要多读书。”

（一九五九年十月，在广东人民广播电台对广州新闻干部讲话）

陶铸有次指着××说：假如你有他（反动学者陈寅恪）的本领，我照样也给你配三个护士。

三、在意识形态领域内取消阶级斗爭，反对知识分子思想改造

总的讲，不好说大学、报社还有两个敌对的阶级。资产阶级知识分子与资产阶级还有些不同，他们直接进行剝削的还是少数，多数不是直接进行剝削，而是给资产阶级帮闲，就象鲁迅批评过的梁实秋那样。文教部门也有一些地富反坏分子，这是阶级斗爭，但这些人不是完整的阶级了。地主阶级、资产阶级已不是完整的阶级了，是残余的阶级。在农村和城市，阶级还是存在，但在全民所有制单位內部来说，有这些阶级的分子，有资产阶级的势力和影响，还不能说有阶级。

（一九六三年十二月二十五日中南局常委会听取文教五反座谈会汇报时的插话）

中国的民族资产阶级是有革命性的，因为它受帝国主义、封建主义和官僚资本主义的压迫和排挤，因此能和我们合作。中国的高级知识分子更是如此，他们中的多数人又不是出身于很大的资本家，除了一少部分人当了蒋介石的走狗以外，大多数人是搞科学研究或文化教育工作的，都有爱国心，想把中国建设成为一个富强的国家。

（一九六一年十月十一日在中南区高级知识分子座谈会上的讲话）

解放后经过十二年，特别是经过三年大跃进的考验，我们和高级知识分子可以说是患难与共的。

（同上）

知识分子是一个阶层，不是一个阶级。当然，他是由旧社会走来的，他过去曾经为资产阶级服务，而且有资产阶级思想。资产阶级分子也是有的。但是经过十二年的改造，特别是这三年，面貌有很大的改变，资产阶级思想大大减少了。这一点，我们应该看到。资产阶级思想在党內也有，甚至资产阶级分子也有。谁思想上那么干凈，百分之百的无产阶级思想呵，那是吹牛。问题是程度不同而已。从历史上看，五四，五卅以来左翼文化运动，绝大多数的文化工作者都是站在我们这边的。国民党沒有几个作家在他那边。现在在台湾的，眞正有点学问的，也不过胡适、钱穆、梅贻琦、朱家骅、张道藩等，沒有什么学问，不过是党棍子而已。为什么？一是知识分子本身不是一个阶级；另外，中国的知识分子确实是革命的。

（一九六二年三月五日在话剧歌剧创作会议上的讲话）

在反右派以后同志们表现很好，不是垂头丧气，灰溜溜的，仍然团结合作，努力工作。

（一九六一年十月十一日在中南区高级知识分子座谈会上的讲话）

现在对高级知识分子要作重新估价，高级知识分子是不是经过了考验，能不能同我们一起搞社会主义建设？应该有一个肯定的总的估计。我们的统战部长、宣传部长对此要有新的认识。解放十二年了，应该说是经过考验了。如果说要打分的话，我看现在可以打分了，起码是

三分,及格了。道理很简单,因为跟着共产党走,你说是为名吗又沒有什么名,为利吗猪肉也沒有吃,还是拚命干。

（同上）

高级知识分子跟着我们党走,一不为名,二不为利,所为何来? 还不是为了把国家搞好。

（同上）

现在高级知识分子中有些人心情很苦闷,有的说"跟了十二年,到底可以打多少分呢?""一有什么事又反到我们头上来了。"我看他们这样的提出问题,是有道理的,是值得重视的。

（同上）

经过反右派斗爭,对全国高级知识分子有很大考验,有很大提高,反右派斗爭后,又经过了三年大跃进的考验,有很大进步,我们不能老是讲人家是资产阶级知识分子,人家经过了考验,有了进步,为社会主义建设服务,是国家的知识分子,民族的知识分子,社会主义建设的知识分子。至于资产阶级思想,我们都是有的,当然程度不同,有的人多一些,有的人少一些,共产党员资产阶级思想应该少一点,但你说一点也沒有? 不是的。我们也是旧社会出来的,"蒋委员长"还是我的校长呢! 我也在旧社会吃了几年饭的。从总的方面看,同志们都是希望把我国建设成为一个社会主义强国,大家不仅是口里讲,而且实际在作,这就算不错了,就是经过考验了,就算及格了。因此,我建议今后在中南地区一般地不要用"资产阶级知识分子"这个名词了。

（同上）

谈谈对整个知识分子的看法。中国的知识分子,包括新的和老的,应该说,绝大多数是好的,解放后是进步不少的,是愿意搞社会主义的,但这些人都有旧的残余,必须要改造,要长期消毒。

（一九六四年二月七日在中南文艺工作座谈会上的总结讲话）

对知识分子,主要从政治上看,只要他好好教书,拥护共产党,拥护社会主义,为社会主义建设服务都要团结他们。思想有问题,要帮助改造,方法要讲究要耐心,生活情调不要干涉。

（一九六一年十二月二十五日中南局常委会听取文教五反座谈会汇报时的插话）

知识分子还是要自觉革命。"士可杀而不可辱",知识分子自己过去就这样讲,旧社会的事未见得都是如此,但也反映了一点知识分子的特点。

（同上）

讲清楚社会主义革命这个关人人都要过,犯了错误的马上改,我们欢迎。组织大家讨论,提问题,使大家提高觉悟,安下心来。这次五反运动整思想不整人。

（一九六三年十二月廿五日在中南局常委会听取文教五反座谈会汇报的讲话）

你吃了点苦头(指医疗队下农村——编者),但你们的精神得到鼓励,是为人民服务嘛。

（一九六五年八月十三日接见省、市和中山医学院医疗队时的讲话）

58 年、59 年把你们(指高级知识分子——编印者) 搞狠了,你们受了很多气,现在你们大胆地放吧,有什么放什么,我们对你们送上几句话:白天出气(按:煽动右派向党进攻),晚上看戏(按:慰劳白天出气的杂家),一稀二干(按:生活优待),大家喜欢。

（一九六二年在广州召开的国家科委会议开幕式上的谈话）

陶铸曾多次说:对知识分子就是要收买,如果你不给钱买,他怎么会把知识给你? 还说:就是给他们一千元一个月,又有什么了不起!

我们不懂得科学知识和文化,也不好好学习,怎么能与內行合作好呢? 也就只好大权抓在手，便把命令传，必然尊重不够。平常是职权，运动不听他们的话，动不动帽子满天飞。人家学文，便说他是奴才思想，钻研业务，说人家是白专。这次使党内受到教育的很多。

（在一次报告中的讲话）

所谓"旧知识分子"这个概念今天不应再存在了，现在大家是一家人。……知识分子是疾风知劲草，……七年来大家的确吃了一些苦，但都是有正义感的，明辨是非的，相信真理的。

（一九五七年五月十九日在中山大学开了一天座谈会的总结发言）

高级知识分子大家想把国家搞好，基本上拥护社会主义。过去生活比较优裕，三年不吃肉就是考验。大家经过了考验，所谓"疾风知劲草"，对高级知识分子作出新的估价。今后不再讲"资产阶级知识分子"，当然多少有点资产阶级思想。高级知识分子总的方面希望搞好国家，而且实际在做工作。以后一般不用"资产阶级知识分子"帽子，可指出资产阶级思想以及错误，就事论事，不管党内党外都是一样。人民共和国是人民的，党是人民委任的经理。

（同上）

学校有一批人过去在国民党整个是坏的，他们也不可能不做一点坏事，人民是有意见的。但解放十一年了，对他们就应该区别对待。如果一直为我们工作，问题又早已交待，表现又是好的，就应该替他们摘掉五类分子的帽子。我们要他们做教师，当孔夫子，但戴着五类分子的帽子，怎能当成至圣呢？

其实讲错话是难免的。话讲开了，就会有错，要不就把嘴巴贴上封条。但嘴巴有两大作用，除了讲话，还要吃饭，要吃饭就不能贴封条。

（同上）

经过解放多年的思想改造，大多数资产阶级知识分子都有了很大进步，今后可以摘掉帽子，不叫资产阶级知识分子，可叫革命的知识分子。……三年经济困难，考验大家，都是属于人民了，……三年没有吃猪肉（指死右派马师曾，这是假话），还是一样革命，能说他没有经过考验和锻炼？

我们同吳晗、翦伯赞的斗争是对抗性斗争，但要人民内部矛盾方法处理。他改变了还是团结。他们写文章，我们也写文章。结果是二个可能，如果顽固到底就搞臭他，二是改过来，承认错误，吳晗还当市长，但不能当一辈子，共产党员也不能戴一辈子。我们希望第二个结果。……我们先搞锣鼓打起来，要召集左派开会，那些有权威的人跟我们走，我们欢迎。

（一九六六年四月在广州关于文化大革命的报告）

66 年 4 月，陶铸说："吳晗是人民内部矛盾，还可以当他的市长，翦伯赞也可以当他的学部委员"。

陶铸对抗毛主席，卖力兜售彭眞"二月提纲"反动货色，叫嚷：

（对吳晗，翦伯赞之流——按）我们还是要从团结的愿望出发，经过批评斗争，最后达到团结。他们也可以写文章，我们也写文章……方针是百家争鸣，百花齐放。方法是摆事实、讲道理。你们（按：指吳、翦之流）也可以发表文章，拥护的发表，不拥护的也发表，百家争鸣是两家无产阶级和资产阶级争鸣。批判每一个人时，首先要允许他们自己辩护，也允许别人为他辩护，但我们要拿出大量事实和道理驳他，取得胜利。不辩论，不暴露，正确的东西就不能胜利。货比货，摆出来正确的，人民会相信的……总括起来，还是贯彻团结教育改造的方针，用解决人民内部矛盾的方法，百家争鸣，百花齐放，摆事实、讲道理……一方面我们要研究，一方面批评他们。

（一九六六年四月十三日在中南局学术研究座谈会上的讲话）

徐容伯先生不是反革命，这是思想方法问题，是学术思想争论问题，就是人民内部矛盾的问题。如果徐容伯先生愿意再讲，他可以讲，愿意发表文章他可以发表的；如果他不服也可以反驳的。

（一九五五年《必须解决的几个问题》一九六六年再版时此话未改）

四、歪曲和篡改党对知识分子的政策，只讲团结，不讲斗争，鼓吹要尊重、关心、照顾资产阶级知识分子，对资产阶级知识分子实行阶级投降

解放十四年了，还沒有把这些人团结住，工作就很差了。对这些人，要么赶到美国去，要么就团结好。又不能赶走，又不去团结人家，事情怎么搞得好？有些领导干部就是无能，不能团结人，……

（一九六三年十二月二十五日中南局常委会听取文教五反座谈会汇报时的插话）

有些知识就想整人，给他们说清楚，这次运动是整思想，不是整人。

（同上）

对知识分子放任自流，出了问题，就一定会简单粗暴；简单粗暴出了问题，就又会放任自流。

（同上）

现在我们的政权很巩固，已经有这个可能来慎重、认真地执行一方面改造、一方面团结知识分子的政策，团结和改造不是分开的，改造是为了团结。……旧知识分子中绝大多数是可以团结的，不是无原则的团结，是在拥护共产党、拥护社会主义的前提下团结的……在学校里，有党的领导，只要他老老实实教书，是可以团结的。

（一九六三年十二月二十五日在中南局常委会听取文教五反座谈会汇报时的讲话）

知识分子政策问题。几年来不少地方在执行知识分子政策时翻来复去，要么放松，要么粗暴。解放十四年了，能团结的一定要团结起来，否则马列主义就沒有力量了。知识分子在三年经济困难时期有些反复，但总的是好的，向心力量是主要的。昨天我在一个大会上讲，右派罗翼群年纪老了，我们还要照顾他的生活，希望他活到一百岁，看看到底谁正确。如果他死前喊声"共产党万岁"，那就很好；如果还在骂共产党，那也好嘛。

（同上）

几年来，这方面的工作（知识分子工作——编印者）存在不少问题，归结起来是：团结帮助很少，过火斗争很多；要求很高，照顾很少。现在我们要在全党提起重视大讲这个问题，沒有物质嘛，要有精神。要和他们谈心，交朋友，批评、斗争错了的要平反，承认错误。……现在物质方面条件很坏，精神上对人家在某些方面可以说是虐待的，人家怎么会拥护我们，会团结在我们周围呢？

（一九六一年八月十五日在中南局南岳会议上的讲话）

团结知识分子的工作空前重要。

十一年来，特别是这三年来知识分子有很大的进步，应该这样估计。我看现在最苦的是这一部分人，但大多数人对我们的态度还是好的。

（同上）

搞好团结的关键有二个：一是尊重人，二是关心人。

（一九六一年十月十一日在中南区高级知识分子座谈会上的讲话）

所有共产党员都必须懂得，要尊重人家的人格，尊重人家的专长，尊重人家的意见。

（同上）

我们建设社会主义应该尊重知识分子，特别是老知识分子尤为可贵，他们是“工作母机”，要尊重人家，相信人家革命，以平等的态度相待，有什么事情互相商量，使人家眞正有职有权，眞正感到这个国家大家都有分，大家都是主人翁。

（同上）

再讲到关心问题，一是政治上的关心，就是要相信人家也是革命的，如果人家有不正确的地方，就眞诚地进行帮助，不要搞斗争会，不要戴帽子。现在大家也不是要求多吃猪肉之类，而是要求帮助进步，能够贡献自己的力量。其次是关心同志们的工作条件，现在高级知识分子感到时间不够，助手不够或不合要求，资料供应有问题，工作环境不好，不该保密的也保密，我们要注意帮助解决。另外，在广州市座谈时，中山大学校长讲“农民有自留地，我们是否也可以搞一点？”就是在完成工作任务之外，自己搞点研究或写文章之类的业余活动，我看可以。再是生活上的关心。当然现在马上改善物质生活还有困难，大家还要吃苦两年（当然这二年内也要逐步改善），但作为领导机关来说，对高级知识分子的物质生活稍加改善是可以的，现在大家要求不高，中山大学一位老先生只要求给他面粉里面不要有砂子，鱼不要是死的，这个要求不高嘛。

（同上）

我们自己的专家还远远不能满足实际的需要，有什么理由不好好团结我们自己的专家，培养、提高我们的专家，发挥他们的专长呢？

（同上）

有个教师病了，支部书记拿了两斤猪肉，一副猪肝，骑着单车跑百多里路，亲自送到他家里，那位教师很感动，这表明你很关心他嘛。政治工作，思想工作不是抽象的，关心人家就是团结人家。

（同上）

对于知识分子今后应做到下列两点：（1）尊重。应认为知识分子“革命不比我差”，让他们有职有权，大众是主人翁刘备，对诸葛亮尊重。现在搞社会主义，应当对知识分子尊重。……解放十二年来，知识分子在政治上到底打多少分？我看应打3分、4分、5分。……今后，一般不要普遍叫资产阶级知识分子，大家在总的方向上一致，对于某些具体问题可能有不同意见，也可保留，可以辩论。（2）关心。要在政治上关心，多帮助，不要戴高帽子。应多关心知识分子的工作条件，研究条件。例如，可有时间“自留地”，保证六分之五的业余时间。再就是关心知识分子的生活，在我们力所能及的范围内，给他们稍微搞好一点。两年后我们的生活将会改善，大家的生活要求幷不高。

（一九六一年十月十一日下午在广州中南区高级知识分子会上的讲话）

讲话难免有缺点，因此就不能给人家戴帽子，抓他的辫子，……抓政治辫子，使人不敢讲话。

（一九六一年八月五日在广州市中学校长、党支部书记和教师的座谈会上的讲话）

五、用资产阶级人生观腐蚀青年一代

我们培养青年一代要革命、要更谦虚，老老实实、刻苦耐劳，这要靠学校教育，也要靠家庭

（一九六一年八月五日在广州市中学校长、党支部书记和教师座谈会上的讲话）

学生毕业，你们高高兴兴，对得起父母，不论到哪里工作，或在国内，或回华侨家里，工作不困难……你们努力学一下，不是为学校，而是为你们自己。

（一九六三年向暨南大学全体师生员工的报告）

六五年陶铸在花县搞“四清”试点时，曾对花县花山公社新民大队青年作了一次报告。他说：“有些青年对青年团感情淡薄了，似乎共青团组织不存在了，这看法要扭转过来，要树立共青团员荣誉感。现在告诉你们：今后我们将要选派一部分青年到大学读书，到工厂做工，还要组织去大城市参观访问。选什么人去呢？有一个条件，就是起码是共青团员或共产党员，不是团员或党员就沒有条件被选上。你们想想：共青团员吃香不吃香？不信你看。”

团员是光荣的，要尽许多义务，也有很多权利，我们应该有这几条：第一，将来参军的，要先从共青团、武装基干民兵里挑选；第二，城市发展工业，挑选工人，先从共青团、武装基干民兵里挑选；第三，培养技术干部，如拖拉机手，搞电器的，入农校的，都要从共青团和武装基干民兵中挑选。这次我们不是保送了六个团员去农学院预科学习了吗？以后还有到外地去学习的，参观的，共青团员都应该有优先权。以后培养接班人，提拔干部也先从共青团员中挑选。发展党员更不用说了，团员是党员的后备军嘛！这样一来，那些非团、非武装基干民兵的不是有意见，说我们宗派主义吗？说就说吧，说也不成。就是这样，你说我们是宗派，我们说不是。我们说：你来吧，我们大门是开着的，你自己死落后，又想得到革命的好处，是绝对办不到的。

（一九六五年五月廿七日晚接见广东花县新和大队
共青团员和武装基干民兵的讲话）

什么叫红呢？对教师来说：拥护党拥护社会主义，以自己的专长为社会主义服务，这就是红，不管他信康德，信佛教，世界观是唯心主义也可以。……红的标准不能太高，不然都成了共产主义者了。

（一九六一年八月五日在广州市中学校长，支部书记，教师座谈会上的讲话）

马师曾害怕打雷，要住在爱群，这就是迷信，但不妨碍他成为名演员，不妨碍他为社会主义服务，他也红，“马红”、“马红”嘛！

（同上）

什么是幸福？这个问题要很好宣传，我国历史上就有很多英雄人物，如班超出使西域，岳飞抵御外侮，马俊“马革裹部”，他们都是把热爱祖国，保卫祖国当作自己最大的幸福……沒有这些人，我们的国家就沒有希望，我们应该宣传这些风格很高的人物。

革命是姜太公钓鱼，愿者上钩，一般的鱼钩有倒刺，鱼受了骗，咬住就脱不得，这是不自愿的。但姜太公的鱼钩是直的，鱼放开口会掉下水里，咬住硬不放，就是完全自愿的了。过去我们参加革命完全是自愿的，现在参加革命，加入党就是先进分子。

（同上）

还有买卖婚姻问题。这是青年男女的事情，也牵涉到家庭问题。…… 当然结婚的时候摆一两席酒，请自己的亲友，男女双方的父母在一起吃一餐是可以的，但不能太多，两台就可以了。

（一九六五年五月廿七日晚接见广东花县新和大队
共青团员和武装基干民兵的讲话）

六、陶铸在暨大的滔天罪行

1958 年——1963 年，陶铸在任中共广东省委第一书记、中共中央中南局第一书记的同时，兼任暨南大学校长。在这期间，他从暨大的筹办、基建，定名、设计，到教学方针的制定，人员的配备，样样都管，正如暨大前副校长、党委书记，反革命修正主义分子梁奇达、聂菊荪所一再宣称的那样："陶书记是非常关心暨大的。"但是，陶铸这个政治大扒手在暨大究竟干了些什么呢？一句话：对抗毛主席提出的教育方针，培养精神贵族，大搞资本主义复辟。下面，让我们看事实：

1. 公然对抗毛主席所提出的教育方针

毛主席教导我们："我们的教育方针，应该使受教育者在德育、智育、体育几方面都得到发展，成为有社会主义觉悟的有文化的劳动者。"毛主席在《被敌人反对是好事而不是坏事》一文中又说："抗大的教育方针是：坚定正确的政治方向，艰苦朴素的工作作风，灵活机动的战略战术。"

陶铸在兼任暨南大学校长期间，对抗毛主席所提出的教育方针，眞是达到极其猖狂的地步。一九六五年，他给暨大题辞，题辞全文是："热爱劳动，努力学习，又红又专，具有高度的社会主义的觉悟，这就是我们的教育方针，也是暨大的校风。"(见附图)

2. 培养精神贵族，大搞资本主义复辟

为谁而学习？是摆在学生面前的一个重大问题。陶铸公然与毛主席对青年的教导相对抗，公然鼓励学生为自己而学习。一九六三年，他向暨大全校师生员工作了一次讲话，他说："学好毕业，你们高高兴兴，对得起父母，不论到那里工作，或在国内，或回华侨家里，工作不困难……，你们努力学一下，不是为学校，而是为你们自己。"

陶铸兼任暨南大学校长期间，反复强调暨大要"面向海外"。怎样"面向海外"呢？请听他 1963 年在暨大的一个报告里的自白吧！他对学生说："毕业后，愿意出去工作(按：指到资本主义国家谋生)也可以，就是不搞社会主义，也会起作用的。"公然煽动学生"不搞社会主义"。陶铸要把我们的社会主义大学办成资本主义复辟阵地的狼子野心，不是昭然若揭了吗？根据陶铸的"指示"，暨南大学一九六三年(或一九六四年)已批准五个毕业生到香港、澳门就业了。

为了使暨南大学彻底地变成资本主义复辟的阵地，陶铸一再鼓吹暨大应该"自由化一点"。一九六二年，陶铸派他的钦差大臣、广东省委宣传部长王匡到暨大，说暨大可以自由化一点，可以收学费，伙食可以分几等，学生可以住单人床，四人住一间房也可以。当时，社会上一批牛鬼蛇神兴风作浪，大刮"单干"的妖风。陶铸、王匡之流到暨大煽黑风、点鬼火，与社会上牛鬼蛇神配合，大搞资本主义复辟。

一九六〇年，陶铸对暨南大学和华南师院学生作了题为《理想・情操・精神生活》的报告，把一群封建统治者的孝子贤孙奉为"榜样"，要学生向他们学习。还不遗余力地鼓吹个人奋斗。当时暨大的某些领导也忙着出来帮腔，竭力提倡学生"坐板凳"(即坐下去埋头学习专业，不要管国家大事)。在陶铸和他的应声虫的鼓动之下，当时暨大就有很多学生不问政治，成天关在屋里读书，有些人竟可悲地走上了歧途。

总之，陶铸在兼任暨南大学校长期间，完全把暨大当做资本主义复辟的试验田来办。他所要培养的是资产阶级的精神贵族；他所醉心大搞的是资本主义复辟。

3. 拾起"暨南"臭招牌，开"校董"杂货铺

“暨南大学”为什么叫作“暨南大学”？揭开罩在这块金字招牌上的纱布，同样可以暴露出陶铸的丑恶灵魂。

“暨南大学”原是抗日战争前海外资本家在上海设立的一所典型的资产阶级大学。由于这所大学的后台是大资本家，加上当时该校主待人善于拍马逢迎，于是，旧“暨南大学”就在海外的大资本家和资产阶级知识分子中，留下了所谓影响。

在一九五八年的大跃进号声中，教育事业蓬勃发展，中央决定在广州创办一所社会主义的新型的大学。也就是这个陶铸，从他的资产阶级立场出发，如获至宝地检起“暨南”这块散发着资产阶级腐臭的招牌，钦定了这个校名，并举笔挥毫，为这个大学题下了“暨南大学”四个大字。难道从这里我们还不能看出陶铸灵魂深处喜欢的是什么吗？

暨大的筹建还未就绪，由他出面，组成了校董会。并亲自推荐了廖承志为董事长，李嘉人为副董事长。校董中，大资本家占了绝大部分。所谓董事会，完全是资本主义国家的臭货色，陶铸却把它搬到无产阶级专政下的国家，培养社会主义事业接班人的新型大学中，成了社会主义中国破天荒的怪事。这里，不也充分暴露了陶铸死死搂住海外大资本家的大腿，大搞资本主义复辟的罪恶嘴脸吗？

4. 招降纳叛，网罗牛鬼舵神

毛主席说：“一个军事学校，最重要的问题，是选择校长教员和规定教育方针。”陶铸给暨大选择什么样的人来办学呢？是梁奇达、陈序经、杨康华、聂菊荪、方思远之流的一大批右派分子、牛鬼蛇神，就是这些人，把持了学校的大权，大肆贩卖资产阶级、修正主义的货色，企图把暨大引上资本主义复辟的道路，为资产阶级培养大批接班人。

陶铸兼任暨大校长时，选择了梁奇达作为他的副手。梁任职后，忠实地执行陶铸的修正主义的办学路线。一九六三年，梁奇达的修正主义面目暴露了，再也无法混下去了，陶铸就假惺惺地在全校师生员工面前，装模作样地开了一个大会，把梁奇达的职务撤去，以掩盖他继续在暨南大学实行资本主义复辟的阴谋。接着，陶铸又派陈序经来当校长。陈序经是何许人也？他是个大洋奴，是美帝的大走狗，资产阶级反动权威。他毕业于美国，并在美国得到博士学位，又曾为美帝国主义效劳了好一段时间。起初，这个脑满肠肥的家伙不知怀着什么不可告人的目的，不愿到暨大来，然而，在陶铸再三再四的“恳请”下，他终于应邀而来了。陈序经接任校长时，陶铸带着他来，并向全校师生员工作了一次讲话，宣称他的暨大校长之职交给陈序经，还说，他是来办移交手续的。在这个会上，陶铸竭力吹捧这个极端反动的资产阶级学术权威，说什么陈序经是老岭南大学的校长，他搞暨大工作将比以往更好等等。解放前的岭南大学是一个地地道道的资产阶级学校，是一所贵族的、公子哥儿的学校。毫无疑问，这样的学校的校长是什么货色？陶铸，却看中了这样的一个人，还把他说得天上有地下无，其目的就是为了更好地在暨大搞资本主义复辟。然而，“好景”不长，陈序经的反党、反人民、反毛泽东思想的面目很快就暴露了。在这次无产阶级文化大革命中，他已被南开大学的革命师生揪出来了（陈后来调到南开大学）。反革命修正主义分子、漏网大右派杨康华（前广东省副省长）之所以来暨大当校长，也是陶铸一手选拔的。

陶铸似乎有很大的决心要把暨南大学“办好”，因此，他除了物色他的“理想”的人物当校长以外，他还得有一批手下“大将”来响应他的号召、执行他的路线。所以他也不畏“艰辛”地为暨大搜罗了一批他意中的党委书记、系主任以至一般的教师。

修正主义分子聂菊荪是陶铸所宠爱的。陶铸曾说：“调聂菊荪来当书记，是上级领导决心把暨大办好，加强暨大工作。”看！陶铸多么“关心”年青的一代！陶铸真的为培养好下一代而呕尽心血吗？聂菊荪是什么人？这个一贯与党离心离德的家伙，在社联工作时就犯下极端严重的错误，来到暨大以后，又和杨康华等党委一些负责人忠实地执行陶铸的一整套修正主义办学方针，完全依靠资产阶级“专家”“教授”办校，大搞资本主义复辟。在文化大革命中，又执行了资产阶级反动路线，打击、压制群众。党委副书记、反党反社会主义反毛泽东思想分子方思远、牛鬼蛇神罗戈东、卢文，以及右倾机会主义者黄焕秋等，都是陶铸一手抽调来的。

臭名昭著的方思远是潮阳县的县委书记，在潮阳犯下了滔天罪行，“五反”时群众对他进行了坚决的斗争。但过了不久，这个高踞于人民头上的“干部”，人民目中的恶霸、土皇帝，却被陶铸看中了，把他调来暨大作党委副书记。由于陶铸对他的重用，因此，他很得意。他曾公开说：“如果说我是杜桐（中文系牛鬼蛇神）的后台老板，那我的后台老板就是陶铸。”从这里可以看出陶、方的关系，这次文化大革命中，戈枫（工作队队长）一再保护方思远，就是因为有陶铸这个后台老板。

三十年代的僵尸、周扬门下的打手、“国防文学”的鼓吹者——何家槐，早在三十年代就以各种各样的手段来攻击鲁迅，然而，陶铸却把他挖出来，并调来暨大当中文系的系主任。暨大中文系×××反右时是个大右派，后来他写信给陶铸，要求调到大学搞古典文学。陶铸认为他是个好材料，也就送到暨大来了。陶铸的走狗杨康华唯命是从，还在党员大会上说：“准备调一个人来，你们一定不满意，不满意也要接受，因为是陶铸同志调来的。”

陶铸就是这样用两面三刀的手法，欺骗党中央和毛主席，不遗余力地结党营私，培植私人势力，腐蚀年青一代，以达到他的反党反社会主义，把中国引向资本主义复辟道路的罪恶目的。

(七)推行修正主义文艺路綫

一、反对党的领导，取消党的领导，鼓吹资产阶级的自由化

文艺领导工作这方面有沒有问题呢？有沒有主观主义地乱指挥的现象呢？我想问题是多少存在着的。

（一九六二年三月五日在话剧创作会议上的讲话）

在我们有些领导文艺工作的部门和某些领导文艺工作的同志中，有一个时期是存在着不尊重创作的"所有权"，不尊重作家，干预太多，乱指挥等现象的。

（同上）

政治领导上是个方向，不是要包办一切，不是搞瞎指挥。

（思想工作会议报告）

我们只要求明确方向，要求不要脫离党的方向。不然，要共产党干什么呢？

（同上）

党的领导是方向、政策的领导，幷不是不论什么东西，事无巨细都来领导。

（一九六二年三月五日在话剧歌剧创作会议上的讲话）

现在有些单位的领导不与群众商量，少数人包办，自己外行又不懂装懂，搞不好人家有意见就整人家，对人很不尊重。"外行领导內行"是指总的方向，领导大家搞社会主义建设，但具体业务不是包办代替。……如演戏我们只能对整个剧提出意见，甚至丑角如何做，花旦如何做，我们还是少提点意见好，不然人家说你上台做给我看看，成吗？……让人家搞，加以鼓励。

（一九六一年八月五日恳谈会上讲话）

根据我看，我们旣沒有"放"起来，也沒有"鸣"起来，相反地，这几年的创作更加有些萎缩了，言路更窄了。这不是危言以耸听闻，这是不是右倾呢？不是，我看应该这样讲。为什么会这样？这和我们领导文艺工作的部门和同志，不尊重创作的"所有权"，不尊重作家，瞎指挥等有很大关系。大家听过侯宝林说的相声"关公大战秦琼"吧，这段相声说韩复渠的父亲听戏的事。……汉朝的关公战唐朝的秦琼！这是对一些无知的而又乱干预别人，持权行事的人的一种讽刺。当然，我们的同志不会糊涂无知到韩复渠那种地步，但是，有些地方也很有点相像。要作家看着自己的眼色去修改，而且创造出"我出思想，作家出技巧"的"理论"，这怎么能"百花齐放，百家争鸣"呢？这还怎么能从各方面来反映我们时代的面貌呢？这还怎么能表现作家的个性和风格呢？当然不能。

（一九六二年三月五日在话剧歌剧创作会议上的讲话）

……譬如说，写出东西来，先在小范围内请专家来看看，看了以后，请专家们提出意见，那些意见可以采纳，那些意见不可以采纳，由作家自己去考虑，文艺部门作党的工作的同志，应当做这种组织工作。

（同上）

……总之，谁都有提意见的权利，而作者也有不按你的意见办事的权利，所有的意见都是

给作家做参考的。

（同上）

我们现在偏偏有些同志，对历史并不很熟悉，对生活并不很理解，对文艺创作更是外行，但是，他却偏偏热衷于发号施令，干预人家，照着他们的想法来创作，来办事情。……我看这是对作家的一种“虐待”。这种情况，应该立即改变。这两三年来，大家物质生活已经相当苦了，沒有猪肉吃，沒有烟抽，更加上精神受“虐待”，那怎么还能创造出好的作品来呢。

（同上）

春秋战国时百家争鸣很活跃，后来给孔夫子统死了，被捧到是“大成至圣，先师文宣王”，太过分了，实际上也不见得他是先师。

（一九六一年八月五日恳谈会上讲话）

做文艺领导工作的，不眞正以平等态度待人，不眞正发扬民主，是不可能导致创作繁荣的。这两三年来，我们不但沒有很好地执行党中央，毛主席的“百花齐放，百家争鸣”的方针，而且在某些方面是在妨碍这一方针的贯彻执行。这个“百花齐放，百家争鸣”的方针是春天的方针，春天才能百花齐放，百家争鸣嘛。但是，我们有些同志一脸的“秋风肖瑟”，那怎么能百花齐放，百家争鸣呢？我看似乎有点肖杀之气。也许我说的有点言过其实，但至少现在还不是溫暖的春天，还不过是早春的天气，乍暖还寒的时候。现在应该象丘迟代拟陈伯之书所写的，是“暮春三月，江南草长，杂花生树，群莺乱飞”的天气。我们这次开会就应该搞出这样一个局面来，是溫暖的春天，不是料峭的春寒；是和煦的春风，不是肖杀的秋风。也就是毛主席所讲的心情舒畅，生动活泼的局面。有些同志不懂得这个道理，在他那里不但沒有民主，简直就是“专制王国”呵。

（一九六二年三月五日在话剧歌剧创作会议上的讲话）

其次，作为领导者，要眞正以平等态度待人，要充分地发扬民主。不要特殊化，不要自以为是，不要以“领导者”自居。

（同上）

领导上不解决问题，剩下来的就是讲空话，念紧箍咒，这样人家也不需要你来领导了。

（同上）

领导工作还有一条，就是要保证作家们必要的工作条件。“又要马儿跑，又要马儿不吃草”，是不行的。

（同上）

现在有些领导，把党的政策理解为很空洞的东西，又不讲道理，还硬要人家信服。我跟曹禺同志开玩笑说：现在我们有些同志，把一些作家眞是弄得无可奈何了，弄得他们眞是有点“强笑为欢”，实际上满肚子意见，但嘴上还是讲：好得很，舒服得很。满肚子意见还好得很，舒服得很哩！眞是咄咄怪事。我看了俞振飞同志演的《太白醉写》，很有一点感触。唐明皇是个封建帝王，他为了讨得一个妃子的欢心，对李白能那么尊重，现在我们为了人民，希望作家写出人民欢迎的好东西来，为什么对作家不尊重呢！

（同上）

所谓言为心声，如果是强为欢笑，就不是内心的话，不是眞情的流露，这样是写不出好作品来的。我读过一些作品，感情就不那么眞挚。这能怪作家吗？作家当然要负一定的责任，但是这与我们领导工作沒做好，也有很大的关系。做领导工作的，今后要放手让作家写自己眞正体验，感受到的东西。

（同上）

二、反对文艺为无产阶级政治服务，反对宣传毛泽东思想，反对政治标准第一，为推行修正主义货色开路。

挂主席象，念毛主席语录是可以的但不能以此为标准。挂了毛主席像就是高标准？

（同上）

（有的同志建议在台词中增加主席语录，陶铸一棍子打下来——引者）那样的话，我可以讲很多毛主席的话，因为我同毛主席接触总比你们多。但是我讲话不如你们演戏，卖票是沒有人买的。

（同上）

在强调政治方向的前提下，也必须注意防止和克服忽视艺术的偏向。特别是作为领导来说，要及时注意纠正目前已经出现的某些只注意政治內容，忽视艺术形式的苗头。

（一九六五年七月革命现代戏要迅速地全部地占领舞台）

有一些同志往往满足于只要政治上不出问题就算了，他们或者是片面地理解政治第一的原则，把"第一"当作"唯一"，或者是不愿意深入生活，只能够拿出标语口号式的作品来，或者是怕犯错误，认为只要有正确的政治內容就可以"保险"了，生怕讲求艺术形式容易"犯错误"。

（同上）

我们有些戏的词就不好，尽是什么"搞生产"，"搞社会主义"，"社会主义怎么搞"等等。平常说话还可以，唱词就应该力求准确、优美，要有思想、感情、文采。

（一九六五年八月七日反党分子杜埃传达中南局书记会议精神）

不要用政治术语，否则效果就不好。

（一九六五年七月在中南会演期间的谈话）

标语口号有伟大的作用，但是不能拿来唱戏，这和戏不能拿来做标语口号是一个道理。

（同上）

现在政治上的问题已经解决了，现代戏能不能占领舞台，主要是艺术能不能跟上。

（同上）

（对于参加会演的一些政治性较强的戏，陶铸百般挑剔，大肆攻击）这五十多个戏……有的把棱角都磨掉了，光讲政治，磨得光溜溜的，象鸡蛋一样光滑，沒有角了，就是怕出毛病，四平八稳。

……光是讲政治，买本毛选，比你们讲的清楚。

（同上）

这些剧目中，有文戏，有武戏，有敌我矛盾，有人民內部矛盾，也有结合斗争讲点恋爱的，样样都有。一点恋爱的情节也沒有，我也不赞成。正确的恋爱为什么不可以在我们的革命现代戏里得到一定的反映呢？哪有那样多道学先生。

（一九六五年七月二十五日在中南局戏剧观摩演出座谈会上的讲话）

……现在劳动人民的最大多数，看不到电影……几亿农民沒有文化娱乐……。

（一九六五年五月二十二日在中南区农村电影与幻灯发行放映工作会议上的报告）

要让农民同我们一样，半个月看一次，初一十五打一次"牙祭"搞点文化娱乐，那靠什么呢？我看靠幻灯。

（同上）

农民的文化生活那么枯燥，你不去搞些文化娱乐，……那还行吗？

（同上）

为了适应农村春节文化娱乐活动的需要，这次全省有一百八十多个剧团下乡……最可贵的，是这次下乡演出……不但要把好的剧目送上门去，而且把一种好的作风——勤俭朴素的生活作风带到下面去，使得下面的春节过得热闹，又不至于铺张浪费，防碍生产……它的意义很重大。

（关于文艺下乡）

所有这些——农村面貌的改变，农业生产的发展，农民生活的改善，文化水平的提高，很自然地便引起了农民对文化生活和文化艺术的要求。

（同上）

农民喜欢文化艺术并不仅仅是由于娱乐的需要。他们还迫切地需要通过文化艺术，来增加自己的常识，开广自己的见闻……。

（同上）

三、反对社会主义，疯狂地鼓吹暴露“阴暗面”，丑化劳动人民英雄形象。

有人说，这是由于我们这几年连续遭到了严重的自然灾害，工农业生产沒有象前几年那样全面的，大幅度的增长。这样说话，不能说是完全沒有根据的。……事实上，如果经济不是很繁荣，要求创作很繁荣也是很困难的。

（一九六二年三月五日在话剧歌剧创作会议上的讲话）

如果一方面物质生活很困难，一方面我们又是盛气凌人，一讲还是“九个指头与一个指头”那一套，人家讲一点缺点都不行，一讲就是“右倾机会主义”，作品里面一点也不能反映缺点，一反映缺点就是“右倾”或“反党”，这样搞下去是不行的。我们现在很多作品公式化、概念化，一个重要原因，就是这问题沒解决。这个责任不在作家，在我们作领导工作的人这边。

（一九六五年三月五日话剧歌剧创作会议上的讲话）

在现阶段，应当把反映人民内部矛盾的任务，摆到最重要的位置上来。

（一九六五年八月十五日中南区戏剧观摩演出大会闭幕会上的总结报告）

目前在我们戏剧创作中，还存在着不敢大胆揭露矛盾的现象，在这方面还存在着不少框框，思想不够解放。

（同上）

有一些戏剧编导同志，总是担心反映和表现人民内部的矛盾和斗争容易犯错误，认为“风险”太大，是“危险的游戏”，所以在创作过程中一再地把戏剧中的矛盾冲淡，把棱角磨得平平光光的……。

（同上）

不要一味追求“保险”，把“保险系数”打得大大的，一个人怎么能够整天关在保险柜里过日子呢！

（同上）

进步与落后总是在各个方面都有的，知识分子也有进步的，工人也有落后的，共产党员也有落后的，谁能说共产党员都是进步的呵。如果总是完全正确，为什么这两年付食品，日用品少了？总而言之，作家要眞实地反映我们的生活。

（一九六二年三月五日话剧创作会议上的讲话）

我们经常可以看到这样的一些作品，当中人物一出场就知道那个是正确的，哪个是不正确的 那个是进步的，哪个是落后的，正确的和进步的似乎一点缺点也沒有，而不正确的与落后的则一无是处，沒有半点好的因素。

（同上）

公式化，概念化的来源，如上所说，一面是我们的作家缺少生活缺少感情，……另一方面也是这两年大家不敢大胆反映现实生活所致。

反映现实生活，主要的总的方面是歌颂我们的时代和人民，但也要允许作品中写缺点。

（同上）

听说曹禺同志在《胆剑篇》里写了劳动人民下跪，就有人批评他这是侮辱劳动人民。劳动人民为什么不能下跪呀？那要看怎样的历史背景，在怎样的条件下面。

（同上）

党委写一个决定，发一个指示，就马上写个剧本，写篇小说为它服务，这是不行的。我们讲为政治服务，是讲在一个时期內，一个历史阶段內的任务，是个总的方向，作家可以从这一方面反映，也可以从那一方面反映，异途同归，从各方面反映我们国家和人民的新面貌。

（同上）

我们坚决反对那种"写英雄必须写缺点"的错误主张，但我们也不同意"凡正面人物都不许写缺点"的论调

（思想工作会议上的讲话）

既要创造英雄形象和理想人物，又不能与题材多样化对立起来。

（同上）

我们提倡写理想人物，并不是对每篇作品说的，而是对整个革命文艺说的。英雄形象也应多种多样，不能以一概全。

（同上）

自然，我们也不反对那种所谓"优缺点聚于一身"的人物，但是以此来同创造理想人物相抗衡，那是不对的。

（同上）

事实上，一部作品，每句话都符合马列主义，是很困难的。只要作品有进步因素，多少有一点教育意义，就应允许写，允许演。

（一九六二年三月五日话剧歌剧创作会议上的讲话）

人有缺点有毛病是很自然的。如果沒有缺点，那就不是人了。

（思想工作会议讲话）

四、煽阴风，点鬼火，挑动牛鬼蛇神向党进攻

据我看，我们"放""鸣"的还是不够的。

（一九六二年三月五日话剧创作会议上的讲话）

毛主席在〈红旗〉创刊号上发表的〈介绍一个合作社〉的文章里，引了龚定庵的一首诗："九州生气恃风雷，万马齐瘖究可哀。我劝天公重抖擻，不拘一格降人材。""万马齐瘖"的局面可有点不好受呵！我们一定要出现"万马奔腾"的局面。

（同上）

首先，要尊重作家创作上的自由。作家的笔是他自己的，作家的思想也是他自己的，我们应该让作家独立创作。……对创作乱指挥的事，还是少来一些吧，还是尊重作家，叫人家创作自由一些吧。

（同上）

要“不拘一格”，从创作上来讲，“不拘一格”就是不要给作家划一个框框，划定一个框框，大点不行，小点也不行；方点不行，圆点也不行。那还有什么创作自由？不拘一格，尊重作家创作自由，那大家胆子就大了；胆子大，笔也就放开了。

（同上）

我相信我们的作家不会写出象有些外国的坏电影那样糟的东西来。即使有，也不要怕……我说不要怕，放手让作家去写吧。

（同上）

现在我们对作家还是多鼓励，多帮助，不要乱干预。现在作品不是多了，而是少了。大家要努力造成一种创作自由的环境和气氛。

（同上）

作家有自己的意志，有自己的感受，有自己表达意见的方法方式，要自由地写，大胆地写。写出来大家再研究、讨论。只有这样，我们才可能克服写作的公式化，概念化。

（同上）

我们不限期，不出题目，不叫作家配合每一个具体工作任务，这是因为创作是属于思想领域的工作，是要根据每个人的具体情况（譬如他熟悉的生活，他所擅长的笔墨等等）来写的，作家在这方面自然是完全自由的。

做领导工作的，今后再不要抓辫子，不要乱干涉，不要瞎指挥了，要放手让作家写自己真正体验、感受的东西。不要学韩复渠的父亲，叫人家演“关公大战秦琼”。作家遇见类似韩复渠父亲那样的情况怎么办？你可以把他顶回去。现在不会再有人因为这个给你扣反党的帽子了。

（同上）

作家要有自己的意志，有自己的感受，有自己表达意见的方法，要自由地写，文责自负嘛。……写错了就改嘛。我们做党的工作的能犯错误，为什么写剧本、写小说就不能写错？

（同上）

有一位右派，最近脱了帽子，到广东来参观，写了六、七首诗寄给我，叫我给他发表。我选了几首没有歌功颂德的给他发表了。有几首把广东讲得好的不得了，一是广东没有那么好，二是他讲的不是真实的感情，一篇作品没有真实感情就没有生命了……

（同上）

五、公开对抗毛主席的批示，庇护牛鬼蛇神，为“传统戏”招魂。

这几年，可以说大家都经过考验了，大多数可以打四分。大家的生活过得这么苦，有的还得了肝炎，许多人仍然没有怨言，不讲怪话（讲句把不算数），还是苦干，这就不容易。几次大运动，又是“右倾机会主义”，又是什么“主义”，又没有猪肉吃，这就是考验。至于说原子弹丢下来，经不经得住考验，那是另外一回事，但我相信绝大多数是能够经得住的。

（同上）

这几年我们对党的政策未执行好，工作上有缺点错误，我们坚决地改正。我们希望作家也要更加振作起来。因为革命不是为谁个革的，是自己要革命的，也就不怕挨整，而且挨了整也不会灰心了。（注意：想为牛鬼蛇神翻案了！）

（同上）

至于作家自己，吃了点苦头，就不要在乎，受了点气，也要消掉。

干革命，不是强迫我来，收买我来的。你待我好我也革命，你待我不好我也革命。"求仁得仁，奚何怨？"这样想，很多问题就想通了。

要做到关心别人就象关心自己一样。不要动不动就划人家右派分子。在我们这国家，讲谁是右派、反党，那他是混不下去的呵……大家都是来革命的嘛，人同此心，心同此理，我看除了极少数人外，谁个不想把我们的国家搞好。谁愿永远贫困，谁愿意为殖民地的奴隶呵！

（一九六二年三月五日在话剧歌剧创作会议上讲话）

作家要求有合理的政治待遇。这有什么不好呢！这正是许多作家政治上要求进步的表现。……对于他们中在这些年来，在创作上确有成就，对革命事业有显著贡献，合乎共产党员标准的，我看，就应该吸收到党内来。他们中在历次运动中有批判得不当的，就应该改变原来的决定。对于那些在思想上，生活上犯了错误的同志，应当积极地帮助他改正错误，使他能够跟大家一同前进。

（同上）

建国已经十三年了，我们的文艺工作者和别的知识分子一样，经过了不断的学习，经过了历次政治运动，思想有了很大的提高，感情也起了很大的变化，这是事实。

（关于文艺下乡）

十四年来，和全国一样，广东的各个战线都做了很多工作，取得了很大成绩，文艺工作也例外。这个成绩应该是肯定的，不肯定这个成绩，便不符合实际情况。

（思想工作会议报告）

近二十年来，我们的文艺工作者，都是按照毛主席指出的这个方向去做的，所以才产生了相当多的适合工农兵需要的好作品（其中包括不少给农民看的作品）文艺工作有很大的成就。

（关于文艺下乡）

目前，一些长篇小说，如〈红岩〉〈三里湾〉〈三家巷〉〈苦斗〉等，也是受农民欢迎的。

（关于文艺下乡）

过去我们都想演革命现代戏，但总是怀疑能不能演得好，特别是感到有些剧种，表现现代生活可能会有更多的困难。还有些老演员过去演传统戏演的很多、现在演革命现代戏能不能演好？信心不足。

（一九六五年七月二十五日在中南区戏剧观摩演出座谈会上的讲话记录稿）

过一段时间，等到革命现代戏占领舞台了，传统戏还是要演一点的。我设想，到那时，传统戏在整个演出剧目中可以占 20%，比方京剧《打渔杀家》、《四进士》、《将相和》、《海瑞》等好的传统戏，还是可以演的。

（同上）

明年"七一"后，开放部分旧戏，主席主张打仗就要打敌人。现在我们把敌人（写帝王将相、才子佳人的戏）都关起来了，就没有敌人可打了。明年开放传统剧目，让革命现代戏与它打擂台，看谁的观众多。现代戏质量如果不提高就打不过传统戏。

（一九六四年一月三十一日中南思想工作座谈）

……组织剧团演现代戏，传统剧目多少有点意义的还要演。至少无害处的，有点娱乐性的，还要演。一下都不演现代剧不行。凡鬼神诲淫诲盗的，不演。明显有毒的，把毒消除掉，还可以演。应严格审查传统剧目，稍加工就可以。至于“出社会主义之新”慢慢来，不是一下就可以出来的。

（一九六五年二月二十日对观摩学习京剧〈红灯记〉的中南地区戏剧界代表的讲话）

六、对抗主席对于文艺界统一战线问题的论述，取消政治思想斗争，宣扬修正主义精神贵族生活。

怎样提高、改造？这几年接连着搞运动，弄得大家很紧张。我想今后主要是自我思想改造，尽可能不搞或少搞运动。……曾子说“吾日三省吾身”，中国还有句老话叫“清夜扪心自问”，我看这都是自我思想改造的好方法。多交几个“诤友”平常多交换意见，多互相切磋，也是一个重要的方法。党委书记可以做作家的“诤友”，作家也可以做党委书记的“诤友”。在小范围谈心，相互批评，这比开大会好。此外，还要多接触实际，多接触群众。

再就是要充实生活，丰富感情。我看，要提高我们创作的质量，要从这两方面着手。我们要给作家各种条件，叫他们充实生活。不拘一格，不要划一个框框，……作家要根据自己的需要和所长来充实生活。

丰富感情，首先就要我们把领导工作搞好，使作家心情舒畅；作家心情舒畅了，在感情上同社会生活和斗争结合起来了，才能谈得上丰富感情。现在情况怎么样呢？一方面，作家本身可能有些问题；另一方面，我们搞得人家心情很不舒畅，怎么能使人家对社会主义有丰富的感情呢。你把人家见外于社会主义嘛，人家就是有点被排斥嘛。在这种情况下，仍对社会主义有丰富的感情，那得有很多的觉悟才成。一般来说，在这种情况下，很难要求人家有丰富的感情。

（一九六二年三月五日在话剧歌剧会议上的讲话）

生活要朴素……但也要适当地照顾演员，工作人员们的生活，包括交通条件，住的地方和吃的东西，在可能条件下，要好一些……。也不要过多地参加体力劳动，或者就不参加，因为演出本身就是一种相当强度的体力劳动了。

（关于文艺下乡）

剧团下去时不要全部下去，要适当照顾城市的需要。……因此要采取轮流巡迴的办法，要城乡兼顾……。农闲时可以多下去，农忙时可以少下去。

（同上）

作家可以有两个家，一个家在城市，另一个家在农村。现在交通便利，来回也很方便。

作家的劳动是有它特殊的地方……。

（思想工作会议报告）

对待灵魂上的缺点，不能粗暴，要靠诚恳的耐心说服教育，能接受就接受，暂时不能接受，可以让他慢慢考虑。

（同上）

再就是作家的生活问题，我赞成欧阳山同志的意见，作家的生活方式需要注意……我还是赞成作家一个人住一间房子。一个人住一间房子，不一定思想就会起变化。

（同上）

今天困难大家都有，所以要提倡艰苦奋斗。但是对从事创作劳动的人，应尽可能地予以精神上和物质上的照顾。

（一九六二年三月五日话剧歌剧创作会议上讲话）

写东西总要有稿纸，要有安静环境，晚上电灯应该亮点等等，在可能范围內都必须解决得好一点。

（同上）

七、打起"题材多样化"的黑旗，与周扬黑邦穿一条裤子

只要用阶级观点去观察问题，写什么题材都可以反映阶级斗爭。这个说法，一般地是不错的。

（思想工作会议报告）

文艺反映时代，应该从各个方面，各个角度来反映。这个意见我是赞成的。因为工农兵群众的生活领域是非常宽广的，生活和斗爭的內容是丰富多彩的。

（同上）

不管什么题材，只要具有社会意义，对读者有教育作用，都可以写。

（同上）

自然，在这里我提议艺术创作要描写农民，要以农村的先进人物为题材，并不是说所有的文艺作品都应该如此，更不是说为农民而写的作品，一定要写农民。因为我们的生活是多方面的。……

（关于艺术下乡）

我认为创作应以反映现实生活的题材为主，要从多方面来反映我们的社会现实，这也不意味着不要历史题材、神话题材或其他什么题材，也并不是把现实题材局限在只有今天发生的事情，才算现实。

同样的道理，我们强调艺术作品要发挥高度阶级性和战斗性，多反映现代题材，也不排斥那些虽然阶级性和战斗性不够鲜明的东西，譬如京剧里的〈借东风〉〈空城计〉、画里的山水画、花鸟画等等，也自有其存在的必要。其他各种题材，只要他们不是宣传什么反动的，落后的思想，沒有败坏革命的斗志，颓废的情调，都可以让它存在的。

（同上）

表现历史题材的作品是需要的。比如欧阳山的〈一代风流〉，计划写五部，一开始我就是支持的。

（思想工作会议报告）

我们应以写现代题材为主。既然说是"为主"，就不是"唯一"。

（同上）

写什么，怎么表现？用什么形式写？作家的长处由自己去发挥，这方面我们不作硬性的规定。

（同上）

总之，只要我们有无产阶级观点，写什么都可以表现我们的时代。

（同上）

(八) 推行修正主义新聞路綫

一、推行修正主义的办报方针

1. “晚报不是指导工作的”。

一九五八年，陶说：“我也不要求晚报指导工作，象机关报那样。因此可以自由些，灵活性可以大些。”

一九五八年下半年，陶说：“晚报的內容与日报重复过多不好，应该多方面报道，编得生动活泼，抓住日常生活小事对读者进行教育。新民晚报销数最多，应研究其长处。”

“羊城晚报幷不需要象机关报那样指导工作，灵活性可以大些。”

一九六一年八月二十二日陶对羊城晚报合并后的几个月宣传报道提出严厉的指责说：“报纸质量严重下降了，原晚报特色逐渐消失，越来越象日报了。〈五层楼下〉，〈晚会〉还可以。”

一九六一年九月二十三日陶谈报道问题时说：“眞正是人民的喉舌，不光是官方的喉舌。”

一九六三年三月二十八日陶说：“新华社的东西一登，几条短消息，与日报出入不大，又恢复到广州日报与南方日报那个差不多样子了；我看要改进。”

一九六三年十月五日宣传部和新闻单位负责人在陶家开会，他说：“今后重登的新闻也要想个办法精编摘要，能不登的就不要登。”

一九六四年一月二日中午陶对陈越平说：“羊城晚报现在又跟广州日报差不多了，我跟杨奇谈过多少次，但是幷沒有什么改变，请你转告他，我很不满，如果办成南方日报的第二，那就不要办了。”

一九六四年三月十三日陶对《羊城晚报》工作的指示：“晚报，是中南局的报纸，要起机关报的作用，又要是晚报。……但是，它应该办成基本上还是晚报的样子。《朝阳》（话剧）里不是说：“一只手抓不了两个兎子吗？两个兎子是可以抓的，但要先抓一个，再抓另一个。”

一九六四年三月二十八日陶在会议上发言：“刚才文俞提得很对，晚报今后登不登中央负责同志的讲话，新华社大块文章。要确立一条，晚报许多东西可以不登。”

一九六五年六月一日陶说：“晚报不宜多发表评论，可用〈中南通讯评论〉，因为晚报还不是全面指导工作的报纸。……反正一条，不利用晚报讲话，学习报告多了，沒人看。”

一九六六年一月六日陶说：“转载那么多，自己的东西那么少。好多东西好象乱凑上去的。沒有自己的特色。总应该有点文艺性么！”

一九六六年一月六日陶对晚报江林同志说：“晚报越办越沒有看头，为什么老是那么长那么大的文章，摆起大大的面孔来。……这样办下去有谁会看……办不好就只好停办。”

“总的说来，报纸阶级斗争不是大喊大叫，而是说道理，讲得比较透。”

一九六六年一月二十六日对晚报指示：“就是晚报，不是中南局机关报，不是中南日报嘛，不是代表中南局来指导工作的。”

“还是把〈晚会〉〈花地〉〈体育〉办好。一版沒有什么东西。花地不象样子，体育版减色，晚会也不经常，现在指导性沒有指导性，晚报不象晚报，日报登了又登，谁来看？”“〈羊城晚报〉就是广州的晚报。”

一九六六年二月八日江林从温泉打来电话传达陶铸召开会议的意见：“不赞成现在这样来编国际版，炒冷饭有什么用，要马上改，不重登日报的。除特别重要的重登外，都要自己编，如沒有，宁可多登些体育，晚会稿。”

一九六六年二至三月在羊城晚报蹲点时指示：“报头不登语录，可以多登一些消息。”

（按：陶铸大讲晚报不能办成日报的样子，那么他说的晚报是什么呢？这便是要有自己“独特风格”，不宣传党的政策、不讲国内外大事的为资产阶级、城市小市民服务的报纸。）

2. 羊城晚报的特点：

一九六一年对两报合并指示：“全国晚报还不多，羊城晚报与读者还有联系，所以首先要作为晚报来办。晚报的〈花地〉、〈晚会〉、〈体育版〉，再加上〈港澳新闻〉，〈今日台湾〉，是很大的特点。……国内、国外大事，从日报，本地报纸可以看到，但晚报这些內容都从别的报纸看不到。人家看你的报纸，你总要满足一下群众的需要吧，革命的功利主义总要讲一点吧，所以，首先要有晚报自己的特点。”

一九六四年一月二十七日反党分子陈越平传达陶指示：“羊城晚报主要抓三件事：思想教育、文艺批评、学术争论。要开展批评，而且要搞尖锐一点。今后中南局宣传部也要抓一下羊城晚报。”（陈越平说：“要报广州市的工作。”陶说：“那不行！”）

一九六四年三月十二日对党委委员讲话：“南方日报和羊城晚报都是按省委的方针办报的，羊城晚报又是市委的报纸。你们的报纸是面向城市的，宣传重点是工业和文化，当然也不排斥登农业的东西，还有财贸等等。”

一九六四年三月十三日陶对羊城晚报工作的指示：“党的办报方针不能变，但是，要有晚报特点。全国晚报还不多，羊城晚报与读者还有联系，所以首先要作为晚报来办。”

“晚报的〈花地〉、〈晚会〉、〈体育版〉，再加上〈港澳新闻〉、〈今日台湾〉，是很大的特点。港澳、台湾的一些情况，许多人都想知道，搞些新闻性强的，从各方面暴露他们那里的黑暗面，可以加强报纸与读者的联系。”

一九六四年三月二十九日对试版报的指示：“人民日报社论，中央负责人讲话，今后会更多，如果晚报都登，就同日报沒有大区别了。沒有特点了。”

一九六五年六月一日对晚报工作指示：“一定要办得很有特色。别的报纸沒有抓到或者沒有着重抓的，而问题又是重要的新鲜的，你们就着重地把它抓住，挖得深，宣传得很突出，那就有自己的特色了。不然，广州市三张报纸，你一大版，他一大版，差不多一个样子，那就沒有味道了。当然，毛主席、刘主席、周总理的活动，日报登了，晚报还是要重登的。”

“今后要搞好。要努力办出自己的特点，其它报纸不着重的，我们着重就会有自己的特点。……要抓点群众心理办报。”

一九六五年八月二十六日下午陶召集晚报党委到他家开会：“〈港澳新闻〉、〈今日台湾〉有很多东西可以搞，不要光搞失业，沒有房子睡觉。那里有很多在我们社会里不可能发生的事情。可以大胆些，从各方面送些材料，要配一些短评，晚报的小言论要多一些，想法多发表小言论。”

“除了中央来的稿必须按照指示刊登外，其余稿子，你们该怎么办就怎么办。”

“办好晚报，有点压力好，不然就容易飘飘然，但你们不要缩手缩脚，不要太局促，要向党负责，要有自己独到的见解，沒有压力，飘飘然会跌跤多的。”

“出压力压不扁就好，不要怕压，现代戏压了我们一两年，压力越大，反抗力越大，这就好，经常带点压力有好处，就怕压得你们感到动辄得咎，就不好了，要不影响你们自己做主就可以。”

一九六五年十月二十三日对晚报党委委员讲话："羊城晚报是晚报，又要起机关报的作用。所谓起机关报作用，主要是指担负意识形态、思想文化战线方面的报道任务来说。一般工农业动态和工作会议都不要登。这些东西我从来是不看的。”

一九六五年十月二十三日对羊城晚报工作的指示："社论要抓住问题，不要泛泛而谈。写文章，要有些棱角，有些闪光的东西，要言之有物，要有自己的见解，不要尽是水，说空话。”

一九六六年三月一日座谈会第二次会议"要打破框框，要有自己独特风格，如果还象日报一样，还叫什么晚报呢？四版可以一条新闻都沒有，要为群众喜闻乐见，栏目不要太多，只要一两栏就行了，晚报还是要多样一些，另一方面还要有重点。”

一九六六年三月二日在〈晚会〉编委会上讲话"晚报要以广州为主要对象，不要今天湖南，明天湖北，不然广州人不看，别的地区人也不看。要有很有分量的消息。对象是干部、工人、城市居民、文艺界、农村基层干部。”

（按：按照陶铸的指示，《羊城晚报》的特点是："要打破框框"，"其它报纸不着重的，我们着重"，"四版可以一条新闻都沒有"，"一般工农业动态和工作会议都不要登"，……也就是说，《羊城晚报》不要向群众宣传党的方针政策，不要让群众关心国家大事，而是开辟〈花地〉、〈晚会〉、〈体育版〉、〈港澳新闻〉、〈今日台湾〉……等专栏，让它散发着资产阶级的市侩气味，腐蚀人民的革命斗志。）

3. 羊城晚报的办报方针——"移风易俗，指导生活"

一九五八年下半年："晚报的內容写日报重复过多，不好，应该多方面报道，编得生动活泼，抓住日常生活小事对读者进行教育，新民晚报销数最多，应研究其长处。”

陶看了新人新事的题目如〈街坊花朵〉，〈好民警〉等后说："晚报就是要多登一些这种东西，起移风易俗，指导生活的作用。”

一九五九年十月陶在南方日报创刊十周年庆祝大会上的讲话："一张晚报，既有时事政策宣传材料，又有能增知识、广见闻，提高文化的材料，以补日报之不足。人们吃了晚饭，看看打球、下棋等消息，至少也是一种娱乐，比天天逛街，打五百分有意义得多。”

一九六三年一月三十一日晚对新闻单位负责人讲话"〈晚会〉要有知识性，无产阶级趣味性。”

"晚报要为工人和城市人民喜爱。一版还是要有'营养餐'一个时间抓住一个问题，与人民群众生活密切结合的。”

"我们一方面指导工作，一方面指导生活嘛！移风易俗，就是移旧社会之风，树新社会之俗，要使群众懂得，穷也要穷得有骨气。”

一九六三年一月三十一日陶在他家里对新闻单位负责人指示说："晚报总的来说，能够保持声誉，但一版最近比较呆板。”

"对工人要教育，抓思想教育是对的，不要从工作角度去写，要生动些，短些。要记住你是一张晚报。”

一九六三年二月十七日报纸领导小组会议上曾生引用陶的讲话"'移风易俗，指导生活'是移旧社会之风，树立新社会之风俗，这个方针应该贯彻到各个版去。”

一九六四年三月一日陶就晚报问题和鲁西良的谈话：

"花地"开始也不错，还有一点花，后来长东西多了。体育版也还不错，现在太褪色了，还有象棋。<晚会>移风易俗、小掌故、短，可以找一些适合自己的，各取所需。<花地>要增加短文，海阔天空，文艺、政治都可以。<晚会>、体育、要提高。一、四版每月有十几个题目，再加上一些言论，人们说单晚报完全不行，我们采取一个"折中主义"既是晚报，又是有思想性，看看行不行(现在有人怕谈知识、谈兴趣，怕犯错误)，要不怕。现在有些人认为历史要不得嘛，要有些历史，几千年历史，总是要讲一点的。<晚会>总是要开一点晚会，有秦腔，有双簧，只要满腔热情来写，偶尔有些错误不要紧，要微言大义，以前还有歌谣，我们何不利用报纸，广大市民一下子大道理听不进去，各方面来教育他们。至于有时过了些，溜过去了，再拉回来，再改嘛。有人革命有些幼稚病，我们要允许人家(江林：要注意敌人利用)。<晚会>不要怕，文章要短小精悍，革命趣味，晚报还要有一个特点，就是：短的东西要多一些。(现在有些人怕用古的东西，怕犯错误)新知识分子也要学习一些古的东西，不然写文章光是那么干巴巴的，我们从社论里也引用了一些，毛泽东文章里还有，也是马克思主义的顶峰，问题是引用的多了，物极必反。

一九六四年三月十三日早上陶对杨奇等两人说："《晚会》主要是搞社会主义的新生活，搞移风易俗，也要有知识性的东西，要批评那些旧风俗、旧习惯，如不讲卫生，秩序很乱。我们要搞新的城市，新的精神面貌，要搞得很有革命气氛。"

一九六四年三月十三日对报社工作的指示"《晚会》主要是移风易俗，新生活、知识也要，广州市的光荣，羊城新八景我也不反对，不讲卫生、乱七八糟，要批评，搞一个革命气氛"。

有些带迷信色彩的，我们要用新的观点来写，来介绍。中南这样的地方不少。桃花源，汨罗江、鹦鹉洲、柳州三绝碑等，都可以写，但要有批判来写。

《晚会》，《陈医生手记》要继续登，要搞些科学知识，掌故要不要？可以要，但要有新的意义。《晚会》办的要有趣味，但不是低级趣味，是革命的趣味。

一九六五年八月二十六日

体育应该是晚报主要的一个项目。吃完晚饭，看看体育，这是马克思列宁主义的娱乐。它应该是晚报很主要的一个内容。我就是担心你们把老的特色失掉，新的上不来。要慢慢来。不要一下子把什么都失掉。我找你们来，就是谈这个问题。新的东西是什么？学习毛主席著作，文化向农村进军，文化革命和文化建设。要慢慢来，一下子提高不容易，不要搞得接不上去。

《一九六五年八月二十六日召集晚报党委讲话》

一九六五年八月二十六日上午陶对王匡说："《体育版》要搞好，至少要恢复以前的水平。""《体育版》不如以前好了。晚报以前的好多东西削弱了，新的东西又没有出来，体育消息慢、评论又差。《体育版》的骨干是否削弱了？"

"这次全运会报导要抓好，以广州为主。"

一九六五年十月二十三日说："《晚会》最近发表的《九嶷山记游》可属于古迹新探之类的文章，写得不错。科学知识，历史知识，植物知识都可以多登一些。总之寓教育于趣味之中，既要有趣味，又能给人增长知识，富有教育意义。"

一九六五年十月二十五日"《花地》最近总的来说是有东西可看的，革命的趣味性东西比前期多了。要把《花地》办好，除了充实内容外，注意做好每天版面的工作，有古为今用的东西，又有说思想的东西，这是重要的一着。"

一九六六年二月八日晚研究《羊城晚报》工作的从化会议上："《晚会》，要有点味道，能增加知识，博闻广见，不要把突出政治搞简单化了。"

"政治性不要狭义理解。光喊口号就叫政治性？"

"游山玩水的东西，有新的观点也可要，还是有人看的。我过去就很喜欢看旅行杂志。"

一九六六年二月十六日说:"《晚会》要搞好,要有趣味,使人家在有趣味中取得教育,不是苦役,不是报告。"

一九六六年二月二十八日在晚报工作会议上说:"不要搞干巴巴的东西,不要把突出政治简单化。《晚会》的图片不要登得太少了。《夜谈》还是面对城市工人、小市民,不要板起面孔。邹韬奋的小言论很受欢迎,尖锐些,题花搞好看些,图片大些。《红绿灯》不是没有了吗?《夜谈》就可以写这些方面的东西,移风易俗,批评表扬。《晚会》对象主要是广州市的,在广州开晚会嘛:科学知识,坐游世界,微言大义。政治性不要狭义了解。要有革命的风趣。"

一九六六年三月二日在晚报编委会上说:"《晚会》不应该登那些干巴巴的东西"。

"《晚会》的电影戏剧宣传,主要应是给广州观众看的。所以,主要应该宣传在广东、广州上演的东西。但知识性的可以不受此限。宣传上要抓紧时间,刚放映,刚上演,就要宣传。"

"《晚会》要微言大义,千万不要板起面孔。硬是板起面孔,不见得马克思主义一定多。你们要敢于打破框框,拿出最精彩的东西。"

"《夜谈》一栏可以针对广州的市民讲话。《红绿灯》办不好,可以合并到《夜谈》来,例如小港路的新华书店,《夜谈》就可以批评。移风易俗,很小的事情都可以谈,微言大义。"

"既突出政治,又有晚报特点,真的把《花地》《晚会》《体育》搞好,一版慢慢来突(照片还是有资产阶级观点,审美观点不同,还是以好为标准,不能标新立异),四版要慢慢来突,有个基础,再慢慢来突。"

"第三版,《晚会》要多搞些。微言大义,不要板起面孔,板起面孔,马克思主义就多一些吗?文章风趣一点不一定不是马克思主义。给人家增加点知识,宇宙之大,苍蝇之微,但是要用我们的观点来写。"

一九六六年三月二日"《晚会》,搞微言大义,革命趣味,不要板起面孔。一定板起面孔,就马列主义呀?苏斯洛夫的文章就板面孔,但全部是修正主义。"

"《花地》、《晚会》、《体育》表现得好,都是政治。"

"办《晚会》就得有个开晚会的特点。这个版应该有这些东西:风俗人情,科学知识,很多植物是可以介绍的,坐游世界,移风易俗,微言大义的小言论。好的诗词歌赋也可以搞一点。""晚报,就是要有晚会,有体育。"

一九六六年三月二日在从化会议上说:"经一个月试验证明,晚报是可以办好的。既不削弱晚报特点(革命的趣味性),又有强烈的政治性。《羊城晚报》就要办成这个样子。这是一条新的办报路子。一般机关报,革命的趣味性薄弱,或者与强烈的政治性结合得不怎么好。《羊城晚报》要把强烈的政治性与革命的趣味性二者结合起来。"

一九六六年三月十七日传达陶铸关于报纸怎样宣传毛泽东思想的指示中说:"晚报要有特色,其中一个特点,就是晚上看。晚上看的东西,各方面都有一些,又突出政治,这就既具有晚报特色,又可以起到中南局指导工作的作用。"

* * *

那么,就让我们来看看陶铸的充满知识性、革命的趣味性的《晚会》是什么东西吧。这是地地道道的散发着封建主义、资本主义、修正主义臭味的黑会。

《晚会》在陶铸的操纵下,实际上从诞生之日起就成为封、资、修百草滋生的毒草地。可是陶铸并不满足。一九六五年八月二十六日下午,陶铸还曾对《羊城晚报》党委发出过向香港资产阶级报纸学习的黑指示。他说:"香港的一些报纸,如晶报、新晚报,他们在香港出版,某些表现方法也受到资产阶级的影响,但有些东西我们还是可以借鉴的。"刘逸生化名在香港发表的

《小谈梅花诗》，就是在陶铸示意下拿到《晚会》来转载的。

在这一条反毛泽东思想的黑线控制下，《羊城晚报》毒草丛生，充斥着光怪陆离的所谓知识性、趣味性的东西，副刊《晚会》便是个典型。这个《晚会》绝口不谈毛泽东思想伟大红旗，而对其他杂七杂八的东西却几乎全部谈到了，天文地理，古人洋人，花鸟鱼虫，……应有尽有。在这个《晚会》里，有介绍山水名胜的专栏《谈山说水》；有介绍掌故的《羊城掌故》，还大量报道艺人生活，什么薛觉先生活二三事，红线女温泉游泳之类的文章，也有各种所谓科学小品，诸如什么《以鱼捕鱼》、《西瓜的东迁及其他》、《金鱼可医病》等，并有不少无聊之极的考证，比如"张飞的胡须有多长"？"元代女艺人朱廉秀的知心朋友是谁"，或剧团在古代是否称为"戏班"等等。这些光怪陆离的题材，备受陶铸赞赏，他经常强调要《晚会》保持特色，甚至直到一九六五年国庆前后，他还念念不忘"古人"，指示"《晚会》要刊登一些介绍古代战争的文章"。在陶铸的修正主义办报路线指导下，《晚会》办成了一个完全脱离无产阶级政治，大量贩卖封、资、修货色的"黑会"。

请看在陶的《晚会》放出的毒草吧：1960 年毒草六十六篇；1961 年毒草二十八篇，有严重问题的三十四篇；一九六二年毒草三十五篇，有严重错误的六十九篇。共计毒花一百二十九篇，有严重问题的作品一百三十八篇。这些作品中有攻击党和大跃进的，有的与吴晗相配合、相呼应的；为右倾机会主义分子打气的。有歌颂帝王将相才子佳人的；有鼓吹个人奋斗、走白专道路的；有封建主义、封建迷信、低级趣味的；有资产阶级修正主义论调的。……数不胜数。

再看《晚会》的作者是些什么人吧：《晚会》作者有一百五十人。调查了一百一十人，其中工农兵作者四人占百分之三点七；教授、讲师、医生、教师和研究生为四十三人，占百分之三十九点一；文史馆人员十五人，占百分之十三点七；新闻、电影、文艺工作者二十二人，机关干部二十二人，各占百分之二十。无职业的四人。从已查明的四十人的政治面目看，反动军官、伪官吏、文人、反动党团骨干共有七人占四十人（下同）的百分之一十七点五；地富反坏右共六人，占百分之十五，劳改犯和其他坏分子四人，占百分之十；被罢官和其他有问题的十五人，占百分之三十七点五。以上共占百分之八十。

这股所谓知识性、趣味性的歪风，不但在副刊刮，就在新闻版也大刮特刮。反党分子杨奇，按照陶铸的腔调，强调新闻版要大搞"衣、食、住、行、用"的报道，大写所谓共同兴趣的东西。结果，版面上出现了大批投合小市民口味的新闻稿件，什么《大象结婚》、《邮寄外甥女》、《五位幼女成了小天使，昨天由穗飞沪见祖母》等等，还辟了《星期特写》一栏目，连篇累牍刊登养鱼经、赏花经、保命经……比如什么《满塘彩色写金鱼》、《真假难分话魔术》、《你想长命百岁吗？——三位人瑞谈养生之道》等，真是无聊之极，庸俗之极。这些低级趣味的东西，长期来霸占了《羊城晚报》的版面，散发着修正主义的思想情调，腐蚀广大群众，消磨革命斗志，给革命事业造成严重的损失。陶铸的反党罪责是推卸不了的，我们一定要彻底挖掉修正主义办报路线的总根子，一定要彻底地把陶铸批臭、批倒。

陶铸所鼓吹的"体育""这是马克思列宁主义的娱乐"是彻头彻尾的资产阶级的娱乐。

一九六五年八月二十六日，陶铸对《羊城晚报》作了"重要指示"。在大叹体育栏"不如以前好了"的同时他强调说："体育应该是晚报主要的一个项目。吃完晚饭，看看体育，这是马克思列宁主义的娱乐。它应该是晚报很主要的一个内容。"陶铸在这里完全暴露了他经常说的晚报要"抓住特点来办"、体育版就是一个"很大的特点"的真实内容无非是：以资产阶级的"娱乐性"来代替无产阶级报纸的阶级性、战斗性。而所谓"马克思列宁主义的娱乐"只不过是一个"幌子"，它充分说明了陶铸惯于打着红旗反红旗的反革命两面派真面目。

体育栏是陶铸的御用工具《羊城晚报》的所谓"名牌"货之一，也是陶铸向来极为欣赏的一栏。它从创办开始，效法资产阶级报纸，报道的重点是所谓"著名"的球赛，而不报道群众的体育活动，直接违背了毛主席制定的"开展体育运动，增强人民体质"的体育方针；它象西方报纸捧"球明星"一样，不遗余力，不惜篇幅地吹捧"著名"运动员，宣扬锦标主义，大肆散播资产阶级名利思想的毒素，有一次，张均浪回广东队，报纸沒有专门发消息，陶铸的帮凶王匡就大骂："为什么张均浪不可以专门发消息？"如此等等，甚至连标题、文字也使用了资产阶级报刊一贯使用的字句，如什么"大战"、"荣登宝座"之类的东西，起到"潜移默化"地毒害运动员和广大业余体育爱好者的作用。对此陶铸喜在心头，从来不加指责。

一九六五年，全国人民大学毛主席著作，毛泽东思想深入人心，广大运动员和全国人民一道，活学活用毛主席著作、促进思想革命化也开展起来，取得一定成绩，记者也报道了一些这方面的事迹。但是，陶铸就连体育栏上这些极不充分的报道也极为不满。他一反常态，开始指责起体育栏来了，除了大叹体育栏"不如以前好了"之外，还"担心"记者"把老的特色失掉，新的上不来。"他心怀鬼胎地说："要慢慢来，不要一下子把什么都丢掉。"眞是狐媚善惑人心！

陶铸提出的"移风易俗，指导生活"的修正主义新闻理论，其流毒是非常之广的，不但在《羊城晚报》起了作用，而且在《南方日报》、《广州日报》和广东人民广播电台，也起了作用。根据这一条修正主义的新闻理论，《南方日报》的"采色版"（即副刊）大登特登粤剧女艺人的黄色照片和生活轶事；广东人民广播电台也大播特播红线女等人演唱的《卖荔枝》、《花园对枪》等黄色、下流、反动的粤曲；《广州日报》也大登特登什么《在热带森林中》、《广东风光》、《广州新姿》、《市场漫步》、《能手录》等等修正主义货色，在党的宣传阵地上刮起了阵阵妖风，大肆宣扬封建阶级、资产阶级的生活情趣，大搞"和平演变"。而大搞"和平演变"的罪魁就是陶铸。

还应该指出，陶铸提出的"移风易俗，指导生活"这一条修正主义的新闻理论，不但在广东新闻界流毒甚广，而且在全国新闻界也流毒甚广。陶铸的手下"名将"杨奇，在几次向《南宁晚报》、《郑州晚报》、《天津日报》等单位来广州"取经"介绍所谓办晚报的经验时，也大吹特吹陶铸提出的"移风易俗，指导生活"；并在上海举行的全国晚报座谈会上，也大谈特谈陶铸提出的"移风易俗，指导生活"，于是，许多晚报和日报也跟着大搞特搞所谓"八小时以外"的东西，大写特写所谓趣味性、知识性的东西，在全国许多党报上大刮阴风，大肆反党、反社会主义、反毛泽东思想。

4. 陶铸依靠什么人办报？

作为中南局第一书记的陶铸，自称"基本上是无产阶级革命家"的陶铸，如果眞正要办好《羊城晚报》，到报社来就应该以阶级斗争为纲，抓住"谁胜谁负"的方向，首先解决办报路线的问题。

但是不，陶铸不这么干。

三月二日的总结会议上陶铸作了一个发言。这个发言说："报纸潜力很大，过去沒有抓，但要有东西可抓。现在大家的力量还沒有很大的发挥。如果业务观改造得很好，把自卑自满的情绪彻底打掉，不要自卑，我们批评不会戴帽子。也不要自满，过去有点名气，再不改，名气也不多了。""大家的积极性有所发挥，但还不够，要继续发挥，要有强烈的阶级感情和精神状态，彻底打掉自卑自满，大家团结一致，有话摆到桌面上来。为了办好报纸要一心一意，个人的恩怨沒有什么不可解决的。"

把话说干脆一些，这是什么意思呢？

1. 对于《羊城晚报》，陶铸的评价是："过去有点名气"，"潜力很大"；

2. 在他看来，报社的问题是："业务观"改造得不好，自卑自满；

3. 在他看来，报社内部一切矛盾冲突不过是"个人恩怨"，"沒有什么不可解决的"。

看，在这个报社基本形势的论断中，"无产阶级革命家"陶铸忘记了阶级和阶级斗争！

这当然不会是偶然的疏忽，因为，当时开会时就有一些由部队调来报社的同志向他反映过：报社的问题是方向性的问题，但是，陶铸还是那样说了！

当时，否认报社内部的阶级斗争、坚持说报社的问题是领导的思想方法问题的是谁呢？是黑帮分子王匡、秦牧、杨奇！

所以，只能这样解释这个"偶合"，陶铸不讲阶级斗争，正是为了秦牧、王匡们能够不知不觉地进行他们的"阶级斗争"；陶铸正是为了保住秦牧、王匡们的办报路线，保住《羊城晚报》这个资本主义复辟的阵地！

同年三月二日晚，在研究《羊城晚报》工作的从化会议上，关于作者的队伍，稿件的来源，陶铸又作了这样"指示"："《花地》要组织中南的作家写稿子。把他们好好组织起来。要了解他们的写作情况……"。

"《思想战线》，……稿子有几个来源：一、内部文稿和各省（区）的写作小组；二、四清简报，四清办公室；三、学习毛主席著作中选取一些文章。"（引同上）

可是，在陶铸的所有"指示"、"谈话"里，就是不谈靠大家来办报，靠人民群众来办报，靠全党来办报！

陶铸到底靠了一些什么人来办《羊城晚报》呢？事实证明，他实际上依靠的是一帮"三反"分子，老右派分子。请看：

黄秋耘，这个人人共知的老右派，连全国文艺界黑帮的"副帅"林默涵也说他是个"人道主义者"。可是，陶铸却视若珍宝。为了加强晚报的力量，他亲自下令说："黄秋耘要来，放晚报。"（一九六六年三月二日在研究《羊城晚报》工作的从化会议上的讲话）。

他说："二、三版，秦牧，杨家文，刘日波，还有黄秋耘，四个人管。一、四版，杨奇、何军、××、×××，也是四个人管。"（按：提名者均系"三反"分子。引同上）。

事实上，《羊城晚报》从创刊以来，在陶铸的亲自指导下，一贯来就执行着一条专家办报、关门办报的路线。《羊城晚报》除了编委会之外，还特地请一些所谓"知名"的资产阶级知识分子、"三反"分子等组成的"顾问会"，每逢集会之日，让他们一边大吃大喝，一边给报纸出黑主意，就是专家办报、关门办报的最突出的产物。

二、陶铸将羊城晚报变为敌人攻击社会主义的喉舌

一九六〇年六月二十日陶对新闻单位负责人说："报纸一定要有批评。记者一定要在下面发现工作中的问题，批评缺点。要有勇气批评缺点。光讲好的，群众不相信"。

大叫要"暴露黑暗面"。一九六〇年十月十八日，陶铸在南方日报向广州新闻干部的一次讲话，大肆叫喊"要多方面暴露问题"，说什么报道缺点，"这就给人以眞实感"。为什么陶铸对"缺点"这么感兴趣呢？这不能不回顾一下当时的政治气候。一九六〇年正是我国因苏联修正主义背信弃义和自然灾害而处于暂时困难时期。陶铸却别有用心地要报纸"多方面暴露问题"，以此来反对三面红旗，挖社会主义墙脚，可谓恶毒之极！陶铸在这次讲话中，还大肆攻击说："我们有缺点，最大的缺点是把粮食生产估计过高，基建搞大了，劳动力抽多了，齐头并进。文教事业发展很快。群众将来的利益搞多了，目前的利益搞少了。"可见，陶铸对社会主义的攻击是不

遺余力的。

一九六〇年十月十八日陶在《南方日报》举行的新闻工作者座谈会上说："这样进行批评，也无须顾虑被反革命利用。造谣破坏是反革命的职业，你不在报上进行批评，反革命也总是要捏造出这种或那种谣言来企图破坏我们。可是，眞理终究是眞理，眞理的旗帜是绝不会因反革命造谣而倒下去的。""工作有多少成绩就讲有多少成绩，不可以浮夸虛报；有多少缺点和困难就讲有多少缺点和困难，不可以采取'不承认主义'。"

一九六零年十月十八日于南方日报新闻工作者座谈会上的谈话中说："报纸光讲成绩，不讲缺点，就使人感到不够眞实。……几年来，省委一再提出必须在报纸上开展批评，然而报纸的批评却展不开，就同这种不应有的顾虑分不开。究竟在报纸上开展批评会不会给干部'泼冷水'，会不会对实际工作起消极作用，会不会犯右倾错误呢？'随行纪谈'回答了这个问题。已经发表的'随行纪谈'中，有不少是批评性的。但一点'泼冷水'的意味也沒有，只会对工作起积极作用，而决不会起消极作用，对工作只会有好处，而决不会有坏处。

打开报纸，只看到这里做得很好，那里做得很好，这里是高潮，那里是高潮，但是看不见工作的缺点和问题。有的同志不敢提出工作中的缺点和问题，生怕这样一来就会抹杀了工作的成绩。"

一九六〇年十二月一日陶在《西行记》中说："目前省內的报纸在新闻报导上存在着一些问题。是哪些问题呢？一曰不敢于提出问题，二曰缺少建设性的批评，三曰体裁格式单一化。可以说，不尖锐和八股气，就是目前新闻报道上的通病。"

"建设性的批评则是一张报纸不可缺少的。"

一九六〇年底出版的《随行纪谈》序言中陶说："我们的新闻工作人员就是不敢尖锐地提出问题，怕在报纸上开展批评。省委多年来要求报纸开展批评，而批评总是展不开。"

一九六〇年，当我国经济生活碰到暂时困难时，陶铸亲自带领一群所谓"秀才"，到广东各地到处游荡，连篇累牍地写了一套《随行纪谈》(即随陶铸之行，纪陶铸之谈)，其中有不少是反党反社会主义的黑材料，有一部分文章居然被香港反动报纸《星岛日报》、《香港晚报》摘录发表。

一九六一年七月二十九日中南局在从化召开城市工作问题座谈会陶说：

"(2) 仍然常有浮夸。有些日用工业品只是在试生产的也报道了，有些质量很差的也说成很好。《夜市》一稿，也说得过分好了。浮夸三年了，还不觉悟；今后千万不要浮夸了。看来要有个送审制度，严格杜绝浮夸。"

"(3) 批评性的报道不要加强。我看你们晚报就是要多搞一些批评，揭露工作中的缺点。当然要掌握好。那一个工厂搞得不好的，就在报上批评。"

一九六一年八月十日关于报纸工作的几点指示：

"所谓战斗性，就是敢于揭露问题，提出议论问题，解决问题；就是敢对工作的缺点和错误提出批评。现在的报纸不够大胆，不够经常，不知是什么原因，譬如，我们现在议论的有关工业、手工业、商业、文教等各项工作，就有许多缺点，为什么报纸不提倡批评呢？"

一九六一年八月二十二日陶对《羊城晚报》合并后的几个月宣传报导提出严厉的指责："批评性稿件要加强，要多搞些批评，揭露工作中的缺点，如梅花村小学的学生，多是干部子女，但管教不好，品行很差，为什么晚报不批评。"

"你们六一前后的'修补行业为什么收费过高？'和'如何改进服务态度'的讨论就很不错嘛！"

一九六一年九月下旬对李尔重等人的谈话中说：

(1) 报纸要主动地讲一些问题。例如蔬菜为什么少了？就可以讲。不要报喜不报忧。人民群众接触到的日常生活，不要回避。火车不通车，铁路局应发通知，不要讳莫如深。

(2) 中央未公开讲的问题，报纸不能讲；但地方上做的工作可以讲。现在人民群众不相信我们的报纸，连眞的也不相信。应该讲些问题，但要有分析，要掌握好，最近晚报批评广州客运站混乱，批评公共汽车，就很好。

一九六一年九月二十三日夜，陶铸谈报道问题的时候说："报喜不报忧，几次台风把菜打坏了，有什么不可以讲的呢？人民接触的为什么不讲，讲清楚就主动，生活的事要讲，头发可作酱油，牛屎可以喂猪。""火车不通，为什么不报？害的老百姓去排队。""不如意的事十有八九。""广州蔬菜少了为什么不可以讲？""要有点批评。……现在人民不相信我们的报纸，眞的也变成了假的……不能扳起面孔，要有斗爭性，火辣辣的，搞点芥茉就行了。"

"眞正是人民的喉舌，不光是官方的喉舌。"

看！陶铸的嘴脸多么险恶！

一九六一年底当时《羊城晚报》正在连篇累牍地刊登反党反社会主义黑文，但陶还嫌不够，有一次他在从化温泉碰见《羊城晚报》前总编辑，反党反社会主义分子杨奇，立即给他鼓气说："杨奇，你们是不是怕写批评稿呀，不用怕嘛！"

……最近那些专题批评就不错嘛！工厂，问题可以解决而不去解决，要批评。……"五层楼下"，沒有以前尖锐泼辣了。（六三年一月三十一日对新闻单位负责人的谈话）

一九六四年一月二十六日中午陶对陈越平说：要开展批评，而且要搞得尖锐些。"

一九六五年八月二十六日下午，晚报党委到陶家开会，他说："要开展批评，报纸沒有批评，沒有声音不利。"

一九六五年六月下午陶对《羊城晚报》工作会议的指示"报纸鼓舞人心的东西不多，同这个时代的精神很不相称，相反地，有时候看《参考消息》却看到一些鼓舞人心的东西。"

"我们的时代是一个飞跃的时代，但是我们的报纸反映不够，反而从《参考消息》中得到鼓舞，当然他们是资产阶级观点。"

一九六六年二月十五日陶对《羊城晚报》的《红绿灯》批评小港路书店的营业时间缺乏群众观点时说："你们不是对小港店批评了吗？我看，这样的报道就可以放一版头条，发社论，题目就叫：《这家书店沒有存在的必要》。你们就是四平八稳，你们是不是怕犯错误？"

"从这里说明，新闻有天地，天地有新闻。"

文化大革命开展以后，陶还对《广州日报》前总编辑，反党反社会主义分子林里说："你们这些人要出来写文章呀，你过去写的'何付厅长养病记'就很不错嘛！"

注：《何付厅长养病记》是陶铸支持下写出的反党小品文。

报纸也应该用一定的篇幅刊登我们工作中的缺点和错误，尽管这是一个指头的问题，也应该刊登。因为这样才能全面地眞实地反映我们的时代，才能推动我们的工作。

（《太阳的光辉》）

首先汇报陶铸最近对晚报当前主要缺点的意见：一、质量严重下降……二、新闻仍有浮夸……三、批评性的报导还要加强……。

（反党分子杨奇向市委汇报工作提纲）

《五层楼下》便是陶铸鼓动阶级敌人向我们社会主义进攻的阵地。

一九五八年八月二十六日下午陶说："《五层楼下》很重要。"

一九五八年下半年陶指示:“《五层楼下》的篇幅要扩大,要有文采。”

一九六一年一月二十三日关于报纸刊物调整问题的谈话:“《五层楼下》要大些,要有答复,尖锐些,一星期集中答复一次。”

一九六三年一月三十一日陶通知宣传部长和新闻单位负责人到他家里说话。其中直接有关晚报指示:“《五层楼下》沒以前尖锐、泼辣了。”

一九六三年二月十日对《羊城晚报》工作指示中指责说:“《五层楼下》不够泼辣,四平八稳。”

一九六三年一月“《五层楼下》不象以前那样光芒四射了,还是要保持晚报特点,生动活泼,提法要新鲜一些,短一些。”

一九六四年三月十三日早上对杨奇等三人说:“《五层楼下》以批评为主。”

一九六四年三月十三日陶对晚报党委谈话:

“第一版,《五层楼下》过去我很爱看,现在,《五层楼下》的稿件有点凑数,不如以前的好。应该编得突出些。应该以批评为主,是小言论。当然也不是空洞的议论,而是讲事实。文字要生动活泼,但不是俏皮,不要‘油里油气’。要严肃。是用一种较轻松的形式批评缺点。稿子要编得有文采。标题要大些,鲜明些。字体可以排仿宋。五层楼是在越秀山上的,站在上面看下来,看得很清楚,所以,《五层楼下》这一栏也要站得高些,‘微言大义’,‘小题大做’。”(一九六四年三月十三日陶铸对《羊城晚报工作的指示》)

一九六四年三月一日陶就晚报问题和鲁西良的谈话:“……《五层楼下》揭露一下,沒有什么言论。一出以后,大受欢迎,中央一些同志也说不错,外地也欢迎。这样搞还可以,能在一版反映一些群众要求,对一些机关、单位,敢于提出一些批评。”

一九六六年三月陶对《羊城晚报》怎样宣传毛泽东思想指示“晚报当时(按指初办时期)有几个东西:《花地》、《晚会》、《体育》、《港澳新闻》、《今日台湾》、《五层楼下》。当时的对象主要是广州。说不上什么言论。一出以后,很受欢迎。说明这样办也还可以。当时一版主要是反映群众要求,敢于提出批评。”

“……受欢迎的还是一版(《五层楼下》在此版)和副刊……讲马克思主义不多,总比打‘五百分’逛大街好一些。”

陶铸如此之频繁地要《五层楼下》更“尖锐性”,一再强调它的重要性,它反映了“群众的要求”,那么我们看看《五层楼下》到底是什么货色吧!

毛主席教导我们:“凡是敌人反对的,我们就要拥护,凡是敌人拥护的,我们就要反对。”

《五层楼下》正是替阶级敌人说了话。

多年来,毒草丛生的《五层楼下》到底毒害了多少人的思想,无可估量,香港最反动的《星岛日报》专门辟个“羊城怪现象”专栏来转载《五层楼下》的黑文,仅一九六三年三月到一九六四年七月的十多个月中就转载了七万八千多字,从这一令人痛心的事实,就可以看出《五层楼下》的反动作用了。

在我国连续三年经济生活暂时困难的时候,以“群众喉舌”自居的前《羊城晚报》,四处煽风点火,大搞所谓群众关心的“问题”,大揭社会主义社会的“阴暗面”。霎时,为什么沒有这样,为什么沒有那样的“群众呼声”充斥报纸。商店里一时皮鞋少了,报纸上立即写专文《为什么不易买到合适的皮鞋?》,说是因为商业部门“隔山买牛”,产销不对路;由于台风影响,市场上一时蔬菜脱销,报纸上便大叫大喊《为什么蔬菜供应紧张?》、《糟蹋蔬菜现象何时了?》;由于自然灾害,棉布供应不足时,报纸又抛出《何来奇装异服?》,说“不少百货商店、服装店都积压了大量的奇裝异服，光是美华百货商店一家，滞销的服装就达十万元以上”；当百货公司的日用小商品比较少的时候，又抛出《为广货荣誉担忧》，说“这么大一个广州市，为什么几颗灰色钮扣都制不出来，却叫人跑一趟上海”；搭车的人多了，交通车辆的增加一时未能满足需要，报纸又抛出一组《三轮车乘客的呼声》……据统计，从一九六一年下半年到一九六二年九月的十五个月中，《羊城晚报》除了经常在《五层楼下》发表不少揭露“阴暗面”的读者来信外，单独或一组发表的所谓批评稿，所谓提问题的报道便有六十二件之多。（有些一件便包括十多篇报导），如以平均每篇一千字计算，连同《五层楼下》每天七百字（其中百分之七十五是属于揭露“阴暗面”的），十五个月便刊载了所谓提问题、揭露阴暗面的报道共约三十万字。这一束一束密集的毒箭，直接射向党的领导，射向社会主义制度，弄得广州上空一时黑云翻滚，风雨满城。这股黑风是谁刮起来的？是陶铸！

对这样一个黑园地，陶铸百般爱护，生怕失去了它。

一九六五年七月《广州日报》复刊时，他说：“《羊城晚报》归中南局宣传部接办后，《五层楼下》可交由《广州日报》。”

三、为资产阶级的“放”开辟阵地——《花地》

一九五七年陶说：“给知识分子提供一个争鸣的园地。”

一九五八年陶指示：“晚报要有争论，《上游》也如此。‘东风压倒西风’，当然沒有人说西风压倒东风，但意识形态方面很多是可以展开争论的。”

一九五七年五月在《关于人民内部矛盾和百花齐放百家争鸣问题》及《如何正确处理广东人民内部矛盾》二报告的摘要：

“报刊今后要尽量可能多发表一些不同见解的文章；出版社应尽量的做到多出版一些‘齐放’与‘争鸣’的作品或书籍……力求做到‘广辟园地’，‘广开言路’。”

“报馆要尽量作到‘兼容并蓄’。”

一九六〇年三月对《羊城晚报》怎样宣传毛泽东思想的指示：“为什么要办《羊城晚报》？”“反右以前，有人说文化战线沒有园地，我们当然要给一个园地。问题是要讲革命的话和希望革命的话。”

一九六一年九月下旬陶在他家指示：“各种学术问题的见解，都可以登报。”

一九六三年十月十日围剿资产阶级思想座谈会上他说：“《羊城晚报》花地要争论一番。如鬼戏，能不能演，怎样演。”

一九六五年六月一日对晚报的讲话“报纸要有声音，有争论。沒有争论，报纸就沒有味道。当然，争论并不一定都是象“早春二月”那样的；但是，对于一些问题，要允许有不同的意见。通过争论，把错误的意见引导到正确的方面去。”

一九六五年八月二十六日陶对晚报指示：“我们的晚报应该是政治性很强的晚报。本来，办《羊城晚报》就是在反右派以后，为了给大家一个百花齐放，百家争鸣的园地才办的。”

那么，我们就来看看陶铸的花是什么吧。

对于《花地》，陶铸说：“既然叫《花地》，就要有花，不能光是野草。要眞正登出些有水平的作品来。”（一九六五年八月二十六日下午，陶铸召集晚报党委到他那里开会时的讲话）。他还说：“《花地》沒有花，就搞绿肥。紫云英就很好看。”（一九六六年二月八日晚在研究《羊城晚报》工作的从化会议上的讲话）。

什么是"花"，什么才是"眞正……有水平的作品"呢？一九六六年一月二十六日晚，陶铸在一次讲话中，树立了一个"样板"，那就是把矛头直接指向我们最最敬爱的伟大领袖毛主席的大毒草：周立波的《韶山的节日》（见一九六六年一月二十一日《羊城晚报》）。那一晚他在批评了"《花地》办得也不行"之后，接着便大肆吹捧《韶山的节日》，说什么"《韶山的节日》，又朴素，又感动人。这样的文章，一个月能发一篇也不错。"

（按：请看在陶的《花地》上长出来的毒草吧！一九六〇年二十二篇，一九六一年三十九篇，一九六二年五十九篇，另有严重问题的，一九六〇年十篇，一九六一年五十篇，一九六二年九十篇，其中有歪曲英雄形象的；有宣传资产阶级思想的；有攻击大跃进，有攻击党是流氓恶棍的；有借古讽今的；有借题发泄对党不满的；有为右派打伞撑腰的……无其不有。）

一九六五年八月二十六日下午对王匡等人说：办个《戏剧》专刊，我赞成。一月可以两次，也可以四次。中南区那些小戏都可以登。要加以有分量的评论。"

"写些带权威性的评论，这也是一个特点。不是说占领阵地么，先叫戏剧占领一下《花地》的阵地"。

"《思想战线》可以办一点。"

（按：在陶铸这些黑指示下，大量毒草毒箭纷纷出笼了，"苦斗"、"三家巷"、"珠海春秋"、"夫人城"、"写传"、"毒虫"、"苏东坡与广州自来水"、"古代学者自学的故事"、"康熙皇帝与明史"、"说艳尸案"、"海瑞上疏"、"敢骂皇帝的罗院"、"女人的价格"、"一封沒有写的情信"、"谈吻"等等。这些就是陶铸的丰功伟绩。）

陶铸对《花地》、《五层楼下》、《晚会》、《体育》这些黑园地百般爱护，不断加强。

一九六一年一月二十四日《广州日报》与《羊城晚报》合并前夕，陶说·"《羊城晚报》现交由广州市委领导，应按原省委已制定方针办。要保持原晚报风格特点。《晚会》、《花地》、《五层楼下》这三个专栏不要动，其它版面市委怎样安排都行。"

一九六四年三月一日陶就晚报问题和鲁西良的谈话：时事一直沒搞好。受欢迎的还是第一版、副刊。对象是文化界、机关、干部、市民。讲些马克思主义，但不要长编大论，又是晚报。有些人打五百分，逛大街，看了晚报总比它好。抓一下就好，不抓就差一些。后来拼到广州日报，书记讲话，一般动态性的东西多，每况愈下，沒有什么特色了，一版思想性不强，趣味性也不行，体育、副刊也差了，天天批评，也沒有办法，后来说还是分开。中南局用第一版，加强政治性，其余各版不变，我们现在沒有力量办机关报。现在定了方针，保持二、三版，逐渐改进一、四版。一、四版办不好，还有二、三版好看，不然四分钱沒有什么好看。

一九六五年前《羊城晚报》归中南局宣传部领导时，铸陶于六月一日指示："改版以后，《花地》《晚会》和体育版都可保持下来，认眞把它们办好。"

一九六五年六月一日陶下指示："在中南局接办以后，要把《晚会》《花地》和体育版保持下来。"

一九六五年七月《广州日报》复刊时："《羊城晚报》归中南局宣传部接办后，《五层楼下》可交由《广州日报》。"

他下令道："原则上不要挤《晚会》，挤《体育》。要挤，《花地》，四版让一点。总是要有特色嘛！"（一九六六年三月二日晚在研究《羊城晚报》工作的从化会议上的讲话）

一九六六年三月二日，陶铸说："二月份里，《晚会》停了六天。为什么要停这么多？以后不要停这么多，要尽量保持《晚会》。关于这一点，是不是可以作为一个编辑方针定下来？"事实上，一直到六月间文化大革命在前羊城晚报社开展前夕，陶铸撒手中南，登上中宣部长"宝座"

之……还规定《晚会》每周要保持刊出四期。铁的事实表明：陶铸对《晚会》爱之心切，爱不忍释！

一版是旗帜。但你们要把《花地》和《晚会》稳住。

《花地》《晚会》也要突出政治。但表现形式同一版不同而已。这里有直接和间接之分。

如果一、四版还跟不上去，《花地》、《晚会》又保不住，这张晚报就算落空了。

王匡同志有什么主意沒有？他不是积极要办这个报纸吗？他出一些主意会好一些吧。如果再办不好，我们还有什么办法，最后只有停办。（六六年一月六日）

在一九六一年一月二十三日"关于报纸、刊物调整问题"中说："《花地》比《作品》影响更大。稿件质量有下降趋势，不要翘尾巴。《花地》要成为百家争鸣的园地。"

《花地》应与美术学院等加强联系，搞些好的画发表。剧本和画，都配些评论。

"现在版面不要作随便大改，要提高质量，《祖国》可不要登市消息，《花地》一定要保留。"

一九六五年三月二日指示：版面要弄得美一些，照片、题花也要好看。照片不要弄得太小，要让人看清楚嘛！"

一九六五年八月二十六日说"《花地》要组织中南的作家来提高，把他们好好地组织起来，要了解他们的写作情况，既然叫《花地》就要有花，不能只是野草。要求眞正登出些有水平的作品来。这就要开辟稿件来源。"

一九六六年三月二日说："《花地》要每期搞一幅漂亮照片，多搞些杂文，散文、报告文学召集一些特约撰稿人，一月聚会一次，要多彩多姿一些，要有几十种花，不然是花盆，不是花地。"

四、公开抵制毛泽东思想、诬蔑活学活用主席著作的群众运动

一九六五年八月二十六日陶铸对报社党委的讲话："……所以，首先要有晚报自己的特点。……在此基础上，再面向中南，面向中南搞什么？学毛主席著作、革命化、文化革命和文化建设。"

一九六五年八月二十六日对晚报党委的讲话说："文化革命文化建设是全面的，报道可以包括城市方面。学习毛主席著作要发表新的有分量的东西。这几天日报发表高钻学习毛著的报告是以前报道过的，沒有什么新东西。"

一九六五年六月一日下午指示："晚报的理论版，今后可以从内部稿中挑选一些适宜公开发表的，加以整理发表。例如王任重、张平化等的文章就很好。"

一九六六年二月至三月陶在《羊城晚报》期间，搞了几篇社论，博得了一些喝采声，但是与此同时，他却对报社指示说：

"现在却是一般化，怕困难，就学习《愚公移山》，一学就通了"；

"开会就是开个编报纸的会，天天学毛著，连报纸也编不好，变得沒有用"；

"报头不登语录，可以多登一些消息。"

陶铸又是想怎样去"从多方面阐述"毛主席著作呢？他沒有详细谈到，但从一九六六年二月八日晚在从化研究《羊城晚报》工作会议上的他的发言中，却露出了马脚。他嘉奖《羊城晚报》"三反"分子刘日波的大毒草《毛泽东选集》成语解释："你算有本事，写得不错。"还给这个"三反"分子大壮其胆："有不同的反映，听了再说。"——原来，陶铸的所谓"从多方面阐述"，其实际上就是要从各个方面去贬低毛主席著作，引导读者去向"死人"、"古人"学习，而并不是想叫读者去学习毛主席著作，按照毛主席的指示去改造主观世界和客观世界！

一九六六年三月一日晚，在研究《羊城晚报》工作的从化会议上，晚报"三反"分子司徒坚发

言时，陶铸曾有过一段这样的插话："差一点（指稿件不够），开天窗嘛！搞毛主席语录，搞照片也可以嘛！"——在这句黑话里，陶铸竟然把最高指示当成填补空白的可有可无的东西，真是可恶之极！

他说道："什么叫革命化？就是把工作做好。说学毛著好，工作又做不好，怎么行？只能说学毛著在你那儿不灵了。"（一九六六年三月，陶铸对《羊城晚报》怎样宣传毛泽东思想的指示）

同一天，陶铸还这样说过："现在都是'老三篇'，一读就通，这就没有人愿看了，应从多方面阐述。"

一九六六年三月二日在一次研究《羊城晚报》工作的从化会议上："学习毛主席著作文章很多，总是一篇上有那么一点点好东西，如编辑工作搞得好，把一篇中最精彩的东西抽出来就好了。酒中渗水多了，就不好了。"

这七个月的《羊城晚报》，贯串的是一条反革命修正主义的办报黑线。它一方面大量地施放毒草、毒箭，如《红绿灯》、秦牧的《画皮》、吴有恒的《北山记》等等，另一方面就是所谓"社会性"、"服务性"、"趣味性"、"新鲜性"等形形色色的报道文章，如《同心协力缚疯子》、《广州动物园之夜》、《春节欢乐满羊城》等等，千方百计发起冲击，抵制反对毛泽东思想。如去年十月十日，《羊城晚报》一版以占半版多的大篇幅大登特登新会县人民医院"减少烦锁手续，降低收费标准，处处方便病人"的报道，并为此发表了短评，可是同一天却以小格标题，毫不显著的在下栏位置，报道广东省学习毛主席著作先进单位博罗县黄山洞大队针对民兵特点活学活用毛主席著作，办法多，效果好。厚彼薄此，何等鲜明！

更加令人深省，令人不可容忍的是，近七个月的《羊城晚报》干脆用不报道，少报道等卑劣的手法，猖狂地冲击抵制和破坏中南地区广大工农兵学习毛主席著作的伟大群众运动。七个月以来只登了工农兵活学活用毛主席著作的群众运动的综合消息两篇，刊登中南地区部队、工人、农村人民公社学习毛主席著作的报道只不过十九篇，还不够《羊城晚报》去年八月分一个月里报道中南区戏剧观摩会演出的篇幅多！仅从这一点就可以看出，以丁希凌、杨奇、秦牧等为首的《羊城晚报》一小撮资产阶级老爷，对于广大工农兵学习毛主席著作运动何等害怕，何等仇视，何等轻薄！

五、培养资产阶级的新闻记者，鼓吹白专道路

陶铸的《思想、感情、文采》（《上游》一九六〇年第一期）中鼓吹：

"新闻工作者靠写文章吃饭，那就必须在文章方面下功夫……。"

"新闻工作是文学工作，需要讲究文字表现的功夫，需要讲究技巧。新闻工作者是靠写文章吃饭的人。"

"总之，我们摇笔杆的人，都要下很大的功夫去增长知识。"

"谈到读书，最根本的一条是认真学习毛主席的著作，……除此以外，还应当读点有关生产知识、技术知识、历史知识、文学知识的书。例如《资治通鉴》就很可以读一读，……李杜之诗、苏辛之词就值得一读。诸如《官场现形记》《儒林外史》《今古奇观》啦，也可以翻。外国书也可以读一点，诸如《天方夜谭》《伊索寓言》以及名家小说也可以看看……屈大均的《广东新语》也是可以读的。"

(九)在交际、接待部門复辟資本主义

资产阶级反动路线的新代表,刘、邓资产阶级反动路线的忠实推行者,两面三刀的政治大阴谋家,毛主席身边的定时炸弹——陶铸,已被广大革命群众揪出来了。这是以毛主席为代表的无产阶级革命路线又一个新的伟大胜利。

"独有英雄驱虎豹,更无豪杰怕熊罴"。我们是舍得一身剐,敢把陶铸拉下马的革命造反者,我们要彻底揭发和清算陶铸在交际接待部门推行资产阶级修正主义接待路线的滔天罪行,坚决把他斗垮、斗臭、斗倒!

十几年来,广东省的交际接待工作,执行的是一条修正主义的接待路线。这条路线的制定者就是陶铸。陶铸在广东省和中南局当第一书记期间,搞"独立王国",施展两面三刀的手法,明一套,暗一套,抵制和对抗中央的指示。他在交际接待工作上,大力贩卖西方资本主义国家和修正主义的货色,企图实行资本主义复辟;他采取剥削阶级的交际手段,任意挥霍国家和人民的财富,讨好"上级",拉拢干部,收买人心,扩大和发展个人的影响,捞取政治资本,达到他往上爬的个人野心。我们怀着无限愤恨的心情,揭发和控诉陶铸在接待工作所犯下的滔天罪行:

一、揭开"接委"的黑面纱陶铸的丑恶灵魂毕露

一九六一年,我国由于遭受三年严重的自然灾害,加上"苏修"的破坏,国民经济出现了暂时的困难。当时党内一小撮走资本主义道路的当权派和社会上的牛鬼蛇神,乘机兴风作浪,企图把社会主义方向扭向右转,实行资本主义复辟。就在此时,陶铸批准把原交际处改为"广东省委接待委员会。"他赤膊上阵,一马当先,为这个"接委"制定了一条"自负盈亏"的走资本主义道路的总方针。他竟然把一个党委机关变成为一个资本主义经营形式的企业,完全摆脱国家计划部门的安排和财政机关的监督。在陶铸这条黑方针的指引下,以陆莽、苏汉华、李文、苏瑞光等一小撮当权派把持下的"接委",成了配合社会上牛鬼蛇神,扰乱和破坏我国财政金融,贩卖资产阶级黑货的有力工具。当时,社会上的牛鬼蛇神兴风作浪,煽动一些人从国外寄运食物和用品,干尽其投机倒把之坏事。国外的资本家也乘机大搞物资进口,渗注我国市场。在这个时候,毛主席向全国发出"自力更生,奋发图强"的号召,但陶铸不去执行毛主席的指示,也沒有抵制这股黑风,而是以照顾改善人民经济生活紧张和争取多赚外汇为借口,依靠和乞求外来的"支援",陶铸竟然同意"接委"管辖的侨务部门大搞联运。陶铸这样做就是打着红旗反红旗。接委挂起省委的招牌,打着侨务部门运输华侨物资的旗号,在祖国的边防进出口处设点摆摊,与港澳资本家大做生意,充当了资本家向我国倾销物资的运输站,给这些吸血成性的资本家在社会主义中国大开投机倒把、破坏国民经济之门。更令人气愤的是,他们唯恐触怒和得罪资本家,怕生意做不成,竟利用交际接待手段,把资本家捧为上宾。在资本家面前献媚,嘻皮笑脸,点头哈腰,大搞请客送礼。一套令人作呕的奴才相,如此卑鄙!如此可耻!

不仅如此,在陶铸的黑方针指引下,当时的"接委"走资本主义道路更跨进了一步。他们不是把获得的外汇上缴国家,而是打着发展农业生产需要的旗号,向香港进口了上千吨的化肥。

他们又利用化肥，到处拉关系，大搞非法协作，换取牲猪、三鸟、蛋类、白糖和水果等副食品，破坏国家的统购统销政策。换来的副食品囤积如山，单是冷库存的猪肉就有十万多斤，相当于当时二十万人一个月的供应量。这些副食品，除供宾客食用外，还作为宾馆高价对外开放之用。几经转折，暴利累累，仅一年左右，“接委”的经营利润竟高达六百多万元。此款本应上缴国家，但由于有了陶铸这个“自负盈亏”的“皇牌”，“接委”也就踞为已有。有了这一笔巨款，以陶铸为首的省委一小撮人，就大讲阔气，大摆排场，大搞伙食补贴，大搞请客送礼，挥金如土。单招待费一项就用去近四十万元（房租、伙食补贴、宴会等项）。直到一九六二年底中央通报批评“广东省委接待委员会”两起“事件”（羊城宾馆，即东方宾馆清仓隐瞒物资，九佛农场领导违法乱纪）。这一下，给了陶铸当头一棒，他见势不妙，生怕问题暴露，无法收拾，便急急忙忙宣布撤销“接委”。陶铸想得太聪明了，历史是客观的事实，你想逃脱也是逃脱不了的。今天，你终于受到人民的清算。

二、大搞高级楼、堂、馆、所大卖封、资、修货色

一九五九年后，党中央和国务院三令五申，严禁基建楼、堂、馆、所。但是陶铸这个两面三刀的家伙，利用广东“得天独厚”的条件，打着接待外宾需要旗号，背着中央大搞扩建和新建高级宾馆。不但在广州，而且在省内一些风景区，大量修建别墅式的招待所。单广州市新建的就有东方、越秀、珠江、小岛、人民大厦新楼、山庄、双溪、三元里矿泉等八个大小宾馆（大厦）；扩建的有温泉、迎宾、胜利等宾馆，加上原有的人民大厦旧楼，东风大厦等已有大小十三个宾馆（大厦、旅社），但出尽风头的陶铸，醉心于“尖端”，他感到广州的“人民大厦”还不是全国最高，因此又再建一座全国最高的二十六层大厦，想在中国搞“摩天大楼”，并在黄婆洞又修建一座“大观园”式的别墅。就这样，一建再建，一个比一个高级，一个比一个洋气，一个比一个堂皇，现在广州地区新建和扩建宾馆的面积，就有十多万平方，投资高达三千多万元。陶铸所搞的都是高级的宾馆，有些宾馆一套房间一个晚上的租价高达五十元、八十元，三元里矿泉旅社竟然高达一百元和二百元！大家看，这是为谁服务！为谁而建？陶铸口口声声说：面向工农。但他所搞宾馆、旅社有多少是为工农兵服务的呢？还不是为一些养尊处优的少数人服务的吗！陶铸自己也表白地说：“贫下中农不能叫他们享受这样好的生活，因为他们享受好了，他们就会有意见……”大家听，这是什么话？这不是陶铸的地主阶级反动本质的大暴露吗！

陶铸喜爱的是什么？是封、资、修字号的东西，他极力鼓吹把西方的破烂搬过来。在陶铸这条修正主义路线的指导下，把无产阶级的宾馆建得奇形怪状。有西洋化的东方宾馆，日本式的人民大厦新楼，大观园式的三元里矿泉旅舍和黄婆洞，盘景式的山庄、双溪旅舍，一些旅舍还搞室内花园，园中有园，还准备搞什么水晶宫，望月台等一些资产阶级腐朽没落的东西。山庄旅舍是典型的资本主义产物，从外型的设计到家具样式都是日本式的，是林西资产阶级腐朽灵魂的代表作。当建好时，林西马上向陶铸报功。陶急忙亲临“视察”，看后大加赞赏，并说：“不错，有文化，高水平，其他地方也可以再搞一点嘛！（大意）”大家听，陶铸不就是在推行修正主义黑货吗！陶铸曾对他最宠爱的得意门生林西说：“你的错误已经给你搞清楚了嘛，（五二年“三反”犯错误），为什么这样消沉，挺起腰来嘛，你是有才干的人，大胆干嘛，……。”言下之意，就是我陶铸相信你，支持你，按照我陶铸的意图去办没有错，在陶铸的指使下，林西更加猖狂地到处推行黑货。三元里矿泉旅舍、黄婆洞相继出现。这些别墅的建筑和装饰更加抽象、更加浪漫、更加洋化。不但新的这样搞，对原有的宾馆也多方设法改建。迎宾馆内的园林本来已是不

错，可是陶铸看不惯。于是要林西、郑少康仿照西方色彩，花了八万多元，把迎宾馆院内的园林搞得不中不西，破坏了原来的民族色彩。改建后，陶铸从北京开会回来，一下飞机就马上驱车到迎宾馆来"验收"，他环绕一周，大加赞扬地说："搞得好，广东还是有水平，能搞出一些东西来。（大意）"陶铸对温泉宾馆的基建更是"重视"，对一些地方稍不如意，他就指示重新改建，一改再改，一次比一次高级，本来该馆在六〇年前已有大小楼房二十六幢，但陶铸还感到不够雅致，不够高级，亲自拨了三百多万元大搞大观园式的小别墅。"修"就"修"在这里，烂也就是烂在这些！

陶铸把广东的接待部门当为他的小天地，他对宾馆很"重视"很"操心"，从基建设计，客房布置，家俬设备，以至一草一木都要过问，还亲自下令温泉宾馆进口英国的百叶窗，美国的冷风机。可是对宣传毛泽东思想不但不提倡，而且极力反对和仇视。一九六一年，×××给温泉宾馆写了一首毛主席诗词，准备挂在客房，陶铸知道后，很不满地说："应该把自己心里所想的东西写出来嘛，不要老写别人的。"大家听，陶铸不是在公开反对毛主席又是什么呢？有的宾馆提出要挂字画，陶铸就积极支持，并说："上海有很多名画家，可以花点钱请他们来嘛。"结果那些所谓"名画家"就云集广州，大放毒草，各个宾馆触目皆是，可是毛主席画象，语录和反映工农兵生活的诗画一点也沒有，陶铸是心知肚明的，但却不闻不问。

陶铸就是这样披着马列主义的外衣，大力吹捧和推行封、资、修的腐朽货色，有意的抵制毛泽东思想，把社会主义的宾馆变成西方式的"游乐园"，现在广州市大小十四个宾馆（大厦）就是陶铸修正主义路线的物证。

三、利用交际接待手段，推行"和平演变"阴谋

中央和国务院从五一年以来，就多次明文规定："不准用公款请客，不准用公款送礼。""严格禁止举办不应举办的宴会，不得在开会时随便请客，不准用公家的物品送礼。必须举办的宴会，一般应按四菜一汤的标准从俭办理。"可是以陶铸为首的中南局和省委，十几年来一直采取阳奉阴违，用明一套，暗一套的手段，对抗中央指示。他们名义上也有所规定："对国內来往客人一律不宴请，不送礼。""內宾一律不摆烟、茶、水果、糖等"。"必须的宴会应按四菜一汤的标准办理"。这个规定，只不过是为他们对抗党中央和国务院指示的挡箭牌。陶铸说的是一套，做的又是另一套。他为了收买人心，扩大和发展个人的影响，捞取政治资本，他干了许多对抗中央的罪恶勾当。我们是搞具体接待工作的，我们最清楚。陶铸在广东统治时期，请客送礼，任意挥霍人民的血汗，所用之款是无法计算的。他以什么"广东特产"，"广东风味"，"食在广州"等等为由，大设筵席和送礼。而且宴请的范围越来越大，宴请的对象越来越广，有老上级，老同事，老战友，老部下，又有外地剧团，名演员，名艺术家，高级知识分子，高级民主人士等等，五湖四海，面面俱全，无所不请。宴请的规模也是一次比一次大，独桌有之，几十台甚至上百桌的也有之，宴请标准低者有几十元，高有百多元一桌。陶铸不仅在广州地区这样放肆，他往北京开会时也是如此。有一次他到北京开会，食指一动，便打长途电话回广州，派人专程给他送去两条狗和其他一些野生动物，在京大请其客。

中央规定："內宾不准招待烟、茶、水果、糖"，但陶铸却与中央这个规定唱反调，给接待部门规定说：广东是水果之乡，应该摆水果。有一段时期，接待部门按照中央指示办理，沒有摆烟、茶、水果、糖。陶铸闻知后，杀气腾腾，责骂说："广东是水果之乡，你们为什么不给人家水果吃呢？"不仅如此，陶铸以广东是水果之乡和越秀牌香烟产地，所以送水果、送越秀牌香烟更是不

在话下。一九六一年，为了送两箱潮州柑给东北局第一书记宋任穷，便派了一个干部花了三百元交通费专程送去。一九六二年全国××会议几百人在广州召开，陶铸大作人情，大慷国家之慨，给与会者每人送白糖五斤、猪肉两斤、高级香烟一条。受厚礼者无不称赞陶铸"好客"，可是国家则为他的送礼付出一笔巨大的开支。陶铸请客送礼真是枚不胜举。

四、"活跃生活"为何人，招来"贵客"逛海南

中央有关规定："所有招待部门对来往人员的吃饭、住房、用车，一律都要按规定收费。"而广东省在陶铸的授意下，省委则规定："凡属接待疗养对象，房租一律免收。"这个资产阶级接待路线的规定，受到广大职工的抵制，以陶铸为首的省委，却炮制出一个"象征性"的收费制度。即收四分之一，二分之一和以户计每天一元等规定。更令人气愤的是，一九六〇年到一九六二年，正当我国遭到严重自然灾害，国民经济出现暂时困难时，陶铸却破例地拼命指示："要开放风景区，活跃人民群众的生活。"大力鼓吹住好，吃好，玩好的阴风。陶铸的"活跃生活"是指什么人呢？请看：就在这个时期，他大批大批地组织全国那些所谓高级知识分子、名演员、名作家、名画家、民主人士等到风景区，高级宾馆度假休养。光广东省就批准了二百多名所谓"高知分子"，对这些人实行了一个特殊照顾的制度，住房可以不收费，吃饭有补贴，放映专场电影等等。如他批准本市四十名"教授"在胜利宾馆专门留用了二十个房间，不收费。自六二年一月到六六年六月，整整四年半时间，国家就要给他们付出达十二万四千多元的房租费。大家看，只是四十个"教授"，国家就要付出这样的巨款，可想而知，全省将要多少呢？！可是，推行修正主义路线的陶铸，他怎么会想到这些？他实质上是以此招降纳叛，培养贵族，在政治上就给了那些没有改造和没有改造好的所谓高级知识分子过着荒淫无耻的剥削生活，放弃了对他们的思想改造，给无产阶级造成了养痈遗患的后果。在经济上，大挖社会主义的墙脚。

一九五九年，陶铸为了笼络"上司"，邀请邓小平、李井泉和黑帮头子彭真等十多户共一百多人（包括家属和随行人员），成群结队，浩浩荡荡，来广东过春节。这些人到广州后，陶铸为了使他们更风流，又请他们到海南岛去游览。海南此行，惊天动地。陶铸为了博取"上司"欢心，不惜一切人力和物力，专派六架飞机来往广州——海口，两艘炮艇来往琼州海峡，二十多辆小汽车奔跑湛江——广州，海、陆、空护驾森严。陶铸为了在"上司"面前显示他的殷勤，特别在途中一些重点县安排吃饭和休息。陶铸还下令沿线各县粉刷房屋。有的县仅仅为了这些"贵客"一餐中午饭和休息，竟出动了上千的民工和干部，日以继夜赶工修理和布置。可是事与愿违，这些"贵客"不感兴趣，没有途中休息。陶铸的前功尽费，劳民伤财，影响极坏。这次海南之游，花去的财力物力是无法计算的。陶铸这个两面三刀的家伙，这笔血汗债，今天我们广大人民定要和你彻底清算的！

五、吹捧帝王将相、才子佳人，六万巨款看八场戏

陶铸是反革命修正主义周扬的头号吹鼓手。他打着第一书记的招牌，摆起当官做老爷的架子，要看什么剧团就调什么剧团，喜欢什么戏就点什么戏。陶铸看的是什么戏呢？他喜欢的不是革命的现代戏，而是欣赏和吹捧那些被埋葬了的帝王将相、才子佳人的所谓传统戏。陶铸不顾政治上的影响和经济上的损失，唯我独尊，胡作非为。毛主席经常提出要反对特殊化。中央也多次指示：不准专场招待演出。但是陶铸对中央的指示却置若罔闻，请看：

一九六二年，上海京剧团赴香港演出归来，途经广州，当时陶铸正在北京开会，得知上海京剧团已到广州，唯恐看不到演出，于是捧出以广东与上海的关系，尊重柯庆施为借口，装出一副"重视"和"关怀"的嘴脸，从北京来电话给省委，下令把上海京剧团挽留数天，等他开完会回来"接见"。果真是如此"关怀"吗？非也，要留下来的目的，是为了欣赏《白蛇传》和《杨门女将》。陶铸回来当晚就看演出，看完大加赞赏。这个善于笼络人心的老手陶铸。随后大摆筵席宴请。人情做了，风头出了，戏也看了，不过国家为陶铸看这两场戏则要付出一万多元的招待费。

一九六二年，北京京剧团赴港澳演出归来，陶铸更不放过机会，不过这次尊重的不是柯庆施，而是黑帮头子彭真。他下令省委对北京京剧团的招待，一切照招待上海京剧团的规格。"醉翁之意不在酒"，当然是要留下来为陶铸等人招待演出几场。陶铸亲自点了《赵氏孤儿》等剧目，陶越看越起劲，乐在陶铸，损在国家，这次共花去一万八千多元的招待费。

一九六三年，陶铸"衣锦还乡"回到湖南老家，为了显示自己的威风，给家乡人留名立碑，摆起救世主的架势，把他家乡的专区祁剧团调到广州为他招待演出，事后陶铸意识到影响不好，突然来一个"偷梁换柱"，要文化局安排在东乐戏院公演三场，又给五大系统干部职工各招待一场，企图堵住干部的口，免得他们提意见。可是国家则为陶铸付出剧团的招待费一万多元。这个责任，陶铸想赖是赖不了的。

一九六四年，陶铸粤西之行，路经湛江，看了湛江青少年粤剧团演出才子佳人的破烂戏，陶铸不但不引导他们演革命现代戏，反而拍手叫好。唯恐这些破烂戏宣扬不出去，于是，下令调该团到广州公演。其实也并不是公演，而是为陶铸等一小撮人作招待演出，陶铸亲自点了《杜十娘》和《白蛇传》等剧目。他边看边吹捧，最后决定要派该团带这两个剧目赴澳门演出。当即批了二万元给该团。重新装备这两个剧目的全部服装和布景。当时全国正是大力宣传毛泽东思想，大力提倡演革命现代戏，而陶铸却要把帝王将相，才子佳人的剧目输送出口。中央沒有同意，可是钱已经花去几万元，陶铸这个阴谋以破产告终。

众所周知，马师曾，红线女是什么货色？但是陶铸对这些人视为掌上明珠。红线女和罗品超演出的《花园对枪》，这出坏戏，陶铸看了又看，越看越感兴趣。对死狗马师曾演出的已被判死刑的坏戏《孤寒种食鸡》，陶铸也亲临欣赏。但是对演出的革命现代戏，则多方指责。

陶铸几年来，为了扩大自己的影响，不惜任何代价请外地的剧团演出，仅招待费就花了六万元之多，这是一笔巨大的经济账，我们要清算！

毛主席说："我们的文学艺术都是为人民大众的，首先是为工农兵的，……。"可是，陶铸却反其道而行之，他不是提倡演革命现代戏，而是大力吹捧演出被埋葬了的帝王将相，才子佳人的所谓传统戏。这就暴露了陶铸打着红旗反红旗的真面目，和周扬是一丘之貉。

六、陶字号的"广东酒家"华筵四桌花款一万余

一九六五年广东省在北京设立一间高级饭店——广东酒家。广东酒家的建立，有以陶铸为首的中南局和广东省委一小撮人不可告人的目的。陶铸等人说：北京有广东籍的国家领导人和高级民主人士，可就是沒有一间广东风味的饭店。于是大兴土木，用十八万多元改建了一间"广东酒家"。与其说是为了关心国家领导人的生活，不如说是推行修正主义搞特殊阶层的黑货。这间酒家的经营由于陶铸等人给定了突出"广东风味"的调子，所以专营广东的山珍海味，野生动物，这些食物和用料都由广州运去，国家每年要为这间小小的酒家亏补六万至十万元的巨款。而更令人气愤和惊奇的，是陶铸在"广东酒家"开幕时，他出尽风头，不遗余力，亲自

出马，大搞请客，四桌宴会，威震首都，惊动南北。他兴师动众，下令所需食物尽要广东出产的山珍海味和野生动物，并且要活生生的。结果从广州运去的野生动物应有尽有，遥遥数千里，上有专机空运，下有火车专卡，还有几个干部专为护送。他不仅请客的标准大大超过了国宴的标准，每桌一百四十元(国宴六十——八十元)，更惊人的是为了搞这四桌宴会，专机和火车专卡的运费就花了一万七千多元(其中专机一万四千多元，专卡三千多元)平均一桌宴会四千多元。陶铸何等阔气！何等派头！挥霍劳动人民的血汗何等放肆！

七、以越秀牌香烟为诱饵收买“上司”笼络人心

陶铸为了达到往上爬而干下的又一罪证：他为了迎合和讨好刘少奇等极少数人，不顾政治影响和财力、物力的损失，大搞特殊化，于一九五九年下令广州中一烟厂专门生产越秀牌香烟，为刘少奇等少数人服务。

越秀牌香烟，名义上是中国商标，实际上是外国香烟。这种香烟的烟叶有百分之三十是进口的，所有配料基本上也都是西德、法国、英国、南非等国家进口的。几年来单是进口原料就用去外汇五万多元。国产烟叶占百分之七十，但这些烟叶都要经过严格挑选，一百斤国产烟叶只能挑出二至三斤。为了生产越秀牌香烟，满足陶铸等人的要求，中一烟厂不得不抽调二十多人成立高级制烟组。当任务急时，还要派专人到云南、河南等产烟地区空运烟叶，为了少数人的享受，就有一大批人为他们服务。越秀牌香烟每包成本八角，但是售价只是五角八分。几年来不但耗去了大笔外汇和人力物力，国家还要为这些享乐者补贴差价一万五千元。

越秀牌香烟一度因原料缺乏，又亏本，加之人力不足，中一烟厂曾停止生产。因为沒有香烟作为“贡品”，陶铸就难以在刘少奇等人面前献媚了。这可触怒了陶铸，他在一九六四年的一次轻工业工作会议上，就大发雷霆，大声叫：“中一烟厂最臭蛋。中一有沒有人来，站起来”。大家看！陶铸是多么盛气凌人，仅仅由于越秀牌香烟，就如此嚣张，这不就暴露了陶铸与刘少奇等人有着不正常的关系吗？所以在文化大革命中，陶铸忠实地执行了刘、邓的资产阶级反动路线是不足为奇的，是有其内因的。

* * *

陶铸在交际接待系统推行的是一条地地道道的修正主义路线。这条反动的修正主义路线不仅在我省的接待部门影响极坏，毒素很深，而且泛滥全中南。罪恶滔天！

在交际接待部门，陶铸取消阶级斗爭，大力贩卖西方资本主义、修正主义国家的货色，实行资本主义复辟。请看他的谬论：

“还有一条办法就是各个口岸多搞旅馆、招待所，搞漂亮一些，外国人进来招待好一些，其他地方差一点可以，这些地方充分供应。他要腐化就让他腐化……我们广州的羊城宾馆我就赞成搞好一些，反正我们不去住，租给香港、澳门开交流会的人住，那是给外贸修的一个旅馆。这座房子原来计划 700 万元，现在投到 1700 万元还下不了台，但里面搞的卫生间不象个样子，我看不行，拆掉重搞！家俱也不象个样子，我说卖掉重搞！……这不是为资产阶级服务吗？就是为资产阶级服务。为资产阶级服务就是为无产阶级服务。为什么？因为这是掏他的腰包嘛”。

(一九六一年三月十四日对港澳出口会议的讲话)

（十）招降納叛、結党营私、推行修正主义的組織路綫

陶铸是中国赫鲁晓夫式的大阴谋家，为了达到其复辟资本主义的狠子野心，便实行他的一套修正主义的组织路线和干部路线，到处招降纳叛、结党营私、包庇坏蛋、安插亲信。

一、招降纳叛

请看陶铸在中南局提拔、重用的几个主要人物：

1．金明（中南局书记处书记）——是个大叛徒，1933年在山东被捕，自首叛变，出卖过革命同志和革命群众。长期隐瞒主要情节。1957年审干时查出他的叛变情节后，在安子文和陶铸的包庇下，一直重用。1961年陶铸与安子文勾结，把他从中央财政部（任副部长，党组副书记）要到中南局任候补书记。中央组织部管具体工作的同志曾提出金明是叛徒，出卖过革命同志不能担任党的重要职务，1965年却又提升为书记。在陶铸调走后，王任重沒有到职的情况下，他在实际主持书记处的工作。金明与反党分子黄克诚关系密切，吹捧刘少奇、彭真，在财政部及中南局都大肆招降纳叛，结党营私，鼓吹包产到戶，在文化大革命中顽固地执行刘、邓、陶反动路线。他掌握着中南局的实权，是中南局走资本主义道路当权派的核心人物，是陶铸的忠实走狗。

2．王德——1931年11月任C·Y河北省委书记时，在北平被捕，向敌人供认了自己的身份，并出卖了同志。1936年与薄一波、安子文等人向敌人自首变节，无耻地写了罪恶的“反共启事”。出狱后不向党坦白交代，只说什么“1936年由于北方局指示，决定和其他同志一起出狱”。这个历史上的叛徒也被陶铸提拔为中南局书记处候补书记。

3．吴芝圃——1958年后在河南借反右倾对潘复生等同志实行宗派主义打击（后中央给予平反），大刮五风（共产风、浮夸风、平调风、瞎指挥风等），假报工农业产量欺骗中央，对河南人民犯下了滔天罪行。中央后来进行了处理，1962年后罢了他的官，陶铸又收留到中南局，随即很快把他提拔为书记处书记。

4．王匡（中南局宣传部长）——反党反社会主义反毛泽东思想的反革命修正主义分子王匡，因有“才”一贯受到重用，陶铸看中了王匡，就把他拉到广东省委，当了宣传部副部长。从此，王匡简直是扶摇直上，从副部长到部长，到省委候补书记，到中南局宣传部长，都是陶铸一手提拔起来的。早在一九五七年反右派斗争以前，王匡就有不少反党反社会主义反毛泽东思想的言行，但却在陶铸的包庇下，被保护过关了。

5．吴南生——推行周扬修正主义文艺路线的干将吴南生在广东省委由宣传部副部长提拔为部长，后又到中南局、任副秘书长，吴到中南局后，积极鼓吹包产到戶、长期休养不干工作，生活糜烂，在文化革命运动中又积极推行资产阶级反动路线，是个不折不扣的党内走资本主义道路的当权派，至今不作处理。

6．王阑西——也是一个叛徒。原在中央文化部，窃踞电影局局长的职位，因犯严重错误

被罢了官，一九五八年，下放到广东基层锻炼改造，不够一年，陶铸就把王阑西拉到广东省委当文教部副部长，从这个时候开始，前后不到四年时间，又把他提为部长，中南局宣传部副部长，广州军区政治部副主任，加封少将军衔，广东省委常委，副省长。主管文教战线工作。在陶铸的重用下，王阑西简直青云直上，盛气凌人，不可一世。王政治品德十分恶劣。在文化大革命中两面三刀，迎上压下，反党反社会主义，疯狂地反对毛主席，反对毛泽东思想，因此已停职反省，这时陶铸还企图保王阑西这个一贯反党分子过关。说什么："王阑西这个人政治文化水平低，糊里糊涂。"

其余还有广东省委的赵紫阳、区梦党等人，不胜枚举。

陶铸的特级助手、大红人王匡在《红旗》精减机构时说："《红旗》不要的人，我们都要。"这句话泄露了天机，说明陶铸所收罗的都是什么人。

如反革命修正主义分子邓力群（原《红旗》副总编辑）一九六五年被清除出《红旗》编辑部后，邓要求到陶亲自领导下的广西搞"四清"，陶也和邓在同一个地方蹲点，邓在广西大量放毒，陶还想让邓四清后在广西省自治区任党委书记。

二、网罗、重用右派分子和资产阶级反动学术"权威"

1. 新闻界：

陶铸的手下"名将"杨奇，是一个大贪污分子，一九五二年"三反"时曾被开除党籍。一九五七年十月，陶铸倡办《羊城晚报》时，就把杨奇提拔为副总编辑，并在一九五八年通过反党分子、南方日报总编辑黄文俞拉杨奇重新入党。《羊城晚报》于一九六一年二月同《广州日报》合并时，又提拔杨奇为总编辑。《羊城晚报》从一九六五年七月归中南局宣传部领导后，又提拔杨奇当副社长兼总编辑。这个杨奇，是个对党对社会主义怀有刻骨仇恨的资产阶级右派分子。

《羊城晚报》的黑帮分子秦牧等，陶铸也非常赏识。指示资产阶级大右派王匡委以重用。陶铸亲自安排极右分子秦牧的工作。有人反映秦牧不是党员，不能当党报的副总编辑，陶铸居然说："《羊城晚报》不是党的机关报嘛，秦牧可以当副总编辑。"秦牧的大毒草《花城》，陶铸非常欣赏，对秦牧说："《花城》我看了，真是洛阳纸呀！"把秦牧捧上了天，秦牧下放到棋盘劳动，陶铸亲自去看望他。秦牧到陶铸家里开会，改文章，陶铸设宴招待。

秦牧、何军、刘逸生、杨家文等反党分子，都是在陶铸的包庇下，滑过了反右派这一关，都是一伙漏网的右派分子。由中南局任命为《广州日报》总编辑的林里，是一个乱搞男女关系，生活极端腐化堕落的大坏蛋，是一贯反党、反社会主义、反毛泽东思想的反党分子，是大毒草《记者的日常生活》的作者（化名王君父）。（刊登在一九六二年十月、一九六三年一月、三月《羊城晚报》上）

请看，陶铸就是千方百计地包庇、重用和提拔这些反动文人、资产阶级右派分子的。

2. 教育界

下面举几个广州主要大专院校的领导成员作为例子：

中山大学——校长许崇清（老牌的资产阶级反动权威），党委第一书记李嘉人（副校长，是顽固执行资产阶级反动路线的人物）。

中山医学院——党委第一书记兼院长柯麟（反革命修正主义分子），第二书记李静扬（顽固执行资产阶级反动路线的人物）。

暨南大学——第一任校长是陶铸本人，第二任校长是陈序经（老牌资产阶级反动学术权威，美国洋奴。调南开大学当副校长后已被革命师生揪出来了）。前任党委书记梁奇达（修正主义分子，严重违法乱纪，走资本主义道路，已在一九六三年撤职）。现任党委第一书记兼校长杨康华（漏网大右派，党内走资本主义道路当权派、前省委文教部长，统战部长，省委常委，副省长）。第二书记兼副校长聂菊荪（反革命修正主义分子，“三家村”反革命集团头子彭真手下的老干部）。

华南师范学院——党委第一书记兼院长王燕士（漏网大右派、反革命修正主义分子，前广州军区政治部文化部长，陶铸老部下）。

华南农学院——党委第一书记兼院长杜雷（已被革命师生揪出的走资本主义道路当权派）。资产阶级反动学术权威、老右派李沛文（李济深之子，国民党反动高级军官），林孔湘（大右派），都是学院的红人。

华南工学院——党委第一书记张进（已被革命师生揪出的走资本主义道路当权派），副校长兼教务长冯秉铨（老右派、资产阶级反动学术权威）。

3. 文艺界

陶铸是欧阳山的后台老板，陶曾公开保欧阳山说：“有我陶铸在，欧阳山就不会倒。”一九六四年批判《三家巷》、《苦斗》两部反动小说，出了批判文章三百万字，陶说：“已经出了两本（指《三家巷》、《苦斗》），我们审过稿，同意了，这不是他的错误，作品沒多大问题。”于是批判鸣金收兵。批判后，欧阳山不但根本沒受处分，反而被提拔，从广东省委候补委员升为正式委员，并被陶指定为人大代表。但是，两面派陶铸却在一九六六年五月十九日中南区文化革命动员大会上说：“广东出了几本什么《三家巷》、《苦斗》，作者要我看，过去我沒有看，向他们道过歉，现在我宣布，这样的小说我根本不看了。”足见其两面派、见风使舵的丑恶面目。

陶铸还把红线女、马师曾之流捧上了天。他讲话作报告凡是有机会便把红线女吹捧一番，把她当作文艺界最进步的典型代表，由区梦觉亲自出马把红线女这个资产阶级小姐拉入党内，直到去年十一月陶铸在北京接见革命师生的一次讲话中还把她吹捧一番（当时红线女已被揪出斗争）。

马师曾这个老牛鬼蛇神死后，料理后事又何等隆重！把这个一生干尽坏事、演坏戏的反革命分子埋入银河公墓。而我们一位长征老干部死了，陶却说他级别不够，不能埋在银河公墓。

三、滥用职权、安插亲信

陶铸为了维护自已的资产阶级统治，每次工作调动，都要带上一些干部，每次运动也力图庇护，保住自已赏识的干部。文化大革命中，自他窃踞了中央书记处常务书记、中宣部长、政治局常委后，更与刘、邓狼狈为奸，滥用职权，到处安插亲信，妄图夺取中央的领导权，为他阴谋篡党作组织上的准备。

王任重，是恶毒反对毛主席的两面三刀的阴谋家，镇压湖北文化大革命的罪魁，刘、邓反动路线的忠实走卒，陶铸青云直上中央后，被陶一手提拔为中南局第一书记，中央文革小组副组长。

在中宣部，陶组成了新阎王殿。他挑选的部一级的干部，不是老中南局的，就是新中南局的。

张平化原任湖南省委第一书记，中南局书记处书记，是个资产阶级反动路线的顽固坚持者，却安插在中宣部当常务副部长。

雍文涛，原任中南局常委，秘书长，广州市委第一书记。陶铸把他拉到中央，让他当中宣部副部长兼国务院文办常务副主任，中央文教部主任（雍已官职累累，陶还嫌不够，又委任他为北京市委书记处书记），雍文涛这家伙就是北京东、西城区和海淀区纠察队的后台老板，陶铸的得力帮凶。

熊复也被安放在中宣部当副部长兼新华社社长。他曾任老中南局宣传部副部长，前中南局机关报长江日报社社长，新华社中南总分社社长，陶铸的老部下，是混入党内的大政治骗子，刘、邓、陶黑司令部的喉舌。

刘祖春是陶铸的忠实奴才，很受陶铸赏识，被任命为中宣部副部长兼秘书长。刘曾任老中南局宣传部副部长、秘书长。

中央文教政治部成立之后，全班人马都是从中南地区招去的。主任是雍文涛。常务副主任孙正是陶铸的哈叭狗。陶铸还让孙正窃踞卫生部临时党委书记。陶铸将他的亲信孙正安插到卫生部去以后大肆给卫生部派干部，力图控制卫生部，将孙正从中南带去的秦燃弄去当政治部副主任，派于汇川去当干部司第一副司长。这两个人的任职，是陶铸指使张孟旭、孙正给他写一封信，然后由他大笔一挥，就算决定了。

陶铸为了控制中央组织部，特从中南调了聂济峰，作为他镇压中央组织部革命的总代表。把中南局组织部副部长杨青安插到中央办公厅当副主任兼国家档案局局长，窃夺了党和国家的机要大权。

去年七月十四日在中宣部改组的大会上，陶擅自宣布肖望东提任文化部部长，何伟（原广州市委第一书记，广州市市长，陶铸的老部下）任高教、教育两部合并后的部长，丁莱夫兼任广播局局长（原仅是党委第一书记，不兼局长）。

陶铸安插他的亲信张云（原广东省委书记处候补书记）到教育部当副部长，只是凭他的死党雍文涛写了一个便条，就决定了。

四、排斥、打击工农干部、革命老干部

陶一次在军区礼堂作报告时，污蔑工农老干部是“三水”、“三老”干部（“三水”就是上班喝茶水，回家喝药水，月底领薪水；“三老”是资格老，年纪老，思想老）。他说把这些老干部放在工作岗位上，是“老狗当道”，是聋耳朵作样子，是“占着茅坑不拉屎”。这些恶毒的话都是陶常讲的。

有一次陶在中山纪念堂作报告时说：“有些老干部摆老资格，依老卖老，实际上有什么用呢？还不如井冈山的老骡子。”在陶的思想指导下，林李明召开大会，动员老干部“退休”。于是有些机关便大肆排斥工农老干部，甚至逼迫他们退休，有的长征老干部才四、五十岁，身体还可以，但不给工作，着令“养老”了。

(十一)推行刘少奇的形"左"实右路綫破坏四清运动

一、鼓吹刘少奇形"左"实右路线,大捧王光美"桃园经验",对抗毛主席亲自主持制定的"前十条"和"二十三条"

在一九六四年,农村开展"四清"运动初期,陶铸违背毛泽东思想,忠实执行了刘少奇形"左"实右的资产阶级反动路线,给第一批"四清"试点单位带来了严重的后遗症。当时,刘少奇带着王光美,招摇全国,大肆吹捧臭名远扬的"桃园经验",和毛主席正确路线相对抗,并通过王光美来突出刘本人。陶铸在刘导演的这一幕丑剧中,十分卖力。一九六四年八月十二、十三日,请刘少奇在广州向中南局、广州军区、广东省委、广州市委领导干部连续讲了两次话,大弹其形"左"实右的四清路线的滥调,强调所谓"蹲点",反对我们伟大的领袖毛主席关于调查研究的极端重要的指示。八月十五、十六日,又请王光美在广州体育馆向广东参加四清干部吹嘘她的所谓"桃园经验"。并把"桃园经验"印成文件,给全省四清工作队员学习。在王光美长达八小时的报告中,陶铸始终奉陪到底。事后,陶铸还大肆吹捧说:"王光美蹲点半年,就总结出两万字的经验,我们这么多人下去,应该搞出更多经验来。"广东省四清当时就是按王光美的经验办事的。工作队一进村,就大搞秘密活动,扎根串连,把所有的大队、生产队的干部和干部的亲属以及连亲带戚的都孤立起来,甚至当敌人看待。并大搞尖端材料,大找"反革命两面政权",一时把解放十几年的农村形容得乌云密布,漆黑一团,陶铸自己蹲点的花县花山公社新和大队的社会调查便是一个典型。陶铸这样不遗余力的贯彻刘少奇这条形"左"实右的资产阶级反动路线,造成了极为严重的后果,这一批"四清"单位,干部怨气很大,运动后期,沒有人愿意出来当干部,就是陶铸蹲点的新和大队直至现在,还要上面派支部书记去。

更恶劣的是,陶铸贪天之功,为己立功,一九六四年元旦前,陶铸在中央开会,知道毛主席对这种形"左"实右的作法提出了批评,他得风声之先便马上打电话回新和大队,对干部采取了比较缓和的作法,然后当成自己的独创经验向大家介绍。他从中央开会回来,宣传二十三条时,绝口不提这是毛主席亲自领导制订的,是毛主席纠正了运动初期的形左实右的作法,而宣传自己如何参与制订二十三条。在广东干部中就有这样的流言:陶铸去制订二十三条起了很大的作用,有很大的功劳。这不仅是贪天之功,为己之功,而且更可恨的胆敢贬低毛主席以提高他自己。

1964 年 9 月陶铸说:"这次全国重新部署城乡社会主义教育运动,这是根据我们国家阶级斗争新特点,和进一步认识阶级斗争严重意义之后所提出的新部署。为什么我们花这么大的力量,全国重新部署社会主义教育运动呢?因为过去把社会主义教育运动看得简单了。第一、全党过去对阶级斗争的新形势新特点认识不够;第二、搞了一年多的社会主义教育运动,暴露了大量的严重问题,证明我们过去的搞法不行,不能解决问题,所以必须重新搞过。"

1964 年 11 月陶铸说:"运动刚开始,是灶刚点火,不是过火。……什么两面政权,什么百分之三十,什么沒有功劳有苦劳,思想右倾得很。少奇同志讲话后,眼睛睁开了一点。我很赞成，党内要公开提出反右，…… 每个生产队两条道路的斗争很明显，两极分化很明显，即使有些还不是两面政权，今天不出明天也会出。”

二十三条从长远来看是反右，从目前来看是反左；……二十三条不是为了纠偏，二十三条以前的成绩还很大。

（一九六五年初传达二十三条时的讲话）

从根本的方面来讲，二十三条又是防右的，又是防左的，……我们前一段强调放手发动群众，防右是对的，但运动到了一定时期要防火，是个火候问题，从这个意义来讲，现在防左多是对的，但不能这样讲。

（一九六五年一月十三日在大会上的讲话）

二、恶毒歪曲农村土改以来的政治形势，把它说成漆黑一团。

不看具体情况，任何工作，任何地点，都是成绩是主要的，缺点是次要的，这是八股调。

（一九六四年，在广州市委社教工作总团干部会议上的讲话）

我们的工作重点应放在大队，……问题本身，运动本身，主要在大队。他们多半是土改时的勇敢分子或游民，当时真正老实的，到不了大队。

（一九六四年十二月）

现在群众的水平，基本上还是土改时分浮财的水平。

（一九六四年十二月）

贫下中农今天在农村的地位，不是比土改时和土改结束后高了，而是低了；而且相当一部分贫、下中农生活还很苦，有些是家徒四壁，甚至还受高利贷的剝削。

（一九六四年十月）

广东的土改，从多数地区来说搞的不算坏，但为什么这样多的基层单位现在变坏了呢？……一个很重要的原因，是土改时沒有很好注意去建立起好的领导核心。土改时的根子、积极分了，现在有些是变坏了，有些不起作用。农民到底是农民，是小生产者，土改时未培养好，以后又不加强思想教育，怎么能够指望他们在社会主义革命斗爭中能起核心作用？……土改时扎根工作不够细致认真，和平土改的地方扎的根子多是地主狗腿子，串连了一批牛鬼蛇神，他们把持领导，直到现在还在为非作歹，成为反革命两面政权。有的地方，土改是比较彻底的，但扎的根子不是老老实实有余、能力不足的老农民，就是具有游民气质的勇敢分子（他们多数不是正经老实的贫雇农），前者由于年龄大、能力弱，我们各级领导又未很好帮助他们，后来都逐渐被人取而代之；而后者则都成为我们今天农村基层干部的骨干……这些人上了台搞得久了，便办坏事了。

（一九六四年十一月）

根据湖北的材料，土地改革不彻底、地主富农一贯掌握大权的，大约占生产队总数的百分之十五；而土改彻底，这几年又给地主、富农拉出去、打进来，篡夺了领导权的，也约有百分之十五。两者相加，就有约百分之三十左右的农村阵地是阶级敌人在当权。

（《一定要使这次伟大的革命运动获得全胜》，一九六三年七月）

去年花县有一个支部书记说得好，他说：“我们现在和国民党的保甲长差不多。一不参加劳动，二多吃多占，三看不起贫下中农，四同地富勾勾搭搭，所差的只是沒有打人。”从目前的情况看来，百分之三十单位的领导权不在我们手里，肯定不会少。

（一九六四年在广州市委社教工作总团干部会议上的讲话）

还有更复杂的是，在百分之三十当中，有些单位不仅不是共产党领导的，而且是反革命的两面政权，表面上挂着共产党的招牌，实际上干的是反革命勾当。……河北省的桃园大队，原来也认为是个模范队，但实际上是一个反革命的两面政权。河北有，难道广东就没有？不，广东一定有，而且广东的资本主义势力更严重些。

（一九六四年在广州市委社教运动工作总团干部会议上的讲话）

三、篡改四清运动的性质

现在农村中的阶级斗爭很复杂，也很严重，敌我矛盾与人民内部矛盾交错在一起。有人民内部矛盾，又有敌我矛盾，处理不好，就要犯"左"或右的错误。

（一九六四年在广州市委社教运动工作总团干部会议上的讲话）

要把运动搞好是很复杂的，第一是敌我矛盾和人民内部矛盾交错在一起，混淆不清；第二是百分之三十的基层单位领导权不在我们手里，不深入发动群众，就不能区别干部的错误是什么性质。

（一九六四年在广州市委社教工作总团干部会议上的讲话）

搞好这次社会主义教育运动，是一个十分艰巨的任务，除了正确处理好两类矛盾以外，还要彻底解决三分之一的领导权问题。三分之一的领导权不在我们手里是确实的情况；可能还要多些。

（一九六四年在广州市委社教工作总团干部会议上的讲话）

下去以后，先从那里搞起呢？要先解决内部问题，从内部的阶级斗爭搞起，通过解决人民内部矛盾，团结一切可以团结的人，从而突出敌我矛盾，解决敌我矛盾。

（一九六四年在广州市委社教工作总团干部会议上的讲话）

以基层干部为代表的新的富裕农民阶层对广大贫、下中农所实行的剝削，他们的"四不清"和农民反对"四不清"的斗爭，是今天农村存在的主要矛盾，也是我们开展社会主义教育运动这一严重的阶级斗爭的主要內容。……只要我们充分重视和彻底揭露了当前农村存在的新的两极分化，把这个主要矛盾抓住了，运动就具有更广泛与深刻的阶级內容。

（一九六四年十二月）

这次社会主义教育运动，主要是解决內部问题。所谓內部问题，政府內部的问题，干部的问题，群众团体內部的问题，工矿企业、经济组织和学校等方面的內部问题。只有解决了內部问题，才有可能更好地解决外部问题。

（一九六四年九月）

一定要通过这次运动消灭阶级，使干部懂得走群众路线，参加劳动，这是解放后第三次大革命……

（一九六三年五月二十日焦林义传达陶铸对中南地区社教运动的看法）

党內走资本主义道路当权派是一个概念化的东西。

（一九六六年三月底，在四清总团会议上总结时的讲话）

富裕农民还是存在的，主要是走个人富裕的资本主义道路，这是要反对的。新压迫、新剝削、新富农、新剝削分子、新两极分化苗头和反革命两面政权都是存在的。

（一九六四年十二月）

现在中央《二十三》条下达，问题是怎样正确理解和正确贯彻执行。关于新剥削、两极分化苗头，还要继续讲，要提起注意，要把走资本主义道路搞臭。

（一九六五年一月）

四、混淆农村阶级关系，丑化基层干部，把斗争矛头指向整个基层干部

贫下中农的落后面是相当大的（大约占贫下中农的百分之三十左右），这部分人受资本主义和地、富、反、坏的腐蚀也比较严重。

（《关于广东花县等地进行农村社会主义教育运动中重新组织贫下中农阶级队伍问题向主席和中央的报告》，一九六三年八月三日）

真正值得重视的是现在我们的农村出现了新的剥削。……农村已经出现了以基层干部为代表的新的富裕农民阶层，开始出现了新的两极分化。

（《给张根生同志的复信》，一九六四年十月二十六日。）

农村出现了以基层干部为代表的新的富裕农民阶层，已开始出现了新的两极分化。有的贫、下中农说："现在富的饱死，穷的饿死"，情形正是这样。

（一九六四年十月）

这个以七户干部为代表的新的富裕农民阶层，……对贫、下中农进行了相当严重的剥削，其剥削办法是多种多样的。

这样严重的问题，决不是这个生产队与花县所独有的情况，而是在广东全省带有普遍性的大量存在的问题。从中南各省、区运动开展后揭露的材料看来，也是普遍大量存在着的。

（一九六四年十二月）

现在有些干部，是新的地主阶级。

（一九六四年九月）

新地主，新富农，通过社会主义形式，搞剥削。

（一九六四年十一月）

以基层干部为代表的富裕农民阶层，利用干部职权进行剥削，现在农村两极分化的趋势是很严重的。现在一些公社的干部是保甲长是土皇帝。

（一九六四年十二月）

坪南大队提出了一个问题，用什么来进行阶级教育。光用老的诉苦办法，停留在光依靠土改根子是不行了，必须用阶级斗争新特点的教育，实际是诉干部富裕层的苦。（1964 年 9 月）

我总觉得农村基层干部问题这样严重，有些完全变成新的剥削者和压迫者，把贫、下中农作为他们的统治对象，应当坚决地严肃地处理这个问题。

（《给张根生同志的复信》，一九六四年十月）

现在农村住新房子的，吃得好的，穿得好的，有单车的，有手表的，家里家具，用具，铺盖，蚊帐很齐全的，甚至有收音机，缝纫机，电风扇的是谁呢？就是我们的基层干部和跟他们一道搞自发和投机倒把的分子。

（《给张根生同志的复信》，一九六四年十月）

总之，他们在农村已成为特殊的人物，与众不同，已成为农民中的富裕阶层。他们对贫、下中农的剥削，是很惊人的。他们所采取的办法，也是多种多样的。

（《给张根生同志的复信》，一九六四年十月）

□□□□□□干部在政治上，组织上和经济上都有严重的"四不清"，对地富诸多照顾，几户□□□□□□生活都很好，中农生活也不错，因而干部的剥削就集中在一部分贫、下中农身上。

（《给张根生同志的复信》，一九六四年十月）

□□基层干部，既然成了特殊人物，已从贫、下中农队伍分化出来成为新的富裕农民阶层，□□的思想感情当然就变了，他们当然会看不起原来的贫下中农阶级兄弟。如果贫、下中农反对他们，他们当然要打击报复，甚至有个别地方竟发生干部杀害贫下中农的事件。

（《给张根生同志的复信》，一九六四年十月）

土改以后，特别是这几年，我们与贫下中农疏远了，我们工作中走的不是群众路线，阶级路线，而是"干部路线"，也就是以基层干部为代表的富裕农民的路线。

（《给张根生同志的复信》，一九六四年十月）

为什么我们已知道基层干部"四不清"这样严重，还下不了手呢？为什么贫下中农辛辛苦苦得来的果实，他们自己不能完全得到，而为基层干部通过巧取豪夺，不劳而获，过着不应有的阔绰生活，而我们有些同志还不主张要干部坚决退赔呢？为什么农村存在这样严重的阶级斗争；贫、下中农迫切要求解决干部的"四不清"问题，而我们生怕干部"躺倒"呢？为什么干部违法乱纪，进行打击报复，甚至残杀贫、下中农而不严肃处理，总是一味强调宽大呢？为什么有些地方连年增产，可是贫、下中农生活很少改善，甚至完全没有改善，这明明是干部"四不清"造成的，而我们却盲然无知，听之任之而不认真加以解决呢？甚至连"六十条"关于干部补贴工分不超过百分之二的规定有些同志也觉得是对干部太苛刻了，抗拒执行呢！一句话，我们许多同志是不管三七二十一，只是强调"依靠干部"！既然是无原则的依靠干部，不是官官相卫又是什么呢？

（《给张根生同志的复信》，一九六四年十月）

对基层干部基本上还是依靠的，只对几个很坏的干部没有依靠，这已经是改良主义的搞法。

（一九六四年在广州市委社教工作总团干部会议上的讲话）

进村以后对干部的态度要坚决，……运动开始时干部可能不满，不满就不满……如果有人对这样的政策也接受不了，认为是受委曲，还要抵抗，破坏，那就证明他不是好干部。

（一九六四年在广州市委社教工作总团干部会议上的讲话）

五、工作队包办代替大搞"扎根串联"、"人海战术"

要保证把这次的农村社会主义教育认真搞好，最中心的一环是如何扎好根子，经过深入细致的思想教育，串连发动，……如果这一着没有抓好，以后运动肯定搞不好；如把这一着抓好了，斗争敌人，搞好"四清"，就有了基础和保证。

（《关于广东花县等地进行农村社会主义教育运动中重新组织
贫下中农阶级队伍问题向主席和中央的报告》，一九六三年八月三日）

一进村，就学土改的办法，进行选根、查根和扎根的工作。每个生产队只要扎好两三个根子，真正把根子培养好，就可以放手依靠他们去进行串连，串连也是由少到多地分批进行的，即串连一批，巩固一批，然后再串连一批、巩固一批。……串连组织队伍先后用了三十多天的时间，分三批进行，才把贫下中农组织到百分之六十左右。

（《关于广东花县等地进行农村社会主义教育运动中重新组织
贫下中农阶级队伍问题向主席和中央的报告》，一九六三年八月三日）

在扎根串连、组织队伍方面，多花一些时间是值得的。

（《关于广东花县等地进行农村社会主义教育运动中重新组织贫下中农阶级队伍问题向主席和中央的报告》，一九六三年八月三日）

在开展访贫问苦，扎根串连中，各地都接触到困难户的问题。……只要我们对于他们当前生活中的困难，积极帮助解决，不满情绪很快会消除，把他们发动起来是比较容易的，他们中的多数可以作为依靠去进行串连。

（《关于广东花县等地进行农村社会主义教育运动中重新组织贫下中农阶级队伍问题向主席和中央的报告》，一九六三年八月三日）

我认为农村社会主义教育运动最中心的一环是扎好根子，经过串联发动，组织一个眞正有觉悟有战斗力的贫下中农阶级队伍。（这个队伍多少年来在农村是不存在了，是我们最大的一个失策）

（一九六三年七月十一日给李子元并广东省委书记处的一封信）

正确的方法是一进村就搞扎根串联，搞"四清"，不依靠原有干部，依靠工作队本身力量去发动群众。

（一九六四年在广州市委社教工作总团干部会议上的讲话）

社会主义教育有很多内容，但最基本的有两条，一是扎根串联组织好阶级队伍；二是彻底搞好干部"四清"。

（一九六四年在广州市委社教工作总团干部会议上的讲话）

目前不论农村"四清"和城市"五反"，沒有工作队的监督和撑腰，是不可能放手发动群众和彻底整顿好干部队伍的，以阶级斗爭为纲也就会落空，强大的阶级队伍肯定无法建立起来。运动主要依靠工作队。

（一九六四年七月十二日在中共广东省委二届二次全会上的总结）

工作队强弱好坏，关系到运动的成败，先靠干部自觉执行，但是有了工作队，而不强也不行。

（一九六四年七月一日在建党43周年大会上讲话）

要把工作队的干部搞得干干淨淨再下去。……如果沒有一个高质量的工作队，运动就不可能取得全胜。

（一九六四年在广州市委社教工作总团干部会议上的讲话）

现在我们懂得了，过去的搞法不行，就要用现在这种搞法。要有强有力的工作队，要集中力量打歼灭战。阳江县集中了一万七千多人，揭阳县集中了一万五千多人。你们集中了四千多人，不算多，还只能搞三分之二，不能全县都搞。

（一九六四年在广州市委社教工作总团干部会议上的讲话）

要组织强大的工作队。沒有强大的工作队，就谈不上放手发动群众……这样强大的工作队，沒有领导干部蹲点是不行的。

时间要长一些。要放手发动群众，沒有充分的时间不行。现在看来，要有一年的时间，才可以比较彻底地解决问题。

（一九六五年十二月）

要解决干部的"四不清"，首先不能依靠原有干部。经验证明，沒有工作队的帮助，光依靠基层干部自己去搞"四清"，是不可能搞好的。

（在广州市委社教工作总团干部会议的讲话）

我们这次(运动)主要依靠工作队，因为依靠基层干部，要搞好有困难。

（一九六四年九月）

干部抓生产没有那么高的情绪，非得工作队抓不可。

（一九六四年十月）

一方面，要把领导生产的责任加到基层干部身上，督促他们搞好生产；但另一方面，必须充分估计到，干部本身问题很多，不可能全心全意领导生产。为此，工作队必须亲自抓生产，而且每一阶段都要抓。

（一九六四年十一月）

六、片面强调清经济，大搞经济主义，大搞物质刺激

小四清要心中有数，大体可以搞多少，不然光是政治，没有经济也不行，要大家见一点油水。

我们通过四清运动解决了干部多吃多占，铺张浪费，贪污盗窃，解决了干部参加生产劳动问题，得到了教育。

（一九六四年七月十二日在中共广东省委二届二次全会上总结）

经济退赔从严，纪律处理从宽。

（《一定要使这次伟大的革命运动获得全胜》，一九六三年七月一日）

看来，面上工作要取得比较好的成效，调动群众的生产积极性，要通过三级干部会议与贫下中农会议，认真抓好干部退赔工作。

只要各级领导干部带头进行经济退赔，并认真抓好这项工作，是能够使多数干部退赔一部分钱物出来，这就可以使群众较为满意。

（就抓好面上工作问题给各省(区)委的信，一九六四年十月十六日）

七、鼓吹“运动要服从生产”，“要以生产带运动”，反对毛主席提出的搞好四清运动的标准

要强调抓好生产。运动要归结到搞好生产。特别的四清(阶段)过后，要以生产带运动。

（一九六四年十二月）

革命化，坚决搞社会主义，具体表现在：生产搞好，群众分配提高。

运动要服从生产，一切服从生产，在生产季节很忙的时候……现在就是抓生产促运动。

（一九六五年十月）

先进县应该做到下列八条：

1、稳产高产；

2、发展多种经营，壮大集体经济；

3、搞好造林绿化；

4、搞好公路交通；

5、搞好文教卫生，每个公社办一所半耕半读学校，每个大队办一所完全小学，高小半日制，初小全日制；整顿好公社的卫生所和联合诊所；

6、树立良好的社会风气(爱国、爱社、爱社会主义)，不盗窃，不赌博，不迷信，不作投机倒把，不买卖婚姻，男女关系不乱，遵守公共道德等；

7、增加对国家的贡献;
8、增加社员的收入。

（一九六五年一月）

这是很大的创作，就是在一年时间，就是把花县搞成一千斤、一百元，这是很革命的任务，很光荣的任务。对我们来说，也是取得了社会主义革命、社会主义建设的经验。

（在花县四清时的讲话）

"要大搞比学赶帮运动。而且(别的)什么运动都不搞，集中力量搞比学赶帮运动。以阶级斗争为纲，就是把生产搞起来。"

社会主义教育运动要搞好，要巩固成果，国家还必须考虑一系列根本性的措施。

第一，要减薪。

第二，要把参加劳动作为一条法律，每个人都要遵守。

第三，实行新的学校制度。

第四，社会主义的文艺。

第五，一些不合革命要求的生活制度要改革，凡是不合社会主义原则的，都要取消。

（一九六五年一月）

附:陶鑄四清蹲点的眞相

——据赴广州革命造反团第四支队武机调查组调查材料整理

调查时间：1967年1月6日——10日

调查对象：广东花县花山公社新和大队

毛主席教导我们："政治工作是一切经济工作的生命线，在社会经济制度发生根本变革的时候，尤其是这样"。"四清"运动，是一场尖锐复杂的阶级斗争，是一次保证我国不变颜色的伟大的革命运动。对这样一次伟大的运动，我们必须完完全全地遵照主席的教育，以阶级斗争为纲，突出政治，扎扎实实地将它搞好。可是，陶铸却将运动引向了何方呢?

陶铸在1964年9月至1965年6月在广东花县花山公社新和大队蹲点搞四清，当时化名金科长，即金文。他在四清运动中推行的是地地道道的资产阶级、修正主义路线，将运动拉上了歧途:

1、是刘少奇、王光美形"左"实右路线的忠实执行者

工作队在进村之前，集中集训一个多月，在一个多月的集训中，陶铸不是组织大家学习毛主席的有关指示，特别是没有组织大家学习由毛主席亲自起草的第一个十条，而只强调学习刘少奇的指示，学习王光美的报告，强调在工作队进行三查三报，在工作队划阶级，定成份，在工作队内部制造恐怖，这是为什么呢?这是陶铸想通过集训使工作队成为陶贯彻执行刘的形"左"实右路线的驯服工具，达到打击农村干部，打击群众的目的。事实上，工作队经过集训之后，是带着一种恐惧情绪，带着怀疑一切的思想进村的，用陶在集训中对待工作队的态度去对待农村干部和群众的。

陶铸在花县蹲点，工作队队伍最庞大。在他所领导的广东省，中南五省(区)工作队的队伍也是最庞大的。就花县来说，平均一个大队就有五、六十人，一个生产队二、三人，平均一、二十个劳动力就有一工作队员。不仅如此，运动的时间也是最长的，试点搞了六个月，第一批搞了十四个月。这是完全不相信群众。不依靠群众，把群众当成“阿斗”，什么事情都是工作队包办代替。发动群众，组织队伍工作队包办，查帐算工分工作队包办，年终分配社员借钱工作队又包办，生产队生产、社员生活甚至派工、管仓库也由工作队包办真是“一切权力归工作队”。

到处找“吴臣”（即王光美搞的桃园大队的试点支部书记）草木皆兵。工作队一进村，并沒有按主席教导进行工作。工作不依靠群众，不相信群众，而背着群众搞“秘密”活动，和贫下中农搞“三同”，吃了有肉的菜，说成是拉拢收买，丧失立场，干部接触我们说成是阴谋，简真把农村看做漆黑一团。当时大家有一种思想，如果本大队、本生产队找不到“吴臣”，就会被人说你是右倾。都希望本大队、本生生队是一个反革命两面政权。当时在陶的直接领导下，工作队进村后短短一个月里，就进行过两次反右倾，因为反右倾许多工作队员挨了整，受了处分，这些都是陶铸形“左”实右的恶果。

一九六四年陶在花县蹲点，进村不久就提出他的反对毛泽东思想的口号，陶说：“以基层干部为代表的新富裕农民阶层对广大贫下中农实行的剝削，他们的“四不清”和农民反“四不清”的斗争，是今天农村存在的主要矛盾。”陶铸这种提法是同毛主席和党中央从 1949 年七届二中全会以来关于整个过渡时期存在着阶级矛盾，存在着无产阶级和资产阶级的阶级斗争，存在着社会主义和资本主义的两条道路的斗争的科学论断唱反调的，是反毛泽东思想的。这实质就是阶级熄灭论。陶的这个提法，是和刘少奇唱一个调，在陶这种反动思想指导下，1964 年的“四清”运动的重点不是整党內走资本主义道路的当权派及支持这些当权派的地、富、反、坏、右，而是整基层干部。

在这些种反动思想指导下，广大基层干部被当为敌我矛盾来斗争，基层干部受到了无情的打击。在四清斗争中，100% 的干部都受到了打击，搞得都沒人愿意当干部。

2、将“生产好”当作运动搞得好坏的唯一标准，将运动引入歧路

1965 年 5 月，试点工作将结束时，陶在花县花山公社召开的大队支部书记、大队贫协主席和工作队干部会议上谈到关于搞好四清的标准时说：“看你们四清是不是搞好，你们干部有沒有意见，我不要看大家，看你们的生产就知道了。”这是什么话？二十三条中第四条明确指出，搞好运动的标准就是毛主席在 1964 年所指示的六条标准，陶偏偏不提毛主席所提出的六条标准，这不是明目张胆地对抗二十三条，对抗毛主席的指示吗？陶铸的搞好生产就是搞好四清运动的思想是很典型的。

1965 年 7 月，陶在广州市农村四清工作队集训会议上的讲话中说：“最近我到花县江村小塘大队看了一下，这个队搞得很好，增了产还建立了卫生村，去年早造亩产三百九十斤，今年亩产 540 斤，增产 40% ……。

他在新和蹲点的前后十个月中，从来没有提过毛著学习，他不是用战无不胜的毛泽东思想去武装广大的贫下中农和干部，不是把政治思想工作放在第一位，而是大搞物资刺激，企图把农村拖向资本主义道路。在四清期间陶经常宣扬什么：四清的验收标准主要是看禾苗生长得好不好。还说：“四清是否搞得好，是看增产还是减产”。在陶的极端错误思想指导下，其县委第一书记张××大肆宣扬什么；“有了工分就有了一切，有了产量就有地位”的极其反动的错误思想。陶大搞物资刺激，树立自已的个人威信；他一到新和就对人说：“现在，我到了新和，我一定要和利树宗比一比（利树宗是新和人，解放前是广东省宪兵司令，对本村人施行了一些“恩赐”）看谁对新和帮助大。我一定要比利树宗搞得更好”。好一个中南局第一书记，自称为“无产阶级革命家”的陶铸要和两手沾满人民鲜血的刽子手来比个高低，真是混旦，可恶至极，别出心

裁。他为了树立自已的个人威信，使自已蹲点的新和大队搞出个“样板”，眞可谓大施其“恩赐”；为了搞什么河水上山坡，投资三万多元，大部分是公社，各大队负担，其他大队社员意见很大。

毛主席教导我们：政治工作是一切经济工作的生命线。

林彪同志提出四个第一：人的因素第一，政治工作第一，思想工作第一，活的思想第一。这是每一个无产阶级革命者所必须遵循的，而自称为“无产阶级革命家”的陶铸，提出的是什么呢？

其一，陶氏的“四个一”：生产队的积累（包括动产和不动产）最小达到一万元；平均每人每年增至一百元，水稻平均每亩一千斤，全县上调大米达到一亿斤。

其二，陶氏的《八项要求》：

一九六四年八月二十五日陶铸提出使花县变成社会主义建设先进县的八项要求：

1、粮食稳产高产（争取一九六五年成为千斤县）；

2、发展多种经营，壮大集体经济（每个生产队公社化后新增加的积累，包括动产和不动产最少达到一万元）；

3、搞好造林绿化；

4、搞好公路交通；

5、搞好文教卫生（每个公社办一所半工半读的农业中学，每个大队办一所完全小学，高小半耕半读，初小全日制，整顿好公社的卫生所，联合诊所）；

6、树立起良好的社会主义风气（爱国、爱社、爱社会主义、遵守公共道德、要使迷信、赌博、早婚、买卖婚姻等坏风气，受到彻底打击）；

7、增加对国家的贡献；

8、增加社员收入，改善社员生活（每人每年平均收入从九十元增至一百元）；

3、陶铸重用了什么人，栽培了什么人

陶铸培养、选择干部，不是从政治上去帮助、培养青年，而是搞变相的物质刺激，搞修正主义的那一套。这从介绍他在四清时所“栽培”的干部是何许人也和他是怎样的“指点”青年来看看吧：

张玉琦：四清时是花县委第一书记，他是个地地道道的修正主义分子，他一贯目中无人，排斥、打击工农干部，竭力包庇他的爱人——地主婆（花县常委委员兼组织部长），他长期公开宣扬“工分第一，有了工分就有了一切，有了产量就有了地位”的反动的修正主义观点，他贪污受贿，严重地包庇坏人干坏事。甚至借所谓“条件不同”来反对群众学习解放军、与党中央和毛主席唱对台戏。然而这样一个人，却能与陶关系密切，四清时交往如麻；四清后且在陶铸的同意下，（很可能是陶的指示）加官晋级，爬上广州市农业局长的宝座。又由于张有陶这个后台老板，更是目中无人，气焰嚣张。总之，这个在无产阶级文化大革命中被花县人民揪出来的党内走资本主义道路的当权派，是受陶所“器重”的“红人”。

江××：前花县花山公社的侨委干部（59年至64年），59年时，他因放跑了三个华侨地主到香港（江还派了一个信用社干部带去），而从中获得两万多元的“利润”并将其款于香港买了六部汽车，送了一部最漂亮的小轿车给张玉琦（上面说的县委第一书记）。在政治上，这是江的严重犯罪，本应依法懲处，但被张玉琦包庇无事了。江这样的人已是严重的四不清干部，是社教的对象，四清时，也被公社干部揭出来了，但陶却以“干部难找”为借口把江调到新和大队当党支部书记去了。这样，一个有严重四不清的干部在陶的大“红伞”保护下，大事化无，避开了应得的惩罚——“脱险”了。

吴振荣：前花东公社党委第一书记，他长期隐瞒成分……，现已被花东人民揪出来了。四清时这个党內走资本主义道路的当权派却得到陶的重视，与陶交往甚为密切。(花东公社是作为中南局机械化的重点)陶既然培养、选择出这样的“好”干部，他又如何“注重”于培养青年一代呢？现在让我们来看一看他是怎样“栽培”“指点”青年吧：四清时，陶曾在召开的青年座谈会上说什么“一个青年要得到革命好处，要入团、入党，应好好工作，谁当好团员、民兵，就送谁去学校读书，去工厂学技术，去部队(大意)(的确陶也不失青年“所望”，陶送了几个去华南农学院预科班了)，我们不禁要问，青年入团、入党是为了“得到革命好处”吗？又非去学校读书不可吗？在你姓陶的眼里，只有读书才有“出息”、“前途”，而在农村却是不会得到“革命好处”的无“前途”的了。

陶对青年既然是搞修正主义的培养方法，那末就不可能教育好一个人，更不可能培养出一个合格的无产阶级革命接班人，而只能把青年拉进修正主义的泥坑。请看，陶铸蹲点的“三同”户有个青年叫做利××(住户只有母子二人)，该人四清前较后进，但四清后更无进步，并与地主的儿子一起偷了生产队稻谷一千多斤，还说出“出生迟，受苦早”这样对现实极为不满的话，怕苦、怕累。这里真是令人难予置信，干这种坏事，说出这样反动的话，竟出自于与堂堂的中南局第一书记陶铸相处(“三同”)两个多月之久的人，况且又是出现在四清后呢！如果说是陶没有对这位后进的青年进行“教育”，陶又是怎样的进行“三同”呢？如果进行“教育”，又难道不是陶向这位青年进行修正主义教育，搞物质刺激，而使这位青年沿着错误的道路上越走越远的结果吗？危害这位青年的不是别人，正是你这个姓陶的。

四清时，陶还重点培养了一个富农出身的女青年(知识青年，高中毕业)入了团。开会时，陶经常表扬她，说她是怎样的“背叛”了家庭，把她作为样板，并在“中国青年报”上表扬了她，可是“功劳下水，气力回天”这位备受陶苦心“栽培”“器重”的先进分子”，四清后却嫁给地主出身的右派分子，当时“中国青年报”又批评了她，但不管怎样，这个“丰迹”更应该记在陶“成功”地培养“接班人”的功劳簿上。还有一个叫利××的人在陶的”关怀“培养”下，入了党，因表现不好(其叔叔还是国民党三青团员呢！)不能转正。(支部不同意)。

说也奇怪，一个不会作事的老太婆也当起贫协主席(该人的丈夫曾做过土匪，抢过别人的东西)这人也是陶亲手培养起来的。

总之，陶培养接班人，选择、识别干部是独出心裁，自有一套的，那就是彻头彻尾的修正主义路线。这样，他培养、选中的干部，所培养的接班人就不能不是他所推行的修正主义的殉葬品。同时，其流毒极深，影响极坏，他蹲点的大队在四清时就已变成一个“独立大队”，四清后，他所“栽培”的一些干部或受其影响的人变为专横跋扈，目中无人的人，看不起其他队和公社的干部，搞“独立王国”，甚至连巴黎公社式产生的公社文化革命委员会(保皇“文革”垮台后，重选的，现文革成员多为革命造反派)召开会议，他们也不参加，以前(四清后以来)凡是公社召开的会议，他们也有“权”决定是否参加，想参加就参加，不想参加就罢，享有“充分”的“自由”。这些人是老虎屁股摸不得。

为了显耀自己，陶硬要把三社一场(人和、江村、石龙、瓦窑农场)划入花县以达其所谓“亿斤县”的大阴谋是在一九六三年提出的。当时三社一场的干部、群众议论纷纷，起来集会、请愿以示反对。陶看到下面的群众竟敢起来反对我姓陶的，这还了得，于是不择手段，采取武装镇压。在他的指使下，出动军警、公安人员、机关干部数千人，携带刀棍，荷枪实弹，如临大敌，对贫下中农和广大群众实行专政，还到处派人拦截路口，那里有反对他这个主张的就到那里去镇压。在瓦窑农场就当场扣押了几人，终因群众反对而未扣成。

陶对贫下中农实行资产阶级专政和恐吓、威胁，制造白色恐怖。宣布谁说一声“花”字便是“现行反革命”，就要镇压、逮捕。使贫下中农敢怒不敢言。陶还挑拨党群关系，严重地破坏了党的政策和损害党的崇高威信，说·“这是上级的决定、党的决定，谁反对划入花县就是反对上级，反对党的领导，就是现行反革命行为，就要镇压。”可见南霸天——陶铸在农村独断专横到什么程度了。

4、陶铸所树立起来的“榜样”

陶所在的生产大队眞是成了一个独立王国，什么都是优待。他不顾其他生产队社员群众的反对、国家化肥供应新和大队可以任意需要多少就有多少。陶在那儿的当年，新和曾因用化肥过多而造成减产减收，其他生产队的化肥却少得可怜。总之，凡是国家投资什么，该生产队都是优先优待。其他各生产大队对这种不平等的现象很有意见，群众普遍流传这样一句话：“小坳(生产队名)好天，新和好命”。

新和大队经常以陶铸这个“金字”招牌，到广州大搞付业生产。如在66年11月，广州市农委书记王占鳌在二县(花县、从化县)一郊(广州市郊)会议上讲，陶铸在春节可能要回广州，新和大队这个点一定要搞好，才对得起陶铸……等。故立即下令新和大队大搞田园化，扬言说新和大队要多少钱就给多少钱。至于搞田园化所需的大量劳动力，就挂毛著学习训练班之名，行整天劳动之实，这样，县委办了两期“毛著学习训练班”，整天都是劳动，大搞田园化，根本没有组织学毛著。办两期后，任务未完成，公社又办一期所谓“毛著学习训练班”，把公社、大队干部都调到新和大队劳动。在这期间，新和大队却派大量劳动力到广州搞付业生产。除了经济上享受特殊待遇外，还享受政治上的特殊“待遇”(到现在仍如此)什么都是特殊化。如公社开生产大队以上干部会议或其他会议，该生产队的干部可以随便不参加，总之，是随自己的便。该生产队对公社干部也是十分傲慢的，如果派公社干部到该生产队了解情况等工作，公社干部只能当该队一个劳力使用，眞是仗“势”欺人，所以造成公社干部都不愿意到该生产队工作。

5、看陶铸的官老爷架子

毛主席教育我们：“教育每一个同志热爱人民群众，细心地倾听群众的呼声；每到一地，就和那里的群众打成一片，不是高踞于群众之上，而是深于群众之中；……”

可是我们这个“大名鼎鼎”的陶书记，可谓身高一着，在新和蹲点时，大搞特殊化。陶一到新和大队，立即从广州运来一部电视机，从干校运来沙发椅等。(可能目标太暴露了，二个月以后，把电视机搬到了公社里。)两个月后，就集中住在解放前广东省宪兵司令利树宗的大洋楼里，每日伙食一元多(住在大楼的都是科处长以上干部)，同时，可举一件小事也可以看出陶当官做老爷的一付架势：三个人(陶本人，两个警卫员)放一只牛，当地群众都把这当成笑料，说“大头头，三人放条牛。”从这些也可以看出陶铸不是下来倾听群众的呼声，不是和群众打成一片，而是高踞于群众之上，当官做老爷的家伙。

(十二) 資产阶級反动路綫的又一代表人物

一、贯彻彭眞二月提纲，把文化大革命引入歧途

1．一九六六年四月《人民日报》发表了戚本禹同志的文章：《<海瑞骂皇帝>和<海瑞罢官>的反动实质》，又发表关锋、林杰的文章：《<海瑞骂皇帝>和<海瑞罢官>是反党反社会主义的两株大毒草》；意识形态领域内的阶级斗爭已相当尖锐，相当激烈！这正是开展大规模的无产阶级文化大革命的序幕。正是在这个时候，陶铸"只找少数人搞学术工作的同志"在一九六六年四月十三日开了个所谓中南局学术研究座谈会。这是一个"座谈"如何组织人马，扑灭这场意识形态领域的深刻的阶级斗爭的"预备会"。他声嘶力竭地喊什么"把学术批判搞起来，拿出东西来"；他"建议各省成立社联"，"首先把锣鼓敲起来。"……如此等等，岂非白日作梦，猖狂之至，无以复加！何其毒也！

下面就是陶铸在这个座谈会上讲话的部分摘要：

(一)

"……我们革命也是'逼上梁山'的……"

"……赫鲁晓夫沒有什么本事，这样一个草包流氓，怎么一下子就把十月革命成功四十多年的社会主义国家变过去了呢？……"

"但他(吳晗)的副市长可以继续当，文章还可以写，翦伯赞的思想是反动的，要彻底批判，但还是让他当学部委员。"

"我们过去革命，都是逼上梁山的，是蒋介石、地主、帝国主义把我们逼上梁山的，感到国家、民族沒有出路，劳苦大众沒有出路，自己也沒有出路。"

"越计较名利地位越保不住。彻底丢掉名利思想，眞正为人民做出贡献，就会得到人民的拥护。"

"……旧知识分子年龄大了，但可以革命一下子，特别是快死的时候，多做点好事情，对儿女后代有好处，到了死的时候还搞个顽固派有什么好处呢？"

"如果不搞，不外乎几个结果：(1)坚决反对革命。蚍蜉撼大树，变为历史的渣滓。可以不逮捕，不判刑，不吃官司，但你在社会上臭了，那活着还有什么意思。你想反对革命，也反对不了，为什么要自讨苦吃？"

"越图名越沒有名，越图利越沒有利，我们的社会沒利可图。不图名、不图利的相反有名有利。焦裕禄不图什么有名有利，现在比我们中南局的书记还出名得多……他原来并沒有这个想法，如果有这个想法，不会有这样的进步。"

"不怕死，怕死越要死，一个是病，怕死，顾虑得很，结果死得快些。不怕死抵抗力倒会增强，多活一些时间。我们很多人怕死的死了，不怕死的活下去了。""有的人怕死，这不敢吃，那不敢吃，筷子也要消消毒，结果还是死。怕死的人而会早死。打仗也是这样，怕死的人躲在一个地方还怕不安全，又要起来跑，结果正好被打死。"

“不怕苦是相对的，越怕苦越苦，把觉悟提高一点倒是不怕苦了，怕有什么用？……”

“我们这个社会越怕死越要死，越怕苦越要苦。”

“不革命什么也吃不开。吳晗要‘保名’能保住？”

“越患得越沒得，越患失越要失。想开这个问题，前途光明，心情舒畅。……个人主义少一点，心情舒畅一点，运动来了也不用担心，共产党有经验。”“世界就是这么个世界，要么你就推翻它，要么你就承认它，不承认它、不推翻它，很尷尬。又不推翻，又不承认，还是痛苦吗？”“谈恋爱一样，要么成功，要么离婚，何必痛苦呢？”

（二）

“怎么搞法。这次会议参加人很少，中南地区近两亿人口，先找你们二十多个谈一下，把锣鼓敲起来，星星之火，可以燎原嘛。”

“怎么搞？我的设想是，首先把锣鼓敲起来，把‘火’点起来，……。会议以后，你们回去先搞‘扎根串联’，发动群众，召集左派教师开会，把他们团结起来，在学术界有权威的老教师，愿意跟我们走的，应该欢迎。华南师院有个教授叫吳三立说：‘破也难，立也难’。吳三立，是立言、立德、立功，我们不要你‘三立’，只要‘一立’，把无产阶级思想立起来（就可以了），……。练兵，要以校刊为园地，要以理服人，不作人身攻击，用说服的方法，不用压服的方法。”

“怎么领导？这是一场很大的仗，中南局下了决心要打，……。中南局在六月开会，还要研究这个问题，现在初步意见，吳芝圃同志任总司令，宣传部是参谋部，理论处是作战处。……。我们的阵地是‘羊城晚报。’

“请各省给我们写稿，还请中央各报驻广州的记者支持，一方面我们给你写，你们也要给我们写。是不是你们打个电话和你们单位联系一下，说中南局开了会，请你们积极宣传、积极支持、宣传毛泽东思想，反对封建主义、资产阶级的东西。为我们出把力，这不是搞‘自留地’，稿件可以两用，你们发，我们也发。把《羊城晚报》《学习周刊》搞起来，……多写东西，大家组织起来，打好这一仗。”

“我建议各省成立社联，这是有传统性的。应该把社联变成哲学社会科学的左派组织，开会布置工作组织学术研究等。各省都要搞，要有个机构。社联中现有的右派如刘节是社联委员，不要动。但今后要发展左派，发展新生力量，不要右派，但已经进来的也不要清洗出去。”

“我们是当作人民内部矛盾来处理。团结——批评——团结，从团结愿望出发，经过批评斗争，在新的基础上团结起来。事实上有些是对抗性的矛盾，（比如我们同翦伯赞、吳晗在思想领域的矛盾就是对抗性的矛盾。）但我们还是当作人民内部矛盾来处理，还是从团结愿望出发，他改了就团结他，不改，那是另一个问题。……但总的来说，我们还是从团结的愿望出发，经过批评斗争，最后达到团结。他们也可以写文章，我们也写文章。斗争的结果，有两个可能，一是始终坚持错误顽固到底，我们就坚决搞臭他，搞到沒有人拥护他；一是改变过来，承认错误了，那我们欢迎。（吳晗副市长）还可以当，是不是当一辈子？当然也不一定。共产党员也不一定当一辈子副市长。……翦伯赞也是党员，也有两个可能，一是坚持错误，那就把他的思想搞臭；一是承认错误，检查思想。我们希望第二个结果。在思想上，要彻底清算，大是大非要搞清楚。权威影响一定要破除，不能迁就姑息。方针是百家争鸣，百花齐放。方法是摆事实讲道理。你们也可以发表文章，拥护的发表，不拥护的也发表。百家争鸣是两家（无产阶级和资产阶级）争鸣。在批判每一个人时，首先要允许他自己辩护，也允许别人为他辩护，但我们要拿大量事实和道理驳他，取得胜利。”

“对于历史，我们要研究，学术上要言之有物，说之成理，拿出质量较高的文章来。”

“我年青时爱看小说，解放以来看的少了。……但是看《叶尔绍夫兄弟》和《欧阳海之歌》真是欲罢不能，一气看完。”

“但也不能简单化，破了就要立，沒有立就不能眞正地破。芝圃同志是搞宋史的，你们研究一下怎么搞，我们不立就不能胜利，沒有自己的东西不行。”

“把学术批判搞起来，拿出东西来。经过斗争，发动群众就搞起来了。这个斗争除发动群众以外，还要拿出东西来。思想领域的阶级斗争比较细，先搞文史哲经（礼记、书经、诗经）文学方面有田汉、阳翰笙，历史方面有翦伯赞、吳晗，电影方面有夏衍，这都是共产党员，‘左联’领导人。党员也好，非党员也好，只要有错误就批评，正确的就支持。”

“芝圃同志对历史很有研究，可以研究一个问题，义和团问题也好，太平天国问题也可以。用新的观点说明一个问题。”

“怎么搞法？全国有靶子了，如田汉、翦伯赞、夏衍、吳晗、阳翰笙、孟超，他们在中外都是有影响的。中央报纸批判了，我们也可以写文章，……我们搞的文章沒有中央那样高明，但要搞，……要补充事实，如果那个问题，他们讲的不够，我们可以补充讲，历史方面，可以参加辩论。对翦伯赞、吳晗进行批判，他们在大学散布很多谬论。也可以抓化身来进行批判，比如河南开封师范学院历史系的王复兴，写文章表示坚决拥护翦伯赞、吳晗，我们也可以写坚决不拥护的文章。刘节本来不値得批评，一批评，把他的地位倒提高了。……现在不是清算他自己，主要是作为翦伯赞、吳晗的拥护者来批评他。一方面补充材料，一方面批评拥护者。”

“一个一个批评，中大有权威的陈寅恪可以慢一点。各省排一个队。中央是主力军，我们是游击队，补充材料，批评拥护者的观点。对刘节，不抬高他的身价（在学术研究刊物上可以批判。）看中南有什么可批判的，搞个计划。”

2. 四月十六日，彭眞弄了个假批判“三家村”的材料和《北京日报》的按语，中央立即通知各地不转载。但隔了两个星期，陶铸控制的广州报纸全篇转载了。而对一九六五年姚文元同志《评新编历史剧——〈海瑞罢官〉》一文，全国各省报纸都登，就是陶铸领导的湖南省委报纸沒有登。

3. 邓拓、吳晗、廖沫沙三家村被揪出来了，彭、陆、罗、杨反党集团也被揪出来了。中央发了五月十六日的通知。惯于见风使舵，政治投机的陶铸马上就赶忙于《通知》发下后的第三天，五月十九日，召开所谓“中南区文化革命动员大会”，作报告，大唱高调，俨然是一个不同于一个月以前的“新生人物”。一个月前说是“学术研究”，“学术批判”，现在赶快说是“一场社会主义大革命”；一个月前说要“秀才”“拿出东西来”，现在急忙说要“坚决依靠工农兵群众”；一个月前说“不能简单化”“沒有立就不能眞正地破”，现在改口为“破字当头，破中来立”；一个月前大谈“名”和“利”，现在“谦虛”地改为只‘要求死了以后能够在骨灰罐上写上“中国共产党员陶铸”’，“要和剝削阶级思想决裂”。还文过饰非、不痛不痒地“检查”了几句。然而，也还是露了马脚：破，只谈破三十年代的文艺，破“历史学”、“哲学”、“教育学”，破“学术权威”之类，不谈“三家村”“四家店”搞资本主义复辟，搞反党阴谋。

二、贯彻资产阶级反动路线，压制群众起来革命

1. 对抗毛主席指示，拼命派遣工作队，镇压无产阶级文化大革命：

四月十日：陶铸同意王任重向武汉大学派出工作组，充当镇压文化大革命的急先锋。

六月四日至六日：陶铸在邓小平保举下，混进中央，就任中央常务书记、中宣部长，后又任中央文革小组顾问。他带来了王任重、张平化、雍文涛等人。陶铸在中宣部宣布要派工作组，并对阎王、判官"都寄以希望"。

六月十三日：陶铸返京后，立即派出以张平化、李剑白为首的工作队到中宣部。

六月十四日：陶铸批准从各大区抽调五十四名地、县委书记给北京市，以工作组形式派到市级机关和各个区，推行资产阶级反动路线。

陶铸在中宣部工作队员和支部书记联席会上叫嚷现在是"工作队专政"。

六月十六日：陶铸向哲学社会科学部正式派出工作组，并指令教育部派出北京市小学文化革命工作队，让文办派出中学文化革命工作队，还指令其他一些单位派出工作队，去镇压中央有关各部和北京市的文化大革命。

六月×日：我国留学生要求回国参加文化大革命。陶铸与邓小平捏造种种借口，电告驻外使馆，阻止留学生回国。

六月二十日：文化部萧望东抛出镇压革命运动的黑报告。这个报告是在陶铸亲自指挥下炮制出来的，后又由陶铸假借中央名义批转全国。

七月中旬：陶铸于七月十四日宣布派南下工作队决定，他坚决执行刘少奇黑指示，刘少奇说："中宣部不要关起门来搞运动，不要那么'悲观'嘛，要派人出去参加文化革命，要去学习和总结经验"。随即，三、四天内就由中宣部、文办、体委、编译局等单位抽调干部，组成了三个工作队，准备派往中南、西南、华东等地。最晚不过二十五日，就要赶到所去地点。

七月二十二日：陶铸组织的准备到各大区去的工作队开始学习刘少奇的指示及其它文件即王任重给湖北省委的一封信；广州"中山大学"党委领导搞文化革命的"经验"；江苏"南京大学"工作队领导搞文化革命的"经验"。这些文件虽然各具一格，但都是贯彻刘邓反动路线，镇压革命群众运动的经验总结。雍文涛还说："工作队下去的重要任务之一，就是"在一个月之內"把刘少奇的"指示"传达下去，"把意见收集起来"，这是明目张胆地要工作队到各大区去推行刘邓反动路线，扑灭各地的文化大革命。在王任重的信中竟公开号召抓所谓"右派"，"炮打出头鸟"。发下这些文件，虽然是管工作队的张平化和刘祖春干的，但是陶铸是有严重责任的。

七月×日：陶铸指示张际春：文办问题不多，就多派出些工作组吧。

七月中旬：中央文革小组康生同志撤了北师大工作组长孙友渔的职务。这时，陶铸竟和刘少奇暗中商议，提出要教育部抽调干部，把北师大的文化大革命"包下来"，并由教育部伙同新市委派出"调查组"到师大，妄想推翻中央文革的调查结论，为孙友渔翻案。陶铸又与邓小平亲自扑灭人民大学的文化革命。他还派大政治扒手王任重插手北大的运动，到清华大学去包庇右派，打击左派，干尽了坏事。在医科大学，他也抓了许多"右派"，镇压革命学生，大肆贩卖刘邓司令部的黑货。

七月二十七日：上午，陶铸向刘少奇献策，说"要考虑工作组怎么撤法"，"是否留个把人"，"高中撤，初中不撤"。当晚，陶铸看大势已去，又对刘少奇讲"看来要变，变了再说。主席批示北京市的文件(撤大专院校工作组)时沒讲中学，但主席是倾向于高中、初三不派工作组"，最后陶铸悲哀地说："看来挡不住了。"

七月二十八日：在七月十八日，毛主席回到北京，派工作队的搞法受到批判，但是直到七月二十八日，陶铸仍然对抗毛主席的指示，又把原来准备派出的工作队改了个名目，叫什么"观察员"。就在这一天，整天学习、讨论了刘少奇听何伟汇报教育工作时的"谈话纪要"，向工作队员灌了大量毒素。后来，由于毛主席指示撤消工作队，南下"观察员"才沒派出去。但是在工作队内，却挑了一批有“水平”的人去当变相的工作队，美其名曰：“联络员”。这些“联络员”，一方面是为陶铸及其亲信张平化，提供压制群众的情报；另一方面也是去执行陶铸压制群众运动的意旨。

七月二十九日：陶铸到北京六十五中讲话，自吹是“老革命”。他供认自已原来“倾向派工作组”。陶在讲话时，胡说什么“想造谁的反就造谁”，“写几条反动标语也不一定非抓起来”。

七月底：陶铸秉承刘、邓旨意派南下工作队未能得逞，便把原班人马分为三路，分别执行任务：一路留中宣部搞运动；一路充当“联络员”；一路执行“特别任务”，到湖南去筹备中宣部所属各单位黑帮分子的庇护所——“政治学校”。

八月六日：陶铸派出变相工作队，即联络员到新华社、人民日报、广播事业局和哲学社会科学部。

八月×日：陶铸派雍文涛带文办一批干部到北京市组织“文化革命委员会”，接替团中央的工作队，继续扼杀北京市中学文化大革命。

八月中旬：陶铸用派变相工作组的方法，把李剑白派去教育部“帮助工作”。

九月二十三日：陶铸向中央组织部派出变相工作组——“顾问”，独揽大权。

2. 用所谓“加强党的领导”之名行镇压革命群众之实：

六月二十三日：陶铸在中宣部文革小组成立会上说：“运动一定要严格在党的领导下，任何削弱党的领导，都是错误的”。他并指示各处对群众进行左中右排队，并规定中宣部运动时间为三个月。

六月二十五日：陶铸在卫生部作报告，同刘邓唱一个调子，反复强调他的所谓“加强党的领导”，说：“这次文化大革命运动一定要绝对置于党的领导之下，这是区别眞假左派的标志”，“不要党的领导，反对党的领导，不管他口号喊的多高，面目多好，都是假左派，眞右派”，“党的领导要通过党团组织进行，支部是党的基层组织，要依靠党团组织来进行领导”。“有那么一些地区部门，不要党的领导，拒绝党的领导，不管他讲的多漂亮，都是假左派，眞右派”。

七月一日：陶铸在北京大学全体革命师生员工大会上讲话，污蔑北大“六·一八”革命行动是“少数坏分子打架”。陶铸还重弹刘邓的调子，别有用心地强调“要加强党的领导”，他说：绝对服从党的领导，沒有考虑的余地，任何反对党的领导的，就是反革命”。他还强调要无条件的服从基层党组织的领导，说：“中央还沒有决定撤销它这一级组织，我们就服从它的。毛主席就是通过各级这样的组织去领导”。这是公开保代行党委职权而又执行了资产阶级反动路线的工作组。

七月六日：陶铸一到新华社，就大谈所谓“加强党的领导”，说什么“必须把运动坚决地置于党的领导下，脱离党的领导是不允许的”。并迫不及待地提出用“三结合”的办法改组编委。

陶铸在新华社讲话时还说：“新华社的大民主要收缩”，“肯定不能再大了”，“可以开小会，少开大会……”等等。他在讲话中又一次大谈所谓运动“要严格置于党的领导之下。”

3. 恶毒诬蔑陷害造反派，为保皇派涂脂抹粉：

六月二十一日：在刘、邓主持的会议上，陶铸说：“现在要写一篇关于揭露假左派眞右派的《人民日报》社论”，并说什么“西安交大、北大、南京大学不同，是‘假左派、眞右派’问题”。

六月二十二日：陶铸亲自给广东省委第一书记赵紫阳打电话，发黑指示：“要告诉学生听工作队领导，听省委领导。”又说“学校的夺权很复杂”，有“假左派”，“北京大学的经验（按：指“六·一八”镇压革命的反革命经验）很好，将转发”。

六月二十三日：在中宣部，陶铸再次布置对群众进行左、中、右的政治排队，[illegible]刘、邓的所谓"加强党的领导",又规定三个月内把阎王、判官斗完。

六月二十六日: 陶铸接见历史所尹达(保皇分子)派时,当陶铸知道了革命造反派有个同志要挂个牌子写上"尹达迫害我"到国务院门口静坐时,他讲:"他要去国务院,你们就让他去嘛;历史所一百多人,尹达不迫害别人,就迫害你?公安局一看就知道准是个坏人就一定会把他抓起来。"陶铸知道了革命造反派的同志受到迫害时,竟然说:"这个搞自杀的人你们要好好看起来。你们有民兵没有?他叫什么名字?这是坏人嘛!这是个流氓嘛!要好好斗他!"

六月二十七日: 何伟向高教部、教育部传达了陶铸六月二十五日在卫生部的报告立即在两个部掀起了一个围剿革命派,压制不同意见的逆流。

陶铸在革命造反派被打成假左派真右派的情况下,还说什么:"要看在各项政治运动中的表现。一贯好的,总是好,一下子变成左派也是不可能的。"

七月三日: 陶铸给中国医科大学一个学生的保皇书复信,说这封保皇书"很有分析,很有见解",并且"建议将我这封信和×××同学给我的信,一并作为大字报在校内登出"。卫生部和文办将此二信到处张贴,印发全国。

十月二十二日: 陶铸在接见封闭〈湖南日报〉的革命群众的代表时,假惺惺地说:"支持革命的行动,"当代表们要求罢张平化的官时,他说:要等一等,看一看。代表们要求改组湖南日报的编委会,陶答应了。当代表们把他同意改组湖南日报的消息传到长沙后,他又变卦了,并由他的办公室发表他的谈话记录稿,删去改组报社一段。这样一来长沙的保字派就攻击造反派传达陶铸的谈话是造谣。后来造反派要求陶出来澄清事实,他始终避而不见。

同日,陶铸还强调他的"新华社大民主要收缩一些"的谬论"不完全错误。"

十一月七日: 陶铸在对北京党的干部讲话中歪曲无产阶级政党的组织原则,为"保"字当头的人辩护。他说:"什么是保皇派,你说我是保皇派,我说你是。聂元梓的大字报当时有很多人反对,你能说是保皇派吗?不能,只是少数,因为陆平原来是校长、书记,党员有组织关系,党员对他不了解,当然要保卫拥护党委,这不能说是保皇派。"

十一月十七日: 陶铸四次分别接见沈阳农学院两派红卫兵,两面三刀,耍弄权术,恶毒地攻击文化大革命运动,说什么"不要搞残酷斗争,无情打击,……搞得党内离心离德,怨声载道",等等。

《红旗》杂志社的革命同志支持中宣部革命群众批判资产阶级反动路线,陶铸十分仇恨,说:"《红旗》杂志社贴的大字报说中宣部的运动是路线错误,我不同意!"

十一月二十日: 来京串连的上海时代中学革命小将陆荣根在中宣部大院内贴出题为《重炮口对准陶铸猛轰》的革命大字报,揭发了陶铸大量的反党反社会主义反毛泽东思想的罪行。陶铸立即叫人向公安部报案,还去电上海有关部门查究,对陆荣根同学进行政治迫害,并在中宣部组织大字报对陆荣根同学进行围攻。以后陆荣根继续受到围攻、盯梢和殴打,于一九六七年二月十二日在沪病逝。这是陶铸欠下的一笔血债,必须清算。

十二月十九日: 人民教育出版社李冠英等五同志贴出《陶铸贯彻执行的是什么路线?》的大字报,指出陶铸推行了资产阶级反动路线。陶铸慌了手脚,指使爪牙组织"反击",把李冠英等五位同志打成"现行反革命"。

4. 千方百计包庇黑帮,反对大串连:

七月六日:陶铸在新华社讲话时说:"要搞准,不要搞错了,要有充分根据,要打准,不要打自己人,""不要满脑子都是敌人。"

七月九日、十日: 陶铸通过张平化对新华社文革小组发出"指示",说:"界限要划清,不是对错误的，要顶住。他们闹起来也不要怕，是个暴露。

（一九六六年六月二十日给广东省委第一书记赵紫阳的电话）

在运动中，少数坏分子破坏，贴大字报，喊口号，暴露出来是好事，不要怕。

（一九六六年八月十二日在中南各省区委书记座谈会上的讲话）

对于个别坏分子的反动言行，一方面可以报告中央，或者报告给他们的原学校；另一方面，群众出面，特别是北京的同学出面，进行必要的揭露和批判。

（一九六六年九月给湖南省委的电话）

四、吹捧自己、攻击毛主席、中央文革

六月十五日，陶铸到高教部同文化革命办公室的同志谈话，并在高教部、教育部全体干部大会上讲道："我在中南局的时候，曾写了一个决定（指关于学习毛主席著作的决定），在人民日报登了的。"又说："我当宣传部长的第一次就搞这个事情，就是取消你这个全国高考。"

陶铸一到中宣部，为了摆脱刘、邓的困难处境，急急忙忙布置召开全国学习毛主席著作积极分子万人大会，计划由他作报告，由刘少奇、邓小平在会上作主要讲话，还专横地要陈伯达同志为刘少奇起草讲稿。

陶铸到中宣部后，急急忙忙办了一个名为〈毛泽东思想〉的党内刊物。陶铸亲自写了发刊词，只字不提林彪同志号召人民解放军在全军开展活学活用毛泽东著作的群众运动，根本不提林彪同志系统地总结了解放军活学活用毛主席著作的经验。该刊第一期登载有八篇文章，其中四篇宣扬中南地区所谓的经验和成绩；一篇是反党分子薄一波写的；还有一篇是西北局的决定，这个决定大肆吹捧刘澜涛，其中有一段话疯狂攻击陈伯达同志。

六月二十五日陶铸说："党的领导是集体领导，不是一个人说了算。这样的党的领导，我们就拥护，不是这样，我们就反对。"把矛头直接指向毛主席。

对于坚决执行以毛主席为代表的无产阶级革命路线的中央文革小组，陶铸恨之入骨。他不但赤膊上阵，还指使他的爪牙，到处搜集材料，攻击中央文革小组。

陶铸栽脏诬陷、攻击陈伯达同志也执行了资产阶级反动路线。去年八月在科学院万人大会上，造谣诬陷陈伯达同志向新华社派了工作组。去年十月十九日和十一月二十一日，又分别在中宣部文革扩大会议和另一个群众大会上，再度造谣说新华社的工作组是陈伯达同志派的。

陶铸又鼓励支持中共中央党校的反革命组织——红战团，把攻击矛头指向无产阶级司令部成员康生同志。陶铸亲自接受党校反动分子攻击康生同志的信件，收阅了红战团完全歪曲事实眞相的三十多期简报。陶铸通过他的得力干将周荣鑫单独接见红战团反动分子，公开表示支持红战团，鼓励他们攻击康生同志。陶铸还通过电话，向红战团重要人物表示，"要了解党校的情况"。今年一月二十一日，红战团的反动分子丧心病狂地公开叫嚣要把康生同志拉下马，组织成立了一个反动的所谓"调查康生问题联络委员会"。

起来办也不得了，批判一下就算了嘛

单位团结，问题就不大。机关的运动不要借外力，谁借外力，谁负责任，谁倒霉，谁勾引红卫兵，谁就沒有好下场。黑龙江省委就是不团结，李范五想搞潘复生，勾引学生，结果自己却垮了台，化工部高扬也是这样。

（一九六六年国庆前后会见中南局书记处书记时讲话）

不要有保和反之分，我们就是一派，就是反对走资本主义道路的当权派。就是一派，沒有

註：原稿缺兩頁

（九月二十三日）

3．在高教部：

陶铸在高教部同文化革命办公室的同志谈话，并在高教部、教育部全体干部大会上讲话。

陶铸在大会上宣布正在受群众揭发、批判的教育部部长何伟兼任高教部部长职务。

陶铸派雍文涛出面，公开散布“何伟同志是好同志”。何伟有了陶铸这个靠山，便更肆无忌。

今年二月七日北京通县宋庄公社翟里大队发生了一起严重的反革命事件。一九六四年关锋、戚本禹同志曾经在那里搞过四清，把漏划富农、严重的四不清干部邓庆福拉出来斗争，并送进了法院。事后彭真反革命集团大搞翻案，组织专人来这里调查，企图打击关锋、戚本禹同志。文化大革命开始后，彭真一伙黑帮已经揪出斗争了，但是他们的党羽爪牙还没有扫清，“人还在，心不死”。他们投靠参加翻案组的高等法院姚克明，把炮口对准关锋、戚本禹同志，整理他们的材料，扬言“利用开会的机会斗一斗关锋”，“砸烂关锋的汽车”，并于今年二月七日制造了毒打革命干部的反攻倒算事件。陶铸是参与了这一罪恶活动的。现任通县县委的第一书记张进齐就是陶铸在文化大革命开始后从中南地区调来的。

六月二十五日，陶铸在卫生部门文化革命动员大会上公开煽动群众反对毛主席，林副主席。反对中央文革，说：“过去的好人，现在不一定是好人，整个中南海包括我在内，都可以反对。”

十一中全会以后，陶铸、张平化拒不传达十一中全会的精神，不组织学习文件。革命派提出意见，都被打了回去。

八月二十一日，在人民大学关于郭影秋问题辩论会上讲话：“今天只能誓死保卫党中央，只能誓死保卫毛主席，除此以外，任何人都不能起来保卫，你保卫了，还搞什么文化大革命？”这就为社会上一小撮牛鬼蛇神反对中央文革提供理论准备。

十月二十四日，陶铸在中南海接见首都大专院校红卫兵革命造反总司令部部分学校代表时极力自我吹嘘说：“关于长征红卫队这一宣传，是党中央决定的，毛主席极力称赞的，党中央也讨论过，这个材料是我先发现，我向毛主席汇报，向中央推荐过，大串联，我是极力支持的，当时还有些同志反对。”

十月，在鲁迅逝世三十周年之时，陶铸事前不向中央文革小组请示，只计划召开一个150人的座谈会（连个纪念会的名称也没有），企图以此来缩小毛主席重新肯定鲁迅的重大政治意义，对抗以毛主席为代表的无产阶级革命路线。后经中央文革小组发现，及时揭穿了这个阴谋，中止了150人的座谈会，并于10月31日在东郊体育场隆重举行了七万多人的纪念大会。

十二月十三日陶铸在总后勤部礼堂对卫生系统所作的报告中，公开为一小撮人反对中央文革的叫嚣和行动辩护，说这种反革命行动“可能是受蒙蔽的。”为李洪山之流开脱罪责。

一九六七年一月一日在一次会议上，教育部赵秀山说到“李冠英同志的大字报贴出后，戚本禹同志写了信，左派内部有了分歧”，陶铸便疯狂地叫嚣“为什么只许戚本禹说，不许我说？“为什么我说了就是炮打中央文革？”

同天他还说：“除了主席、林彪同志以外，其他人都可以炮轰，这些话戚本禹也说过，说的比我还多（注：造谣污蔑！）怎么不揪他，光揪我！”

五、最大的保皇派

1．在中宣部：

在中宣部斗争阎王姚溱的大会上，陶铸竟然表扬了阎王许立群，说许立群“有悔过之心，在对错误的，要顶住。他们闹起来也不要怕，是个暴露。

（一九六六年六月二十日给广东省委第一书记赵紫阳的电话）

在运动中，少数坏分子破坏，贴大字报，喊口号，暴露出来是好事，不要怕。

（一九六六年八月十二日在中南各省区委书记座谈会上的讲话）

在对北京党的干部讲话中，陶铸给陆定一的秘书和主任们打保票，他说：陆定一是反党反社会主义的黑帮分子，但他的秘书、主任向他汇报，一块工作，我们能说他们是黑帮吗？不能。显然，这是给陆定一的老婆，即陆的秘书，现行反革命分子严慰冰翻案。

（十一月七日）

在宣布新中宣部成立的大会上，陶铸把反革命修正主义分子荣高棠和何伟、肖望东、钱信忠、丁莱夫等人拉上主席台，并加封了他们的官。

（七月十四日）

陶铸到中宣部，假意夺了张子意的话筒，表示夺权。但又说张子意是"老革命"了，要"区别对待"，不让停职反省，要照样给张送文件。

陶铸还提出：现在大字报太多了（刚贴了七天大字报），不要那么多，写大字报要"集体讨论"，进行"理论分析"，"提高水平"。

（六月六日）

陶铸在中宣部讲话，为黑帮头子周扬涂脂抹粉，说什么"周扬是文艺方面的权威，我过去对他满尊重，觉得他有才华……特别是反胡风，反丁铃、冯雪峰，他也支持，觉得他还不错……我个人与周扬的私交也是不错的。"

熊复拟订的毛主席第5次接见红卫兵时用的标语口号，是反毛泽东思想的。但陶铸却包庇熊复，说他仅仅是"官僚主义"，说熊只是"事前失于检查"，"拟的口号政治性不强"，甚至吹嘘熊复参加拟第三个口号还"有功"。

（十月十八日）

2. 在中央组织部：

陶铸到中央组织部看大字报，当着安子文等黑帮分子的面说："你们要关起门来整风，要关起门来搞运动"，"搞大民主……你讲我是黑帮，我可以讲你是黑帮，最后结果，可能两个人都不是黑帮，也可能两个人都是黑帮，也可能一个是黑帮，一个不是黑帮"。

（七月三日）

组织部革命群众揪出黑帮头子安子文，陶铸当晚赶到组织部，给革命同志定调子。他一面说组织部的问题是严重的，是反党反社会主义、反毛泽东思想的；一面又说，组织部的问题就是主席批评过的党不管党。他还恬不知耻地把组织部揪出安子文的成果窃为已有，说他七月份来中央组织部看大字报，就感到有问题，是他叫中央监委的同志帮助中央组织部揭开盖子的，根本不提毛主席在八届十一中全会上亲自点了中央组织部的名这一事实。

（八月十九日）

陶铸在中央组织部说："对安子文我不赞成斗"，"大家不通不要紧，就讲是中央决定的要按党的政策办事"。

（九月四日）

陶铸在中央组织部临时筹委会上，继续为黑帮分子开脱，说："一个人一辈子不做几件错事，不说几句错话，可能吗？""黑帮的心是黑的，讲出来……就不那么黑了"。

（九月二十三日）

3．在高教部：

陶铸在高教部同文化革命办公室的同志谈话，并在高教部、教育部全体干部大会上讲话。

陶铸在大会上宣布正在受群众揭发、批判的教育部部长何伟兼任高教部部长职务。

陶铸派雍文涛出面，公开散布"何伟同志是好同志"。何伟有了陶铸这个靠山，便更肆无忌惮地镇压革命群众，公开宣扬"中央同意中宣部建议两个部合并，要我负责，即日到职。"

（七月三十日）

陶铸在教育部持不同意见的双方代表的汇报会上，再次当着何伟的面给何伟打保票限制群众手脚，说什么："何伟是方向路线错误，不能说是黑帮"，何伟跟陆定一沒关系"，"何伟作了不少工作，做得不好，右，比我还右"，"从现有材料看，不是黑帮。双方要多做工作"，"做好了工作，何伟检查，我去讲话"。并给何伟两个月时间，让他改。结果，何伟便在陶铸的支持下，继续坚持资产阶级反动路线，躲在幕后，挑动群众斗群众，打击革命派。

（十月六日）

陶铸在报告中还公开吹捧蒋南翔并放烟幕弹，企图保蒋过关。他说：蒋南翔"一进城就当北京市学校党委（高校党委）书记，高等学校都归他管。后来他担任高教部副部长，是一个很有发言权的副部长。他兼清华大学校长，清华大学在全国的影响是很大的。"又说："我看现在回头还不晚。"

陶铸还千方百计为自己保蒋南翔保刘仰桥作辩护。他说："原来我们沒有把蒋南翔当成反党分子，你一揭就揭开了，这是大民主的功劳，第二，我们派刘仰桥当代理部长，派错了，你们的大民主把我们的决议推翻了"，又虚伪地说："看来认识一个事物需要有一个过程，原来认为高教部有问题，但问题不那么大，清华有问题，但问题也不是那么大，现在看来问题很大。"

（七月十五日）

陶铸根据王任重的提议，刘少奇的批准，肯定高教部副部长刘仰桥"不是黑帮"。明确指示何伟要"保护刘仰桥过关"。教育部的革命群众向陶铸提出不同意见时，他说："我是中央常委书记，中宣部长，文办主任，你们要相信我。"以此压制群众。

（七月中旬）

4．在卫生部：

陶铸在卫生系统的一次大会上说："卫生部党委至今还不是黑帮。"

（六月十五日）

陶铸遵照邓小平的指示，亲自到卫生部讲话，给钱信忠打保票。

（六月二十一日）

陶铸还再次给钱信忠和卫生部党组打保票，说："卫生部党组不是黑帮，那有那么多黑帮？"

（六月二十五日）

陶铸在卫生部大会上，公开保钱信忠，说什么"钱信忠比较民主，""做了些好事"，"对主席指示是坚决执行的。"并要革命群众对钱信忠"讲点人道主义嘛！给悔过机会，时间以一个月为限。"

（八月二十五日）

陶铸在中南海小礼堂接见革命群众时，再一次为钱信忠打保票。他说："钱信忠不是黑帮"。

同日，陶铸又给国务院秘书长周荣鑫打保票，说："现在有些同志不信赖接待站，连秘书长都不信任了。"

5. 陶铸的黑手伸进了历史界，体育界，广播事业，文艺界，学校。伸向中南、山东、江苏……到处保皇，扼杀文化革命：

陶铸接见历史所保尹达(保皇分子)派。当保尹达派说革命造反派有人到江青同志那里告状时，陶铸说："那有这回事？我们沒有听说过。江青同志忙得要死，那里有时间接见他们，那是造谣。尹达，我们比你们还清楚，上次我讲得很清楚嘛，不知道你们听懂了沒有，就是给尹达同志撑腰嘛！"这里，陶铸不仅诬蔑江青同志，而且不打自招地供认他是尹达的后台老板。陶铸还说："尹达同志是个很好的同志。我们很熟悉，他的历史观点一贯比较正确，是个左派。他不是在今天才是左派。"

（六月二十六日）

陶铸在学部的文革小组第二次会议上讲话时说：听薄一波讲关于张友渔，提供你们一个材料。他与彭眞倒沒有什么联系。他讲了彭眞一些坏话，吃不开才离开市委的。……他主要是资产阶级法学观点，旧的一套，沒有改造。"

（七月二十一日）

陶铸在广播事业局群众大会上的讲话，公开保丁莱夫，"说丁莱夫最大的问题是不出来革命"。

（十二月二十一日）

陶铸耍两面派手法，同意反革命修正主义分子荣高棠出国，他说："荣高棠是新运会副主席，副主席不去不好，我的意见是让他去一下"，还说"如果都听同学的话，那中央就不好办了"。

（十一月二日）

在恢复文教口临时党委会上，陶铸不顾总理的意见，阳一套，阴一套，拉反革命修正主义分子荣高棠参加了会议，为荣撑腰。

（十一月二十三日）

陶铸在国家体委和北京体院造反派召开的"批判、斗争反革命修正主义分子荣高棠"的大会上，要求将"反革命修正主义分子"几个字取消，并说："(对荣高棠)党还对他寄予期望，是不是还可以批评、帮助让他站起来呢？"

（十二月二十四日）

陶铸在接见中南地区部分革命同学时，再次为刘邓资产阶级反动路线辩护，说什么"我们算是老革命喽，算是老革命遇到新问题喽。"并当着王任重、张平化的面吹嘘"中南地区在'三反'、'五反'，土地革命都坚决"，"湖南省委搞农村四清还坚决"，吹嘘自己，给运动定调子。

（八月二十五日）

陶铸接见湖南革命师生、革命干部代表，死保张平化。他说：张平化"还是属于人民内部矛盾"，他的检查"态度是好的"。又说：张平化"这几年工作还不错，有一段，如四清搞阶级斗争是坚决的。"说：对张平化"喊打倒行，但不马上打倒。""你们回去帮助，一看二帮嘛！"陶铸又替张平化开脱说："湖南的情况在中南来说是严重的，在全国来说不算严重。"

（十月三十一日）

陶铸对赴广州专揪王任重革命造反团的代表的态度十分恶劣，怒气冲冲地对革命群众说："我不是王任重的后台老板，""我代表个人抗议你们"。

陶铸在接见山东省学生代表的讲话中，极力包庇山东省委及谭启龙的错误，他说："山东的基本问题是领导上信任群众不够，深入群众不够"，又说："山东问题是內部问题，谭启龙同志到山东十四年，是执行了毛泽东思想路线的，山东工作搞的比较好嘛。"

他甚至说:“全国 29 个省市,不作内部处理的只是两个,一个是黑龙江的李范五,一个是甘肃的汪锋。”

(十一月十六日)

陶铸在接见江苏省革命造反派赴京代表团时,一面假惺惺地支持革命群众说:“你们革命的很好吆”另一方面又公开保江苏省委负责人说:“即使有些工人、个别学生讲得厉害一些,你们受了些委屈,但他们是为了革命!”又说:“革命沒有一点压力不行的……但压力不能太大,压扁了就不行了。”

(十二月六日)

陶铸在人民大会堂接见辽宁大学“8.31”红卫兵红色造反团时的讲话中,露骨地宣扬放弃阶级斗爭的谬论,公开为党內走资本主义道路当权派开脱,鼓励牛鬼蛇神和毒草自由泛滥。他说:“人都要说几句错话,我就难免。我们有个宣传部副部长,一张大字报沒有,因为十三年不做工作。《十六条》规定,讲过错话和右派要区别。不看整个历史,有句错话就记下来,你说几句好话不记,只记一句错(坏)话;记上几十次就够了。我们这次决定的深远意义是以后再不搞这些东西。有些东西人要搞录音,这不好。以后写文章、讲话、做报告,可以放开讲,有错误当场批判,不记下来。这样大家敢于讲眞理、眞话,你不防我,我不防你。”

(十一月十二日)

陶铸同邓小平到人民大学,参加关于郭影秋问题的辩论会,陶铸同邓小平一唱一和,力图保护反革命修正主义分子郭影秋,扑灭人民大学的文化大革命。

他重复邓小平的“选斗爭目标”论,说:“人民大学到底斗谁”,“辩论就是选斗爭目标嘛。”他还别有用心地提出了“人民大学是个‘老大难’的问题”,力图保护反革命修正主义分子郭影秋过关。会后保郭派的干将们,在邓小平、陶铸的“启发”下,立即大叫大嚷!揭发批判郭影秋是看错了目标,郭影秋是坚定的革命左派等等。

(八月二日)

陶铸接见中国人民大学文革筹委会全体委员,他千方百计地包庇郭影秋,压制革命群众,说什么“郭影秋不是黑帮,是二、三类,还是人民内部矛盾”,“郭影秋到人大三年,人民大学是办好了一些呢,还是办坏了一些,作风又好一些呢,还是又坏一些呢?”“郭影秋来人大后确实比较好一些,”他极力为郭影秋写的黑诗、黑文章辩护,说什么,“郭影秋写了一些错东西,但是分清是错误思想流露,还是有意。”“打油诗意境不是很高的,说是黑话也不太对。”我看了两首,也就是小资产阶级情味嘛,不能说是黑话。”他公然对革命派施加压力说:“郭影秋是二、三类干部,是人民内部矛盾,为什么纠缠不清?你们是眞革命还是假革命”“人大的运动已经搞了两个月啦,眞正的黑帮你们还沒有斗,同学搞得很紧张,对运动很不利。”

(八月十四日)

陶铸单独接见人大红卫兵代表,又假惺惺地表示,完全同意人大红卫兵的看法,说什么“说郭影秋是第二类干部,我连想也沒有想过,根据现有揭发材料看,第四类还不充分,但已沾边了。

(八月十七日)

在人民大学关于郭影秋问题辩论会上讲话,再次为郭影秋定调子,包庇郭影秋,说郭影秋“在抗日战爭中、在解放战爭中的表现是不错的。”郭影秋一个大学党委书记,沒有执行彭眞的修正主义路线,而执行华北局路线,把苏家坨地区的四淸搞得比较好,那就难能可贵了。”还说,郭影秋“不是黑帮”,“是属于人民内部矛盾”,“虽然不是革命左派,但也不是黑帮,比上不足,总还不是黑帮，比下有余嘛！”等等。

（八月二十一日）

陶铸到新华社，再弹“必须把运动置于党（按：指基层组织的领导下”的老调，与陈伯达同志对新华社讲话唱反调。他以“特殊性”为借口，说“新华社的大民主可以收缩一些，多开小会，少开大会”。他还提出了黑帮的两条标准：①有系统的言论和行动；②有地下活动，阴谋活动。又说：“按这些标准，反党分子不是少了吗？那就少了嘛，沒有也好。”他还指名留用朱穆之等人。

（七月六日）

陶铸在给运动员的一次讲话中美化批斗对象红线女。陶铸说：“红线女在文化革命中把头发剪了，挂牌子，坐卡车游街，扫地，她革命是买来的，给她高薪、洋房、汽车，现在降到每月 400 元，还是很高兴的，现在看来有希望，香港来了一些人去访问她，毫不埋怨，情绪很好。”

（十一月五日）

6. 保刘邓，保自己：

陶铸在中央组织部说：“刘、邓问题是资产阶级个人主义，作为刘、邓思想谁都有……。”这不仅是为刘邓辩护，而且是妄想用“错误人人有分”这个反动理论来威胁群众，阻止群众批判刘、邓。

（十一月二十五日）

陶铸在总后勤部礼堂对卫生系统所作的报告中还千方百计地为刘邓路线辩护，说“刘邓的思想，不少人都有”刘邓是“有意无意地”维护资产阶级。他只承认“自己头脑里有刘邓思想，也受他的影响”，但又恬不知耻地说自己“基本上是无产阶级革命家。”

（十二月十三日）

陶铸在接见人大红卫兵“揪邓兵团”的七位代表时，继续耍手腕、搞阴谋。企图用一些“自我批评”的办法来洗刷自己，溜之大吉，说什么“我的发言是中间偏左，我对你们的支持不够，这是不对的，”他甚至还梦想掩护邓小平过关，胡说什么“邓小平八月十四日的讲话是中间的。”“他是中央政治局常委，……沒有发现其他活动，当作人民内部矛盾处理。”他甚至摆出一付资产阶级老爷式的面孔训斥道：“他在中央内部作了检查，要常委委员到群众中去检查还沒有过。……他还是中央政治局常委，他还住在中南海。”

（十二月二十一日）

陶铸在中宣部接见部分同志时为刘少奇、邓小平辩护，说：“刘、邓还是中央常委，只能讲是人民内部矛盾，我们不能讲他是走资本主义道路的当权派。”

（十二月二十八日）

陶铸和熊复指使新华社摄影部工作组必须编发一张毛主席同刘少奇在一起的照片。当时由于沒有拍这个內容的照片，陶、熊便硬要摄影部用拚凑方法假造了这张照片。这张照片不仅向全国各报发稿，而且还向全国各大城市编发了新闻展览照片 4500 套，并且在首都王府井用大型新闻照片展出。

陶铸和熊复还单发了刘少奇一个人站在天安门城楼上的特写镜头，俨然是“大主席”派头，到处陈列展览。

（十月一日）

陶铸让中山大学保皇派头子作为中南区代表上天安门讲话，并趁机把红卫兵袖章送给刘少奇，与之握手，以美化刘少奇。

（九月十五日）

注：以上各事件均为一九六六年。

陶铸在中央组织部看到革命群众给刘邓贴了许多大字报，不但不支持，反而指责说："不要把刘少奇叫敌人，敌人不能当国家主席、当常委，上天安门不能喊打倒，刘、邓都是人民内部问题，群众贴什么都可以，组织部和学生不一样，组织部就应该坚持中央的口径。有的学生把刘邓的大字报贴到街上，我不赞成"。还说："刘、邓问题我比你们知道得多。"

（十一月二日）

陶铸还把自己打扮成无产阶级司令部，说什么："有人说我是修正主义总根子，我说我不是。应该信任党中央的司令部，司令部不能只有司令、副司令，还要有参谋部、作战部、卫生部、后勤部……"

陶铸大肆自我吹嘘，并麻痹革命群众说："我在广东当省了十一年委书记，五年中南局书记，每年大学生的毕业分配工作，都要作几次动员报告……"。又说："我们打倒了前中宣部，陆定一也倒了，把前市委的修正主义者打倒了"。江青同志在北京文艺界讲话中指出：前市委、前中宣部、文化部都沒有批倒。为什么这个阎王殿老是沒有被砸烂呢？原因就在陶铸这里。陶铸这样讲，不只是自我吹嘘，而且是迷惑群众，保护前市委和前中宣部，对抗党中央和毛主席。

（七月一日）

六、大肆宣扬"怀疑一切"、"打倒一切"的谬论为炮打无产阶级司令部提供理论依据

怀疑一切是对的，在文化革命中都可以怀疑。但是有的不能怀疑，对毛主席不能怀疑……。除此以外，我看都可以怀疑。

（一九六六年八月二十三日在医大的讲话）

"毛主席和林彪同志不能怀疑"，……有的说是香花，有的说是毒草，我说不是香花，也不是毒草，是苦菜。苦菜可以吃，但不大好吃。

（一九六六年十一月十七日对沈阳农学院等十二个院校同学的讲话）

按：一贯要两面派的陶铸总算说出句反映他阴暗心理的真心话。在他看来，不能直接反对毛主席、林副主席，确实是"苦菜"，难以下咽。

有些东西不对，不对嘛，就是要怀疑，就要否定它，打倒它。所以笼统地讲"怀疑一切"是不完全的，讲怀疑一切是反动口号也是错误的。

（一九六六年十二月二日接见毛泽东思想红卫兵武汉地区革命造反司令部赴京代表团的讲话）

主席还引火烧身——炮打司令部。

（一九六六年八月十二日在北京饭店对中南各省（区）委书记讲话）

整个中南海，包括我在内，都可以反对。

（一九六六年八月二十日在卫生部的讲话）

今天，只能誓死保卫党中央，只能够誓死保卫毛主席，除此以外，任何人都不能起来保卫。你都保卫了，还搞什么文化大革命？大家都保了，这个是左派，那个是左派，你还搞什么呢？

（一九六六年八月二十一日在中国人民大学的讲话）

除了党中央、毛主席、还有林彪同志不可以轰，其它人只要不革命，都可以反对，可以开炮。

（一九六六年八月二十五日对中南等地赴京同学的讲话）

要炮轰司令部，轰几下也沒什么，不是走资本主义道路当权派，也轰不倒。

（一九六六年九月二十二日同中宣部文革常委的讲话）

你是无产阶级司令部，打几炮算什么！炮轰有两种解释，一是普遍的轰，引火烧身，烧一烧，经得起炮打，有错误就揭露；一是炮打走资本主义道路的当权派，坚决打倒。

（一九六六年十月三十日对湖南赴京工人、学生、干部的讲话）

每个司令部不知是什么司令部，现在就要轰一下领导机关，试一试嘛，为什么不可以？我是主张普遍轰一下的……你是无产阶级当权派，轰一下反变得更坚强了，你是资产阶级当权派，炮轰一下，倒掉了，不是活该吗？

（一九六六年十二月二日接见毛泽东思想红卫兵武汉地区革命造反司令部赴京代表团的讲话）

除了主席、林彪同志以外，其他人都可以炮轰。

（一九六七年一月一日在文教口负责人会议上的讲话）

七、中南地区推行资产阶级反动路线的总指挥

十多年来，陶铸在中南地区犯下了反党反社会主义反毛泽东思想的滔天罪行。去年六月一日他调往北京之后，唯恐中南地区广大革命群众在文化大革命中起来揭露、批判他的罪行，所以，他身居北京，心在中南，对中南地区的文化大革命运动"关怀备至"。他一方面在接见群众时假意"支持"一番；另方面则秉承其刘、邓主子的反革命意旨，利用中央负责工作人员的职权，与其麾下鹰犬——中南局和中南各省（区）党委內一小撮走资本主义道路当权派以及顽固坚持资产阶级反动路线分子，或密电往还，或面授机宜，划框框，定调子，直接控制中南地区的运动，极力推行资产阶级反动路线，妄图扑灭文化大革命的熊熊烈火。

1. 陶铸给中南局关于文化大革命的黑电话、黑指示：

六月七日晚

1. 贴左派大字报，也不要怕，给他撑腰。

2. 学校现在主要搞文化革命，不能代替四清。将来搞四清还是分期分批搞。

3. 重点是大专学校和高中，初中不发动，起来就要搞。小学，肯定不搞。

4. 县以下，先搞一下声讨，教育，仍以学毛著为中心。同意赵紫阳意见。面上学毛著，搞一段。点上搞一段，结合四清搞。

5. 陈寅恪（中山大学历史系反动教授），生活不降，大字报不发动，贴也不干涉。批判要报中央。

6. 城市集中搞一段文化革命，长期还是搞四清。抽点人，不要影响四清。

7.（略）

8. 湖北，请你同任重同志通一次电话，汇报一下。过于小心一些（注：指高等学校有点有面，不是全面铺开）。

9. 王匡，是否正式停职反省。请给中宣部写一报告，把王匡现有材料汇集一下，中南局讨论提出个初步意见（性质问题）。

六月七日晚第二次电话

1. 机关不要去市委给雍（文涛）贴大字报，在中南局內可贴。

2. 王匡等检讨后看看再决定是否停职反省。

六月十二日上午

宿舍，贴一点大字报，也不怕。

小学，起来贴大字报，也不要阻止，记下来，将来四清时解决。

文化艺术部门，问题多，要准备抽调力量。

雍文涛同志的问题，是革命的。对苏烈（原中南局政策研究室副处长，有严重的"三反"罪行）杂文的看法，不是他一个人的，认识不够可以检查。苏烈去市委，是我们送走的。可在中南局干部会上检查一下，中南局讲一下了结此问题，让其迅速来京。请中南局常委研究一下，请紫阳或区梦觉参加。

机关的重点不是苏烈，是王匡、晚报、科学分院、珠影。王匡要停职反省。

六月二十日下午

学校中提"保卫校党委"的口号是错误的，只能提保卫党中央、保卫毛主席。校党委是正确的，只能提"拥护校党委"。

六月十三日

学校中不要组织文化革命委员会，还是由工作组吸收左派教职员（包括党政干部中的左派）领导。可以开学生代表会听取意见。三结合。

六月十五日

中央拟批华北局报告。

初步意见：

一、农村，四清点，搞一段文革，结合学毛著，搞清思想。搞点，从文化革命搞起。面上，学毛著为中心，搞一下文革教育和声讨黑店。

二、城市、工厂结合四清搞文革，不能代替四清。新点，从文革搞起。面上搞一下文革，主要学毛著。

三、学校不能完全齐头并进，但机械地分期分批也不行。文教系统，放手彻底搞。高考招生，推迟半年。学校，派工作队的，一直搞下去。派不出工作队的，也积极领导。

四、街道居民，小学，服务商店，派出所，现在不搞。小学将来采取集训教师的办法搞，现在可以搞声讨，不能靠小学生搞。派出所，将来靠集训办法。服务商店，下一步再定。

六月十八日

1. 新铺点，从文化革命搞起，清思想，清政治，清组织队伍，搞当权派，是顺当的。这样，整个形势有好处，少奇同志意见。

2. 学校，文化革命即是四清，全部在内以后还有教学改革。关键是文化革命。

3. 出口港澳电影、内部检查。珠影的《齐王求将》要批判。

4. 上报点名批判，批准一些有代表性的，由各级党委批准。全国性的人物，中央批。

5. 羊城晚报，先内部革命，办好报纸。以后如何办，再研究。

6. 八中，反动学生给左派教师扣反党反社会主义帽子，要处理。

六月二十日

宣传部、羊城晚报、珠影有个头绪后，给中央文化（革命）小组和中宣部写报告，同时可登简讯。

六月下旬

（陶）最近在卫生部所属单位作了一次报告：文化革命的严重意义。

什么叫反党反社会主义黑帮？只是少数，百分之一至五，对待毛泽东思想的态度，对文化革命的态度，一九五八年以来的态度。不能只看一时的表现。现在有些学校，互相说对方，对卫生部也不相信。

……

有些人口号喊的很多，但不要党的领导，对中央的部随便不相信（中央未说有问题），这是假左派、真右派。

对机关档案、机密、武器不能随便接受。文化革命组织只能管文化大革命。

医院大字报不能在病房贴。医疗事故的大字报只能在指定的房子贴，供领导看

七月十二日

1.文教是重点……

2.3.（略）

4.控制面，可能比一九五七年大。

七月十五日

1.战线太长，同意收缩。

2.……长沙学生打（烂旧）招牌，制止。

乱斗，教育。

潮汕斗姚（璇秋），告省委制止。（按：潮剧演员姚璇秋是一个地主出身的反动家伙。潮汕斗姚时，中南局副秘书长、“三反”分子吴南生坐卧不安。陶铸与吴南生一个鼻孔出气，压制革命群众）。

3.广东不放手，告紫阳。（按：陶铸认为，湖北在学生中大抓“反革命”，是因为放得好，把“蛇”引了出来，面对广东当时还未大抓“反革命”提出批评。赵紫阳根据陶铸的“指示”，在七月份作了两次报告，也要引蛇出洞。）

4.宗教，暂不搞。

5.文物，不动。

6.打击面，中央即公布。

7.（略）

8.机关，要把问题摆到桌子上来，搞地下活动不允许，本身就是黑帮。

八月十九日

1.……不要提“保卫中南局”，“陶是正确的”等口号。

2.群众对陶的文章的来信都转去。

3.广西霍泛给北京（王任重？）电话，一千多学生到区党委质问。……广西有点紧张，五个书记去了桂林，霍泛在家。

八月二十日

桂林问题，韦国清同志已回桂林，并已向任重和中央文革小组打了五次电话。任重同志完全同意韦的意见。（按：广西区党委在桂林事件上，犯了极其严重的罪行，迟迟不愿回到毛主席的革命路线上来，就是陶铸、王任重支持着韦国清）至于黄云同志（原桂林市委第一书记）是否撤职，区党委将根据黄的处理，不要催的太紧。”

八月二十二日晚十一时

不能提“保卫中南局”。对我们有什么意见，谁都可以提。我这个位子担当不了，但一摆上，人家就不敢提意见了。他反我就反嘛！（按：这是撒谎。事实上，凡是反对陶铸的，都被说成是反党。据揭发，湖南郦东一个学生写了一封批判陶铸的信，陶亲自批示，责成湖南省委追

查这个同学：为什么对他如此“刻骨仇恨”。）

八月二十四日下午六时

1.2.3.（略）

4.党政机关的大字报，学生要看，可以经过正式手续介绍派代表来看，学生不能看机关的档案文书。（按：这是假借保卫党和国家机密来隐瞒黑材料。现在已经查明，中南局的档案文书中有大量的黑材料；在保存档案文书的仓库里，还替党内一小撮走资本主义道路的当权派保存了大批的四旧黑货。

广播电台等，还是不要让学生进去看。

一般工厂，学生经过正式手续介绍，可以派代表去看大字报，但不要去生产车间。

6.（略）

八月二十七日

提出以下意见，请中南局讨论决定：

1.长沙情况，现在很乱，不要怕。中南局也要坚定，不要因此受影响。

2.省委负责同志避一下风头是可以的……（按：长沙事件当时，湖南省委的一小撮资产阶级老爷们，怕学生怕得要死，逃学生的反。陶铸对此寄予极大的同情和支持。）

3.（王）延春（湖南省委代理第一书记）同志要彻底检讨一次，开大会，宣布改组市委决定。这个检讨要印出来，广为散发。……省委要挺起腰杆来。（按：王延春在陶铸的授意下，果真使出两面派的花招，在九月中旬，一面到各学校“检讨”、“认罪”，一面组织大抓“反革命”，向湖南各级党委负责人布置，你们放手抓。使湖南全省立即变成白色恐怖世界。）

4.中南局可去人，要金明同志坐飞机即去韶山，把省委的同志都找去开个会，明涛同志也去，讨论一下，统一思想。会后即和省委同志一道回长沙开大会，省委公开检讨。请首道、金明、明涛三人坐镇湖南，解决问题。

5.机关党组织停止活动，只管收党费，延春同志这个意见不对。（陶）只说过学校党委瘫痪了的，成立文化革命委员会后，党组织只收党费，过组织生活。沒有说机关要这样办。沒有象延春同志说的这样消极。

6.……省委有错必改，但眞理必须坚持。长沙有坏人活动，要按十六条讲一下，警惕和防止坏人活动的问题。

八月二十八日

要求毛主席兼国家主席，不是贴大字报可以解决的，可以写信提要求。通过讲清道理，经过群众自己把大字报取下来。给中央同志提意见，欢迎，但不要贴大字报，看不到。……

“七个为什么？”（指对刘少奇的大字报中所提出的问题）可由中南局写一电报给中央

羊城晚报，与广州日报合并，改为广州晚报较好。何时合，中南局定。

八月三十日

1.羊城晚报同意推迟一些时间并。题字可用过去写的字拚起来。（按：所谓题字，就是指陶铸自己写的字。到了此时，他还念念不忘扩张个人的影响，眞是个道道地地的政治野心家！）

九月三日

要说服红卫兵不要随便抄家和沒收财产。回墓（其中有海瑞墓）和朱（执信）墓劝说不要挖。……朱墓恐怕只能迁不能挖。

九月六日

对于个别坏分子的反动言行，一方面可以报告中央，或者报告他们的原学校，另一方面群众出面，特别是北京的革命同学出面，进行必要的揭露和批判是允许的……（按：九月初，中央政治局常委开会，讨论了当前文化大革命中的一些问题。陶铸站在资产阶级反动立场，歪曲会议精神，以为反击时机已到，竟不顾党的组织纪律，于九月六日背着党中央、毛主席，亲自给河南、湖南省委打电话，做了如上黑指示。湖南省委当即将这些话传达到全体党员，为“大反击”做好思想准备。）

九月十三日

1.（略）

2.中南局请示中央，（吳）芝圃同志不回河南检讨，任重已代中央草拟复电。（按：不久，“中央复电”到，不同意吳芝圃回河南省检讨。陶、王再次包庇了罪恶滔天的吳芝圃。）

九月十七日

县以下中学，还是按原来四清部署进行。外地学生搞革命串连，只到大中城市，不要到县城去。县城的中学生也不要到工厂、农村搞串连活动。

九月二十六日（金明转告陶铸的几点意见摘录）

各方面稳住，让学生闹一下怕什么？……这么大的群众运动，难免出点问题，戴高帽子……有什么要紧？

干部处理要慎重，群众自己罢沒有办法，领导不要随便同意罢官。

河南罢官，也要一分为二……

不要吹自己，不要讲过五关，多讲缺点，就主动了。学生就不相信你沒有缺点。”

九月二十六日（给张平化的电话）

我是主张斗的，但是不要把打击面搞得太宽。

九月二十八日

中南局批转湖南两个报告，批语写得很肯定，湖南这段是搞得好的，但估计高了一些。

1.（略）

2.“对于一小撮……都要‘不失时机地’斗倒”。太早了。现在已有很多反映，说平化的调子变了。应当先挖当权派，别的放慢一些。

（注：上述电话，有的是陶铸亲自打的，有的是他授意秘书打的。接电话的人，主要是金明和薛光军。）

另：陶鑄給广东省委的黑电話黑指示

六月二十二日（给赵紫阳）

1.学校的夺权问题很复杂，有整个烂了，整个改换领导；有局部烂了，局部夺权。也有敌人夺权问题，利用这个形势，以“左”的面目出现，夺权。

北京大学的经验（按：指六·一八事件）很好，将转发。学校的情况复杂，可能有的要反复，夺几次才能搞清，也不要怕。广东的情况比较复杂，要注意。

2.要强调领导。学校的文化革命一定要在党的领导之下进行。学校党委沒有问题的，由党委领导；学校党委领导不了的，由工作队领导。要强调领导，不能使学校瘫痪。现在有的地方谁也不信，这不行，要告诉学生听工作队领导，听省委领导。

对党团员要抓起来，不要撇在一边，不要把他们搞得灰溜溜的。有些事前不了解党委有问题而表示拥护校党委的,要保护。

3.……可以开学生代表会去发动群众。可以依靠党团员、左派去串连发动,组织队伍。

4.主要是搞教职员中的反党反社会主义分子,学生中的以后再搞……

5.对错误的,要顶住,他们闹起来也不要怕,是个暴露。

2.中南局抛出《关于当前文化革命中若干问题的意见》的来由和经过:

一九六六年七月二十一日,中南局抛出一个《关于当前文化革命中若干问题的意见》。这个《意见》,是一株大毒草,这是控制运动,将文化大革命推向资产阶级方向的黑纲领;是扼杀工交、财贸、农林战线文化大革命的判刑书;是阴谋进行大反击的进军令。中南局在文化大革命中,抛出这个《意见》是很有来由的。整个《意见》都是秉承陶铸的旨意炮制出来的。陶铸对于《意见》中的每一条都作了具体的"指示",陶铸想洗刷这一点是办不到的。把《意见》与陶铸的电话比较,就可清楚地看出此问题。

陶铸早在六月下旬,就曾多次用电话告诉中南局,同意从四清工作队中抽百分之十的人回来加强文化革命工作队;同意将运动的重点放在城市,农村的文化革命运动按四清运动的部署进行(注:直到十月份中央工作会议上,中央文革小组提出要在工厂、农村中全面开展文化大革命,陶铸还顽固地坚持要分期分批,并胡说什么四清中不存在两条路线斗争的问题);同意在大学生中划不超过百分之一的右派。中南局书记处根据陶铸以上黑指示的精神,经过七月上旬几次充分的酝酿,形成几条意见,用电话向陶作了汇报。七月十五日,陶的秘书又用电话转告了陶的具体意见。最后,中南局又根据陶的意见,在二十一日形成了《意见》这一大毒草。

附:中南局炮制的《关于当前文化革命中若干問題的意見》

中南局常委最近听取了中南局文化革命小组关于目前文化革命的汇报。中南地区的文化革命运动,正在蓬勃发展,形势很好。各地区、各部门都加强了对运动的领导,初步组织了左派队伍,发动群众揭露了一批党内外的反党反社会主义分子。整个运动的发展是健康的,取得了很大的成绩。但是,由于运动发展迅猛,许多领导干部缺乏领导文化大革命的经验,有些问题解决的不及时,或者解决的不够妥当,这是难于完全避免的。现在,必须进一步加强领导,及时解决当前运动中存在的问题,使运动更健康地向前发展。为此,中南局提出以下几点意见:

(一)重新调整部署,适当缩短战线。前一个时期,各省(区)铺开运动的面一般偏宽,战线过长,不能集中力量抓好重点。例如广州市,已开展运动的共计九百二十二个单位,除文教战线的一百二十八个单位派了工作队以外,其他都沒有工作队。别的省(区)、市情况基本相同。因此,在某些单位,运动一度发生一些混乱现象,有的领导压制群众鸣放,或者把斗争矛头引向工人、学生、演员和一般干部;有的被坏人操纵,右派整左派。此外,有的单位打击面宽了一些,有些单位发生了非法斗爭的现象。

根据这种情况,运动的部署应该重新调整,适当缩短战线,进一步加强重点。目前开展运动的重点应当是省(区)、市、地党政机关中的宣传、教育、文化、新闻、学术部门及其所属单位;省(区)、市、地直属机关的其他部门,除了问题特别严重的以外,可以稍后一个时期铺开。工交、财贸、农林部门及其所属单位的文化革命,应当按照原定四清运动的部署,结合四清分期分批进行;除了正在进行四清和下一批准备铺开四清的单位以外,其他单位已经开展了文化革命的，应当分别情况加以收缩。公安部门，暂不开展运动，以便集中力量做好文化大革命中的保卫工作。

对于那些需要收缩的单位，应当根据不同情况，做好善后工作。凡是问题严重的、盖子已经揭开的单位，应当纳入下一批四清运动的计划之内，趁热打铁，彻底解决问题。确定收缩的单位，对于已经揭发出的问题，凡是能够马上解决的，应即作处理；问题复杂而又不便于马上解决的，可以先挂起来，但要做好群众的思想工作。运动中揭发出来的材料，要集中交上级机关保管，不得销毁。还要由上级机关明确宣布：第一、这些单位的文化革命运动，以后都要派工作组去搞好；第二、领导干部有错误的要自觉改正，将功补过；第三、对提意见的人不得打击报复，否则，一定严加处理；第四、乘机煽风点火，聚众闹事，情节严重的，按现行反革命处理。

（二）必须派出坚强的工作队。这一段的经验证明，开展文化革命运动的单位，除了省（区）、市、地领导机关一般地可以不派工作队以外，所有业务部门和基层单位，都必须由上级机关派工作队去领导运动。目前的情况是，工作队数量不足，骨干少，质量不高。省（区）、市党委必须下决心从党政机关和城乡四清工作队抽调一批得力干部，充实文化革命工作队。城市四清工作队可抽调百分之五十左右，农村四清工作队抽调百分之十左右；城市四清的部署基本不变，新铺开的这一批可缩小一些，城市四清可比原计划少铺开百分之十五至二十，农村四清可比原计划少铺开百分之十至十五。

工作队进点以前，应当进行短期训练，认真学习和领会文化大革命的方针政策，研究工作队的工作方法。同时，要在斗争中不断进行战地整训，总结经验，及时改正自己的缺点。目前要着重克服怕乱，不敢放手发动群众的思想，纠正某些限制群众革命行动的错误做法。对于个别工作队员的违法乱纪行为，要严肃地加以处理。各单位的运动在解决敌我矛盾的斗争告一段落，工作队要学习毛主席著作，总结前段运动经验，进行一次整训，武装思想，整顿队伍，并且研究安排下一阶段的工作。学校，可在此期间，放假十天和半个月，让师生员工休息。

工作队进点之后，要逐步做到三结合。运动初期，应由工作队全面领导。经过大暴露阶段，阶级阵线已经分明，情况基本弄清以后，即应逐步组成工作队、本单位党组织的左派领导成员和群众中左派代表的三结合领导班子。

文化革命工作队应当和四清工作队一样，从上到下建立领导系统，及时掌握情况，交流经验，加强运动的领导。

（三）坚持放手发动群众的方针。前段运动，各地各部门执行了放手发动群众，大鸣、大放、大辩论、大字报的方针，取得了初步成绩。但在某些地区和某些单位，当群众初步发动起来，问题刚刚暴露，发现有坏人乘机捣乱，就采取一些限制措施，结果束缚了群众的手脚，不能形成鸣放高潮，问题揭露的不够深透，各种牛鬼蛇神未能充分暴露出来，影响运动的深入发展。

最近，王任重同志对高等院校和中等学校的文化革命，提出了大暴露、大考验，大批判、大提高、大改革、大改组，坚持放手发动群众的指导方针。强调整个运动应当相信群众，依靠群众，采用大鸣、大放、大辩论、大字报的方法，把问题充分暴露出来。在大暴露阶段，除禁止非法斗争以外，不规定任何框框，并且要求党员和群众一道鸣放。湖北高等院校，在一个多月的时间內，经过几次鸣放高潮，各式各样人物的政治面目，各种牛鬼蛇神，都基本上暴露出来了。党员、团员和非党左派，经受一场大考验，大多数人立场坚定，敢于和右派分子进行针锋相对的斗争，初步形成了一支比较坚强的左派队伍。在这场大考验中，涌现了一批新的积极分子，但也有少数党团员动摇叛变，跟着右派分子跑。现在，由于敌、我、友的情况基本上清楚了，特别是敌人基本上暴露出来了，湖北省委已决定在七月二十日前后开始全面反击右派，转入大批判、大提高的阶段。我们认为这个指导方针是完全正确的，不仅适用于学校，也适用于其他单位。

（四）关于运动中的具体政策，除已明确规定的之外，现再提出以下补充意见：

（1）文化革命运动中的打击面应当连同四清运动中的打击面一并计算，一般地控制在百分之一、二、三。不超过百分之五。在城市，应当由市委掌握和平衡各单位的打击面。在农村，由地委还是由县委掌握和平衡打击面，由省（区）委研究决定。

（2）国家干部和职工中重点批判对象，由上一级党委机构（批准）；重点对象的组织处理（包括戴帽子和登报点名批判），应当按干部管理范围上报批准。

（3）学生的问题，不是这次文化革命的重点，对他们当中某些人的错误，进行批判斗争时，应当慎重对待。大学生中划右派分子，要由省、市委批准，严格控制，不得超过百分之一。高中毕业生，基本上不划右派分子；个别一般表现很反动，而又有系统的反党反社会主义言行，需要戴帽子的，城市由市委批准，农村由地委批准。

（4）（略）。

（5）归国华侨经受教育的时间较短，对于他们当中的错误言行，一般地应当从宽处理。只要不是同敌人勾结进行反革命活动的，即使散布了一些反党反社会主义的言论，但情节不是特别严重，民愤不是很大的，可不戴反党反社会主义的帽子。

（6）宗教问题比较复杂，我们的领导力量又不足，目前不宜开辟这条战线。个别地方，反动神职人员活动猖獗，群众揭发了他们的反革命活动，应当派出强有力的工作队，领导群众把反革命分子揪出来；其他问题，暂时不要触动。

（7）在文化革命中，群众起来破除封建迷信，是完全正确的，要热情予以支持。但应注意不要破坏文物。凡是中央和地方过去规定重点保护的文物，在这次运动中，要教育群众加以保护，必要时可以暂时封闭。群众要求清除的，一律放在运动后期，经过审查批准，然后加以处理 。

以上意见，如有不当，请中央指示。

中共中央中南局

一九六六年七月二十一日

3. 批转王任重的七、三黑指示：

王任重七月三日给湖北省委常委的信中提出了大反群众，抓"反革命"，镇压革命的群众运动的六大方针（见前），中南局认为"是完全正确的"，陶铸也非常赞赏，亲自加批。一九六六年七月二十二日，由刘、邓、陶把持的中央书记处批转了湖北省委《关于在中等以上学校进行文化革命运动的意见》（即王任重的七、三黑指示），同意发给各地参考。陶铸并在中宣部、新华社等单位，组织工作队员学习这个黑文件，在中央宣教部门大抓"反革命"；中南地区则一度形成抓"右派"，"反革命"、"反党分子"，大整革命群众的白色恐怖局面。

实际上，王任重的七、三指示，就是根据陶铸的指导思想拟定出来的。一九六六年十一月九日王任重在他给陶铸的一封请示信中说："现在武汉地区的一部分革命师生和清华南下串联的一部分革命师生，已开始把斗争的矛头对准我。他们抓我起草的关于中等以上学校进行文化革命运动的意见，进行批判。我打算就这个问题写第二次书面检讨。由我个人负责，不提省委，更不提中央。"他最后还说："我的两次书面检讨都将送你审阅。"这就正好反映了，王任重和陶铸反革命勾结之密切。

(十三) 自我吹嘘、专横拔扈、搞独立王国

一、自吹自擂、自封革命

我是中央常委书记，中宣部长，文办主任，你们要相信我。

（一九六六年七月对教育部革命群众的讲话）

我是中南最大的。

（在一次党内会议上的讲话）

我是第一书记，我说了算数。要不听谁的？

（陶铸经常在中南和广东的会议上这样说）

我当了十四年省委书记，可神气了。在全国我不算最神气，但也够神气了。

（接见华东工程学院赴京代表的讲话）

什么是老革命？我这样谈不上是老革命。毛主席，董老才是真正的老革命。

（一九六六年八月二十三日在医大的讲话）

白色恐怖时期干革命随时都要流血，我们算是老革命了，算是老革命遇到新问题了。

（一九六六年八月二十五日接见中南部分革命师生的谈话）

确实是老革命遇到新问题。小平同志算是老革命了。我是中等，不算老。

（一九六六年八月二日在人大讲话）

我这个宣传部长不是知识分子宣传部长，我是知识分子，就不够格当宣传部长！

（一九六六年八月二十三日在中国医科大学的讲话）

共产党公开提的第一任辽宁省委书记就是我。四五年解放后，我就任省委书记，以后任辽东、辽西省委书记，我和东北还是有感情的。

（一九六六年十一月十七日接见沈阳大专院校毛泽东思想红卫兵总部代表的讲话）

全国胜利后，在广西当了一年省委书记，后在广东做了十四年省委书记，土改是坚决的，搞合作化、公社化也是坚决的，大跃进出现歪风，我是顶住的。

（一九六六年十一月十二日接见华东军事工程学院同学的讲话）

我基本上是无产阶级革命家。

（一九六六年十二月十三日对卫生系统作的报告）

我可以说，我是一贯革命的。但是我不是一贯正确，说我陶铸不革命，就要和他们辩论，说我不正确可以。

（一九六六年十一月十七日接见沈阳农学院红卫兵时讲话）

你有批评的权力，我有不接受批评的权力。

（一九六六年八月二十三日在医大讲话）

我讲的这些话，不让你们讲出去，不准你们讲出去。如果讲出去，我就说你们造谣。

（一九六六年九月八日接见人大余景清等人的谈话）

说我对贫下中农感情不深厚。不一定，至少不比你少。为什么呢？因为你只搞了一次四清，我搞了三次四清。第二我搞了三个省的土改，消灭了三个省的地主阶级。……你说我对贫下中农感情不深厚，我讲贫下中农对无产阶级沒有感情，我是代表共产党的。

（一九六六年八月二十三日在医大讲话）

虽然我沒有经过长征，但我有资格讲这些话，我老婆（曾志，原广东省委候补书记）长征过，我老婆经过长征就是我经过长征。（1962 年在省委五楼召开的厅局长会）（按曾志从未参加过长征）

我沒有私心杂念，我又不想当省委第一书记……。

（一九六六年十月三十日接见湖南省赴京革命师生、干部的讲话）

我本来好心好意给你们解决问题，而你们说我是黑帮，到中南去调查我的材料。你们人大的事，我不管了！

你们去调查吧（指人大有同学去中南调查陶铸的材料），我不怕！

（一九六六年八月十七日接见中国人民大学筹委会余景清等的讲话）

给林彪、周总理、陈伯达，给中央文革贴大字报是不可以的，是反革命的。但是，可以给我贴大字报，要发扬大民主么。

（一九六六年十二月二十二日对人大红卫兵的讲话）

现在党中央是毛主席的无产阶级革命司令部，我们就是在这个司令部工作的。

（一九六六年十一月十一日在中南海小礼堂的讲话）

有人说我是修正主义总根子，我说不是。应该相信党中央的司令部。司令部不能只有司令、副司令。

（一九六六年十一月十一日在中南海小礼堂的讲话）

《人民日报》改组后，是陈伯达同志和我抓的。《人民日报》改组后有根本的变化。现在《人民日报》基本上按毛泽东思想办事。

（一九六六年十月二十四日接见首都三司的讲话）

关于“长征红卫队”这一宣传，是党中央决定的，毛主席极力称赞的……这材料是我首先发现，我向毛主席汇报，向中央推荐过。大串连我是极力支持的，当时还有些同志反对。

（一九六六年十月二十四日接见首都三司的讲话）

解放军学毛选就是学得好。主要是林副主席领导的好。我把宣传处办成毛泽东思想学习处。

（一九六六年十一月十二日对华东工程学院赴京战斗团讲话）

中央准备发一个通知。主席，林彪同志，周总理和我都是同意的，基本原则不会变了。

（一九六六年十一月十二日对华东工程学院赴京战斗团的讲话）

谁留下一手不拿出来（指黑材料）以后拿出来就开除党籍。关于这一点，主席、林彪、周总理和我都是同意的。

（一九六六年十一月十二日对华东工程学院赴京战斗团的讲话）

二、专横拔扈的“南霸天”、搞独立王国

1.“我就是管你们军队的”。

1964 年陶铸参加港口英雄民兵连的命名大会，途中对军车不让路表示极大的不满。要司

机越过军车，拦阻军车前进。随军车的连长说明身份。陶铸大摆其"南霸天"的面孔说："我就是管你们军队的。"到达港口后，又批评当地驻军首长，并指定要开军人大会，公开批评、处分那位连长。

2."这是倒霉的县委会。"

1963 年陶铸乘坐小汽车直驶阳江县委会，见县委书记沒有前来欢迎他（其实县委书记在招待所"恭候"），就大为不满，竟然公开大骂："这是倒霉的县委会。"

3."我就是陶铸。"

有一次，陶铸到韶关专区，路过一农场就直驶小汽车而入。场长要介绍信，他就大声叫道："我就是陶铸。"事后，他硬说这个场长是搞独立王国，要当地党委罢那场长的官。

4."反我即反党"

1963 年陶铸为了显耀自己的"成绩"，硬要把三社一场划入花县以达其所谓"亿斤县。"当时三社一场的干部群众议论纷纷，集会，请愿表示反对。陶铸竟指使出动军警、公安人员、机关干部数千人携带刀棍，荷枪实弹如临大敌，对贫下中农和广大群众实行专政。陶铸竟然还说："这是上级的决定、党的决定，谁反对划入花县就是反对上级，反对党的领导，就是现行反革命行为，就要镇压。"

5."不能造我的反"

陶铸 1962 年在广东省委一次反右倾会上说："广东省有我陶铸在，我有兵权，我可以造他们的反，他不能造我的反。"

陶铸在处理问题时，动不动就说："错就错，我负責"。

6.南方一霸

原佛岗县九佛农场党委书记兼场长（老红军、师级干部）犯了四不清等错误，事情登在一九六三年省委的内部刊物上，刚好中央在开会，一中央负责同志看了刊物，对广东表示不满，陶铸这个野心家回来，立即对一省委书记大发雷廷。在陶铸的压力下，把这个不够逮捕条件的人送入了监狱，关了八个月，还给以开除党籍。通报全党的处分。

一九五五年，陶铸和罗××到番禺，途经紫坭糖厂，要进去参观，但因事前沒有通知该厂，守护工厂大门的解放军不让进，这一下大大触犯了陶铸的尊严，陶当即下令自己警卫员把哨兵的枪缴了，眞可谓封建专制时代的暴君矣！

7.土皇帝出巡，前护后拥。

陶铸出门往往要带一批记者，前呼后拥。自己说的话，要记者记下来，写成文章（如《随行纪谈》等），替他吹嘘，以达其出名和向上爬的个人野心。请看一位报社领导的揭露，"陶铸每次下乡，几乎都要报社记者或者新华社的记者作随从。我自己就曾不止一次地做过随员写过不少替他吹嘘的文章。"

8.到处题字

如《羊城晚报》、《汕头日报》等报纸，"暨南大学"、"中南林学院"等学校，"珠江电影制片厂"、"广东粤剧院"等单位，《广东画报》、"烈士陵园"等等，到处是陶铸手迹，还有各种题辞，眞可谓"鼎鼎有名"。

9.送毒上门

一九六四年中南局每个党员干部人手一册，免费送陶铸的《理想、情操、精神生活》，用意何在？无非树立个人威信，要大家学习他的"著作"。六三年再版后，发行数量达三十三万册之多，流毒全国。另外还收集了一些放毒的讲话和文章编成一本《思想、感情、文采》搞成精装本。

10. 欺上瞒下

一九五八年到一九五九年春，陶铸为了达到向上爬的目的，向中央谎报成绩。同时为了在群众中树立个人威望，号召大家“一天三餐干饭，放开肚子吃。”结果，粮食吃光了，又大搞“反瞒产”运动整了很多人。

11. 人面兽心

陶铸在花县搞四清的三同戶，有一个年青农民嘴上长了一个小疮，陶铸便怀疑这个青年有痲疯病，生怕传染，怕得要死。竟卑鄙地暗中疏通医生借检查身体为名，从这个青年身上割了一小块肉来检验。陶铸对一个阶级兄弟的三同戶，竟然如此狠毒，眞可谓人面兽心矣！

12. 搞“广东党”

陶铸在一九六五年五月廿七日接见新和大队共青团员和武装基干民兵讲话和一九五六年在中共广东省第一次代表大会上的工作报告《一定要把广东建设好》里，说过以下的话：“这就要求广东党从现在起要以更大的力量来加强对工业建设的领导。”

“广东的党要很好地改变现在的作风，克服官僚主义……。”

“……广东的党的工作也就不能提高，不良的作风也就得不到克服……。”

“根据目前广东党的情况，必须……。”

“目前在广东党內……。”

“由于广东党情况复杂一些……。”

“现在应该在广东党內大力提倡独立思考问题……。”

13. 地主阶级的孝子贤孙。

地主阶级出身的陶铸，反动阶级的本性丝毫沒有改变，对他的狗祖宗念念不忘。他的地主母亲死时，他竟要广东省委为他发一封电报回去，电报的內容是这样的：“在世我不能奉养你（指他的狗母亲），死后也不能去送葬，我不孝了。……”（大意）还寄了三百元回去。特别严重的是，他利用职权，要中南局以中南局的名义给他的狗母亲送了一个花圈。

附录一

陶鑄在广东省第一次学生代表会议上的总結

（一九五七年五月二十五日）

（摘录）

会议原定是昨天结束的，为了把问题讨论的更深入、更透一些，所以延长了一天。会议中代表们提出许多问题，要求解答。我今天的讲话主要是解答问题。我一共讲10个问题。这些问题都是同志们提出来的。

“阶级消灭了，教育是革命的目的”

原题：第一，关于人民日报社论提出的教育方针问题）

……现在，我们国家的形势已经发生根本变化了，在国内已经基本上消灭了阶级，国内的矛盾主要是人民内部的矛盾，今后主要的任务是发展生产，提高生产了。因此，就学校来说，不仅是为了培养学生升学，而更重要的是为了培养学生使之懂得生产知识，参加劳动生产。这就是我们定下来的方针。这个方针，还要在学校中、教师中，在全体人民中展开讨论，看对不对？同意不同意？如果同意了，就执行。如果不同意就拿出另外的办法来。假如拿出有另外更好的办法，那么政府就采用他更好的办法。过去有些事情，沒有很好地和大家商量就定下来了，这是我们工作中的缺点；今后凡有关方针、政策的重大问题，都要经过大家讨论来解决，这次会议就是一个开始。经过讨论同意了的方针政策，就坚决贯彻下去执行起来。

为什么今后的教育不能象去年那样发展呢？我们国家的一切事业都在发展着，教育事业也一样，正在向前发展着。拿广东来说，教育事业的发展也是很快的。据省教育厅的材料，1953年全省大学招生800多人，1956年增加到2,100多人，今年计划虽比去年少一些也近2,000人；1953年全省中学招生7万人，1956年增加到18万，今年计划招生也有15万（包括高中），看起来这样的发展速度是很快的了。能不能再快呢？或者再象去年一样发展呢？不能再快了。也不能再象去年那样发展了。去年搞的太快了、太猛了，我们是犯了错误的，按照去年那样发展，会造成一个不好的结果。首先是教育的质量降低，学生增加了，师资就不足。培养教师是不容易的，去年师资不足的问题就突出起来了，如果师资不足，教师不称职，学生的质量必然会降低。所谓“龙生龙，凤生凤，老鼠生儿打土洞”，什么样的师傅，就会带出什么样的徒弟。其次，财政力量分配成问题，而且会影响其他方面的建设。……“有人问去年多招了学生对今年招生是不是有影响呢？人民日报社论里说是沒有影响，从广东的情况来看是有所影响，但影响不大。因为社会上的这样多人要进学校，去年少招些，今年参加招考的就会更多些。不过，去年中学和大学招收了一部分机关干部，这就有点影响。还有些同志说，去年把一些不该招收的学生也招了，这倒是个事实，去年确实招了些不该招的，而影响到应该考到的考不到。但是，这个数目很少，影响并不大，而且这个影响很快会消失掉的，经过今年的调整，以后就会按照正常的情况去发展了。

关于中学普及教育的问题。首先向同学们提出一个问题：就是大家赞不赞成把我们的国家变成为先进的社会主义国家？所谓先进的社会主义国家，一是工业化，二是人民有一定程度的文化水平。我国原来是个落后的国家，生产水平很低，一不能造汽车，二不能造飞机，钢铁也非常少，生产只靠两条腿和两只手。现在虽然飞机、汽车都能造，钢铁多生产一些了，但仅仅是开始，还要继续前进。其次，文化科学也很落后，过去绝大多数人民是文盲，知识分子很少，现在也不过是500万。由于过去文化科学落后，生产落后，国家就很穷很弱，遭受帝国主义的侵略。过去日本帝国主义，论国沒有我国大，论人口也比我国少，但是把我们打的很苦，原因就是它的工业和文化科学比我们发达。因此，今天我们要使我国变成为先进的国家，就要实现工业化，要实现农业机械化，要使全国人民都有文化。现在，我国的工、农业生产已有了一定的基础，文化也较之过去发达了。大学生已经不少，高中学生除了能充分供应大学需要外，已有多余投到劳动生产中去，到工人、农民的队伍中去，这样一年、两年、几十年以后，全国人民的文化水平就逐步的提高了，工人、农民也会慢慢地成为有文化的人。这是我们革命的目的。”……

“毕业不能升学的学生下农村是最后迫不得已的出路”

（原题：第二、毕业不能升学的学生只有到农村去的一条路吗？）

这个问题是一些同学在讨论中提出来的。有的说：难道劳动只有当农民吗？有个小组提出说：道路很多，不能强调农村这条道路。他们提了九条出路：第一，进工厂；第二，搞手工业；第三，当学徒；第四，当干部；第五，当小学教师；第六，参加垦荒队；第七，搞服务业；第八，当兵；第九，到农村。他们把去农村作为最后的一条道路。当然，到农村不是唯一的道路，还有其他道路。但是，应该把农村放在第一条，其次才是其他道路。因此，这个问题有必要向大家说清楚，人民日报的社论说过了，这里还要说，现在有一条是肯定的，即高中、初中毕业生，凡是要国家分配工作的，只有先去搞搞体力劳动，不能先去搞脑力劳动。当然体力劳动不只是回农村，但体力劳动那里最好呢？依我们的看法，到农村去最好，这对国家好，对学生本身也好。一个知识分子参加几年体力劳动，对于他将来一生的发展都是很重要。那些轻视体力劳动，不愿种地，而愿当专家，当干部，坐机关的想法是不好的。而且现在干部都要参加一定的体力劳动，还有些干部要下到农村去。我们广东省就准备抽调几万个干部层层下放到农村去。同时，今后机关干部队伍一般也不会再扩大了。除专科技术学校与大学毕业生外，今后干部要扩大，也不是直接从学校中来，亦不是从社会上介绍来，而是从工人、农民的体力劳动队伍中提拔起来。如果一个人想为人民、为国家服务，多做点事情，他一点体力劳动的经验都沒有是不行的。因为，沒有体力劳动的锻练，就不知道体力劳动的困难，就不了解劳动群众的疾苦，就容易脱离群众。我们现在就有这条痛苦的经验，解放以来吸收的新干部，大部分都是中学毕业生，虽然这些同志大多数都是好的，但是，十八、九岁刚从学校出来就当上干部，一不懂种田，二不懂拿铁锤，三不懂做买卖，沒有实际锻炼，沒有实际经验，容易脱离实际，脱离群众。现在这批干部中的很大一部分需要下放到农村去补课。因此，我们要求今后的干部，社会主义建设的接班人，必须是有文化的，有生产经验的，同时又是能联系群众的人；而这样的人，只有从农民中来，从工人中来。所以我们希望毕业学生能够升学的就升学，但今年肯定有一大批不能升学的，今后不能升学的也会一年比一年增加的，怎么办呢？最好是参加体力劳动，孟子说过一句话：“天将降大任于斯人也，必先苦其心志，劳其筋骨。”就是说要成为一个能担当大任的有用人物，必须经过锻炼，必须吃得苦。在溫室里面培养出来的鲜花，是经受不起风霜的。现在那种体力劳动是最需要的呢？就是农业。我们强调农业是有理由的，全国五亿农民靠种田吃饭，工业的发展也有赖农业的发展。现在我国的农业刚刚合作化，农村还很落后，需要大批有科学有文化的人去掌握农业科学技术，普及农村文化，改变农村在生产和文化上的落后状态。至于工业需要不需要呢？当然也需要，但是如果农业搞不好，工业就不可能大发展，而且现在工厂不多，安排不了那样多人，其他如当了学教员、当学徒等，如果各地需要，政府可以帮助介绍。参加服务业的工作也可以，但有些人不愿意干这一行，认为这是下贱的、不体面的工作。应该懂得，社会是分工合作的结合体，理发师也是社会所不可缺少的，也是个光荣的劳动岗位。如果沒有理发师，大家都会变成头发长长的、胡子长长的。至于参加垦荒战，这也不是主要道路，因为开荒的经费太大，根据目前我国的财力，组织大规模的开荒是不可能的。既不能升学，又沒有机会补习，搞体力劳动也不愿意，家庭又在外国，可不可以出国呢？是可以的，但是这不是什么好出路。要当兵，现在美国不敢打，蒋介石也不敢反攻，不需要那么多兵，实行义务兵役制，每年抽调入伍的兵是不多的。因此看来还是农村的出路大，这是现实的需要，这是积极的方针，不是消极的方针。当然，农村虽然是主要的出路，但不是唯一的出路，不愿意去农村的，我们也不强迫，不愿去的可以慢慢来，想通了再去。不过要讲清楚，不愿意去农村的，一定要自己能想出办法，不能升学的中学生要国家介绍其他职业是困难的。总之，毕业学生到农村去是个方向，是党和政府从爱护青年、培养青年、培养我们国家后一代的接班人出发的，希望所有的青年学生都能体会这一点。

"学生到农村去可以当社主任，可以长寿"

（原题：第三，高中学生参加农业生产是不是"大材小用"？
初中学生参加农业生产会不会影响身体？

有人说，高中学生参加农业生产太可惜了，是"大材小用"。但我们认为不是"大材小用"，而是"大材大用"。虽然现在在全国高中生不是很多，到农村去的高中生更是不多，一个高中生在农村确是可以称得为"大材"，可是高中生到农村去是大材，也是大用。例如，参加这次会议的叶光华同志，原来只不过是高小毕业生，回乡参加生产后，当了社主任，领导一个四百多户人的农业社，那不是大材？在我们国家里，现在最重要的在农村是社主任，在工厂是车间主任，他们都是社会主义的基础干部，当好一个社主任是不容易的。所以到农村去，是英雄大有用武之地的，可以做青年英雄，革命的英雄，一个有本事的人，就要立志改造世界，征服自然，把落后的改变成为先进的。如果一个高中生到农村去当好了一个社主任，或者帮助提高了农业生产，帮助了把落后的穷困的农村变为先进的农村，那就是大材大用了。还有些人认为高中学生学了数理化，学了英文或俄文，这些在农村都用不上，我们认为这些都不过是普通知识，还不是专门知识，亦不是什么了不起的"大材"。论数理化当不了工程师，论外文当不了外交官或是翻译。如果到机关工作，最多只能当一个科员、办事员之类的干部，数理化、外文同样也用不上。因此，一个高中学生，到机关来不一定能发挥作用，而到农村去倒还可以发挥作用，因为农村迫切需要有文化、有科学知识的人材。譬如说，你懂数学的农村搞水利可以用得着；懂化学的，农村改良土壤、施肥可以用得着；如果你喜爱文学，在农村大有机会去写诗歌、写小说，歌唱新农村，这不是很好吗？所以说高中的知识到农村不是用不上，而是完全用得上。如果高中学生到农村去，决心放下架子为人民服务，帮助农民提高了生产，提高了文化，那么广大农民也将会十分欢迎你们，感谢你们。

至于初中学生，一般是十五、六岁的小伙子，年纪确实轻一些，参加劳动会有一些困难。所以初中毕业后，能够升学的最好升学，不能够升学的，如果家里经济条件许可，可以组织补习。沒有这些条件的则应参加生产，或者一面补习，一面生产，初中学生一般来说，也是可以参加生产的。农村的学生，都是农民家庭出身，从小就有劳动习惯，很多人十几岁就学会了耕田、插秧。我这次到普宁埠塘乡，就看到一个七岁的小女孩参加劳动，一个月能赚三块钱。城市的学生到农村去也可以学会耕田、插秧，一时学不会，一年半载总可以学会的。人家挑一百斤，你挑五十斤，除了挑担以外，农村还有很多工作可以做的，象施肥、除虫、选种、养牛养猪等等，初中生是可以做的。谈到养牛，在我国历史上不是出一个有名的王冕吗？王冕就是养过牛的。至于说参加农业劳动会影响身体，这也不见得，只要不劳动过度，对身体是不会影响的，恰恰相反，体力劳动可以使人身体健康。我们可以看到，农民一般身体都较好，而知识分子则较瘦弱，原因是农民有劳动锻炼，知识分子缺乏劳动锻炼。在农村中长寿的不是地主，而是农民，其中又以中农为最长寿，原因也是地主除了不劳动外，还嫖、赌、饮、吹。所以学生参加生产将来会把身体锻炼得更健康，更耐劳、更能吃苦。

女同学也一样可以到农村去参加农业劳动。女同志到农村也不会把身体搞坏，相反会把身体搞好。大家看过红楼梦的就知道，林黛玉身体最不好，弱不禁风，当然当时她们是受封建制度的缚束，恋爱不自由，忧愁伤身，但最主要的就是因为缺乏劳动的锻炼。

所以说，高中学生到农村去是"大材大用"，初中学生到农村去是"中材中用"，女同学到农村去也大有可为。如果大家都到农村去，决心为人民服务，搞好了生产，锻炼好了身体，又能和群众打成一片，将来农民自然会拥护你，选你当干部的。当然我不是拿当干部来引诱你们，我也不能担保你们下农村每一个都一定能当干部。而是农村的建设与发展需要大批干部，我认为一个青年要有远见，不要近视。近视的人只看到目前的利益，不愿吃苦；有远见的人，看到时代的趋势，看到前途，今天吃苦是为了更美好的明天。所以每一个有远见有志气的青年应该到最困难的地方去，到祖国最需要的地方去，这才最有出息，最有前途。现在你们到农村，也就是到祖国最需要和最能使祖国进步的地方去，这才是"大材大用"。你们是第一代有文化的农民，而第一代有文化的工人和农民，就是将来社会主义的最好的接班人。我们的国家是用人唯贤的，不是用人唯亲的，我们的党和政府也希望将来社会主义的接班人具有较高的文化水平和实际的生产经验，同时又是能够联系群众的人。顺便在这里提出一个问题，可不可以来一个大换班呢？现在不能换。你们到农村不应该急于当干部，急于和现在的干部换班，应该首先虚心学习，很好地锻炼自己，因为你们有的只是一些普通的基本知识，而沒实际的工作经验，要你们去当干部不一定比现在的干部高明，现有的干部虽然有些文化水平低一些，但一般都经过了几年的锻炼，有实际工作经验。因此，现在不能换班，而且不应该换班。只有将来你们搞好了，你们比他们强了，才能接替他们的班，这是干部工作发展的规律。

"到农村去可以单干"

（原题：第四，到农村去如何去法？）

到农村去可以不可以单干呢？要看怎么样的情况，如果你家原来是单干户，现在家里还不愿意入社，那可以暂时单干，家庭原来已经入了社的，就不应该叫家庭退社单干。因为作为一个青年来说应该参加合作社，我们搞的是社会主义，高级农业社就是社会主义。城市的学生到农村去，自己沒有土地，沒有耕牛、农具、单干根本不可能，只有参加农业生产合作社。

其次关于带家眷的问题。这主要是城市学生的问题，一般来说，开始暂时不要带家眷去，因为带去一时难以养得了，等搞好了生产，有了积蓄，然后再考虑把家眷接去，这会更好一些。

"也可以叛国"

（原题：第五，华侨、专业学生的问题）

……。华侨是有爱国传统的，他们过去大多数都是贫苦的劳动人民，只因为生活过不下去，才到海外去寻找生路的，因此，华侨同学也应该继承这个光荣传统。"但是如果一考不上学校，一定要出国，而家庭又在国外的，有办法回去也可以到国外去考升高中、大学，将来回来我們也欢迎，但是，出国并不是最好的办法，到国外去沒有本事，也不容易考取学校，不容易找到生活出路，因此，最好还是在祖国参加社会主义建设。至于在国内参加生产，国外家庭反对的，那可以耐心说服家庭，父母亲始终是同情儿女的，多给家庭写信，告诉他们自己在国内不是做坏事而是做好事，不是走不正确的道路，而是走最好的道路，这样父母亲慢慢就会同意了。

专业学校的学生，学的是那一行就搞那一行，应该老老实实地把本行的专业搞好，现在有的专业学生不安心做专业工作，比如有些兽医学校的学生不愿意佩带校章，怕人耻笑，这是不对的。兽医专业是一门技术，一门科学，是发展生产不可缺少的，这是个光荣的专业，并不是什么可耻的专业。其实，现在参加工作的专业学生，大多数都是技术员，都是干部了，你不愿意学习专业，那你只好到农村去参加劳动生产，换另外的人来学习。专业学生不安心是沒有道理的。

"什么是青年的理想？"

贪便适、图舒服不是什么理想。地主、资产阶级是最会贪便宜、图个人舒服的，就是最沒有理想的阶级，现在这两个阶级被消灭了，被改造了。所以青年不应该把贪便宜、图个人舒服作为自己的理想。一个青年应该有革命的理想，革命的理想就是为了造福于社会，造福于人类，而把自己的一切力量和整个生命都贡献给社会。现在我国已经基本上消灭了剝削，消灭了阶级，全国人民都要靠自己双手劳动来建设国家，建设自己的生活，想脱离人民和社会去升官发财，图个人的舒服，那是根本不可能的，而且也会落得不好的结果。过去不是有些干部为了图个人舒服而贪污腐化吗？结果在"三反"中当作"老虎"来打了。所以，只有忠心耿耿为人民服务，做人民的勤务员，人民才会给你应得的报酬。而国家建设好了，国家有前途，个人也有前途，将来是属于青年的，只要每个青年都有高尚的理想，现在决心吃苦，将来的前途一定是光明和美好的。

（注：文內批判性小标题为编者所加）

附录二

陶鑄一九六一年八月五日在恳談会上的讲話

我到广东十年了，工作沒有做好，广州市的工作沒有抓好。最近一连七天听了市委的汇报，感到文教工作问题很多。过去了解不够，解决也不多，责任不在同志们身上，主要应由我们负责，因为我们沒有抓好。

广州市有七万多中学生，这是我们的后一代，几年来广州市教学质量是下降了的，学生的体质也一天天差，教师的积极性也不高，这不能怪教师们，只因为我们的工作沒有做好。我们教育工作，"百年树人"就是要把年青一代培养成为"三好"人才，现在有的学校培养的学生不是"三好"而是"三坏"，我们很忧虑。据汇报：有一间十一中，有一间华南师范学院的实验学校，办得很差，是不是只有这么两间，实验学校的学生大部分是干部子女，家长溺爱，纵坏了，不少人偷东西，有的要送去劳动教养；十一中学生骂教师，给教师起绰号，在课室写"枪毙周公"，教师上课学生在下边传篮球，体质是不是好呢？也不好，百分之二十五患近视眼，百分之五患肺病，学习成绩也很差。

广州市是文化有基础的城市，为什么学校弄成这样呢？首先我要负责，市委和文教部门也要负责，可不可以这样：我们负责七成，教育部门负责二成，学校的同志负一成，学校也总是要负点责任的，当然过多也负不了。

首先，从我们党委来说，过去我们搞工业搞生产，主要力量抓这方面是必要的，但对文教工作也应注意，这是做人的工作，古时有句话“有人始有土，有土始有财”，可见人很重要。如果我们培养的后一代，未老先衰，文化很低，名义是初中生实际是高小生，那我们就是在搞下降，不是搞提高。建设七亿人口的社会主义大国是很艰巨的，教育的任务是培养社会主义新人，是为了整个后一代。这已经是老话了，但怎样去完成这个任务呢？按现在的样子是不成的，只能是糟踏青年。学习不好不能怪青年，他们象一匹白布，染在青缸子就变青，蓝缸子就变蓝。三字经说：“人之初，性本善”，过去有性善性恶之争，孟子主性善，墨子主性恶，我看都不对。人生下来就象块白布，主要还是靠后天的教育、环境和家庭影响的结果。家庭很重要，对六岁以下的儿童，家庭影响起决定作用，现在有的干部对小孩溺爱，教育儿女沒有方法，共产党是爱小孩的，但不能这样爱法。人不是生下来就注定了的，封建社会认为皇帝生下来就是皇帝，他的母亲怀胎时，就梦见龙或者是什么降生，说刘备两手过膝，两耳垂肩，是皇帝的相貌，说汉高祖是重瞳的，这都是胡说八道，为的是欺骗人民，项羽也是重瞳的，为什么当不成皇帝呢？我们也不是生下来就革命的，拿我来说，是出身很贫穷的人，沒念过书，十三岁父亲就被杀害了，他是同盟会会员，我念不成书就去干革命。大家看过红旗谱沒有？沒有看过可以组织一场电影看一看。如果说我生下来就有革命的意识，也不见得，初时，我羡慕过南方军阀，羡慕许崇智，想学画，买了芥子园画谱学不成，想学音乐，买了二胡也学不成，后来当学徒，入黄埔军校参加了革命，这主要是党的培养，要不然当个劳动力也不是好的劳动力。社会锻炼和党的培养很重要，过去的社会象个大熔炉，一千八百度高温，石块铁矿丢进去烧，不成钢不成铁就是渣滓，我们是在这个社会里闯出来。现在不如过去了，现在革命不怕杀头，吃一些苦总是要的，那时我们参加革命随时准备脑袋搬家，沒有想到革命什么时候成功，更沒有想到今天在越秀宾馆讲话，我一九二六年入党，那时最漂亮的只有二沙头颐养院，想不到今天有这个宾馆。当时只想到应该这样做，这是正确的，作为一个中国青年应走这条道路，相信死了也有一个好结果。那时完全沒想到升官发财，如果为了升官发财可以跟蒋介石走，吹牛拍马并不是很难的事情，总比你们当教师容易，要捞一官半职当个小军阀总是可以办到的，有不少同学就是这样，现在有的当参事，有的去劳改了。那时牺牲是准备了的，想到所有人都要死一次，这是非死不可的，问题是怎样死法，有的死在水里，有的死在飞机失事，多数人死在床上，两脚一伸完了。我在黄埔的同学现在只剩下二、三百人，五分之一也不到，大部分人牺牲了，不少人叛变投敌或者变消极了，这就是锻炼。革命是姜太公钓鱼，愿意者上钩，一般鱼钩有倒刺，鱼受了骗，咬住就脱不得，这是不自愿的，但姜太公的鱼钩是直的，鱼放开口会掉下水里，咬住硬不放就是完全自愿的了。过去我们参加革命是完全自愿的，现在参加革命，加入党就是先进分子了，我感觉到现在有些党团员不是俯首甘为孺子牛的态度，以为自已高人一等，好象是“新贵”，这是不好的，和过去参加革命大不相同，把革命看为进身之阶是不对的。本来革命就要牺牲，应该多吃一点苦，一点也不能特殊，“先天下之忧而忧，后天下之乐而乐”是革命者的本色，在最困难的时候要经得起风雨，所谓“疾风知劲草”，“岁寒方知松柏之后雕”。我们培养青年一代要革命，要更谦虚，老老实实，刻苦耐劳，这要靠学校教育，也要靠家庭培养，我们已经是这样做了。现在问题是运动多，好象只有运动才能进步，课本也太深了，高中讲“叛徒考茨基”、“论权威”，想把十六、十七岁青年一下子变成马克思，用心是好的，但效果就不会好。过去错了我们负责，以后大学、中学应让学生好好念书，教师好好教书。几年来多搞运动是可以理解的，无非想社会主义搞快一点，但运动多了，不念书质量就下降，这个运动那个运动，学生愈远愈差。运动会发热需要补充，不然光是发汗怎么成？学校要念书，正如军队要打仗，理发店要理发，理发店不能变成炼铁厂。农民不会种田，军队不会打仗，学生不念书那是什么话？几年来运动多，学生不能安心念书，教师不能安心教书，这实在是贻误青年，是质量不高的重要原因，这是一个经验教训。你们可以大鸣大放，是不是同意这样看，现在党內党外定出三条：不戴帽子，不抓辫子，不打棍子。在座的都是十年多的朋友，也经过考验，最近二、三年来，经济生活很困难，还是坚持教书，说明觉悟已有很大提高，当然，思想上是有不一致的，也讲几句怪话，党內也有，这也是难免的，反右派以后两条道路问题基本解决了，今后党內外应互相信赖，加强团结同舟共济。毛主席说过今后主要是解决人民內部矛盾，办法是团结——批评——团结，批评也不是打击，不是整一个人，而是在尊重的基础上帮助提高。“偶语者弃市”是过去反动统治者的做法，其实讲错话是很难避免的，话讲开了就会有些是错的。列宁写的文章改动很大，可见第一次写时是有错的，毛主席的稿也一改再改，就是最初不够准确，“文不加点，一字不改”是吹牛皮的，写文章很费思考也这样，何况说话？人们认识是逐步完善的，看问题的角度不同，要求一句话也说不错，就只能如鲁迅所说的：只说“今天天气好，哈哈哈”，要不就把嘴巴贴上封条，但嘴巴有两大作用，除了讲话也要吃饭，要吃饭就不能贴封条，讲话也不可能大家一样，既然一样就不用讲了，开会也沒有必要了。讲话难免有缺点，因此就不能给人戴帽子，不能抓辫子，现在辫子是沒有，但是要抓政治辫子，使人不敢讲话。话讲了也就过去了，是正确的很好，不正确的可以等待他觉悟，通过实践证明，不正确的他自己会改正的。不打棍子就是不要搞过火斗争，我们是要斗争的，“一日三省吾身”內心是有斗争的，睡在床上也会想一想今天那些话说得不对，那些态度不对。社会上有阶级存在，就会有斗争，但人民內部的斗争要用批评的办法解决，采取互相探讨的态度。古人也说：“君子爱人以德”，又说：“良药苦口利于病，忠言逆耳利于行”，我们的批评应该是忠言，批评者应有古君子之风，这不是复古。相交应作“诤友”，不要做狗肉朋友，平常吃吃喝喝在一起，有什么患难、困难就躲开，当面捧场，背后讲闲话是品质很坏的。正确的批评就不是打棍子的问题，接受的人会满意，当时不满意以后也会想通的。我们有些同志心是好的，就是办法不这么好。现在我们要实行“三不主义”，过去第一条经验教训是沒有让学生好好读书，教师好好教书，对不对？请大家大鸣大放，“三不主义”请你们试一试，这是姜太公钓鱼。

其次我要谈谈党內党外关系问题。现在有些党员有优越感，盛气凌人，“我来领导你。”中学不少党员负责人很年轻，沒有什么经验，而党外的校长是很有经验的，这些经验是可宝贵的。中华人民共和国成立了得到什么财产，最大的是中国人民大团结，跑掉的只是少数，六亿多人口跑到台湾、香港的不过几百万。还有一个很大财产是教育和文化，包括几十万知识分子，沒有文化知识社会就不能延续下去，我们国家是四千年的泱泱大国，就是因为文化基础好，我们也不吹自己是最优越的民族，但应该有民族优越感。我们这个大国，延续几千年，我认为秦始皇是有一定功劳的，不好的是他焚书坑儒，其实他坑了的也不多，不过四五百人，他信韩非子，反对孔夫子那一派，烧孔夫子的书。春秋战国时百家争鸣很活跃，后来给孔夫子统死了 被捧到是“大成至圣先师文宣王”太过分了，实际上也不见得他是先师。秦始皇的功劳是把国家统一了，使我们成为大国，这方面唐太宗也有功劳，清朝也有功劳，乾隆皇在文化上做了不少工作，我们国家就是有文化有历史渊源，因此能延续下来不会灭亡，我们共产党取得胜利不能抹煞这一点。知识分子起很大作用，搞文化教育的同志要与党外校长、教师好好合作，尊重人家，过去春秋两季我都和大学的党外朋友开开座谈会，谈谈心，这办法好，要恢复。现在有的同志年纪轻轻，高高在上，发号司令。据说十一中搞了一次测验，有些老师答不出，本来答不出也不奇怪，省委一个总务处长是党员，一次政治测验共产党总书记是谁？法西斯首领是谁？他也不知道，老婆提示了他也搞错了，把总书记答成是墨索里尼。有时测验题目也出得不好，不着边际，很难答，我的女儿在执信念书，有一次，拿一个题目来问我，很大很广泛，我一时也答不出来，这叫中学生怎样答呢？一个可能是题目出不好，另一个可能是教师对政治不关心，我们都有责任，但那位年青的支部书记就训人，在大会上讲人家"丑态百出，莫名其妙"，你就是应该用同志的态度帮助他，使他有明其妙嘛！这位老师当然不高兴。采取这样的态度，就是拒人于千里之外。党内党外关系要搞好，首先要党内关心人家，我们是当权的党，但不能滥用权力，人民给我们这个权力，要为人民办好事情，更好地团结人民，沒有任何理由不尊重人，即使人家有错误也应采取帮助态度。现在党团员与教师少谈心，有困难，有想法，赤诚相见的恐怕也很少，包括文教行政部门在內，以后应该深入到教师里谈谈心。不关心人，不谈心，不尊重人家怎能领导，这就不是以德服人，而是以力服人（曾生书记插话：这是以威服人），不靠真理，靠压力，靠权威靠狠，这是不成的，这样下去权力也不能长久，人家就不会拥护我们。为什么人民赶走蒋介石，欢迎我们呢？就是因为蒋介石唯我独尊，脱离人民，在学校里搞特务教育，有一点进步就告密镇压，我们绝不能这样办。要搞好我们的国家，靠全国人民还是靠我们的党团员？靠少数的党团员能办多少事？党之所以伟大在于能团结七亿人民，得到群众拥护。一个单位共产党得不到这单位全体群众拥护，就是失败的领导，起码不是好的领导。我们工作中完全不犯错误是不可能的，我也犯过不少错误，问题是对错误采取什么态度，我们是对人民负责的，有错误就检讨，就承认错误。古时有所谓"君子之过如日月之蚀"我们党员比君子还胜一等，为什么不承认错误，现在有些单位的领导不与群众商量，少数人包办，自己外行又不懂装懂，搞不好人家有意见就整人家，对人很不尊重。"外行领导內行"是指总的政治方向，领导大家搞社会主义建设，但具体业务不是包办代替。如汽车中途抛锚了，我们只能安慰司机，鼓励他的情绪，这样就是政治领导，不能靠自己动手搞，或者开一个会，作出决议汽车非走不可，这样汽车还是不走的。总的原则方向我们一定要领导，当仁不让，我们是共产党，行不改名，坐不改姓，要搞共产主义只能由党领导，但具体业务我们不能包办，如演戏我们只能对整个剧提出意见，甚至丑角如何做，花旦如何做，我们还是少提点意见好，不然人家说你上台做给我看看，成吗？因此我们外行领导內行是指政治方向，具体业务不懂就要尊重人家，让人家搞，加以鼓励。现在有些党员，不能当校长是因为经验不够，如果有经验，早让他当校长了，为什么党员的主任一定要领导校长呢？过去对党领导一切沒有讲清楚，并不是说每一个党员都能领导一切，现在工厂里是党委领导下的厂长负责制，但车间里也是支部领导下主任负责制，小组內也是党小组或者党员领导下小组长负责制，这是把党的领导庸俗化了。我看过一个合作社，盈亏自负，本来应该以理事会为最高领导机关，党只能通过党员在理事会起作用，不能直接下命令指挥理事会，难道党支部能发出工资吗？但实际上却是支部说了算的。一九五六年我在顺德看了一个合作社，印象很深，农民根据过去经验认为春天鸭子难养，只能养一千，合作部长一定要养五千，结果大批死亡，亏了老本，农民在大会上批评他："亏了本怎办，要你赔看你赔不起，如果以后你要领导，每个月给我二十四元，办不到就不要来领导。"说得很尖锐，也很对。学校是国家办的，不是自负盈亏，但教育质量低要谁负责？党要负责，当然校长也要负责，但是现在校长沒有权力，不应由他负责，有权才有责，讲话不算数，怎能负责。支部有责任要检讨，支部负责人年纪轻，沒有经验，检讨了又怎样呢？误人子弟呀，光检讨也不是办法。看来中学不能由支部领导，要实现校务委员会领导下校长负责。

再其次，谈谈生活问题。文教工作是清苦的，工资待遇不高，工作累，要用脑子，一九五九年以来经济沒有很大好转，广东各界人民都吃了苦，教师生活本来已清苦加倍了，尽管实际工资沒有减少，但生活水平是下降了。这方面，党的工作同志是清楚的，因为本身也很吃苦，待遇也不高，但是觉悟较高，同样吃苦也应该关心别人。游击战争时期，生活的苦是可想而知的，但红军战士沒有人开小差，什么缘故呢？在井冈山的时候，生活苦得很，有的战士讲怪话："打倒资本家，天天吃南瓜。"在井冈山，要逃跑是很容易的，但却沒有人逃跑，因为物质虽苦，精神却很愉快。现在就叫什么首长，不叫名字，好象我们都沒有名字的，叫首长是资产阶级法权残余，当然职务上是什么长，但是否一定要这样叫呢？叫名字不更亲切吗，叫我们"老陶"、"老曾"不更好吗？过去红军中就不是这样，那时官兵平等，讲民主，军官士兵平起平坐，部队废除打骂，大家一起吃大锅饭吃南瓜，毛主席朱总司令也一样，大家也知道朱德扁担吧！总司令和大家一起挑米哩。物质生活很苦，但是不开小差，就是由于精神上有个寄托，士兵都不想国民党，虽然吃得好，领光洋，但要打屁股，当红军闹革命，打土豪，分土地，分给自己的阶级兄弟，虽然苦一点却很痛快。现在我们搞社会主义，要把我国建设成为幸福富强的社会主义工业化国家，但我们的生产还很落后，农民耕田靠两只手，美国农民一点钟可以生产二百斤粮食，我们的农民一点钟只能生产十二斤，美国表面上只有六百万农民，但却有六亿匹马力农械力量，相当于二十一亿劳动力，我们虽然有五亿四千万农民，其中有一半是全劳动力，总计也不够三亿，比较起来差得很远。而且我们搞肥料也成问题，要花很大劳动力，美国一亩田可以搞几百公斤化肥，节省不少劳动力，并不是美国人特别聪明，就是因为机械化。我国要富强就是要工业化，用工业武装农业，我们做梦也想工业化，只有工业化，才能眞正翻身，才能摆脱一穷二白。我们从沒有个人打算想自己搞田庄、搞产业，不象蒋介石四大家族。我们大家都是一个目标，就是想国家富强，这要使全国人民懂得。但是干部要学红军那样关心人，关心别人比关心自己还多，这样人民吃点苦也会想得开，现在我们道理讲得不多，人们不够了解。三年来我们搞工业是快了，挤了点农业，对中央政策的了解不够全面，所有制改变太快，损伤了农民的积极性，不能不反映到生活上来，过去对粮食的估产有浮夸，天灾严重，我们工作也有错误，因此一九五九年和一九六〇年粮食都有减产，合起来减少二十亿斤，而非农业人口增加二百万，要吃十亿斤大米，因此口粮共减少了三十亿斤，全省三千九百万人算，每人减少八十斤粮食（大约短了两个月口粮），猪、家禽也跟着减少了。今年如果晚造好，明年可能恢复到一九五八年的生活水平，这就要比一九五八年粮食产量增加十多亿斤，因为商品粮食的消费比过去增加了，这工作是相当艰巨的，我们现在正尽一切力量搞，几年来，我们犯了二个错误，一个是工业搞多了，搞工业是对的，但搞快了，广州已经是工业城市，也是搞快了，现在要搞慢点，全力支援农业，工业搞了一个基础，以后搞农业就容易赶上去，但要人民吃点苦头，应该讲清楚，承认我们工作做得不好。其次是所有制改变得太快，人民公社是正确的，现在过去将来都是正确的，全世界都要走这条路，苏联现在也搞"庄际联合"，实质上也是在搞人民公社，准备过渡到全民所有制，以前集体农庄是各顾各的，不搞成大经济单位怎样向共产主义过渡？一九五八年合作社太小了，要搞大一点适应工业发展，搞水利、农田基本建设、搞机械化，也要统一规划，小块经营是不利的，人民公社搞起来是必要的。但所有制改变太快就犯了错误。人民公社有三个阶段，第一阶段是联社，按原来高级社基本不动，上面搭个架子，搞点积累；第二阶段是社有制；第三阶段是全民所有制。过去我们什么东西都由公社统起来，产品交公社，工资由公社发，公社刚成立摊子大也管不来，刮了共产风，农民看要共产了，猪也杀了，三鸟也杀了，东西就少了，积极性也降了。郑州会议毛主席纠正这个错误，但我们贯彻政策不到底，现在全国都在贯彻十二条、六十条，就是要搞到底。公社三个阶段一定要坚持，一下子走第二阶段，就损害农民积极性，加上天灾，使人民吃了苦。譬如升学，初中毕业应升高中，但一下子跳上大学就名落孙山，要回过头来补课，现在是退回来搞联社，我们说人民公社好得很，不搞共产主义则已，要搞就要办公社，但步子太快不应该，要退回来，现在十二条、六十条农民很拥护，情况改变很快。我们一定要搞社会主义共产主义，要搞工业化，不然就翻不了身，打倒蒋介石就是要工业化，否则你做官，农民还是靠双手耕田，一点钟十二斤粮食，怎么成呢？但是我们太急了，犯了错误，虽然搞了很大的工业基础，但是人民吃了苦头，那我们就要作检讨。过去支部沒有向大家讲清楚，因为我们讲得少，支部也很难讲，现在我检讨了，大家可以讲清楚了。我们工作有偏差，不讲清楚人们就想不开，生活水平下降了，又对人不关心，物质条件差，精神又得不到寄托，就成问题了。我们有一些干部，人家意见是正确的还斗爭人家，讲几句怪话就说人落后，不管怎样，我们应该听嘛。我们共产党人是实事求是的，对人民采取完全负责任的态度。中国人民觉悟很高，基本上是团结的，教育界也是这样，我们应该感到满意，党团员要相信人家，有做得不对的就要承认错误，改正，不能立刻改过来的也要关心人家，人家就不会有很大意见。教师的口粮是不高的，平均二十六斤还要节约。过去我们发支票，说什么时候好转但不兑现。现在要说明：今年还是困难，明年十月以后就会好些，肯定会好些，但也不可能说很好了，应该看到我们的国家是在欣欣向荣，这几年来搞了很大家当，有信心克服困难，但我们一定要关心人民，精神安慰一下也好嘛。我建议教师口粮调整一下，至少不得低于二十六斤，体育教师个别还可以调高一些，让人家马马虎虎吃得饱才可以教书。学校的福利应搞好一点，现在灯光不够，近视眼人数增加，不要把下一代都搞成近视眼，变成近视眼的国家。学校破破烂烂的应修缮一下，原来七十多万元基建费不要冻结，还可以增加五十万元，搞点修补，首先修理教室，宿舍、饭堂也解决一下，重点放在中学。过去文教基建费排不上，往往被挤掉，冻结了，以后不要这样。可以考虑明年教职员应增加一点工资，今年先作一些准备。明年农业搞好一点，东西多了，物价就下降一点，自由市场物价贵就是因为东西少了；另一方面增加一点工资，生活就会好过些了。我们党团员应该了解这个情况，教职工生活是下降了，就应更关心人家，象过去红军里一样，如果又要吃南瓜，又要威风，人家就跑光了。现在应该是患难与共，同舟共济。

最后，谈一些政策问题。学校里有一批人过去在国民党里做过什么区分部书记之类的职务，当然国民党整个是坏的，他们也不可能不做一点坏事，人民是有意见的。但是解放十一年了，对他们就应区别对待，如果一直为我们工作，问题又早已交代，表现又是好的，就应该替他摘掉五类分子的帽子。我们要他做教师当孔夫子，但戴着五类分子的帽子，怎样当大成至圣呢？如确实罪恶很大，民愤很大的，就不要让他当教师，换到另外地方。表现好，又不摘帽子，他们怎能有翻身之日，怎能做好工作呢？我们党不是从个人恩怨看问题，而是从国家人民的利益出发。至于右派分子一定要反，但改造好了，表现好，不右了，就不要戴帽子，应给他一个出路。当然继续反对我们的就不能脱帽，我有一个亲哥哥，过去做国民党军官，解放初起义过来，当了校长，但很反动，当了右派，还不悔改，这些人就不能当校长。总之，我们要按毛主席的指示：团结一切可以团结的人建设社会主义，我们千多万共产党员，如不能团结所有可以团结的人，工作怎能做好？什么叫领导，什么叫作风好？就是看能不能团结一切可以团结的人，党的领导和核心作用就是把人民紧紧地团结在党的周围，建设社会主义，团结是最要紧的任务。

红专的问题，我们现在应该取消“白专”的提法，“白”和“专”不应该联系在一起，什么叫做红呢？对教师们来说，拥护党，拥护社会主义，以自己的专长为社会主义服务，这就是红。不管他信康德，信佛教，世界观是唯心主义都可以。马师曾很害怕打雷，要住在"爱群"，这是迷信，但不妨碍他成为名演员，不妨碍他为社会主义服务，他也是红，"马红"、"马红"嘛。因此红的要求不能太高，不然都成了共产党了。什么叫做专？对教育工作有经验，能贡献自己专长为社会主义服务就是专。现在我们要求别人过高过严，这是不好的，可以求同存异嘛，现在是同多异少，沒有什么不好，共产党应有容人之量，教育工作中也应贯彻"百花齐放、百家争鸣"，可能有人还相信杜威的教育观点（杨康华部长插话：只要拥护党的教育方针就成），是呀，杜威的观点也可以保留，尊重你的保留，"物之不齐"，观点总不能一致，看戏也是一样，有人说马师曾好，有人说马师曾不好，杨康华喜爱粤剧，杜老喜爱潮剧……我什么也喜爱，个人爱好问题，不能要求一切相同。吃菜也是这样，有人喜欢辣，有人喜欢酸，饭堂都要吃一样的菜，我就不赞成。应该大体相同，求同存异。什么叫做民主权利？只要拥护共产党，党的政策我执行，但个人有不同看法可以提出可以保留，留待以后证明，这样才可以团结一切可以团结的力量。

今天耽误了大家二个半小时，作为第一个大鸣大放，请你们议论一下，对的大家就说对，不对的请批评。

附录三：

陶鑄在高級知识分子座談会上的讲話（記录稿）

（一九六一年九月）

一、（略）

二、对高级知识分子要作新的估价

中国的民族资产阶级是有革命性的，因为它受帝国主义、封建主义和官僚资本主义的压迫和排挤，因此能够和我们合作。中国的知识分子更是如此。他们中除了一少部分人当了蒋介石的走狗以外，大多数人都是爱国的，他们从事科学研究或文化教育工作，想把中国建设成为一个富强的国家。其中有的人在解放前就开始同党合作，有的过去直接或间接地参加过革命斗争。解放后，他们大多数人都是愿意跟共产党走，愿意为社会主义服务的。经过一九五七年反右派以后，全国人民政治觉悟有很大提高，知识分子政治觉悟也有很大提高，他们有了很大的进步。大跃进的成绩是全国人民共同努力的结果，其中包括了高级知识分子的努力在内。十二年来，特别是大跃进的三年来，我们和高级知识分子可以说是患难与共。拿近几年来说，在物质条件、物质生活上是比较困难的，而大家还是积极工作，沒有躺倒不干。这是不容易的。交朋友要作"诤友"，酒肉之交不算好朋友，患难之交才算好朋友。在顺利的情况下喊口号容易，在困难的情况下坚定不移是难得的。因此，现在对高级知识分子要重新估价，高级知识分子是不是经过了考验，能不能同我们一起搞社会主义建设？应该有一个总的估计。我们的统战部长、宣传部长对此要有新的认识。我看，解放十二年了，应该说他们是经过考验了。如果说要打分的话，我看现在起码是三分，及格了。道理很简单，因为跟着共产党走，你说是为名吗，又沒什么名，为利吗，猪肉也沒有吃，但还是积极工作，为了什么呢？就是有一个大的目标：

希望把国家民族搞好。到底是不是都相信共产主义呢？那不一定。但希望把我们国家民族搞好，对社会主义基本上是拥护的，这是实在的。粮食不够、猪肉沒有吃，仍然积极工作，这还不是拥护呀！我看这比吃猪肉很多的时候，说几句“共产党万岁”好。什么叫高贵的品德、政治上坚定呢？就是在我们困难的时候能够站得稳，所谓“疾风知劲草，寒霜识磐松”。当然，现在还沒有经过原子弹的考验，很难说不会沒有一个人出来搞“维持会”，但我想多数人是会经得起考验的。

现在高级知识分子中有些人心情苦闷，有的说“跟了十二年，到底可以打多少分呢？”“一有什么事又反到我们头上来了。”我看他们这样的提出问题，是有道理的，是值得重视的。过去反右派应不应该呢？我看应该，右派分子反对党的领导、反对社会主义，想搞匈牙利事件，不反不行。当然，其中有个别反错的；反错了的就要平反。反右派斗爭，对全国高级知识分子是个很大的考验，他们有了很大的提高。反右派斗爭后，他们又经过了三年大跃进的考验，又有很大进步。既然人家经过了考验，有了进步，为社会主义建设服务，我们就不要老是讲人家“资产阶级知识分子”。当然，这幷不是说他们的资产阶级思想已经沒有了，资产阶级思想还是有的，有的人多些，有的人少些。今后谁有什么毛病，要多进行具体的分析，不要随便扣帽子。

我看，对知识分子作这样一个基本估价，是很重要的。这对加强我们同知识分子的团结，有重大的意义。既然作出了上边说的肯定的估价，那还有什么理由不很好地团结人家呢？现在这个问题在党內幷未完全解决，往往不相信人家，似乎只有自己才是革命的，进步的，人家就不革命，不进步。这个估价问题不解决，就不能把工作做好。现在我们对党外的团结工作有些问题，关键就在这里。所以，我建议对知识分子要作出新的估价，肯定他们新的进步，肯定他们能够继续和我们在一起建设社会主义，幷且据此来把团结工作做好。

三、要进一步增强团结

我们党是团结的，全国人民是团结的。党和高级知识分子也是团结的。但团结的程度是否还可以增进一下呢？我看可以。刚才讲了，高级知识分子既然是经过十二年的考验了，我们共产党就沒有理由不更进一步地同党外同志合作，增强团结。革命是大家的事情，要发挥大家的长处和积极作用，人越多越好，人们的积极性越高越好。共产党的伟大，就在于能够团结全国人民发挥他们的积极性，领导他们共同前进。共产党员的最大本事就是善于团结人民在党的领导下努力实现党的政策。如果沒有这一条，共产党员就不可能有什么本事。

所谓团结，是政治的团结、革命的团结，是有阶级路线的。不可能百分之百地团结所有的人。我们在民主革命阶段，以工人阶级为领导，工农联盟为基础，团结了小资产阶级和民族资产阶级，打倒地主阶级、官僚资产阶级。对民族资产阶级，则采取有团结有斗爭，通过斗爭达到团结的政策。这是毛主席的正确路线和正确政策。在历史上我们曾经犯过错误。陈独秀的右倾机会主义路线，对资产阶级只讲团结不讲斗爭，甚至对叛变革命的人也讲团结，结果脱离了工人、农民，使大革命遭受失败。后来，王明、博古的“左”倾机会主义路线，对很多可以团结的的人不讲团结，也使革命遭受失败。实践已经证明，民族资产阶级是可以参加民主革命的，当然其中也有动摇的，但总的说他们是可以团结的。现在建设社会主义，团结的范围更广泛了。地主阶级、官僚资产阶级被打倒了，作为阶级来说已经不存在了，但地主分子、官僚资产阶级分子还是存在的。我们对于这些人也采取了改造的政策。土改结束将近十年了，有些地主表现好的，已经取得了社员资格或候补社员资格，一部分人还沒有取得这种资格，但在经济上还是按社员待遇。看来，随着时间的推移，这些地主多数也是可以改造的。那么，改造一个，我们就团结一个。官僚资产阶级分子很多跑掉了，沒有跑掉的改造了之后我们也要团结。资产阶级右派分子摘掉帽子之后，也就是可以团结的人了；帽子还沒有摘掉的只要自己愿意改造，也有机会摘掉。至于一般民族资产阶级分子和我们一道建设社会主义的人，在广义上来讲，都可以叫同志，是搞社会主义建设的同志。可见，现在团结的基础更广泛了，全国绝大多数人是能够团结的。

团结高级知识分子不仅是完全可能的，这点前面已经说过；而且是十分必要的。我们建设社会主义依靠工人、农民，这是基本力量，但建设社会主义沒有知识分子是不可能成功的。建设社会主义，一方面要靠广大群众有高度的积极性，另一方面就要靠发达的科学文化。旧社会遗留下来的一项巨大的财富，就是一批知识分子，特别是高级知识分子。这笔财富对我们建设社会主义是十分有用的。当然，这还不够，一定要培养新的知识分子，扩大知识分子队伍。但培养也总要有个基础，小鸡要母鸡来带。这老的一辈是有学问、有经验的，有他们的长处。现在我们有些同志有些毛病，一是不懂得知识分子的重要，或者懂得不够深刻；二是不懂得培养新知识分子要依靠老知识分子，有了新的不要老的，沒有充分发挥老一辈的作用；三是对知识分子要求过高，以为高级知识分子应该都是万能的。不可能设想，高级知识分子样样都懂。我看，高级知识分子就是有一门或两门专长就很好，我们也应该要求知识分子有专长，而不是要求他们样样都懂。现在我们国家需要各种专家，越多越好。过去孟尝君的食客三千，分上客，中客，下客，下客中有人说："食无鱼，出无车"，后来知道这个人确有一门本事，于是就重用他。孟尝君这么一个封建人物都懂得重视知识分子，何况我们共产党要建设社会主义，不团结一切有一技之长的人怎么能搞得好呢？

搞好团结的关键有两个：一是尊重，二是关心。我们很多做这方面工作的同志，对高级知识分子尊重不够，有个时期很不尊重。广州市一所中学有一次进行政治时事测验，题目大而无当，一些老教师答不出，一个二十三岁的支部书记，就把几十个教师集中起来训话，说他们是"丑态百出，莫明其妙"！这样，叫人家怎样受得了？试问你责备人家学习不好，你平时帮助了人家沒有？对敌人斗爭也要讲策略，要有理有节，不要依靠謾骂取胜，何况对待自己的朋友？所有共产党员都必须懂得，要尊重人家的人格，尊重人家的专长，尊重人家的意见。当然，我们对高级知识分子的尊重不是象过去一样，所谓"万般皆下品，唯有读书高"，"劳心者治人，劳力者治于人"，对知识分子迷信，把他们神秘化，那是不对的。但我们建设社会主义应该尊重知识分子，特别是对老知识分子尤其如此，因为他们特别可贵，他们是"工作母机"。要尊重人家，相信人家要革命、要进步，要以平等的态度相待，有什么事情互相商量，使人家眞正有职有权，眞正感到这个国家大家都有分，大家都是主人翁。在一个企业、一个机关、一个学校，任何单位都要如此。我们有些党员同志不尊重人家，就是因为自己有个人优越感，以为自己高人一等，好象是"新贵"，这是错误的。我看我们应该有阶级的、革命的优越感，而不要有个人的优越感。我们共产党员应该特别谦虚。我前面讲了，高级知识分子跟着我们党走，一不为名，二不为利，所为何来？还不是为了把国家搞好。陶渊明"不为五斗米折腰"，你们现在只有二十多斤米（还不到五斗），还是跟着我们搞，所为何来！当然，陶渊明和你们不一样，你们不是司马懿的臣子，我们也不是刘裕。现在不是什么谁为谁折腰的问题，大家都是为国家，都是主人翁。正因为如此，所以应该团结合作，互相尊重。如果要说"折腰"的话，一斤米或者沒有米也可以折腰，因为这是为国家、为人民，也为自己。人的生活有两方面，一是物质生活，一是精神生活。光有物质生活，精神空虛，人生有什么意思呢？当然沒有物质条件人不能生存。我们不是唯心论者。唯心论者也要吃饭。但光是吃饭也不行，为人如果光是吃饭，历史上很多事情就不能解释。文天祥是有猪肉吃的人，物质生活并不坏，为什么他要写“正气歌”，而不写猪肉歌呢？我们不要做简单地为了物质享受而生活的人，这是种沒有理想的人。做人最重要的是精神有所寄托，能够用自己的才智为社会做点事情，即所谓要有抱负。我们要尊重人家的理想和抱负，看重人家的精神生活。现在，我们的物质条件很差，精神上也对人家不那么很尊重，人家还有什么想头呢？沒有物质总还要有点精神嘛。诸葛亮跟着刘备，就是刘备很尊重他，所以他就六出祁山，“鞠躬尽瘁，死而后已”。当然，这些比方不够确切，因为那是封建统治者和知识分子的关系。现在我们是建设社会主义，大家都是国家的主人翁，每个人对国家都有责任。但共产党是当权的，我们的责任大一些，所以要我们伸出手来，信任人家，尊重人家，主动做好团结工作。

讲尊重，就一定要尊重人家的意见，包括人家的不同意见。决不能因为人家有了不同的意见，就随便给人家扣帽子。随便扣帽子，象唐僧对孙悟空一样，动不动就念紧箍咒，是不行的。今后思想斗争还是要有的，但是决不能采取粗暴的方法，而只能采取交心、恳谈、切磋的办法。思想斗争是长期存在的，但是必须把思想问题与政治问题严格分开，只要总的方向拥护社会主义、拥护共产党，在某些具体问题上有不同的意见，应当允许保留。党内党外都应如此。沒有这一条，团结就有困难。因为事实上不同意见总是有的。如果有不同意见就说是“反社会主义”、“反党”还有什么团结可言呢？

再讲到关心问题。一是政治上的关心。就是说要相信人家也是革命、求进步的，要在这方面给予眞诚的关怀和帮助，如果人家有不正确的地方，更要耐心帮助，不要搞斗争会，也不要扣帽子。现在大家最迫切的要求也不是多吃猪肉之类，而是要求帮助进步，要求有机会更好地贡献自己的力量。这种要求应当也必须加以满足。这几年来，有些人在运动中被斗争、处分错了，应当给予平反，搞掉帽子，并且向人家道歉。各单位党委同志对此要采取严肃态度。我们党光明磊落，实事求是，做错了就承认、改正。假如这点做不到，增进团结就会成为空话。

其次是关心同志们的工作条件。现在高级知识分子感到时间不够，助手不够或不合要求，工作环境不好，图书资料供应有问题，不该保密的也保密等，我们要注意帮助解决。首先必须保证科学研究的时间。国务院规定科学研究人员每周要有六分之五的时间用于进行研究工作，我们必须保证贯彻执行。六分之五的研究时间，在正常情况下可以作一周的安排，但也可以根据实际情况作一个月的安排，也可以作一季、半年或者一年的安排。总之，科学研究活动的时间不能少于六分之五。政治活动、社会活动不能超过六分之一的时间，不能占用科学研究的时间。这样，党委的领导干部就要改变工作方法，要少开些会。要让教授、专家有时间读书、研究。设备、资料、图书等要优先供给教授、专家及其助手使用。眞正需要助手的要配助手，原来取消了的，要恢复。个别的研究室也可以搞起来。助手的人选要适应，要具备一定的条件，党的文件有些也可以给党外同志看，或者念给他们听。有些地方过去有许多文件不适当地过多地列入保密范围，研究工作所必需要的资料也不给人家看，沒有资料怎么研究？这是很不合理的，对工作也很不利，必须加以改变。有人提出：“农民有自留地，我们是否也可以搞一点？”即是在完成工作任务之外，可不可以自己出题目搞点研究或写写文章之类。我看可以。

再次是生活上的关心。当然物质生活马上有很大的改善还有困难，大家还要吃两年苦（当然这两年内也要逐步改善），但是只要领导上关心，有关部门把工作做好，使高级知识分子的物质生活稍有改善还是可以做得到的。除了从改善社会供应、稳定物价、逐步适当地调整工资等方面采取措施之外，对高级知识分子还可以采取若干特别措施，来改善他们的物质待遇。每个高等学校、科学研究机关都要自己搞点生产，不计上缴任务；产品不要平均分配，应当有重点地解决问题，然后逐步把面放宽。做总务工作的同志，要想一切办法使自己单位的教授、专家和研究人员的生活过得好些。对贡献大的研究机关和研究人员的需要应当优先供应。

一方面，绝大多数高级知识分子决心在党的领导下工作，需要我们尊重他，关心他，帮助他，给他一定的工作条件；另一方面，共产党光明磊落，实事求是，我们做错了的，我们自己承认错误，加以改正。因此，搞好团结的条件是具备的，党与高级知识分子的团结是一定能够增进一步的。

四、发挥专长为社会主义建设服务

团结知识分子，是为了发挥知识分子的专长来为社会主义服务。我们国家的建设已经取得了伟大的成绩，但要彻底改变"一穷二白"的状况，建成一个伟大富强的社会主义国家，还必须作很大的努力。社会主义要有高度发展的生产力，而要发展生产力，沒有数量相当多、质量相当高的专家是不可能的。这个问题的解决，一要发挥原有专家的专长，并使他们研究成果不断提高扩大；二要依靠老专家培养出更多的新专家来。我们的专家现在不是太多而是太少了，对于我们来说，有才能的专家越多越好，"韩信将兵，多多益善"。苏联在十月革命后专家也很不够用，请了美国专家，列宁当时就下令要好好招待和使用他们。这几十年来，苏联培养出了很多专家，现在苏联的专家比美国多得多。我国革命胜利后，请了许多苏联专家。现在他们回去了，我们要完全依靠自己的专家了。而我们自己的专家，力量还远远不能满足实际的需要，那我们有什么理由不好好地团结他们，培养、提高他们，发挥他们的专长呢？对于如何发挥现有专家的专长以及如何培养自己的新专家的问题，目前我们党內干部中有许多人是认识不足的。有人说，到了共产主义社会，不要专家了，那时人们的文化水平都非常高，什么都会干。这是不对的。当然，到了共产主义社会，人们的文化水平比之现在是极大地提高了，但是专家还是要的。那个时候工作时间短，人人可以唱戏弹琴，但是总有一些人唱得更好听些，弹得更好听些。只要社会存在，就有分工，有分工，就有专家。沒有专家是不行的。现在不发挥人家的专长，努力钻研专业还要受批评，说是什么"一本书主义"，还有什么"白专道路"。其实出一本书有什么不好？眞正科学的著作可以永垂不朽，一个人写出这样一本书，就不容易。当然我们要求的不只是一本书，而且不要成为一本书主义。至于"白专道路"，这个名词今后应当停止使用。因为一用这名词，许多人都不愿意专，害怕专了。这岂不大家都成了"万金油"？那怎么行？应当让大家专下去，鼓励大家向专深的方面发展，越专越好。对红，不能要求太高，拥护共产党、拥护社会主义，把自己的专长用来为社会主义建设服务，这就是红。当然，这还不是红的最高标准，而是初步标准。但是对党外专家来说，今天就是这个要求，而不能要求太高。

有一个问题必须说清楚。当年右派向党进攻时，有人说党不能领导专家，说什么"外行不能领导內行"，实质上是要反对党的领导。我们说，外行能够领导內行，党能够领导专家，党能够领导一切。这是完全对的。但这不是象有些人所以为的，我们可以瞎指挥。专长为什么服务，这就要党领导。所谓外行领导內行，是指政治方向来说的。至于具体业务，我们不能包办代替，瞎指挥。为了加强党对文化科学工作的领导，我们的同志必须深入到业务中去，虛心地向专家学，使自己逐渐变成领导文化科学工作的內行，而不要安于外行。

要使每个人积极发挥自己的专长为社会主义服务，就必须有高度的民主。我们的国家是人民的，每个人都有责任，我们党要把大家团结起来，把大家的积极性发挥出来。清规戒律不要太多了，不要这样也不行，那样也不准。党提出百花齐放，百家爭鸣的方针，就是要高度发扬民主，就是要发挥每个人的积极性，让他们乐意和敢于把自己的专长拿出来。科学有科学本身的规律。自然科学又同社会科学不同，不能用同一尺度去要求。在总的方面为社会主义服务的前提下，科学研究中应该允许不同意见、不同学派的存在和竞赛。应该说，意见越多越好，这样才有比较和选择的余地，"只此一家，别无分店"是不行的。当然，在政治上是只有一家，社会主义这一家。而在学术上，则可以而且必须是百家爭鸣。例如关于柑桔黃龙病的问题，有人说是由于病毒引起，有人说沒有病毒，象这些问题就要经过试验、研究、讨论，而且有时候是很长时间的反复的试验、研究、讨论，才能找出符合客观实际的结论来，决不能由那个随便说说就作出结论的。百家爭鸣，百花齐放，实质是个民主问题，是科学和艺术事业上的民主问题。实行这个政策的目的，是为了繁荣我国的社会主义的科学文化事业，它关系到社会主义建设能不能搞得快一点。贯彻党的这个方针，是一个艰巨的任务。无论那一个单位的党组织，都要认眞贯彻党的这个方针。事实证明，那一个单位的党组织对这个方针执行得好些，那一个单位的科学研究的成果就大些。

五、领导方法上的一个问题

最近有些大学在学习讨论和贯彻执行高等教育工作的"六十条"中，党委的同志对党团工会的会议和社会活动，在通常的情况下，应该控制在六分之一的工作日以內这一规定，感到时间太少了。我看这里有一个领导方法问题。所谓党的领导、政治挂帅、思想工作、群众运动，这一切，都是为了把你所在单位可以团结的人全部团结起来，把群众的积极性充分发挥出来。为做到这个，决不能光靠开会。在许多情况下会开得越多，群众的积极性越是不高，反而消极得很，那思想政治工作怎么能算是做好了？领导怎么能算是加强了呢？广西有两个例子：一是××师范学院，领导上就是天天召开大会，有个六十多岁的老教授在晒太阳，我们有个同志便说他老了，不能教书了，不尊重人家，不关心人家，看不起人家。另外一个学校，有个教师病了，支部书记拿了两斤猪肉、一副猪肝，骑着自行车亲自跑很远送到他家里，那位教师很感动，积极性也更高了，因为这事表明你很关心他嘛。思想政治工作不是抽象的，好的领导也决不光靠开会，如果开几个星期会，一点问题沒有解决，那有什么用呀？我们学校的领导，机关、企业单位的领导，要眞正深入下去，和专家交心，有事和大家商量，听取他们的意见，了解他们的需要和困难，帮助他们把问题一个个地加以解决。这并不一定要开会。当然，不是说完全不开会。有些会还是要开的。但是事先一定要做好准备，多商量，商量得大体成熟了，再开一个会，集中讨论一下，做出决定，然后大家去办。现在我们领导方法上的一个很大的缺点，就是形式主义、不深入，每一开会就讲很长一篇大道理，却不解决问题。这种情况必须改变。

附录四

陶鑄在話剧歌剧創作会議上的讲話

（一九六二年三月五日，广州）

今天不是做报告，只是讲点自己对一些问题的看法和意见。总理昨天做了关于知识分子问题的报告，非常重要，对许多问题作了深刻的理论的阐述。明天陈毅同志还要做关于创作方面问题的报告。我今天只是以主人的身分，也还以党务工作者的身分和观众的身分，来讲一点意见，因为我是做党的工作的，而且是很喜欢看戏的。讲三个问题：

一、关于繁荣创作的问题

现在我们的创作是不是很繁荣呢？这要看怎样讲法。和资本主义国家，和台湾、香港比较起来，当然繁荣得多。但是，从我们这样大一个国家，从人人都迫切需要精神食粮的角度来看，创作还是不够的。是的，不论是小说、戏剧、诗歌、音乐各方面都有许多好的创作，但是毕竟太少了。上面讲到我是以三种身分来讲话，不论是哪一种身分，我都希望我们能写出更多的东西来。这要求，我看是合理的。今天的创作，还远不能满足需要。这个估计是不是实事求是的呢？我看是实事求是的。

创作上不够繁荣，近年来甚至还有点萎缩的样子(能不能这样说呵)，原因在哪里呢？原因是多方面的，但是，和我们这几年沒有很好执行党中央的政策，加上天灾，工农业生产沒搞好很有关系。我们是社会主义社会，一般地讲，创作的繁荣和工农业生产的上升、人民生活的改善应该成正比例。这一点，和旧社会完全不同。在旧社会里有“文，穷愁而后工”这么一句话，那时候，确是这个样子。越是穷，越对当时社会的不平感受深刻，越同情人民，就越能写出好诗好文章来，反抗那反动腐败的统治者。杜甫一生颠沛流离，结果写下了不少不朽的诗篇。在我们这个社会，就不是这样了。我们不能说越是挨饿，心情越不舒畅，就写得越好。我们的政权是人民的政权，我们不能鼓动人们起来憎恨和反对我们自己的政权。“文，穷愁而后工”这句话对我们是不适用的。但是，如果经济不是很繁荣，要求创作很繁荣也是很困难的。当然，为建设我们的国家，我们不会不遇到困难，这时我们的文艺工作者应当出来“鼓励士气”，号召人民起来与困难作斗爭。我们要写积极向上的东西，写鼓舞人民奋勇前进的东西。我们沒有把工作做好，工农业产品减少了，整个工作包括文艺工作是会发生一些困难的。但是这也要做具体分析，不能把创作不够繁荣统统归因于工农业生产沒搞好。譬如，文艺领导工作这方面有沒有问题呢？有沒有象农业那样的“生产关系”问题呢？有沒有“刮共产风”呢？有沒有瞎指挥呢？这比喻不一定恰当，但类似的问题都是多少存在着的。党中央、毛主席的“百花齐放，百家爭鸣”的方针早就提出来了，但是，据我看，我们既沒有充分“放”起来，也沒有充分“鸣”起来，相反地，近年来的创作似乎有些萎缩了，言路也窄了。这样估计，是不是危言耸听，是不是“右倾”呢？我看不是。事实是这样，就应该这样讲。在我们有些领导文艺工作的部门和同志中，是存在着不尊重创作的“所有权”、不尊重作家，干预太多、瞎指挥等现象的。大家听过侯宝林说的相声“关公大战秦琼”吧。这段相声说韩复榘的父亲听戏，他看见山西人关云长在舞台上太威风了，而秦琼是山东人，便一定要戏班子演一个关公大战秦琼，而且一定要秦琼把关公打败，不然他就不给全戏班的人吃饭。汉朝的关公战唐朝的秦琼！我们领导文艺工作中乱干预的人应当从这个讽刺中得到教育。我们的同志们自然不会糊涂无知到韩复榘的父亲那种地步；但是，有些地方也很有点相象。如果要作家完全按照自己的想法去创作，要作家看着自己的眼色去修改，甚至创造出“我出思想，作家出技巧”的“理论”来，这怎么能做到“百花齐放，百家爭鸣”呢？怎么能从各个方面来反映我们时代的面貌呢？怎么能表现作家的个性和风格呢？听说曹禺同志在《胆剑篇》里写了劳动人民下跪，就有人批评他侮辱劳动人民。劳动人民为什么不能下跪呀？那要看怎样的历史背景，在怎样的条件下面嘛。我们现在有些同志，对历史并不很熟悉，对生活并不很理解，对文艺创作更是外行，却偏偏热衷于发号施令，干预人家，要人家照着他的想法来创作。在这种情况下，有的作家难免应付差事，写出来能通得过就算了；有的作家就干脆搁笔不写了。这怎么能谈得上创作繁荣呢？我看这是对作家的一种“虐待”。这种情况，应该立即改变。近两三年来，大家物质生活已经相当苦了，沒有猪肉吃，沒有好烟抽，加上精神上受

"虐待"，怎么还能创作出好的作品来呢！

我们一定要把我们的创作搞得更繁荣，创作出更多更好的作品来。现在日用品缺乏，副食品缺乏，要配给，要排队；看戏、买书（这当然还有纸张问题）也紧张，一出戏贴出海报，马上就有很多人排队买票。物质供应紧张了，精神食粮的供应也紧张了，这不好。越是在这种时期，我们越要多拿出精神食粮来，鼓舞大家克服困难，奋勇向前。人民的要求是多方面的，我们想法子尽快多生产工农业产品，剧作家就想法子尽快多创作一些好剧本吧。现在工农业都有所好转，但都很缓慢，我们应该爭取更大的好转。文学艺术方面，我们也希望如此。这次剧作家、科学家、音乐家都到广州来开会，我们很欢迎。农业方面多生产粮食、副食品，工业方面多生产工业品、日用品，创作方面多生产小说、剧本、诗歌、音乐、电影，这就好了。从各方面来满足人民的要求，提高人民生活（精神的和物质的）水平，这正是我们工作的最终目的。繁荣创作的问题，我们是把它和工业增产、农业增产一样来提的。我们正处在一个困难时期，克服这个困难，就要群策群力，大家尽自己应尽的责任。拿锄头的拿锄头，拿槌子的拿槌子，拿笔的拿笔，拿胡琴的拿胡琴。只有这样，才能迅速克服我们的困难。作家的责任，我看就是把创作繁荣起来。

怎么才能繁荣我们的创作？我看要解决如下几个问题：

首先，要尊重作家创作上的自由。作家的笔是他自己的，作家的思想也是他自己的，我们应该让作家独立创作。不要象有些领导者那样，你想什么，就要人家写什么。你要秦琼大战关公，人家就要给你写个秦琼大胜关公。对创作瞎指挥的事，还是少来一些吧，还是尊重作家，叫人家创作自由吧。不如此，是沒法繁荣创作的。这几年，大家沒猪肉吃，物质生活不好，还在写，还在拚命创作，还不能信赖呀！还要横加干预呀！我们应该尽量地多关心一下作家，把生活条件搞好一点，把创作条件搞好一点。过去，我们不但关心作家不够，还瞎指挥，限制很多，这能够繁荣创作吗？我看是"戛戛乎，难矣哉！"同志们，这样一来会不会写出坏东西来，会不会天下大乱呢？粗制滥造的东西会有一些的，不那么完善的东西也会有的。但是不要紧。有相信我们的作家不会写出象有些外国坏电影那样的东西。即使有，也不要紧，还有群众的鉴定嘛！群众不通过就不能演下去嘛！所以，我说不要怕，放手让作家去写吧。至于谁要写污蔑共产党的东西，写了也是一定拿不出来的。而且判断什么是香花，什么是毒草，不能简单化，需要很仔细地作具体分析。《洞箫横吹》因为批评了一个县委书记，作品被划为毒草，作者海默被划为右派，现在不是平反了吗？一个县委书记都不能批评，不能反对，反对了县委书记就是反对了共产党，这眞是奇怪的逻辑，哪里有这样的逻辑！现在我们还是多鼓励，少干预。现在作品不是多了，而是少了。大家要努力造成一种创作自由的环境和气氛。毛主席在《红旗》创刊号上发表的《介绍一个合作社》的文章里，引了龚定庵的一首诗："九洲生气恃风雷，万马齐瘖究可哀。我劝天公重抖擞，不拘一格降人材。""万马齐瘖"的局面可有点不好受呵！当然，不能说我们现在是"万马齐瘖"，但也总不能说是"万马奔腾"。要"不拘一格"嘛，"不拘一格"就是不要给作家划一个框框，划定一个框框，大点不行，小点也不行；方点不行，圆点也不行。那还有什么创作自由。不拘一格，尊重作家创作自由，那大家胆子就大了；胆子大，笔也就放开了。你也写，我也写，东西就多了，就有比较了；就有"齐放"和"爭鸣"了，也就有创作上的繁荣了。

对创作可不可以批评呢？一批评，是不是不尊重作家的创作自由了呢？我看是可以批评的，问题是怎样批评。譬如说，写出东西来，先在小范围内请些专家来看看，看了以后，请专家们提些意见。哪些意见可以采纳，哪些意见不可以采纳，由作家自己去考虑。党委书记应当做这种组织工作。作品出版或公演以后，再让群众来评论。群众批评是应该的。人家看戏要买票，买书要化钱，为什么不能提意见呢！而且群众里面的不少意见，往往是最好的意见。自然，作为作者，不能今晚听了张三的意见，今晚就改一个地方；明晚听了李四的意见，明晚又改一个地方。而是要在演出若干场后，把群众意见加以集中、研究，然后再考虑修改。这才是郑重的态度。不要说一部作品，一出戏，就是我们党的政策，也都是如此嘛。农村方面的“六十条”就是如此，经过群众讨论，修改了很多。眞正的批评家，是群众，是专家。我们做党的工作的，应该组织群众、组织专家协助作者把作品搞好，而不是靠在沙发上瞎指挥，说这也不行，那也不行。那么，象我们做党委书记的人，有的高兴看戏，看了之后讲点意见，这可不可以呢？我看也可以，但只能作为一个观众的意见（而且只是一个），提出来供作者参考。不然，你这个书记要悲剧结尾，他那个书记要喜剧结尾，那作者就麻烦了。《刘三姐》不是就有这样的情况吗？总之，谁都有提意见的权利，作者也有不按你的意见来办事的权利，所有的意见都是给作者做参考的。不是“文责自负”吗，过去写文章如此，现在还应该如此。

其次；作为领导者，要眞正以平等态度待人，要眞正地、充分地发扬民主。不要特殊化，不要自以为是，不要以“领导者”自居。要尊重作家的自由，要尊重作家的人格。红军在井岗山的时候，物质生活条件可算是很差了。那时候有战士讲怪话，说“天天打倒资本家，天天吃南瓜”。但是，大家的精神很愉快，士气很旺盛。那时部队不多，装备很差，但是打不散，并且老是打胜仗，部队一天比一天壮大。为什么？一方面是大家有一个共同的革命目的，有一个共同的理想；另方面就是有充分的民主生活。红军是毛主席亲手建立起来的新式部队，有士兵委员会，可以对长官提意见。伙食是吃一样的，劳动也是一样的劳动。所以虽然吃的坏，穿的坏，大家不但不跑，而且打起仗来十分勇敢。我们要始终发扬民主的传统。各级干部，都要眞正以平等态度待人，眞正与群众同甘共苦。这样，我们就能团结全国人民，战胜目前的困难。即使物质生活差一点，又有点吃南瓜的味道，只要大家团结一致，目标一致，有一个共同的理想，就什么困难也可以克服。广大的知识分子为什么跟共产党走，不跟国民党走？就是因为我们是为人民服务的，是不搞个人财产的，是要建设一个美好的共产主义社会的；也是因为我们是平等待人的，是讲民主的。只要这些方面我们搞得好，工作中有缺点，有困难，那有什么可怕呢？大家是不会埋怨我们的。问题是要把这些困难讲清楚，不要含含糊糊。三面红旗是正确的，过去正确，今天正确，将来还是正确的，只是我们在执行时犯了错误。犯错误的主要原因是由于我们缺乏经验，性子急了，我们想很快把我们的国家建设成一个富强的国家，因此基建搞多了，积累也搞多了，加上连续三年的自然灾害，人民的生活水平因而降低了。我们把情况和道理向大家讲清楚，是可以得到大家的谅解的。更重要的是，我们要特别注意领导作风，要深入到群众中去，要同群众打成一片，凡事要眞正走群众路线，越是困难多，党员干部越是要起模范作用。话又说回来，如果一方面物质生活很困难，一方面我们又是盛气凌人，一讲还是“九个指头与一个指头”那一套，人家讲一讲缺点都不行，一讲就是“右倾机会主义”，作品里面，一点也不能反映缺点，一反映缺点，就是“右倾”或“反党”，这样搞下去是不行的。我们现在很多作品公式化、概念化，一个重要的原因，就是这个问题沒解决。这个责任不在作家，在我们作领导工作的人这边。

做文艺领导工作的，不眞正以平等态度待人，不眞正发扬民主，是不可能导致创作的繁荣的。这两三年来，我们不但有沒很好地执行党中央、毛主席的“百花齐放，百家争鸣”的方针，而且在某些方面是在妨碍这一方针的贯彻执行。这个“百花齐放，百家争鸣”是春天的方针。春天才能百花齐放，百家争鸣嘛。但是，我们有些同志一脸的“秋风肖瑟”，那怎么能百花齐放，百家争鸣呢？我看似乎有点肃杀之气。也许我讲的有点言过其实，但至少现在还不是温暖的春天，还不过是早春天气，乍暖还寒的时候。现在应该象丘迟代拟致陈伯之书所写的，是“暮春三月，江南草长，杂花生树，群莺乱飞”的天气。我们这次开会就应该搞出这样一个局面来。是溫暖的春天，不是料峭的春寒；是和煦的春风，不是肃杀的秋风。也就是毛主席所讲的心情舒畅，生动活泼的局面。有些同志不懂得这个道理，在他那里不但沒有什么民主，简直就是“专制王国”呵。广州有一个中学的副校长，二十多岁的青年，把一些老先生找来作时事测验，出的题目叫人摸不着边际，我看连这位副校长同志肯定也答不完全，结果教师们当然是答得不好，他便向全校的先生“训话”，骂人家是“丑态百出，莫名其妙”。试想想，人家还有什么积极性呢？这个副校长很强调支部领导学校，我告诉他支部不能领导学校（大学的党委当然不同），只能起党的监督作用和保证作用。但是，他不满意，说我是“朱可夫思想”。好大的一顶帽子！难道只有他那个支部领导才是党的领导，而市教育局党组织和广州市委来领导就不是党的领导。说得严重点，真有点“飞扬跋扈”呵！所以，我希望，我们不要再刮秋风了，多刮一点溫暖的春风吧！秋风一来，树叶尽脱，还有什么百花齐放呢！

要解决这些问题，还有一个对知识分子的看法问题。总理昨天的报告里已经讲得很清楚了。总理讲：工人、农民、知识分子的联盟，是劳动人民的联盟，一个是脑力劳动，一个是体力劳动；此外，还有一种联盟，就是我们同非劳动人民的联盟，同民族资产阶级的联盟。我们的统一战线中有两种联盟。知识分子是一个阶层，不是一个阶级。许多知识分子是由旧社会走过来的，他们过去曾经为资产阶级服务，有资产阶级思想。但是经过十二年的思想改造，特别是这三年，面貌有很大改变，资产阶级思想大大减少了。绝大多数知识分子现在已经是属于劳动人民的知识分子，应该给脱下资产阶级知识分子的帽子。当然，资产阶级思想在许多知识分子中还是存在的；资产阶级思想在党內也有，谁思想上那么干净，因此都要注意改造。说自己是百分之百的无产阶级思想，那是吹牛。问题是程度不同而已。自从五四文化运动以来，绝大多数的文化工作者都是站到我们这边的。沒有几个作家站在国民党那边。现在在台湾的，确实读过一些书、在反动阵营称得上学者的，也不过胡适、钱穆几个人而已。为什么？因为中国的知识分子受封建主义和帝国主义的双重压迫，一般地确实是比较革命的。我们在理论上承认这点，但往往在事实上却否认了这点。这两三年来，运动一个接连一个，加上这两年物质条件很差，经过这么多考验，大家还是不灰心，积极工作，还不可以信赖呵？是应该信赖的了。这一问题我们做党的工作的同志能认识清楚，很多问题就容易解决了。

以上是从党的工作的角度来讲的。至于作家自己，吃点苦头，就不要在乎；受了点气，也要消掉。我们革命不是为哪一个人革命，不是为你党委书记革命，而是为了我们的国家，为了我们六亿七千万人民。我们这个国家过去走到了灭亡的边缘，全国人民处于水深火热之中，现在我们要使我们的国家变得富强起来，要使我们的人民都过幸福的生活。我们有着这样一种理想，要跟着共产党走，一齐建设社会主义，我们是自愿来干革命，不是你强迫我来、收买我来的。你待我好我也革命，你待我不好我也革命。“求仁得仁，奚何怨？”这样想，很多问题就想通了。这样，我们的创作就有可能更加繁荣，就有可能创作出更多更好的作品来了。

二、党怎样进行领导

这个问题，昨天总理已经讲了，我们要坚决按照总理的指示来改进我们的作风。今天，我想就总理的讲话讲一点体会。

首先要解决的是党要不要领导的问题。党必须领导，党要领导一切。这就是说，社会主义建设的所有各个方面，党都应该领导。但是党的领导是方向、政策的领导，并不是不论什么东西，事无巨细都来领导。换句话说，就是要把大家的积极性都调动起来，投身于建设社会主义的行列里来，把社会主义建设好。我看这是最主要的。真正很好地实现了党的领导的地方，应该是大家团结得很好，积极性很高，为建设社会主义贡献出自己的力量。到一个地方，看那里的党领导得怎样，主要就看这一条。要多接触非党同志，看大家是不是真正心情很舒畅，工作很起劲。现在我们就有这样的情况：有些地方，党领导得好，大家很融洽、很舒畅，沒有猪肉吃也沒有意见，有病还坚持工作。另外，有些地方，死气沉沉的；我看，这些地方党就沒有领导好。用党的政策团结千百万群众，把人民的积极性充分地调动起来，这就叫党的领导。而不是你报告作得多，讲话讲得多，神气十足就算党的领导。抗日战争时期广大群众感到只有依靠共产党，跟着共产党，我们的国家民族才有希望、才有前途，这样我们就团结了大多数人，跟着我们抗日。我们一天天壮大，蒋介石反动集团一天天缩小，就是这个道理。团结，当然指的是对大多数。五类分子，居住在香港吊颈岭的人类渣滓，蒋介石周围的亲信，我们当然不能团结他们。但大多数人是可能团结和必须团结的。几十年来，国民党杀也好，关也好，但因为我们是为大多数人谋利益的，始终和群众血肉相连，国民党永远也消灭不了我们。现在我们胜利了，取得政权了，我们要和广大群众一起建设我们的国家。沒有政权，根本谈不到这点。不用说别的，就连开今天这样的一个会议都不可能。政权实在是十分重要的呵。但我们也要看到，有了政权，运用得不好，也可以使我们滋长官僚主义，产生特殊化，脱离群众。刀可以杀强盗，也可以杀自己。无产阶级专政是绝对必要的，但我们不能不有所警惕。不要因为有了政权便产生特权思想。我们要用政权的力量来团结人民群众，为人民创造好的条件来进行社会主义建设。但是，现在我们也有少数人利用政权滥施威力，搞特殊化，这样下去，人民难道还会拥护我们吗？还会团结在我们的周围吗？

党的领导是对总的方向、政策的领导，在一定时期内制定方针、政策、向着这个总的方向前进。譬如，现在我们讲三面红旗，这是我们的方向。过去两三年我们在执行党中央这一指示时，不够慎重，对多快好省，强调了"多快"，"好省"注意得不够；对人民公社所有制变动得太快、太多等等。后来，毛主席亲自来纠正了这些缺点和错误。三面红旗是正确的，是我们的方向，但具体怎样执行，还要不断的实践，取得经验。党的领导就要做这些工作。要领导群众向这个方向走，要做细致的解释说服工作。不能人家一谈工作上的缺点就认为是反对三面红旗。帽子一扣，谁也不敢说话了，这还有什么广大人民的积极性呢？这还叫什么党的领导呢？关于人民公社，我们解决了农村集体所有制向全民所有制过渡的具体道路问题。要建设共产主义社会，这个问题一定要解决，这是个方向问题。人民公社这条道路是完全正确的，问题是我们走的过快了。现在我们搞三级所有制，以生产队为基本核算单位，将来发展到以大队为基本核算单位，再发展到以公社为基本核算单位，那时虽然还是集体所有制，但向全民所有制过渡就比较容易了。这几年我们把这个方向问题解决了，这是一件了不起的大事。关于大炼钢铁，钢铁增产的速度问题，也是性急了些。我们的家底薄，解放时一共才不过年产九十万吨钢的设备能力(当时实际只能生产十九万吨钢)，但是到了一九五七年，我们已经生产了五百三十万吨了。如果一九五八年不是翻一番，而是只增加二百万吨，每年逐步上升，今年生产一千二、三百万吨是有可能的，那还不是大跃进吗？可是，由于沒有经验，前几年搞多了，现在不能不放慢步子。就是这样，到一九六七年我们如果能够生产一千五百万吨左右，那么我们从一九五三年的九十万吨发展到一千五百万吨，只不过用十五年的时间，那也应该算是很快很快的了。苏联由一九二一年算起，到一九四一年，花了二十年的时间才由四百万吨发展到一千七百万吨。资本主义国家的速度就更不用说了。总之，我们要把这些问题讲清楚，使大家了解这些情况，也了解我们目前的困难，从而更好地把大家团结在一起，朝着总的方向前进。这是完全可以做到的。我们的国家很穷，帝国主义虎视眈眈，人民希望我们掌握政权，使我们的国家迅速独立富强起来。现在，我们取得政权十几年了，我们要和全国人民在一起，做出更大的成绩来。我们国家民主主义革命的经验，对于亚洲、非洲、拉丁美洲的许多国家，起了很大作用，毛主席的著作在那些国家是很锋利的武器。现在的问题是，象我们这样一个国家，取得政权后的经济建设，社会主义建设，能不能快一些，能不能自力更生呢？我们说必须自力更生，我们也能够快一些。这是一个光辉的思想，但是还没有经过实践证明。如果说我们已经用实践证明了在我们这样一个落后的国家里，依靠自己的力量可以取得民主主义革命的胜利，那么，我们再用实践证明这后一点，对全世界将会有更大的意义。我想，把这些道理跟大家讲清楚，大家是可以接受的。

党的领导还有思想上的领导。思想领导，就是要把一些道理跟大家讲清楚。对上面那些问题，我们要经常研究，跟大家谈，应当采取研究的态度，采取总结经验的方法，使得大家思想逐渐一致，这就是思想领导。而不是有了不同意见就去“打通”人家的思想，更不是不准人家提不同意见。思想只能通过说服、通过交流取得一致；思想是“打”不通的呵！我们为什么要开会？原因之一就是大家思想不一致，所以来交换意见，采取互相切磋、商榷的态度，真正取得思想上的一致。讲思想领导，首先我们自己要求对它有一个正确理解，有一个坦率诚恳的态度，有一个实事求是的态度。不然是领导不好的。

要做好党的领导工作，以身作则，起模范作用很重要。作为一个领导者，除了自己应当对党的政策有比较好的体会，并且能通过交换意见使大家认识取得一致（不一致时，应允许人家保留）之外，还有一条就是要以身作则。这一条说起来容易，做起来可不那么容易。现在，我们有些同志“官”做大了，这方面就差了。既要领导，“官”不可不做，但是我们要警惕：有危险性。我本人就有这种体会。我到广州重型机械厂去，一去就跟他们打好招呼，千万不要给我搞特殊化，我要同工人一齐吃饭，至少要和厂的干部一齐吃饭。但是，左说右说，七搞八搞，还是把我搞到“营养食堂”里去了。我一无肺病，二无肝炎，为什么要把我搞到“营养食堂”里去呢？硬是要我们脱离群众呵！这自然不能怪下面，原因是我们自己有时不知不觉地表现得太“娇嫩”了。其实，我们这些人都是吃过苦头的。参加过劳动，当过兵，打过仗，吃过官司，住过上海的亭子间，更不用说有多少同志经历过二万五千里长征了。但是，现在动不动就是“首长”长，“首长”短，唯恐我们不特殊。现在有一种很坏的风气，不叫某某同志，而叫某某书记、某某部长，至于叫什么主任、秘书、科长更是满天飞，河南省有些地方发展得更厉害，管过秤的叫张过秤，管仓库的叫李仓库，这真是我们写讽刺喜剧的绝好材料呵！高高在上、“官气”十足，还怎么能以身作则呢。尤其是现在，以身作则更重要。如果物资很多，人民生活过得很好，你的工作做得很好，享受一点问题还不太大。但是，现在物资很少，大家很苦，你又搞特殊化，又神气十足，怎么能来领导别人呢？别人又怎么能承认你的领导呢？现在有了总的方针，有党中央、毛主席领导，我们做具体工作人，要领导得好，要能说服人，首先要言行一致，要在每一件具体工作、具体问题上起模范作用。

要做好党的领导工作，还要真正以平等态度待人，真正做到很民主。这个问题上边已经讲过，现在再讲一点。我们现在领导与被领导的关系不是过去反动统治阶级那种你归我管的关系。现在大家都是做革命工作，只有职务上的不同，并没有什么谁高谁低的分别。你挑水，我切菜，是分工合作嘛。应该是完全平等的嘛，但是，做到这条就是不容易。我们党员（包括我自己在内），有时不知不觉地，总是有那么一点“官气”。为什么有一点“官气”呢？就是因为有优越感。似乎党员就是与众不同！就是高人一等！有了这股“官气”，我看一切领导都完了。有你的“官气”，就没有人民的“民气”了。党性是十分重要的，但不可有“官气”。党性是忠实于人民;"官气"是摆臭架子。国民党的那些党官是官气十足的,我们可一点儿也不能有呵。不要以为我们是共产党员有什么了不起,好象旧社会写传记、做墓志铭一样,一讲就是"生有异秉",与众不同,那里有这样的事情呢。我们做党的工作的,只要正确地执行党的政策,经常同人民商量;另一方面,又很民主,平等待人,以身作则,那么,你讲不领导,人家也是信服你的;相反地,你架子十足,搞特殊化,你再怎样"领导",人家也是不信服你的。领导的主要责任是什么?据我的理解,就是不论那个地区和部门,都要团结党与非党群众,充分地调动人们的积极性。只要大家总的方向对,能为社会主义服务,拥护共产党,在这个前提下,就要鼓励大家放手工作。这就是我们领导的主要责任。我们要帮助人家解除障碍,克服困难。而不是制造障碍,诸多留难。否则,我看有领导还不如沒有领导的好。现在有些领导,把党的政策理解为很空洞的东西,又不讲道理,还硬是要人家信服。我跟曹禺同志开玩笑说:现在我们有些同志,把一些作家眞是弄得无可奈何了,弄得他们眞是有点"强笑为欢",实际上满肚子意见,但咀上还要讲:好得很,舒畅得很。满肚子意见还好得很,舒畅得很哩!眞是咄咄怪事。我看了俞振飞同志演的《太白醉写》,很有一点感触。唐明皇是个封建帝王,他为了讨得一个妃子的欢心,对李白能够那么尊重,现在我们为了人民,希望作家写出人民欢迎的好东西来,为什么对作家不尊重呢?

领导工作还有一条,就是要保证作家的必要的工作条件。"又要马儿好,又要马儿不吃草",是不行的。今天各方面都有困难,不能什么都马上解决;不能解决猪肉,也可以解决一点香烟呵。自然,要整个解决问题,不能由下面来负责,但是,在可能范围内总要千方百计设法解决一些嘛。工人、农民生产,要机器,要农具,作家有作家的需要。现在我们有困难,大家体谅这一点,但是必要的工作条件总应该解决嘛!写东西总要稿纸,不能叫人家在竹子上刻书,现在竹子也沒有呵!总要有个环境,晚上电灯应该亮点。在可能范围内,解决必须解决的问题,把工作条件搞好一点,我看这是完全可以做到的。但是,我们有不少同志,既不这样想,更不这样做,人家一提点要求,他就说人家要求太高,把人家挡回去。这怎么行呢?领导不是讲空话,不是念紧箍咒,要解决工作上的问题,给大家创造工作条件。有的同志说:我沒有力量解决。你沒有力量解决,就往上反映嘛。又有的同志说:往上反映了也不能解决。往上反映了也不能解决,就跟人家解释嘛。尽量做到能解决的解决,不能解决的,跟人家解释清楚,这也是好的。

做好领导工作重要的还有一条,就是要关心人。关心人的进步,尊重人家的人格,这是最重要的了。这两年有些方面我们搞"左"了,有些运动搞得过了火。这不能怪下面。运动绝不应多搞,应严格控制,这几年运动是搞多了,我们应该吸取经验教训。你经常整人家,还自以为党性很强,却很少考虑人家被斗后是多么痛苦。谁也会犯错误,人家犯了错误,我们应当采取关心、帮助的态度。要做到关心别人就象关心自己一样。不要动不动就划人家右派分子。在我们这个国家,讲谁是右派、反党,那他是混不下去的呵,坐火车,住旅馆,都有困难,连儿子上学校都有问题。大家都是来革命的嘛,人同此心,心同此理。我看除了极少数人之外,谁个不想把我们的国家搞好呢?谁愿意永远贫困,谁愿意沦为殖民地的奴隶呢?不要以为只有我自己革命,只有我自己爱国,人家就不革命,不爱国。这种想法是非常狭隘也是非常错误的。阿Q最痛心的就是假洋鬼子、赵太爷不准他革命。我们可不要做假洋鬼子、赵太爷呵!革命并不是谁的私有财产,做官的人是越少越好,革命的人是越多越好。要做到关心人,还是上面讲的,首先不要以为自己有什么了不起,不要有什么优越感,不要认为自己"与众不同"。凡事都要设身处地地为人家想一想。过去我们进步,是由于遇到了那种迫着我们进步的环境(当然并不抹煞自己主观上的追求)。现在大家都要求进步,而我们当权了,我们就应当创造一个使大家进步的环境,而不应当造成一种环境弄得人家不能进步。

三、作家的责任

最后谈一点对作家的希望。这几年我们对党的政策未执行好，工作上有缺点错误，我们坚决地改正。我们希望作家也要更加振作起来。因为革命不是为谁个革的，是自己要革的，象鲁迅所说的"俯首甘为孺子牛"。为了我们的国家，为了六亿七千万人民，我们甘愿做牛，甘愿拉车，甘愿拖犁耙，就是把肩膀磨破了也沒有怨言。所以，作家经常要提高自己的思想，坚定自己的信念。进步是沒有止境的，学问也是沒有止境的。进步和做学问一样，主要是靠自己。靠自己对人民的责任感，对国家的责任感，对民族的责任感，对时代的责任感。有了这种责任感，我看什么问题都可以想得开了，也就不怕挨整，而且挨了整也绝不会灰心了。讲到挨整，共产党员也是一样会挨整的。毛主席在过去就多次挨过整，被扣过好多次"机会主义"的帽子。我党中央其它不少领导同志也挨过整，我过去也挨过。一个人不被整几次，遭受几次打击，是锻炼不好的。在革命处于低潮的年代里，如果挨了整就退缩、动摇，脱离革命，那可是容易呵，马上走开就是了。为什么不走呢？就我来讲，我总是想：革命是自己要革的，不是为谁个革的！这样一想，就不走了，坚定起来了。

这几年，可以说大家都经过考验了，大多数都可以打四分。大家的生活过得这么苦，有的还得了肝炎，许多人仍然沒有怨言，不讲怪话（讲句把不算数），还是苦干，这就不容易。几次大运动，又是"右倾机会主义"，又是什么"主义"又沒有猪肉吃，这就是考验。至于说原子弹丢下来，经不经得住考验，那是另外一回事；但我相信绝大多数人是能够经得住的。如果打起仗来，美国人占了我们的地方，有沒有人出来搞维持会呢？绝大多数人是不会的；但一个人也沒有，我看也不见得。"疾风知劲草"，沒有风的时候，每一棵草都是挺立的，大风一来就不一定了。我们要做劲草，大风来了也仍是挺立的，这就是革命的坚定性。我们要永远跟着共产党走，要建设社会主义，这个方向丝毫也不动摇。

重要的在于不断地提高自己，改造自己。怎样提高、改造？这几年接连着搞运动，弄得大家很紧张。我想今后主要是自我思想改造，尽可能不搞运动或少搞运动。现在看来，思想改造搞大运动效果并不好。必要时，譬如说为了打退一股反革命的潮流，运动还是要搞的。自我思想改造不是开开大会，斗争一下就能解决问题的。自我思想改造，对我们每一个人一辈子都是需要的，只有进了棺材才算停止。曾子说"吾日三省吾身"，中国还有句老话叫"清夜扪心自问"，我看这都是自我思想改造的好方法。多交几个"诤友"，平常多交换意见，多互相切磋，也是一个重要的方法。党委书记可以做作家的"诤友"，作家也可以做党委书记的"诤友"。在小范围谈心，相互批评，这比开大会好。此外，还要多接触实际，多接触群众。

再就是要充实生活，丰富感情。我看，要提高我们创作的质量，要从这两方面着手。我们要给作家各种条件，叫他们充实生活。不拘一格，不要划一个框框。生活是多方面的，工厂、农村、学校、小市民中间都可以去，作家要根据自己的需要和所长来充实生活。应该尽可能使作家参加实际活动。应该使作家知道我们的工作是怎样搞的，我们的建设是怎样搞的，农村整社怎样整的，工业调整怎样调的。这些沒有什么可以守秘密的。作家到生活里去，可以看好的方面，也可以看坏的方面，因为只有这样才能看得全面，对生活才能理解得深。丰富感情，首先就要我们把领导工作搞好，使作家心情舒畅；作家心情舒畅了，在感情上同社会生活和斗争结合起来了，才能谈得上丰富感情。现在情况怎样呢？一方面，作家本身可能有些问题；另方面，我们搞得人家心情很不舒畅，怎么能使人家对社会主义有丰富的感情呢。你把人家见外于社会主义嘛，人家就是有点被排斥嘛。在这种情况下，仍对社会主义有丰富的感情，那得有很高的堂播才成。一般来说，在这种情况下，很难要求人家有丰富的感情。有一位脱掉了右派帽子的朋友，到广东来参观，写了六、七首诗寄给我，叫我介绍给报纸上发表。我选了几首感情比较眞实的给他发表了。有几首把广东讲得好的不得了，一则广东沒那么好，二则他讲的可能不是眞实的感情。一篇作品沒有眞实的感情就沒有生命了，对不对？刚把右派帽子脱下来，他的感情一下子就那么眞挚，对社会主义就那么热爱，我看不见得。当然这是一个推测。言为心声。强笑为欢，不是内心的话，不是眞情的流露，是写不出好作品来的。我读过一些作品，感情就不那么眞挚。这能怪作家吗？作家当然要负一定的责任，但是这与我们工作沒做好，搞得人家心情不舒畅有很大的关系。弄得人家心情不舒畅，反过来还要求人家歌颂社会主义，对社会主义有深厚的感情，那是困难的。所以，解决这个问题要从两方面着手，首先是要从做好领导工作这方面来着手。

和"充实生活，丰富感情"有联系的，就是创作上的公式化和概念化的问题。生活和感情的问题沒有解决好，又一定要写出作品来，当然就要写公式化和概念化的东西了。因为这样的作品容易写，而且不容易出毛病，何乐而不为！我们经常可以看到这样的一些作品，当中人物总是一个正确的，一个不正确的；一个进步的，一个落后的，经过几场所谓"激烈的斗争"，正确的和进步的得到胜利，连斗争的过程几乎都大同小异。凡是知识分子都穿戴整齐，架着眼镜，差不多都被描写为保守右倾的，而党委书记与军队政委呢，大概都表现一副俨然的领导者的面貌和与众不同的气概，思想是十全十美、毫无缺点的。试问，这怎么能产生出好的作品来呢？公式化、概念化的来源，如上所说，一方面是我们的作家缺少生活缺少感情；另方面也是这两年大家怕犯错误所致。不是有的民主人士挖苦说不碰"三六九"（三是三面红旗，六是六项标准，九是九个指头与一个指头）就不会犯错误吗，这也是说明了一部分人的思想状况。自然，解决公式化、概念化的问题要有一个过程。如果想一下子把它完全搞掉也是不现实的。与其什么也沒有，还是暂时有些公式化、概念化的东西也好（这绝不等于我们提倡它），群众总可以受点教育，总比什么也沒有好。但是，我们应该积极地改变这种状况，写出眞实生活，眞正能感动人的、有深刻教育意义的作品来。主要的总的方面是歌颂我们的时代和人民，但也要允许作品中写缺点。说工作中、生活中一点缺点也沒有，那是不可想象的。问题是要看我们用什么态度去写。鲁迅写阿Q，缺点写得很多，但是，鲁迅仍是爱阿Q的；吴承恩的孙悟空也是有缺点的，但是吴承恩是爱孙悟空的。问题就在于作家的思想感情的问题，责任感的问题。进步与落后总是在各个方面都有的，知识分子也有进步的，工人也有落后的，共产党员也有落后的，谁能说共产党员都是进步的呵。正确与错误也总是同时存在的，谁能说你党委领导就总是百分之百的正确呵。如果总是完全正确，为什么这两年副食品、日用品少了？总而言之，作家要眞实地反映我们的生活。我们总的方面是光明的，正确的。过去我们这样讲了，现在和将来还要这样讲。三面红旗还是要宣传，问题是怎样宣传，不要给人家一个印象，似乎要歌颂人民公社，就要把人民公社说得一下子好得很了。用穿花衣服、吃几个菜，来表现人民公社的优越性，这是思想肤浅和贫乏的表现。我们应该多写人民公社怎样领导和组织人民战胜困难，怎样摸索前进，怎样与贫困做斗争。作品的题材要广泛一些。这就牵扯到艺术怎样为政治服务的问题了。党委写一个决定，发一个指示，就马上写个剧本、写篇小说为它服务，这是不行的。我们讲为政治服务，是讲在一个时期内、一个历史阶段内的任务，是一个总的方向，可以从这一边反映，也可以从那一边反映，异途同归，从各个方面反映我们国家和人民的新面貌。不能对为政治服务理解得太狭窄。历史题材也可以写，用历史来教育人民嘛。最近我在北京看了裘盛戎的"探阴山"，讲包公怎样替民伸冤，寝食不安，以致魂游地府去作调查研究，并且那样不畏权势，把判官都除得，这很好嘛！但是由于它是讲到鬼神的，所以过去不能演，这未免太狭窄也太简单了。难道现在还眞有多少人相信有阴曹地府、相信有阎罗王吗？至于"鍘美案"，"海瑞拉縴"，也是很好的历史剧。所以历史剧是可以写、可以演的，就是有那么一点神鬼迷信的历史剧，也可以挑选上演的。事实上，一部作品，每句话都符合马列主义，是很困难的。只要作品有进步因素，多少有一点教育意义就行了。当然，作为作者，要尽量把作品质量提高一些，要写自己所熟悉的东西，写自己眞实的感情。作家有自己的意志，有自己的感受，有自己表达意见的方法，要自由地写，文责自负嘛。写出来大家再研究、讨论。只有这样，我们才可能克服写作上的公式化、概念化。公式化和概念化是我们写作上的敌人，我们一定要克服它。写错了怎么办？写错了就改嘛。我们做党的工作能犯错误，为什么写剧本、写小说就不能写错？写错了不要紧，改正过来就是嘛。做领导工作的，今后再不要抓辫子，不要乱干涉，不要瞎指挥了，要放手让作家写自已眞正体验、感受到的东西。不要学韩复榘的父亲，叫人家演"关公大战秦琼"。作家遇见类似韩复榘父亲那样的情况怎么办？你可以把他顶回去。现在不会再有人因为这个给你扣反党的帽子了。

我们做党的工作的要时时记住：革命的人越多越好，我们必须团结可能多的人参加到革命队伍中来；我们自已革命、爱国绝不后人，同时相信人家革命、爱国也不比自已差。有了这两条，什么事也就好办了。也就有可能眞正做到"百花齐放，百家争鸣"了。

这些话，有点近于乱扯一通，不足为训。仅供同志们参考。

附录五：

陶鑄关于中央会議精神的传达报告（部分）

（一九六四年九月八日下午三时）

这次会议开得很好，少奇同志分析了阶级斗爭新形势特点，这个特点是什么呢？就是和平演变和反和平演变，反革命的两面政权。各个大区都谈了情况，感到都有这个问题。增产是有的，几年大跃进人民公社、北戴河会议后抓了阶级斗爭，形势是好转了。从中南区看，今年大概××亿至×××斤，去年我们沒有抓，今年××亿我看是有把握，×××亿是有希望的。湖南增产共 25 亿斤(比去年)，广西大概 15 亿至 20 亿斤（20 亿斤有希望)，广东早造 20 亿，晚造还可以增产些。湖北增产 20 亿斤，形势很好，如果不搞社会主义教育也是可以过下去的。但社会主义革命问题不解决，会发展成很大的危害。建国已十五年头，我们的肢体有受到资产阶级的腐蚀，如果现在看不到这个严重性，蔓延起来就会变颜色。估计 30 %的领导权不在我们手里，不过分，当然这 30% 并不是都与台湾有联系，而是不执行党的政策，象瘤症一样，会腐蚀我们，当然我们党的抵抗力是强的，但慢慢的发展就会使抵抗力减弱，就会发展严重。阶级斗爭是严重的、复杂的。这次各大区交换了意见，要下决心。这次少奇同志提出社教中的大问题，我们搞了社教运动一年感到很惭愧，王光美同志是个女同志，不是专门搞农村工作的，能下去一直蹲点五六个月，总结很好的经验。而我们沒有摸到经验。这次交换了看法，取得了共同的语言。各大区和中央也有了共同语言，有了共同的语言，才能下最大的决心。前一段因为情况不明，方法不对，所以沒有象少奇同志那样看到问题，沒有看到"和平演变"与反"和平演变"，反革命搞两面派政权问题。总以为农村干部多吃多花一点，经过教育就可以了。

那样的指导思想沒有深入下去，靠干部自觉革命，沒有很好的组织工作队，我们沒有下去，干部问题严重，依靠他们怎能搞好呢？前段搞了社会主义教育，当然有好处，揭露了一些问题，但还沒有取得一套系统的经验。目前全国除王光美同志的经验外，还沒比她更系统的经验。方法不对头，过去一年多，反反复复，沒有取得经验，当然，沒有反复，想一下子就抓到完整经验，是有困难的。全国要统一认识，也是要有反复。现在认识统一了，那就十分有好处。

既然如此，过去沒有搞好，现在就要按少奇同志的意见办。就是要集中力量打歼灭战，领导干部深入下去。今明两年深入下去，眞正取得比较完整的经验，把工作队武裝起来。对运动的标准问题，也统一了。过去我们对运动估计过高，湖北讲 15% 差，50% 一般，35% 为好。我们讲，好的也是低标准，坏的谈不上标准。三水县委说他们那里的运动搞得好，但会未开完就揭底。黄竹坑大队，领导是地富反坏，运动沒有触动，还是由两个转业军人揭发的，说搞了八个月，贫下中农未翻身。现在三水县委作了检查。情况不明，决心不大，方法不对，沒有抓住要点，沒有搞出系统的经验。这次应按照少奇同志的指示，今明两年集中力量打歼灭战，力求明年搞一套经验。我们要取得经验，领导力量不集中不行，干部不集中不行，地区不集中不行，沒有强的工作队不行。土改沒有工作队不行，土改是斗地主分浮财，这次是搞干部嘛，沒有工作队更不行。湖南省委张平化同志下去蹲点，改名换姓，以一个党校教员的身分，带几个人直接住到生产队一戸有三个孤儿的贫农家里。通过扎根串连，了解很多问题。大队干部布置故意刁难工作队，开会讲“四清”大队干部却要谈生产。工作队向群众宣布要搞“四清”先帮助解决干部问题，群众觉得很有兴趣。农村过去是地主所有制，现在变为干部所有制，许多人挂起共产党的招牌，实际上对人民进行压迫。现在情况很复杂，领导不亲自抓不行，很多干部沒有经过土改，现在也沒有经验，领导运动很不容易，所以领导要带头摸索经验，训练好工作队是十分必要的。今年到明年要集中力量打歼灭战，所谓打歼灭战，就是领导要集中，干部要集中，地区要集中，而不在搞多少，一定要蹲下来。总之，确定的原则是：集中力量打歼灭战，便于训练工作队，取得经验。如果仍象过去那样，肯定是搞不好的。比如湖南益阳县迎丰公社，是县委搞的一个点，公社党委说，县委搞的好，是洗溫水澡；但地委去搞，把迎丰公社书记匡爱国撤了职，是现行反革命，他们说，地委搞的不好，是开水澡。地委一走，县委同意公社的意见，来个反攻倒算，把搞过去的又搞过来。这是居心很坏的反革命，已扣押起来了。现在县委不通。还有个宜山县主张自己来搞，表面上拥护省地委来搞，实际上抵触很大，省委书记下去，他们很紧张，群众则是很欢迎的。如三水县照以前的思想搞下去，怎么能搞得好。广西××县说他们不搞运动生产搞的也不错。这样的县运动怎能搞好？有些干部总是不愿意暴露缺点，因此依靠县来搞运动是不行的。县委同志接触面窄，对干部看惯了。所以我们取得经验必须依靠工作队，分散、依靠县是搞不好的。现在省是下决心了，和中央一样，但一定要站得稳，搞土改挖土财时有些叫得很厉害，说我们伤害了中农。现在是干部抵触、抵抗，因此也会反映上来，因为上面有根子，会叫，必须顶住。少奇同志亲自给我们作报告，中南是“得天独厚”，我们要下决心。光讲道理不行，我们要带他搞一个县，把一个县搞好了，问题摆在那里，证明不是假的，这样决心就下了。如果分散搞。他觉得沒有什么，那怎么能下决心？所以非集中取确经验、训练好工作队、打歼灭战不可。干部要下决心，全党要下决心，地委好一些，县委是否能眞下决心呢？不一定，因为刚接触，弯还转不过来，县委的决心不要相信，说什么听了报告“深刻呀”，不要相信。当然好的干部我们要相信。所以县的干部要下决心，中央、中南局、省里是下了决心，现在要全党都下决心，搞好一个县。今、明两年不是搞多搞少的问题，而在于搞好，主要是集中力量打歼灭战，取得经验，训练好工作队。原来湖南准备二年搞三批，原想搞快一点，还打电话、派同志来请示，我们原来也想明年搞完，这次想通了。如果按原来的想法搞下去，将来还是"15％是差的，50％一般，35％是好的"，"成绩是主要的，缺点是次要的"。我们要解决集中力量打歼灭战，取得经验，训练好工作队。对于大多数干部来讲，沒有取得经验他不一定相信，就是相信了也不一定懂，不十分相信或是半信半疑。高度集中力量，人多了，会不会倾盆大雨？不会的。如果下去抓得紧，不是采取简单的办法，不搞大轰大嗡不赶时间，不搞形势主义，做实际的思想发动，按照党的政策办事，运动是可以健康的。领导强，方法对，不会是倾盆大雨。所以下去一定要扎根串连，发动群众。团结95％的干部要在新的基础上。要经过宣传政策，经过批评斗争，解决大多数人的问题才可以团结的，现在则是不可能的。少奇同志在广西批评了区党委一个文件中光批判过火斗争不允许，而不批判不彻底革命问题。对干部如果不讲革命，那是同床异梦。所以我们下去要扎根串连，了解情况，要向基层干部讲清楚，不能依靠他们了解情况，这是方法问题。我们到地委有时也可以撇开地委书记了解情况。把这个道理向公社、大队干部讲清楚，我们了解情况是为了帮助解决问题，问题解决了党就依靠你们，这对你们有好处。我们下去还要帮助他们做些工作，解决生产上的问题。扎根串连把关系搞好，到"四清"搞好了，好的，我们可以放心地依靠他们；有错误的，改正了，也可以依靠他们；少数问题错误，又不改正的，不能依靠。

领导上要注意要有对立面。要搞好运动，必须了解情况，了解情况我们必须要兼听，不要偏听。

今、明年根本问题是取得经验，要把工作队训练好，要全党下决心。少搞一点多搞一点不在乎，关键在于搞好。我们去年搞了30％，湖北搞了50％，四川搞了70％，结果都不算。当然搞了比不搞好。今年明年是大革命的试点，领导干部要取得经验，把工作队训练好。全党下决心搞好。主席再三讲，一个地委搞一个县不要绝对，大家觉得这样好。既有原则性，又有灵活性。这次会议开了三天，大家情绪很高，要求赶快回去蹲点。

首先彻底搞好民主革命，在彻底搞好民主革命的基础上才有可能搞好社会主义革命。我想，这个意思是，第一，农村还是几千年封建主义的基础，不把封建主义彻底摧毁，社会主义革命就搞不好。还相信宗族、家族、夫权、巫婆、迷信，民主很少或者沒有，怎么能发展社会主义革命。所以只有彻底搞好民主革命，才能搞好社会主义革命。第二，土改全国先后不一，还有许多和平土改地区，封建主义还大量存在，他们借尸还魂、复辟，主要是地富反坏。不把民主革命搞彻底，不可能把社会主义搞好。虽然土地分给农民了，但还要把农村的宗法观念彻底打垮。当然我们彻底摧毁封建势力，彻底搞好民主革命就是为了更好地搞好社会主义。中国是半封建、半殖民地社会，不把封建势力彻底搞垮，基础不好，社会主义不可能搞好。广东有10％的人口是国民党的渣滓，这些人不改造好，怎么能搞好社会主义。当然，不能放松两条道路的斗争，要在这个基础上打击资本主义，进行社会主义建设。

会议解决了决心问题，会议还解决了双十条的修改问题。

少奇同志在广东作了修改。对群众先读第一个十条，第二个十条等修正稿下来再读。

要求把干部搞好，彻底"四清"，彻底改变作风，与敌人划清界限，沒有这一条不可能团结95％。农民是小生产者，非得靠我们去提高他们、改造他们。如果干部多吃多占，违法乱纪，要农民跟他们走那怎么可能。农民是好的，只要领导核心好，那个生产队就会好。违犯党的政策，是不可能搞好的。所以这次强调依靠团结95％，主要是搞好干部，不能脱离群众。对群众严，对干部松，那是本末倒置。农民是小生产者，问题是我们怎样去改造他、依靠他，我们不依靠他、改造他，相反的我们去作坏事，那怎么能团结95％的群众。

搞好社会主义教育的标准原来有四条，现在再加上一条干部"四清"，再加上一条有好的领导核心。就是六条标准，搞好运动就是要抓住五个要点，达到六条标准。

发动群众问题讲清楚了。第二个十条修改了，两个十条前后一致，大家口径一致了，全党统一起来了。解决了大问题。

会议就是解决了这两个问题(决心、信心问题，修改第二个十条)。

另外，临走前，少奇同志谈了几段话，嘱附中南，现在我谈谈供大家参考：

一、决心和信心问题

在湖南，反映省、地干部决心是下了，但县的决心还是不大。干部下决心，解决想想问题是搞好工作的前提，搞革命不下决心不行。要下决心，一定要彻底揭开盖子，解决干部的决心和思想问题。但这些问题不是一听报告就可以解决的。不能估计太高，不要以为少奇同志作了报告问题就解决了。要彻底揭开盖子，把干部的思想问题暴露出来加以解决，这样才能解决干部的认识问题。工作组、工作团长要不断解决工作队的思想问题，应该给他这个任务。还要解决信心问题。听了王光美同志的报告，有的同志对蹲点还是怕苦，缺乏信心。现在，十几个县委书记集中在一个县搞，还要大比大帮，也是紧张的。现在有的干部很紧张，两次搞不好，就不能当省委书记、地委、县委书记呀！现在大家争干部，要求时间长点，不管业务工作，这是好的。我们要下去，但不要紧张，一定要搞好，一定能搞好，只要下决心，眞正蹲下去，发现问题，解决问题，是可以搞好的，一次搞不好，第二次再来嘛！搞两次。少奇同志说，如一个省搞它六个县，有三个县搞好就满意了，三个县沒有搞好，可以改编，把搞好的县划一半到沒有搞好的县里去，要有决心，有信心，过分紧张是沒有必要的。就是搞不好，确实用了力，经验不够，方法不对，可以再总结经验，再搞嘛！只要艰苦深入一定可以搞好。我们有党的政策，有王光美同志的经验，群众又有要求，只要坚决走群众路线，肯定是可以搞好的。集中打歼灭战有条件，最重要的是要有一个艰苦深入、发动群众的工作作风。一方面有信心、有决心，一方面有踏踏实实的工作作风，是可以搞好的。十多年来，我们养尊处优，很少到群众中去，脱离群众，现在群众的生活我们不大理解，这就是一个关键问题。现在我们带队下去，就要搞好，有一个联系群众的好作风，不然我们党的传统作风是要失传的。

二、训练工作队问题

训练工作队，是十分重要的问题，要搞精兵短线，打仗，兵要精，线要短，把握才比较大，否则兵不精，战线很长，就打不好仗。现在工作队数目不少，广东八万，湖南七万，湖北六万，广西四万，河南六万，全中南共三十一万工作队。现在机关干部要尽量抽，这次中央的干部下来，省倾巢而出，不这样打歼灭战，是个损失。只要不妨碍工作，机关干部要尽量抽。社会青年必须讲质量，不要滥竽充数。有些点可能搞到明年八月份，先搞好农村再搞机关，搞过运动的县又有大批干部。

训练工作队首先要使他们认识阶级斗争的新形势新特点，认识阶级斗争的严重性、复杂性。紫阳同志的电报我很赞成，要广大干部上、下认识一致了，就好办。

干部"四查"要彻底搞，要层层带头，领导干部要带头，依靠政策，讲清道理。隐瞒阶级成分不对，但只要一贯表现好还可以当工作队，有"杀父之仇"的，站稳立场、界线划清，一贯表现好也还可以当工作队，给你当工作队就是党信任你。搞运动是光荣任务，不能欺骗党。交代了，就可以信任。党信任你，为什么要欺骗党呢？欺骗一天，不能欺骗两天。总之，人个阶级成分要好好搞清，干部的"四清"，个人缺点毛病也要查。当然有些问题不可能一下搞清，还要靠长期的考察。就象用筛子一样逐步筛，大筛、细筛，可以把干部的问题考察清楚。工作团长、组长要考察干部，了解他，通过这次运动使干部队伍很纯。

工作方法讲一下就可以了。主要靠先走一步，搞一个大队取得经验。

三、政策问题

现在在一个县全面搞，农村、圩镇、文教、卫生，连托儿所都一齐搞，全面革命。如何把阶级斗争、生产斗争和科学实验结合起来。即要达到运动的六个标准，搞完运动后各方面要成为社会主义先进县。湖南、花县他们都很赞成。花县提的口号是：彻底搞好社会主义教育运动，把花县变成为一个社会主义建设的先进县。这样既帮助干部改正错误，又有远大理想和目标。干部作风搞好了，贫下中农核心搞起来了，搞生产规划，掀起一个很大的生产高潮，水利建设、卫生、文教等各方面都要配合好，一齐搞。在投资方面要给这些县予照顾。运动搞好了，基建搞好了，学校办好了，生产增加了，干部虽然挨了整，也沒有意见。实现这个目标，我在花县提出八项要求：

1.稳产高产。首先要搞好水利，全省铺开运动的九个县，都要搞水利，基本过关。同时要搞好农业技术系统、改土、绿肥(準备给花县5万斤苕子)。花县具体的目标是到明年全县要实现亩产一千斤。

2.发展多种经营，壮大和巩固集体经济。花县以公社化后起每个生产队积累达到一万元。

3.造林、绿化。

4.交通运输，搞些简便的道路。

5.文教卫生，社会主义教育后，一个大队办一所完全小学，一个公社办一所半工半读的中学，一个县办一所新会县圭峰山式的劳动大学。医疗卫生部门要帮助搞好卫生工作，多分配些大学毕业生。

6.移风易俗，社会风气要焕然一新。买卖婚姻，盗窃、赌博、迷信、风水、家谱等要清除。搞个社会主义新风尚。

7.对国家有新贡献，花县明年向省提供一亿斤粮食。

8.提高社员生活分配，现在花县平均每个社员90元，提出明年每个社员不少于100元。

省的农林水投资、科学技术人员、卫生人员的分配都要给予优待，这样，投资也会用得合理。收效大。

四、面上工作问题

主席嘱咐少奇同志，要多讲一下面上工作问题。点上打歼灭战，大量的生产、工作靠面上，面上搞不好，生产搞不好，蹲点也不安心。所以面上工作十分重要，要抓好。面上工作抓什么？不外乎下面几条：

1.把班子组织好，对干部要重新审查，能提拔的干部要提拔，把面上的工作抓好，不能受损失。

2.社会主义教育面上也要搞，一年搞一、二次小“四清”，读双十条，可以与检查工作，干部下乡参加劳动结合起来。

3.把不能再继续工作下去的干部撤换，不要等待“四清”来搞。证据确凿的可以先换掉。否则让其破坏会受损失。

4.湖南省提出约法三章，我想搞个政策，出“安民布告”。由中南局写一个决定发给各省，或由各省自己搞也可以。总之要搞安民布告：(1)相信大多数的干部是好的，有错误有缺点要改，要自我革命，自我革命多少算多少，不要背包袱，指明出路。(2)面上也可以按照六条标准，要依靠贫下中农，干部要参加劳动，进行“四清”，领导核心要团结，敌人破坏的要管制他，要搞好生产，搞好了，将来进行“四清”运动时，可以减少错误，因为改了，那不是很好吆。(3)个人要按照主席提的培养革命接班人的五项条件来检查改造自已。可以划一条时间界线，以往的错误改正了，可以不追究，只要沒有民愤、血债，不是反革命，就可以既往不咎。如果有血债，有民愤的属于敌我矛盾，也可以从宽处理。如果从宣布之日起，继续犯错误，那更严重了，要加重处理。总之，给干部指明出路。

五、蹲点问题

少奇同志讲每人要搞两批。我们至少搞好一批才好交帐。省的同志，首先把第一批搞好，明年三月前中央不开会了，中南也不开了。我们要想一切办法坚决搞好。下决心，十分重要，省、地、县的决心下了，就能搞起来。

“四清”这一段我们一定要住到贫农家去，隐姓埋名不摆架子，要参加劳动。“四清”以后也可以搬到大队部住，因为群众不怀疑你官官相卫了。我看运动好坏决定于扎根串连、“四清”，这两点是过硬功夫。当然整个运动都要过硬，但是这两条最要紧。我们要认识这一问题，我们领导同志一定要深入，一方面搞自已的，一方面要帮助人家。要向干部讲清楚，我们共产党员为人民服务，吃苦在前，享福在后，不吃苦那能行。因此，所有的同志要下决心蹲点。

六、追根问题

这次运动比土改复杂，根子一定会牵连到各方面，党内党外都会有牵连。不管谁，都要追究，省要搞一个领导小组，由省委监委、组织部、公安厅成立一个办公室，凡涉及到外县、外省、中央、中南局的问题，都收集起来，研究处理。不准讲出去，要有纪律性很强的人来负责这一工作。中南局组组部、监委也要搞一个小组，以监委为主。

中央这次放手了，在县的范围内，一切服从革命运动，如小学也可以放假搞运动。运动搞到那里，那里不受限制，一切机关、部门都要接受运动的任务。当然领导要安排好。

关于吸收新人员问题。一个省来讲，按实有编制人数，以前只允许把怀人清洗出去，但增加人员一个也不行，这个办法不行，向中央劳动部提个建议，按实有人数编制，减一个补充一个，工资总额不增加就行了。

附录六：

陶鑄回答赴广州专揪王任重革命造反团問題时的实况

（一九六六年十二月三十日晚 11:00—4:00）

地点：中南海小礼堂

十点我们进中南海小礼堂，我们唱“大海航行靠舵行”和“造反歌”，“语录歌”，这时中宣部文革主任阮铭同志对我们讲：“同学们，有几个事情和大家商量一下，看大家同不同意。陶铸同志有三个要求：第一，不要录音；第二、李一清同志也来参加；第三、问题集中一点，派几个代表商量一下。前两条大家坚决沒有同意。

同学讲：错误和挫折教训了我们，彻底的唯物主义者是无所畏惧的，我们要求录音：这个会不是接见会，是回答问题，我们要录音；根据陶铸同志的特点喜欢淬谣，已经引起过群众斗群众，我们要录音；李一清是我们带来的，由我们处理，陶铸同志与李一清很熟悉，他们两单独谈更好，再说他们已经谈过一次，我们不派代表，我们八十多个人都是代表的代表。我们有什么问题就提什么问题。大家看看时间，已经 11 点了。

大家喊了两声："陶铸同志，快出来！陶铸同志，快出来！"接着我们学习语录；（什么人站在革命人民方面……）还沒有念完，陶铸同志匆匆出来，他坐下后，讲："同学们，我们谈吧！你们来了好几天，十九日到的……"。

同学们呼口号："炮轰中南局！""打倒秋后算账派王任重！""打倒折衷主义！""打倒调和主义！""打倒资产阶级反动路线！""誓死保卫毛主席！""毛主席万岁！万万岁！"

陶铸：原来你们来，希望和同志们谈的，因为你们不愿意同我们谈，要找中央文革小组谈，要文革小组、总理接见，我们赞成这是事实吧。你们总不能否认这事实，后来你们说要我回答问题，我还认为是接见，以后同志们要我接见。我说好，派代表先谈，你们不愿意派代表，非要全体来，沒有谈好，拖下来。我在中央工作，有工作任务，除联系八个部，还有中南、华东由我联系，今晚本约定南京大学，约了二十多天，也是革命派，造反派，可见我很想和同志谈，不是铁石心肠，我沒有理由不接见。一是同学们不愿接见，一是我有工作任务，每天都是十一时以后接见，十时以前不知道什么时候要开会，前晚开会到深夜，来不及，总要安排。昨晚上三点要接见，我还在人大会堂，今天中央开会，文件未看，我高兴同同学们谈，时间安排有时会出问题，有的时候我在旁的地方安排了活动，这完全允许。说我不愿接见不是事实。前晚来电话我不在，昨晚我与安徽八・二七同学谈问题，今天约江苏同学谈。我很想接见同学们嘛，我管八大部（宣传部、组织部、新华社、广播局、文化部、教育部、体委、卫生部）中南五省、华东几个单位，很多都要安排时间。我是中央工作人员，总是要计划。

（同学：这个问题明确了就不要多谈，）我不是浪费时间，要讲清楚嘛你们说我铁石心肠，不愿接见，我认为不是事实。

陶铸：是不是不录音，我们可以做记录，我们可以搞个稿子出来经你们审查，印出来带回去散发，总理有规定，中央同志讲话不录音，我的讲话沒有录过音，你们武汉松涛那次录过音，也洗掉了。我看不录音比较好。我是个人谈话，到外面放有什么好处？彻底的唯物主义者是无所畏惧的，录也可以，不是怕录音，同同学们商量，搞记录出来给大家看，带回去，口说无凭，这样比较好。第三想让李一清来，我今天作为中央同志，文革成员来解决问题。他还是中南局成员，有些事要他来办，对回去解决问题有好处。这三个如果赞成，达成协议，如果不赞成，也可以把会开下去，请同志们考虑，不是打官司，不是口供，记录为什么不可以，比较准确。我不赞成录音。

同学：非录音不可！

陶铸：（怒）为什么呢？

同学：刚才讲了很多。

陶铸：（发怒地）我也讲了很多。

同学：你不能说服我。

陶铸：你们也不能说服我。

同学：要录音的原因很多，一、今天来是向陶铸同志提问题，解答问题，我们认为不是接见。

陶铸：（气愤地）我讲是接见，各讲各的。

同学：二、每次讲话记录出去以后，陶铸同志在发生问题上辟过谣，造成群众斗群众。九月八日派了九个代表关于三点指示，纠缠了一个多月，十月分出来谈话要点，同我们的笔记对不起来，有原则差异，所以又搞了一个补充要点。这次陶铸又接见革命造反司令部又有区别。

陶铸：我们对过。经同学们看了，认为要增加的增加后再印的。

同学：我们把王任重揪回去，要斗倒斗臭，这次谈话要公布，以录音为证。

陶铸：这次谈话两份笔记，搞了一个记录，经他们看过，对了以后，才印。这次还是这样，你们搞一个，我们搞一个，你们带回去，这样更准确嘛！

同学：对《湖北日报》问题区别很大。应该相信红卫兵，如果错了我们负责。

陶铸：我当然相信你们，支持你们，但你们也要相信我，我总是负责的，说话不是不算数的。

同学：（念语录）我们应当相信群众，我们应当相信党，……

陶铸：你们几个代表？你们要讲、几个代表讲，我好有计划。

同学：谈了再讲。

陶铸：你们采取斗争会的形式我不能接受。

同学：你是老干部，我们都是学生，有什么错误，你可以指出来，你这种态度我们不能接受。

陶铸：你们几个代表提问题。

同学：共产党员应该胸襟开阔、胸怀坦白。我们都是代表，是赴京中的代表中的代表。

陶铸：我请问你们几个代表谈话，八十个人总不可能都谈。

同学：还没有谈，你就发脾气，耍态度！

陶铸：这叫什么耍态度？（很愤怒地）

同学：怎么不是发态度！

陶铸：你们这种会议形式，对我是不恰当的。我是中央政治局常委，文革小组成员，是接见你们，你们这种形式是不恰当的，这种形式我不赞成，（举起双手大吼道）：我提出抗议，不是胸怀不坦白。你们这种形式我不满意，是不适当的。我今天来接见同志们，我是中央政治局常委，文革小组顾问，是来解决问题不是中南局书记。应该是合情合理，你们批评我可以，我讲几句话不可以，你们是来解决问题的，你们推几个代表，不要采取不恰当的形式，对解决问题不利，这种形式对待我具体人是不恰当的。

同学：声明一下，今天的会不是斗争会，口口声声讲同志怎么会是斗争会？

陶铸：批评斗争也是同志。黑帮才不是同志。同志可以斗争。今天这个会到底是什么形式。

同学：现在是称同志，怎么能对同志开斗争会，如果把陶铸同志当作敌人，自己就放在敌人的位置。

陶铸：斗争一种是对敌人，同志间也有一种交谈的形式，也有一种斗争形式。

同学：我还没有参加过斗争同志的大会。

陶铸：到底我是经过批评斗争达到团结的目的的对象呢？还是我作为中央工作人员来解决问题的会？这个问题先弄清楚。

同学：会还没有开，我们还是要录音。（把录音话筒对准陶）

陶铸：首先你们强迫录音我就不赞成。（用力推开话筒）

同学：通令上讲的很清楚，要求解决问题，不是接见。

陶铸：你们觉得不是接见，这种会可以不开。

许多同学说：不开就不开，说斗争你，我们不能接受。

陶铸：今天的会是什么性质，我认为是代表中央，代表中央文革接见你们，你们提出问题，我解答问题，我不是来受批评的，当然批评也可以。

同学：今天要你解答问题，不是逼供信，向我们青年红卫兵提出抗议是不恰当的。我们的态度不太好，陶铸你态度也不大好。

陶铸：录音我赞成，你们推五个代表提问题，今天是接见会，不是接受批评。今天就是接见会，在中南海小礼堂都是接见。

同学：（念16条中第4条）我们回去可以检查，按16条办事，你今天一进来这种态度使我们很不满意。

陶铸：我也很不满意，先推代表，又要录音，又不说几个人发言，你讲话一句句都算，我一句都不算，总要民主嘛，我也有语录，沒有念呢？（拿起语录又放下）今天如解決湖北文化革命问题，我坚决支持，这个态度是很明朗的。

同学：我们有缺点，错误应该检查自己。同学是青年人，你不是胸怀坦白。

陶铸：今天的会是什么目的？我今天代表中央、中央文革小组接见。

同学：我们代表中南地区、代表全国革命师生。

陶铸：今天只谈湖北的问题，中南地区的可以回答，特别是湖北，我沒有义务回答全国的问题，只有权力回答中南的问题。

同学：你今天的态度是不对的，同学们有缺点，有错误可以批评。

陶铸：我今天就是批评。

同学：你代表谁向我们抗议？

陶铸：我代表个人抗议，这种形式对我不适当。

同学：能不能允许我先说？

陶铸：五个代表先提问题可不可以？总有个组织，今天时间有限。

同学：是不是只许几个代表讲，其他同志都不能讲。

陶铸：可以规定几个代表讲，其他可以不讲，你们代表可以讲出嘛。我要个名单你们也不给，我还沒有碰到第二个。

同学：要代表理由不充分，应相信群众。

陶铸：有多少代表为什么不能告诉我，这是正大光明的吗？既然要我接见，为什么不能相信我？

同学：不要在枝节问题上纠缠，先解答文化革命的问题。

陶铸：我坚持，你们先提出多少代表，有个计划。

同学：既然讲代表就是十五个。

陶铸：不行，原来讲座谈是十五个代表。

同学：按你的要求，十五个代表座谈，其他同志听一听，今天陶铸同志沒有诚意。

陶铸：今天把江苏的都回绝了，怎么沒诚意。

同学：是因为我们绝食才见到你的。

陶铸：绝食我是不赞成的，你们要是不吃饭我今天还不接见你们！

同学：晓得这个样，该不吃饭，看你出来见不见。

陶铸：今天讲五个，讲了五个就不讲，我来回答问题。你搞个名单给我。

同学：原来要排几个重点发言，其他人也可以谈。

陶铸：我现在是代表中央接见，你们五个人提出问题，我来回答，如谈不完，还可再谈，为什么要逼人呢？

同学代表：我们是专揪王任重革命造反团，旗帜鲜明（陶：开门见山，我欢迎）首先向你汇报，王任重有哪些问题，作为代表中央，中央文革小组，我们汇报，向毛主席为首的党中央汇报。王任重的问题非常严重。在文化革命以前已犯下滔天罪行，我们有些材料，既有书面材料。文化革命以前谈一个问题，王任重写的《资治通鉴》读书笔记，61 年、62 年大量放毒，与邓拓唱一个调子，在全党流传，为右倾机会主义分子一唱一和，是反党反社会主义毒草。王任重作为当权派，不号召大家学主席著作，而号召学《资治通鉴》，说比水果糖、牛奶更香甜，奉为珍宝，凌驾于毛主席著作之上，是地地道道的反毛泽东思想，力求古为今用，与邓拓差不多，还有虚假红旗，官木生的问题，他还到主席家里作客。四清运动中关于双十条，在展览会上大肆鼓吹王任重。搞个人独裁，特意说大，突出自己，凌驾于主席之上。在文化革命中犯下了滔天罪行，最早派出工作组，而且王任重还提词："高举毛泽东思想伟大红旗，把教育革命进行到底"，把文化革命引歧途。七月三日，给湖北省委的信是黑指示，恐怕是经过你同意的。

陶铸：怎么知道我同意？

同学：是我估计的。

陶铸：怎能随便估计。

同学：在学生中反击右派，清经济，两百多中学生带上脚镣手铐，秋后算账，枪打出头鸟。这种人应该打倒，是不是走资本主义道路当权派，很清楚。我们要揪王任重，把文化革命进行到底，把王任重打倒。在揪王任重过程中遇到了很多阻力，归根结底，不过这两条。具体来自何方？值得我们深思，反动路线不批倒批臭，怎能斗、批、改。为了把形形色色的修正主义分子赫鲁晓夫式的人物搞出来，就要把阻力搞清楚。王任重是你部下，老战友，首先让你谈谈对王任重的看法。

陶铸：你先把一个个问题提出来，我一起答复。

同学：第二，在揪王任重的过程中，遇到了你 11 月 26 日一封电报不知道有沒有？

陶铸：什么內容？

同学：说王任重在养病期间可以不接见，再一个电报说让王任重半天休息，半天检查。第三，原来给武汉地区的三点指示。第四，关于《湖北日报》在接见武汉革命造反司令部时的谈话。第五关于王任重的黑材料、黑指示。交出王任重的黑材料、黑指示。

陶铸：他沒有交出？

同学：第六是对中南地区文化革命的看法。第七给广西师院的电报问题。第八关于张体学同志回湖北接受批判、接受教育、触及灵魂问题。现在要交出张体学回湖北。

陶铸：张体学不在湖北吗？

同学：在北京。

陶铸：我还不知道，如在北京，应该回去。五个代表一起谈出来，我不用零碎回答，你们讲完了我全部回答，既然作为同志之间，就随随便便谈谈。既然是同志，有什么保留，不是摸底。

同学：五个代表提出问题后、你再作答复。

陶铸：我回答后你们不满意还可以提意见，如沒有时间下次接见，如沒有时间下次再开。（同学：活跃一些，回答问题时可以插话）（陶：你讲话就不让我插，讲话总让人讲完，活跃不是那样活跃）（同学：可以作指示）（陶：你们不满意还可以反驳）（同学：你说了中南地区文化大革命的看法后，我们可能提些更具体，会议活跃些，还是团结友好的空气，不必那样紧张，我在中南海还是第一次。）（同学：首长提抗议，也还是第一次）（同学：打人打伤人的具体情况也可以反映。昨天被广州重型厂围攻一夜，抓走同学八个，经过斗争才放出，我们的传单被视为毒草，去广州的同学被围攻）（陶：就这八个问题）（同学：逃不出这个范围。）（同学：不要限五个代表）

陶铸：五个代表讲完后，如不满意，再提意见如无时间，以后再开或采取书面的。你们说对王任重的看法，把王的后台谈出来。

代表：湖北群众起来揭发王任重的滔天罪行，要打倒他，谈谈你的看法。

同学：王任重怎样爬上中央文革副组长宝座的有无后台老板是谁？

同学：为什么王任重有毒的东西放得那么多，陶铸是否发现，为什么提为中南局第一书记，中央文革副组长，提得那么快，他的后台是谁？

同学：11 月 16 日我们封了湖北日报，我们坚决要求彻底改组编辑部。11 月 24 日你接见毛泽东思想红卫兵武汉地区革命造反司令部赴京代表团以后，你们办公室发出的纪要要马上复刊，与我们的记录有原则区别。武汉形势很紧张，省委顽固坚持反动路线和稀泥，武斗现象特别多。马学礼组织职工联合会，观点相同的都可以参加（11 月 26 日）提出（1）湖北日报立即复刊。（2）解散工人战斗总部。（3）坚决反对学生到工厂串连。11 月 25 日以马学礼为首在汉口中山公园开追悼会，五千多工人游行，强迫武汉市委降半旗，这是反革命游行，特别是在毛主席寿辰前一天发生。我们要求（1）立即解散革命职工联合会。（2）将马学礼等人逮捕法办。（3）省市委必须交出幕后指挥人。张体学被保守派带到北京来，我们要求他回湖北去受批判。

另一代表：省市委目前对学生、工人阳奉阴违，达成协议根本不执行。如市工交政治部副主任张斌停职反省，始终未停。（陶铸插话："少数派"是多数还是少数）还是少数（陶铸又插话：原来有八千人，现在有多少人？）市委操纵马学礼组成革命职工联合会，多半为党团员和中层以上干部，从成立起，干了很多坏事，大方向指向革命群众，反对封《湖北日报》。工人战斗总部在刘宁一支持下组成的，他们（指马学礼那派）要解散这个组织，反对学生到工厂串连，自该会成立之日起，每天发生武斗，打学生时用主席象作封条，用氨气作毒气。搞反革命游行示威。二十五日工人战斗总部祝贺毛主席万寿无疆，他们挂白花游行，把死人相与主席象并排，强制市委下半旗这是对我国、对主席极大的侮辱，必须将马学礼等人立即逮捕法办。马学礼的后面有市委操纵指使，必须交出幕后人。要求解散职工联合会这个组织。

代表：（一）为什么中南局在十二月份还在散发王任重的"高举毛泽东思想伟大红旗，把社会主义教育革命进行到底"的小册子，用意何在，为什么中南局还有这么大的胆。

（二）金明对中南局干部讲，谁与红卫兵勾结谁就没有好下场，为什么今天还说这样的话，让中南局干部与红卫兵隔绝，为什么有这么大的胆。

（三）中南局王任重、雍文涛、张平化问题为什么这么严重？陶铸怎么看，根子在那里？说明什么问题？文化大革命这么几个月，为什么这么猖狂，后台是谁？

代表：（一）王任重在文化革命以前，特别在 61、62 年写的黑杂文，凡是攻击三面红旗，伟大的毛泽东思想的，全部要交出，文化革命中的黑指示要求陶铸同志责成中南局与湖北省委全部交出。

（二）张体学是否篡改了三点指示，湖北省委的三点指示是从何而来的，为什么陶铸同志在处理三点指示问题上那么不果断，不亲自主动出来澄清事实真相。以至造成群众斗群众的现象，九月要求接见而未接见，十月份让余乃强与杜大公搞书面意见，与三点指示有原则出入陶铸究竟站在那一边？

（三）中南局为什么明目张胆地对抗中央军委指示，十二月三日才向下面传达。

同学：红卫报被封后，红卫兵经常受围攻，提出赶走北京人，打死武汉人，陶铸的看法如何？听说曾当主编，以后怎么改组封闭应不应该，围攻造反派，你的看法如何？还组织“扫流寇”队，(专赶外地革命师生)串街队，都是打架队应不应该解散。要王任重交出材料，攻击主席思想的算不算党内文件，应不应该交出。12月2日接见中南学生时已讲过允许别人偷偷改正错误，是否与主席指示符合。

同学：金明讲谁勾结红卫兵，后果就由谁负责，谁把中南局情况向红卫兵讲谁就沒有好下场。金明作了三个这样的报告，他的这种报告与其它压制群众的黑指示要不要交出。

王任重是要批倒批臭打击他。对王任重是什么人，对他的历史和在湖北以前的情况不了解，要支持我们要给我们到各地调查的方便。

同学：王任重给广西师院的一封电报陶铸是否了解？武汉地区有些谭立夫式的人物，要求象北京一样给予法律制裁。

同学：对“扫流寇”队要解散，严重的要逮捕。

坚决要求罢王任重的官，撤他的职！

同学：从中南局抄出谭立夫的讲话(最近印刷)为什么对此讲话如此感兴趣？

同学：三点指示到底谁真谁假？

给桂林那张电报，王任重讲与陶铸商量的，这电报是好是坏，与陶铸商量沒有。

黑材料要不要交出，强烈要求交出，《湖北通讯》特别是六二年发表《资治通鉴》读书笔记。

黄同学：那份电报有沒有？怎么发出？能否给我们看看，是谁发的，起了什么作用？有什么矛盾？

同学：第一个电报说王任重养病期间可不接见革命师生，也不公开检查，是王任重抛出，是中南局电请经中央批准，还是陶铸个人批准？

第二个电报叫王华天公开检查，半天养病，未看到红卫兵不同意这样做，能否必要时让王整天检查。

同学：12月12号，接见中南林学院时，认为发转移，销毁黑材料，我说罢官看看(陶：是五月十六号以后，那应该按中央决定执行)，黑材料不交怎么办？

同学：谭立夫讲话中南局印发了二万份流毒很广，至今未作理想检讨。

中南地区文化革命阻力很大，流血事件事态正严重发展，有必要再回广州作好一切可能发生的事，那里消息很不灵通，有些学校还未开展批判资产阶级反动路线，造反团能否给中央保持直接联系，及时向中央汇报，得到中央指示。广州市运动冷冷清清要求全部造反派去造反，我们准备从北京、武汉带些造反者去，请解决经费。

代表：陶铸是否负责中南地区的文化大革命，为什么阻力那么大。张体学用党籍保证王任重在广州，李一清又用党籍保证王任重不在广州，到底开除谁的党籍？

同学：广州阻力与中南局有关，十二月中南局不答应公开检讨，那来那末大的胆子！广州严重局势，陶铸知不知道？我们让吕少泉打电话，不知是否反映了？中南局一张揭发当权派的大字报也沒有。请陶铸同志把这些问题解答解答。

同学：陶铸决不同意录音，我们也不打算再录音了，我们通情达理。

陶铸：好！我们搞一个书面记录。合起来，现在我倒赞成录音，准确一些。(这时录音机坏了点)互相都是为解决问题的，我是支持你们的，不要误会，所有问题都能答复满意，也不一定，你们可以再提一些问题，我可以书面答复，或再开一次会，完全解决是困难，回答满意后你们可以早点回去搞革命。现在就提出的问题讲点个人看法。

(一) 对王任重的看法：

我觉得王任重的问题是十分严重的，他的问题不单是贯彻执行资产阶级反动路线的问题，而是性质比这更严重。资产阶级反动路线是在文化大革命中压制群众。他的很多东西是更早了，是反党、反社会主义、反毛泽东思想。到底最后这个人的性质怎么定，我赞成你们彻底揭，揭到什么就是什么，性质是根据事实，材料来定，先有材料、事实才能定性，现在初步不能定性。

最近中央常委工作会议，文革小组讨论了这个问题，根据现有材料，不仅是忠实执行资产阶级反动路线的问题，有很多反党反社会主义反毛主席的言论，同志们充分揭，我们支持同志们放手揭、充分揭，中央最后会作结论，看看。中央讨论，有这样一个初步看法。因为他现在是中南局第一书记，中央文革副组长，我只能认识到这里。（同学：中央文革副组长有沒有撤？）还沒撤，实际工作沒让他，还挂个名，实际沒有工作。同学们提出应罢官、打倒，罢官不仅文革小组副组长还有中南局第一书记，湖北省委第一书记早就不是，罢官问题中央正在考虑，要主席和林彪同志最后决定。同志们今天的要求我可以反映，同志们要求打倒、罢官是有理由有根据的，最后会作出决定。文革小组副组长挂名，实际工作沒让他做。关锋、戚本禹与湖北松涛等讲话，已讲王任重不做文革的实际工作，他的指示不能代替中央文革。那是十一月讲的。王任重当文革副组长是中央提名，同意的，我一向对王任重印象很好，觉得这个人不错，比较信赖的，不是他自己要当的，也不是我提名的，因为我离开中南后，王任重代理第一书记。《资治通鉴》读书笔记以前他那些反动文章，我未看，只看《羊城晚报》上登了前言性的东西，六月立即有几个四清工作队员对他的笔记提出了批评。后来省委把这些人打成反党分子，这个人寄来材料我才知道，认为这是错误的，赶快要平反，于是就平反了。（同学：武大经济系杨家志同志被打成"反党"开除团籍）最近才知道，王任重的问题就在这里，很多问题王任重都不向上反映，错误严重就在这里，同志们说：后台是谁，这我已看出，说后台就是我陶铸，陶铸是个大黑帮，要揪出来，还要我接见，我近七十岁，形势看不出来吗？我认为这形势是不适当的，我讲，我不是王任重的后台老板，他是湖北省委的后台老板直接指挥湖北省委的。七月三日在东湖写给省委的那封信，七月十九日到北京，他的信我未看到，中南局批准后我们看了提了意见，认为有问题，认为要反击5%学生右派，在新华社湖北动态我看到。（同学：在中宣部看不到大字报，七月份中宣部要派工作队到……把七月三日黑信当作学习文件，陶铸是否知道）后来王任重那封信，作为报告给中央，中央把他改了，哪时还是刘邓路线，什么"枪打出头鸟""反击右派"都勾掉了的，发给各地参加文化革命的参考。中宣部是否印了这信，我不知道，如中宣部印了七月三日的信你们可以查。中南局批准时，我们提了不是人家是他的后台他是湖北省委的后台，湖北很多宣传都是张体学直接与他联系的，王任重是湖北省委眞正的后台，是否我怕负责任你们可以查。六月一日我来北京后，作为中央常委书记，中央宣传部长，国务院文办主任，忙得要死，中南的事不管，那时认为王任重是可以信赖，有能力，自己放心，他又是中央文革副组长，与中央文革很接近，我们只接触了三四次。武大保守派要刘×接见，我们不同意后来马马虎虎弄走了，现在教育部要揪回来。保皇派我沒有接见过一次，工作关系是有的，我是常务书记中央文革小组顾问。后为中央政治局常委，中央决定由我，谭震林、刘宁一当中南，华东的联络员，他们发生问题来中央解决由我们联络接见谈话，向中央反映。我与王任重的关系是相当紧的，我在中南局当了六年书记，他是第二书记，当然有关系。我在广东，他在武汉，在北京开会时在一起，武汉是九省中心，去得多，但从未在湖北省委直属机关作过一次报告，因为我信任他，认为他工作做得不错，你们可以调查，大概你们是不相信的为什么呢？王任重是第二书记他管湖北，我何必多管，我主要管湖南，广西广东多一些。他是湖北省委第一书记，我是广东省委第一书记，在中央开会在一起，我不管他，他不管我。五八年他是三省协作区的组长，我是两省协作区组长,他管的范围比我大。再早我在部队工作,当过湖北军管会副主任,他是湖北省副省长,以后我到广西广东去了。五九年以前我不认识他。

我要讲清楚,我对王任重很器重,很信赖,他讲话比我会讲也很有条理,也有一定的政治工作能力,年青有为是可以培养的干部,我走后中央决定提他为第一书记我也赞成,我对他是信赖的。他干的事我都不知道,中央文革也不知道。他的错误严重也在这里。

如印刷40万份宋彬彬的传单,后来人大何一华来反映,我才知道,他们讲武汉文化大革命情况,我感到情况比较严重,那时我感到味道不对。为什么自己吹得那么厉害。三点指示作为九月份那时还认为还不错。讲了湖北基本上跟主席思想的,现在讲那当然很不好,王任重这样一个人还能紧跟毛主席?因为中南五省,湖北还搞得比较好一点。如武大揪出了李达、朱劭天、何定华"三家村",那时还不错,不仅我这样认为,很多人都这样认为。后来他们来反映,觉得不对,为什么这样吹,不支持少数派,打击南下同学不对,要平反。当时整个中南我不管了,他不仅是中央文革副组长,是北京的顾问,是在清华、北大、清华附中和师大附中试点,实际上文革小组根本不知道。六年来,他当中南局第二书记,我对他是很信任和器重的,认为是好干部,我是支持他的。不是后台不后台,文化革命中,他做了很多坏事,我不知道,要刘仰桥去武汉休养,要张体学用家史诉苦,而且张体学还退出会场,后来我才知道是他想的办法。说张体学贫下中农出身,在很多问题上,张是瞒着我们干的,那时,我不管中南局工作,他不与我联系,当然与我有点关系,我是常委书记,我认为他有北京经验指导中南工作,不是很好的吗?

(二)电报问题:

电报发了一个他曾来了一个电话,讲了他瘦了多少公斤,肝很痛。中央是曾经同意他休养的。后来红卫兵要他交待问题,中南局发来电报,说他病得很厉害,是不是让他休养一段,病稍好以后再检查,也得到中央回电同意了。

(同学插话:是不是刘邓那个中央同意)

当时刘邓的问题已揭发,他们在中央已经不担负实际工作了,王任重的养病,沒有经过刘、邓,有的大字报上说这是我提出以后,刘少奇批准的,那完全不是事实,而是中南局提出,经中央同意这个电报由我批办的,这也是很正常的,不存在责任问题和包庇问题。

后来我发觉王任重的问题严重,责成中南局常委李尔重和湖北省委副秘书长带了大字报和材料去海南,王任重看了心里很紧张,和我通了一次电话,问我该怎么办?我说要检查,问题是很严重的。他问是否马上回广州,半天时间作检查,半天休养。我把他的意见报告了中央,中央也同意了。我又给中南局打了电告,告诉他们,王任重要回来作检查。他们后来派了飞机,于十二月二十一日把王任重接回广州,开始和湖北的革命同学见面,听取批判,二十五日,王任重和湖北革命同学一起回到武汉。我们说,你先回武汉,因为主要问题在武汉,武汉同学对你意见这么大,应回武汉受批判,中央同意。

(同学:但现在还不老实)

你们要批判他,他才老实。一个电报,一个电话。

(同学:第一个电报是你批发的吗?)

是办公厅起草,我批,你们可查一查。李一清给我打了电话,他一来我就批评了他。

同学:要王任重出来是你见李一清前,还是后打的电话?

陶铸:见李一清前打的电话,中南局知道这事,我打电话让派飞机去接的。关于电报问题,你们要问也是可以,那里来电报,我们起草是很正常的,因那时还去革命嘛,要我起草,我也就那么讲,不存在责任问题,不存在包庇问题,电报是由我批发的。

（三）关于九月八日我同南下武汉进行革命串联同学的谈话

三点指示我不详细讲了，那九个同学是知道的，原来我把湖北省的文化大革命的成绩估计高了。听了王任重的假报告，看到一些表面现象，以为在中南局几个省、市中，湖北搞得不错、九月八日听到南下同学去武汉进行革命串联和武汉北上的九个同学代表反映，觉得有问题，但未发现有这么严重。我讲：第一，我觉得把湖北的文化革命吹得那么高，很不好，要湖北省委端正思想，对武汉地区文化革命作正确估计，看到存在的问题，不要背骄傲自满的包袱。第二，保护少数的问题，对前段有些学校把革命少数派打成"反革命"，要宣布平反。第三，对南下同学的态度是错误的，要撤销一些谩骂革命师生的传单。王树成的广播讲话也是错误的。《湖北日报》发表社论，欢迎你们和外地去串联的学生。当然我也讲湖北省委跟着毛主席是跟得紧的，工作做得不错，但沒有讲"湖北省委是高举毛泽东思想伟大红旗的"这句话，问题在于张体学只传达了对他有利的东西。南下同学只传达前面三点是对的。

（四）关于《湖北日报》的问题

我的态度是明朗的，支持革命同学的，你们封《湖北日报》是革命的行动。上次你们革命造反司令部的来了，要求罢二人的官。我当时讲，是否分两条走，在雷行和刘江峰两人中先罢掉一个，把两人拆散了就不能狼狈为奸了，留一个，看一看，如果眞的改正错误也还可以。还谈到现在不能马上复刊不要紧，用《人民日报》代替。刚才你们讲雷行躲起来了，不积极筹备报纸复刊。如果他们不改正错误，就彻底改组。

（五）关于王任重的黑材料、黑指示

你们第一先按中央批转军委总政的紧急指示和中央后来发出的补充规定，把整革命群众的黑材料全部交出，你们接过来开出清单，把他烧掉。（同学：我们是指王任重的黑杂文，黑指示等）我分两步讲，我在接见中南林学院和中山大学来北京的造反派同学时说过：如果在补充规定公布以前把五月十六日以后的整学生整群众的材料确实烧掉了，而不是转移、那等于他已偷偷地改正了、允许他偷偷地改正嘛！我原则上目前赞成把《湖北通讯》交给同学们批判。反党反社会主义反毛泽东思想的材料应该这样处理。但是这不是一个地区一个人的问题，牵涉到全国的问题，原来的规定上也确沒有讲到党內文件，刊物和五月十六日以前的材料，我可以负责反映，同学们的要求，请示中央决定。各地党委如对抗中央指示，你们可以彻底揭发批判。

（六）对中南局地区文化大革命的看法：

八月二十六号以前派工作组我是同意的。在武汉停四个小时，湖北省委提出派工作组到武大我是赞成的。当时我对中南地区文化大革命估计是较好的：①工作组派得迟、撤得早，不象北京那么早。②压制群众不那么多。③工作组起了夺权作用。群众斗群众不那么厉害。后来湖南一中，来了好多人，八月二十五号开了中南地区来京革命师生大会，在会上我们讲了中南地区文化大革命搞得冷冷清清怕字当头，特别对湖南，我批判得很厉害，我对湖南省委保市委、保工作组进行了批评，还指出可以大串连，大字报可以贴到大街上去。但沒有认识到中南地区执行资产阶级反动路线造成了严重后果，只感到领导不放手。这说明我那时对中南地区文化大革命的估计是错误的。九月份湖北问题发生了，我与王任重谈过，说中南地区的问题值得注意，不是原来想象的，问题大，已暴露。到九月下旬问题更清楚了，到中央工作会议，赵紫阳说沒有执行方向路线错误，我认为不对，而是基本上执行了资产阶级反动路线，如不改正，不能解决问题。现在看来，中南局不仅搞得不好，完全执行了资产阶级反动路线，造成严重恶果，我当然有责任，虽离开了中南，派工作组我是同意的，对中南文化大革命我当然有责任，相当一段时间我的估计是错误的，未提到错误路线这一高度。直到中央工作会议才提到路线高度，但也沒有完全改正。我在中南那么久，中南的问题与我有关。中南局的班子是我培养起来的，为什么沒有好作风，问题这么严重未揭露出来，对中南地区的错误我是有责任的。中南局一张大字报也沒有，问题当然很大了。王任重在什么地方，中南局几个书记都不肯说，说不在广州可以，应该说在海南岛，本来你们可以不来北京，金明、陈郁他们又不打电话报告中央。李一清来，只说是王任重的问题，但未讲是要知道王任重在什么地方，几个书记都撒谎，那是错误的，这是严重的错误。还有同志们提出，金明的讲话我不清楚，如果这样那是很坏的，这就是很好的一个材料，这完全是明目张胆地破坏文化大革命，压制群众，是极端错误的我不清楚，你们彻底揭。

中南局印了谭力夫的讲话，我不知道。中南局写了一个检查，写得很坏，沒有內容，不象检查，我打电话，指出这是政治错误，是谁讲印的，要彻底检查，要作深刻检查。为什么这时候还印谭力夫讲话，印湖北日报以王任重的"高举毛泽东思想伟大红旗，把教育革命进行到底"为题写的社论小册子，这是严重错误。你们可责问他们，为什么还要印，不老实你们就批判他们。还有"红卫报"，你们封得对，是革命的行动，这个报是办得很不好，原来中南局准备停刊的，但又怕停刊了，不能批判了。同志们提出，为什么我管主编？因为报纸办得很坏今年二月我管了一个月，组织了一些文章、社论，有些作用。

同学：中南局现在已同意复刊！

陶铸：你们觉得复刊好还是不好？

同学：现在不是复刊不复刊的问题，而是中南局在挑动群众斗群众！

陶铸：这我看到一份电报才知道，要彻底揭，以后处理，群众斗群众是绝对不允许的，违背主席指示。挑动是坚决不允许的，要彻底查办，究竟是谁搞的。

同学：你同不同意复刊？

陶铸：我说最好不复刊，看以后怎么样，如改组得不好，就不办算了。

同学：要彻底改组！

陶铸：我支持你们封：办得不好，何必办呢？放毒，又不支持文化大革命。

（七）关于王任重给广西师范的电报

这份电报我是看过的，但记不清究竟是在发出以前还是发出以后看的，我再查一查。（注：经查明是王任重起草，送给我看过。同意发出的。我沒有修改。）这封电报，是压制革命群众，给韦国清打保票。其中谈到"要警惕敌人挑拨离间，谨防扒手。"更是镇压群众的革命热情，是严重的错误。我同意了这份电报，我要负责。

（八）张体学在不在北京，我不知道，如在北京，你们带回去。你们查，如查出在北京，你们带回去。如在北京，应告诉中央。省委第一书记来北京，是擅自离职守，怕字当头。

（九）关于广州市群众斗群众的问题。"劝架队""扫流寇"（同学：把在广州造反的学生当流寇）这些组织是反动的。如是省、市委组织起来对待革命师生的，应立即解散。我查一查关于"劝架队"今天广州来电话，我才知道。马上打电话，中南局、省市委负全部责任。马上把群众斗群众制止下来。（同学：湖北省委组织了二百多人的敢死队，都是高干子弟）我不知道。与西城纠察队一样的应解散，搞法西斯暴行决不允许我查一查，严肃处理。（同学：我们缴获湖北省委的《情况简报》是第 77 期，专记少数派的情况是黑材料，我们要求把 77 期都缴出来给我们批判。）（同学：是省委驻京办事处搞的。）要交出来。

最后一个问题，王任重、雍文涛、金明、张平化的历史经过就是这样。王任重原来是湖北省委第一书记，中南局第二书记。我信任他，不是私人关系。金明原为湖南省委第一书记，财政部副部长，过二年调去中南局，如讲那两句话（即"谁与红卫兵勾结谁就沒有好结果。""谁把中南局机关文革情况向红卫兵讲，谁就沒有好下场。”）是非常错误的，你们彻底揭。

张平化原来是湖北省委第二书记，后调湖南省委第一书记，又调他到中宣部。后来，王延春制造了“九一八”事件，张平化自己要求回去请罪造反；中央同意他回去。雍文涛原来是中南局秘书长，广州市委第一书记。文办沒人，华东调杨××，华北调刘××一个大区调一人，中南调张平化、雍文涛（文办副主任），文化革命中犯错误不少，以前认为不错。社会主义关有些人还过不了，这次要革自己的命，不是一个人的问题，相当多的人在文化革命中犯了错误。同志们也许怀疑，王任重是你的第二书记吧，金明、雍文涛、张平化又送回去，你去干什么。讲复杂也复杂，说简单也简单，当时决定各大区抽一宣传部长，中南抽了两个，张平化已经回去了。在文化革命中能否成为革命家，要在文化大革命中大审查大批判，才能考验出来。

关于联络站问题，我赞武汉少数派（革命造反派）搞少数几个人，也不见得每个学校每个红卫兵都要搞联络站。省办事处也被封掉了，原则上赞成全省整个少数派搞少数人搞联络有必要的，按中央规定办事。

王任重专案小组要中央派，你们可以从你们方面揭发，收集材料，这是可以的，不要中央批准，你们完全有权利搞，沒有什么困难。红卫兵介绍信到处都可以去。（同学：要调查他的材料有困难，他是什么地方人？）河北定县，你们到孝感很近。原来在济南工作，谁不让去？经费问题不大，这要省委支持你们，革命造反派省委支持你们吗（答：不支持），我坚决支持你们造反派。

（同学：中南局派飞机送四个保皇派到北京，要物质待遇）要他们表态，坚决支持你们革命。

（同学：你对武汉 12.25 反革命游行有什么看法？）

一个工人死了随便下半旗，我们死了都下半旗，那还得了。下半旗是要对那些有重要贡献的，这是错误的，要充分揭露，这是反对文化革命的行为。

问题的关键是湖北省委、中南局、王任重，怀疑我是否包庇王任重，支持你们。我坚决支持你们，如中南局现在支持你们，那也就好了，这是两条路线的斗爭。

现在错误还是两条路线，还是人民内部矛盾。他还很坏，两条路线问题，他不仅是认识问题，还是立场问题。如不继续发展下去，改正错误，还可以是人民内部矛盾处理。整个湖北省委还是路线问题。应该彻底改正，支持你们，一起革命。中南局走资本主义道路当权派，有多少揭多少。要改正错误，支持你们，回到正确路线上来。你们还可以帮他们改正错误。并且要公开承认，彻底改正错误，支持你们革命，这个问题解决了，彻底批判错误路线，挖掉修正主义根子就大进一步。江苏几万保守派围攻省委，省委还是不动摇。湖北两千多保守派要来，我认为不能来。绝对不能脚踏两只船，过去犯了错误，现在改。中央也做工作，你们也做工作，坚决把湖北的错误路线批倒批臭！眞正贯彻毛主席革命路线。

（同学：广州形势紧张，我们要求回广州）

陶铸：可以！我支持你们。

同学：我们来北京后，留下的人遭到围攻。

陶铸：要是省委挑动群众斗群众，就要垮台，你们去广州，我赞成，中南局为什么不可以炮轰（同学：用什么形式）打电话，或你们去，我叫他们来，如中央同意，有点决定作用。（同学：可要马上打，如打人问题）马上用中央名义发，昨天给安徽打电话。（同学：现在有高干子弟组织敢死队，整群众）高干子弟组织敢死队来整革命派要解散。群众中思想左一点右一点是允许的。我们告诉广州，要严肃处理。你们回去，在中南局不能马上决定的，报中央决定后再告诉你们。先把谈话要点整理出来同你们对照，看有变动沒有？如能对彻底批判资产阶级反动路线，打倒资本主义道指的当权派有些作用。

（女同学：广西师院的电报你们要检查）

我去查一查，如果事先同意的，我负责任。我记不清了，刚才秘书说是以后给我看。

（女同学：我们对三点指示这样看，按你的说法南下同学沒说后三点，是否是不老实）

我未讲高举毛泽东思想伟大红旗（那三点是否对？）现在看估计高了．现在看来你们沒有传达后面三点指示，我看是对了（九月八日会议上叫传达九位代表讲的）。沒这样讲，我让告诉湖北省委给叫传达，主要讲前三点，承认错误，你们着重讲后三点。

王任重不仅我信任，中央也很信任的，我们是受蒙蔽了，湖北地区搞得冷冷清清，表面上拥护毛主席，不仅我们受蒙蔽了，很多人受蒙蔽。

（同学：马学礼把矛头指向革命的少数派）

我们查查，把事实弄清后，如确属现行反革命分子，镇压革命的法西斯分子专门破坏文化革命的应逮捕，让湖北省委、公安部门处理。

（同学：学生中谭立夫式人物应不应该逮捕？怎么办？）

最近中央指示，你们可向公安机关提供材料，但逮捕仍由公安部门负责。（抓一个放一个）如不是支持文化革命的，就要改组。（他不公平）怎么能不公平，有问题就要改组。

宋涛说张体学是炮筒子，三个月候补期的红卫兵（同学：现在开除了）开除了就开除了，你们彻底批判，完全摆事实，是什么就是什么。

（同学：多数派把张体学弄到北京来了）你们告诉我们，我们可以帮助去调查。

（同学：北京贴了很多你的大字报，说你执行了资产阶级反动路线，你怎样看法？）

大字报他贴他的，我不是执行资产阶级反动路线，派工组织我赞成，走了一段错路，是有错，我改嘛。

刘少奇批，不是事实，我不是讲，说我是资产阶级反动路线的代表，我不承认，说我是走资本主义道路的当权派，我沒资格接见你们，不当文革顾问。在一段时间內，　执行错，我有过错，支持左派不够早，对卫生部门钱信忠，我保过他，八月份已经检讨二次了，何伟我原来还认为不错，现在不保了，丁莱夫也不保了。

（希望及时与中央文革取得联系）

不要找中央文革，他们很忙，这里有地质学院东方红，政法学院政法公社你们帮他们联系，你们都是三司的，你们经过三司联系很快，给他们承担责任。有时可写信给我，有线电报也很快，第三司令部我赞成去广州搞个联络站，十来个人，我们告诉中南局，把文化革命搞好后再回来。

（从北京、武汉带一批造反派去）

陶铸：可以。你们好好搞一搞，专搞些大炮去轰一轰，为什么不要李一清来，来了可以当面嘱咐。

同学：你讲你是中央常委、文革小组顾问，是来接见我们，但今天一开始提出抗议，想不通，不知犯了什么原则错误？张体学在红山礼堂提出抗议，如果这样下去，是非常严重事件，是否要把我们打成反革命，如不回答，要总理、江青、伯达当面来讲清。

陶铸：我不是对红卫兵提抗议，是讲会议形式，你们那种方法是不妥当的。（同学插话：共产党员不……作威作福。）你们好好想一想，我来时你们到底把我当什么来对待，我商量的问题都不能同意，录音，代表，名字也不提，对我不信任。你们对我态度不对，怎么能把我当成反革命。

同学：我们沒有对立情绪，你刚才的态度是出意料之外。

陶铸：同学们对我的态度也是意料之外的，我讲了抗议就算了。（同学插话：一定要收回，要批判）那是激动，以前同学们对我不信任。你们如对我的话是信任的，抗议可以撤销。怀疑是可以怀疑的，今天会议形式不恰当。（同学插话：是否是原则性的问题，值得向我们提抗议。）今天谈得还不错，情绪我们有些接近，怀疑是可以的，但问题沒有商量余地，我是不高兴的，太不信任了。现在接近了，如果你们认为我还可以信任，态度是诚恳的，抗议可以撤销。（同学插话：我们态度好不好？）你们的态度是不好的。

同学：你在后勤学院向卫生系统作报告讲"我基本上是无产阶级革命家"，为自己打保票，向我们提抗议，说大字报很多不是事实，不是无产阶级革命家风度，说"和好"这些字眼都不适当。

陶铸：你们可以提意见，可以批评。

同学：抗议提得不恰当，不仅要收回，而且要批判。你一讲，我们就成了不革命的了。

陶铸：我不同意这样讲，我是对会议方式提抗议。

同学：应在这问题上触及一下灵魂。一是我们一来未找陶铸，一是未达成协议，一是你进来未鼓掌，好象打破常规，失去尊严，这就是灵魂深处的东西。对老前辈应尊重，有缺点，错误应提出。

陶铸：批评完全可以，前后讲一点，不是尊严的问题，同学们来时形式不是开诚接见，谈判，解决问题，是对我很不信任的形式，又要我解答问题，采取这样一个极端不信任的态度，发言派代表，名单不给我。整个会议不是给我机会商量解决问题，我是不满意的。后来说得很好，是我了解，能解答的提出来，开始有点脾气，现在同学们批评，撤销抗议，承认这是错了。（鼓掌）还要看我是不是支持你们，如果眞的支持同学们，我还可以信任，我还要革命。好，再见。

附录七：

文化大革命以来陶鑄言论目录

五月十九日，在广州中山纪念堂向中南地区党员大会的报告。（文化大革命战斗动员）
六月八日，在中宣部所属单位二十级以上党员干部会上的讲话。
六月十四日，在中宣部工作队员及支部联席会议上的讲话。
六月十五日，在高教部、教育部全体干部大会上的讲话。
六月二十日，在学部历史所辩论会上的讲话。
六月二十一日，对卫生部部分人员的讲话。
六月二十三日，在中宣部文革小组成立会上的讲话。
六月二十五日，在天桥剧场对卫生系统的讲话。
六月二十六日，在学部文革小组成立会上的讲话。
七月一日，在北京大学全体革命师生员工大会上的讲话。
七月三日，给顾瑞华同学（中国医科大学学生）的复信。
七月六日，在新华社的讲话。
七月六日，召集广播局某些负责人的谈话。

七月十二日，在文教口某些负责人会议上的讲话。
七月十四日，宣布新中宣部成立大会上的发言。
七月十六日，在中宣部斗争姚臻大会上的发言。
七月二十一日，在学部文革小组会上的讲话。
七月二十八日，在北京六十五中学的讲话。
七月二十八日，接见高教部一部分革命群众时的谈话。
七月三十日，在人民大会堂中国科学院万人大会上的讲话。
八月二日，在人民大学辩论会上的讲话。
八月二日，对教育部文化大革命的指示(由张平化传达)。
八月十一日，在北京一〇一中学对初二五班红卫兵的讲话。
八月十四日，与邓小平在接见人民大学校筹委委员时的讲话。
八月十九日，对中央组织部全体革命同志的讲话。
八月十九日，对教育部文化大革命的指示(由张平化传达)。
八月二十日，在对外文委一次斗争会上的讲话。
八月二十一日，在人民大学辩论郭影秋大会上的讲话。
八月二十一日，在人民大学接见西南、西北来京部分学生时的讲话。
八月二十二日，给陶鲁笳的信。
八月二十二日，在中央组织部文革临时筹委(扩大)会议上的讲话。
八月二十三日，在中国医科大学的讲话。
八月二十五日，在中南地区来京革命师生大会上的发言。
八月二十五日，给中医学院及卫生部革命群众的讲话。
八月二十五日，就当前串联问题给聂元梓同志的复信。
八月三十日，接见人民大学"八・一八"红卫兵时的谈话。
九月八日，与南下武汉进行串联同学的谈话(三点指示)。
九月十四日，接见人民大学"八・一八"红卫兵时的谈话。
九月十七日，接见广东省委学习团时的谈话。
九月二十日，对学部文化大革命的四点指示(由熊复传达)。
九月二十二日，与中宣部文革常委的谈话。
九月二十三日，在中央组织部文革临时筹委会上的讲话。
十月六日，对教育部文化大革命的指示(由何伟传达)。
十月二十日，对中宣部革委会的讲话。
十月二十四日，接见首都大专院校红卫兵革命造反司令部部分学校代表的讲话。
十月二十八日，在中央组织部的谈话。
十月三十日，在人民大会堂接见湖南赴京革命工人、革命师生、革命干部的讲话。
十一月一日，在人民大会堂对党员干部传达中央工作会议精神的报告。
十一月二日，在中央组织部召集部文革临时筹委、组长及各单位代表的讲话。
十一月五日，接见参加第一届亚新会体育代表团时的讲话。
十一月七日，对北京一些党员干部的讲话。
十一月十二日，接见华东工程学院八一红卫军代表的讲话。
十一月十三日，在人民大会堂接见辽宁大学8・31红卫兵红色造反团的讲话。

十一月十五日，在后勤学院向文化部党员干部传达中央工作会议精神的报告。
十一月十六日，接见山东学生代表的讲话。
十一月十七日，接见沈阳农学院红卫兵时的讲话。
十一月二十一日，向中宣部、新华社、广播局等单位传达中央工作会议精神的报告。
十一月二十三日，召集恢复文教口临时党委会议上的讲话。
十一月二十三日，对中宣部运动的三点指示。
十二月二日，接见中南地区学生时的谈话。
十二月六日，接见江苏省革命造反派赴京代表团的讲话。
十二月七日，接见外地1965年度大专院校毕业生代表的讲话。
十二月八日，接见中宣部文革及毛泽东思想红卫兵和革命造反队代表的谈话。
十二月十日，接见全国体育系统革命造反派时的谈话。
十二月十二日，接见中南林学院和中山大学来京造反派同学时的谈话。
十二月十三日，在后勤部礼堂对卫生系统所作的报告。
十二月十四日，接见广播局毛泽东思想战斗团的讲话。
十二月十七日，接见教育部赵秀山等人的五点指示（张孟旭传达）。
十二月二十一日，接见人民大学红卫兵揪邓兵团七位代表时的讲话。
十二月二十一日，在广播局群众大会上的发言。
十二月二十二日，接见广播学院北京公社毛泽东思想战斗队的谈话。
十二月二十二日，接见外地来京文化代表的讲话（由文化部通过所谓"三司文艺部"）。
十二月二十四日，接见全国各地来京串联新闻工作者大会上的讲话。
十二月二十四日，在声讨反革命修正主义分子荣高棠大会上的讲话。
十二月二十五日，又再接见外地来京文化代表时的讲话（由文化部通过所谓"三司文艺部"）。
十二月二十五日，在中央组织部接见部分同志时的谈话。
十二月二十八日，在中宣部接见部分同志时的谈话。
十二月二十九日，与安徽八·二七同学的谈话。
十二月三十日，在中南海小礼堂答"赴广州专揪王任重革命造反团"提出的问题。

（据劳动人民自然科学史研究室《东方红》战斗组67.1.15整理）

《打倒中国的赫魯晓夫—刘少奇》
展覽館內容摘要

天津大学"八·一三"紅衛兵

一九六七年四月

最 高 指 示

“混进党里、政府里、軍队里和各种文化界的資产阶級代表人物，是一批反革命的修正主义分子，一旦时机成熟，他們就会要夺取政权，由无产阶級专政变为資产阶級专政。这些人物，有些已被我們識破了，有些則还没有被識破，有些正在受到我們信用，被培养为我們的接班人，例如赫魯晓夫那样的人物，他們現在睡在我們身旁，各級党委必須充分注意这一点。”

“人民靠我們去組織。中国的反动分子，靠我們組織起人民去把他打倒。凡是反动的东西，你不打，他就不倒。”

我們伟大的領袖毛主席亲自发动和領导的无产阶級文化大革命是二十世紀六十年代最伟大的事件。这場伟大的革命运动首先就无产阶級专政国家如何防止修正主义篡夺領导、防止資本主义复辟的問題，給全世界无产阶級树立了新的伟大的榜样。

在这場伟大的革命群众运动中，披着“老革命”外衣，窃踞“国家主席”要职的刘少奇，被撕破画皮揪出来了。这是毛泽东思想的伟大胜利！这是一切革命人民的伟大胜利！

大量触目惊心的事实証明：刘少奇絕不是什么“老革命”，而是假革命，反革命，他是个地地道道的剝削阶級代表人物，赫魯晓夫式的野心家和阴謀家，反革命修正主义总头目，資产阶級反动路綫的罪魁禍首。总之，刘少奇是必須打倒的中国最大的走資本主义道路的当权派。

第一部分　刘少奇是剝削階級的代表人物

一、地主、資本家的孝子賢孙

最高指示：什么人站在帝国主义、封建主义、官僚資本主义方面，他就是反革命派。

刘少奇原名刘作黄，出身于湖南省宁乡县花明楼一个地主家庭，自幼讀书，飯来张口，衣来伸手。青年时期，怀抱野心，投机革命，揚言他若“不成功，就亡国”，“就到外国去。”自命为少有而奇絕的人物，故改名“少奇”。

刘混入革命队伍，却頑固地站在剝削阶級立場上，处处积极維护剝削阶級利益。他与地主家庭始終密切往来。一九四〇年，他把一份沾滿貧下中农血汗的田产轉送給他的地主哥哥，扩大剝削。他抗拒減租退押和土改运动，給地主家庭通风报信，划框定調，鎭压貧下中农对他家的淸算和斗爭，使恶霸、地主、富农之类极为囂张。

在刘少奇的卵翼下，恶霸地主刘作衡，反动資本家王光英，汉奸吸血鬼宋斐卿在解放后依然放肆剝削，瘋狂倒算，有的携欵卷逃，有的欠下新的血債，但他們却凭靠刘少奇，不仅逍遙法外，而且一个个青云直上，甚而窃夺了国家要职。

和刘少奇相依为命的決不止是几个地主、資本家，而是整个剝削阶級，他时时处处为剝削阶級尽心竭力，这正是他根深蒂固的阶級本性所决定的。

二、反动的資产阶級人生观

最高指示：无产阶級要按照自己的世界观改造世界，資产阶級也要按照自己的世界观改造世界。

刘少奇这个披着“老革命”外衣的資产阶級分子，必然有一套披着“馬列主义”外衣的資产阶級人生观，而且力图用它来改造世界。

資产阶級人生观的典型口号“人不为己，天誅地灭”，經过刘少奇精心加工潤飾，綴上“国家”、“集体”、“革命”之类的詞句，故意抹杀修养的阶級性，变成更迷惑人、更腐蝕人、因而更加反动的“修养”論。

刘少奇在他的臭名昭著的“論修养”一书中系統地粉飾和宣揚了这种反动人生观，使之成为个人野心家和叛徒的理論基础，成为向无产阶級爭夺世界的反革命綱領。

“吃小亏，占大便宜”論，“大公有私”論，是刘記“修养”的典型口号，刘少奇在各种場合又对他的无耻哲学作了露骨的闡发。

他对反动資本家王光英吐露了眞心：如今社会，只有曲綫謀私。

他对青年学生貫輸毒液：去农村，先不当干部，等埋头苦干几年，学会了技术，又有文化，又有“政治”，就能当大官。

他对民主党派大肆鼓吹：“沒有个人利益即无整体利益……不是大公无私，而是大公有私，公私兼顾。”

……。

自称“老革命”的刘少奇，大声疾呼，道出了地主、資本家的心里話。

根据刘氏“道理”，假公营私合法，享乐腐化合法，伪装革命合法，背叛革命也合法，剝削压迫更合法，因此資本主义复辟合法。刘少奇狼子野心，何其毒也！

如此为个人利益、为剝削阶級利益奋斗的人，愿意“吃亏”嗎？看刘少奇眞实的自白吧：“一生富貴何所期，胡不及时以行乐。”他自己几十年来的肮脏生活更戳穿了他在那本欺人的“修养”中所設的圈套。

三、丑恶的灵魂，腐朽的生活

最高指示：……自私自利，消極怠工，貪污腐化，風头主义等等，是最可鄙的。

一九二七年，国民党叛变，大革命失敗，环境恶劣，人民痛苦，广大革命战士艰苦奋斗，而素有“修养”的刘少奇公然乘机发财，貪污明代古瓶四只，价四千余元。

一九三七年，日寇炮击芦沟桥，国难当头，全党同志奋勇領导全国人民抗战；同心协力，支援前綫，而素有“修养”的刘少奇，此时此刻竟把凝着多少共产党員鮮血的党費（打成金皮带扣和金鞋拔子）揣入腰包。

一九四一年，抗战最艰苦的时期，前綫后方，我官兵民众，吃糠嚥菜，同心抗日，而素有“修养”的刘少奇，少有而奇絕，大补大养，每天吃烤母鸡一只。付官每天要为母鸡四处奔波。

一九六二年，刘少奇、王光美出訪印尼的齷齪丑态，今已人所共知，实在是新中国外交史上的奇耻大辱。

一九六六年，刘少奇、王光美出訪巴基斯坦，仅在新疆休息的五天中，就揮霍人民血汗財产近五万元，专职服务人員达百人以上，还为他在宾舘专修直升飞机場一处，請看刘大老爷“修养”的派头！

素有“修养”的刘少奇先后婚娶六次，四十多岁的刘少奇为了同十六岁的王前結婚，凭着他“高尙的修养”，隐瞞年龄十多岁。后又发現了資产阶級臭小姐王光美，而一脚踢开了新婚三天的第五个妻子王健。物以类聚，人以群分，刘少奇直到勾上了王光美才算臭味相投。而王光美嫁給刘少奇，刘少奇把这个臭妖婆拉入党內，安子文，楊尙昆又如何从中忙碌殷勤，則又是一段令人掩鼻切齿的“刘宫秘史”。

同志們：对这个道貌岸然的刘少奇，我們要听其言，观其行，追其根，溯其源，用毛泽东思想这个照妖鏡来照这个白毛老道，才能扒下他的画皮，认清他是哪路妖怪。鉄証如山，事实惊心、刘少奇是鉆入党中央，潜伏在毛主席身边的定时炸弹，是披着共产党領导人外衣的剝削阶級代表人物，他放的是毒气，想的是变天，干的是复辟，耍了几十年的阴謀，干了几十年的坏事，都是有根有源，毫不奇怪的。这正是毛主席告訴我們的：“他們对于亡国、共产是不甘心的”呀！

第二部分　刘少奇是赫魯曉夫式的野心家和陰謀家

最高指示：要特別警惕象赫魯曉夫那样的个人野心家和陰謀家，防止这样的坏人簒夺党和国家的各級領导。

一、疯狂反对毛主席，反对毛澤东思想

《解放軍报》社論指出：“对毛泽东思想采取什么态度，是承认还是抵制，是拥护还是反对，是热爱还是仇视，这是眞革命和假革命，革命和反革命，馬克思列宁主义和修正主义的分水岭和試金石。要革命，就要拥护毛泽东思想，按毛泽东思想办事。是反革命，就必然要貶低、歪曲、抵制、攻击、反对毛泽东思想。”

誰也不会忘記，赫魯晓夫在斯大林面前，如何称斯大林为“人类最伟大的天才、导师和領袖”、“自己的生身父亲”……。而在他簒夺領导权的时候又如何咬牙切齿地咒罵斯大林是“白痴”、“混蛋”！

誰也不能不看到，刘少奇在某些場合表示如何忠于毛主席，忠于毛泽东思想，而在另一些場合又如何极尽最恶毒的用心，攻击毛主席，詆毁伟大的毛泽东思想。他有时明目张胆，赤膊上陣，有时含沙射影，旁敲側击，几十年来，猖狂不已。

1935年，遵义会議上，全党确立了伟大的領袖毛主席的領导，使中国革命有了取得胜利的根本保証。

而1937年，刘少奇跳出来揚言“中国現在沒有一个斯大林”，“中国革命要靠我們来領导”。

1941年，又説“全党領袖沒有实际形成”……。“中国为什么不能出个刘克思？”

到了1945年，刘少奇又在七大上裝着可憎的笑脸，口蜜腹剑地説毛主席是“天才的、創造的馬克思主义者”。

而1947年，还是这个刘少奇，又在平山土地工作会議上撕下假面具，狂妄叫嚷“毛主席也可以反”！“中央过去換过多少負責人……以后更可以換”，“只要換得对，我贊成”！

1949年，全国即将解放，刘少奇对天津工人說：“我現在在中国不数一就数二”。又說“如果不是眞理，即使是共产党、毛泽东說的也是錯的。”

1956年，刘少奇索性把“毛泽东思想是全党的指导思想”从党章中删去了。

1959年，他揚言“过去搞毛主席的个人崇拜，現在不搞了，搞邓小平的个人崇拜。”

1962年，刘少奇为右傾机会主义分子吶喊助陣：“反对毛主席只是反对个人”。

直到1966年，无产阶級文化大革命中，刘少奇还公然在万人大会上，为声称“拥护党中央，反对毛主席”的現行反革命分子辯解，要求加以“保护”。……。

刘少奇更加仇視和惧怕毛泽东思想掌握群众，他拼命反对群众学习毛主席著作。

1955年，他指使把苏修理論“权威”給反革命修正主义分子楊献珍的信登在《人民日报》和党內刊物上，一馬当先地揮舞起“簡单化”，“庸俗化”，“貼标签”三根大棒，恶毒攻击学习毛主席著作的群众运动。

1960年，中央批轉軍委决議，号召全国人民掀起大学毛主席著作的高潮。

1962年，刘少奇迫不及待地拿出他的积年臭貨“論修养”精心修补，使之更为恶毒，然后开动26个出版社，以十二种文字印行近20,000,000册，向全国和世界泛濫。与学毛著运动唱对台戏。他利用旧中宣部千方百計限制印刷毛选，解放后十七年，毛选仅仅印行10,000,000套。

1964年，刘少奇給江苏省委写信，污蔑学毛主席著作是“向职位高的人学习”，提出要“向一切有眞理的人学习”，以对抗林彪同志“讀毛主席的书，听毛主席的話，照毛主席的指示办事”的号召。

刘少奇这个野心家为了向毛泽东思想組織进攻，力图把中央高級党校变成反毛泽东思想的基地。1959年，継刘少奇之后担任院长的反革命修正主义分子楊献珍被揪出后，刘少奇又急忙将他另几个得力干将王从吾、林枫等人先后派往党校接班，继續控制党校，执行原来的修正主义教学方針，針插不入，水泼不进，高級党校成了刘氏王国，成了反毛泽东思想的頑固堡垒。刘少奇还力图控制全国的各級党校，以推行更大規模的反毛泽东思想的罪恶計划。

同志們，难道竟有这样猖狂反对我們的伟大領袖毛主席、猖狂反对伟大的毛泽东思想的“老革命”嗎？

二、招降納叛，結党营私，野心勃勃，蓄謀变天

毛主席說：許多人認眞一查，查出了他們是一个不大不小的集团。过去說是“小集团”，不对了，他們的人很不少，……他們的基本队伍，或是帝国主义国民党的特务，或是托洛茨基分子，或是反动軍官，或是共产党的叛徒，由这些人做骨干組成了一个暗藏在革命陣营的反革命派別，一个地下的独立王国。

大野心家和阴謀家刘少奇深知要篡夺领导是必須一批大小干将、党羽嘍罗的。因此，他几十年来一直致力于为反革命复辟作干部准备和組織准备，培植和搜罗一批牛头馬面，結成刘氏死党。

早在1936年刘少奇担任北方局书記时，他就勾結反党分子张聞天，命令被国民党反动派逮捕入獄的共产党員叛变自首出獄。一大批政治投机分子和不坚定分子奉刘少奇黑指示，紛紛屈膝变节，发表“反共启事”，宣誓“坚决反共”。出獄后，他們就被刘少奇派遣各地，委以重任，結成庞大的叛徒网。这些叛徒中大多数成了刘氏死党的骨干，諸如彭眞，薄一波，安子文，徐冰，楊献珍，刘瀾涛，匡亚明之流，多达数百人。刘少奇一手泡制了这一大叛党案，封鎖中央，欺騙毛主席。他們长期以来互相庇护，互相串通，秘密聚会，猖獗活动，謀算复辟。这是刘少奇为反革命复辟作准备的严重步驟。

此外，解放后先后被揪出的高（崗）饒（漱石）反党集团，彭（德怀）、黄（克誠）、张（聞天）、周（小舟）反党集团，以及彭、陆、罗、楊反党集团，甚至天津万张反党集团，无一不和刘少奇有着密切的联系。

三、不擇手段排斥異己，打击革命左派

《人民日报》社論指出：“反党反社会主义的資产阶級代表人物，他們盜窃党的名义，把自己所控制的許多部門，当作进行反党活动的陣地。他們利用一整套专政的工具，来对付革命的群众和无产阶級左派。”

刘少奇这个赫魯晓夫式的野心家和阴謀家，为了給反革命复辟扫清道路，以极其毒辣的手段打击高举毛泽东思想伟大紅旗的革命左派。上至中央，下至地方，他或者亲自出馬，或者指揮党羽，在一切他力所能及的部門和地方实行資产阶級专政。

刘少奇一伙明目张胆地打击毛主席的亲密战友、我們的付統帅林彪同志和优秀的无产阶級革命家陈伯达、康生、江青等同志。各部門和各地方的革命派遭到他們打击迫害的更是多不胜数。我們在展覽中将着重介紹刘格平和陈里宁同志一心跟毛主席干革命、堅决同刘少奇一伙做斗爭並遭受他們残酷打击迫害的事实。

刘少奇这个赫魯晓夫式的野心家和阴謀家，有計划、有步驟、日謀夜算要顚覆我們无产阶級专政的国家，篡夺領导权，一心使“馬列主义的党变成修正主义的党，变成法西斯党”。眞是“蚂蚁緣槐夸大国，蚍蜉撼树談何易”！历史已經无情地嘲弄了这头白毛蠢驴。

第三部分　反革命修正主义总头目

最高指示：修正主义者抹杀无产阶級專政和資产阶級專政的区别。他們所主張的，在实际上並不是社会主义路綫，而是資本主义路綫。

一、　三、四十年代的阶級投降主义

1．鎮压群众革命运动的劊子手

1935年，正当全国人民响应中国共产党的号召，掀起轰轰烈烈的群众救亡运动，抗击日寇侵略、反对蔣介石投降反共政策的时候，刘少奇配合日蔣，疯狂鎮压革命的群众运动。他极力把工人罢工斗爭納入經济主义軌道；他解除群众武装，残酷地假敌伪之手鎮压了“冀南农民抗日反蔣第一师”；他伙同彭眞无耻地出卖了震动全国的一二·九学生运动。

2．蔣介石的叭儿狗。

刘少奇不顾毛主席的尖銳批判，坚持“一切經过統一战綫”的投降亲蔣口号；他发出一系列黑指示压制群众除奸运动，保护汉奸叛徒和日蔣特务；他无耻透頂地吹捧人民公敌蔣該死是什么“领袖”和“旗帜”。林彪同志曾憤慨地指出，这“比王明路綫还王明路綫”，是彻底的投降主义。

3．刘少奇对抗“农村包围城市”这一伟大战略思想；反对“放手发动群众，壮大人民力量，打敗日本侵略者”这条革命路綫；在东北战場拒不执行毛主席英明的战略战术，派他的大爪牙彭眞同林彪同志对抗。

4．破坏老区土改

土改要从根本上革地主阶級的命，刘少奇痛如剜心，急忙抛出一条形“左”实右的土改路綫，大派工作組，鎮压群众，“搬石头”，“一脚踢开旧干部”，侵犯中农利益，随意杀人，保护恶霸、地主、富农，这与他在四清和文化大革命中的反动路綫何其相似乃尔。

5．妄想阻拦解放全中国

抗战胜利后，蒋介石爬出峨嵋山，对中国人民浴血奋战的果实虎視耽耽。毛主席告誡全国人民“現在蒋介石已經磨刀了，因此我們也要磨刀。”而刘少奇却大肆散布和平幻想，提出要实行“裁軍”“复員”，“插花編制”（即国共軍队合編）“党的全部工作要实行轉变”，“走上和平民主新阶段”。1949年初，我百万雄师直逼南京，毛主席发出伟大号召：“将革命进行到底”！蒋家王朝即将复灭，而刘少奇竟忍不住大声哀号：“太快了……不如慢一点”。

同志們，难道竟有人民公敌蒋介石的鉄杆保皇派刘少奇这样的“老革命”嗎？

二、鼓吹反革命修正主义建国綱領

虎踞龙盘今胜昔，天翻地复慨而慷。伟大的民主革命胜利了。在我們伟大領袖毛主席的英明領导下，全国人民迈开大步向社会主义进发。但是刘少奇却拚命要把中国引向資本主义。他极力宣揚“新民主主义万岁”，为中国发展資本主义奔走呼号。他大做黑报告，滥发黑指示，抛出了臭名昭著的“天津讲話”，极力頌揚資本主义制度的所謂“进步和光荣”，荒謬絕伦地鼓吹“剝削有功”、“造反无理”。充分暴露了他剝削阶級代表人物的本质。

与此同时，他还鼓吹发展农村的資本主义經济，大肆叫嚷：“长期保护富农經济”提倡“四大自由”（即放高利貸自由，雇工自由，土地买卖自由，經营自由）。主张大力发展“三馬一犂一車式的农民”。胡說什么“現在剝削是救人，不准剝削是教条主义，現在必須剝削，要欢迎剝削。关內难民到东北去，东北的富农剝削他，他就謝天謝地。”眞他媽的混蛋透頂！

三、抵制社会主义三大改造

最高指示：“社会主义制度終究要代替資本主义制度，这是一个不以人們自己的意志为轉移的客观規律。不管反动派怎样企圖阻止历史車輪的前进，革命或迟或早总会發生，並且將必然取得胜利”。

历史是不以刘少奇这个小丑的意志为轉移的，伟大的中国人民在伟大的領袖毛主席領导下，經过三年恢复，掀起了社会主义革命高潮，农业合作化气势磅礴、不可阻挡。

刘少奇在这新的历史阶段，更加掩盖不住走資本主义道路的梦想，急不可耐地跳出来，拚命破坏社会主义三大改造运动。

51年他就声称：“几个低級社不能算社会主义的萌芽”等等。一手扼杀了山西老区的合作化运动。

到了五五年合作化高潮到来之际，他便凶相毕露、赤膊上陣，伙同邓子恢一刀砍掉合作社二十万个。

在資本主义工商业的社会主义改造高潮中，他大肆放毒，胡說：“国家依法律保护資本家的生产資料所有权和其他資本所有权。”企图以改良主义代替社会主义改造。但是刘少奇的螳臂，挡不住三大改造的伟大潮流，社会主义三大改造在我們伟大領袖毛主席領导下取得了光輝的胜利。刘少奇这个跳樑小丑又一次可耻地失败了。但他絕不死心，絕不停止疯狂地反扑。他顽固地提出要在我国实行所謂“社会主义灵活性”“我們要允許有一部分資本主义經营商业、工业、地下工厂，让他們鉆空子。”刘少奇以守为攻，为在中国保存資本主义挖空心机。

四、鼓吹阶級斗爭熄灭論

1956年在匈牙利发生了反革命暴乱，在苏联赫鲁晓夫开始公开全盘否定斯大林，提出了修正主义綱领，把苏联引向資本主义，世界上帝、修、反的反华反共大合唱嚣张一时。

反革命修正主义头子刘少奇，見时机已到，摩拳擦掌，破門而出，配合帝、修、反，把矛头指向以毛主席为代表的馬列主义路綫，首先同毛主席的阶級斗爭学說公开对抗。

在我国，虽然社会主义三大改造基本完成，但国內阶級斗爭仍然尖銳地存在着。各种反动势力在新的国际气候下蠢蠢欲动。1957年2月27日我們伟大的領袖毛主席发表了《关于正确处理人民內部矛盾的問題》的讲話，明确地指出："在我国，虽然社会主义改造，在所有制方面說来，已經基本完成……，但是，被推翻的地主买办阶級的残余还是存在，資产阶級还是存在，小資产阶級刚刚在改造。阶級斗爭並沒有結束。"毛主席的这篇光輝著作是指导我国社会主义革命和社会主义建設的綱領性文件。

刘少奇对这一光輝著作发动了猖狂进攻，並系統地抛出一套从赫鲁晓夫那里批发来的阶級斗爭熄灭論。例如，恰在毛主席"关于正确处理人民內部矛盾的問題"发表两周月时，刘少奇就在上海与主席大唱对台戏，疯狂叫嚷："现在国內敌人已經基本消灭，地主阶級早已消灭了，資产阶級也基本上結束了，反革命也基本被消灭了。我們說国內的主要阶級斗爭已經基本結束。"他接着阴险地提出，"敌我矛盾基本解决了，現在应是讲人民內部矛盾应該成为主要矛盾。"

又如，刘少奇极端放肆地对外宾鼓吹：資本家、地主、富农，将"和平地"，"眉开眼笑"地进入社会主义。同志們：刘少奇疯狂鼓吹阶級斗爭熄灭論，不外是为反革命复辟遮上和平帷幕。同志們可以想見，地主，富农，資本家为之'眉开眼笑'的难道会是眞的社会主义，而不是資本主义嗎？

五、刘少奇是漏网大右派

刘少奇极端愚蠢地受到匈牙利反革命事件的鼓午，企图在中国制造匈牙利事件。五七年上半年，他不辞"辛苦"地跑遍了河南、河北、湖南、湖北、广东、上海，一面鼓吹阶級斗爭熄灭論麻痹人民，一面疯狂地煽风点火。他說什么："农民生活苦"，"工人，农民分配不当"，"官僚主义很严重"。甚至干脆給右派下动員令："鬧就鬧"，"一准鬧，二鬧够"！甚至命令党員也必須参加向党进攻。事实无可辯駁，刘少奇本人就是一个首先跳出来的大右派。

在我們伟大領袖毛主席的英明領导下，全国人民怀着滿腔的阶級仇恨，迎头痛击右派的猖狂进攻。刘少奇这个大滑头溜得快，舍車馬，保将帅，又一次漏网。但刘少奇怎能甘心？惊魂稍定，他就又跳出来为右派分子鳴寃叫屈，大讲妥协仁慈，他甚至发动反扑，要"批判"我們党的反右斗爭，叫嚷："我們反右失敗了"。同志們，这个刘少奇难道不是一个不折不扣的鉄杆右派头子嗎？

六、恶毒攻击三面紅旗

經过伟大的反右斗爭，把我国社会主义革命大大推进了一步。我們伟大領袖毛主席領导制定了建設社会主义的总路綫。在党中央和毛主席領导下，在总路綫光輝照耀下，亿万人民意气风发，斗志昂揚，掀起了史无前例的大跃进的高潮。毛主席又及时发現了人民公社这一具有无限生命力的新生事物。三面紅旗照耀全国，为把我国早日建成共产主义起了决定作用，为国际共产主义运动作出了巨大貢献。

中国人民的光輝成就，使刘少奇怕得要死，恨得要命。从大跃进，人民公社化一开始，他就埋釘子，設埋伏，破坏大跃进。刘少奇就是当时大刮五风的罪魁祸首，他严重地破坏了国民經济，打击了广大群众的革命热情。

他在天津勾結万张反党集团搞“刘式公社”黑試点，大肆罗网社会渣滓，大搞“政社合一”，物质刺激，破坏人民公社化运动。刘少奇又說什么“人民公社办早了”“一大二公要不要，現在还沒看清楚”。他还同右傾机会主义者一唱一和，攻击大跃进“浪費了劳力”“不节省群众的干劲”“是一个很大錯誤”。与反党急先鋒邓拓对我們党的咒駡同出一轍。

刘少奇的张牙舞爪只不过是小丑跳梁而已，伟大的三面紅旗却以它的輝煌光焰照耀于全世界。

七　乘国民經济暂时困难时期，大搞資本主义复辟

八届十中全会指出：“被推翻的反动阶級不甘心于灭亡，他們总是企图复辟……一有机会，就企图离开社会主义道路，走資本主义道路。”

1. 一九五九年到一九六二年，由于連續三年的严重自然灾害和苏修的背信弃义，給我国国民經济建設造成一些暂时的困难。

中国人民在毛主席英明領导下，高举三面紅旗，粉碎了右傾机会主义。自力更生，奋发图强，战胜了自然灾害和国內外一切阶級敌人的进攻。大大推进了我国社会主义革命和社会主义建設。但是在这个时期，刘少奇一伙反革命修正主义分子又愚蠢地錯誤地估計了形势。把我們暂时的困难当作他們复辟資本主义的可乘之机，率領牛鬼蛇神，紛紛破門而出，兴风作浪，向党向社会主义发动了新的猖狂攻势。刘少奇御用的三家村反党黑帮集团，充当了为反革命复辟作輿論准备的急先鋒。他們咬牙切齿要用“一根特制的棍棒”把我們党打得“休克”然后由他們来收拾“残局”。一場以刘少奇为首的反动势力挑起的两个阶級、两条道路之間新的大搏斗开始了。

2. 继三家村黑帮为右傾机会主义分子喊冤叫屈的开場鑼鼓敲响之后，紧接着黑帮主帅，反革命修正主义总头子刘少奇亲自出場了。他抛出“两自”“三不”的黑决議，呼喚牛鬼蛇神出籠。在中央工作会議上，刘少奇以“总結工作”为名，进一步攻击三面紅旗。把三面紅旗当作历史教訓来“总結”。他首先跳出来把斗爭矛头指向毛主席；他詛咒党內对机会主义路綫的斗爭是“残酷斗爭，无情打击”，最后他終于打出所謂“甄别”“平反”这张底牌，明目张胆地为右傾机会主义分子翻案。甚至露骨地指明“和彭德怀有相同观点的，只要不里通外国就可以翻案。”“只要本人提出申訴，領导和其他同志认为有必要就可以翻案。”

对刘少奇为右傾机会主义分子翻案的黑指示，地、富、反　坏、右无不喜出望外，喝采叫好。随之掀起一股大范围的翻案风，反革命分子邓拓禁不住喊道“大地快要解冻了！”刘少奇一伙反革命修正主义分子好象梦見赫魯晓夫式的反革命复辟就要实現了。

3. 作了輿論准备和組織准备之后，刘少奇就率領他的嘍罗向社会主义經济基础进攻，他虛造情报，夸大困难，制造混乱，大刮单干风。

他鼓吹开放自由市場，贊揚地下工厂，提倡物质刺激，（金錢挂帅，号召各行各业必須“賺錢”）实行三定一奖，他主张包产到戶，纵容多分自留地，后来他干脆放声疾呼实行“单

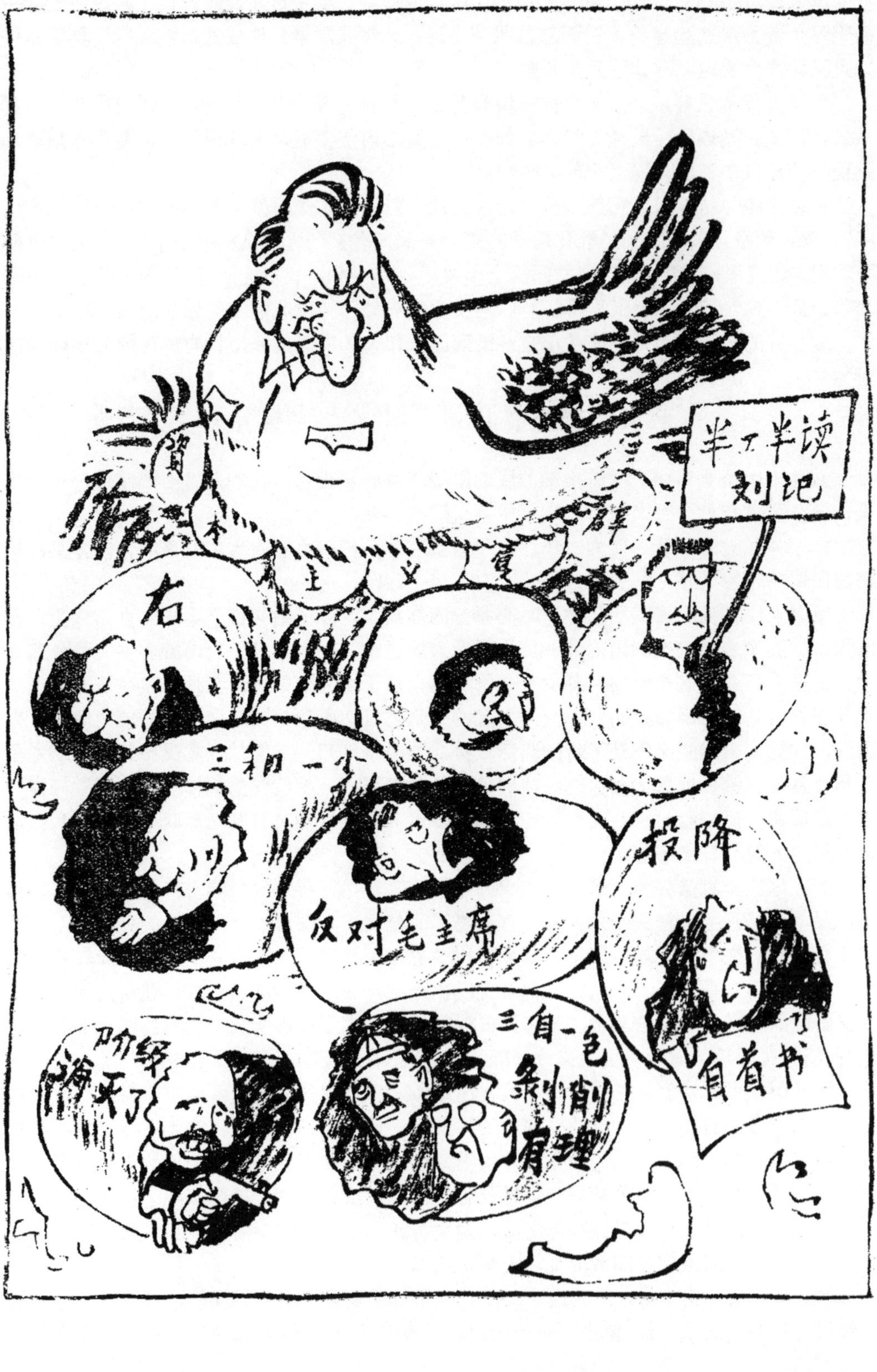
資
本
主
义
辟
半工半读
刘记
右
三和一少
投降
反对毛主席
自首书
阶级
熄灭了
三自一包
剥削有理

干"和工业资本主义垄断，敲响资本主义复辟的紧鑼密鼓。

4． 在政治上，刘少奇一伙向共产党的領导、向无产阶級专政发动了更为猖狂的进攻。刘少奇提出由共产党包生活，資本家包思想的分工論。鼓吹資产阶級知識分子只要"刻苦钻研"都可以成为馬克思主义者。更进一步要求党員向資本家学习。胡說："資产阶級，这些人积极得很……你們要向他們学习。""資本家有几百年的經驗"……。刘少奇必欲把共产党变成国民党、变成修正主义党而后快。

5． 推行修正主义建党路綫

我們的党，是毛主席亲手締造和培育的党，是按照毛主席的建党思想和革命风格建立起来的党，是伟大的，光荣的，正确的党。

我們党四十五年来所取得的伟大胜利是毛主席思想的伟大胜利。

刘少奇旣然要使我們党变成修正主义党，必然竭尽全力对抗指导我們思想的理論基础——毛泽东思想。

一九六二年，在现代修正主义大肆泛滥的时候，在刘少奇一伙掀起的資本主义复辟的逆流中，刘少奇抛出了他的再版《論修养》輔以他其余的文章和讲話大量印行，系統地販卖了一套修正主义的建党路綫，恶毒攻击和贬低毛泽东思想。攻击和否定毛主席关于党內斗爭的学說。歪曲党的民主集中制，提倡奴隶主义。鼓吹修正主义"全民党"。刘少奇对抗毛主席建党路綫，妄图以这一整套修正主义黑貨侵蝕我們党，束縛我們党，改造我們党，篡夺我們党。

6． 推行修正主义教育路綫，反对毛主席的教育方針

"毛泽东同志提出，为了保証我們的党和国家不改变顏色，我們不仅需要正确的路綫和政策，而且需要培养和造就千百万无产阶級革命事业的接班人。" （摘自"九評"）

刘少奇在各个战綫推行修正主义路綫的同时，疯狂地展开了同无产阶級爭夺接班人的斗爭。同在各个战綫推行修正主义路綫一样，在教育战綫上，刘少奇首先把攻击的矛头指向毛主席提出的教育方針，而且做得更为露骨。

他公然篡改毛主席提出的教育方針，在主席的話中加上自己的黑話。他疯狂地反对教育为无产阶級政治服务，而重才輕德，突出业务；疯狂反对理論和实践相結合。

他公然組織和以毛主席为首的无产阶級司令部相对垒的資产阶級司令部，要建立什么第二教育部、第二教育厅、第二教育局和教育办公室。

他貪天之功据为己有，把毛主席提倡的半工半讀算在自己賬上；他一貫打着半工半讀的幌子，对抗毛主席領导的教育革命，妄图永久保留資本主义教育制度，打着半工半讀的幌子推行西方資本主义国家的黑貨。

为了貫徹自己的黑主张，刘少奇"不辞劳苦"，在64年一年中发表讲話近20次，跑遍十几个省市做报告，在天津成立了第二教育局做为"試点"，推行他的修正主义教育"方針"，揚言五年試驗，十年推广。眞是痴人說梦，异想开天。

7． 国际阶級斗爭中的修正主义路綫

毛主席早就英明地指出，国际形势的根本特点是："东风压倒西风。""全世界人民团結起来，打敗美国侵略者及其一切走狗！全世界人民要有勇气，敢于战斗，不怕困难，前赴后继，那么，全世界就一定是人民的。一切魔鬼通通都会被消灭。"刘少奇这个反革命修正主义头子，本性所定，他在国内依附資产阶級，对外必然投靠帝国主义、修正主义、反动派。多年来他与帝、修、反一唱一和，59年以后，更加紧討好帝修，与之狼狽为奸，叛卖革命。

①刘少奇伙同赫魯晓夫替帝国主义涂脂抹粉，大肆散布和平幻想，鼓吹和平共处，和平过渡，和平竞賽，宣揚无武器、无軍队、无战爭的三无世界。刘少奇从苏修販来这些黑貨，又卖力地在外交中散布，討好帝修反，打击各国人民的革命斗爭。

②掩盖中苏分歧的阶級实质，献媚苏修。众所周知，我們同苏修的分歧，是无产阶級同資产阶級两个阶級，社会主义与资本主义两条道路，馬克思主义同修正主义两条路綫的分歧。六二年底，我党同苏修的矛盾已經明朗，苏修的反动面目已經充分暴露，但刘少奇仍对外宾无耻地吹捧苏修，声称中苏分歧是“目标一致，方法不同”。六五年在朝鮮人面前称呼苏修为“同志”，刘少奇处处为苏修拍馬溜須。他反对說苏修背信弃义与造成我国經济困难有关。怕触怒苏修老爷，一貫强調同苏修“团結”，“和苏联专家的关系要搞好，搞不好，有理无理三扁担。这是政治問題。”並号召“全体党員干部，都应該认眞地学习苏联和其他兄弟国家社会主义建設的經驗。”刘少奇还把我国留学生的党团組織关系出卖給苏修掌握，为了攀結苏修，刘少奇犯下了一系列丧权辱国的大罪，是可忍，孰不可忍。

③极力否认美苏勾結，否认帝修合流。麻痹世界人民，美化苏修，为苏美合作主宰世界的阴謀效劳。出卖被压迫民族和被压迫人民的解放斗爭。

例如，六六年初，刘少奇伙同邓小平通过日修代表宮本显志，企图与苏修勾結出卖越南人民，幸被毛主席及时发現，及时粉碎了这一罪恶阴謀。刘少奇不仅是中国人民的公敌，也是世界人民的公敌。

短短几年中，以刘少奇为首的走資本主义道路当权派，配合地、富、反、坏、右、牛鬼蛇神，在党政、工业、农业、财貿、文教、外交各条战綫上如此疯狂地推行反革命修正主义路綫。这就說明：“树欲靜而风不止”，阶級敌人在利用一切机会表現他們自己。但是无产阶級岂能容忍資产阶級兴风作浪？資本主义复辟逆流必須打退！走資本主义道路当权派必須揪出、打倒！！

第四部分　資產階級反动路綫的罪魁禍首

最高指示：不是东風压倒西風，就是西風压倒东風，在路綫問題上沒有調和的余地。

一九六三年我們伟大領袖毛主席发动和领导了伟大的城乡社会主义教育运动，六六年更发展为震撼世界的无产阶級文化大革命，无产阶級向資产阶級，社会主义道路向資本主义道路，毛泽东思想向反革命修正主义的大反击开始了。而刘少奇及其一伙的拼死頑抗和破坏也同时开始了。

一、疯狂破坏四清运动

1．刘記桃园“經驗”

看到四清运动在毛主席領导制定的“前十条”指导下，順利健康地发展，刘少奇心如湯煮，跳出来恶毒誣蔑，然后派出“皇后亲征”，臭名远揚的資产阶級分子王光美奉命“不带任何框框”（指毛主席領导指定的“前十条”）駕到桃园，“摸索經驗”，开始了破坏“四清”的第一步。

王光美在桃园，在刘少奇电話指揮下，疯狂反对群众学习毛主席著作，充当群众的“太上皇”。她罵工作队的同志是“小商販”，罵貧下中农“敌我不分”、“沒有革命要求”，誣蔑群众落后愚蠢，打击一切干部，保护和扶植牛鬼蛇神。刘少奇将这一切总結成赫赫有名的“桃园經驗”，发放全国效仿，还在天津市让王光美专题讲演，一时成了四清“綱領”。刘少奇凭这个“夫人經驗”，和他的黑帮干将彭眞密謀一番，背着毛主席，自称党中央，抛出了刘記“后十条”，与“前十条”抗衡。从此一度把四清运动納入刘少奇形“左”实右的机会主义路綫。

刘少奇把形势說成一团漆黑，与毛主席的分析唱反調，把农村基层党組織說成几乎都烂掉了，把农村写得象白区一样。刘少奇还說什么“我們和坏干部斗爭时，我們就受騙、斗不贏”，等等，散布恐怖情緒，长敌人志气，灭无产阶級威风。

刘少奇背离毛主席关于阶級、阶級斗爭、两条道路斗爭的指示，把現实阶級斗爭說成什么“四清四不清的矛盾和党內外矛盾的交叉”，玄而又玄，以掩盖实质。

刘少奇阴险地扩大打击面，干部一律上楼，人人过关，打击一大片，保护一小撮，眞正走資本主义道路的当权派逍遙法外。“后十条”强調“团結95%以上的群众，是团結95%以上干部的基础”，制造干群对立。

刘少奇强調“退賠彻底”，“一絲不苟”，“不能让犯了錯誤的人占了便宜”，重經济，輕政治，推行反革命經济主义，使清政治走过場。轉移斗爭大方向，把严肃的政治斗爭变为經济斗爭，既沒有大破剝削阶級思想，更沒有大立毛泽东思想。

刘少奇强調“派强工作队”，鼓吹“扎根串联”，提倡神秘化，大搞“人海战术”，包办代替，运动群众。

总之，刘少奇的政策，不是共产党的政策，而是国民党的政策，不是毛主席的革命路綫，而是資产阶級反动路綫。他竭尽全力，破坏四清，保护自己，保护資本主义势力。

我們伟大的領袖毛主席亲自主持制定的“二十三条”，彻底批判了刘少奇的“后十条”的反动性，拨正了四清运动的船头，使城乡社会主义教育运动蓬勃健康地开展起来。1965年底，毛主席亲自发动和領导的无产阶級文化大革命是社会主义革命的新阶段，革命气势一浪更比一浪高，彻底埋葬以刘少奇为首的一小撮走資本主义道路当权派的战鼓敲响了。

二、鎮压文化大革命的劊子手

1．阻撓文化大革命的發动

早在江青同志亲自抓戏剧改革工作时，刘少奇就赤膊上陣和毛主席唱对台戏，公然叫嚷：“封建的东西有比較高的水平。”指使手下嘍罗放出一系列毒草、毒箭，猖狂反扑。

1965年9月，毛主席指示北京市委对《海瑞罢官》展开批判，但是刘少奇、彭眞勾結起来，装聋作哑，按兵不动，于是毛主席組織上海革命派举起文化大革命的火把。十一月，《文汇报》发表了姚文元同志的“評新編历史剧《海瑞罢官》”，吹响了无产阶級文化大革命的号角。广大革命群众，聞风而动，一把揪住了“三家村”反革命黑店，革命的烈火，烧向前北京市委这个資产阶級黑司令部。刘少奇如火烧眉睫，立即指示彭眞等黑帮干将泡制了一个“二月提綱”，背着毛主席，以中央的名义，下达全国各級党委，力图将这場严肃的阶級斗爭引上“純学术批判”的邪路。但是以毛泽东思想武装起来的革命群众不可欺，革命洪流不可拦，彭眞黑帮被揪出来了，刘少奇的尾巴也已經露出，他狗急跳墻，急忙抛出了一連串的黑指示。刘的爪牙們更将其归結为四根大棒：一、不准貼大字报；二、不准开声討会；三、不准用文艺形式声討黑帮；四、不准随便点名。刘少奇一再强調：“写文章要愼重，……这是打笔墨官司，不要辱罵”，給革命群众套上层层枷鎖，企图扼杀刚刚发动起来的无产阶級文化大革命。

2．扼杀全国第一張馬列主义的大字报

五月二十五日，北京大学聶元梓等七同志，貼出炮打陆平黑帮的革命大字报。毛主席对这张大字报，給予极高的評价，称之为“二十世紀六十年代北京公社宣言。”这张大字报打中了陆平、宋碩，却正是揪住了刘少奇的尾巴，刘少奇急忙一面派李雪峰奔往北大，大叫“党有党紀，国有国法。”一面向支持聶元梓大字报的康生、江青等同志施加压力，威胁革命派，保护陆平黑帮，还要人把这张大字报蓋上，扼杀全国第一张馬列主义的大字报，以鎮压更大規模的革命运动。

但是，烏云挡不住毛泽东思想的阳光，毛主席发現这张大字报后，立即打电話給康生同志，指示公布这张大字报。这一声炮响，給反革命修正主义头子刘少奇当头一棒。頓时举国上下，激昂鼓舞，无产阶級文化大革命进入了嶄新的阶段。亿万革命群众，以毛泽东思想为武器，向以刘少奇为首的資产阶級代表人物和一切牛鬼蛇神展开了全綫出击，並且矛头直搗反革命修正主义头子刘少奇。刘少奇这条瘋狗到了这种关头，抛出了最后一道护身符，这就是罪恶滔天的資产阶級反动路綫。靠这条恶毒的反动路綫，他穷凶极恶地搞了五十天法西斯統治。

3． 白色恐怖50天

6月3日刘少奇召开黑会，背着毛主席抛出所謂“中央八条”，如“內外有别”、“不准上街”等，企图釘住革命群众的手脚，然后伙同邓小平不顾毛主席的指示，不顾陈伯达同志的坚决反对，向各校派出大批工作組。

刘記工作組秉承刘、邓的旨意，站在資产阶級反动立場上，打击群众，包庇走資本主义道路的当权派。刘少奇将許多黑帮窩藏于北京飯店，让他們养尊处优，逃避斗爭。对广大的革命群众，尤其是那些对毛主席无限崇拜，无限热爱的革命闖将，他們却使出法西斯手段横加鎮压。

革命的威震世界的紅卫兵組織被他們打成“是秘密組織，是非法的。”革命师生的串联被刘、邓一伙打成是“地下反党活动”。

刘少奇下令恢复党团組織，利用他的資产阶級的黑組織黑紀律黑修养控制党团員作为推行他資产阶級反动路綫的御用工具。他利用特务手段对革命学生跟踪、盯哨、拍黑照片、写黑名单、整黑材料、甚至捏造罪名，陷害革命同志。手段毒辣，无所不用其极。

伟大的毛泽东思想給了我們无穷的力量。革命的闖将們不屈不挠地組織起来，冲破工作組的压迫，自己闹革命，斗爭黑帮，大长无产阶級志气，大灭資产阶級威风。这更触怒了刘少奇，他硬把革命群众的革命行动打成是“反革命鬧事”，“六·一八”、“六·二〇”、“六·二四”，北大、清华、师大、……无不如此。刘少奇把那些敢于革命的闖将打成“右派”、“小牛鬼蛇神”、“游魚”，帽子滿天飞，把反抗錯誤路綫的运动誣蔑为“右派学生的反党大联合，”于是在六月中旬，开始了“反干扰运动”，“反右斗爭。”就在刘少奇一手制造的这个残酷的所謂“反击”中，有多少无限热爱党和毛主席的革命青少年被打成了“反革命”，慘遭迫害。当时北京各校烏云滚滚，一片白色恐怖。千百个生在苦水中，长在紅旗下，对党无限忠誠、对毛主席无限热爱的小将就是因革命而“有罪”，因造反而“无理”，因勇敢捍卫毛泽东思想而被打成“反党”。他們被监視，被禁閉，被审訊，被斗爭，被毆打，被迫害……。

在刘邓路綫統治下的五十天，是白色恐怖的五十天！

刘邓路綫的魔爪通过万张反党集团也伸到了天津，因而有围剿十六中事件，有陈惠芳卧軌自杀事件，有“八·二六”事件，有……。

清华大学蒯大富同志，是文化革命中坚定的革命左派，他在这五十多天里，亲身受了刘少奇残酷的迫害，並作了坚决斗爭；全国聞名的郭嘉宏同志，是又一位深受刘邓迫害而作了頑强斗爭的英雄。他們的事迹本身，就是对刘少奇的控訴和打击。

4. 資产阶級反动路綫的丧钟敲响了

在那白色恐怖的日子里，我們日夜思念我們伟大的領袖毛主席。終于，金色的阳光又照亮了大地，在无产阶級文化大革命被刘少奇一伙引上岐途的关鍵时刻，毛主席回到了北京。八月五日，毛主席写出了第一张大字报，一針見血地点出了刘少奇这个黑司令的猙獰面目，对刘少奇的資产阶級反动路綫給以致命打击，道出了我們无产阶級革命派的心声，大长革命派的志气，大灭保皇派威风。毛主席亲自主持召开了八屆十一中全会，制定了指导无产阶級文化大革命的綱領“十六条”。

毛主席驅散了云雾，刹住了妖风，拨正了文化大革命的航船，敲响了刘邓路綫的丧钟。

八月十八日，毛主席接見了百万革命群众，紅卫兵运动席卷全国，举国上下，无产阶級革命派对刘邓路綫的全面反击开始了。

5. 垂死挣扎，疯狂反扑

毛主席教导我們說：“各种剝削阶級的代表人物，当着他們处在不利情况的时候，为了保护他們現在的生存，以利将来的发展，他們往往采取以攻为守的策略。”

刘少奇頻临灭亡，狗急跳墙，发动余党，利用反动路綫的阴魂，发动了一次又一次反扑。他們泡制官办文革，他們操纵群众組織，挑动群众斗群众，他們鼓吹“老子英雄儿好汉”，他們揚言“秋后算帐”，他們散布“怀疑一切”論，炮打无产阶級司令部，他們破坏生产，威胁革命，他們刮起反革命經济主义妖风……。

6·借問瘟君欲何往？

“搬起石头打自己的脚。……他們对于革命人民所作的种种迫害，归根結底，只能促使人民更广泛更剧烈的革命”。

具有光荣革命传統的上海工人阶級杀出来了。他們联合起全市革命造反派，对反革命經济主义发起猛攻。我們伟大的領袖毛主席指示发表了他們的全国第二张馬列主义的大字报，又高度評价了《文汇报》《解放日报》无产阶級革命派的夺权斗爭。

“千鈞霹靂开新宇、万里东风扫残云。”一月革命的风暴迅速席卷全中国，无产阶級文化大革命在毛主席領导下，进入了无产阶級革命派大联合，向党內走資本主义道路的当权派夺权的新阶段。最大的走資本主义道路的当权派刘少奇及其一伙的末日来到了。

“人民靠我們去組織。中国的反动分子靠我們組織起人民去把他打倒。凡是反动的东西，你不打，他就不倒。”

困兽犹斗。目前，刘少奇一伙还在继續負隅頑抗。他們用种种手段，发动新反扑，企图篡夺无产阶級文化大革命的成果。无产阶級革命派此时此刻切切不可糊涂起来，我們要特別牢記毛主席的教导：“宜将剩勇追穷寇，不可沽名学霸王。”擒賊先擒王，中国最大的走資本主义道路的当权派刘少奇，必須首先打倒！

革命造反派战友們，让我們携起手来，並肩战斗，口誅笔伐，把刘少奇彻底斗倒，斗夸，斗臭！让毛泽东思想伟大紅旗高高飄揚，永远飄揚！

天津大学“八·一三”紅衞兵展覽館

（天津大学第十教学楼　电話2.$\frac{3007}{0961}$轉424）

1967.4.9

打倒

刘少奇！

——关于刘少奇档案材料的处理

天津市中等学校红代会

天津市文体半 二輕半 毛泽东思想紅卫兵

一九六七年四月

最 高 指 示

人民靠我們去組織。中国的反动分子，靠我們組織起人民去把他打倒。凡是反动的东西，你不打，他就不倒。这也和扫地一样，扫帚不到，灰尘照例不会自己跑掉。

敌人是不会自行消灭的。无論是中国的反动派，或是美国帝国主义在中国的侵略势力，都不会自行退出历史舞台。

在拿枪的敌人被消灭以后，不拿枪的敌人依然存在，他們必然地要和我們作拚死的斗爭，我們决不可以輕視这些敌人。如果我們現在不是这样地提出問題和认識問題，我們就要犯极大的错誤。

宜将剩勇追穷寇，不可沽名学霸王，
天若有情天亦老，人間正道是滄桑。

——毛 泽 东——

1899年至1920年：

一八九九年，个人野心家，反革命修正主义分子刘少奇出身于湖南省宁乡县一个破落地主的家庭里，他的祖父是一个拥有一百二十亩地的地主，他的父亲生活水平至少在富农以上，母亲娘家也很富裕。

刘少奇排行最小，有二个姐姐三个哥哥。大哥当过北洋軍閥的营长（或連长）。

刘少奇到保定留法預备班（育德中学）上学的經費主要是由他那个旧軍人的大哥供給的，但是沒有毕业就停学了。

刘少奇在老家曾娶了一个妻子楊氏，但未正式拜堂。之后，刘外出将楊氏置于一边而不顾。楊氏将刘之长子刘允斌带到五岁，終因封建礼教的奴役，神經失常而憤憤死去。

1921年：

七月一日中国共产党成立。刘少奇投机革命，参加了社会主义青年团。同年又混入党。

入党不久，刘少奇就去苏联留学了八.九个月，路上走了三.四个月，历时一年多。

1920年——1925年6月

刘少奇在安源煤矿活动，先担任中国劳动組合书記部的工作，后任江西萍乡矿安源工会会长。当时与他一起工作的有李立三等人。

刘少奇后来有一次自我吹嘘在安源时，自己“作了一个服从組織的好榜样，給全体同志看，使他們知道一个党員如何服从組織”。而且将这件屁大的事与馬克思、列宁的事蹟相提并論。

另有一次，刘少奇对別人說：“領袖来自于群众，在安源时，抛头露面的是李立三，埋头苦斗的可就是我……”。把安源煤矿的大罢工，說成是自己的功劳。实际上，那时工人死亡很大，工人在当时起了重要作用。

1924年：

刘少奇扔下楊氏而不顾，在安源与賀宝珍（湖南人，苦人家出身）結婚。

1925年：

春、在广州筹备了一个第二次全国劳动大会，五月一日，在广州举行大会，会上决定組織中华全国总工会，刘少奇到广州后，就騙取群众信任，担任了总工会付会长的职务。同年賀宝珍生刘允斌。

1926年：

五月北閥，刘少奇看有机可趁，就随北閥軍到达武汉。在汉口任湖北总工会工作，与他一起工作的有李立三、林彪同志的哥哥林育南，（1927年被扑，后死于上海龙华）也在一起工作。

国民党中央、国民党政府自广州迁至武汉后，刘少奇被扑过一次，宪兵打了他一記耳光，汪精卫却放了他。以后刘曾說：“汪精卫还保了我条命”。

1927年：

汉口、九江的市民和工人夺了英租界，刘少奇貪天之功，盗名窃誉拥为已有。

八月一日，南昌起义后不久，賀宝珍在汉口生刘爱琴。但刘少奇为了逃命，把刘爱琴弃在汉口，一九三八年才找回。

1928年：

六月刘少奇第二次去苏联，参加当时在苏召开的中国共产党第六次代表大会。会上刘当选中央委員。在那次大会上，刘少奇开始了与张聞天（即洛甫）結成死党。

1929年至1930年：

刘少奇当时在东北担任省一級的干部。

一九二九年由苏回国。在上海賀宝珍生刘允諾（刘允諾后流落上海卖报学得油腔滑調，被总理一九四五年从上海找回重庆送延安）。

一九三〇年，刘少奇第一房妻子楊氏神經失常，憤憤而死。

1931年：

一月份，刘少奇在东北去职，由丘九接管。

中华苏維埃政府在江西瑞金成立的时候，刘少奇在上海（当时的“左”倾党中央所在地）活动。

1932年：

刘少奇离上海后，賀宝珍为叛徒所卖，被扑入獄。

秋，刘少奇由上海到江西，不久就当上了全国总工会、中央执行局的委員。当时在他下面的人有朱輝等人，与他一起工作的有楊玉成等人。

1933年：

賀宝珍被送往南京第一师范监獄(地点在南京老虎桥)。

1934年至1935年：

长征途中，刘少奇任供給部长，当时与野心家反党分子彭德怀在同一个軍里。

1935年：

一月份遵义会議上，刘少奇以投机手段保住了中央委員头銜。

在长途中，刘少奇与謝飞认識(此时賀宝珍在南京牺牲)年底在陕西瓦窰堡 与謝飞(广东人，貧苦人家出身)結婚，結婚时欺騙謝說：如果对她不忠心，可以用手枪打死他。

謝飞提出要刘少奇救济几个活着的姪子(烈属)刘大声叱責說：“那些人又不是你父母你还管他做什么？”

刘少奇 經常要謝飞打扮，涂脂 抹粉、穿紅衣服、穿高跟鞋，甚至夏天还让 謝飞戴手套(因为謝小时割稻，小手指上有伤痕，刘嫌不好看)。

1936年：

春刘少奇北方局书記，中央派他到北平、天津一带搞地下工作，这时 正是一二.九运动时。四月份到达天津。

刘少奇由延安到白区时，公家給他一斤多金子作費用，为了携带方便，打成一对金鐲子一个金項圈一个皮带圈。到白区后一齐存放在白区銀行中。后来回延安时，刘少奇竟把皮带圈和另外一件由白区党員的党費及党外围組織的捐款打成的金鞋拔子貪污了。

剛到天津时天气很冷，有一个姓安的女同志，来看刘少奇，不到一小时她要走，当时謝飞同志将一件新买的皮大衣借給她穿走，誰知刘少奇因此勃然大怒，歇斯底里大罵謝飞愚蠢，幼稚无知，沒有社会經験，大言不愧地說：“人家走了，不会还給你 了”等 等。但 是 第三天安就托柯老把大衣还来了。从这件事可看到刘少奇肮脏灵魂。

在天津时，刘少奇曾被扑过一次，以后又被扑过一次，不知是怎样出獄的。

柯庆施同志在天津时，曾对另一个同志說刘少奇是老机会主义分子那个同志又把柯老的話轉告刘，刘从此对柯老非常不滿并且写了一封信責备柯老，說柯老破坏他的声誉打击他。

刘少奇在北京时，他手下最得力的就是林枫（刘的密书）和郭明秋（林的妻子）刘对郭的印象是："政治上很开展，政策上很强，聪明很大能力）很能起作用，对革命的作用很大"。說郭在政治上"比林枫还强"現在郭明秋成了黑帮分子。

担任北方局书記的刘少奇曾經說过："以前我总感到自己沒能力，沒多大本事，别人能管一个省，眞有本事，现在我不但能有能力管一个省的事情，而且有能力管一个国家的工作"。从这句話里，可以看出他有多大的狼子野心。

刘少奇曾經指示监禁在北平軍人反省院的薄一波、楊献珍、安子文、楊錫奎、王德、赵林、等七十多人用写自首书的方式假投降，他指示說："党現在很需要干部"。"你們在监獄里經受了考驗，党知道你們是好同志"。于是就叫薄一波等人化名自首。例如当时薄一波化名张永汉、楊献珍化名楊仲仁、安子文化名徐子文、刘瀾涛化名刘华甫等等、刘少奇这个黑指示是通过柯庆施传达給徐冰的。再通过徐冰传达給孔祥眞，而又孔祥眞进行联絡的，这七十多人是一个大叛徒集团，反革命修正主义分子彭眞此时也在另一个监獄自首出獄化名付茂公，出卖了我們的同志。

1937年：

春，刘少奇与彭眞、楊尙昆、李伯釗（楊尙昆之妻）取得了联絡、刘少奇对李伯釗的評价是"是一个很好的干部"。叫他安心搞好文艺工作，并到此称賛楊尙昆是个"很好的同志，很可靠"。

三月四日刘少奇写給党中央一封关于自己工作的信，信中大肆汚蔑毛主席，极力貶低毛主席在第二次国内革命战爭时期对于馬克思列宁主义的伟大发展，极力否认十年中广大工、农、兵奋战的伟大成就，相反却大肆吹捧以王明为代表的第三次"左"傾路綫大吹自己是唯一正确路綫的代表。

四月刘少奇回延安参加中国共产党全国代表会議（五月召开）和中央政治局会議（洛川，八月二十二日）临走前刘少奇带走了金皮带圈其余的金子謝飞从白区銀行取出交給刘。刘到延安后就将金皮带圈和金鞋拔子貪汚了，其他的东西不知是怎样处理的。

十月份，刘少奇从延安到太原来活动，年底又回延安参加党的活动分子会議（十一月）这时候起，刘少奇就安插了他的亲信之一自首变节的大叛徒、反革命修正主义分子彭眞、主持北方局的正常工作。刘少奇的另一名亲信反革命修正主义分子薄一波，此时則在太原与閻錫山鬼混。

1938年：

一月新四軍成立！刘少奇当时仍旧挂着北方局书記的头衔。此时刘的爪牙已經齐全，在晋察冀有彭眞（皖南事变后任北方局书記）刘仁、刘瀾涛、胡錫奎、楊秀峰、林鉄、蔣南翔、李昌、黄敬（即俞启盛）楊达、在晋綏有林枫烏兰夫（即云泽）、楊植霖、李清玉、李雪峰。在东北有欧阳欽、李运昌、在晋冀魯豫有邓小平、薄一波、楊献珍、吕正操、在陝甘宁有高崗、楊尙昆、閻紅彥、王林、张德生、彭德怀、賀龙、譚政、伊三等人。

下半年、刘少奇在延安馬列主义学院讲过二、三次"党的建設"、"組織修养"大吹自己，大反毛泽东思想。同年刘允斌从湖南老家到延安刘爱琴也从武汉找回延安。

十月份刘少奇担任中原局书記（中原局所在地是河南省确山县）。此时向明（現任山东省委副书記、大叛徒）当他的秘书。他对向明的評价是："吃苦在先，享受在后的好干部。"

秋天，刘少奇又回延安参加六中全会。此时，刘的那个旧軍人出身的大哥到延安来看他。

刘少刘与他大哥同住一屋。他大哥有时偷看中央文件，他也不加制止。但是刘少奇对自己妻子却如防贼一般。有一次就曾对谢飞駡道："你打开抽屉看什么？不該你看的你就不要看！"从这里可以看出他的爱憎是何等的分明！

1939年：

四月份，刘少奇从河南回延安，写了一本臭明昭著的《論共产党員的修养》。在这本純粹是修正主义建党綱領的书中，連"抗日战爭，""民族战爭"的字眼都沒有，却想用反动的資产阶級世界观，用阴謀家的野心腐蝕党員，鼓吹封建圣賢修养之道。书中根本不提阶級斗爭，反对党內灭資兴无的斗爭，非但不提学习毛主席的著作，反而影射攻击毛主席"自以为是中国的馬克思列宁，裝作馬克思列宁的姿态在党內出現，并且毫不知耻地要求我們党員象尊敬馬克思列宁那样去尊敬他。"

年底，刘少奇又从延安出来到江苏盐城一带活动。此后，刘彬（张聞天老婆刘瑛的哥哥），就担任了他的秘书。

刘少奇对刘彬的評价是："水平高，政治上进步快。"几年后，刘少奇就提拔刘彬当上了淮北区党委第一书記。

1940年

年初，刘少奇以党中央代表中原局书記身份到淮北活动，代名"胡服"

一月，刘少奇硬逼謝飞与他离婚，原因之一就是謝飞曾經批評过他的干部政策說他重用知識分子而不重用工农干部，因此怀恨在心說謝飞"在政治上打击他"。原因之二是嫌謝飞沒有生孩子，原因之三是嫌謝飞年紀大了，其实謝飞当时只有二十六岁。謝飞曾說笑話："我年紀老了，我們离婚吧！"刘就抓住这句話，硬要离婚。謝飞后来由于离婚的事受刺激很大，現在还患有神經官能症。

刘少奇在中原局里的党羽主要有陈少敏、向明、朱理智、黄国华等人，后来这些人又成为刘少奇在华北局的爪牙。

1941年

一月份，皖南事变后，刘少奇担任华中局（长江局）书記，兼新四軍政治委員，在那样艰苦的环境中，别人都吃玉米糕，刘少奇每天要吃一只燉母鸡，还让付官到处为他购买活鸡、活魚，甚至要吃桔子。

华东党校的两位同志（柳×，顾××）因給他提意見，刘少奇竟将人家打成托派。

在华东讲授《战略和策略》的时候，刘少奇說："外国出了个馬克思，中国为什么不能出个刘克思！"从这里可以看出刘少奇的"司馬昭之心"。

七月二日，刘少奇写了一篇"論党內斗爭"，本来有柳×等人的这一段，后来就覚得太露骨了，才割爱删去了。书中胡說："在我們党內公开提出的組織上机会主义理論是沒有的"。这是他內心的一个大暴露。他写这篇文章，純粹是为了泄私憤，是为他在东北那一段时期去职鳴不平，是带着个人情緒写的，是一篇反党反毛泽东思想的大毒草。

刘少奇还写了一封《答宋亮同志》的信，与毛主席的《改造我們的学习》和《整頓党的作风》唱反調。

刘少奇去山东，太行山，晋西等地检查工作的时候，竟要大批人員护送他，胡說保卫他的警卫員"至少要有一个营"。这充分說明了他是一个胆小鬼。

刘少奇此时的秘书是陆璀(饒漱石之妻)刘对陆璀的贊語是：“学生运动的领袖，是很大能力的好干部。”

刘少奇在新四軍中认識了当时只有十六岁的女护士王前（安徽人）为了将王弄到手，刘少奇竟不择手段，瞞了自已年龄十岁，欺騙王前說自己只有三十二岁，刘少奇把王前搞到手后，为了挽回面子，要托刘彬作介紹，与王前結婚。当时，新四軍中流传一个綽号，把刘少奇称作“牛金星”（牛金星是闖王李自成手下一員大将进入北京城后就霸占当时一名苏洲歌妓陈圓圓）。

王前要学习《新民主主义論》刘少奇却要他背誦曹禺的《大雷雨》和《老残游記》胡說：“主席的著作又不是文化书，你看不懂！”

刘少奇将貪污来的金皮带圈和金鞋拔子交給王前收藏，后来离婚时将金鞋拔带走了，并且誣王前偷了他的金皮带圈。

1942年

这时候在新四軍內，刘少奇已經牵制了邓子恢（政治部主任）譚震林（新四軍付政委）黃克誠（保卫以刘少奇为首的軍部的三师师长）叶飞（新四軍一师一旅旅长）刘震（新四軍三师四旅旅长）饒漱石在地方上控制了周小舟、陈少敏、舒同、郑位三、刘彬、譚启龍、陈丕显、曹获秋以及周揚——夏衍文艺黑綫。

新四軍攻下盐城、阜宁等地，消灭了韓德勤頑固派，解放了一些大县城后，刘少奇就輕敌了、他在县里大办党校、魯艺、抗大中学等，后来敌人来轰炸，学校散了一大半，人也死伤了好多，城市最后也丢了。这时候日寇由七路进攻增加到九路刘少奇吓得弃下軍队，逃到安徽去了，只留下陈毅（新四軍軍长）在苏北指揮作战。

刘少奇此时的秘书已是賴奎。

在新四軍时，刘少奇曾对王前說：“你看人家刘瑛（张聞天之妻）多聪明穿得不好，吃的可好哟！吃在肚子里誰也看不見，穿在外面，大家不都看見了嗎？”还有一次，給战士縫衣服，王前让别人去了，自己带孩子刘少奇見了說：“你眞愚蠢，在家带孩子多累，去縫衣服又輕快、又是群众場合，大家都能看到……”这几件事充分暴露了刘的卑鄙灵魂。

刘少奇带着王前回延安后，一手提拔了当时在新四軍中沒有絲毫威信的，給群众印象普遍不良，后来有特务嫌疑的饒漱石担任华东局书記、兼任新四軍政治委員。許多人都罵饒漱石是“年紀輕輕的家伙”。而邓称贊饒漱石是“青年政治家”。

1943年

党中央派刘少奇与刘秀峰、王若飞一起管理干部問題，但是刘少奇生活腐化，每天要吃特灶、别人送礼也是来者不拒，甚至在家里还藏罐头、干魚、烤香腸之类的东西。

刘少奇对王前又打又罵，大肆虐待、要象奴仆一样伺侍他，大言不愧地說：“伺候好他就是为党工作。王前受不了这种气，与刘离婚。由于王前当时已有孕在身，刘才不得不与王前复婚。

1944年

毛主席在全党全軍的威信空前提高、刘少奇为了捞取政治資本，在延安筹备七大。同年王前生刘涛。

刘少奇与彭眞签定攻守同盟，包庇1936年北平軍人反省院的叛徒集团。

1945年

四月二十三日到六月十一日，在延安召开有五百四十七人参加的中国共产党第七次代表大会上，刘少奇作了《关于修改党章的組織报告》（1950年改名为“論党”）大搞政治投机狂热歌頌毛主席。但是狐狸的尾巴終究是掩飾不住的。他在报告中，美化資产阶級，鼓吹阶級調合歪曲事实，篡改党章，反对毛泽东思想，极力贬低，武装斗爭的重要性、鼓吹“和平过度”的实质。不久終于被人們識破了。

刘少奇在“七大”的报告中說：“无产阶級和半无产阶級是我們革命領导”用以对抗毛主席的“工业无产阶級是我們革命的領导力量，一切半无产阶級、小資产阶級是我們最接近的朋友”，这一正确的結論，从而鼓吹“和平过度”。

刘少奇在起草《关于修改党章的組織报告》时，本来要写上“有变节自首行为的人也可以做中央委員”之一节，后經康生同志的坚决反对才未写上。

“七大”后，刘少奇投机成功，当了軍委第一副主席，并当选为中央政治局委員，书記处书記。

八月份，刘少奇在延安大做“和平过度的美梦”。

八月二十八日到十月十一日，毛主席、周恩来、王若飞等同志到重庆与蔣介石談判，当时刘少奇在中央主持中央工作，刘少奇把彭眞、伍修权、叶季壮等人派到东北。彭眞在晋察冀地区书記的大印則交到罗瑞卿手中。彭眞到了东北后，就伙同高崗、陈云、安子文大反林彪同志的正确路綫（此时林彪同志在东北局工作）

当时东北局第二书記(第一书記为彭眞)高崗的几篇类似以《論共产党員的修养》的文章都經刘少奇亲自修改。

1946年

当上軍委第一副主席的刘少奇，开始主持中央工作以后，二十年来一直坚持修正主义路綫。

年初刘少奇通过彭眞、高崗，在东北战場上大肆攻击林彪，胡說毛主席的农村包围城市的战略思想在东北不适用。但是林彪同志坚持了毛主席的正确路綫，拒絕执行錯誤方針，結果順利的解放了东北。

二月一日政协会議后，刘少奇曾經写了一个指示說：“政协会付諸实現，中国就走向和平阶段”。这是典型的“和平过渡”的思想。

七月份王前生刘允眞不久，刘允斌高中毕业到苏联留学。刘少奇写信对刘允斌說：“安心学习，不要过問国內事”。“要把苏联經驗学到手，回国参加建設”。“建設社会主义的經驗，当前只有苏联独此一家，其他国家以后都要走苏联建設的道路，因此不仅要学技术，还要学管理方法。”“把苏联的一切經驗搬过来，再加上苏联給予我們的无私援助，我們的建設就不要那么长的时間，不要費那么大的力量了”。

1947年

三月十九日，毛主席、周总理、任弼时等同志撤出延安，轉战陝甘宁。以刘少奇、朱德为首的党中央委員会經晋綏解放区，进駐彭眞之老巢晋察冀地区，与此同时，在刘邓、陈云、薄一波、李井泉等人的行业中又增加了陆定一。刘少奇公开說：“陆定一是很好的同志”。

土改时。刘少奇大搞搬石头，一脚踢开旧干部，分配土地“絕对平”运动，造成杀人过多，侵犯中农利益的路綫錯誤的实际上就是形“左”实右。

三月，刘少奇依然打罵王前，終于与王前离婚，由于这事的緣故，王前在精神上受了很大的損伤，王前后来写信給刘，想見孩子，刘少奇恶狠狠地回答說："等孩子死了你再見吧！"。

刘少奇与王前离婚后，又和王健（北京高中毕业）結了婚，婚后二、三个月把她送到东北去医病（实际上只有神經輕微毛病）随后，刘少奇便抛弃了王健，与王光美（天津人、大学毕业）搞上了关系。同志們先还瞒着王健，不让她知道，后来王健知道后就发疯了。

以后，刘少奇的秘书是吕振英（現在是黑帮分子）

1948年

五月，以刘少奇、朱德、陈云、彭眞等組成的以刘少奇为首的中央工作委員会結束。

刘少奇随后兼任华北局书記，此时在华北局有彭眞、薄一波、黃敬、刘澜涛（組織部长）。

刘少奇的亲信薄一波主持华北局，邓小平担任西南局书記，高崗担任东北局书記，饒漱石担任华东局书記。这种布局也是解放以后的布局。

十二月四日，刘少奇对馬列主义第一班学員讲話时說："有人认为何必学这些外国东西？中国的书还讀不完，毛主席的书还讀不完呢！或者說先讀中国书再讀外国书吧！这个說法是不对的！"攻击我們党是"爬行的馬克思主义，"党員干部是"前面烏龟拦路，后面烏龟跟着爬"借以攻击毛主席。

十二月十四日，刘少奇对馬列主义第一批学員說："現在革命的形势发展的很快，出乎我們意料之外，現在不是怕太慢，而是怕太快了，太快了对我們困难多，如果慢一点，我們可以从容准备。"

在安子文的捏合下，刘少奇与王光美（天津大資产阶級出身）結婚，王光美的干爸爸是国民党的空軍司令軍統特务。如本人在輔仁上大学时，与外国神甫打的火热的交际花。輔仁毕业后又到燕京当上了几年研究生，1946年国共談判执行，小組撤退时（王是英文翻譯）她还徘徊于美国与延安之間，后来經过叶剑英同志做工作，才去延安的，她于刘少奇結婚的感情，是以資产阶級立場做为基础的，她的干爸爸是特务，她本人是什么貨色还要进一步探討。

刘少奇与王光美結婚以后，对刘允斌刘爱琴說："你們又有一个新媽媽了，王光美年輕漂亮，你們以后会喜欢她的。"从这里可以看出刘的令人作呕的丑态。

刘少奇与王光美結婚以后，有人說刘为什么要娶六次亲，刘公开說："我是公开的，沒有偷偷摸摸搞不正当关系。"眞是一个聒不知耻的伪君子。

在楊尙昆的积极作用下，刘少奇又把新婚的王光美拉入党內，担任中央办公厅为十四級干部。

1949年

解放軍进入北京以后，刘少奇的亲信彭眞主管华北局，兼任北京市委第一书記，刘少奇的嫡系罗瑞卿任中央人民政府政务院公安部长，兼任北京市公安局长。

四月二十四日，刘少奇曾經对天津市成立工作做了多次讲話，他抹煞了資产阶級和工人阶級矛盾，是以后整个历史时期的主要矛盾。胡說："将来有一部分資产阶級可能跟我們一起发展到社会主义，重点放在联合（資产阶級）上"甚至說出"应該号召工人忍耐暫时的痛苦，实現劳資两利，"的混帳話来。刘少奇还振振有詞的說："不是資本家太多了，而是資本家太少了，""应該使資本家有若干发展，即是要发展資本主义剝削。""希望你們多办工厂，多剝削一点，今天你只剝削一千工人，我希望你能剝削二千工人，二万工人。”“生活很苦，应該改善他們的生活（指資本家）不要弄的太苦。”从这些話里可以完全看出刘少奇完全站在資产阶級立場上去了。

夏季新中国成立的前夕，刘少奇去苏联訪問，他把当时在苏联的刘允斌、刘爱琴，带到自已的宾館去享受，并鼓励刘允斌与苏联籍女学生結婚。

十月一日，中华人民共和国成立，刘少奇窃取了中央人民政府付主席、人民政协全国委員会付主席、中苏友协总会会长、全国总工会名誉主席，以全世界工联副主席等职，同时担任中央人民政府副主席的还有刘少奇的党羽高崗（高崗自已为在陝甘宁边区有功，以功臣自居老子天下第一）在全国总工会名誉之下刘少奇担任总工会主席，李立三担任第一付主席。

1950年

刘少奇从苏联請来了大批专家来华，他在对中国干部动員中說：“苏联专家来了以后，所有的中国干部要保証和苏联专家搞好关系、团結，如果发生关系不好，团結不好，要中国干部負完全責任。团結不好的原因，如在中国干部方面，对中国干部痛打三扁担，如是原因在苏联方面对中国干部也要打三扁担。”

六月十四日，在政协的第二次会議上，刘少奇做了《关于土地改革問題的报答》报告中說：“三年改变成分。”“我們采取的保护富农經济政策，当然不是一种暫时的政策，而是一种长期的政策，这就是說，在整个新民主主义阶段都是要保存富农經济的。”鼓吹阶級斗爭熄灭論。

1951年

山西貧下中农响应毛主席“組織起来”的伟大号召，組織了初級社，但是刘少奇大加批評說：“条件还不成熟。”

六月在全国宣传工作会議上，刘少奇說，“农村要实行社会主义，如果沒有工业的发展，不实現工业化，农村根本不可能实現集体化，”公然与毛主席的“先集体化，后机械化”相对抗。

1952年

刘少奇在組織工作会議后的一个文件上，对提出“无产阶級和半无产阶級是我們革命的領导。”再一次向毛主席思想挑战。

刘少奇批准了高級党校楊献珍所搞的馬列主义学院“三反”总結。

六月，刘少奇在中央宣传工作会議上声称“現在是三年准备，十年建設时期，待十年建設后，中国面貌煥然一新，社会主义的問題是将来的事情，現在提出过早。”

十月，刘少奇与饒漱石同往苏联参加苏共第十九次代表大会。本来沒有叫王光美去，刘少奇因此装病，要王光美去照顾他。王光美一到，刘少奇病也好了，反而与王光美一起到处“享福”。他們根本不管紅灯綠灯，开着汽車到处乱闖。十九大开完后，两人又到里海边去疗养了一个时期。事后，刘少奇还頗有感慨地說：“人都說苏联幸福，到了这里一看，果然幸福！”

刘少奇对留苏学生說：“革命搞的差不多了，敌人已被打倒，……要你們去，不是要你們学习关于这个問題。你們学习的任务是建設，要使国家工业化，克服中国的落后現象。”根本不提人的思想改造。

1953年

楊献珍拿出“綜合基础論”来对抗毛主席一九五二年底提出党的过渡时期总路綫，楊献珍的文章事先送到刘少奇处看过，因此流毒全党。

七月十八日在全国統一战綫工作会議上讲，为了实现党的总路綫和总任务要作很多工作，就是說要进行很大的工业建設工作，要进行农业合作化的工作，要进行工业合作化的工作。……做好了“这几項大工作，中国就是社会主义社会了，就沒有資本主义了，就消灭了剝削阶級。”胡說：“經过这种統战工作，資产阶级，上层小資产阶級及其知識分子和政治代表，就不会造社会主义的反，相反的他們服从社会主义，为社会主义服务，这就省了大麻煩。”

九月份楊献珍搞了一个《馬克思列宁主义学院关于第二、三、四、五班的哲学教学总結。》这个反毛泽东思想的总結，被楊献珍送至中共高級党校审閱。当时修正主义哲学家格列别尔曼写了回信，贊揚此总結并对毛泽东思想进行姿意誣蔑和攻击，后来，此信經刘少奇批閱和推荐《人民日报》上发表。从此以后，关于毛泽东思想“簡单化”“庸俗化”等謬論就到处滥泛了。

1954年

刘少奇在第一屆全国人民代表大会上作《宪法草案报告》时說，社会主义經济在相当长的时間內，一齐存在和平共处，”“国家依靠法律保护資本家生产資料所有制和其他資本的所有权。”

第一屆全国人民代表大会后，刘少奇爬上了全国人民代表大会常务委員会委員长的宝座。刘少奇的亲信彭眞也当上了副委員长的職务。

刘少奇曾經决定把我国留学生的党团組織关系交給現代修正主义的头子赫魯晓夫的基层組織去管理，企图培养修正主义的苗子为資本主义复辟創造条件。

1955年

刘少奇在河南許昌学生座談会上讲“我劝你們回乡后，不要当干部，連会計也不当……认眞种三、五年地，到那时一切农活都学到了，农民能做的事，你們都能做……你們有文化，农民沒有文化，比农民多一个条件，再加一条跟群众关系好，具备三条就能当乡干部、县干部，省干部也可能到中央，那就要看个人的本事了。”刘少奇“吃小亏、占大便宜”为名为利的典型表现。

三月三十一日通过“中国共产党全国代表大会会議关于高崗饒漱石反党联盟的决議，”提到“他（饒）在华东工作期間，在城市和农村中竭力采取向資本家、地主、富农投降的右傾政策。”然而这条政策不折不扣完全源于1950年6月14日刘少奇的报告。

四月份，刘少奇的干将邓小平为高崗集团定个調子，为了消灭口实，不久就把高崗整死。

刘少奇与邓子恢在农村合作化高潮到来之时，心慌意乱，怨天忧人，积极推行右傾机会主义路綫。七月三十一日毛主席在中共中央召集的省市区党委书記会議上严厉批評刘邓的反动思潮，批評他們是“小脚女人。”

十一月，刘少奇在“中共中央关于資本主义工商业社会主义改造問題会議”上說：“消灭阶級，决定的一着就是这个全面的公私合营，这是起决定作用的。”“到了最后要宣布国有化的时候，所有資本主义工商业国有化的时候，那个时候几乎可以說沒有好多斗爭了，水到渠成，瓜熟蒂落，所以不是把斗爭摆在宣布国有化的时候，說那个时候是个严重斗爭，而是要把現在看作严重的斗爭，把公私合营看作一个带有决定性的斗爭，淮海战役。”“資本主义工商业公私合营了，农业合作化了，手工业合作化了，（資本主义与社会主义的）胜負就解决了。”

王前写信給刘涛，想通信。狠心狗肺的刘少奇却一句一句地教刘涛給他回信，大駡了王前一頓，以后，刘少奇又通过組織关系向王前施加压力。

1956年

苏共二十大后，刘少奇写給留学生信說：“你們去苏联，不是叫你們搞外交和反修斗爭，而是叫你們学习技术，你們何必跟人家吵呢？吵得厉害了不叫你們学习了不是很糟嗎？”

刘少奇很欣賞苏修利日曼的观点，认为“一个工厂一定要賺錢，不賺錢就应关門，停发工資”他說：“計件工資虽不好，但确是一种鼓励生产积极性的办法。”

七月初，刘少奇在关于高級党校的工作問題談話中說：“认眞学习、联系实际討論問題检査自己思想”实际上对楊献珍反毛泽东思想的十六字方針”学习理論，提高认識，联系实际改造思想”，作了全盘肯定。

七月初刘少奇指示楊献珍、侯維煜“高級干部主要学哲学、政治經济学。”根本不提学习毛主席著作，甚至硬把官僚主义 和无产阶 級专政联 系起来，对无产阶 級专政进行恶毒攻击。

七月苏修面目已暴露，但刘今步仍指示楊献珍、侯維煜“要同苏联搞好团結，学习苏联經驗，是坚定不移的。学习苏联經驗，只有苏联一家”“和苏联专家的关系一定要搞好，搞不好关系，有理无理三扁担。这是政治問題。”并且批准楊献珍到苏共高級党校去。

九月十五日，“八大”会議上，刘少奇再一次盗取了党的信任，当选为党中央副主席、政治局常委，刘少奇的大将彭小卉同时当选为书記处书記、政治局常委。刘的另一員干将楊尙昆也被选为书記处候补书記。

“八大”会議上刘少奇一手遮天作了一个政治报告，說中国消灭了地主阶級，資产阶級富农……“我国社会主义和資本主义誰胜誰負的問題，現在已經解决了。”胡說：“現在国內敌人已經基本上被消灭了。”甚至荒謬地提出“阶級”两字是“値得考虑的。”这个还說：“現在革命的暴风雨时期已經过去了。”“从群众的直接行动”不需要了，“完备的法制就是完全必要的了。”这些言論充滿了阶級消灭論，阶級斗爭熄灭論的观点。

“八大”报告中，刘少奇說：“現在已經断定，除开个别的頑固分子想反抗以外，在經济上接受社会主义改造，并且逐步轉变为名符其实的劳动者，是絕大多数民族資产阶級分子所能够做到的。”“就是在美国統治集团內部也有一些头脑比較清醒的人，逐步认識到战爭政策未必对美国有利。”

在八大党章中，删掉了“毛泽东思想”这五个金光閃閃的大字。刘少奇自已說：“在七大的时候，就已經确立了毛主席在全党的領导，現在不讲，大家也知道，而且一件事，老是重复，听慣了也就不起作用了。”

在八大报告中，刘少奇大捧特捧苏共二十大，后来竟厚顏无耻地說：“赫魯晓夫同志是苏联人民的領袖”“是杰出的馬列主义者”“他提出的和平过渡，和平竞賽，和平共处是馬列主义的新貢献、新发展。”諸如此类。

八大后，罗瑞卿提議，把民警从軍队中“要分出来”，刘少奇馬上与之呼应“这是个办法”

安子文献計說："警察不能减。"彭真喜形于色地說："我們早就設想警察不能减。"

1957年

刘少奇与陈云提出所謂"反冒进，"大反合作风。

二月，毛主席发表了《关于正确处理人民内部矛盾的問題》四月份，刘少奇跳将出来，大唱反調，露骨地宣揚阶級斗爭熄灭論，宣传經济主义，以抗拒社会主义革命，为資本主义复辟作輿論准备。

三大改造基本完成后，刘少奇又猖狂反对社会主义計划經济。刘少奇曾露骨地說："允許有一部分資本主义工商业、工业地下工厂。要让他們鑽空子，当他們鑽空子的时候。我們社会主义也跟上去，搞他几十万样……"甚至說："如果我們的經济，还不如資本主义灵活性、多样性，而只有呆板性，那还有什么社会主义的优越性呢？"（上海）公私合营以后，資本家已經把工厂交出来了，除开极少数坏分子以外，他們已經不願意反抗社会主义，有很多人已經接受社会主义改造了。今天的資本家是新式的資本家了。"这些話完全是赫魯晓夫和平竞赛和平过渡的翻板。

三月份，五月份、刘少奇跑了河南、河北、湖南、湖北、广东五省，到处找人談話作报告，和毛主席針鋒相对，大放其毒，与国内右派分子一唱一合。

三月，刘少奇在河南干部会議上說："敌人消灭的差不多了，資产阶級公私合营了，已經基本上解决了。"如果我們讲到非无产阶級思想讲到农民阶級的思想，讲到小資产阶級思想，讲到地主阶級思想，是讲过去的，是反映了那个阶級的存在的时候。"言外之意，現在就不存在阶級了。

四月份、五月份，正是反右前夕，刘少奇大放厥詞地說，人民内部矛盾"应該緩和，""应該妥协解决，""处理的方針可以着重它的同一性，因为它原来就是同一性。""如果我們处理人民内部矛盾不是强調同一性，而是强調斗爭性，使人民内部沒有矛盾，必要的紧张起来，激化起来，在人民内部造成紧张局面，那就是錯誤的，那就是处理人民内部矛盾的方針錯了。"当右派分子眞的起来的时候，刘少奇又說"那是秀才造反，三年不成。"簡直是右派言論。

四月二十七日，刘少奇在上海弹了一次阶級斗爭熄灭論的濫調，胡說："現在仗也打完了，蔣介石打跑了，土改也改过了，过去干部在革命战爭中也鍛炼过了，……干部应該到劳动中去鍛炼"等等，就是不提干部应到阶級斗爭中去鍛炼。

十一月，刘少奇在北京各界庆祝十月革命四十周年大会上讲話，公开提倡培养所謂"紅色专家。"

刘少奇在接見民建工 商联常务委員 时說："社会 主义条 件下，一心一意为个人利益的人，是搞不到个人利益，一心一意为人民服务，反而有个人利益的。只顾一头，反而会有两头。"

秋，刘少奇对其侄孙刘維孔說过："不要占小便宜，占小便宜的人，将来会吃大亏……，""你有了先进的农业知識，創造了成功的經驗，会把你的經驗向全国推广。这样，你的伟大理想也实現了。如果你的經驗推广到全世界学习，这就有助于解放全人类哩！"

十二月十三日晚，刘少奇对 参加統战 部长会 的人說："資产 阶級已經沒有什么生产資料，沒有工厂了，大多数人都是依靠国家，依靠工人阶級吃飯。当然还拿定息，不是原来的資产阶級了，是政治要改造的資产阶級了，資产阶級这个說法还可以用，因为还拿定息，再过五、六年，定息不給了，就不好再讲資产阶級了。""中国資产阶級还要香一个时期。"

这說明刘少奇对阶級斗爭根本不理解，或者干脆站到資产阶級立場上去了。

1958年

刘少奇到天津参观了半工半讀以后，就根本不提毛主席在武大和江西共大对半工半讀学校所作的指示，而只提天津的半工半讀，把半工半讀的制度作为自己的“新发明”，以后他在报告中多次提到半工半讀是他一九五八年在天津提出的。这眞是貪天之功，还不以为耻。

刘少奇带头刮浮夸风，提倡“高产更高产田”，号召“少种多收”，“吃飯不要錢”，造成以后一段时間的經济困难。

二月二十日，刘少奇在保定机械厂說：“干部和工人一样艰苦，工人就不会有什么意見”。就是不提人的思想革命化。

二月二十七日，刘少奇在太重型机器厂对女徒工楊××說：“要好好地学，多学几年，多学几种技术”。

三月，刘少奇在四川陴县国营拖拉机厂对那里的站长說：“很好，你們要多培养一些（技术）人材”。

三月二十八日，刘少奇在成都量具刃具厂，西南无綫电器材厂，对楊××說，要多打点主意，业余时間也可以学嘛！……既然是两年，就一定让他們多学一点，多学几門（技术）的好！

七月十二日下午十点，在天津到济南的列車上，刘少奇說：“劳和逸要互相結合，莫弄得总不休息，来个大休息就成問題罗！”正当国內外敌人攻击三面紅旗之时，刘說这些話，到底是什么意思！

七月十四日，七月十七日下午二时，七月十八日，刘少奇先后到济南第一机床厂，第二机床厂，公私合营成記面粉厂，山东寿张县台前农业生产合作社，山东高唐宏伟社去活动。名为参观，其实去調查大跃进和人民公社的缺点和錯誤，以便“秋后算帐”，对党中央和毛主席施加压力。

1959年

刘少奇在第二屆全国人民代表大会上，借毛主席退居二綫机会，一跃成为中华人民共和国主席，兼任国防委員会主席。

担任国家主席后，刘少奇經常吹噓自己工作忙，責任大，天下大事都是他一人頂着。王光美甚至无耻地对孩子說：“爸爸工作很忙，一点休息时間也沒有，現在毛主席不管国家具体大事，都交給爸爸来管，你們不要打扰他”。

这时候，刘少奇在党校的爪牙有林枫，楊献珍。团中央有胡耀帮，胡克实，胡启立，王伟；盘居北京市的，有刘少奇的心腹彭眞，刘仁等黑帮分子，留守西北大本营的有刘瀾涛、楊植霖、汪峰、胡錫奎、馬紀孔、霍士廉、赵寿山（原陝西省长，国民党十七路軍人）刘宝珊（原甘肃省长，国民党軍閥）。刘少奇的另两名大弟子薄一波、安子文也分別安插在党和国家的要害部門。

廬山会議上彭德怀、黄克誠、张聞天、周小舟反党集团被揪出来了，刘少奇在会上批判彭德怀时說：“与其你篡党，还不如我篡党。”一言道破了秘密所在。

在軍委扩大会議上刘少奇公然說：“我过去搞毛主席的个人崇拜，現在不搞了。我要搞邓小平个人崇拜……”又說：“掌握党的政策，就是要左一下，右一下，象开飞机到莫斯科一样，才能达到目的……。”

十月一日，刘少奇发表《馬克思列宁主义在中国的胜利》，这是一篇典型的打着“紅旗”反紅旗，攻击毛主席，攻击毛泽东思想的大毒草。

刘少奇在江苏視察时，对于工厂办的半工半讀学校的培养目标，又提出什么“工厂里应該出大学生，出教师，出工程师，出干部。”并且公开提出“认眞讀书”的口号。把刚从古文紙堆里解放出来的学生，又强行推了回去。

十一月二十八日，刘少奇在給黃炎培的一封信中說：“前十年是改造，后十年是建設”根本不提阶級斗爭。

1960年

一月三十一日，刘少奇与王光英（王光美之兄）一家座談时說：“只专不紅，那只是一手。不紅，即使搞得好，还可以工作。但不能当領导”。鼓吹“不能沒有个人利益”，“个人利益結合起来，就是整体利益。”“不考虑个人利益，最后則有个人利益，”并大談他的“吃小亏占大便宜”的市儈哲学。

刘少奇提拔他的干将罗瑞卿任总参謀长。

九月份，刘少奇，邓小平，彭眞等率領代表团到莫斯科參加八十一个共产党会議。大会期間，刘邓彭与赫魯晓夫勾勾搭搭，眉来眼去。

刘邓彭从苏联回国时，是毛主席到机場迎接的，有人对刘少奇說，毛主席到机場接自己的同志，这还是第一次。刘听了后，沒有任何解释和說明，好象理所当然的样子。

一九五九年中苏关系紧张，刘少奇的长子刘允斌与苏籍妻子失去联系，六〇年正式离婚。刘少奇于是对刘允斌說：“你可以重新找对象了。”刘允斌先找的一个对象是护士出身，刘少奇便說：“不太合适吧，她的文化水平低，只是初中毕业，和她許多問題讲不通。”后来刘允斌又找了一个在苏联留学的研究生作对象，結婚前办理登記手續时，刘少奇又說：“其实登記只是个形式，手續問題。只要合得来，不登記也可以。”請看，堂堂国家主席，就是这样作践婚姻法的。

1961年

六月三十日，刘少奇在庆祝党的生日的大会上說：“全体党員干部都应該认眞地学习馬克思列宁主义关于社会主义革命和社会主义建設的基本原理，学习毛泽东同志，根据馬克思主义的基本原理所闡明的我国社会主义建設的理論和实际問題，学习党中央制定的社会主义建設的經驗。”但是就是不讲毛主席对馬列主义的新发展和新貢献。这次讲話是一个彻头彻尾的反革命修正主义綱領性文件。

十月，刘少奇对国务院財貿办公室副主任姚依林說：“农民在粮食問題上卡住我們的辮子我們也要卡住农民的辮子。如布疋、盐、煤油、火柴、农葯、化肥、农具、电力等等。”“农民自由市場的价格很高，我們卖給农民的工业品的价格很便宜。今后除了和农民进行交换的工业品外，卖給农民的工业品也可以高价出售。”（陈云也贊成这个办法）从这里就可以看出刘少奇到底站在什么立場上去了。

年底，有人問刘少奇是否要多印一些毛著，刘少奇回答：“紙张紧张。”又問：“是否可以少印一些民主人士的选集和其他书籍？”刘答曰：“民主人士得照顾些。”但是不久，就大量翻印了他自己的《論共产党員的修养》。

林彪同志提出毛泽东思想是当代馬列主义的顶峰，但是刘少奇却說：“毛主席的思想是馬列主义的頂峰，这种說法不科学，难道馬列主义再也不能发展了？”从这里可以看出刘少奇对毛泽东思想是十分仇視的。

1962年

一月，正是在赫魯晓夫修正主义与美帝国主义进行反华大合唱之际，刘少奇在由他主持召开的七千人大会上（即中央工作扩大会議或五級干部会），大肆詆毁历次运动是“残酷斗爭，无情打击，”企图为右傾机会主义翻案。同时，刘少奇又拣起彭黄张周的破烂，大肆攻击三面紅旗当作“历史教訓”来总結。刘少奇胡說暫时出現的困难是“三分天灾，七分人禍”造成的，叫嚷要把三面紅旗当作“历史教訓”来总結。刘少奇說，总路綫只有半句，应該再加上“在中国共产党的集中統一領导下，充分調动群众的主观能动性和創造性……”說：“大跃进是搞得太快了一点，因为失掉了平衡，跃进三年个后调整可能要十年八年，这样不合算。”胡說人民公社“組織起来是容易的，一哄而起，但巩固就不那么容易了，能不能巩固下来还得走着瞧。”并且大叫“人民公社搞早了。”对于大炼鋼鉄，刘少奇更是恨之入骨，說大炼鋼鉄实际是吹出来的。”

刘少奇攻击三面紅旗說：“主席讲的形势大好，是指政治形势大好，經济形势不能說大好，是不大好。”“这一年中，从中央来說，对于严重的形势估計不足。”“对困难我們还沒认識清楚。”“目前財政經济的困难是严重的。”“我們的經济临近了崩潰的边緣。”

“三力（人力，地力，財力）亏损过多，七、八年也难复原。”胡說什么“不願意承认困难，或者困难本有十分只承认九分，总怕把困难讲多了，会使干部丧失信心。……很明显这不是眞正的勇敢絕不是革命家的气概，絕不是列宁主义应有的态度。”甚至合着右傾机会主义者的拍子，“鼓吹过渡时期一切有利于調动农民生产积极性的办法都可以，不要說那一种办法是最好的，唯一的。”“工业要退够，农业上也要退够，包括包产到戶、单干。”

刘少奇在困难时期主张“不能立即賺錢的，显不出經济效果的，一律都停建。”“如果不把賺錢，或者亏本的，一律停办，扣发工資。”

刘少奇对資产阶級知識分子說：“有什么气大家尽量出，有什么意見尽量提。現在肚子吃不飽，当然大家有气。”

經济困难时期，市場很緊张。刘少奇馬上提出：“暫时調拨給农民打个条，国家将来再还”的主张，造成經济混乱，出現了“一平二調三收款”的恶劣影响。

刘少奇提出“自己种不了的土地，可以叫别人代耕或者出租，剩余部分可以由农民自由支配，可以拿到自由市場上去进行交换，也可以由国家高价收购，或与国家交换工业品。这样，既可以鼓励农民的生产积极性又可以活跃市場，解决国家的部分困难。”并且胡說：“商品交流不一定只采取一种形式或限制一种渠道，可以采用多样性的形式，其中自由市場就是一种。”刘少奇的这些主张，根本不是什么新“发明”而是修正主义“物质刺激”的破烂。

苏联专家撤走以后，刘少奇提出：“我們自顾不暇，哪能去惹美帝，苏修和支援世界革命人民斗爭呢？”胡思乱想：“专家撤走后，我們能搞得起来嗎？”这是典型的“三和一少”的修正主义思想。

二月，陈云經刘少奇的指示，作了一个大肆攻击三面紅旗的报告，胡說：“国家元气伤了，……五年也恢复不了。”并且十分悲观地說中国“处于非常时期。”

五月份批轉的"中央財經五人小組向中央的报告"中，刘少奇本人直接吹起了"单干风"。

"西楼会議"上，刘少奇与邓小平，彭眞，陈云狼狈为奸，伪造巨額預算赤字，要挾毛主席。

經济困难时，主席指示不許受礼，但刘少奇到东北伐木場"視察"以后带回一个熊掌，并且接受了印尼华侨送来的香腊肉。

經济困难时，刘少奇到南方收集三面紅旗的缺点和錯誤，带着王光美到湖南宁湘老家住了一个星期，衣錦还乡，光宗耀祖，好不兴高采烈，到处宣传"毛主席犯了錯誤。"

刘少奇时常对謝芳、紅綫女等女演員夸耀不尽，称贊她們"又漂亮，又聪明，又能干，薪水又高……"从这里可以看出，刘少奇的意志已經消沉到何等地步！

在扩大的中央工作会議上，刘少奇公然說："反对毛主席，只是反对个人。"

在八届十中全会上，刘少奇把罗瑞卿、陆定一塞进了书記处。这样，书記处就成了邓彭陆罗楊的俱乐部。

刘少奇重新发表了臭名昭著的《論共产党員的修养》再版中，依然不提毛泽东思想，并且大笔一揮，勾掉了恩格斯，斯大林导师越来越少，却正好配合了赫鲁晓夫反华反斯大林的大合唱。

刘少奇指示組織部长安子文，把一九三六年北平軍人反省院判徒集团名单交給邓小平，凡登記者均定为"有了組織結論，"并指示說："誰追查，就說中央知道，""这是組織秘密，不能告訴你。"

当年曾經是王光美的頂头上司（国共談判执行小組时期）的李克农去世，王光美聞訊大哭。

1963年

四月十三日。刘少奇与王光美到印尼訪問，王光美带着金項鏈跳扭摆午，出尽洋相，給中国人民丢尽了脸。四月二十一日到达仰光訪問緬甸，五月二日到达金边訪問柬埔寨，五月訪問越南，十二月訪問朝鮮，同样洋相百出。

刘少奇对柬埔寨宋双談話时說："我們人民吃的飽，穿的也可以，不那么好就是了，可是人民也滿意了，剩下来的就是努力劳动。"在他的讲話中，根本不提突出政治，突出毛泽东思想。

党校孙定国、曹海波、于世誠等人在楊献珍的指揮下，誣告艾思奇同志，他們的誣告信，通过王光美之妹王光和轉交給刘少奇。后来，患有严重高血压症的艾思奇同志就被派农村参加四清，不久就去世了。

刘少奇当时又写信給党校的胡錫奎，大整王前同志，把她的材料写入档案。

在哲学社会科学学部，刘少奇公然說："馬克思、恩格斯、列宁、斯大林、毛主席都犯过許多錯誤。

由許立群起草，彭眞修改定稿的反毛泽东思想的綱領"四一报告"曾經得到刘少奇的支持和慫恿。

五月，毛主席亲自为《浙江省关于七个干部参加劳动的好材料》加按語，刘少奇貪天之功，將此拥为自已的"发明"。

十一月，刘少奇在科学院学部委員第四次扩大会議上說："不是革命者，不是馬克思列宁主义者，也能参加反修斗爭，而且还能积极参加。”提出所謂“反外修不反内修，反外修以免内修”的荒謬主张。甚至公然說：“苏美在基本問題上联合起来是不可能的。”为苏修涂脂抹粉。

刘少奇在做“关于社会主义教育問題”的报告时說：“在困难时期，一些干部經不起考驗，作风不好，多吃多占，有的貪污盗窃，搞投机倒把，占群众便宜，因此与群众产生矛盾。”他根本沒把这些問題搞到阶級斗爭，反修防修这条綱上来，甚至錯誤地估計：“領导权掌握在敌人手里的，我看全国至少有三分之一。”

毛主席頒布了前十条后，刘少奇就急急忙忙派王光美到唐山专区去蹲点，搞什么“挑园經驗”“扎根串联”“人海战术”与毛主席唱对台戏。

冬季刘少奇带着王光美到南方几个省去“視察四清”，胡說“全国要派几百万人的工作队。”

刘少奇曾对刘允斌說：“你要成名成家，那你就得先埋头苦干，不要先想出名，越想出名，就越出不了名，你想不出名，倒出了名。这是馬列主义辯正法。”并且大言不愧地說：“我干革命根本就沒想到当国家主席，现在不是当上了？在全国全世界都出名了。王光美也沒想出名，在桃园蹲了几个月点，不是就出名了。你們只要好好干，不要光想出名当官、将来出名的，就可以当处长、局长、部长，說不定还可以当国家主席哩，甚至鼓励刘允斌說：“唉，不要泄气嘛！要有雄心壮志，你們不要专門追求享乐，而是自覚自願地过艰苦斗爭生活，现在不是什么都有了！有寬闊的房子住，有电视机，收音机，有魚有肉吃。吃苦在前，享乐在后嘛！你会劳动，有操作技术，你可以当工人，不愁沒有飯吃。”这哪里象个无产阶級革命家的样子！

1964年

刘少奇在科学院学部說：“我們和苏联打的是笔墨官司。”

刘少奇在全国大搞“托辣斯”化，并以交通、医药等四系統作試点。

刘少奇在听大庆汇报时說：“搞工农結合，結果使得一批人拿工資去种地，搞粮食，这样做，长远下去有問題。”以对抗毛主席的“全国学大庆”的伟大号召。

刘少奇在对中央及北京干部作报告时說：“四清运动要解决的是：四清与四不清的矛盾，党内外矛盾的交叉。敌我矛盾与人民内部矛盾的交叉。”但就是不点明这是社会主义与資本主义的矛盾。甚至胡說：“过去的四清无論在城市和农村……甚至根本沒有入門，过去一年多，革命斗爭中我們不是打了胜仗，而是打了敗仗。”借以夸大敌情，推行形“左”实右，的社教路綫。

刘少奇正式提出两种教育制度，胡說主席春节指示只适于全日制，以后，刘又作了二十五、六次报告，到处宣传他的修正主义貨色。

八月一日，刘少奇談到社会主义教育問題，即（五反，四淸問題）又提出“扎根串联。”他把农村估計得相当黑暗，几乎成了白色政权地区，他談到消灭三大差别时說：“全日制不能不要，但不能再增，甚至要縮小，半耕半讀，半工半讀要增加。”“要減少或少增加固定工，增加临时工，”这就是他所提出的两种教育制度，两种劳动制度，实质上与資本主义国家的“双軌制”完全一样。

刘少奇再一次說要培养“有社会主义覚悟，有文化科学知識，有技术有实际操纵能力的新型劳动者，我們的目标应該培养到能当干部，当技术員，当工程师的水平。”与毛主席提出的教育方針相对抗。

九日，刘少奇給江苏省委第一书記江渭清的一封信中說：“这里联系到这样一个原則問題，就是我們应該向誰学习，是向党内和党外群众中一切有眞理的人学习，不管他們的职位高低，不是向职位高的人学习。”“不能把馬克思列宁主义的学説当成敎条一样，也不能把毛泽东的著作和讲話当成敎条。”大反特反毛泽东思想。

刘少奇在社敎运动中大搞形“左”实右，根据王光美的“桃园経驗”泡制形“左”实右对抗前十条的“后十条。”夸大敌情，把农村説成一片漆黑。“后十条”再次反对放手发动群众，提出所謂“扎根串联，”反对“退賠要合情合理，不能馬馬虎虎，”主张傾家蕩产的彻底退賠。甚至胡說：“团結百分之九十五干部是团結百分之九十五群众的前提。”其实质，乃是包庇走資本主义道路的当权派过关。

王光美在刘少奇的指使下，提出可以整“走資本主义道路”的社員。

十二月，刘少奇亲自出馬，在最高国务会議上提出要把“后十条”在全国人民中宣讀，妄图全面地推銷这条资产阶級反动路綫。

1965年：

在第三屆全国人民代表大会上，刘少奇的先鋒打手彭眞跃为第一副委員长，楊秀鋒也高升，取代了謝覚哉，当上了最高人民法院院长。蔣南翔則取代楊秀鋒，当上了市敎部部长。

一月，毛主席亲自主持制定，《二十三条》但是刘少奇却千方百計抵制貫彻《二十三条》，表現为阶級調合的“合二而一”。

在刘少奇指导下，搞了一个全国工交系統关于社敎运动座談記要，提出“一进就实行三結合”。实际上是与走資本主义道路的当权派搞“合二而一”，实行阶級調合。

柯庆施在四川逝世时，刘少奇曾給李井泉发了一文密电。

三月二十一日，刘少奇对敎育部长何伟說：“现在我們所想防止資本主义复辟的办法有两个，一个是发动群众搞四淸，一个是改革敎育制度和劳动制度”。“現在我們想到的就是两条”。在十一月六日的中央政治局扩大会議上，又补充了干部劳动这一条，說“到目前为止，只有这三个办法”。

八月十五日，刘少奇給北京市即将参加“社敎”运动的部分同志作“关于社会主义敎育問題”的报告，吹嘘阶級敌人的斗爭“經驗”，竭力长敌人的志气，灭我們的威风。他胡說：“现在阶級敌人变得聪明了，他們很会搞秘密工作，合法斗爭、他們比我們还会搞的。我們的干部还沒有学会，所以我們和坏干部斗爭时，我們就受騙，斗不赢。”

九月，刘少奇作了一个“敎育改革报告”，完全与毛主席的“七、三”指示对抗，破坏毛主席的威信，和毛主席爭权。

九月，刘少奇曾說过：“……关系更主要的是各个时期广大党員，首先是党的高級干部，是否善于运用馬克思列宁主义的立場、观点和方法去总結斗爭中的經驗，坚持眞理，修正錯誤。”以达到他抹杀毛主席的伟大作用的目的。

十一月，刘少奇以中央政治局的名义，召开了中央各部、国务院各部負責人参加的座談会，討論推行半工半讀制度。刘少奇狂妄地把自己与馬克思、恩格斯、列宁直接銜接起来，再一次公开对抗毛主席的“七、三”指示。

在首都紀念“一.二九”大会上，刘少奇的得力干将、高教部部长蔣南翔大肆吹捧彭眞和刘少奇。

十二月十一日，刘少奇关于四清工作作了指示，胡說：“运动的成果除了表現在更好地为农村服务以外，也要和农村公社生产队一样，增加生产，扩大生产范围，使劳动者增加收入，提高生活水平。”在他的通篇讲話中，就是不提人的思想改造。

姚文元同志在《文汇报》上发表《評新編历史剧〈海瑞罢官〉》之后，刘少奇情知不妙、指使黑打手彭眞拚命抵制这場由毛主席发动的无产阶級文化大革命，后来《解放日报》轉載了姚文元同志的文章以后，《北京日报》才不得不举起假批判眞包庇的破旗。

1966年：

二月，刘少奇污蔑四清中大学毛著是“用毛主席著作去代替四清”，规定四清中只許学《二十三条》。

二月，刘少奇批了彭眞的“汇报提綱”，妄图把文化大革命引入純学术討論的歧途。

二月，彭眞、罗瑞卿、陆定一、楊尙昆在刘少奇的包庇下，在賀龙的策划下，予謀兵变，賀龙甚至在新疆看了山头，准备兵变不成，落草成寇。但是我們英明伟大的領袖毛主席及其亲密战友林彪同志，早就知破了他們的阴謀詭計，在他們蠢蠢欲动之前，就将他們揪了出来。

中国人民大学去告陆定一的状，刘少奇甚至还批示說：“陆定一是一个很好的同志。”

三月，刘少奇、邓小平与一些国家的共产党进行了会談，差不多从那时起，这些国家有的就明显地向右轉了。最典型的例子是日本。在中国的日本革命共产党人怀疑宮本显治与刘少奇存在某种关系。

五月下旬，主持中央日常工作的刘少奇組成以李雪鋒、吳德（都是原北方局的）为首的北京新市委，扣压了聶元梓等七同志的革命大字报。

六月一日晚，毛主席打电話給康生同志，要求立即广播并刊登聶元梓等七同志的大字报。毛主席亲自点燃了学校无产阶級文化大革命的熊熊烈火。刘少奇的党羽陆平，蔣南翔都被揪了出来。这时候刘少奇慌了手脚，急急忙忙地派出了大批工作队，妄图把轰轰烈烈的无产阶級文化大革命打下去。他們顚倒是非、混淆黑白，围剿革命派，压制不同意見实行白色恐怖，自以得意，长資产阶級威风，灭无产阶級志气，又何其毒也！

六月，刘少奇对民主人士說：“（馬列主义）当然要发展，不是到毛泽东思想阶段就为止了。如果这样看，是錯誤的，是机械唯物論。”

刘少奇在无产阶級文化大革命刚刚开始的时候就一手策划指定了所謂“中央八条”。把“內外有別”，“注意泄密”，“坚守崗位”等枷鎖，套在革命造反派的脖子上。

刘少奇的女儿刘萍萍（王光美生）覚得第一个工作組不好，刘少奇就給撤了，她說第二个工作組虽然有問題，但基本上是革命的，于是刘少奇就給留下了。

六月下旬，刘少奇指使刘萍萍把师大一附中的陈永康，何芳芳打成“反革命，”刘少奇甚至还面带笑容听取了汇报。

六月十九日刘少奇派王光美来清华活动。六月二十一日，王光美正式插手清华的无产阶級文化大革命，把以蒯大富同志，为代表的清华八百多名革命师生打成“反革命”，“假左派，眞右派”造成一人死亡，多人自杀的白色恐怖。

在清华大学蒯大富等人的問題上，七月份，以刘少奇为一边的資产阶級司令部和以毛主席为首的无产阶級司令部发生了原则性的分歧。刘少奇仗势斥責康生同志“不了解情况”，康生同志指出“不許蒯大富上告中央，起碼是不符合国法违反宪法”。陈伯达同志也支持康生同志的观点，派关鋒和王力两同志到清华来探望在押的蒯大富。七月十八日，毛主席从南方回到了北京，指出了工作組的錯誤，要求立即撤銷工作組，毛主席的亲切关怀，給了无产阶級革命造反派巨大的鼓舞，資产阶級反动路綫开始全綫崩潰了。

七月份，刘少奇从杭洲回北京，火車路經上海时，陈丕显，曹荻秋馬上与他进行一次密談，刘少奇称贊上海市委：“貼市委的大字报不多，說明上海市委是有威望的。”刘少奇走后，上海市委变本加厉破坏无产阶級文化大革命，挑动群众斗群众，推行了一条彻头彻尾的資产阶級反动路綫。

七月二十八日，刘少奇已經預感到不好的征兆，他对刘涛說过：“在自行沒有认識到錯誤时，不能輕易放弃自已的观点。”“沒有认識到就不能承认,清华对我有意見,叫我去就去……”这些話中可以看出,刘少奇是准备負隅頑抗。

七月底,刘涛奉刘少奇指示,要王光美回到中南海，但是露出了馬脚，刘少奇因此对刘涛大发雷霆，罵刘涛将他“出卖”了，并組織刘涛的兄弟姐妹向刘涛进行围攻，尤其王光美鬧的最凶。結果，刘涛待不下去，当晚就回清华了。

七月二十九日，刘少奇指使王光美在清华为工作組定調子，划框框。之后王光美又嘩众取宠地到三个飯厅象征性地打了一次菜。于是,就有一些人把歌功頌德的大字报貼到繁华的王府井去了。

七月二十九日刘少奇在人民大会堂召开的大中学校文化大革命积极分子会上竭立包庇工作組的錯誤,并且推卸罪責,文过飾非，絕口不談两条路綫的斗爭，回避本质問題。刘少奇只是輕描淡写地說：“工作組这个方式，不适合当前无产阶級文化大革命的需要。”在这次讲話中，刘少奇抓住最后一次机会，再次恶毒地攻击毛主席，单举清华李世权的反革命例子，大談“保护少数”。但是我們伟大的領袖毛主席立即識破了刘少奇要弄的鬼把戏，他老人家亲自出来接見革命师生了。刘少奇只好靠边站了。

八月三日刘少奇在北京建筑工程学院讲話时，继續为工作組定調子，划框框，但实际上是在收集材料，企图“秋后算帐。”

八月初，刘允斌向刘少奇汇报情况，将市委决定和华北局电报也向他談了，但是刘少奇只淡淡 地問 了几 句：“你 們厂沒有派工作組，也鎮压革命群众？”“把他們定成了反革命事件啦？有沒有死人？”根本沒有认識到刘氏路綫的錯誤，方向的錯誤。

刘涛在賀鵬飞等人的大字报上签了字后，刘少奇气坏了，从来沒有看到如此激动过，从客厅这头跑到另一头，王光美更是抱头痛哭不止。

八月五日毛主席写了第一篇大字报以后，在全国引起了强烈的反响。刘少奇、邓小平、彭眞、薄一波四大家族被彻底揭露了。刘少奇在許多地方的党羽，如李井泉，刘瀾涛等也被揪出来了。八届十一中全会以后，刘邓被彻底孤立了，他們已經丧失了政治力量 和 組 織 力量。但是他們仍旧坚持資产阶級反动路綫节节頑抗。

八月二十二日刘少奇还对毛主席在第一张大字报中所下的結論有保留，认为制定資产阶級反动路綫是无意的，是认識問題、并一再声称自己沒有“背后活动”。

十月二十三日在中央工作会議上，刘少奇不得不交出他的第一份书面检查材料，但是他的检查，很不深刻，很不象話，以致在干部当中也通不过。

十一月份，刘少奇还說过：“十一中全会后，我不参加領导了，对 文化 大革 命我 不过問。”意思是两条路綫的斗爭与他无关。王光美更是厚顏无耻地为刘少奇打保票說：“（刘少奇的）检查是經主席看过的，毛主席还滿意。”“（刘少奇）一年忙到头，辛辛苦苦，一心一意想把工作作好，却犯了錯誤，但沒有搞什么阴謀。”簡直是欺人之談。

直到十二月份，王光美还說：“清华的运动，我还有我的看法。”还认为蒯大富同志是牛鬼蛇神。王光美甚至借刘萍萍的口說：“以前我們压制了革命群众是实行資产阶級专政，实行了白色恐怖，那么现在反过来压制我們，那不也是实行白色恐怖，資产阶級专政嗎？从这里也可以看出刘少奇当时的思想。

十二月二十九日，西安保皇派伪工农总部演出了一場大鬧西北局的双簧丑剧，把刘澜涛护送到北京。刘澜涛一到北京，就去拜訪刘少奇。一到刘家，王光美大吃一惊：“你怎么鬧到这儿来了？你們到这儿来干什么？！”埋怨刘澜涛及其他人太笨，暴露了目标。

1967年：

一月六日清华大学井岡山兵团战士智擒王光美，想不到在白区工作过的第一把手刘少奇也被騙了出来。刘少奇眼看着紅卫兵战士押走他的宠妻、无何奈何，只好垂头丧气地回去了。

二月，中南海的紅色造反团战士狠斗了罪大恶极的刘少奇夫妇，刘少奇狼狽不堪的丑态百出，帽子也掉了，然而可恶的王光美却花言巧語地对群众說：“快給他戴上帽子，否則伤风了，斗不成了。”这眞是夫唱妇随，一对混蛋。

打倒刘少奇！

打倒党內走資本主义道路的当权派刘少奇！

打倒坚持資产阶級反动路綫的頑固分子刘少奇！

打倒中国的赫魯晓夫，中国修正主义的祖师爷刘少奇！

誓死保卫毛主席！

毛主席万岁！万岁！万万岁！

清华大学井岡山兵团二十八团《第一紅岩》战斗小組一九六七年二月

天津市文体半工半讀技校
天津二輕局半工半讀学校毛泽东思想紅卫兵翻印一九六七年四月

高举毛泽东思想伟大紅旗

彻底批判中国的赫鲁晓夫刘少奇

——刘少奇反动言論批判

天津大学八一三 批判刘、邓、陶联絡站 毛澤东思想教研室冲霄漢战斗隊 編印

1967.4

目　录

最高指示

在我国，資产阶級和小資产阶級的思想，反馬克思主义的思想，还会长期存在。社会主义制度在我国已經基本建立。我們已經在生产資料所有制的改造方面，取得了基本胜利，但是在政治战綫和思想战綫方面，我們还沒有完全取得胜利。无产阶級和資产阶級之間在意識形态方面的誰胜誰負問題，还沒有眞正解决。我們同資产阶級和小資产阶級的思想还要进行长期的斗爭。不了解这种情况，放弃思想斗爭，那就是錯誤的。凡是錯誤的思想，凡是毒草，凡是牛鬼蛇神，都应該进行批判，决不能让它們自由泛濫。

前　言

在我们伟大领袖毛主席亲自发动和领导下，史无前例的无产阶级文化大革命，以排山倒海之势，雷霆万钧之力，磅礴于全国，党内一小撮走资本主义道路的当权派的总头目，总根子刘少奇终于被揪出来了，这是无产阶级文化大革命的伟大胜利，是毛泽东思想的伟大胜利。

刘少奇从来就不是一个马克思列宁主义者，是一个披着马克思列宁主义外衣的修正主义分子，是中国的赫鲁晓夫。

长期以来，刘少奇就一直是反对毛主席，反对将毛泽东思想作为全党、全军和全国一切工作的指导方针的。他害怕革命，害怕群众，总是以他固有的资产阶级世界观来改造客观世界，反对无产阶级革命，妄图阻止历史车轮前进。

一九四八年，正当全国人民遵照毛主席“宜将剩勇追穷寇，不可沽名学霸王”的指示，夺取全国胜利的时候，刘少奇却适应中国反动派和美国侵略者阴谋在革命阵营内部组织反对派，极力使革命就此止步的需要，大唱革命形势发展“太快了”的反调，阻止革命前进，以便国民党赢得苟延残喘的机会，然后将革命扼杀，使革命半途而废。

毛主席教导我們：“我們是革命的轉变論者”，“中华人民共和国的成立标志着中国革命由資产阶級民主革命阶段轉变到社会主义革命阶段”。但刘少奇却歪曲党关于容许民族资本存在和发展的方针，放肆地美化资本主义，为资本家歌功颂德，并以此为借口，提出所谓“巩固新民主主义”的反动口号，反对进行“三大”改造，反对社会主义革命，宣扬“和平过渡”的谬论。

在我国生产资料所有制的社会主义改造基本完成，在国际上出现了赫鲁晓夫修正主义逆流之后，刘少奇和赫秃如出一辙，一唱一和，大唱反对所谓“个人迷信”的高调，含沙射影攻击我们的伟大领袖毛主席，极力反对毛主席关于社会主义社会阶级和阶级斗争的学说，鼓吹阶级斗争熄灭论，追随苏修，宣扬“三和”谬论。

刘少奇还利用我国经济的暂时困难之机，煽动一切牛鬼蛇神出笼，积极参与国内外反动派的反共、反华、反人民的大合唱，里应外合，攻击三面红旗，大刮“单干风”、“翻案风”，推行“三自一包”、“三和一少”、物质刺激、资产阶级的教育路线等一系列修正主义政策，为资本主义复辟大开绿灯。

在“四清”运动中，又推行了形“左”实右的机会主义路线。

当毛主席亲自发动和领导这次史无前例的无产阶级文化大革命，横扫一切牛鬼蛇神的时候，刘少奇又一次一马当先，泡制出一条资产阶级反动路线，破坏无产阶级文化大革命的开展，成为镇压无产阶级文化大革命运动的罪魁祸首。

总之，刘少奇在无产阶级革命的整个过程中，在革命的历次关键时刻，他始终是牢牢地站在资产阶级的立场上，以党内资产阶级代理人的角色登台表演，反对毛泽东思想，反对群众革命运动，反对革命。

刘少奇的反革命修正主义思潮，根深蒂固，流毒甚广，我们必须把他打倒。“凡是反动的东西，你不打，他就不倒。这也和扫地一样，扫帚不到，灰尘照例不会自己跑掉”。刘少奇也不例外。革命造反派的同志们，让我们高举毛泽东思想伟大红旗，奋起千钧棒，战斗吧！

“宜将剩勇追穷寇，

不可沽名学霸王”。

打倒刘少奇！

现根据我们自己的看法和手头占有的材料，把刘少奇的问题摘编如下，并相应地编上毛主席语录以及林彪同志等有关语录，加以对照，提供大家批判参考。

一、反对毛主席，反对毛泽东思想

1、貶低、攻击毛澤东思想

①“中国党有……极大的弱点，这个弱点就是党在思想上的准备，理论上的修养是不够的，是比较幼稚的。……伟大的著作还没有出来，这是中国党一个极大的工作。”

《答宋亮同志》

①“中国共产党自一九二一年产生以来，就以馬克思列宁主义的普遍眞理和中国革命的具体实践相結合为自己一切工作的指針，毛泽东同志关于中国革命的理論和实践便是此种結合的代表。”

《关于若干历史问题的决议》一九四五年

②“马克思主义的内容，是有世界历史以来无比丰富的，世界上任何大的原则性问题均解决了”。

《对马列学院学员讲话》一九四八年

②“全世界誰也不能代替毛泽东思想。”

林彪：《对军事院校讲话》一九六六年

“毛主席經历的事情，比馬克思、恩格斯、列宁都深刻得多。……革命經驗之丰富，沒有哪一个人能超过。”

林彪：《在中央政治局扩大会议上的讲话》一九六六年五月

③“许多问题列宁早已解决了，因为未看‘两个策略’，中国革命一下子迟了二十年。如果二十年前全党都研究‘两个策略’，就可能使二七年大革命不致失败。”

《对马列主义学院第一批学员的讲话》一九四八年十二月十日

③“特别是……党內以陈独秀为代表的右傾思想，发展为投降主义路綫，……拒絕接受毛泽东同志和其他同志的正确意見，……这次革命終于失敗了。”

《关于若干历史问题的决议》一九四五年

④“学习马列主义就是学习外国的经验，世界革命的经验。”

“既要有实际经验，更要有理论知识，既要有中国经验，又要有外国经验，二者缺一不可，否则就是跛脚的马克思主义者。教条主义者是跛脚的马克思主义者，而经验主义则是爬行的马克思主义者，看得不远，迷失方向……。所以我们必须学习普遍真理，把马列主义同中国的实际结合起来，有中国的经验，又有外国的经验，才有实行正确领导的可能。”

《对马列主义学院第一批学员的讲话》一九四八年十二月十日

一九五六年在“八大”会议上修改了一九四五年“七大”通过的党章，把总纲中“中国共产党以马克思列宁主义理论与中国革命实践之统一思想——毛泽东思想作为自己一切工作的指针。”全部删去，把党员义务第一条“努力提高自己的觉悟程度，领会马克思列宁主义毛泽东思想的基础。”改成了“努力学习马克思列宁主义，不断提高自己的觉悟程度。”偏偏地把“学习毛泽东思想”删去。

④“毛泽东思想就是革命的科学，是經过长期革命斗爭考驗的无产阶級的最高眞理，最現实的馬克思列宁主义。”

林彪：《对军事院校的讲话》一九六六年

“毛澤东思想是中国革命胜利的指針。毛泽东思想把馬克思列宁主义的普遍眞理同中國革命具体实践結合起来，創造性地发展了馬克思列宁主义，在馬克思列宁主义的武庫中增添了新的武器。”

林彪：《人民战争胜利万岁》一九六五年

“毛泽东思想……是当代最高水平的馬克思列宁主义，是当代改造人們灵魂的馬克思列宁主义，是无产阶級最强大的思想武器。”

林彪：《在庆祝无产阶级文化大革命群众大会上讲话》一九六六年

⑤“中国的革命和建设，带有自己国家的特点，但是，某些重要的特点也可能在别的一些国家中重新出现。就这一方面来说，中国的经验在某种程度上是有国际意义的”。“我们的一切胜利，都是马克思列宁主义的新证实和新胜利。”

《马克思列宁主义在中国的胜利》一九五九年

在庆祝中国共产党四十周年大会上，刘少奇胡说毛主席仅仅是“正确地提出了和解决了一系列理论和策略问题。”“提出了中国革命历史进程的规划”，根本不承认毛主席对马克思列宁主义有创造性地发展。他还说：“中国共产党成立以来的四十年……是马克思列宁主义在中国广泛传播和取得伟大胜利的四十年。”“中国共产党的历史是马克思列宁主义的普遍真理和中国具体革命实践相结合的历史。”

《在庆祝中国共产党成立四十周年大会上的讲话》一九六一年

⑤“毛泽东同志是当代最伟大的馬克思列宁主义者。毛泽东同志天才地、創造性地、全面地继承、捍卫和发展了馬克思列宁主义，把馬克思列宁主义提高到一个嶄新的阶段。”

林彪：《毛主席语录》再板前言一九六六年十二月

⑥“为了粉碎现代修正主义的进攻，我们首先要向马克思、恩格斯、列宁、斯大林请教，认真地研究他们的著作，掌握马克思列宁主义这个锐利的武器。我们也要认真地阅读反面教员提供的材料，包括现代修正主义者的著作，老修正主义者伯恩施坦、考茨基、普列汉诺夫等人的著作，以及帝国主义评论现代修正主义的文章。当然，也要读现代革命的马克思主义的文章。”

《在河内阮爱国党校的讲话》一九六三年六月

⑥“我們要把毛泽东思想的伟大紅旗舉得高高的，要用毛泽东思想統一全党、全国的思想，进一步促进人的思想革命化，挖掉資本主义的根子，防止修正主义。”

林彪：《对军事院校讲话》一九六六年

“毛泽东思想是反对帝国主义的强大的思想武器，是反对修正主义和教条主义的强大的思想武器。”

林彪：《毛主席语录》再板前言一九六六年十二月

⑦“毛主席发展了马列主义，也不是到此为止，马列主义还要发展，说到此为止，是机械论。”

《关于彭、陆、罗、杨集团问题对民主人士的讲话》一九六六年六月二十七日

⑦ **“毛泽东思想是当代馬克思列宁主义的顶峰。”**

林彪：《在全军高级干部会议上的讲话》一九六〇年十月

“毛泽东思想就是最高水平的馬克思列宁主义。”

林彪：一九六六年九月

2、反对学习、宣传毛澤东思想

⑧“我们学习毛泽东思想，这是好的。我想，我们不但要学习毛泽东思想，还要学习马克思列宁主义，因为马克思列宁主义是毛泽东思想的基础，对马克思列宁主义的理论，如果没有基本的知识，要学习毛泽东思想就相当困难。”

《在全国政协委员会座谈会上的讲话》一九五一年十一月四日

“党校不管什么专业都要把马列主义学好，不学好，就办不好。”

《对林枫谈话》一九六三年

⑧ **“我們学习馬克思列宁主义怎样学呢？我向同志們提議，主要是学习毛泽东同志的著作。这是学习馬克思列宁主义的捷徑。……毛泽东同志全面地、創造性地发展了馬克思列宁主义，綜合了前人的成果，加上了新的內容。要好好学习毛泽东同志的著作。我們学习毛泽东同志的著作容易学，学了馬上可以用，好好学习，是一本万利的事情。”**

林彪：《在全军高级干部会议上的讲话》一九五九年九月

⑨“学习马列主义就是学习外国革命经验，学习世界各国革命经验。”“有人认为何必学这些外国的东西呢？中国的书还读不完，毛主席的书还读不完呢？或者至少先读中国的书，再读外国的书吧。这个说法是不对的。”

《对马列主义学院的讲话》一九四八年

⑨ **“在馬克思列宁主义的經典著作中，我們要99%的学习毛泽东著作，这是革命的教科书。”**

林彪：《对军事院校的讲话》一九六六年九月

⑩“还有一些人对外国历史不懂得，这些困难就比较多些，有些科学知识很少，甚至连简单的数学、物理的书本都没有学过的，只学过经典书籍的，学习毛泽东思想就有困难。……如有本国历史知识而无外国历史知识的人，那就可以先学习外国历史。”

《在政协全国委员会学习座谈会上的讲话》一九五一年十一月四日

⑩ **“要使干部眞正学到东西，首先必須把毛泽东思想眞正学到手，这是最紧要的。”**

林彪：《在第八次全军院校工作会议小型会议上的讲话》一九六〇年八月

⑪“我们应该向谁学习，要向党内外一切有真理的人学习，不管他们的职位高低。……我们的原则是向一切有真理的人学习，不只是向职位高的人学习。”

《给某省委第一书记的回信》一九六四年九月

⑪ **“我們是一个伟大的无产阶級专政的社会主义国家，有七亿人口，需要有一个統一的思想，革命的思想，正确的思想，这就是毛泽东思想。”**

林彪：《给全国工交战线的信》一九六六年

⑫“我赞成当前干部和群众中学习毛主席著作的运动，特别赞成活学活用毛主席著作的口号。”但“不能把马克思列宁的学说当成教条一样，也不能把毛泽东的著作和讲话当成教条。现在不是你一个人犯了这样的错误，党内已有一部分干部犯同类性质的错误。”

《给某省委第一书记的回信》一九六四年九月

⑫“毛主席的話，水平最高，威信最高，威力最大，句句是眞理，一句頂一万句。”

林彪

“……要反复学习毛主席的許多基本观点，有些警句最好要背熟，反复学习，反复运用。”

林彪：《毛主席语录》再版前言一九六六年十二月

⑬“毛主席语录可以学，但不要占过多时间。”

一九六六年八月二十二日

⑬“要勤学多练。多练，就是反复地学，学深学透，多实际运用，不要学一下就过去”。

林彪：《答解放军报社问》　一九六〇年九月

⑭“现在我们所想到的（防止资本主义复辟）办法有两个，一个是发动群众搞四清，……一个是改革教育制度和劳动制度。……现在我们想到的就只有这两条。”

（一九六五年对何伟谈话，到一九六五年十一月又补充了“干部参加劳动”一条，说到目前为止，只有这三个办法。）

⑭“用毛泽东思想武装工农兵群众、革命知識分子和广大干部，进一步促进人的思想革命化，是防止修正主义，防止資本主义复辟，使我們社会主义和共产主义事业取得胜利的最可靠、最根本的保証。”

《中国共产党第八届中央委员会第十一次全体会议公报》　一九六六年

⑮刘少奇攻击解放军在四清中开展活学活用毛主席著作的群众运动是“用毛主席著作去代替四清运动”，规定四清中只许学“二十三条”。

⑮“四清运动中要加强政治思想工作，就是要作思想工作，用毛主席著作去提高群众的思想。”

林彪：《对四清工作的指示》　一九六五年

⑯在刘少奇批准的一九六二年组织工作的会议纪要中，明目张胆地提出对干部、党员进行教育的内容是：县委书记以上的党员干部，主要是学习中央规定的三本书，党章和刘少奇的《论共产党员的修养》。县委书记以下的、有自修能力的党员干部可以从上述教材中选择一部分进行学习，其他的党员主要是党章和中共宣传部、中央组织部编写的《做一个好共产党员》。

⑯“毛泽东思想是全党、全軍、全国人民的統一的行动綱领，全世界誰也不能代替毛泽东思想。”

林彪：《在军事院校的讲话》　一九六六年

⑰一九五四年杨献珍把一个反毛泽东思想的“哲学教学总结”送到苏共高级党校“审阅”，苏共修正主义哲学家格列则尔曼写了一封回信，赞扬了这个“总结”，污蔑和攻击学习毛泽东思想是“简单化”、“庸俗化”，后来此信经刘少奇批阅和推荐在《人民日报》发表，同时也在《学习》杂志上发表，在全国散布了极其恶劣的影响。

一九六一年三月，旧中宣部就针锋相对地在《关于毛泽东思想和领袖革命事迹宣传中一些问题的检查报告》中大肆污蔑工农兵群众活学活用毛主席著作运动“简单化”、“庸俗化”、“形式主义”，疯狂反对工农兵学习毛主席著作的群众运动。这个流毒全国的黑文件，是以刘少奇、邓小平为首的黑司令部批准的。

一九六五年，正当全国活学活用毛主席著作的群众运动蓬勃开展的时候，以刘少奇、邓小平为首的黑司令部，在八月份召开了一次中央书记处会议，大肆攻击群众学习毛著的运动，大泼冷水，大打棍子，会后还立即把这次会议的黑内容写成“纪要”通知各地，鼓吹学习毛主席著作要执行所谓“自愿”原则，胡说什么“不能卡得太死，不能千篇一律，不要形成社会强制”，搬出一大堆棍子，妄图扼杀轰轰烈烈的群众学习运动。

⑰“我主张要背一点东西，首先是把毛泽东同志的著作中最精辟最重要的話背下来。脑子里就是要記住那么几条。辯証法就是那么几条，可是它的变化是无穷的，你不懂得怎么能够用它。一定要把最重要的話背下来”。

林彪：《在全军高级干部会议上的讲话》　一九六〇年

⑱“学习理论，提高认识，联系实际，改造思想”。

（刘少奇批准的高级党校的修正主义教育方针）

⑱“带着問題学，活学活用，学用結合，急用先学，立竿见影，在‘用’字上狠下功夫。”

林彪：《关于加强部队政治思想工作的指示》

⑲“安心读书，两耳不闻窗外事，一心来读圣贤书，窗外事可以问一问，但不要因而不安心。”

《对马列学院学员谈话》　一九四八年

⑲“学习馬克思主义，不但要从书本上学，主要地还要通过阶級斗爭、工作实践和接近工农群众，才能眞正学到。”

毛泽东：《在中国共产党全国宣传工作会议上的讲话》

⑳一九六一年四月，以中央名义转发的《黑龙江省委关于选编和发表毛泽东同志言论问题的通报》，对毛主席著作的选编和出版，规定了种种“王法”，千方百计地反对和抵制各地编印和出版毛主席著作，这个流毒全国的黑文件，是以刘少奇、邓小平为首的黑司令部批准的。

一九六三年七月以中央名义批转了中宣部《关于出版工作座谈会情况和改进出版工作问题的报告》对出版毛主席著作又规定了许多新“王法”。例如：毛主席著作不许地方代编印出版；中央一级出版和出版毛主席著作专题摘录，各省有关党委都无权批准的。

一九六四年二月，以中央名义发出的《关于编印毛主席著作的批准手续的通知》，除了重申六三年七月以中央名义批转的旧中宣部《关于出版工作座谈会情况和改进出版工作问题的报告》所规定的“王法”，更进一步规定：“凡要出版毛泽东著作的选本，必须报告中央，非经中央批准，不得印行。”（原规定“报中央有关领导机关审查批准”）这个黑文件，又是以刘少奇、邓小平为首的黑司令部批准的。

⑳“根据广大群众的迫切要求，党中央决定，由文化部立即采取革命化的措施，动员各方面的力量，大量印刷发行各种版本的毛主席著作。这是全国人民的一件大喜事！这是无产阶級文化大革命的又一伟大胜利”！

“广大群众活学活用毛主席著作的热潮，在一段时間內，曾受到反党反社会主义黑帮分子的阻挠。这一小撮黑帮分子对毛泽东思想怀有刻骨的仇恨。”

他們害怕毛泽东思想同广大群众見面，誣蔑广大工农兵学习毛主席著作是“庸俗化”、“簡单化”、“实用主义”。在他們控制了領导权的地区和单位，他們还找各种借口，限制毛主席著作的印刷发行，妄图剝夺广大群众学习毛主席著作的权利。

阶級敌人越是仇恨毛泽东思想，我們就越是热爱毛泽东思想。他們越阻挠毛泽东思想和广大群众見面，我們就越要更好地宣传毛泽东思想，越要大量印刷发行毛主席著作，把毛主席著作送到千千万万工农兵群众中去”。

《人民日报》社论：《全国人民的大喜事》　一九六六年八月八日

3、恶毒地攻击毛主席，无耻地吹嘘自己，妄图实現篡党篡政的个人野心

㉑“从一九三五年一月党中央的遵义会议以来的二十一年中，我们党在以毛泽东同志为首的中央的领导下，却没有犯过路线错误。这个历史的变化究竟应当怎样解释呢？这不能仅仅用党的历史长短、经验多少去解释，……也不能仅仅用某个时期党的领导者个人情况去解释，因为大多数犯过错误的领导者在后来也为党作了很多的工作。从我们党的历史可以得出这样的结论：党的经验多少和党的领导人选，对于党是否犯错误有重要的关系，但是关系更重要的，是各个时期广大党员首先是党的高级干部是否善于用马克思主义的立场、观点和方法去总结斗争中的经验，坚持真理修正错误。”

《八大政治报告》　一九五六年

㉑“**毛主席是我們党的締造者，是我国革命的締造者，是我們党和国家的伟大領袖，是当代的最伟大的馬克思列宁主义者。**”

林彪：《在中央政治局扩大会议上的讲话》　一九六六年五月十八日

㉒“我们这一部分，比马克思、恩格斯、列宁、斯大林的那部分，当然小得多。”

《论共产党员修养》　一九六二年

㉒“**毛主席比馬克思、恩格斯、列宁、斯大林高得多，現在世界上沒有哪个人比得上毛主席的水平。**”

林彪　一九六六年

㉓“做马克思、列宁的好学生。”

《论共产党员修养》　一九六二年

㉓“**讀毛主席的书，听毛主席的話，照毛主席的指示办事，做毛主席的好战士。**”

林彪

㉔“马克思、恩格斯、列宁、斯大林、毛主席都犯过许多错误。”

《在哲学社会科学部的报告》　一九六三年

一九六一年四月下旬，刘少奇回老家时与农民和干部说起这几年的灾害，他说：“毛主席犯了错误。”

摘自《刘少奇的医生揭刘少奇》

㉔“**十九世紀的天才是馬克思、恩格斯，二十世紀的天才是列宁和毛泽东同志。毛主席在全国全世界有最高的威望，是最卓越最伟大的人物。**”

林彪：《在中央政治局扩大会议上的讲话》　一九六六年五月

㉕“这种人在中国共产党内曾经是不少的。在过去某一时期内，某些教条主义的代表人，就比上述的情况更坏。这种人根本不懂得马克思列宁主义，而只是胡诌一些马克思列宁主义的术语，自以为是‘中国的马克思、列宁’，装作马克思、列宁的姿态在党

内出现，并且毫不知耻地要求我们的党员像尊重马克思、列宁那样去尊重他，拥护他为‘领袖’，报答他以忠心和热情。他也可以不待别人推举，径自封为‘领袖’，自己爬到负责的位置上，家长式地在党内发号施令，企图教训我们党，责骂党内的一切，任意打击、处罚和摆布我们的党员。这种人不是真正学习马克思列宁主义，不是真正为共产主义的实现而斗争，而是党内的投机分子，共产主义运动中的蠹贼。这种人在党内，终归要被党员群众所反对，揭穿和抛弃，是毫无疑问的。我们的党员也果然抛弃了他们。然而我们是否能够完全自信地说，在我们党内就从此不会再有这种人了呢？我们还不能这样说。"(《论共产党员的修养》一书，刘少奇在一九四九年六月修改过一次。在那次修改前，这段话的开头是这样的："这种人中最坏的代表如中国过去的张国焘等就比上述的情况更坏。"一九四九年改为："这种人在中国共产党内曾是不少的。其中最坏的代表，就比上述的情形更坏。"这就是说，刘少奇在最初这段讲话时，是指李立三、张国焘等人的，而修改后它就是通论泛指了。这就清楚地看到刘少奇是含沙射影，别有用心了。可见刘少奇从一九四九年起已经把矛头指向我们敬爱的领袖毛主席了。一九六二年把这句话改成现在的样子，同时把"要被"改为"终归要被"，把"完全"改为"从此"，也就是说，从"过去第一时期"以后，不能说没有这种人，而这种人"终归要被党员群众所反对。"这不是明目张胆地反对毛主席吗？)

㉕**"我們現在拥护毛主席，百年以后我們也拥护毛主席。毛泽东思想要永远流传下去。"**

林彪：《在中央政治局扩大会议上的讲话》　一九六六年五月

㉖"有些人把党当成汽车，他是开汽车的，想爬到党的身上驾驭党。""领袖不能自封，那得人来承认，自己承认是不算数的。强求势必要发生错误，另搞一套不行。一定要这么搞，就是和人民的方向对立起来。"

《在北京日报社的讲话》　一九五八年六月三日

㉖**"二十世紀的天才是列宁和毛泽东同志。不要不服气，不行就不行。"**

林彪：《在中央政治局扩大会议上的讲话》　一九六六年五月十八日

㉗"反对毛主席只是反对个人。"

《在五级干部会议上的讲话》　一九六二年一月二十六

㉗**"毛主席……是我們党的最高領袖，誰反对他，全党共誅之，全国共討之。"**

林彪：《在中央政治局扩大会议上的讲话》　一九六六年五月

㉘"清华有一个学生，写了'拥护党中央，反对毛主席'的标语，……现在看来，说这个学生是反革命的结论，材料不充分。"

《人大会堂报告》　一九六六年七月二十九日

㉘**"凡是張貼反革命标語，攻击污蔑伟大領袖毛主席和他的亲密战友林彪同志的，都是現行反革命行为，应該依法懲办。"**

《中共中央、国务院关于公安工作决定》　一九六七年一月

㉙一九六六年七月一日《人民日报》社论《毛泽东思想万岁》由刘少奇、邓小平最后定稿的。原稿有这样一段："像毛泽东同志经历那样长期、那样复杂、那样激烈、那样多方面的斗争的革命领袖，在历史上是罕见的，因此毛泽东同志在我国人民中享有最高的威望，在世界人民中享有最高的威望"。刘邓在"历史上是罕见的"前面加上"同

马克思、恩格斯、列宁、斯大林一样”的提法，反对关于毛主席比马克思、恩格斯、列宁、斯大林都高得多的光辉论断。特别令人气愤的是他们竟把“毛泽东同志在我国人民心中享有最高的威望，在全世界人民心中享有最高的威望”一句删去。

㉚“你们是城里的知识分子，我也是城里的知识分子，毛泽东同志也是城里的知识分子……，卡斯特罗也是的，本·贝拉也是的……。”

《同拉丁美洲青年的谈话》

㉛“马克思促进，我也促进，我们是一派。”

《在北京日报社的谈话》　一九五八年六月三十日

“外国出了个马克思，中国为什么不能出个刘克思？”

《在华东党校的讲演》

“我的话有时也不错，但是少数，毛主席也是这样，很长时间是少数。”

《在人大会堂的讲话》　一九六六年七月二十九日

“没有山头就没有中华人民共和国，要是问中华人民共和国哪里来的，回答是从山头来，什么山？井岗山、五台山、大别山……等等，山头是谁，历史就有谁。”

《在北京日报社的谈话》　一九五八年六月三十日

刘少奇长期以来，招降纳叛，结党营私，把其指使自首变节的叛党分子，安插在党和国家的重要岗位，为实现其篡党、篡政、篡军的野心，做了组织上的准备。

㉛**“什么人是不老实的人？托洛茨基、布哈林、陈独秀、張国焘是不大老实的人，为个人利益为局部利益鬧独立性的人也是不老实的人。一切猾狡的人，不照科学态度办事的人，自以为得計，自以为很聪明，其实都是最蠢的，都是沒有好結果的。”**

毛泽东：《整顿党的作风》

二、反对社会主义革命，妄图发展資本主义

1、民主革命时期，刘少奇就是党的同路人

①“民主革命的旗帜要比共产党的旗帜好。”

（一九四二年）

①“……一切共产主义者的最后目的，则是在于力爭社会主义社会和共产主义社会的最后的完成。”

（毛泽东：中国革命和中国共产党）

②一九四六年二月旧政协会议开过后，刘说政协决议会付诸实现，中国将走上“和平民主新阶段”。

《为中央写的指示》一九四六年

②“蔣介石总是要强迫人民接受战爭，他左手拿着刀，右手也拿着刀。……現在蔣介石已經在磨刀了，因此，我們也要磨刀。”

毛泽东：《抗日战爭胜利后的时局和我们的方针》

③“现在（按：指一九四八年）革命形势发展很好，出乎我们意料之外，现在不是怕太慢了，而是怕太快了，太快了我们困难太多，不如慢一点，我们可以从容准备。”

《对马列学院第一期学员讲话》一九四八年十二月

③“这样，就使我們原来預計的战爭进程，大为縮短。……敌人是正在迅速崩潰中，但尚需共产党人、人民解放軍和全国各界人民团結一致，加紧努力，才能最后地完全地消灭反动势力，在全国范圍內建立統一的民主的人民共和国。”

毛泽东：《中国军事形势的重大变化》

“如果要使革命进行到底，那就是用革命的方法，坚决彻底干净全部地消灭一切反动势力……。如果要使革命半途而废，那就是违背人民的意志，接受外国侵略者和中国反动派的意志，使国民党赢得养好創伤的机会，然后在一个早上猛扑过来，将革命扼死，使全国回到黑暗世界。现在的問題就是一个这样明白地这样尖銳地摆着的問題。”

毛泽东：《将革命进行到底》

④“我们从历史看这个奴隶主、奴隶社会，它是进步的，历史上起过进步作用，那时奴隶主讲的道理最好，学问也是他最高，他代表了最大多数人民的最大利益。”“文、武周公那个时候是代表地主阶级，站在地主阶级立场，就是站在大多数人民的立场。”“孙中山那个时候搞实业救国，现在也还是这样：站在资产阶级立场，彻底整顿自己工厂内部，清除官僚资产阶级的影响，努力把工厂办好，是可以代表人民的。所以也还有这样一个时候，站在资产阶级立场，就是站在大多数人民的立场，能代表人民。

《一九五一年五月十三日的报告》

④“你是資产阶級文艺家，你就不歌頌无产阶級而歌頌資产阶級；你是无产阶級文艺家，你就不歌頌資产阶級而歌頌无产阶級和劳动人民：二者必居其一。”

毛泽东：《在延安文艺座谈会上的讲话》

2、鼓吹"巩固新民主主义制度"

⑤"在协商过程中，有些代表提议把中国社会主义的前途写进共同纲领中去，但是我们认为还是不妥当的。因为要在中国采取相当严重的社会主义的步骤，还是相当长久将来的事情，如在共同纲领上写上这一个目标，很容易混淆我们在今天所要采取的实际步骤。"

《在中国人民政治协商会议第一届会议上讲话》一九四九年九月

⑤"我們共产党人从来不隐瞞自已的政治主张。我們的将来綱領或最高綱領，是要将中国推进到社会主义社会和共产主义社会去的，这是确定的和毫无疑义的。"

毛泽东：《论联合政府》

⑥"我国正处在建设社会主义的过渡时期，在我国这个时期，也叫做新民主主义时期。"

《关于宪法草案的报告》一九五四年

"现在是三年准备，十年建设的时期，经十年建设后，中国的面貌焕然一新，社会主义是将来的事情，现在提得过早。"

《全国宣传工作会议上的讲话》一九五一年六月

"中国共产党……在现在为巩固新民主主义制度而斗争……"

"我们现在是五种经济合作，巩固新民主主义制度，将来要搞社会主义。"

《一九五一年十一月四日的讲话》

⑥"中华人民共和国的成立标志着中国革命由資产阶級民主革命阶段轉变到社会主义革命阶段……。"

（毛主席召集最高国务会议讨论中共中央提出的一九五六年至一九六七年全国农业发展纲要草案）一九五六年一月二十五日

"……如果說，两个革命阶段中，第一个为第二个准备条件，而两个阶段必須衔接，不容横插一个資产阶級专政的阶段，这是正确的，这是馬克思主义的革命发展論。"

毛泽东：《新民主主义论》

3、极力美化资产阶级，宣扬阶级合作，反对对资本主义经济的社会主义改造

⑦"今天资本主义的剥削不但没有罪恶，而且有功劳，封建剥削除去以后，资本主义剥削是有进步性的。今天不是工厂开的更多，而是太少了，工人、农民的痛苦在于没有人剥削他们，你们有本事多剥削，对国家人民都有利，大家赞成。"

《在工商业家座谈会上的讲话》一九四九年

⑦"……在阶級斗争的社会里，有了剝削阶級剝削劳动人民的自由，就沒有劳动人民不受剝削的自由。"

毛泽东：《关于正确处理人民内部矛盾的问题》

⑧"我们就怕资本家不来剥削你，资本家能够剥削很多工人那才好，有人剥削，总比没人剥削好一点，没人剥削完全没饭吃，有人剥削还能吃个半饱，这总是好一点。"

《在青代会上的讲话》

⑧"上海等处的失业問題即吃飯問題，完全是帝国主义、封建主义、官僚資本主义和国民党反动政府的残酷无情的压迫和剝削的結果。在人民政府下，只消几年功夫，就可以和华北、东北等处一样完全地解决失业即吃飯的問題。"

“……世界一切事物中，人是第一个可宝貴的。在共产党領导下，只要有了人，什么人間奇迹也可以造出来。”

毛泽东：《唯心历史观的破产》

⑨“今天资本家办工厂，要多办几个，办得大一点。这是不是剥削呢？当然是剥削。但是这个剥削有进步作用，剥削得好！现在人民不是怕你剥削，而怕你不剥削。他叫你剥削多一点而不是叫你剥削少一点。我到天津的时候虽讲过，说你这个资本家，现在有几百个工人在门外等着，要到工厂做工。问题就是：‘资本家先生，我们请求你剥削一下，我们要到你工厂里做工，剥削一下，我就有饭吃，老婆孩子就能活下去。如果不剥削不让我工作，那就不得了！’工人要你剥削，请求你剥削，你剥削人家许可，不剥削人家就苦得很，所以问题是什么呢？就是资本主义的生产方式，资本主义的经济生产带有进步性，它也能为人民服务，在这个时期，它能与大多数人民的利益一致，与国家利益一致。现在资本家不是这样讲吗？一个大私商，你跟他讲话，他总说我做生意原来是没有饭吃，因此开了一个铺子，我才找到饭吃。你开铺子，什么东西卖给人民，这就是为人民服务嘛。”

《一九五一年五月十三日报告》

⑨**“社会財富是工人、农民和劳动知識分子自己創造的。”**

毛泽东：《书记动手，全党办社》一文的按语

“……几千年来总是說：压迫有理，剝削有理，造反无理。自从馬克思主义出来，就把这个旧案翻过来了。”

毛泽东：《在延安各界庆祝斯大林六十寿辰大会上的讲话》

⑩“我们那时搞‘实业救国’，就是指的资本家为人民服务。现在资本家还可以为人民服务。资本家也是这样讲：‘我开个工厂就是为了提高生产呀！有些人是不一定这样的，实际上他开工厂唯一的目的是为了赚钱，他不管国家不国家，生产不生产，这样的资本家今天有没有呢？有的。但是，有些资本家他开工厂不是‘唯利是图’而是为了要使中国富强，多搞一些工厂跟帝国主义争一口气，……这些资产阶级进步的时候，他这种思想是代表人民，为人民服务的，为国家服务，与人类利益一致的，所以还有它的进步作用。”

《一九五一年五月十三日的报告》

⑩**“态度問題。随着立場，就发生我們对于各种具体事物所采取的具体态度。比如說，歌頌呢，还是暴露呢？这就是态度問題。”**

毛泽东：《在延安文艺座谈会上的讲话》

⑪“我就向他（启新洋灰公司经理周寿涛）解释这个问题，你想开第四个厂子是剥削工人多了，这算不算罪恶呢？这不但不算罪恶，而且有功劳，多剥削几个工人好呢？还是少剥削几个工人好呢？还是多剥削几个工人好，失业的工人要求复工，他们招到了资本家工厂里做工，这也就是说：“请你们剥削我一下吧！”他们要你剥削，能剥削他们倒舒服一些，否则他们倒觉得痛苦，今天东亚毛织厂剥削一千二百个工人也算不少了吧！但是你们能剥削二千四百个工人，多上一倍，也就更好，周寿涛的思想是错的，我说剥削的越多，功劳越大。马克思也说过：‘资本主义在青年时代是有历史功绩的。’我说这个功绩是永垂不朽的。”

《在青代会上的讲话》

⑪"立場問題。我們是站在无产阶級的和人民大众的立場。对于共产党員来說，也就是要站在党的立場，站在党性和党的政策的立場。"

毛泽东：《在延安文艺座谈会上的讲话》

⑫"现在大家一齐来搞，为中国工业化而努力，当将来收归国有的时候，资本家的贡献越大，就越光荣。有些工业资本家问：'国有化是不是可以早一点？以为工业是个负担。'他说：'我多开一个工厂就多剥削一些工人，将来罪过更大。'不是的，那是贡献更大，不是罪过更大。"

《一九五一年十一月四日的讲话》

"资本家的剥削是有历史功绩的，没有一个共产党员会要抹杀资本家的功劳。骂是骂，功劳还是有的。当然罪恶也有一点，但功大罪小。今天中国资本主义是在年青时代，正是发展他的历史作用，积极作用，建立功劳的时候，应赶紧努力，不要错过。今天资本主义剥削是合法的，愈多愈好，股息应该提高。"

《在工商业家座谈会上的讲话》一九四九年

⑫"他們老是站在資产阶級、富农……的立場上替較少的人打主意，而沒有站在工人阶級的立場上替整个国家和全体人民打主意。"

毛泽东：《关于农业合作化问题》

⑬"有些工商业家向我提出过，'剥削者''资本家'这些名字是不是可以改一下？……我说，好，改一下，那么改成什么呢？剥削者、资本家也很好，很进步吗！现在大家要请你剥削。这些问题不是我们故意这样讲，因为这是真理，真理就要宣传，不能隐蔽。向大家讲清楚了，不怕人家误会。"

《一九五一年五月十三日的报告》

⑬"在阶級社会中，每一个人都在一定的阶級地位中生活，各种思想无不打上阶級的烙印。"

毛泽东：《实践论》

⑭"现在资本家情绪不安，小资产阶级也不安，农民也不安，动荡，不晓得怎么样，不能掌握命运，这是个很大的问题。原因是什么呢？这里我们现在要来改变两种私有制：要把小生产自私自利——农民的个体私有制改变为集体所有制；要把资本主义所有制改变为国家的全民所有制，所以牵涉的人很多，所有的农民牵进来了，小手工业者牵进来了，小商小贩牵进来了，所有的资产阶级，资本家牵进来了。在这个紧要关头，如果我们不加紧宣传，不说清楚的话，或者我们自己也犯错误，再加上反革命分子一鼓动，就可能发生问题。"

"全国除工人阶级之外，全国人民都动荡不安。因此，同志们要紧张起来，谨慎些……"

《在中共中央关于资本主义工商业社会主义改造问题上的讲话》一九五五年十一月

⑭"我們正在建設社会主义。有几亿人口进入社会主义的改造运动。全国各个阶級的相互关系正在起变化。农业和手工业的小資产阶級和工商业資产阶級，都发生了变化。社会經济制度变化了，个体經济变为集体經济，資本主义私有制正在变为社会主义公有制。这样大的变动当然要反映到人的思想上来。存在决定意識。在不同的阶級、阶层、社会集团的人們中間，对于这个社会制度的大变动，有各种不同的反映。广大人民

群众热烈拥护这个大变动，因为现实生活証明，社会主义是中国的唯一出路。"

毛泽东：《在中国共产党全国宣传工作会议上的讲话》

⑮"提高工业利润，七、八年内不要限制，对国家、对工人、对生产都有利。到底赚多少钱算合法？我以为赚多少钱都合法！"

《在工商业家座谈会上的讲话》一九四九年

"今天工业利润不可能很多，但工业的前途是很光明的。眼光要放远一些，赚大钱的时候还在后头。"

《在工商业家座谈会上的讲话》一九四九年

⑮"一定要让私人資本主义經济在不能操纵国計民生的范圍內获得发展的便利，才能有益于社会的向前发展。"

毛泽东：《论联合政府》

"……将采取調节劳資間利害关系的政策。一方面，保护工人阶級利益……，另一方面，保証国家企业、私人企业和合作社企业，在合理經营下的正当的赢利……。"

毛泽东：《论联合政府》

⑯"私营企业的活动范围很大，可以和国营企业平行发展。我们也主张对私人资本有限制，但是今天有好些地方，说限制等于不限制。……将来限制恐怕多一点，如工厂愈办愈多，中国已不是产业落后，而已达到进步饱和了，生产不是太少，而是过剩了，那时就必须限制。"

《在工商业家座谈会上的讲话》一九四九年

⑯"但是中国資本主义的存在和发展不是如同資本主义国家那样不受限制任其泛濫的。它将从几个方面被限制——在活动范圍方面，在税收政策方面，在市場价格方面，在劳动条件方面……。如果认为我們現在不要限制資本主义，认为可以抛弃'节制資本'的口号，这是完全錯誤的，这就是右傾机会主义的观点。"

毛泽东：《在中国共产党第七届中央委员会第二次全体会议上的报告》

"在統筹兼顾的方針下，……使各种經济成分，在具有社会主义性质的国营經济領导之下，分工合作，各得其所，以促进整个社会經济的恢复和发展。"

毛泽东：《为争取国家财政经济状况的基本好转而斗争》

⑰"政府的方针，是要使国营私营互相合作配合，减少竞争，政府要发展国营生产，也要发展私营生产，这就是公私兼顾。也许将来私营生产会超过公营的，但政府并不怕，我们的目的是发展生产，并不反对那样生产发展得多，重要的是配合问题。……公私合作有全面的，有暂时的，有长期的。我们有所谓国家资本主义，是私人和国家的长期合作，你有困难我帮助解决，我有困难你帮助解决，互相照顾，不是尔虞我诈，而是完全合作，彼此有益的。我希望合作的多，合作的长，使公私两利，不过这合作是完全自由的，并不强制。"

《同上》

"有些先生说怕我们的贸易公司，说贸易公司是个大资本家，谁能和他竞争呢？这也未可厚非，这就是自由竞争！就是学得你们的么！不过贸易公司统治原料、市场，是普通生意人的办法，如果国家贸易公司也用这种办法来经营，只顾到自己，那就是不对的，是违反党的政策的。……我主张采取这样的方针，就是，从原料到市场，由国营私营共同商量，共同分配，这叫做‘有饭大家吃，有钱大家赚’，就是贯彻公私兼顾的政策。”

《在工商业家座谈会上的讲话》一九四九年

“将来从新民主主义社会到社会主义社会，就可以和平的走去，不必经过流血的革命。这个工作，从现在起，就是实行劳资两利和发展生产。私人资本是有它的积极性的，必须充分发挥。将来到中国的工业生产过剩的时候，就是要搞社会主义的时候，到那个时候，私人资本的积极性已经用完了。但那将是几十年以后的事情。”

《同上》

⑰“**对于私人资本主义采取限制政策，是必然要受到資产阶級在各种程度和各种方式上的反抗的……。限制和反限制，将是新民主主义国家內部阶級斗爭的主要形式。**”

毛泽东：《在中国共产党第七届中央委员会第二次全体会议上的报告》

⑱“……对民族资产阶级有斗争的一面，有联合的一面，在政治上要联合他们和帝国主义、封建主义、官僚资产阶级作斗争，在经济上要联合他们发展生产，但在联合当中不能缺少斗争，因此只斗争不联合是错误的，只联合不斗争也是错误的，但以那个为主呢？今天来讲重点是联合不是斗争。因此和民族资产阶级进行必要的适当的斗争，但不是破坏联合。如果斗争到把资产阶级消灭，这样工厂减少，工人失业，对工人对国家对人民都不利。今天中国不是资本家太多太发展了，而是太少不发展。因为资本主义不发展工人才痛苦。所以要打倒民族资产阶级是少了一个朋友，出了一个敌人。所以要和他们联合，同时要有适当的恰如其分的斗争。”

《在天津职工代表会上的讲话》一九四九年

“自由资产阶级不是斗争对像，一般地是团结对像，争取的对像，对资产阶级也有斗争，但重点是团结，如把自由资产阶级当作斗争对像那就犯路线的错误……今天（对资产阶级）重点还是团结，甚至在相当长的时期内，这个重点还不会变……”

《对天津工作初次意见》一九四九年

“斗争不要过分……，如果不这样，一定会引起严重的后果，就是工厂关门、倒闭，生产降低，工人失业或者是工人孤立；农民和职员都说你们不对，到那时候你们很痛苦，到那时候要政府救济，政府是没有力量的。你们把资本家捉来枪毙了，他便不能办工厂了。有些工人说：‘资本家不开我们开，组织起来合作社工厂。’开了合作工厂没有呢？开了很多，但是没有一个搞好的。”

《在职工代表会上的讲话》一九四九年

“国家现在接管官僚资本的工厂，管理后还不如资本家管理得好，何况再接受几十，几百个小工厂，那么怎么管理呢？那更管不好，也没有那样多干部，就是将来你们大家能够当厂长，但是因为经验不够，搞不赢资本家，那么有的工人这样答复：资本家不搞，我们自己干也不行？我看见过很多事实，资本家办的工厂被工人接受来办合作社，但办了一两个月就跨台了。”

《在青代会上的讲话》

⑱“**矛盾和斗爭是普遍的、絕对的，但是解决矛盾的方法，及斗爭的形式，則因矛盾的性质不同而不相同。**”

毛泽东：《矛盾论》

“……斗爭是团結的手段，团結是斗爭的目的。以斗爭求团結則团結存，以退让求团結則团結亡……。”

毛泽东：《目前抗日统一战线中的策略问题》

“忽視資产阶級（尤其是大資产阶級）不但在极力影响小資产阶級和农民，而且还在极力影响无产阶級和共产党，力求消灭无产阶級和共产党在思想上、政治上、組織上的独立性，力求把无产阶級和共产党变成資产阶級及其政党的尾巴，力求使革命果实归于資产阶級的一群一党的事实；忽視資产阶級（尤其是大資产阶級）一到革命同他們一群一党的私利相冲突时，他們就实行叛变革命的事实。如果忽視了这一方面，这就是右傾机会主义。”

毛泽东：《“共产党人”发刊词》

“必須学会在城市中向帝国主义者、国民党、資产阶級作政治斗爭、經济斗爭和文化斗爭，……既要学会同他們作公开的斗爭，又要学会同他們作隐蔽的斗爭。如果我們不去注意这些問題，不去学会同这些人作这些斗爭，并在斗爭中取得胜利，我們就不能維持政权，我們就会站不住脚，我們就会失敗。”

毛泽东：《在中国共产党第七届中央委员会第二次全体会议上的报告》

⑲“一个代表无产阶级的人，他要反动，也是‘一念之差’，我们就有很多共产党员，本来是真想革命的，但是后来当了叛徒，跟蒋介石一道反对共产党。比如叶青……所以立场的变更，是容易的，共产党员——无产阶级战士一下子可以变过来，因此其他阶级也可以一下子变过来。”

《在政协全国委员会民主人士学习座谈会上的报告》一九五一年五月

“一个作地主作了好久，从来没有劳动。从来没有跟农民在一块，生活习惯、讲的道理都不是农民的。但是可以‘一念之差’，地主不作了，问题就解决了。彻底摔掉地主阶级，站过来，站在劳动人民方面，拥护土地改革是认识了，但是站在这方面是格格不入的，劳动起来手疼、讲起话来也不同，你讲的话，我觉得不好听，我讲的话，你们觉得不好听，搞不好。这种生活习惯的改变，是要经过一个过程的，甚至可以说是要经过一个痛苦过程的，但是，立场的改变，站过来、站过去，那并不是困难的。”

《在政协全国委员会民主人士学习座谈会上的报告》一九五一年五月

⑲“有人說，中国資产阶級現在已經沒有两面性了，只有一面性。这是不是事实呢？不是事实。一方面，資产阶級分子已經成为公私合营企业中的管理人員，正处在由剝削者变为自食其力的劳动者的轉变过程中；另一方面，他們現在还在公私合营的企业中拿定息，这就是說，他們的剝削根子还沒有脱离。他們同工人阶級的思想感情、生活习慣还有一个不小的距离。怎么能說已經沒有了两面性呢？就是不拿定息，摘掉了資产阶級的帽子，也还需要一个相当的时間继續进行思想改造。

毛泽东：《关于正确处理人民内部矛盾的问题》

⑳“工人阶级在一定的时候，也可能是不能依靠的……工作不要以为依靠工人阶级是没有问题的。”

《对天津工作的指示》

“你们（指资本家——引者）必须要和工人斗争，如果不斗，将来你的厂子被工人斗垮了台，那时你就不能怪共产党不好。”

《在工商业家座谈会上的讲话》

⑳“工业无产阶級人数虽不多，却是中国新的生产力的代表者，是近代中国最进步的阶級，做了革命运动的领导力量。”

毛泽东：《中国社会各阶级的分析》

“在城市斗爭中，我們依靠誰呢？……我們必須全心全意地依靠工人阶級……。”

毛泽东：《在中国共产党第七届中央委员会第二次全体会议上的报告》

4、竭力主张发展富农经济，反对农业的社会主义改造

㉑“我们采取的保护富农经济的政策，当然不是一种暂时的政策，而是一种长期的政策。这就是说，现在整个新民主主义阶段中都要保护富农经济的。只有到了这样一种条件成熟，以至在农村中，可以大量地采用机器耕作，组织集体农场，实行农村的社会主义改造时期，富农经济的存在才成为没有必要的了，而这是相当长远的将来才能做到的。”

《在政协委员会第二次会议上关于土地政策问题的报告》一九五〇年六月

㉑“在逐步地实現社会主义工业化……的同时……在农村中消灭富农經济制度和个体經济制度，……”

毛泽东：《关于农业合作化问题》

㉒“富农有生产经验和经营管理的经验，在同样的土地上，他的收获就比较多。”

摘自（“刘少奇长子刘允斌揭发）

㉒“合作社的领导机关必須建立現有貧农和新下中农在领导机关中的优势，而以老下中农和新老两部分上中农作为輔助力量，才能按照党的政策实現貧农和中农的团結，巩固合作社，发展生产，正确地完成整个农村的社会主义改造。沒有这个条件，中农和貧农就不能团結，合作社就不能巩固，生产就不能发展，整个农村的社会主义改造就不能实現。”

毛泽东：《长沙县高山乡武塘农业生产合作社是怎样从中农占优势转变为贫农占优势的》一文按语

㉓一九四九年东北局组织部向中央请示土改后发展成为新富农的党员的党籍处理问题，在反革命修正主义分子安子文以中央组织部名义的复电中说：“暂仍保留党籍。”安说：“党员不雇工，群众也不敢雇，生产就不能发展。应允许所有的人（包括党员在内）都有单干雇工的自由。”刘少奇在第二次组织工作会议上说：“安子文的答复不是错误的，也跟我的主张差不多……因为那时东北华北土改刚完成，需要一个短时间来安定农民的生产情绪。”

㉓“第一条：任何从事劳动，不剝削他人劳动的中国公民，承认党的綱領和党的章程，参加党的一个組織并在其中工作，执行党的决議，并且按照規定交納党費的，都可以成为本党党員。”

《中国共产党章程》

㉔“有人问：‘雇人耕种的土地是否有限制？’我们的答复‘没有限制。’无论雇长工也好，雇零工也好，雇十个八个甚至一百个也好，只要是自己耕种或雇人耕种自己经营的土地，我们就应该加以保护，不得受侵犯。”

《在政协全国委员会关于土地政策问题讨论的结论》一九五〇年六月

㉔“大家已經看見，在最近几年中間，农村中的資本主义自发势力一天一天地在发展，新富农已經到处出現，許多富裕中农力求把自己变为富农。許多貧农，则因为生产資

料不足，仍然处于貧困地位，有些人欠了債，有些人出卖土地，或者出租土地。这种情况如果让它发展下去，农村中向两极分化的現象必然一天一天地严重起来。失去土地的农民和继續处于貧困地位的农民将要埋怨我們，他們将說我們見死不救，不去帮助他們解决困难。”

毛泽东：《关于农业合作化问题》

㉕“在土地改革后的农村中，在经济发展中，农民的自发势力和阶级分化已经开始表现出来了，党内已经有一些同志对这种自发势力和阶级分化表示害怕，并且企图去加以阻挠和避免，他们幻想用劳动互助组和供销合作社的办法去达到避免此种趋势的目的，已有人提出这样的意见：应该逐步地动摇、削弱直至否定私有基础，把农业互助组提高到农业生产合作社，以此作为新因素。”“这是一种错误的、危险的、空想的农业社会主义思想。”

对山西省委《把老区的互助组提高一步》一文的批语。一九五一年

㉕“我們在农业社会主义改造方面采取了逐步前进的办法。第一步，在农村中，按照自願和互利的原則，号召农民組織仅仅带有某些社会主义萌芽的、几戶为一起或者几十戶为一起的农业生产互助組。然后，第二步，在这些互助組的基础上，仍然按照自願和互利的原則，号召农民組織以土地入股和統一經营为特点的小型的带有半社会主义性质的农业生产合作社。然后，第三步，才在这些小型的半社会主义的合作社的基础上，按照同样的自願和互利的原則，号召农民进一步地联合起来，組織大型的完全社会主义性质的农业生产合作社。”

毛泽东：《关于农业合作化问题》

㉖“有些同志认为：农村可以依靠互助组，合作社，代耕队，实行农业集体化，实行农业社会主义化，这是不可能的，这是一种空想的农业社会主义，是错误的。农村要实行社会主义如果没有工业的发展，不实现工业化，农业根本不可能实现集体化。”

《在中央宣传工作会议上的讲话》一九五一年六月

㉖“如果我們不能在大約三个五年計划的时期內基本上解决农业合作化問題，……我們就不能解决年年增长的商品粮食和工业原料的需要同現实主要农作物一般产量很低之間的矛盾，我們的社会主义工业化事业就会遇到絕大的困难，我們就不可能完成社会主义工业化。”

毛泽东：《关于农业合作化问题》

㉗“五五年邓子恢同志缩掉二十万个合作社的决定是我支持的，中央会议上说的，没有反驳，实际就批准了他的计划，他就在一次中央农村工作会议上大加发挥，缩掉二十万个合作社。”

《刘少奇在中央工作会议上的检查》一九六六年十月

㉗“在胜利面前，我认为有两种不好：①……②胜利吓昏了头脑，来一个‘坚决收縮’，犯出右的錯誤，这也不好。現在的情况是属于后一种，有些同志被几十万个小型合作社吓昏了。”

毛泽东：《关于农业合作化问题》

㉘“只有少数富裕中农不愿走社会主义道路，但是我们都准许了，符合于一定条件的地主和富农加入农业生产合作社，他们也就要加入农业生产合作社了，因为他们要走

在地主和富农前面。”

《刘少奇同外宾谈话时记》一九五六年七月十三日

㉘“我們也不是說富裕中农不能入社，而是說等到富裕中农的社会主义觉悟提高了，他們表示願意入社，并且願意服从貧农（包括現在的貧农和原来是貧农的全部新下中农）领导的时候，再去吸收他們入社，……”

毛泽东：《长沙县高山乡武塘农业生产合作社是怎样从中农占优势转变为贫农占优势的》一文按语

三、三大改造基本完成以后，大肆鼓吹阶級斗爭熄灭論，妄图取消无产阶級专政

1、公开宣揚无产阶級和資产阶級的斗爭已經結束

①“为了实现党的总路线和总任务，要作很多工作，就是说要进行很大的工业建设工作，要进行农业合作化的工作，要进行手工业合作化的工作，……做好了这几项大工作，中国就是社会主义社会了，就没有资本主义了，就消灭了剥削阶级。”

《在全国统一战线工作会议上的讲话》一九五三年七月十八日

“现在在资本主义的社会主义改造方面，在农业、手工业的社会主义改造中取得了巨大的胜利，可以说在我国，我们已经在阶级斗争中取得了全面的胜利。”

《同外宾的谈话》一九五六年七月十三日

“改变生产资料私有制为社会主义公有制这个极其复杂和困难的历史任务，现在在我国已经基本完成了。我国谁胜谁负，社会主义和资本主义谁胜谁负的问题，现在已经解决了。”

《八大报告》一九五六年

“我们同资本主义斗争，到底是社会主义胜利还是资本主义胜利呢？……资本主义工商业公私合营了，农业合作化了，手工业合作化了，胜负解决了。”

《在中共中央关于资本主义工商业社会主义改造问题会议上的讲话》一九五五年十一月

“现在国内敌人已经基本被消灭了，地主阶级早已被消灭了，资产阶级也基本被消灭了，反革命也基本被消灭了。我们说，国内的主要阶级的阶级斗争已经基本上结束了。那就是说，敌我矛盾已经基本解决了。”

《在上海党员干部会上的讲话》一九五七年四月

①“在我国，虽然社会主义改造，在所有制方面說来，已經基本完成，革命时期的大規模的急风暴雨式的群众阶級斗爭已經基本結束，但是，被推翻的地主买办阶級的残余还是存在，資产阶級还是存在，小資产阶級刚刚在改造。阶級斗爭并沒有結束。无产阶級和資产阶級之間的阶級斗爭，各派政治力量之間的阶級斗爭，无产阶級和資产阶級之間在意識形态方面的阶級斗爭，还是长时期的，曲折的，有时甚至是很激烈的。无产阶級要按照自己的世界观改造世界，資产阶級也要按照自己的世界观改造世界。在这一方面，社会主义和資本主义之間誰胜誰負的問題还沒有眞正解决。”

毛泽东：《关于正确处理人民内部矛盾的问题》

“我們已經在生产資料所有制的改造方面，取得了基本胜利，但是在政治战綫和思想战綫方面，我們还沒有完全取得胜利。”

毛泽东：《在中国共产党全国宣传工作会议上的讲话》

“在无产阶級革命和无产阶級专政的整个历史时期，在由資本主义过渡到共产主义的整个历史时期（这个时期需要几十年，甚至更多的时間）存在着无产阶級和資产阶級之間的阶級斗爭，存在着社会主义和資本主义这两条道路的斗爭。”

《中国共产党第八届中央委员会第十次全体会议的公报》一九六二年九月二十九日》

“在社会主义社会里，在完成生产資料所有制的社会主义改造以后，阶級矛盾仍然存在，阶級斗爭并沒有熄灭。在整个社会主义阶段，貫穿着社会主义和資本主义这两条道路的斗爭。为了保証社会主义建設和防止資本主义复辟，必須在政治战綫、經济战綫、思想和文化战綫上，把社会主义革命进行到底。”

《关于赫鲁晓夫的假共产主义及其在世界历史上的教训》九评苏共中央的公开信

“在社会主义社会里，被推翻了的資产阶級及其他反动阶級在相当长的时期內还是有力量的，并且在某些方面还相当强大。他們同国际資产阶級有着千絲万缕的联系。他們不甘心自己的失敗，还要頑强地同无产阶級继續較量。他們在各方面同无产阶級进行隐蔽的或者公开的斗爭。他們常常打着拥护社会主义、苏維埃、共产党和馬克思列宁主义等等的招牌，进行破坏社会主义和复辟資本主义的活动。”

《关于赫鲁晓夫的假共产主义及其在世界历史上的教训》九评苏共中央的公开信

②“资产阶级知识分子想为人民服务，贡献给国家人民，这样的人不少。

资产阶级知识分子还有很多资产阶级生活方式、习惯、世界观，这些很难改，有些人立场是比较坚定的，也经过了考验……。”

《一九五七年十二月十三日的讲话》

“今天的农民是新的农民了。今天的资本家也是新的资本家了。今天的城市小资产阶级贫民也是新的了，是合作化了的农民和小资产阶级了，今天的资本家已经把工厂交出来，除开少数的分子之外，已经不愿意反抗社会主义了，有很多人已经接受社会主义了。”

《在上海党员干部会议上的讲话》一九五七年四月

“公私合营以后，资本家已经把工厂交出来了，除开极少数坏分子外，他们已经不愿意反抗社会主义，有很多人已经接受社会主义改造了，今天的资本家是新式的资本家了。”

《在上海党员干部会上的讲话》一九五七年四月

“如果讲到非无产阶级思想，讲到农民阶级的思想，讲到小资产阶级的思想，讲到地主阶级的思想，是讲过去的，就反映了那个阶级存在的时候。”

《在河南省干部会议上的讲话》一九五七年三月

②“我国社会主义和資本主义之間在意識形态方面的誰胜誰負的斗爭，还需要一个相当长的时間才能解决。这是因为資产阶級和从旧社会来的知識分子的影响还要在我国长期存在，作为阶級的意識形态，还要在我国长期存在。如果对于这种形势认識不足，或者根本不认識，那就要犯絕大的錯誤，就会忽視必要的思想斗爭。”

毛泽东：《关于正确处理人民内部矛盾的问题》

“世界观的轉变是一个根本的轉变，現在多数知識分子还不能說已經完成了这个轉变。”

毛泽东：《关于正确处理人民内部矛盾的问题》

“农业集体化的实現，使个体农民变为集体农民，为彻底改造农民提供了有利的条件。但是，在集体所有制还沒有提高到全民所有制的时候，在私有經济的残余还沒有完全消失的时候，农民还不可避免地保留着原来小生产者的某些固有的特点。在这种情况下，不可避免地存在着資本主义自发傾向，存在着产生新富农的土壤，还会发生农民的

两极分化。"

《关于赫鲁晓夫的假共产主义及其在世界历史上的教训》九评苏共中央的公开信

"一个嶄新的社会制度要从旧制度的基地上建立起来，它就必須清除这个基地。反映旧制度的旧思想的残余，总是长期地留在人們的头脑里，不願意輕意地退走的。"

毛泽东：《严重的教训》一文的按语

③"现在我们已经消灭了阶级。"

《在全国农村半农半读教育会议上的谈话》一九六五年三月一日

"在过去几年中，党的领导力量主要放在社会主义革命方面。……从现在起，已经可以而且必须集中更大的力量在社会主义建设上了。"

《在八大二次会议上的讲话》一九五八年

"……新中国在过去的十年，主要进行了革命的社会主义改造，……人们的注意力，特别是领导机关的精力，主要是放在社会主义改造的问题上。……至于谈到今后几十年，情况就会不同了。……我们已经造成一种条件，使我们和广大人民群众，能够以主要精力去进行社会主义建设。"

《给黃炎培的一封信》一九五九年十一月二十八日

"在以前我们的考验干部，锻炼干部用什么方法？当革命没有胜利的时候，我们用革命斗争来锻炼。革命胜利以后，我们有社会主义改造可以锻炼，可以考验。以后革命斗争也没有了，社会主义改造也没有了，土地改革也没有了，在什么地方考验？在什么地方锻炼？那就应该在劳动生产中，特别在体力劳动中间，以及人民群众的关系中间，处理人民内部矛盾的关系中来锻炼我们的干部。就是以前参加过革命斗争，参加过土地改革，也参加过社会主义改造的，……但是那种阶级斗争已经过去，那些事眼看不着了，那些经验闲起来了，那些个本事没有用了，英雄无用武之地。现在再没有地主、资产阶级了，反革命也解决得差不多了，他们闹不了大事，给我们消灭了，我们有的经验，熟悉的事情，闲起来没用了，而不熟悉的事情逼着我们去做，就是要领导生产，处理人民内部矛盾。"

《在上海党员干部会议上的讲话》一九五七年四月

"今后社会主义建设时期，党员需要搞经济建设，不会搞经济建设的党员，革命者，也要搞经济建设。""今天党号召大家搞经济建设。"

《在北京日报社的谈话》一九五八年六月三十日

"千百万劳动者在先进生产者率领下，为消除落后而斗争，就是社会主义社会不断前进的一种动力。"

《在全国先进生产者代表会议上的祝词》一九五六年四月

③**"階級斗爭，生产斗爭和科学实験，是建設社会主义强大国家的三項伟大革命运动，是使共产党人免除官僚主义、避免修正主义和教条主义，永远立于不敗之地的确实保証……。"**

毛泽东《浙江省七个关于干部参加劳动的好材料》的批语，一九六三年五月九日

"我們要經过文化革命，經过阶級斗爭、生产斗爭和科学实驗的革命实践，建立一支广大的、为社会主义服务的、又紅又专的工人阶級知識分子的队伍。"

《关于赫鲁晓夫的假共产主义及其在世界历史上的教训》九评苏共中央的公开信

"在社会主义这个历史阶段中，必須坚持无产阶級专政，把社会主义革命进行到

底，才能防止資本主义复辟，进行社会主义建設，为过渡到共产主义准备条件。”

《关于赫鲁晓夫的假共产主义及其在世界历史上的教训》九评苏共中央的公开信

“无产阶級文化大革命，就是为的要使人的思想革命化，因而使各項工作做得更多、更快、更好、更省。……

无产阶級文化大革命是使我国社会生产力发展的一个强大的推动力。……”

《十六条》

“社会的变化，主要地是由于社会内部矛盾的发展，即生产力和生产关系的矛盾，阶級之間的矛盾，新旧之間的矛盾，由于这些矛盾的发展，推动了社会的前进，推动了新旧社会的代謝。”

毛泽东：《矛盾论》

“毛主席領导我們創造了一个新型的国家，这个国家除搞机械化以外，更重要的是搞革命化，用革命化来領导机械化。”

林彪：《在中央工作会议上的讲话》一九六六年十月二十五日

④“在中华人民共和国成立以后，特别是土地改革以后，主要矛盾就转了，把帝国主义赶走了，地主阶级经过土地改革也消灭了，官僚资产阶级也消灭了，主要矛盾就变成无产阶级与资产阶级的矛盾。公私合营以后，无产阶级与资产阶级的主要矛盾也解决了。……现在应该讲人民内部矛盾是主要矛盾。”

《在上海党员干部会上的讲话》一九五七年四月二十七日

“资本家很多人已经接受社会主义了。”“不愿反抗社会主义了。”“曾经一个时期，在中华人民共和国成立以后，公私合营以前，无产阶级和资产阶级的矛盾是国内的主要矛盾，但是这个矛盾已经基本解决了。”

《在上海党员干部会上的讲话》一九五七年四日二十七日

“社会主义社会……基本矛盾已经不同于资本主义，生产不为利润，而为满足社会需要。社会生产和社会需要的矛盾，规定社会主义、共产主义的本质。”

《谈政治经济学教科书社会主义部分》一九六〇年

“我们说国内主要阶级的阶级斗争已经基本结束，即就是说敌我矛盾已经基本上消灭了。”“公私合营后，无产阶级和资产阶级的主要矛盾也解决了。……现在应该讲，人民内部矛盾已成为主要矛盾。”“今天我们国内的主要矛盾是无产阶级思想和非无产阶级思想的矛盾。”

《在上海党员干部会上的讲话》一九五七年四月二十七日

“那么现在什么矛盾是主要的？就提出了这个问题，现在应该是人民内部矛盾已经成为主要矛盾，……在国内主要是人民内部矛盾，大量的表现在人民群众与人民群众之间的矛盾，大量的表现或者集中的表现主要在分配问题上，大量表现在人民群众同领导者之间的矛盾上。”

《在上海党员干部会上的讲话》一九五七年四月二十七日

“人民内部矛盾，主要的表现是领导机关和人民的矛盾，更确切地说是人民和领导机关的官僚主义的矛盾。”

《在河南省委部长、地委书记会议上的讲话》一九五七年三月

④“**在社会主义国家里，社会主义和資本主义誰战胜誰的問題，需要一个很长的**

历史时期才能逐步解决。社会主义和資本主义两条道路的斗爭，貫穿着整个历史时期。这种斗爭时起时伏，是波浪式的，有时甚至是很激烈的。斗爭的形式是多种多样的。”

《关于国际共产主义运动总路线的建议》

“……人民內部的矛盾，在劳动人民之間說来，是非对抗性的；在被剝削和剝削阶級之間說来，除了对抗性的一面以外，还有非对抗性的一面。……在我国現在的条件下，所謂人民內部的矛盾，包括工人阶級內部的矛盾，农民阶級內部的矛盾，知識分子內部的矛盾，工农两个阶級之間的矛盾，工人、农民同知識分子之間的矛盾，工人阶級和其他劳动人民同民族資产阶級之間的矛盾，民族資产阶級內部的矛盾，等等。我們的人民政府是眞正代表人民利益的政府，是为人民服务的政府，但是它同人民群众之間也有一定的矛盾。这种矛盾包括国家利益、集体利益同个人利益之間的矛盾，民主同集中的矛盾，領导同被領导之間的矛盾，国家机关某些工作人員的官僚主义作风同群众之間的矛盾。这种矛盾也是人民內部的一个矛盾。”

毛泽东：《关于正确处理人民内部矛盾的问题》

⑤“处理敌我矛盾要强调斗争性，在矛盾紧张起来，在斗争激烈化，以致使矛盾的对方被压倒消灭，如果我们处理人民内部矛盾，不是强调同一性，而是强调斗争性，使人民内部矛盾没有必要地紧张起来，激化起来，在人民内部造成紧张局面，那就是错误的，那就是处理人民内部矛盾的方针错了。”

“人民内部矛盾应当缓和，人民内部的事情应当妥协解决，处理方针可以着重他的同一性，因为他原来就是同一性。”

《在上海党员干部会上的讲话》一九五七年四月二十七日

“处理对抗性矛盾，敌我矛盾，要采取你死我活的办法解决，处理人民内部矛盾可以用妥协的办法解决。”

《一九五七年五月同杨献珍等的谈话》

⑤“有条件的相对的同一性和无条件的絕对的斗爭性相結合，构成了一切事物的矛盾运动。

……而斗爭性即寓于同一性之中，沒有斗爭性就沒有同一性。”

毛泽东：《矛盾论》

“矛盾和斗爭是普遍的、絕对的，但是解决矛盾的方法，即斗爭的形式，則因矛盾的性质不同而不相同。”

毛泽东：《矛盾论》

“在一九四二年，我們曾經把解决人民內部矛盾的这种民主的方法，具体化为一个公式，叫做‘团結——批評——团結’。讲詳細一点，就是从团結的願望出发，經过批評或者斗爭使矛盾得到解决，从而在新的基础上达到新的团結。”

毛泽东：《关于正确处理人民内部矛盾的问题》

“我們主张积极的思想斗爭，因为它是达到党內和革命团体內的团結使之利于战斗的武器。每个共产党員和革命分子，应該拿起这个武器。

但是自由主义取消思想斗爭，主张无原則的和平，結果是腐朽庸俗的作风发生，使党和革命团体的某些組織和某些个人在政治上腐化起来。”

毛泽东：《反对自由主义》

2、散布"全民党""全民国家"的謬論，反对无产阶級专政

⑥"工商界有几个参加共产党的好不好？有点榜样，搞几个。……你资本家也当了，也没整你，又入了党，则更好了。"

《和王光英一家的谈话》一九六〇年一月三十日

"今天也有不少人，主要是由于共产党坚决抗日，主张抗日民族统一战线而加入党的。还有些人是仰慕共产党的声望，或者只是模糊地认识到共产党能够救中国而来的。另外，还有一些人主要是在社会上找不到出路——没有职业，没有工作，没有书读，或者要摆脱家庭的束缚和包办婚姻的，而到共产党里来找出路的。甚至还有个别人为了要减轻捐税，为了将来能够吃得开，以及被亲戚朋友带进来的，等等。……然而，即使如此，也不是什么了不起的问题。某些人要依靠共产党，到共产党里来找出路，赞成共产党的政策，总算是还不错的，他们找共产党还没有找错，除开敲榨、汉奸、投机分子和个人野心家以外，我们对于这些人还是欢迎的。只要他们承认党纲、党章，愿意在党的一定组织内担负一定的工作，并且交纳党费，他们是可以加入共产党的。"

《论共产党员的修养》一九六二年

⑥"馬克思列宁主义的常識告訴我們，政党和国家一样是阶級斗爭的工具。一切政党，都是具有阶級性的。党性是阶級性的集中表現。从来沒有什么非阶級的、超阶級的政党，从来就不存在什么不代表一定阶級利益的所謂'全民党'。

…………

无产阶級政党，除了工人阶級出身的党員以外，还包括其他阶級出身的党員。这些非无产阶級出身的人，并不是作为其他阶級的代表来参加党的。他們从入党的第一天起，就必須拋弃他們原来的阶級立場，站到无产阶級立場上来。"

《关于赫鲁晓夫的假共产主义及其在世界历史上的教训》九评苏共中央的公开信

※ ※ ※ ※

⑦"现在国内敌人已经基本上被消灭了，地主阶级早已消灭了，资产阶级也基本上被消灭了，反革命也算是基本消灭了……这'阶级'两个字是值得考虑了。"

《在上海党员干部会上的讲话》一九五七年四月二十七日

"现在革命的暴风雨时期已经过去了，新的生产关系已经建立起来了，斗争的任务已经改变为保护社会生产力的顺利发展。"因此"人民群众的直接行动"不再需要了，"完备的法制就是完全必要的了。"

"为了正常的社会生活和社会生产的利益，必须使全国每一个人都明了并确信，只要有法制，他的公民权利就是有保障的，他就不会受任何机关和任何人的侵犯；如果有人非法的侵犯他，国家就要出来干涉。"

《八大政治报告》一九五六年九月

"现在我们的国家已经组成了，这个国家机构有二条任务，一条是实现专政，另一条是组织社会生产，第一条的任务愈来愈小了，刑事犯也少了，所以国家专政的机构可以缩小了，……今后国家的最重要任务是组织社会生产。"

"阶级斗争基本结束了。"

《在各省、市委组织部长会议上的讲话》一九五六年十二月

“马列主义是普遍真理，但在各种历史条件下如何运用就很值得考虑。如无产阶级专政是放之四海而皆准的真理，但我们不讲。讲了可能使人家感到大家专政。有些观点不要过于肯定、僵死，肯定了就教条了。各种讲法都可以讲，启发学生独立思考，不要讲成一把尺子，到处去量，因为普遍真理在不同条件下的具体运用是不同的。”

《和杨献珍、侯维煜的谈话》一九五六年七月

“一切好事情都有它的坏的方面，无产阶级专政也有阴暗的一面，产生官僚主义。”

《和杨献珍、侯维煜的谈话》一九五六年七月

⑦帝国主义还存在，国内反动派还存在，国內阶級还存在。我們現在的任务是要强化人民的国家机器，这主要地是指人民的軍队、人民的警察和人民的法庭，借以巩固国防和保护人民利益。以此作为条件，使中国有可能在工人阶級和共产党的領导之下稳步地由农业国进到工业国，由新民主主义社会进到社会主义社会和共产主义社会，消灭阶級和实現大同。”

毛泽东：《论人民民主专政》

“修正主义者，右傾机会主义者，口头上也挂着馬克思主义，他們也在 那 里 攻 击‘教条主义’。但是他們所攻击的正是馬克思主义的最根本的东西。他們反对或者歪曲唯物論和辯証法，反对或者企图削弱人民民主专政和共产党的領导，反对或者企图削弱社会主义改造和社会主义建設。”

毛泽东：《关于正确处理人民內部矛盾的问题》

四、恶毒攻击三面紅旗，竭力为右傾机会主义分子翻案，积极推行修正主义的經济綱領

1、恶毒攻击三面紅旗

①“三面红旗可以让人家怀疑几年”。“有些人有怀疑，抱怨，牢骚讲出来好”。“不要人家一怀疑就不让讲话”。

“你说要实事求是，又不允许讲老实话，这是不对的”。

“对三面红旗要看三、五年再作结论”。

《与××省委谈话》一九六一年七月十五日

“我们许多同志执行总路线的时候，没有注意使全国人民真正自觉的团结起来，不是由人民群众实事求是的去鼓足干劲，不是由人民群众去切切实实地力争上游；而只有少数干部，站在群众之上，命令群众去形式主义的鼓足干劲，力争上游；又只注意多快，而不是同时注意好省地进行社会主义建设”。

《一九六二年一月二十七日讲话》

“……看来现在提倡比、学、赶、帮的方法，比过去只抽象的号召鼓足干劲，力争上游的方法好，盲目性会少一点。如果提倡得过分，也可能产生盲目性”。

《在薄一波汇报工业情况时的插话》一九六三年十月二十一日

“更严重的是六二年二月二十一——二十三日由我主持的中央工作会议讨论了六二年的中央财政预算，发现了二十亿的财政赤字，因此对困难的估计错误，以为是处在非常时期，陈云同志向国务院的讲话是根据我在中央会议上的讲话加以发挥的，中央还批发了这个报告，还要省一级的党员干部讨论，并鼓励不同意见发表，因此，在会上各地鼓励歪风出笼，单干风，有的人就根本否认三面红旗，就把积极分子搞得灰溜溜的，并把不应下马的大三线建设重点项目错误的下马了，而某些应该削减的投资没有削减。由于我当时过分地相信陈云，偏听他的意见，在思想上有共同性，我向中央和主席推荐陈云作财政小组组长，此时主席不在北京就到主席那儿去请示报告，我后来才知道主席根本不同意我们对形势的估计和作法的。当年邓子恢在中央工作会上说过安徽责任田的好处，我们没有批驳。因此他就在几次会议上鼓吹包产到户，有位中央同志就提出分田到户，还有一位就提出三和一少的意见，这都是在对国内外形势估计错误的情况下提出的反对总路线的意见，其中分田到户的意见我是直接听到过的，没有把它顶回去”。

《在中央工作会议上的检查》一九六六年十月

①**“总路綫、大跃进、人民公社，这是我国勤劳勇敢的六亿五千万人民的伟大决心和智慧的表現，是我們党和我国各族人民的伟大領袖毛泽东同志創造性的把馬克思列宁主义的普遍眞理同中国实际結合起来的产物”。**

《中国共产党八届八中全会关于开展增产节约运动的决议》一九五九年八月十六日

“……**我国最广大的人民群众和干部总是坚定的相信总路綫、大跃进、人民公社三面紅旗是正确的。他們充分地发揚艰苦奋斗、勤俭建国的光荣传統和自力更生、奋发图强**

的战斗精神，在党和人民政府的领导下，积极地向困难作斗争，取得了辉煌的成就”。

《中国共产党第八届中央委员会第十次全体会议公报》一九六二年

②“这一年中，从中央来说对严重形势估计不足”。

《一九六二年讲话》

“从经济上来说，目前我们不是大好形势”。

“不是讲大好形势吗？现在不是大好形势，而是存在着严重困难的形势。经济是基础，基础有严重困难，那么在其他方面，势必也是困难的形势”。

《一九六二年三月二十一日在某次会议上讲话》

“主席讲形势大好，是指政治形势大好，经济形势不能是说大好是大不好。

《一九六二年讲话》

“有人说比例失调，这也没有什么，不适应就是失调”。

《在东北地区的讲话》一九六一年七月十七日

“工农业生产的计划指标过高，基本建设战线过长，使国民经济各部门的比例关系消费和积累的比例关系，发生了严重的不协调现象。”

《一九六二年一月二十六日讲话》

“在农业方面乱改耕作制度，任意推行一些不切实际的违反科学的技术措施，修建一些不仅无益反而有害的水利工程；在工业方面，任意废除规章制度，任意推行一些不切实际的、违反科学的技术措施，使设备损坏，某些产品质量降低，成本提高，劳动生产率下降。”

《一九六二年一月二十六日讲话》

“大跃进是搞得太快了一点，因为失掉了平衡，跃进三年，今后调整可能要十年八年，这样不合算”。

“大炼钢铁是吹出来的”。

《在中央工作扩大会议上的讲话》一九六二年一月

“三力（人力、地力、财力）亏损，过七、八年也难复员。”

《一九六二年讲话》

“这几年工作中发生的许多缺点和错误，使我们全党的干部，全体党员以至绝大多数人民都有了切身的经验，都有了切肤之痛。饿了两年饭。”

《一九六二年一月二十七日的讲话》

“这几年我们的工作是有不少缺点和错误的，……缺点和错误大部分已经过去了，好象一个人害了一场大病，现在这场病已经基本上好了。”

《一九六二年一月二十七日的讲话》

“这种困难的形势是怎样出现的呢？原因在哪里？为什么没有增产，吃、穿、用没有增加，而且减少了呢？原因在哪里？原因不外乎两条：一是天灾，连续三年的自然灾害，使我们农业和工业减产了。还有一条，就是一九五八年来我们工作中的缺点和错误。”

《一九六二年一月二十七日的讲话》

“我到湖南的一个地方，农民说是三分天灾，七分人祸。你不承认，人家就不服。全国有一部分地区可以说缺点错误是主要的。成绩不是主要的。”

《一九六二年一月二十七日的讲话》

“去年我回到湖南的一个地方，那里发生了很大的困难。我问农民：你们的困难是由于什么原因？有没有天灾？他们说：天灾有，但是小。产生困难的原因是三分天灾七分人祸。”

《一九六二年一月二十七日的讲话》

“过去群众运动搞得太猛，出了毛病。当然现在还不能说已经完全解决了，今后还要努力。”

《在薄一波汇报时插话》一九六三年十月二十一日

“这几年不节省群众的干劲，浪费了群众的许多干劲，这是一个很大的错误。同志们担心群众的干劲发动不起来，这是目前应当很好地进行研究的一个问题。因为这几年，群众的热情和干劲受到了挫折。”

《一九六二年一月二十七日的讲话》

“过去瞎指挥，二十四小时不休息，损坏了机器也得还账，要全面认识这个问题。”“首先要搞设备更新，继续简单再生产，而后有余力，再扩大再生产，不是首先扩大再生产，而后有可能搞设备更新。应该说，扩大再生产也是首先放在老企业，不是有重点地进行更新，而是全面的。”

《在薄一波汇报工业情况时插话》一九六三年十月二十四日

“过去基本建设战线太长，项目过多，要求太快、太急……一心搞扩大再生产，忽视了简单再生产。同时，在生产方面，只注意增加数量，忽视质量，提的指标过高，超过设备可能，本来可以用十年的设备只能用五年，设备损坏过多，又不注意维修……造成不好的后果。”

《在薄一波汇报时插话》一九六三年十月二十一日

“我们这几年提出的过高的工农业生产计划指标和基本建设指标，进行了一些不适当的‘大办’，要在全国建立许多完整的经济体系，在农村中违反按劳分配，等价交换的原则，刮‘共产风’，以及城市人口增加过多等等，都是缺少根据或是没有根据的，都没有进行充分地调查研究，没有同工人和农民群众、同基层干部和技术专家进行充分的协商，没有在党的组织、国家组织和群众组织中严格地按照民主集中制办事，就草率地加以肯定，全面推广，而且过急地要求限期完成，这就违反了党的实事求是和群众路线的传统作风，违反了党的生活、国家生活和群众组织生活中的民主集中制的原则。这是我们这几年在某些工作中犯了严重错误的根本原因。”

《一九六二年一月二十七日的讲话》

“最近几年，由于我们提出了一些过高的超出了实际可能的经济任务和政治任务，而且不顾一切地采取了各种组织手段，去坚持实行这些任务，因而我们也就在组织上犯了许多错误。这些组织上的错误，最主要的就是我们党的生活、国家生活和群众组织生活中违反了民主集中制的原则。”

《一九六二年一月二十七日的讲话》

刘少奇在一九六二年三、五月间，叫嚷“对于困难，我们还没有认识清楚。目前财政经济的困难是很严重的。”工农业生产“还要继续下降”，“比例失调”，“货币贬值”，“我们的经济临近了崩溃的边缘。”“不愿承认困难，或者困难本来有十分，只承认九分，总怕把困难讲多了会使干部丧失信心，以为回避困难就容易解决困难，对于困难不是认真对待，而是掉以轻心，很明显，这不是真正的勇敢，绝不是革命家的气概，绝不是马列主义者应有的态度。”“从去年到今年这一年中，从中央来说，对严重形势认识不足。”“对目前形势估计得够不够？没有估计够，再估计一下。”

②“形势大好，問題不少，前途光明”

毛泽东

“我們的經济困难已經到了頂底，再往前进，就陆續上升了”。

《毛主席在一九六一年的谈话》

“周总理說，几年以前，我国的国民經济在取得巨大的发展的同时，曾經遇到了相当严重的困难，一九五九年到一九六一年連續三年发生了严重的自然灾害，給整个国民經济的发展带来了很大的困难。我們在实际工作中也发生了一些缺点和錯誤，而赫鲁晓夫在一九六〇年突然背信弃义地撕毁几百个协定和合同，撤退苏联专家，停止供应重要設备，严重的扰乱了我們发展国民經济的原定計划，大大加重了我們的困难。”

摘自《周总理在第三届全国人民代表大会第一次会议上的政府工作报告》一九六四年十二月

“害怕群众运动，是右傾机会主义分子、资产阶級革命家的本性，他們在运动面前专門挑剔缺点、夸大缺点，目的是散布松劲、泄气、埋怨、悲观情緒，否定成績，否定党的总路綫。”

林彪：《高举党的总路线和毛泽东军事思想红旗阔步前进》一九五九年

“他們看不見党領导下的一切人民事业，成績是主要的，而缺点錯誤則是第二位的，不过是十个指头中的一个指头而已。”

《中国共产党第八届中央委员会第八次全体会议公报》一九五九年八月

“八届十中全会深信，虽然目前还存在一些困难，但是这些困难是完全可以克服的。我們已經取得了伟大的成績。我們的前途是光明的。只要我們全党全民团結一致，同心同德，加强民主集中制，貫彻实行以农业为基础，以工业为主导的发展国民經济的总方針，对国民經济进一步地进行切实的調整、巩固、充实、提高的工作，經过一段时間的努力，就一定能使我国的社会主义建設进入一个伟大的新高潮时期。”

《中国共产党第八届中央委员会第十次全体会议的公报》一九六二年

③“有的同志说，人民公社办早了，不办公社，是不是更好一点？当然不办，也许可能好一点。过几年办是可以的。”

《一九六二年一月二十七日讲话》

“人民公社组织起来是容易的，一哄而起，但巩固就不那么容易了，能不能巩固下来，还得走着瞧”。

《在中央工作会议上的讲话》一九六二年一月

“我和农民谈过话，农民对于初级社很高兴，谈起来眉飞色舞。可是谈到高级社，就不那么高兴。我们现在的人民公社是以生产队为基本核算单位，又实行评工记分，土地没有汇酬，对五保户、困难户有补助等等，从这方面说，初级社的优点我们有了，高级社的优点我们也有了。现在，人民公社只能搞这么多优点，能搞多少优点就搞多少优点，再多的优点现在也搞不成”。

《一九六二年一月二十七日的讲话》

“现在看来人民公社还是应该办的，问题是不要一下子全面铺开，不要搞得太急，应该经过典型试验，有准备地、有步骤地、有秩序地、有区别地、分期分批地逐步推广，并且不断地总结经验。这样，就会比较好一些。我们办人民公社的主要经验教训，也就在这里”。

《一九六二年一月二十七日的讲话》

“还有的同志说，如果人民公社一开始就以生产队为基本核算单位，那不是更好吗？是的，那会更好，但是做不到。因为在那个时候，我们还不认识这个问题。我们虽然是马克思列宁主义者，但那时就没有这样的聪明，那时就不懂得这个道理。”

《一九六二年一月二十七日的讲话》

“目前，人民公社有一点‘一大二公’，兴修了许多已经发挥效益的水利工程，有一些社办企业，也作了一些事情，但是作用不大，‘一大二公’还不大明显，还看不大清楚。”

《一九六二年一月二十七日的讲话》

“人民公社是否有优越性？问题是丢掉了高级社的一套，另搞了一套，搞了平均主义……现在看不出优越性，难于说服人家，农民就说服不了”。

《与××省委谈话》一九六一年七月十五日

“现在全国有百分之二十的生产队散摊子，散的形式多种多样。这是说集体经济有散的危险，瓦解的危险，下去（指下放干部）首先要抓这个问题，使今年秋收让社员多分点，少扣些，否则秋后还可能散一批”。

《对中央机关司长以上干部下放基层的报告》一九六二年七月

“农业不搞技术改造，集体经济巩固不了。组织集体经济不进行技术改造不能巩固集体经济，第一步机械化，第二步电气化，只有这二化想散也散不了。”

《对中央机关司长以上干部下放基层的报告》一九六二年七月

③“……还是办人民公社好，它的好处是，可以把工、农、商、学、兵合在一起，便于领导”。

《毛主席视察山东农村》人民日报一九五八年八月十三日

“……人民公社的出現不是偶然的，它是我国經济和政治发展的产物，是党的社会主义整风运动、社会主义建設总路綫和一九五八年社会主义建設大跃进的产物。”

《关于人民公社若干问题的决议》一九五八年十二月十日

“人民公社的出現，公社化运动的发展，是‘好得很’而决不是‘糟得很’。人民公社是形势发展的必然产物，它的兴起并不‘过早’。說人民公社‘糟得很’的，只是那些极端仇視我国社会主义事业的帝国主义分子，还有一些反人民反社会主义的右派分子和其他反动分子……”。

周恩来：《关于调整一九五九年国民经济计划主要指标和进一步开展增产节约运动的报告》一九五九年八月二十六日

“毛泽东同志反复地指出，社会主义社会是一个相当长的历史阶段，在社会主义这个历史阶段中，还存在着阶級、阶級矛盾和阶級斗爭，存在着社会主义同資本主义两条道路的斗爭，存在着資本主义复辟的危险性。他强調指出这种斗爭的长期性和复杂性，指出正确理解和处理阶級矛盾和阶級斗爭問題，正确处理敌我矛盾和人民内部矛盾，是領导和团結全党，领导和团結全体人民群众，顺利地进行社会主义改造和社会主义建設的关鍵”。

《中共中央关于目前农村工作中若干问题的决定（草案）》一九六三年五月二十日

2、竭力为右倾机会主义分子翻案

④“这几年重复了党的历史上‘残酷斗争，无情打击’的错误。”

《在一九六二年扩大的中央工作会议上的讲话》

“庐山会议后，不适当地在农村、企业和学校的干部中，甚至在群众中也展开反右倾斗争，在许多地方、部门发生了反右倾斗争扩大化的现象”。

《一九六二年一月二十六日的讲话》

“最近几年，有些党的组织，重犯了过去三次‘左’倾路线时期的那种过火斗争的错误。凡是犯了这种错误的党组织，必须迅速地改正过来，以后不再允许进行这种过火的斗争，而要按照我们党的早已形成的一套正常的党内斗争的方法办事。”

《一九六二年一月二十七日的讲话》

“这几年搞了许多运动。这些运动，很多是一轰而起。有些并没有正式的文件，只是从那里听了点风，听到了一些不确切的消息，就轰起来了。这种方式是不好的。……‘敢想、敢说、敢做’的那个‘做’，不是说一下子在全国去做，而是指在小范围内去做，先做典型试验”。

《一九六二年一月二十七日的讲话》

“在党内和群众中，又进行了错误的过火的斗争，这样，就使群众和干部都不敢讲话，不敢讲真话，也不让讲真话。这样严重的损害了党的生活、国家生活和群众组织生活中的民主集中制，使上下不能通气，使我们在工作中的许多错误长期不能发现，长期拖延不能改正。”

《一九六二年一月二十七日的讲话》

“加强集中统一，反对分散主义，应该怎样进行？……大家耽心的是怕一棍子打下去，又弄出一大批分散主义者。这次一定不要这样搞，以后也不要搞。过去那样搞也是错误的，是一种过火的，粗暴的党内斗争方法。”

《一九六二年一月二十七日的讲话》

“因为各种党员看问题的方法不同，就使他们处理问题的方法也各不相同，就引起党内许多意见，不同主张的分歧和争论，就引起党内的斗争。”

《论共产党员的修养》一九六二年

“有这种意识的人，在党内总是想抬高自己，并且用打击别人，损害别人的方法去达到抬高自己的目的。……他好参加党内一切无原则斗争，对各种无原则的纠纷感到很大的兴趣。特别是党处在困难的时候，他就更要在党内制造和扩大这种纠纷。总而言之，他邪气十足，毫不正派。”

“抱这种绝对态度的人，他们认为无论在什么条件下，都要开展党内斗争，而且斗争得愈多愈凶，就愈好。他们把什么小事都提到所谓‘原则的高度’，对什么小缺点也要加上政治上的‘机会主义’等大帽子，他们不按照客观需要和客观事物发展的规律来适当地具体地进行党内斗争，而是机械地、主观地、横暴地、不顾一切地来‘斗争’。”

“党内的‘左’倾机会主义者对待党内斗争的态度，他们错误是明显的。按照这些似乎疯癫的人看来，任何党内和平，即使在原则路线上完全一致的党内和平，也是要不得的。他们在党内并没有原则分歧的时候，也硬要去‘搜索’斗争的对象，把某些同志当作‘机会主义者’，作为党内斗争中射击的‘草人’。他们认为，党的发展，无产阶级革命斗争的胜利，只有依靠这种错误的斗争，依靠这种射击‘草人’的火力，才能得到灵验如神的开展。他们认为只有这样‘平地起风波’，故意制造党内斗争，才算是‘布尔什维克’。当然，这并不是什么真正要郑重其事地进行党内斗争，而是对党开玩笑，把极严肃性质的党内斗争当作儿戏来进行。主张这样做的人，并不是什么‘布尔什维克’，而是近乎不可救药的人，或者是以‘布尔什维克’名义来投机的人。”

“但是，如果把事情弄到另外一个极端去，而对一切有缺点、错误但不是不可救药的同志，采取敌我不分的态度，或者抱着绝对的态度，都机械地过火地去进行党内斗争，主观地去制造党内斗争，也是根本不对的，是和党的发展规律相违背的。”

《论共产党员的修养》一九六二年

④“**党內不同思想的对立和斗爭是經常发生的，这是社会的阶級矛盾和新旧事物的矛盾在党內的反映。党內如果沒有矛盾和解决矛盾的思想斗爭，党的生命也就停止了。**”

毛泽东：《矛盾论》

“**历史告訴我們，正确的政治的和軍事的路綫，不是自然地平安地产生和发展起来的，而是从斗爭中产生和发展起来的。一方面，它要同‘左’傾机会主义作斗爭，另一方面，它又要同右傾机会主义作斗爭。不同这些危害革命和革命战爭的有害的傾向作斗爭，并且徹底地克服它們，正确路綫的建設和革命战爭的胜利，是不可能的。**”

毛泽东：《中国革命战争的战略问题》

“**不是东风压倒西风，就是西风压倒东风，在路綫問題上沒有調和的余地。**”

毛泽东：《文汇报的资产阶级方向应当批判》

“**資产阶級反抗社会主义的斗爭，不能不影响到我們党內的一些不坚定分子，党內有些坚持資产阶級世界覌，頑强地保持資产阶級意識的人，在阶級斗爭表現尖銳的某些时期，就往往要从无产阶級政党的內部来反抗党的路綫活动，不是别的，正是反映了資产阶級对无产阶級的反抗。**”

林　彪

⑤“他（彭德怀）参加了高岗、饶漱石反党集团。在反对高、饶反党集团的时候，没有把他提出来。他是高、饶集团的余孽（毛主席、周恩来同志插话：是主要成员），是这个集团的主要成员。所以，毛主席在庐山会议上说：“到底是高、饶联盟呢，还是高、彭联盟呢？恐怕应该是高、彭联盟”。（毛主席插话：“彭和高，实际的领袖是彭。）

《一九六二年一月二十七日的讲话》

“仅仅从彭德怀同志的那封信的表面上来看，信中所说到的一些具体事情，不少还是符合事实的。”

《一九六二年一月二十七日的讲话》

“和彭德怀有相同观点的人，只要不里通外国的就可以翻案。”

“只要本人提出申诉，领导和其他同志认为有必要，就可以翻案。”

《一九六二年一月二十七日的讲话》

"有些同志也讲过一些同彭德怀同志讲过的差不多的话，例如什么大炼钢铁'得不偿失'呀，什么食堂不好，供给制不好呀，人民公社办早了呀，等等。但是这些同志和彭德怀不一样，他们可以讲这些话，因为他们没有组织反党集团，没有要篡党。"

《一九六二年一月二十七日的讲话》

⑤"庐山出現的一場斗爭，是一場阶級斗爭，是过去十年社会主义革命过程中，資产阶級与无产阶級两大对抗阶級的生死斗爭的继續。"

（一九六二年）

"……我們党內这些家伙就是納吉。一旦有事，他們就振臂一呼，就会有人跟着跑。过去几年各个击破，打掉了一批納吉，打掉了高崗、彭德怀、張聞天等，这次又打掉了一批納吉，一批赫魯晓夫修正主义分子。"

林彪：《在中央政治局扩大会议上的讲话》（~~一九六六年~~）

3、积极推行修正主义的經济綱領

⑥"研究社会主义经济问题，还要特别注意一个问题，就是使社会主义经济既要有计划性，又要有多样性和灵活性，一到资本主义国家什么都能买到。""一个管理国家的机关，要计划这样丰富、灵活的经济，要用什么办法呢？……要允许有一部分资本主义工商业、工业、地下工厂，要让他们钻空子，当他们钻空子的时候，我们社会主义经济就立即跟上去……他们钻几十万样，我们社会主义也跟上去，搞他几十万样。""如果我们的经济不如资本主义多样性，而只有呆板的计划性，那还有什么社会主义优越性。""一到资本主义国家什么都能买到。"

《对杨献珍的讲话》一九五七年七月五日

"社会上有点资产阶级也很好，这批人积极得很，很会钻空子，他们可以补我们的缺陷，甚至有的开地下工厂也好，他们生产的东西，除了骗人的以外都是有用的。他们钻空子发财，恰恰是发现我们计划上的缺点，把我们的空子补起来，他开一个，我们也开一个。"

《一九六一年十月讲话》

"要工人自己出钱盖房子。你们说没钱，哪里有钱呢？每个工人捐一个工的钱，几个义务工就可以盖一座电影院，一座电影院盖起来可以卖票，还可以赚钱。商店盖起来可以租给商业部赚钱，开理发馆、洗澡堂也可以赚钱，服务事业统统工厂盖，不盖就没有。市政府也可以在那里盖一点，但是一定要赚钱，盖了服务结果亏了本，那怎么行。"

《在河南干部会上的讲话》一九五九年三月

"还有个经营管理问题，如果机关、学校、工厂经营管理好，人的精神面貌就会好，群众热情就会高。工作作好了，生产也提高，就可以多赚钱。如果说经营管理不好，办事人员精神不振，群众热情不高，就会赚钱少，或亏本。我们的经验大概就是这样，没有什么秘密。"

《与宋双谈话》一九六三年

"在（租用拖拉机的）收费上，应该把田地分为几等，大田可以少收点，小田可以多收点，应该用价格来指导生产。"

《视察四川郫县拖拉机站时的讲话》一九五八年五月

刘少奇在困难时期主张："不能立即赚钱的显不出经济效果的一律都停建。如果不能赚钱或者亏本的，一律停办扣发工资。"

《一九六二年讲话》

"商品交流不一定只采取一种形式或限制一种渠道，可以采取多样性的形式，其中自由市场就是一种。"

《一九六二年讲话》

"自由市场还是要搞下去的，农村自由市场会产生一些资本主义，产生一些资产阶级分子，产生一些暴发户，有些小商贩会变成暴发户，这无非是多了几个资产阶级分子，既使产生了新的资产阶级也不可怕，无非再搞一次。……不要怕资本主义泛滥。"

《在国务院财贸办公室副主任姚依林汇报时的讲话》一九六〇年十月

"过渡时期一切有利于调动农业生产积极性的办法都可以，不要说那一种办法是最好的、唯一的。"

《一九六二年六月的讲话》

"工业上要退够，农业上也要退够，包括包产到户、单干。"

《一九六二年六月的讲话》

× × × ×

"你们有局，下面有厅，要全国统一，不受地方干扰。地方政府只搞监督，可以收附加税，搞市政建设，这个问题，已有资产阶级成功的经验。"

《在薄一波汇报工业情况时的插话》一九六三年十月二十四日

"用行政机关管，不如用企业管，要认识这个问题，资本家怎样管企业，资本家管工厂总算管得好的，垄断公司内部没有组织。我们的管理方式应该比他们进步……不能比他们更坏一些、差些，成本更高，矛盾更多，比他们落后一些。"

《在薄一波汇报工业情况时的插话》一九六三年三月十日

"企业要搞经济核算，管企业，资产阶级有几百年的经验，……组织企业公司，可能比行政机构管得好一些。"

《同上》

"资本主义管理企业的经验，特别是垄断企业的经验要学习，苏联好的经验也要学。银行、邮政局、托拉斯、新迪加、国家资本主义等等，……考虑一下，如何管理好。"

《同上》

"组织全国的专业总公司，……一机部不是很难管吗？你组织几个总公司，垄断这一行。比如电气，美国有直通电公司，它还不是完全垄断，社会主义要比资本主义垄断得更加厉害。"

《同上》

"各行各业全国只有一个总公司，没有几个总公司，是垄断的，可能有缺点，没有人互相竞争，但也可以和外国比较，内部也可以互相比较，这样，省的工作也可以划出一部分，由公司承担起来。搞公司更接近企业，企业会钻得深，也可能出毛病，搞资本主义，南斯拉夫的经理不是名誉很坏吗？问题在于作法，是无产阶级领导，还是资产阶级领导。"

《同上》

"资本家的银行、邮局是很有组织的，无产阶级可以拿过来为自己服务，一改变所有制，就成为社会主义的企业。”

《同上》

“美国石油有几亿吨，在国外也有，也只有几个公司管。中国由石油部统一管，如果有石油厅就不得了。……按公司来搞，同按部来搞，就是不一样。”

《在薄一波汇报时的插话》一九六三年十二月二十六日

“统统组织公司，有的部要组织几个公司。部主要搞点平衡监督。……过去部、厅、局，都是行政机关管工厂，用行政办法管理企业，过去苏联也这样搞的，证明不行，统统改成公司，无非几十个，百把个，有的部可组成几个公司，这样部轻松了，检查、监督平衡，帮助公司搞好。……这个问题，好好讨论一下，酝酿酝酿，当作一个意见，能试更好了，大概必须试验。石油部就可以当作公司搞，不要搞石油厅了。外国托拉斯还管销售哩！将来石油部也可以搞点销售，商业部可以分一二个商店给他们，叫他们与市场和消费者接触。”

“总而言之，我们要解决这个问题。……现在一讨论就是‘条条’、‘块块’。如纸烟，中央一决定，还不是统一哪！这样，它就可以收购烟叶子。棉花也可以由纺织公司收购，主要按生产需要分级。机械可以包作、包修、包用。收购烟叶子，商业部门就不懂得这个技术，他是商业观点，缺乏生产观点……。”

“中央和政府，地方党和政府超脱一点，不好吗？站在公司之上，矛盾之上，有问题我们来裁判，不要作当事人不好吗？”

《在薄一波汇报时的插话》一九六三年十二月二十六日

“……封建时代设专门的谏官、御史，就是专门讲‘闲话’的官。每个企业都搞那么几个人，专讲‘闲话’，不可能完全正确，经过检查，讲错了，可以不算，不可能都讲对。这些‘谏官’也要联系群众，到车间找工人座谈，开会，吸收各方的意见和建议，专门找人讲‘闲话’。”

《在薄一波汇报时的插话》一九六三年十月二十一日

“公司可搞一些吃闲饭的人，如董事之类。”

《在薄一波汇报工业情况时插话》一九六三年十月二十四日

⑥“政治工作是一切經济工作的生命綫。在社会經济制度发生根本变革的时期，尤其是这样。”

毛泽东：《严重的教训》一文按语一九五五年九月

“沒有高度的民主，不可能有高度的集中，而沒有高度的集中，就不能可建立社会主义經济。”

毛泽东

“首先要使所有公营工业，不論是屬于那一部門管理的，均須有一个統一的計划。在这个統一計划上，統一地筹划原料与粮草的供給，产量的定数，銷路的衔接。”

毛泽东：《经济问题与财政问题》一九四二年

“鉄托集团推行所謂‘工人自治’，使原来屬于全民所有制的企业，完全脫离了社会主义經济的軌道。

这主要表現在：

第一，取消国家統一的經济計划。

第二，把利潤作为刺激企业經营积极性的根本手段。企业为了增加收入和利潤，可以自行采取各种办法。这就是說，所謂‘工人自治’企业的生产目的，根本不是为了满足社会的需要，而是象資本主义企业一样，是为了追求利潤。

第三，实行鼓励資本主义自由竞爭的政策。鉄托对企业經理說，‘进行竞爭将有利于我們的普遍人、消費者’。鉄托集团还公开說，他們所以允許‘竞爭逐追利潤和投机倒把等現象’，正是因为‘对发揚生产者及其集体和公社等的主动精神起了积极作用。’

……

第五，各企业之間的关系不是在国家統一計划下的互相支援，互相协作的社会主义关系，而是在自由市場中互相竞爭、互相傾軋的資本主义关系。

所有这些，都从根本上破坏了社会主义的計划經济。”

《南斯拉夫是社会主义国家吗？》三评苏共中央的公开信

“向共产主义发展，是向着单一的生产資料全民所有制的方向发展。絕不能設想有一个多种生产資料所有制并存的共产主义社会。而赫魯晓夫却正在把全民所有制的企业逐步蜕化成为資本主义性质的企业，把集体所有制的集体农庄逐步蜕化成为富农經济。这又哪里有一点共产主义的影子呢？”

《关于赫魯晓夫的的假共产主义及其在世界历史上的教训》九评苏共中央的公开信

⑦“领导人对一切浪费现象感到痛心……对节约的给以奖励，造成风气长期坚持下去，这才是社会主义建设。”

“工资制度要写，不要简单提不计报酬，工人可讲不计报酬，领导上要讲按劳分配，不要又把按劳分配搞掉了。如果领导干部不计报酬，工人还是要计的。”

《在薄一波时的插话》一九六三年十二月二十六日

一九六〇年五月五日，刘少奇在参观成都量具刀具厂时听到某工厂领导人汇报生产小组也办卫星工厂，就立即问：“小组办卫星厂有什么所有制？”“有奖励没有？奖励多少？”又说“物质刺激还是要一点罗！为什么小组爱护设备、工具，节省费用呢？主要是核算了成本。”“你们小组管理有了发展，比两参一改三结合进了一步，有政治思想，有权力，有核算，而且还有嘉励。”

“搞那一行的的人，对那一行的东西，可以允许他们多买一点。比如说卖热水瓶的人，可以允许他多买一个热水瓶，卖粮食的人，每月可以多买斤把粮食，卖水果和卖糖的，可以多买一点，但只限于这个行业的人自己用。你们应该有这样一个制度。”

“唐山汽车司机给商业部门送煤经常要点东西，可否给他们开点前门。”

《在姚依林汇报时的插话》一九六一年十月

“国营农场对生产队实行‘三定一奖’的办法。‘三定’是：定产量，定上交利润，定工资总额。‘一奖’是：超产奖励。……利润超过计划指标的，超额部分要按照五、一、四的比例处理，50%上交农场，10%留在生产队作集体福利或扩大再生产使用，40%按工人的出勤天数和劳动工分分给个人，分给个人部分也要有限额，一般不得超过本人平均工资的三个月的水平。”

刘少奇批示的《关于改革国营农场经营管理制度的规定宣传讲话材料》

“农场职工，在不影响集体生产的原则下，可以经营小量的家庭副业。职工的自用地和自有畜，应当低于当地区人民公社的数量，数量过多的应该减少一些。”

刘少奇批示的《关于改革国营农场经营管理制度的规定宣传讲话材料》

“国营农场应当积极鼓励职工利用农闲在指定的地点自建住房，并给予帮助和支持。”

刘少奇批示的《关于改革国营农场经营管理制度的规定宣传讲话材料》

“国营农场取消农工的等级固定工资制。……凡是从事一般农业（包括牧业、园林、橡胶）劳动的实行定额记工分，按工分付酬的办法。不能实行定额记工分的，可采取计时折工分的办法。”

刘少奇批示的《关于改革国营农场经营管理制度的规定宣传讲话材料》

⑦“沒有正确的政治观点，就等于沒有灵魂。”

毛泽东：《关于正确处理人民内部矛盾的问题》

“突出政治不是一項任意的政策，不是可以这样做，也可以那样做，这是根据社会主义社会的发展規律和社会主义社会的經济基础所提出的根本措施。不突出政治，就是違反社会主义社会发展的規律。” ·林 彪·

“向共产主义发展，是向着提高人民群众共产主义觉悟的方向发展。絕不能設想有一个資产阶級思想泛濫的共产主义社会。而赫鲁晓夫却热心于在苏联复兴資产阶級思想……他鼓吹物质刺激，把一切人与人的关系变成为金錢的关系，发展个人主义和自私自利思想。……赫鲁晓夫所提倡的这种社会道德和风气，离开共产主义何止十万八千里。”

《关于赫鲁晓夫的假共产主义及其在世界历史上的教训》九评苏中央的公开信。

五、吹捧、追随苏修，妄图向帝国主义屈膝投降

1、吹捧、膜拜苏修，三呼苏修“万岁”

①六〇年十一月五日在莫斯科伏努科夫机场上的讲话中说：“现在苏联已经是一个拥有现代工业、现代农业和现代科学文化的社会主义头等强国，在最重要的科学技术方面，苏联已经把美国远远抛在后面。苏联人民在以赫鲁晓夫同志为首的苏联共产党中央委员会领导下，正在胜利地实现着全面开展共产主义建设的宏伟的七年计划。苏联在反对帝国主义侵略，保卫世界和平方面，在支持被压迫民族的解放斗争和被压迫人民的革命斗争方面，在提高社会主义阵营的威力方面，都作了巨大的贡献。中国人民和全世界人民一样，为兄弟的苏联人民所取得的伟大成就感到无限的欢欣鼓舞。”

“现在苏联人民在以赫鲁晓夫同志为首的苏联共产党中央委员会的领导下，正在胜利地执行着宏伟的七年计划，开展全面的共产主义建设，以新的成就吸引着全世界各国劳动人民。我们在参观访问中，到处见到苏联人民劳动热情高涨，看到提前完成七年计划的社会主义竞赛的广泛展开，看到共产主义劳动队伍日益扩大。这一切情况使我们深信，七年计划一定会提前完成（热烈鼓掌）。苏联一定会在最近的将来在工农业生产总产值方面占据世界首位，并且进而在按人口计算的生产水平方面超过美国。在科学技术方面，特别是在征服宇宙空间方面，苏联人民以一个接一个的创举震动了世界，显示了苏联在最重要的科学技术领域远远超过美国（热烈鼓掌）。中国人民衷心祝贺苏联人民在共产主义建设中取得的一切成就。你们的成就是我们的成就（热烈鼓掌），我们为此充满着自豪的感觉”（热烈鼓掌）。

《在苏中友好（莫斯科）群众大会上的讲话》一九六〇年十二月九日

①“伟大的苏联人民，在社会主义制度下以史无前例的速度发展了社会生产力。但是，由于赫鲁晓夫修正主义的祸害，苏联的社会主义經济遭到了严重的破坏。赫鲁晓夫經常在重重矛盾中挣扎，他的經济政策經常是朝令夕改，出尔反尔，使得苏联的国民經济陷于严重的混乱。赫鲁晓夫是一个不可救药的败家子。他花光了斯大林时期的粮食儲备，給苏联人民的生活带来了严重的困难。他歪曲和破坏了‘各尽所能、按劳分配’的社会主义分配原则，使一小撮人侵吞了广大苏联人民的劳动果实。从这一方面来說，赫鲁晓夫所走的路，也是背向共产主义的”。

《关于赫鲁晓夫的假共产主义及其在世界历史上的教训》

②“你们在经济科学文化方面所取得的伟大成就，苏联各族人民密切团结，欣欣向荣的情况，给我们留下了深刻的印象，中国人民经常说，苏联的今天就是我们的明天，你们的每一个成就，就是对我们的巨大鼓舞。……”

《在苏共中央、苏联最高苏维埃主席团和苏联部长会议举行的国宴上的讲话》

一九六〇年十二月七日

②“赫鲁晓夫的‘共产主义’，就是‘土豆烧牛肉的共产主义’，就是‘美国生活方式的共产主义’，就是向魔鬼要貸款的共产主义。”

“这样的‘共产主义’并不稀奇。这样的‘共产主义’不过是資本主义的代名詞。这样的‘共产主义’，不过是一种资产阶級的商标、招牌和广告”。

《关于赫鲁晓夫假共产主义及其在世界历史上的教训》

③“中苏两个社会主义国家，是由共同的思想基础、共同的斗争目标和亲密的同盟关系紧紧地联系在一起的。中苏两国的关系正像存在于所有社会主义国家之间的关系一样，是完全新型的国家关系，是世界上最良好的国家关系。无论是在建设社会主义和共产主义设建事业中，或者是反对帝国主义侵略和保卫世界和平的事业中，我们两国始终同其他社会主义国家一起，互相支援、互相合作、并肩前进。在这里要特别提到苏联人民对于中国人民的革命事业和建设事业所给予的巨大援助，并且再一次向苏联人民表示中国人民衷心谢意……在这个临别的时刻，我愿意以整个代表团的名义，再一次感谢伟大的苏联人民，苏联共产党和苏联政府，感谢你们对我们这样热情的欢迎和接待……”

《在苏共中央、最高苏维埃主席团和国家部长会议举行的国宴上的讲话》

一九六〇年十二月七日

“你们的城市在加强中苏友谊方面也做出了重大的贡献。你们为我国生产了许多的成套设备，提供了大批设计资料，派遣了优秀的专家，并且还为我们培养了许多技术干部和建设人材。这是苏联政府和苏联人民对我国社会主义建设巨大援助的一部分，请允许我在这里代表中国政府中国人民对你们这种国际主义援助表示衷心的感谢和崇高的致意。”

《在苏共列宁格勒市委会上和市委苏维埃执行委员会为欢迎中国党政代表团举实宴会上的讲话》　一九六〇年十二月四日

③“苏共領导根本不是致力于巩固和壮大社会主义陣营，而是分裂和瓦解社会主义陣营，把一个好端端的社会主义陣营搞得个乱糟糟。

他們违反宣言和声明規定的兄弟国家相互关系的准則，对社会主义国家实行大国沙文主义和民族利己主义的政策，破坏了社会主义陣营的团結。

他們任意損害兄弟国家的主权，干涉兄弟国家的內政，进行顚复活动，力图从各方面控制兄弟国家。

他們假借所謂‘国际分工’的名义，反对兄弟国家自力更生建設社会主义的方針，反对兄弟国家在独立自主的基础上发展經济，要把兄弟国家变成他們的經济附庸。他們力图强迫經济比較落后的兄弟国家放弃工业化，变成供应他們原料的基地和推銷他們剩余产品的市場。

苏共領导推行他們的大国沙文主义政策，不择手段，动辄对兄弟国家施加政治的、經济的、以至軍事的压力。”

《苏共領导是当代最大的分裂主义者》

“苏共領导违反中苏友好同盟互助条約，片面地决定撤走在中国帮助工作的一千三百九十名苏联专家，撕毁了三百四十三个专家合同和合同补充书，废除了二百五十七个科学技术合作項目，在貿易方面对中国实行限制和歧視的政策，他們挑起了中苏边境事件，对中国新疆地区进行大規模的顚复活动。”

《苏共領导是当代最大的分裂主义者》

“我們对于苏联在斯大林領导时期，开始提供的友好援助，从来給予恰当的評价。我們向来认为，苏联人民的友好援助，对于中国建立社会主义工业化的初步基础起了有

套的作用。对于这一点中国共产党和中国人民曾經无数次地表示感謝。

近年来苏联領导常以恩人自居，无数次地吹嘘什么‘无私援助’。……我們不能不指出，苏联对中国的援助，不是单方面的，更不是无偿的，并且主要是通过貿易的形式进行的。对于苏联向我国提供的所有成套設备和物資，包括通过貸款形式提供的設备和物資，連同利息在內，我們都是用物資黃金和国际貨币偿付的。还应当提到，我們从苏联进口的东西，比起国际市場价格来說，是貴得多的。

不只是中国方面得到了援助，苏联也从中国方面得到了相应的援助。誰也不能认为中国对苏联的援助，是无足輕重的，微不足道的。”

“你們（按：指苏修）强迫苏联专家中断自己的工作，撤回苏联，使我国一些重大的設計項目和科学研究項目被迫中途停頓，使一些正在施工的建設項目被迫停工，使一些正在試驗生产的厂矿不能按期投入生产。你們这种背信弃义的行动，破坏了我国国民經济的原定計划，給中国的社会主义建設事业造成了巨大的損失。

在中国遭受到严重自然灾害的时候，你們乘人之危，采取这样严重的步驟，完全违背了共产主义的道德。”

《中共中央一九六四年二月二十九日给苏共中央的信》

④在中国共产党和中国人民的心目中，伟大的苏联一直是良师益友。

《在苏中友好（莫斯科）群众大会上的讲话》一九六〇年十二月九日

“我们要和苏联搞好团结，向苏联学习经验是肯定不够的。学习社会主义经验只有苏联一家。和苏联专家的关系一定要搞好，搞不好有理无理三扁担，这是政治问题。千万不要反对教条主义就漠视这个问题。”

《对杨献珍、侯维煜的指示》一九五六年七月

一九五六年刘少奇还同意派组织工作代表团去苏联，学习苏共修正主义的建党“经验”。

一九五六年六月二十五日对中宣部关于高级党校课程开设报告的批示：“同意开社会主义史，并积极着手准备。在没有教材以前，仍讲联共（布）党史。但在讲授时可参照一些新的观点。”以后由许立群主持，胡锡奎的秘书云光出面，按二十大的精神后写出了关于二十大后如何讲授联共党史的意见。

刘少奇在一九六一年六月三十日在庆祝中国共产党成立四十周年的大会上说：“在全国开展一个新的学习运动，这是当前最重要的事情。”“主要的目的就是帮助全党干部进一步认识掌握建设社会主义的客观规律。”为此，“要学习苏联和其他社会主义国家建设社会主义的经验。”并大骂我们：“满足于一知半解，自以为懂得很多，懒于学习。”警告要“力戒自满”，“戒骄戒躁”。

④“事情很明显，在十月革命以后，各国无产阶級的革命家如果忽視或者不认真研究俄国革命的經驗，不认真研究苏联无产阶級专政和社会主义建設的經驗，并且按照本国的具体条件，有分析地，創造性地利用这些經驗，那末，他就不能通晓作为馬克思主义发展新阶段的列宁主义，就不能正确地解决本国的革命和建設的問題。那末他就会或者陷入教条主义的錯誤，或者陷入修正主义的錯誤。我們需要同时反对这两种錯誤傾向，而在目前，反对修正主义的傾向，尤其是迫切的任务。”

毛主席：《在最高苏维埃庆祝伟大的十月社会主义革命四十周年会议上的讲话》

“赫魯晓夫修正主义，給国际共产主义运动造成了严重的損害 同时 也从反面教育了全世界的馬克思列宁主义者和革命人民。

如果說，伟大的十月革命，向各国馬克思列宁主义者提供了最重要的正面經驗，打开了无产阶級夺取政权的道路，那么，赫魯晓夫修正主义却是提供了最重要的反面經驗，使各国馬克思列宁主义者可以从中吸取防止无产阶級政党和社会主义国家蜕化变质的教訓。”

《关于赫鲁晓夫的假共产主义及其在世界历史上的教训》

“現在，在伟大的十月革命的故乡，在具有几十年建設社会主义历史的苏联，也发生了赫魯晓夫修正主义集团篡夺党和国家領导的事件，也出現了資本主义复辟的严重危险。它向所有社会主义国家，包括我們中国在內，向所有共产党和工人党，包括中国共产党在內，敲起了警钟。这就不能不引起人們极大的注意，不能不引起全世界馬克思列宁主义者和革命人民认眞思考和严重警惕。

赫魯晓夫修正主义的出現，是坏事，又是好事。只要认眞研究赫魯晓夫修正主义集团在苏联实行‘和平演变’的教訓，并且采取相应的措施，已經胜利的社会主义国家和将来走上社会主义道路的国家，将不仅能够打敗敌人的武装进攻，而且能够防止‘和平演变’。这样，无产阶級世界革命的胜利就更加有把握了。”

（同上）

⑤……同志们，让我们高呼：

“……

以赫鲁晓夫同志为首的苏联共产党中央委员会万岁！”

《在明斯克车站上的致词》一九六〇年十二月五日

“……

伟大的苏联共产党及其以赫鲁晓夫同志为首的中央委员会万岁！”

《在莫斯科苏中友好群众大会上的讲话》一九六〇年十二月七日

一九六四年十月勃列日涅夫，柯西金上台后，刘少奇在中央政治局会议上说：“估计苏联新领导比以前有百分之三十的转变。”

一九六五年三月十七日在同外宾的谈话中说：“苏联到底是什么样的国家，你就很难下结论。苏联共产党到底是什么性质的党，现在也很难下结论。”“还有一些在资产阶级跟劳动人民中间动摇的党：×党（指修正主义的澳大利亚共产党）是不是可以这样讲？这个中间动摇？还没有最后完全代表资产阶级那方面。……所以，政治代表有这种动摇的人，而这种动摇的人相当多。就是工党里面也有不少这样的人。工党左派就是动摇的，左派中间派都是动摇的。工党右派是不动摇的。”

⑤**“‘人間正道是滄桑。’历史教訓告訴我們，誰妄图阻挡历史車輪的前进，誰就要被压得粉身碎骨。事情正如毛泽东同志反复指出的：帝国主义和一切反动派都是紙老虎，修正主义者也是紙老虎。那些代表反动阶級、反动势力的“英雄好汉”們，尽管张牙舞爪，不可一世，实际上不过是貌似强大的紙老虎，是历史上匆匆来去的过客，不要多长时間，他們就会被历史的巨浪所淹沒。赫魯晓夫并不例外。”**

《赫鲁晓夫是怎样下台的》

“不管赫魯晓夫之流願意还是不願意，人民总是要把他抛弃的。赫魯晓夫的下台，

正是苏联人民和世界人民坚持反对修正主义斗爭的必然結果。"

《赫鲁晓夫是怎样下台的》

⑥"**苏联**同帝国主义的矛盾不调和的。赫鲁晓夫同中国闹翻，对美国表示好感，美国就不见得给他们什么好处。他们在有关基本利益的问题上取得妥协是不可能的。"

《在学部第四次扩大会议上的讲话》一九六三年十一月十三日

"我看美国也不一定打中国，他们第一个怕的是苏联，不是中国。"

（同上）

"帝国主义说苏联好那就要警惕。很多人去过苏联，写文章正在说苏联自由化，欣赏苏联的物质刺激，说中国才是马列主义，说我们是革命的马列主义，苏联是保守的马列主义。这就需要注意，他们在挑拨我们和苏联的团结。"

《与王光英一家的谈话》一九六〇年一月三十一日

⑥"十一年来，赫鲁晓夫的所作所为，处处都說明了他所执行的政策，是：联合帝国主义，反对社会主义；联合美国，反对中国；联合各国反动派，反对民族解放运动和各国人民革命；联合鉄托集团和形形色色的叛徒，反对一切的馬克思列宁主义兄弟党和一切同帝国主义斗爭的革命派。赫鲁晓夫的这一切政策，根本危害了苏联人民的利益，危害了社会主义陣营各国人民和全世界革命人民的利益。"

《赫鲁晓夫是怎样下台的》

"伟大的苏联是世界和平的强大堡垒。苏联同中国和其它社会主义兄弟国家一起，组成强大的社会主义阵营。苏联对社会主义国家履行着兄弟般的相互援助和合作的义务，积极支持资本主义世界被压迫民族和被压迫人民的争取解放的斗争，一贯争取实现不同社会制度国家的和平共处。中国人民坚决支持苏联在国际事务中所实行的这些政策。不久以前，赫鲁晓夫同志率领苏联代表团和其它社会主义国家代表团一起，在第十五届联合国大会上作了新的有益的努力，来揭露以美国为首的帝国主义集团的侵略和战争的政策，揭露丑恶的殖民主义的制度，苏联为了缓和国际紧张局势而提出的全面彻底裁军、禁止核武器等建议，获得了全世界一切爱好和平的国家和人民的热烈响应和支持。（鼓掌）中国人民要感谢赫鲁晓夫同志，因为他在第十五届联合国大会上，坚决地主张恢复中国在联合国的合法权利，严重地驳斥了美国对于中国所做的无耻的污蔑和诽谤。"

2、妄图追随苏修推行"和平外交"，向帝国主义屈膝投降

⑦"就是在美国统治集团内部，也有一些头脑比较清醒的人逐渐认识到战争政策未必对美国有利。"

"对于美国，我们也同样具有同它和平共处的愿望。"

"我们的门是对一切人敞开的。"

《八大报告》一九五六年

⑦"……在阶級社会里，根本沒有超阶級的明智。无产阶級有无产阶級的明智，資产阶級有資产阶級的明智。所謂明智，就是善于按照本阶級的根本利益制定政策，善于根据本阶級的根本立場行动。肯尼迪之流的明智，就是根据美国垄断資产阶級的根本利益行动，就是帝国主义的明智。

在国际阶級力量对比越来越不利于帝国主义的情况下，在美帝国主义的侵略政策和

战争政策不断遭到挫折的情况下，美国帝国主义者不能不更多地用和平的外衣把自己伪装起来。”

《在战争与和平问题上的两条路线》

“尽管他天天在希望帝国主义国家的統治人物‘明智’起来，但是，帝国主义者絕不会按照陶里亚蒂同志的希望，自己解除武装，自己改变社会制度。”

《再论陶里亚蒂同志同我们的分歧》

⑧“我们在对外关系中一贯执行着坚定的和平政策，主张一切国家间的和平共处和友好合作，我们相信社会主义制度的优越性，不怕同资本主义国家进行和平竞赛。”

《八大政治报告》

“今年二月举行的苏联共产党第二十次代表大会是具有世界意义的重大政治事件。它不仅制定了规模宏伟的第六个五年计划，决定了进一步发展社会主义事业的许多重大的政策方针，批判了在党内曾经造成严重后果的个人崇拜现象，而且提出了进一步促进和平共处和国际合作的主张，对于世界局势的和缓作出了显著的贡献。”

《八大政治报告》

一九五六年六月他同苏联青年代表团谈话中说：“最近对外政策作得很好（按：指苏修），我们支持你们。”“目前世界群众运动（工会、青联、妇女、和大等）最突出最严重的现象是分裂状态，都分成两派，”“分裂就是右派的胜利，我们不能只责备右派，我们要采取一些办法克服这种分裂状态，其中一种办法就是由中间派出面，南斯拉夫出来号召恐怕也有好处，要考虑赞成。”“使左中右能坐在一起开会，做到这一点就是胜利。”“今后工会、青联、妇女、和平运动等都由中间派和右派发起，我们参加，让他们坐第一排，我们坐第二排，我们的领导不在形式上、表面上，而在实质上。这样就使全世界大部分青年、妇女、工人团结起来。”

世界各国人民都是反对战争，要求和平的，苏联、中国和其他社会主义国家的和平外交政策到处受到欢迎。在纪念十月革命四十周年的时候，我们已经看到和平运动已经成为世界上最庞大的运动，人类持久和平已经有了实现的希望。”

《在北京各界庆祝十月社会主义革命四十周年大会上的讲话》

我们认为，为了维护和平，一些社会主义制度不同国家都应本着五项原则实行和平共处，进行和平竞赛，……

以苏联为首的社会主义阵营各国，一贯致力于缓和国际紧张局势和争取世界持久和平。由于全世界爱好和平的政府和人民的努力，和平的要求正在一天天深入各国人心。”

《在中华人民共和国成立十周年大会上的开幕词》一九五九年九月二十九日

“我们在国际事务中坚定不移的方针，是为世界和平和人类进步的事业而努力。”“保卫世界和平的斗争，已经成为当代最强大、最广泛的群众性斗争。”

《庆祝中国共产党成立四十周年大会上的讲话》一九六一年六月三十日

“我们社会主义国家一贯坚持和平的外交政策，主张不同社会制度的国家和平共处，并且不懈地为和缓国际紧张局势而努力……中国人民和其它社会主义国家的人民都坚决支持赫鲁晓夫同志五月十六日在巴黎的声明，坚决支持苏联人民反对帝国主义侵略和挑衅的正义斗争，认为这一斗争对于揭露美帝国主义的本质，鼓舞全世界人民保卫和平的斗争具有重大意义……。

尽管美帝国主义和它的头子艾森豪威尔一手断送了举世关心的四国政府首脑会议，严重地威胁着世界和平，我们始终认为一切国际争端，应该通过谈判的方式求得解决，而不诉诸武力。”

《刘少奇在欢迎列希主席国宴上的讲话》一九六〇年六月三十日

“中华人民共和国一贯奉行和平的外交政策，主张不同社会制度的国家和平共处，并且坚持不懈地为此进行努力。……我们主张和平解决国际争端，而不诉诸武力。我们一贯支持苏联关于裁军、禁止核武器以及其它旨在缓和国际紧张局势的倡议和行动。我们的和平外交政策正日益得到世界各国人民的同情和支持。”

《在欢迎塞古·杜尔总统的国宴上的讲话》

一九六〇年九月十日

“苏联政府为维护世界和平作了坚持不懈的努力。不久前，赫鲁晓夫同志率领的苏联代表团和其它兄弟国家代表团，在联合国大会第十五届会议上，同帝国主义进行了针锋相对的斗争，揭露了帝国主义的殖民主义的罪恶，这对世界人民是有益处的。苏联政府为缓和国际紧张局势，为争取普遍彻底裁军，为争取实现不同社会制度国家和平共处而提出的各项倡议，获得了所有爱好和平国家和人民的同情和支持（鼓掌）。”

《在苏共列宁格勒市委会和列宁格勒苏维埃执行委员会为欢迎中国代表团举行的宴会上的讲话》

一九六〇年十二月四日

“中朝两国和其它社会主义国家，为缓和国际紧张局势，制止战争危险，实现和平共处，进行了不懈的努力。苏联和其它社会主义国家关于普遍裁军，禁止核武器和缔结对德和约等一系列和平倡议，符合所有爱好和平的国家和人民的利益，在全世界起着越来越广泛的影响。我们坚决支持这些倡议。”

《在欢迎朝鲜党政代表团宴会上的讲话》一九六五年七月十日

⑧“**在社会主义陣营形成以后，每一个社会主义国家的对外政策，要处理三个方面的关系，这就是：同其他社会主义国家的关系，同不同社会制度国家的关系，同被压迫人民和被压迫民族的关系。**

“因此，在我們看来，社会主义国家对外政策的总路綫应当包括下列內容：在无产阶級国际主义的原則下，发展社会主义陣营各国之間的友好互助合作关系；在五項原則的基础上，爭取和社会制度不同的国家和平共处，反对帝国主义的侵略政策和战爭政策；支援一切被压迫人民和被压迫民族的革命斗爭。这三項內容是互相联系的，缺一不可的。

《两种根本对立的和平共处政策》人民日报一九六三年十二月十二日

“**馬克思列宁主义者一向认为，在不同社会制度国家之間实行和平共处，从社会主义国家方面来說，沒有任何困难。和平共处的障碍从来都是来自帝国主义和資产阶級反动派。**

…………

“**在这样的情况下，社会主义国家，不能不同世界各国人民一道，坚决反对帝国主义的侵略政策和战爭政策，同帝国主义进行針鋒相对的斗爭。**”

《两种根本对立的和平共处政策》《人民日报》一九六三年十二月十二日

“**赫魯晓夫歪曲列宁的关于不同社会制度国家和平共处的正确原則，提出和平共处是苏联‘对外政策的总路綫’。这就是把社会主义国家之間的互助合作，把社会主义国**

家对各国被压迫人民和被压迫民族革命斗爭的支援，都排除在社会主义国家对外政策总綫之外去了；或者是把这一切都从屬于他們的所謂‘和平共处’政策了。”

《苏共领导同我们分歧的由来和发展》《人民日报》一九六三年九月六日

“人們不难看到，苏共領导的‘和平共处’总路綫，正好是投合了帝国主义的口味。

苏共領导借口‘和平共处’，竭力討好美帝国主义，不断地宣揚美帝国主义的代表人物‘关怀和平’，这恰恰适应了美帝国主义的和平欺騙政策的需要。

苏共領导借口‘和平共处’，把和平共处引伸到被压迫阶級和压迫阶級，被压迫民族和压迫民族的关系中去，反对革命，取消革命，这恰恰适应了美帝国主义不許社会主义国家支持資本主义世界各国人民革命的要求。

苏共領导借口‘和平共处’，在国际范围內用阶級合作代替阶級斗爭，鼓吹社会主义同帝国主义‘全面合作’，为帝国主义对社会主义国家的滲透大开方便之門，这恰恰适应了美帝国主义的‘和平演变’政策的要求。”

《两种根本对立的和平共处政策》《人民日报》一九六三年十二月十二日

⑨一九六三年刘少奇去仰光同缅甸总理奈温会谈。在会谈中奈温表现自己很孤立，美国和缅甸国内右派整他，缅甸共产党和红旗共产党也整他，他感到没有出路，想依靠中国，走社会主义道路。据说刘少奇向奈温大讲什么是真正的社会主义，如何走社会主义道路，并建议奈温和缅共、红共合作。和奈温谈得很融洽。刘少奇回国后还说过这样的话：奈温碰了钉子，政权不稳，朝不保夕，走投无路，在我国影响和援助下，有可能从假共产主义走上真共产主义，我们要大力作工作。于是外交部就行动起来了，调派坚强的干部去缅甸作大使。后来奈温和缅共、红共谈判，但谈判很快就破裂，缅共、红共又转入地下或上山打游击去了。刘少奇的“和平过渡”成了泡影。

“在抗战结束以后，我们党虽多次同国民党进行和平谈判，以避免内战，并且试图通过和平的道路实现中国的社会政治改革。”又说：“我们资本主义是通过国家资本主义这种和平过渡的办法达到社会主义的目的。……”

《八大政治报告》

⑨“在阶級社会中，革命和革命战爭是不可避免的，舍此不能完成社会发展的飞跃，不能推翻反动的統治阶級，而使人民获得政权。”

毛泽东：《矛盾论》

“革命的中心任务和最高形式是武装夺取政权，是战爭解决問題。这个馬克思列宁主义的革命原則是普遍地对的，不論在中国在外国，一概都是对的。”

毛泽东：《战爭和战略问题》

“帝国主义时代的阶級斗爭的經驗告訴我們：工人阶級和劳动群众，只有用枪杆子的力量才能战胜武装的資产阶級和地主；在这个意义上，我們可以說，整个世界只有用枪杆子才可能改造”。

毛泽东：《战爭和战略问题》

⑩“我们自顾不暇，那能去惹美帝、苏修和支持世界人民斗争呢？”

（一九六二年讲话）

⑩“因为中国是一个具有九百六十万平方公里土地和六万万人口的国家，中国应当对于人类有較大的貢献。”

毛泽东：《纪念孙中山先生》一九五六年十一月

六、反对毛主席的教育路綫

1.推行“两种教育制度”，篡改毛主席的教育方針

①“我们要培养有社会主义觉悟、有文化科学知识、有技术、有实际操作能力的新型劳动者。我们的目的应该培养到能当干部，当技术员，当工程师的水平。”

①“我們的教育方針，应该使受教育者在德育、智育、体育几方面都得到发展，成为有社会主义覚悟的有文化的劳动者。”

《毛主席语录》一四二页

②“工业建设有很多困难，中国有钱，有劳动力，有机器，就是没有工程师”。

《与宋双谈话》一九六五年

“应该使教育与生产劳动相结合，设法逐步做到一个工厂就是一个学校，半工半读，学生是工人，工人也是学生。农村也可以这样做，拨出几百亩地，办一个学校，让他们包产，学生一面生产一面学习，既是学生又是农民。……用这办法，不要很久，全国人民都能上大学。”

（一九五八年八月四日《光明日报》刊载）

“我们的党员、团员和革命的知识分子都要下苦功夫学习，认真钻研业务，很好地掌握各科专门技术和科学知识，凡是有条件的，都应当努力使自己成为‘又红又专’的红色专家。”

《在纪念十月革命四十周年大会的讲话》一九五七年

②“政治工作是一切經济工作的生命綫。在社会經济制度发生根本变革的时期，尤其是这样。”

《毛主席语录》一一九页

“毛主席領导我們創造了一个新型的国家，这个国家除搞机械化以外，更重要的是搞革命化，用革命化来領导机械化。”

林彪：《在中央工作会议上的讲话》一九六六年

“一定要批判不問政治的傾向。一方面要反对空头政治家，另一方面又要反对迷失方向的实际家。”

毛泽东：《工作方法六十条》一九五八年

③“再过五十年到一百年，中国的工人阶级有百分之七十到八十的普通工人是中等技术学校毕业以上的水平或是大学毕业。农民呢？有半数是中等农业技术学校毕业的水平。……达到这个水平，我看就好了，我们的国家就好了。这些人既能脑力劳动，又能体力劳动，他们可以当厂长，当车间主任，当党委书记，市长，县长等等。”

《在广西干部会上的讲话》一九六四年

“社会主义的教育制度就是教育和生产劳动相结合，贯彻这个教育制度最彻底的办法之一是把工厂和学校结合起来办。过去是学校一套工厂一套，互不相干，以后可以逐步把两套合成一套。新办一个工厂，也就是新办一个学校。业务劳动部门和教育部门联合招收新成员，既是招工人，又是招学生。入厂后先训练三、四个月，上机床操作，每

天作四小时或六小时工作，读四小时或三小时书，半工半读，可以从初中一直读到大学毕业。实行这种办法，将使工人群众知识分子化的过程能够大大缩短，使脑力劳动与体力劳动的差别能够很快消除；这样培养出来的知识分子，将是又红又专的工人阶级知识分子。”

（一九五八年九月三十日人民日报）

“这些从中等技术学校毕业的，半工半读出来的，是我们的一种新人。他们既能脑力劳动又能体力劳动。这一种人就是我们的前途，我们国家的前途。”

《在广西干部会上的讲话》一九六四年

“工厂里应该出大学生，出教师，出工程师，出干部”。

《视察江苏城乡时的讲话》一九五七年

“大多数（半工半读学生）继续学技术，也可以学政治，学经济，学马列主义，把学生培养成厂长和党委书记”。

《来天津对半工半读工作的讲话》一九六四年

刘少奇认为革命接班人是学校里培养的，他说：“小部分学文科，政治、政法和财经，……因为将来还要有人当党委书记、还要有人搞经营管理，还要有文学家艺术家。”

《在上海党员干部会上的讲话》一九五七年

③“工人以工为主，也要兼学軍事、政治、文化。也要搞社会主义教育运动，也要批判資产阶級。在有条件的地方，也要从事农副业生产，例如大庆油田那样。

公社农民以农为主（包括林、牧、副、漁），也要兼学軍事、政治、文化。在有条件的时候，也要由集体办些小工厂，也要批判資产阶級。

学生也是这样，以学为主，兼学別样，即不但要学文，也要学工、学农、学軍，也要批判資产阶級。学制要縮短，教育要革命，資产阶級知識分子統治我們学校的現象，再也不能維持下去了。

“商业、服务行业、党政机关工作人員，凡有条件的也要这样做。”

毛泽东：《给林彪同志的信》

“具备什么条件，才能充当无产阶級革命事业的接班人呢？

他們必須是眞正的馬克思列宁主义者，而不是象赫魯晓夫那样的挂着馬克思列宁主义招牌的修正主义者。

他們必須是全心全意为中国人民和世界的絕大多数人服务的革命者，而不是象赫魯晓夫那样，在国內为一小撮資产阶級特权阶层的利益服务，在国际为帝国主义和反动派的利益服务。

他們必須是能够团結絕大多数人一道工作的无产阶級政治家。不但要团結和自己意見相同的人，而且要善于团結那些和自己意見不同的人，还要善于团結那些反对过自己并且已被实践証明是犯了錯誤的人。但是，要特別警惕象赫魯晓夫那样的个人野心家和阴謀家，防止这样的坏人篡夺党和国家的各級領导。

他們必須是党的民主集中制的模范执行者，必須学会‘从群众中来，到群众中去’的領导方法，必須养成善于听取群众意見的民主作风。而不能象赫魯晓夫那样，破坏党的民主集中制，专横拔扈，对同志搞突然袭击，不讲道理，实行个人独裁。

他們必須謙虛謹慎，戒驕戒躁，富于自我批評精神，勇于改正自己工作中的缺点和錯誤。而絕不能象赫魯晓夫那样，文过飾非，把一切功劳归于自己，把一切錯誤归于別

有人。

无产阶級革命事业的接班人，是在群众斗爭中产生的，是在革命大风大浪的鍛炼中成长的。应当在长期的群众斗爭中，考察和識別干部，挑选和培养接班人。"

《毛主席语录》二四〇——二四二页

④"最近我们想出一个办法，开半工半读……这样一来，我们工厂，机关领导要搞官僚主义就不容易了，如果有个厂长是官僚主义，工厂中有很多大学生，他们会叫他下台，因为有许多工人都可以并且有能力当厂长。要搞贪污也很困难了，因为工人中有大学生会算账。"

《与宋双的谈话》一九六五年

④"阶級斗爭、生产斗爭和科学实験，是建設社会主义强大国家的三項伟大革命运动，是使共产党人免除官僚主义、避免修正主义和教条主义，永远立于不敗之地的确实保証。"

《毛主席语录》三十六页

"干部通过参加集体生产劳动，同劳动人民保持最广泛的、經常的、密切的联系。这是社会主义制度下一件带根本性的大事，它有助于克服官僚主义，防止修正主义和教条主义"。

(关于赫鲁晓夫的假共产主义及其在世界历史上的教训)

⑤刘少奇贪天之功为已有，吹嘘半工半读是他"首创"的，他说："一九五八年我到天津，在那里讲了一次，他们那个时候的热情很高，轰隆轰隆就办起来了。"

《在广西干部会讲话》一九六四年

⑤毛主席在一九五八年一月写的《工作方法六十条》的四十九条中說："学生实行"半工半讀"。

《中国农村的社会主义高潮按语选》一九五五年

2.宣揚智育第一，反对突出政治，反对教育制度改革

⑥一九五八年，刘少奇从苏联访问回来，大力主张白专道路。他对安子文等人说："为了培养专业，可以不让他们入党，不让他们参加政治活动。"

⑥"沒有正确的政治观点，就等于沒有灵魂。"

《毛主席语录》一二四页

⑦"党员在学校中学习，从事理论研究的时候，主要的任务是理论上的深造与把握，而不是学校生活的锻炼，这时候学生应当埋头读书，埋头从事理论的研究"。

《答宋亮同志》

⑦"我們的任务是光荣伟大的，时間是比較短促的。以短促的时間学习一些更中心更具体的东西，必須认眞做到'理論与实际联系'，'少而精'的两大原則。"

林彪：《在抗大的讲话》

⑧"不管你将来干什么，我劝你学一门专业，因为学一门专业知识，对于你将来干什么工作都有好处，如果别的工作不能干，可以干自己的专业。"

《给留苏学习的刘允若的信》一九五五年

⑧"我們一切工作干部，不論职位高低，都是人民的勤务員，我們所做的一切，都

是为人民服务，……。”

《毛主席语录》一四八页

⑨一九五四年，科学院访苏代表团回国后要搞学衔制。刘少奇完全赞同，他认为“要使人家安心工作”，“要正规化”，“要使人们树立起教学理论工作事业思想”，并说“实行这条制度是必要的。”到一九六一年七月的政治局会议上，刘少奇居然提出：“学位学衔搞不搞？也值得研究。”

⑨毛主席反对搞学位学衔制，在一九六〇年一月就指出：斯大林奖金我們沒有就不要搞了，追逐个人名利地位的事不要搞。我們打了那么多年仗，沒有一个上将，还不是把蔣介石那个特級上将打倒了。勋章、博士那些东西不要搞了。

⑩“希望你们到那里后搞好关系，学好一门技术。……你们学习的任务是建设，是使国家工业化，克服落后现象。……只要能学好，花点钱并不算什么。今后搞什么都要会专业知识、专门技术。”

《给一九五二年暑期留苏学员的讲话》

⑩“不論是知識分子，还是青年学生，都应該努力学习。除了学习专业之外，在思想上要有所进步，政治上也要有所进步，这就需要学习馬克思主义，学习时事政治。”

毛泽东：《关于正确处理人民内部矛盾的问题》

⑪“首先要在国内把俄文准备好。其次还会政治。”

《给一九五二年暑期留苏学员的讲话》

⑪“学校一切工作都是为了轉变学生的思想，政治教育是中心的一环，……阶級教育，党的教育与工作必須大大加强。”

（中央军委：关于整理抗大问题的指示一九三九）

⑫“祝你们都以五分毕业回来，让步一点是四分，三分就不太好了，二分的话自己就捆背包回来。”

《给一九五二年暑期留苏学员的讲话）

⑫“在学习上，不要考什么五分，也不要考什么二分，考个三、四分就行了，考五分累死人，不要学那么多东西，学多害死人。”

《毛主席与王海蓉谈话》一九六五年

⑬苏共二十大后，中国留苏学生与苏联的革命人民对赫修进行抵制，如中苏学生发生争论或争执，苏联学生不让挂毛主席像，而中国学生一定要挂等，当刘少奇之长子刘允斌向刘反映时，刘少奇对中国学生非常不满，大发雷霆去信说：“叫你们到苏联去不是叫你们去搞‘外交’的‘反修斗争’，而是叫你们学习技术，你们何必跟人家吵呢？吵得厉害了，不叫你们学习了，不是很糟吗？不是完不成党交给你们的任务了吗？”

《据刘允斌揭发》

⑬“毛主席……是我們党的最高領袖，誰反对他，全党共誅之，全国共討之。”

林彪：《在中央政治局扩大会议上的讲话》一九六六年

“我們現在拥护毛主席，百年以后我們也拥护毛主席。毛泽东思想要永远流传下去。”

林彪：《在中央政治局扩大会议上的讲话》一九六六年五月

“我們現在思想战綫的一个重要任务，就是要开展对于現代修正主义的批判。”

毛泽东：《在中国共产党全国宣传工作会议上的讲话》

⑭刘少奇反对让学生参加阶级斗争，他说："参加一期四淸毕业延长一点，补起来。当兵两个月可以不当了。不要因参加四清，学习质量降低。"他荒谬地提出："只要让师生参加生产劳动，他们的思想面貌会起变化。""只要参加了生产，思想问题解决了，不通的事情就通了，麻烦的事情就没有了。"

⑭"阶級斗爭是你們的一門主課，你們学院应該到农村去搞四淸，从干部到学員全部都去。对于你們不仅要参加五个月的四淸，而且要到工厂搞上半年五反，你对社会一点也不了解呦！不搞四淸，你不了解农民，不搞五反，你不了解工人，这样一个政治教育完成了，你才算毕业，不然軍工让你毕业，我是不承认毕业的，阶級斗爭都不知道，你怎么能算大学毕业呢？你毕业了，我还要給你安排这一課。"

《毛主席与毛远新讲话纪要》

⑮"如果让城市初中毕业生到农村老是当农民，他们是不太愿意去的，如果下乡以后仍旧有书读，半工半读或半农半读，他们可能就愿意下乡了。"

《关于两种教育制度的谈话》一九六四年

⑮"組織中学和高小毕业生参加合作化的工作，値得特别注意。"

"农村是一个广闊的天地，在那里是可以大有作为的。"

毛泽东：《工作方法六十条》

⑯"如果机关、学校、工厂经营得好，人的神精面貌就会好，群众的热情就会高。"

⑯"什么是最好的武器？不是飞机，不是大炮，不是坦克，不是原子弹，最好的武器是毛泽东思想。什么是最大的战斗力？最大的战斗力是用毛泽东思想武装起来的人，是勇敢，不怕死。突出了政治，就会出好人好事，不突出政治，就会出坏人坏事。"

（林彪同志提出一九六六年全军工作的五项原则，人民日报一九六五年十一月）

⑰六四年春节后仅三个月，刘少奇便迫不及待地抛出他的私货——两种劳动制度两种教育制度，以对抗毛主席的春节指示。他还极力贬低主席的春节指示为只适用于全日制的具体措施。在六五年十一月的中央政治局扩大会议上，他说："全日制学校也要抓。这个问题，毛主席去年春节时就提出来了，还没有解决。请高教部、教育部准备。如何改革，再开一次会。看不准，千万不要瞎指挥。"

⑰"学制要縮短，教育要革命。"

毛泽东：《给林彪同志的信》

"书念那么多，課程念那么多，害死人。

讀书太多，考試对付敌人的方法得改。

办学有两条腿走路，正规的簡易的。作家演員要下厂下乡……自然科学工作者也要下乡。大家可按学科不同，学制多种多样。"

毛泽东：《六四年春节指示》

⑱"大学、中等技术学校，到底学多少就够了，要按学时算，该几年就几年。总之质量不要降低，降低人家就说话了，不要规定几年，必须学完那些课程。"

《关于农业教育的指示》一九五七年七月

⑱"我們的教育是根据什么来制定的？是根据需要和可能来制定的。不这样，就会脱离实际。"

林彪：《在延安抗大第三期全校干部会议上的结论》一九三八年

七、在四清运动中制定和推行形"左"实右的机会主义路綫

1、歪曲国内阶級斗爭形势，为其推行形"左"实右的机会主义路綫制造輿論

①"我们有些基层单位，原来就是敌人掌握的。土改不彻底或根本没有土改，华北三分之一，天津二分之一是和平土改，西北几乎是全部。真正进行了土改的很少。……所以地富统治没有推翻。有的地方敌人打进来篡夺了领导，有的领导被敌人拉下水去了，成了敌人的代替人。公私合营企业不少。有些单位，领导人贪污盗窃很严重，已经蜕化变质，反党反人民。有些材料说明，我们干部很容易被地、富、反、坏收买。吃几顿饭，喝几杯酒就过去了。"

《一九六四年八月十日讲话》

"有些基层干部问题严重，政权不是在共产党手里的，你们讲有百分之三十，恐怕大体合乎实际……"

《在地委书记座谈会上的讲话》一九六四年七月二日下午津

"在一个大队的党员中难于找出一个好支部书记，形成一个好的领导核心可能不是很少，而会有相当一部分。对于这样的支部，大体上都要从外面从上级派好的支部或指导员去，派外地好的党员去当支部书记或指导员可能有许多好处。"

《刘少奇谈"四清"》一九六四年三月三日

"工会系统，恐怕不行了，重新组织，从扎根串联发现好的，重新组织。用什么名义都可以，就是要革命。"

《两位主席讲话纪要》一九六四年十二月十二日

①在党和政府的工作人員中，百分之九十几是忠心耿耿地为人民服务的，而百分之几却是混进革命队伍和各种經济組織的一些坏分子，也就是沒有改造好的地主阶級分子和資产阶級分子，以及由于反动阶級的影响和侵蝕而蜕化变质的分子，他們在农村中和城市中违法乱紀，危害人民的利益。"

《中共中央八届九中全会公报》

"在无产阶級革命和无产阶級专政的整个历史时期，在由資本主义过渡到共产主义的整个历史时期（这个时期需要几十年，甚至更多的时間）存在着无产阶級和資产阶級之間的阶級斗爭，存在着社会主义和資本主义这两条道路的斗爭。被推翻的反动統治阶級不甘心于灭亡，他們总是企图复辟。同时，社会上还存在着資产阶級的影响和旧社会的习慣势力。存在着一部分小生产者的自发的資本主义傾向，因此，在人民中，还有一些沒有受到社会主义改造的人，他們人数不多，只占人口的百分之几……"

《八届十中全会公报》

"中华人民共和国成立十七年来，以毛主席为代表的无产阶級革命路綫是占統治地

位的，大多数干部和党团員是执行这条路綫的。十七年来，在各条路綫上所获得的伟大成就，就是鉄的証明。”

《红旗》六七年第四期社论

“农村人民公社各級干部，絕大多数是好的，和比較好的。他們絕大多数出身于貧下中农，是拥护党，热爱毛主席，坚决走社会主义道路的人。”

《红旗》评论员文章：《响应毛主席党中央的号召，掀起春耕生产的高潮》

②“过去十五年来多次运动中，阶级敌人已经改变了同我们斗争的方式，阶级敌人对我们的斗争方式摸熟了，知道了我们有哪几手，阶级敌人研究我们的政策，比我们研究得还清楚，坏干部研究得也很清楚。”

“现在敌人同我们斗争的方式改变了，敌人变聪明了，很会搞合法斗争，很会搞两面政权，很会搞和平演变，搞得比我们共产党人更好。……而现在，我们的党员干部至今没有学会与地主、资本家、蜕化变质分子的两面政权作斗争。全党没有学会，很多干部没有学会，所以在斗争中打败仗，斗他不赢。”

《一九六四年八月十日讲话》

“至于阶级敌人，抵抗得更激烈，不要以为负责干部下去了，你们一定斗得过那些犯严重错误的干部，一定斗得过地、富、反、坏，马到成功？不一定。……开始力量优势不在你们处，他了解情况，有一批人，你不了解，只有听他的汇报。……我就被赶，国家主席，到湖南一个模范队……召开贫下中农会议，不让支部书记参加。他就反击，说妨碍生产，在大队部门前大骂，说刘胡子把事情搞乱了，……我去了，带了武装队去，他赶我，你们去了就不赶？！不相信。”

《一九六四年八月十日讲话》

②“一切反动派都是紙老虎。看起来，反动派的样子是可怕的，但是实际上并沒有什么了不起的力量。从长远的观点看問題，眞正强大的力量不是属于反动派，而是属于人民。”

毛泽东：《和美国记者安娜路易斯·斯特朗的谈话》

“应該使每一个同志懂得，只要我們依靠人民，坚决地相信人民群众的創造力是无穷无尽的，因而信任人民，和人民打成一片，那就任何困难也能克服，任何敌人也不能压倒我們，而只会被我們所压倒。”

毛泽东：《论联合政府》

“一切过高地估計敌人力量和过低地估計人民力量的观点，都是錯誤的。”

毛泽东：《目前形势和我们的任务》

“眞正的銅墻鉄壁是什么？是群众，是千百万眞心实意地拥护革命的群众。这是眞正的銅墻鉄壁，什么力量也打不破的，完全打不破的。反革命打不破我們，我們却要打破反革命。”

毛泽东：《关心群众生活，注意工作方法》

③“现在调查农村情况，是采取开调查会的方法。调查会的办法在很多情况下是不行了。干部会，很多重要情况不告诉我，贫下中农有很多顾虑，不向我们说真话，不把真实情况告诉我们。所以调查会调查不出问题来。”

《对中央及北京干部的报告》一九六四年

没有强的工作队，没有有经验的工作队是搞不开的。特别是坏分子控制的基层组织，更是要派坚强的工作队。所以搞四清必须派强的工作队，人数多一点。”

《同上》

③“实践証明，只要全党更深入地，更正确地继續貫彻执行党中央关于社会主义教育运动的各項决定，抓住阶級斗爭这个綱，抓住社会主义和資本主义两条道路斗爭这个綱，依靠工人阶級、貧下中农、革命干部、革命知識分子和其他革命分子，注意团結百分之九十五以上的群众，团結百分之九十五以上的干部，那末，城乡存在的許多問題，并不难发現，也不难解决。”

《二十三条》

④“过去一年四清五反有积极作用……但多数搞得不深不透，甚至是根本没有入门，就是说，过去一年多在革命斗争中是打了败仗，不是打胜仗。”

《一九六四年八月十日的讲话》

④“整个农村的形势已經大大好轉，农村生产逐步上升。”

“現在，有很多地方，已經出現了农业生产的新高潮　全国农业生产的情况，一年比一年好。……所有这一切，說明了一部分同志过去对于农村形势和农业生产情况抱有的悲观情緒，是沒有根据的。”

《前十条》

“在十中全会以后，有些地方較认眞地执行了中央关于社会主义教育的指示，做得很好，不但制止了‘单干风’……把各种破坏社会主义的牛神蛇神揭露出来了。”

《前十条》

“一九六二年九月党的八届十中全会以来，由于城市和农村展开了社会主义教育运动，由于全党执行了党中央一系列政策，由于人民群众，广大党員、干部的积极努力，我国政治战綫上，經济战綫上，思想文化战綫上，軍事战綫上都出現了大好形势。”

《二十三条》

⑤刘少奇提出：“搞好四清五反……是要搞几年，十年、二十年。”

毛主席讲：“全国社教运动要搞六、七年。”

2、反对毛主席放手发动群众的彻底革命路綫，破坏偉大的社会主义教育运动

⑥“还是集中优势兵力打歼灭战，铺的少一点，干部力量集中一点，结束一批再搞第二批。铺的太宽了不解决问题，不是打歼灭战的战略战术，……集中优势兵力，集中到一个地方，打歼灭战，把问题解决。”

《于天津地委书记处座谈会上的讲话》一九六四年七月二日

“工作队力量集中，领导加强，……一个县可以集中工作队员数千人上万人，声势浩大。

“组织坚强的工作队。……整个运动都由工作队领导。”

《后十条》

“群众看骨干，骨干看核心，核心看工作组，工作组看领导。”

《王光美在河北省委工作会议上的报告》

⑥“革命战爭是群众的战爭，只有动員群众才能进行战爭，只有依靠群众才群进行

战爭。”

毛泽东：《关心群众生活，注意工作方法》一九六四年七月五日

“这次运动要有坚强的領导，要依靠貧下中农組織，要在群众中做好調查研究，要放手发动群众。一切重大問題的决定和处理，都应当在群众中充分进行酝 酿 和 討 論。”

“不要靠人海战术。不要在一个县、社、队，集中人数过多的工作队。这样，点可以多搞一些，也利于走群众路綫”。

《二十三条》

⑦“调查的方法，过去的不行了。搞四清、五反，要扎根串联发动群众，经过一系列的过程。”

《同上》

“工作队进村后，要进行一些秘密工作，只有扎根串联，他们不怕了，才能讲话，……每期运动扎根串联的时间，至少一、二个月。”

《同上》

“访贫问苦、扎根串联，深入地发动贫下中农群众，是组织农村阶级队伍的最根本的工作。”

《后十条》

“贫下中农组织的建立，必须采取访贫问苦、扎根串联，随着运动的深入，由小到大，逐步发展的方法。关键是扎正根子。”

《后十条》

“扎根串联不能依靠基层干部，要自己去扎根串联。”

《关于一个大队的社会主义教育运动的经验总结——王光美在
河北省委工作会议上的报告》一九六四年七月五日

“根子能不能扎正？是这场革命能不能搞好的关键。要自己访，要多方了解。”

《同上》

⑦“过去我們党采用的开調查会等行之有效的調查研究方法，应当继續采用。”

《二十三条》

“事实証明，有許多問題，并不难发現，也不难解决，主要的在于我們同志能不能接近群众，会不会作調查研究工作，会不会把群众中分散的意見集中起来，化为系統的意見，并且經过酝酿、討論，在領导干部中取得认識的一致。”

《二十三条》

“在运动中，要大胆放手发动群众，不要象小脚女人，不要束手束脚。”

“不要冷冷清清，不要神秘化，不要只在少数人当中活动。”

《二十三条》

“运动一开始，就必須向干部和群众說明来意，把政策交給他們。”

《二十三条》

“在整个运动中，省、地、县級党委和工作队，必須逐步做到，依靠群众大多数，依靠干部大多数(包括放了包袱的干部)，实行群众、干部、工作队‘三結合’。”

《二十三条》

“凡屬眞正团結一致、联系群众的領导骨干，必須是从群众斗爭中逐漸形成，而不是脫离群众斗爭所能形成的。在多数情形下，一个伟大的斗爭过程，其开始阶段、中間

阶段和最后阶段的领导骨干，不应該是也不可能是完全同一的；必須不断地提拔在斗爭中产生的积极分子，来替换原有骨干中相形見绌的分子，或腐化了的分子。"

毛泽东：《关于领导方法的若干问题》

"群众是眞正的英雄，而我們自己則往往是幼稚可笑的……。"

毛泽东：《"农村调查"的序言和跋》

⑧"贪污盗窃的赃款赃物，不论多少，必须彻底退赔。……总之，不能使犯有这些错误的人，在经济上占到便宜，以便使他们得到教训，不敢再犯。"

《后十条》

"干部的多吃多占错误，都要受到严格批评。数量大、情节恶劣的多吃多占，必须退赔，一次退不起，可以分期退……。"

《后十条》

"能挤多少就挤多少。一个剥削群众，一个剥削国家，还是退赔，退赔从严，要彻底的，特别是恶劣的，一直抵抗到底的，没收"。

《两位主席的讲话纪要》一九六四年十二月十二日

"一般退赔并不困难，干部都有四大件，他一卖就可以退了。"

《同上》

⑧"經济退賠，不能馬馬虎虎，同时要合情合理。問題不严重，检討又較好，經过群众同意，退賠可以减、緩、免。"

《二十三条》

"群众知道搞到一定程度就行了。牙膏不可能挤的过净，有的地方只有十八戶，沒有虱子，一定要捉虱子？"

《两位主席讲话纪要》一九六六年十二月十二日

"国家也是人民的，我們自己沒有东西。退賠从严，对，合情合理好。不必讲彻底。"

《同上》

3、把斗爭矛头指向革命干部和群众，"打击一大片，保护一小撮"

⑨"四清运动要解决的是：四清与四不清的矛盾，党内外矛盾的交叉，敌我矛盾与人民内部矛盾的交叉。"

《对中央及北京干部的报告》一九六四年

⑨"几种提法：（1）四淸和四不淸的矛盾，（2）党內外矛盾的交叉，或者是敌我矛盾和人民內部矛盾的交叉，（3）社会主义和資本主义的矛盾。"

"前两种提法，沒有說明社会主义教育运动的根本性质。……因此不是馬克思列宁主义的。""最后一种提法，概括了問題的性质，是馬克思列宁主义的，是同毛泽东同志和党中央……关于整个过渡时期存在着阶級矛盾、存在着无产阶級和資产阶級的阶級斗爭、存在着社会主义和資本主义的两条道路斗爭的科学論断相符合的。"

《二十三条》

⑩"高标准要求：第一，充分发动群众；第二，乱子少，这就是高标准。"

（同上）

一九六六年春节，刘少奇给他的大儿子刘允斌谈到四清时，大谈"工农联盟"是个关系极大的问题，是关系到无产阶级的基础问题，是关系到三大差别的问题。应该把搞好工农联盟作为四清的重点之一和衡量四清搞好没搞好的标准之一。"

（据刘允斌揭发）

⑩搞好社会主义教育运动的标准："1、要看貧、下中农是眞正发动起来了，还是沒有发动起来。2、干部中的'四不淸'，是解决了，还是沒有解决。3、干部是参加了劳动，还是不参加劳动。4、一个好的领导核心是建立起来了，还是沒有建立起来。5、发現有破坏活动的地、富、反、坏分子，是将矛盾上交，还是发动群众，认眞监督，就地改造。6、要看是增产，还是减产。"

《二十三条》

⑪"群众洗澡会，是谈心会的形式……看起来，有些事情得水到渠成，开始硬搞群众洗澡是不行的，干部洗了澡，……自然也就洗起澡来。"

《关于一个大队的社会主义教育运动的经验总结——王光美在河北省委工作会议上的报告》一九六四年七月五日

"五反的经验还是少，工厂核心烂掉的恐怕不是少数，基层、中层干部都有问题。要整领导核心。中层干部也要整，基层干部也要整。"

《两个主席讲话》一九六四年十二月十二日（关于一个大队的社会主义教育运动的经验总结——王光美在河北省委工作会议上的报告一九六四年七月五日）

"不要划阶级，就是查坏人。……"

《薄一波汇报工业情况时的插话》一九六三年七月五日

⑪"应当看到，我們絕大多数的干部是好的。其中有些人犯了一些毛病，經过领导和群众的帮助，是可以改好的。应当而且可以团結这些同志共同做好工作，以便进一步地孤立敌对分子。"

（前十条）

"这次运动的重点，是整党內那些走資本主义道路的当权派，进一步地巩固和发展城乡社会主义的陣地。"

《二十三条》

"运动一开始，就……明确宣布，不論在什么社队，不論在运动中或运动后，都不許用任將借口，去反社員群众。"

《二十三条》

⑫"批评要严，处分那些不愿意改的。有民愤的要撤职，开除党籍。撤职、开除党籍后，有一部分人还可以争取，蜕化变质的再变过来，争取重新入党。"

《在薄一波汇报工业情况时的插话》一九六三年十月二十四日

⑫"看待干部要用一分为二的方法，对他們要采取严肃、积极、热情的态度。"

《二十三条》

"党的方針是：說服教育，洗手洗澡、輕装上陣、团結对敌。所謂团結对敌，就是团結百分之九十五以上的群众，团結百分之九十五以上的干部，同阶級敌人作斗爭，同自然界作斗爭。"

《前十条》

"毛泽东同志早就說过，对犯錯誤的人要采取'懲前毖后'、'治病救人'的方針。他又說过：'对于那些犯了錯誤但是还可以教育的、同那些不可救药的分子有区别的党

員和干部，不論其出身如何，都应当加以教育，而不是抛弃他們。’”

《二十三条》

⑬“对敌人搞清楚以后，就能更好地改造他们，监督他们好好劳动。只要真改，不搞破坏活动，还不是改造他们。”

《关于一个大队的社会主义教育运动的经验总结——
王光美在河北省委工作会议上的报告》一九六四年七月五日

“改造好的，可以加入工会。……地富子弟，一定要按本人表现。”

“少戴几个，戴了帽子就不能加入工会，要宽严结合。”

《在工交系统四清试点座谈会上的一些插话》一九六三年七月五日

⑬“**在阶級社会中，每一个人都在一定的阶級地位中生活，各种思想无不打上阶級的烙印。**”

“**帝国主义者和国內反动派决不甘心于他們的失敗，他們还要作最后的掙扎。在全国平定以后，他們也还会以各种方式从事破坏和搗乱，他們将每日每时企图在中国复辟。这是必然的，毫无疑义的，我們务必不要松懈自己的警惕性。**”

毛泽东：《在中国人民政治协商会议第一届全体会议上的开幕词》

⑭“工作队要力求精干，它的成员必须经过严格地挑选和审查。凡是政治上不可靠的，思想作风存在严重问题的，在五反中暴露出严重错误而没有认真检查的，都不能参加。”

《后十条》

二十三条制定后的六五年，刘少奇在工交系统社教运动的谈话中说：“一进厂就要搞三结合。”

⑭“**不一定要十分‘干净’。犯过錯誤的，也可以参加，一方面便于教育改造他們，另一方面，他們有些人可能熟悉內情，对工作有用处。**”

《二十三条》

八、破坏无产阶級文化大革命

1、抗拒文艺改革，包庇文艺黑綫

①建国初期，就吹捧卖国主义影片《清宫秘史》，压制批判。

①《清宫秘史》是一部卖国主义的影片，应該进行批判。”“有人說是愛国主义的，我看是卖国主义的，彻底的卖国主义”。

（毛主席对《清宫秘史》的批判）

②“周扬同志讲的情况和意见都很好。”（周扬讲的是公开对抗毛主席的批评，掩盖文艺黑线说：“文艺工作中的问题，只是认识上有时候清楚，有时候不清楚。只是工作上有时候抓紧，有时候抓不紧。只是对社会主义的新东西扶植、肯定不够，等等。”）

《在文艺座谈会上的讲话》一九六三年一月

②“各种艺术形式——戏剧、曲艺、音乐、美术、舞蹈、电影、詩和文学等等，問题不少，人数很多，社会主义改造在許多部門中，至今收效甚微。許多部門至今还是‘死人’統治着。……許多共产党人热心提倡封建主义和資本主义的艺术，却不热心提倡社会主义的艺术，岂非咄咄怪事”。

毛泽东　一九六三年十二月

③“文艺工作者可以坐在汽车上，吃饭、睡觉都可以在汽车上”。

《在文艺座谈会上的讲话》一九六三年七月

③“中国的革命的文学家艺术家，有出息的文学家艺术家，必須到群众中去，必須长期地无条件地全心全意地到工农兵群众中去，到火热的斗爭中去……”。

毛泽东《在延安文艺座谈会上的讲话》

2、制定和推行資产阶級反动路綫，对抗毛主席的革命路綫。

④刘少奇支持并维护反党叛国分子彭真泡制出来的反革命“二月提纲”并把它作为中央文件，流毒全国，企图把毛主席亲自发动的无产阶级文化大革命引入纯学术讨论的修正主义轨道。

④一切阶級斗爭都是政治斗爭。这場文化大革命，归根到底是社会主义制度同資本主义制度的你死我活的斗爭，是一方面要巩固无产阶級专政，另一方面要变无产阶級专政为資产阶級专政的斗爭。这是一場极其激烈、极其尖銳、极其深刻的阶級斗爭，是无产阶級防止資本主义复辟的斗爭，是我国防止帝国主义和現代修正主义进行顚复阴謀和实行“和平演变”的斗爭。这是关系我們伟大祖国前途的斗爭。

《红旗》一九六六年第十期社论

“在当前，我們的目的是斗垮走資本主义道路的当权派，批判資产阶級的反动的学术‘权威’，批判資产阶級和一切剝削阶級的意識形态，改革教育，改革文艺，改革一切不适合社会主义經济基础的上层建筑，以利于巩固和发展社会主义制度。”

《十六条》

⑤刘少奇趁毛主席不在北京向全国大派工作组，以推行其反动的资产阶级反动路线。

毛主席七月十八日回北京决定撤销工作组以后，刘少奇在七月二十九日万人大会上说："派工作组是中央决定的，同意的，现在工作组这个方式不适合无产阶级文化大革命的需要，中央决定撤销。""怎样进行文化大革命，你们不清楚，不太知道，问我们革命怎么革？我老实回答你们，真的回答你们，我也不晓得，不懂，党中央其他工作人员也是不知道。"

《在人大会堂万人大会上的讲话》一九六六年七月二十九日

⑤毛主席在一九六六年六月九日杭州会議上就提出不派工作組。

正当亿万群众在以毛主席为代表的无产阶級革命路綫指引下，自觉起来鬧革命的时候，有一两个或几个在中央做工作的負責人，乘毛主席不在北京的机会，抛出了資产阶級反动路綫，反对毛主席的正确路綫。

《红旗》杂志一九六七年元旦社论

"問題不在工作組这个形式，而在于实行什么方針、什么政策。有些单位并沒有派工作組，由原来的負責人領导，也同样犯了錯誤。有一部分工作組采取了实行毛主席的正确方針和政策，并沒有犯錯誤。"

（《夺取新的胜利》《红旗》一九六六年十五期社论）

"这次无产阶級文化大革命，最高司令是我們毛主席，毛主席是統帅。我們在伟大統帅的指揮下，好好地听我們統帅——毛主席的話，文化大革命一定能够順利发展，一定能取得伟大胜利。"

林彪：《在庆祝无产阶级文化大革命群众大会上的讲话》一九六六年八月十八日

⑥六月初运动刚开始时，刘少奇一手策划制订所谓"中央八条"，提出"内外有别"、"注意泄密"、"不要上街"、"不要包围黑帮住宅"等等来束缚革命群众运动。

⑥要信任群众，依靠群众，尊重群众的首創精神。要去掉"怕"字。不要怕出乱子。毛主席經常告訴我們，革命不能那样雅致，那样文质彬彬，那样溫良恭俭让。

《十六条》

⑦一九六六年六月，刘少奇亲自到师大一附中蹲点。何芳芳、陈永康等七学生贴大字报反对工作组，刘竟把何芳芳等这些岁数很小的同学打成反革命，挑动学生斗学生，转移斗争大方向。六月二十日刘少奇跟该校工作组长和参加工作组的几个同学（包括他的女儿刘平平）说："现在人家是向你进攻，人家向你们采取攻势了，这好嘛，敌人出洞了，这个蛇出洞了，你消灭它就容易了。"

一九六六年六月二十一日，刘少奇派王光美坐镇清华大学，并在七月三日发出指示：①把蒯大富当作活靶子打，②打倒了蒯大富，才能巩固工作组的地位，③资产阶级不给我们民主，我们也不给资产阶级民主。

（六六年七月三日对王光美、刘涛黑指示）

北大"六、一八"事件，张承先把革命群众打成反革命，制造白色恐怖。刘令其"总结经验"全国推广，并加了所谓"中央指示"说什么"别处发生了类似情况，也要照此办理。"

⑦"站在反动的資产阶級立場上，执行資产阶級专政，将无产阶級轰轰烈烈的文化大革命运动打下去。顚倒是非，混淆黑白，围剿革命派，压制革命派，实行白色恐怖，

自以为得意，长資产阶級威风　灭无产阶級志气，又何其毒也！”

《毛主席第一张大字报》一九六六年八月五日

⑧清华大学原有校领导干部十一人（党委书记兼校长一人，党委副书记五人，副校长五人），原有党委副部长、党总支副书记行政副处长、系副主任以上中层干部一百四十五人，原有教职工党支部副书记、教研室副主任以上基层干部四百余人，共计干部五百多人。

自从一九六六年六月九日工作组进校宣布“夺权”，代行党委职权以后，原有校、系、教研组的党政干部，全部“靠边站”。在学生班上的政治辅导员、党支部书记（乃至支部委员）也不例外。

《红旗》杂志编辑部调查关于一九六六年六、七两月清华大学工作组在干部问题上执行资阶级产反动路线的情况调查。

⑧“打击一大片，保护一小撮”，是資产阶級反动路綫的一个組成部分。許多事实說明了这一点。清华大学是提出資产阶級反动路綫的某某人亲自掌握的一个典型。本刊調查員关于清华大学工作組对待干部問題的情况調查，最能說明这个問題。

（《红旗》一九六七年第五期评论员文章）

提出資产阶級反动路綫的几个人，一方面挑动群众斗干部，一方面挑动干部整群众，企图一箭双雕，旣整了群众，又整了革命干部。

（《红旗》一九六七年第五期评论员文章）

⑨企图以“秋后算账”来压制批判工作组的革命少数派。“你们听了我讲要保护少数，主要是保护好人，也可能保护了坏人，保护一下吧，短时间，一个月、二个月、三个月、一年也可以，材料够了，就作结论，作结果。”

《在建工学院讲话》一九六六年八月

“对黑帮、对牛鬼蛇神、反革命、右派、假革命、假左派，都要到后期作结论，作结论以前保护一下。”

《在人大会堂万人大会上的讲话》一九六六年七月二十九日

⑨“对于持有不同意見的少数人也不准采取任何压服的办法。要保护少数，因为有时眞理在少数人手里。”

《十六条》

“凡是錯誤的思想，凡是毒草，凡是牛鬼蛇神，都应該进行批判，决不能让它們自由泛濫。”

毛泽东：《在中国共产党全国宣传工作会议上的讲话》

⑩清华“有人写‘拥护党中央，反对毛主席’的大字报，大家就揍他，工作组、公安局拘留了他，这是保护性的拘留，保护起来，让他多活动点，多写几张大字报，多讲几句反动话，也无关大局。”

《在人大会堂万人大会上的讲话》一九六六年七月二十九日

⑩攻击汚蔑伟大領袖毛主席和他的亲密战友林彪同志的，都是現行反革命行为，应当依法懲办。

《中共中央、国务院关于加强公安工作的若干规定》一九六七年一月

⑪刘少奇威胁刘涛说：“中南海有中南海的纪律，从这里知道的事，不许对外讲。

否则就别跑中南海。”以此来压制刘涛不许揭发。

⑪“我們无条件接受的是以毛主席为首的党中央的正确領导，对一切危害革命的錯誤領导，不应当无条件接受，而应当坚决抵制。”

《红旗》杂志六六年十一期重新发表六六年六月二日人民日报评论员文章

“任何人，不管他的职位多高，資格多老，声望多大，只要他不按照毛泽东思想办事，反对毛泽东思想，就要对他的錯誤主张进行坚决的抵制，就要对他进行坚决的斗争，一直到罢他的官，撤他的职。”

《红旗》六六年十一期社论

九、妄图用反动的市儈哲学，改造党、改造世界

1、竭力鼓吹为"成名成家"、"升官发财"而修养

①"个人作用再大莫过于促进历史的发展。个人顺着历史前进，将来写历史的时候，写上你一个名字，个人名利莫过于这个吧！"

《在北京日报的谈话》一九六五年六月三十日

①"我們大家要学习他毫无自私自利之心的精神。从这点出发，就可以变为大有利于人民的人。一个人能力有大小，但只要有这点精神，就是一个高尚的人，一个純粹的人，一个有道德的人，一个脱离了低級趣味的人，一个有益于人民的人。"

《毛主席语录》147页

②"无论是参加革命不久的共产党员，或者是参加革命很久的共产党员员，要变为很好的政治上成熟的革命家，都必须经过长期革命斗争的锻炼，必须在广大的革命群众的革命斗争中，在各种艰难困苦的境遇中，去锻炼自己，总结实践的经验，加紧自己的修养，提高自己的修养能力，不要使自己失去对于新事物的知觉，这样才能使自己变成品质优良，政治坚强的革命者。"

《论共产党的员修养》一九六二年

②"我們共产党人不要做官，而是要革命，我們人人要革命，我們人人要有彻底的革命精神，我們不要有一时一刻脱离群众。"

林彪：《在中央工作会议上的讲话》一九六五年十月二十五日

③"我们说，共产党员要在同反革命和改良派进行各方面的斗争中来改造自己。这就是说，要在各种斗争中求得自己的进步，提高自己革命的品质和能力。由一个幼稚的革命者，变成一个成熟的、老练的、能够"运用自如"地掌握革命斗争规律的革命家，要经过一个很长的革命的锻炼和修养的过程，一个长期改造的过程。"

《论共产党员的修养》一九六二年

"搞实业救国的李烛尘，搞了一辈子工业，办起九个工厂，作了点有益的事，但不是解决人民需要的关键问题，解决历史的关键问题。写历史就不必写他一页。历史上就没有他的名字。有名的还是井冈山、太行山……等，这些都要上历史的。"

《在北京日报的谈话》一九六五年六月三十日

"现在要搞工业，多数可以满足，但是工业也是各行各业，机械工业最多，但越是多，大家都干，越不容易出头，比来比去，恰恰是人少了易出名，因为只你一个。"

《在北京日报的谈话》一九六五年六月三十日

③"我們要培养的人，……这种人是毛主席所說的全心全意为人民的，完全彻底为人民的。这样一种人就是共产主义的人。相反的就是为"私"，只顾个人名利，爭名、爭利、爭权、爭位、爭出风头等等，处处是想自己而忘記了群众，忘記了劳动人民。总之，只記得自己。"

林彪：《在中央工作会议上的讲话》一九六五年十月二十五日

④“那些不愿意作技术工作的同志，以为在技术工作中埋没了他，使他不能（其实也能，如斯达哈诺夫就是技术工作中出来的）扬名一时，不能施展他的才能，因此，使他或多或少地丧失了共产党员的前进心。”

《论共产党员的修养》一九六二年

④“白求恩同志是个医生，他以医疗为职工，对技术精益求精；在整个八路軍医务系統中，他的医术是很高明的。这对于一般見异思迁的人，对于一般鄙薄技术工作以为不足道、以为无出路的人，也是一个极好的教訓。”

毛泽东：《纪念白求恩》

⑤让我们立大志，树雄心，他说：“不管做什么，当农民也一样，干得好，工作能力强，就会当生产队长、大队长，公社书记……不要自己向上爬，别人也会选举你。”

（刘涛、刘允真的揭发）

⑤“具备什么条件，才能够充当无产阶級革命事业的接班人呢？

……

他們必須是全心全意为中国和世界的絕大多数人服务的革命者，……”

《毛主席语录》240页

⑥“我劝你们回乡以后不当干部，连会计也不当，……认真地种三、五年地，到那时一切农活都学会了，农民能做的事，你们都能做，比任何农民都不差，你们有文化农民没有，比农民多一条，再加上一条跟群众关系搞得好，具备三条就能当乡、县、省干部，也可以到中央，那就看各个人的本事了。……你们是中国第一代有文化的农民。第一代要得便宜的，参加革命我是第一代，现在成为中央委员，第二、三代像这样就不成了。”

《在河南许昌学生座谈会上的讲话》一九五七年

“巩怕这样讲一讲（注：就是像前面讲的那些东西），他们下乡种田也就高兴一点，而不是倒霉地下乡种田，垂头丧气地下乡，而是高高兴兴地挺起腰杆子下乡，他会认为我要实现我的理想，则发展前途更好。”

《在上海党员干部会议上的讲话》一九五七年四月二十七日

⑥“看一个青年是不是革命的，拿什么做标准呢？拿什么去辨别他呢？只有一个标准，这就是看他願意不願意、并且实行不实行和广大的工农群众結合在一块。願意并且实行和工农結合的，是革命的，否則就是不革命的，或者是反革命。他今天把自己結合于工农群众，他今天是革命的；但是如果他明天不去結合了，或者反过来压迫老百姓，那就是不革命的，或者是反革命的了。”

《毛主席语录》251—252页

⑦“因为有了集体利益才会有个人利益，……只要你受了苦，能发奋钻研农业技术，……创造了成功的经验，就把你的经验向全国推广，这样，你的伟大理想也就实现了”。

《对刘继承谈话》一九五八年

“他让我们去上半工（农）半读学校（也是他提的那一套半工半读）培养出来的是第一代共产主义新人，将来就大有发展前途……。”

（一九六七年一月二日刘涛揭发）

⑦“自私自利，消极怠工，貪污腐化，风头主义等等，是最可鄙的；而大公无私，

积极努力，克己奉公，埋头苦干的精神，才是可尊敬的。”

（《毛主席语录》232页）

⑧“只专不红那只一手，不红，即使搞得好，可以工作，但不能领导。”

《与王光英一家谈话纪要》一九六〇年一月三十一日

⑧“除了学习专业之外，在思想上要有所进步，政治上也要有所进步，这就需要学习馬克思主义，学习时事政治。沒有正确的政治观点，就等于沒有灵魂。”

《毛主席语录》124页

2、公开宣揚个人利益第一，一心为私

⑨“个人利益一定要照顾，没有个人利益，就没有整体利益……。因此不是大公无私，而是大公有私，公私兼顾，先公后私。”

《接见民建、工商联常委时的谈话》一九六〇年二月十二日

⑨“……毫不利己专門利人……”

《毛主席语录》147页

⑩“在社会主义的条件下，一心一意搞个人利益的人是搞不到个人利益的。一心一意为人民服务反而会有个人利益。只顾一头反而会有二头。因此应一心一意一边倒，顾一头，不要三心二意顾两头，这样才能掌握自己的命运。要信任共产党，往这方面奔，朝这个方面努力，那一头我们照顾，也顾不到。你们提出来，这样坚持为人民工作，做了多少年，总会有好处的，总会有前途的。”

《接见民建、工商联常委时的谈话》一九六〇年二月十二日

⑩“我們这个队伍完全是为着解放人民的，是彻底的为人民的利益工作的。”

《毛主席语录》148页

⑪“不要顾二头，要一边倒，有了这一头，就有那一头，全心全意为人民服务，个人利益就会来。”“不顾国家人民利益的，个人利益也是顾不到的。”

《接见民建、工商联常委时的讲话》一九六〇年二月十二日

“谁能忠于最大多数人的最大利益，对人民有贡献，并且一贯地做下去，最后总会有好处的。对共产党员，我们也是这样要求，对工商界，我们现在提倡为最大多数人的最大利益而奋斗。”

《接见民建、工商联常委时的讲话》一九六〇年二月十二日

⑪“要大公无私，老老实实，不要以伪善手段沽名釣誉。……个人主义是万恶之源。”

林彪：《关于政治思想工作摘录》84页

⑫“我们加入党，是看到个人问题横竖解决不了，先解决国家利益，国家社会问题解决了，个人问题也解决了。随着大家利益的提高，个人利益也会提高。只要有贡献，社会一定有适当的报酬，不会大家都好了，你饿饭，那是阶级社会的事。”

《与王光美一家的谈话》一九六〇年一月三十一日

⑫“每个共产党員入党的时候，心目中就悬着为現在的新民主主义革命而奋斗和为将来的社会主义和共产主义而奋斗这样两个明确的目标，……”

《毛泽东选集》1082页

⑬“党员有他个人的利益，个人的发展，……在党的利益与党的发展中包括党员个

人的利益与发展。党的阶级的成功与胜利，也就是党员的成功与胜利。党员只能在争取党的发展，成功与胜利中，来发展自己，不能够离开党的发展，而去争取个人的独立发展。也只有党的发展、成功与胜利，党员才能发展自己，否则党员就不能发展自己。因此，党员个人的利益必须而且可能与党的利益完全取得一致。”

《论共产党员的修养》一九四九年

“党员，总还有一部分私人的问题需要自己来处理，并且也还要根据他的个性和特长来发展他自己。因此，党允许党员在不违背党的利益的范围内，建立他个人的以至家庭的生活，去发展他个人的个性和特长。”

《论共产党员的修养》一九六二年

⑬“一个共产党員，应該是襟怀坦白，忠实，积极，以革命利益为第一生命，以个人利益服从革命利益；……”

《毛主席语录》231页

⑭“总而言之，一方面，党员个人应该完全服从党的利益，克己奉公。不应该有同党的利益相违背的个人目的，私人打算。……另一方面，党的组织和党的负责人，在解决党员的问题的时候，应该注意到党员工作情况，生活情况，教育情况，使党员能够更好地为党工作，使党员能够在无产阶级事业中不断地发展自己，提高自己。特别是对于那些真正克己奉公的同志们，要给以更多地注意。只有两方面的注意和努力配合起来，才能对党有更大的利益。”

《论共产党员的修养》一九六二年

⑭“他們在口头上虽然也說尊重党，但他們在实际上却把个人放在第一位，把党放在第二位。”

《毛主席语录》208页

⑮“事实也证明，党员只有全心全意的争取党的事业的发展、成功和胜利，才能提高自己的能力，增加自己的本领。否则，党员要进步，要提高，是根本不可能的。”

《论共产党员的修养》一九六二年

⑮“一事当前，先替自己打算，……对同志对人民不是满腔热忱，而是冷冷清清，漠不关心，麻木不仁。这种人其实不是共产党員，……”

《毛泽东选集》630页

3、鼓吹“吃小亏占大便宜”的反动的市儈哲学

⑯‘吃点小亏，占大便宜’是向相反方面发展的规律。整天想到个人，最后是没有个人利益，个人利益还是要丧失一部分。为人民做事大家就会照顾。规律性即是这样。……整天考虑个人即不会有个人，不考虑个人，则最后有个人利益。占小便宜，吃大亏，吃小亏，占大便宜，这是合乎马克思主义无产阶级世界观的。”

《与王光美一家谈话纪要》一九六〇年

⑯“全心全意为人民服务，……一切从人民利益出发，而不是从个人或小集团的利益出发；……这些就是我們的出发点。”

《毛主席语录》146页

“……毫无自私自利之心的精神。”

《毛主席语录》147页

⑰"在某种时候，个人要吃点亏，办大家的事情。是占点便宜好？还是吃点亏好？我看要宁愿吃点亏。大家不干的，你干，这不是吃了亏吗？要宁愿吃这个亏，这叫吃小亏，占大便宜。"

《与王光美一家谈话纪要》一九六〇年

⑰"什么人是不老实的人？托洛茨基、布哈林、陈独秀、張国焘是不老实的人，为个人利益为局部利益鬧独立性的人也是不老实的人。一切狡猾的人，不照科学态度办事的人，自以为得計，自以为很聪明，其实都是最愚蠢的，都是沒有好結果的。"

《毛选甲种本》217页

⑱"要不怕自己吃点亏，不是吃一点亏，不是吃一次，而是两次、三次、多次……要这样做下去，一年、两年、八年、十年……长了，人家就知道你是个好人，诚实的人，可靠的人，可信的人。"

《和北京地质学院毕业生的谈话》一九五七年

⑱"一个共产党員，应該是襟怀坦白，忠实，积极，以革命利益为第一生命，以个人利益服从革命利益；……关心党和群众比关心个人为重，关心他人比关心自己为重。这样才算得一个共产党員。"

《毛主席语录》231页

⑲"与人接触时，情愿吃点亏，遇到困难，人家不愿做的事情我做，任劳任怨，最后大家说你是个好人，大家愿意与你交朋友，将来还有大发展，……"

《与王光美一家谈话纪要》一九六〇年

"总想占人家便宜，不是互利而是一利，那样关系是搞不好的。""立志去干十年、八年工作，最后人民是会了解你们的，照顾你们的。"

《在河南学生代表会上的讲话》一九五七年

⑲"既然必須和新的群众的时代相結合，就必須彻底解决个人和群众的关系問題。魯迅的两句詩，'横眉冷对千夫指，俯首甘为孺子牛'，应該成为我們的座右銘。……一切共产党員，一切革命家，一切革命的文艺工作者，都应該学习魯迅的榜样，作无产阶級和人民大众的'牛'，鞠躬尽瘁，死而后已。"

《毛泽东选集》898页

⑳"真正刻苦修养，积极作马克思列宁主义创始人的学生的人，他所特别注意的，是要像马克思列宁主义创始人那样，站在马克思列宁主义的立场上，用马克思列宁主义的观点和方法，去解决无产阶级所领导的革命运动中的各种问题。除此以外，他绝不计较自己在党内的地位和声誉的高低，……然而，正因为他这样作，……他就能够受到党和群众自觉地尊重和拥护。"

《论共产党员的修养》一九六二年

⑳"他們必須是眞正的馬克思列宁主义者，而不是象赫魯晓夫那样的挂着馬克思列宁主义招牌的修正主义者。

……要特别警惕象赫魯晓夫那样的个人野心家和阴謀家，防止这样的坏人篡夺党和国家的各級領导。"

《毛主席语录》240—241页

㉑"党的历史上，这样的事情很多，党号召干部干什么就干什么，党号召土地改革，上山，打游击，他就干，不是成功了么？为什么当农民的人现在当了将军。如果不根据

党的指示，顺这个方向去作，不能当将军。那时候，有不少人比现在当将军的聪明的多，他们以为上山打游击划不来，不去，就当不了将军。”

《在北京日报的谈话》一九六五年六月

“一二、九以后，抗战开始，党号召大家上山，很多民先队员上山。……有些人硬是不去，有个人志愿，要写诗，写小说，搞自然科学等等。比较起来还是山上的个人成就比较大。那时上了山的北京大学学生，现在有的都是地委书记，部长助理，有的是副部长。不上山的现在也工作，但当不了地委书记。地质部的副部长宋应，当时学地质，后来上了山，现在当了副部长。”

《北京日报的谈话》一九六五年六月

“有一次给战士缝衣服，妈妈让阿姨去了，自己带孩子，刘知道了，就指责妈妈说：‘你真愚蠢，在家带孩子多累，去缝衣服不轻快，又是群众场合，大家都能看到’，这就是他的那个‘吃小亏，占大便宜’的商人哲学的典型表现。”

《一九六七年一月二日刘涛揭发》

㉑“有許多党員，在組織上入了党，思想上并沒有完全入党，甚至完全沒有入党。这种思想上沒有入党的人，头脑里还装着許多剝削阶級的脏东西，根本不知道什么叫无产阶級思想，什么是共产主义，什么是党。……有些人就是一輩子也沒有共产党員的气味，只有离开党完事。”

《毛泽东选集》897页

㉒“在我小学的时候，他就跟我讲：‘弃了芝麻，捡了西瓜’。……六四年，他对我说：‘开始自己不自私自利，舍得吃亏，就会得到信任，不要在中间丧失信任，恢复信任就要很多年，年纪也大了，这辈子也差不多了……。’为了证明他这套市侩哲学是正确的，他还举了自己亲身经历，他说：‘我刚到安源时，工人不理解你是来干什么的，生活很差，后来和他们一起搞罢工，罢工胜利后，工人理解你了，大家给你钱，生活也就好了。’……他还自吹自擂地说：‘你想得到的，一定得不到；你不想得到的，倒能得着，你看，我以前根本没有想到当国家主席，杀头也不顾，现在不也当上国家主席了吗？’……抗日战争时期，他要干部安心工作，说：‘无论作什么工作都可以吃得开，所谓行行出状元。作宣传教育工作不好吗？当整风运动来到的时候，作宣传工作的同志吃得开了；作保卫工作不好吗？当肃反运动来到的时候，作保卫工作的就吃得开了；作农会工作不好吗？当发动群众减租减息的时候，农会干部就吃得开了；作军事干部不好吗？当芦沟桥炮声响的时候，将军们就吃得开了。’……

……一九五九年，我已在争取入团，他就对我说：‘不怕吃亏、不怕流血、流汗，为了大家。长期这样坚持作下去，不要为一时的挫折而动摇，这样经过一时候，你就可能入团；再经过长期的努力你就可能入党。”

《刘涛、刘允真的揭发》

㉒“在拿枪的敌人被消灭以后，不拿枪的敌人依然存在，他們必然地要和我們作拼死的斗爭，我們絕不可以輕視这些敌人。如果我們現在不是这样地提出問題和认識問題，我們就要犯极大的錯誤。”

《毛主席语录》15页

“帝国主义的預言家們根据苏联发生的变化，也把‘和平演变’的希望，寄托在中

国党的第三代或者第四代身上。我們一定要使帝国主义的这种預言彻底破产。”

《毛主席语录》240页

“我們党的組織要向全国发展，要自觉地造就成万数的干部，……这些干部和領袖懂得馬克思列宁主义，有政治远見，有工作能力，富于牺牲精神，能独立解决問题，在困难中不动摇，忠心耿耿地为民族、为阶級、为党而工作。……这些人不要自私自利，不要个人英雄主义和风头主义，不要懶惰和消极性，不要自高自大的宗派主义，他們是大公无私的民族的阶級的英雄，这就是共产党員、党的干部、党的領袖应該有的性格和作风。”

《毛主席语录》242—243页

4、鼓吹生活享受，宣揚叛徒哲学

㉓“那里（指苏联）已经什么都变得很漂亮了。人民在一起常讲生活，女人擦胭脂，抹口红，戴宝石戒指等等，对这些我们一定又不习惯，在中国讲生活是落后的，……但苏联却不同，它已经到了讲生活的时候了，……在苏联已无剥削，谁穿的漂亮，又戴宝石戒指，这就说明谁劳动好。”

《对留苏学员讲话》一九五二年

㉓“要使全体青年們懂得，我們的国家現在还是一个很穷的国家，并且不可能在短时間內根本改变这种状态，全靠青年和全体人民在几十年时間內，团結奋斗，用自己的双手創造出一个富强的国家。社会主义制度的建立給我們开辟了一条到达理想境界的道路，而理想境界的实現还要靠我們的辛勤劳动。有些青年人以为到了社会主义社会就应当什么都好了，就可以不費气力享受現成的幸福生活了，这是一种不实际想法。”

《选读》甲472页

㉔“我们对婚姻恋爱的问题，一般是不干涉的，但是有些人找不到，有些含羞，……是否在社会主义国家里，设个介绍男女婚姻的机构，婚姻介绍所，不要收钱，要帮助调查，不要骗人。”

《对青年团三大指示》一九五七年一月

㉔“在知識分子和青年学生中間，最近一个时期，思想政治工作减弱了，出現了一些偏向。在一些人的眼中，好象什么政治，什么祖国的前途，人类的理想，都沒有关心的必要。……現在需要加强思想政治工作。”

《选读》甲471页

㉕“他对妻子，……却只要她伺候，还说伺候好他，就是为党工作，就是为人民服务，别人就不会有意见了。他认为别人伺候他那是理所当然的。”

（一九六七年一月二日刘涛揭发）

“他为了娶妈妈，竟然欺骗妈妈，隐瞒自己的年龄，少说十岁，而我妈妈当时只有十六岁。妈妈一直到四十五岁才知道刘少奇比她大二十六、七岁，还有三个孩子。”

（刘涛、刘允真：《看刘少奇的丑恶灵魂》）

㉕……至于女子，……还受男子的支配（夫权）。这四种权力——政权、族权、神权、夫权，代表了全部封建宗法的思想和制度，是束縛中国人民特别是农民的四条极大的绳索。”

《毛主席语录》254页

“要求保护青年、妇女、儿童的利益，……以平等的地位参加有益于抗日战争和社会进步的各項工作，实現婚姻自由，男女平等，……”

《毛主席语录》255—256页

㉖一九四一年在前线时，在这样艰苦的环境中，别人吃的是玉米碴，刘每天又要吃一只老母鸡，让副官到处给他买活鸡，活鱼，还要吃桔子。”

（一九六七年一月二日刘涛揭发）

他曾对我母亲讲：“你看人家刘瑛（洛甫的老婆）多聪明 穿的不好，吃的可好呐！吃在肚里谁也不见，穿在外边大家不都看见了吗。”

（一九六七年一月二日刘涛揭发）

㉖“我們自己吃的坏些，穿的坏些，是沒有关系的。我們的生命，只是滄海一粟，亿万人民的生命，他們后代的生命，才是宝貴的。”

林彪：《关于政治思想工作言论摘录》30页

㉗“刘少奇无耻到极点，竟然贪污，他把白区工作党的事业费（包括党员的党费和党的外围组织的捐款）打成一个金皮带圈和一个金鞋拔子。同志们，大家可以想一想，他仅仅是贪污了经费吗？不！他是吞食了党和人民的血汗！后来离婚时，刘把这个金皮带圈送给妈妈，可他又反咬一口，背地里对邓颖超和康克清同志说我妈妈偷的，来陷害妈妈。这件事妈妈还是为了党的利益忍受了二十年，直到这次我们去看她，才和我们说的。这个金皮带圈我们要交给中央文革小组，作为他贪污的见证。”

刘涛《看！刘少奇的丑恶灵魂》

㉗“共产党員在政府工作中，应該是十分廉洁、不用私人、多作工作，少取报酬的模范。”

《毛泽东选集》第二卷484页

“……貪污腐化，风头主义等等，是最可鄙的；而大公无私，积极努力，克己奉公，埋头苦干的精神，才是可尊敬的。”

《毛主席语录》232页

㉘“党在可能条件下，顾全和保护党员个人的不可缺少的利益——如给他以教育学习的机会，解决他的疾病和家庭问题，以至在反动派统治的环境下，在必要时还要放弃党的一些工作来保存同志等。”

《论共产党员的修养》43——44页

㉘“以中国最广大人民的最大利益为出发点的中国共产党人，相信自己的事业是完全合乎正义的，不惜牺牲自己个人的一切，随时准备拿出自己的生命去殉我們的事业，……”

《毛主席语录》228—229页

“对于任何一个共产党員及其同情者，如果不为这个目标奋斗，……对它稍許放松，稍許怠工，稍許表現不忠誠、不热情，不准备付出自己的鮮血和生命，而空談什么社会主义和共产主义，那就是有意无意地，或多或少地背叛了社会主义和共产主义，……”

《毛泽东选集》三卷1083页

㉙“刘的这一套哲学使他在残酷的战争年月里很不好受。因此战争一残酷，他就溜之大吉。一九四二年我军打下了盐城，阜宁等地，消灭了韩德勤顽固派，解放了一些大县城，以后他就轻敌了。自已住在城里大办党校，大办鲁艺，抗大中学等，违背毛主席农

村包围城市的战略思想。结果敌人来轰炸，学校散了一大半，人死了好多，城市最后也丢了。日本人由七路进攻增加到九路，在他逃命哲学的指导下，他弃下军队，赶快逃到安徽，留下陈毅同志在苏北指挥。”

（刘涛、刘允真：《看！刘少奇的丑恶灵魂》）

㉙“享乐主义。个人主义見于享乐方面的，在紅軍中也有不少的人。他們总是希望队伍开到大城市去。他們要到大城市不是为了去工作，而是为了去享乐。他們最不乐意的是在生活艰难的紅色区域里工作。”

《毛主席语录》210页

“我們是为着解决困难去工作、去斗爭的，越是困难的地方越是要去，这才是好同志。”

《毛主席语录》171页

㉚一九三六年，他指示薄一波、杨献珍、安子文、胡锡奎等人用写自首书的方式，向人民的敌人投降，这样能出狱，以后还能“继续为党工作”。为了能使这一叛徒哲学合法化，他在七大起草‘修改党章报告’时，甚至要写上有变节、自首行为的人也可以恢复党籍，也可以做中央委员。后来康生等同志坚决反对，才没有写上去。他的这套哲学与赫鲁晓夫有何区别，实际上就是认为好死不如赖活。在他的眼里，那些在敌人的屠刀下宁死不屈的英雄先烈们大概是‘傻子’，而向敌人卑躬屈膝，投降自首才是‘聪明人’，这套叛徒哲学并非偶然，这是与他的资产阶级个人主义世界观分不开的。”

（刘涛《看！刘少奇的丑恶灵魂》）

㉚“人总是要死的，但死的意义有不同。……为人民利益而死，就比泰山还重；替法西斯卖力，替剝削人民和压迫人民的人去死，就比鴻毛还輕。”

《毛主席语录》149页

5、用封建圣賢修身养性之道腐蝕党員，引入脫离現实斗爭的岐途

㉛“学习我国历代圣贤的优美的对我们的有益的教训。”

《论共产党员的修养》一九三九年

㉛“我們必須尊重自己的历史，决不能割断历史。但是这种尊重，是給历史以一定的科学的地位，是尊重历史的辯証法的发展，而不是頌古非今，不是贊揚任何封建的毒素。”

《毛泽东选集》七〇一页

㉜在中国古时，有曾子的“吾日三省吾身”，诗经上“如切如磋，如琢如磨，”以及“反躬自问”、“书诸神”等种种方法。中国儒家有许多修养身心的方法，各种宗教亦各有一大套修养的方法和形式，中国“大学”上说的格物、致知、诚意、正心、修身、齐家、治国、平天下，也就是说的这一套。这些一切，说明一个人要求得自己的进步，必须下深刻的功夫，郑重其事地去进行修养和学习”

《论共产党员的修养》一九四九年

“孔子说：‘吾十有五而志于学，三十而立，四十而不惑，五十而知天命，六十而耳顺，七十而从心所欲，不逾矩。’这个封建思想家在这里所说的是他自己的修养过程，他自己并不承认自己是天生的‘圣人’。”

《论共产党员的修养》一九六二年

㉜"凡屬主張尊孔讀經、提倡旧礼教旧思想、反对新文化新思想的人們，都是这类文化的代表……这类反动文化是替帝国主义和封建阶級服务的，是应該被打倒的东西。不把这些东西打倒，什么新文化都是建立不起来的。不破不立，不塞不流，不止不行，它們之間的斗爭是生死斗爭。"

《毛泽东选集》六八八页

6、宣揚資产阶級人性論

㉝"剥削者相互之间不能有真正的团结，不能有真正的互助，不能有真正的人类同情心。

《论共产党员的修养》一九六二年

"他能待他们'忠恕'、'将心比'，设身处地为人家着想，体贴人家，使'已所不欲，勿施于人'。"

《论共产党员修养》一九四九年

"要有老人的心肠，人总是有缺点的，……所以要用宽宏大量的精神原谅人家，并进一步规劝人家，帮助他人。"

《态度问题。见〈三整文献〉》

㉝"在阶級社会里就是只有带着阶級性的人性，而沒有什么超阶級的人性。……至于所謂'人类之愛'，自从人类分化成为阶級以后，就沒有过这种統一的愛。"

《毛泽东选集》八九二页

"在阶級社会中，每一个人都在一定的阶級地位中生活，各种思想无不打上阶級的烙印。"

《毛主席语录》八页

附　录

待人的九种态度　　刘少奇

（一）要透骨的敏锐，不要卖弄小聪明，小处不要争面子，不逞强。对于所发生的问题想得非常透彻，非常清楚，处理得当。

（二）要打倒表面印象主义。应该以理智去批判战友的一切，不要把个人的不好印象永远留在你的意识中，以变动地发展的眼光看他是否有那些缺点存在。

（三）糊涂一点。不要神经过敏，不要多疑，应本着大事清楚，小事糊涂的精神，否则彼此要发生隔阂。

（四）不要以牙还牙，如果战友一时感情冲动和放任，对我们有不礼貌粗鲁的地方，我们也不可以认为是难忍的侮辱，而以牙还牙，以报复的态度来反抗。必然因彼此循环而发生分裂的现象，使工作受到不可弥补的损失。

（五）清除一切成见。许多人不愿意凭心静气地注意事实的表现如何，工作的重要性如何，即命令式地给以"不行"的批判，这种成见必然阻碍工作进展，引起人事纠纷。

（六）对他人诚恳，应作单恋的态度，一个认识清楚的工作者，应以最诚恳的态度对待所遇的朋友，也许认识得非常诚恳的表现不能获得对方的共鸣，但不可因此而灰心，要以单恋的追求情人的精神，再接再励地努力。要记住，精诚所至，金石为开"。工作能否收到大的成功，全看自己的诚意如何。

（七）腹内要能撑船。要有很大的气量去容忍无理的事情。不要斤斤计较，在意气上算账，应进一步以工作者态度，根据客观事实多作说明，纠正工作。

（八）限制自己，承认别人。个人的力量总是有限的。英雄主义看不起人，轻视别人的能力和意见，独断专行，包办蛮干，以为唯我有办法。结果只能把工作搞糟。所以我们应限制自己的个性，不让它过度的发展，并且承认他人的存在。

（九）要有老人的心肠，人总是有缺点的，绝不要认为缺点是永远的错误，所以要用宽宏大量的精神原谅他，使战友的缺点天天减少，优点逐渐发展。一个纯洁青年如何宝贵，我们岂能任其毁灭？我们要站在战友的立场上，以老人的心肠的多多爱护规劝他，使他健康起来，汇成江流。

转抄自《对共产党员的要求》

"全心全意地为人民服务，一刻也不脱离群众；一切从人民的利益出发，而不是从个人或小集团利益出发；向人民負責和向党的領导机关負責的一致性；这些就是我們的出发点。"

《毛主席语录》一四六页

"……毫不利己，专門利人……"

《毛主席语录》一四七页

打倒党內头号走資本主义道路当权派刘少奇

（綜合材料）

宪法何在？
国家主席下台

南開大学衛東紅衛兵批判劉鄧陶聯絡站
資料編輯組編輯

一九六七年四月一日于天津

炮打司令部——我的第一張大字报

全国第一張馬列主義的大字报和《人民日报》評論員的評論，写得何等好啊！請同志們重讀一遍这張大字报和这个評論。可是五十多天里，从中央到地方的某些領导同志却反其道而行之。站在反动的資产阶級立場上，实行資产阶級专政，将无产阶級轟轟烈烈的文化大革命运动打下去。顚倒是非，混淆黑白，圍剿革命派，压制不同意見，实行白色恐怖，自以为得意。长資产阶級威风，灭无产阶級志气，又何其毒也！联系到一九六二年的右傾和一九六四年形“左”实右的錯誤傾向，豈不是可以令人深省的嗎？

忍无可忍，时不可待；水平太低，何少亲自出马？

毛泽东

一九六六年八月五日

前　言

刘少奇，中国最大的反革命修正主义分子，党内头号走资本主义道路的当权派，资产阶级反动路线的制定者和推行者，破坏无产阶级文化大革命的罪魁祸首，终于被揪出来了！这是无产阶级文化大革命的伟大胜利！是战无不胜的毛泽东思想的伟大胜利！

毛主席教导我们："看它的过去，就可以知道它的现在；看它的过去和现在就可以知道它的将来。"

剥开刘少奇的画皮来看，他的反党反社会主义反毛泽东思想的罪恶活动，不自今日始。

早在1936年，抗日战争爆发前夕，刘少奇就宣扬叛徒哲学，指使一大批党员写"反共启事"、"反省誓言"，自首变节，叛党投敌。在抗日战争时期，刘少奇通过《论修养》等大毒草，系统地贩卖他的反马克思列宁主义，反毛泽东思想的建党路线，兜售资产阶级个人主义和实用主义的市侩哲学。抗日战争胜利后，蒋介石拿一纸和谈空文玩弄假和平、真战争的反革命两手政策，刘少奇竟寄希望于美蒋匪帮，提出"走向和平新阶段"的投降主义路线，幻想和平过渡。当人民解放战争长驱直入，胜利在望之际，他又惊慌失措埋怨太快了，妄图阻止历史车轮前进。

中华人民共和国成立以后，刘少奇身在社会主义，神往资本主义。他拚命美化资产阶级和资本主义制度，宣扬剥削无罪和投降主义，反对三大改造，维护新民主主义秩序，以求资本主义制度的万古长存。在生产资料所有制方面的社会主义改造基本完成后，刘又步赫鲁晓夫后尘，宣扬阶级斗争熄灭论，鼓吹阶级合作，为资本主义复辟制造舆论。1959年到1962年，刘少奇趁我国暂时经济困难之机，配合国内外阶级敌人，大反三面红旗，大搞"和平演变"，明目张胆地推行右倾机会主义路线，妄图改变我们国家的颜色。1964年，刘少奇泡制出一条形"左"实右的机会主义路线，破坏社会主义教育运动。与此同时，大力推行资本主义的经济主义，物质刺激和托拉斯，推行修正主义教育路线，宣扬"合二而一"唯心论和资产阶级个人主义世界观，企图从经济基础到意识形态，对社会主义进行全面渗透。

毛主席亲自发动和领导的无产阶级文化大革命的开展，敲响了刘少奇反革命修正主义的丧钟。为了挽救自己灭亡的历史命运，刘少奇便抛出一条更加恶毒的资产阶级反动路线，"将轰轰烈烈的文化大革命运动打下去，颠倒是非、混淆黑白，围剿革命派，压制不同意见，实行白色恐怖，自以为得意。"但是，历史的辩证法无情地注定了他们可耻的失败，刘少奇搬起石头砸了自己的脚。他的反革命修正主义的狰狞面目赤裸裸地暴露于光天化日之下，象过街老鼠一样，陷于亿万人民怒目所向，人人喊打的境地。

铁一般的事实说明，刘少奇是党内最大的走资本主义道路的当权派，是反革命修正主义的祖师爷，是赫鲁晓夫式的个人野心家和阴谋家，是埋在毛主席身边的一颗定时炸弹。

三十多年来，刘少奇反党反社会主义反毛泽东思想的罪恶活动绝不是偶然的。他出身剥削阶级家庭，一贯站在剥削阶级反动立场。他是混进党内的地主阶级的孝子贤孙，资产阶级的乘龙快婿。

“宜将剩勇追穷寇”。目前，一个批判党内最大的走资本主义道路的当权派刘少奇的高潮正在全国兴起。我们的任务是，高举无产阶级革命的批判的旗帜，奋起毛泽东思想的千钧棒，发扬连续作战的顽强作风，痛打落水狗的大无畏精神，将反革命修正主义的总头目刘少奇斗倒、斗垮、斗臭；彻底批判和肃清源远流长、深而且广的资产阶级反动路线在各方面的流毒，把两条路线的斗争进行到底。

为此，我们将收集到的有关刘少奇反革命修正主义的材料，拣主要的，编集成册，略加评点，供全校革命师生批判刘少奇时参考。由于时间和能力所限，遗漏和错误在所难免，深望同志们批评指正。

南開大学衛東紅衛兵

批判劉鄧陶聯絡站資料編輯組

1967年4月1日

目　录

一、地主資产阶級的孝子賢孙

毛主席教导我们："在阶级社会中，每一个人都在一定的阶级地位中生活，各种思想无不打上阶级的烙印。"刘少奇长期以来反对毛主席，反对毛泽东思想，以至成为党内最大的走资本主义道路的当权派，决不是偶然的，是由他的地主阶级的反动本质所决定的。

(一) 地主世家的少爷

刘少奇出生在地主家庭。他祖父在世的时候有一百多亩土地，不仅雇工剥削，出租土地，而且还管理"公堂"，从中舞弊，对农民进行残酷压榨。刘少奇在其地主家庭吸吮农民血汗所形成的优裕环境下，从七岁到廿岁，一直上学读书，深受封建地主阶级意识的熏染。所以刘少奇全盘継承了封建地主阶级的衣鉢。这就是刘少奇一贯反动的本质所在。

(二) 土改运动的破坏者

早在一九五〇年土改前夕，毛主席就提出："战争和土改是在新民主主义的历史时期考验全中国一切人们、一切党派的两个'关'。什么人站在革命人民方面，他就是革命派，什么人站在帝国主义封建主义官僚资本主义方面，他就是反革命派。"刘少奇竟公然对抗毛主席的这一伟大指示，站在地主阶级立场上，泄露国家机密，帮助地主、富农亲属破坏土改运动。

1．递风报信，泄露机密

《中华人民共和国土地改革法》是在一九五〇年六月二十八日通过的，而刘少奇却无视党纪国法，不顾革命利益，于同年五月二日就把其中一些重要情况告诉了他的地主姐姐。

他在给其七姐（地主分子）的信中说："中央已决定今年秋后分田不动富农的土地和财产。七哥（指恶霸地主刘作衡）大概要算富农，所以他家土地和财产可以不动，不会受什么损失。六哥（即富农分子刘云庭）家过去也不是靠收租吃饭，而是靠雇请工人种地吃饭，他自己也劳动，所以大概也算富农，所以他家大概也不会动。"由于刘少奇事先通风报信，使地富分子有机可乘。

2．鼓励地主、富农抵抗"减租退押"政策

"减租退押"是在土改前夕党领导农民对地主的一次大的斗争，它的胜利将大大推进土地改革的进程。而刘少奇却极端仇视，亲自给地富亲属出谋划策，鼓动他们疯狂抵抗。

他在给其七姐的信中又说："如果你们退不出，可以请求农会允许你们等到今年秋季收租时再退。""退押的事，你们已退出一些，如再无法退，可请求农会免退。"更为不能容忍的是，"停止退押"这项措施是在运动后期才实行的，而且只有贫下中农内部才能知道，刘少奇也提前向地主告密，说什么"中央已令各地停止退押，退不起的，可以不退了。

在刘少奇的大力鼓动下，这些地主富农的气焰甚为嚣张。刘少奇的七姐竟公开对抗中央法令，既不减租，也不退押，甚至恶毒咒骂农会是"小子会"、"棍子队"。富农分子刘奠邦至今还欠佃户押金50元整。刘少奇是破坏"减租退押"的罪魁祸首。

3．煽动牛鬼蛇神对土改运动反攻倒算

毛主席教导我们："帝国主义者和国内反动派决不甘心于他们的失败，他们还要做最后的挣扎。在全国平定以后，他们也还会以各种方式从事破坏和捣乱，他们将每日每时企图在中国复辟。"刘少奇就是这样一个"不甘心于他们的失败"、"以各种方式从事破坏和捣乱"的国内反动派。在他破坏土改运动的阴谋破产以后，又积极煽动牛鬼蛇神向土改反攻倒算。

1951年1月17日他在给他侄子的信中说："奠邦家因不种地，出租土地，虽生活不好，人家亦评为富农，但以缺乏劳动力为理由，或可请求定为小土地出租者。"（註：奠邦是刘少奇的侄子，富农分子）公然为富农分子鸣冤叫屈，煽动牛鬼蛇神翻案，后来在广大贫下中农的舆论压力下，其反攻倒算的阴谋才未能得逞。

刘少奇破坏土改运动的累累罪行，证明他是一个顽固坚持地主阶级立场的剥削阶级代表人物。是一个连新民主主义的"关"也没有过去的极端反动的家伙。

（三）地主阶級的孝子賢孫

刘少奇的哥哥刘作衡是一个负有血债的恶霸地主，是攻击我们伟大领袖毛主席的现行反革命分子。早在解放前，他就霸占一个贫农妇女达十多年之久，逼迫其丈夫上吊自杀。土改时，在刘作衡的再次催逼下，这个贫农妇女也投塘而死了。刘作衡还在村子里管理"义仓"，利用"义仓"大肆贪污，每逢荒年，又用贫下中农自己积攒用以备荒的"义谷"大放高利贷，对农民进行残酷剥削。更恶毒的是，刘作衡竟敢诬蔑我们心中最红最红的红太阳毛主席，为反革命修正主义头目刘少奇涂脂抹粉。一九六五年八月，他在湖南医学院第一附属医院就医时说："刘少奇是苏联马列主义学院毕业的，毛主席的位置是刘少奇让给他的，本来头一次选票是刘少奇的。"真是反动透顶，气焰嚣张之极。

然而刘少奇对于这样一个沾满貧下中农鲜血的恶霸地主，现行反革命分子却毕恭毕敬，体贴入微。例如：

解放前，刘少奇就将自己名下的田产（剥削农民而来）送给刘作衡，扩大家业，增强剥削能力。

一九四九年刘少奇窃踞国家付主席后，将刘作衡迎至北京，供养在高级招待所，待为上宾，三天一小宴，五天一大宴。出入由小包车接送，腐化堕落，挥霍无度。临走时，刘少奇还恋恋不舍，与之并排合影留念，赠送皮袍、衣物、人参等贵重物品，并专派一个解放军连长护送回湖南老家。后来在刘少奇的庇护下，又干了不少罪恶勾当。刘少奇与地主反革命分子互相勾结，狼狈为奸，罪责难逃！

下面再看刘少奇与其地富亲属的亲密关系。

一九五二年，刘少奇写信给湖南省长王首道，要求为其六哥（富农分子）减少公粮，为其侄孙安排上免费学校。刘少奇的二哥（富农分子）死时，他也赶忙赠送輓联，祝其“千古”。对于他死去的地主妈，刘少奇更是銘记于怀，念念不忘，一九六一年回湖南时，特地跑到他母亲坟前凭吊了一番。同年，刘少奇还步行（按：何等虔誠）去看望过地主姐姐，并以糖果，毯子等物相赠。

我们伟大领袖毛主席教导我们：“世上决没有无缘无故的爱”。刘少奇对于地主阶级如此情深意厚，竭忠尽孝，完全是由他的阶级本性所决定的，刘少奇是一个地地道道的地主阶级的孝子贤孙。

（四）资产阶级的乘龙快婿

刘少奇不仅是地主阶级的孝子贤孙，而且和特号女流氓、天字“交际花”资产阶级分子王光美打得火热，成为资产阶级的得意门婿。

１．臭味相投，一拍即合

王光美是京津富豪、大资本家王槐青的臭小姐，辅仁大学的毕业生。一九四六年，通过徐冰等人介绍拉进“北平军事调处执行部”我方代表团工作（雇员），任英文笔譯，深受徐冰、荣高棠之流的青睐。四六年底，我方代表撤回延安，抱有政治野心的王光美也乘机挤进我革命圣地延安。在欢迎晚会上，刘少奇一眼便看中了这位资产阶级臭小姐。后来刘少奇提出跟王光美结婚，王光美大敲竹杠，要求先解决组织问题。于是双方展开了一场骯脏的政治交易。安子文、杨尚昆之流也甘效犬马之劳，为之积极钻营，于是，这个资产阶级分子就被刘少奇拉进党内。刘少奇王光美这两个臭瓜也就拴到一根藤上了。

２．一人得道，合家升天

刘少奇和王光美结婚以后，王家大小青云直上，步步高升。王光美兄弟姐妹分别窃取我许多部门的党政要职，上至付部长，下至支部书记，高官显位、不可一世。王家扒手升官图如下表：

刘少奇 王光美	王光杰（现名王世光）：四机部付部长
	王光超：北大附属医院皮肤科主任
	王光英：人大代表、天津市政协付主席等职
	王光中：山西大学幼儿园主任
	王光正：上海妇产科医院支部书记
	王光和：北京整形医院主任医师
	王光平：二五九医院血库支部书记

甚至连老吸血鬼、大资本家、北洋军阀政府的农商部长、代理外长王槐青也被刘少奇安插在政务院文史馆当馆员，养老送终。王光美的狗娘老妖婆董洁如也当上了北京政

协委员。真是“刘修”当权，鬼蜮横行。

3．亲如鱼水，两情依依

刘少奇和资本家亲如魚水，完全丧失了一个共产党员的立场。

反动资本家王光英是王槐青的幼子，辅仁大学毕业生。日寇投降后，曾任国民党接收大员，大发国难财。

解放后开设“近代化工厂”生产硝化棉。为赚取高额利润，不管工人死活，不搞安全设备，以至引起着火爆炸，造成工人严重伤亡（死亡七人，重伤八人）。此等残害工人血案，本应王光英负完全责任。但因王乃“皇亲国舅”，刘少奇暗下包庇，天津市委一直不做处理。后来有关革命同志赴京告状，最高检察院负责人×××转告彭真，彭真怒斥说：“你们这些人真傻，怎么告到他头上来了！”压下此案，让王光英写了一个假“检查”不了了之。刘少奇上下串通，包庇反动资本家，罪责难逃。

刘少奇还想把王光英拉入党内，其阴谋未能得逞，但终于在刘少奇这个靠山的支持下，篡夺了全国人大代表，河北省工商联主任，天津市政协付主席，青联付主席等许多重要职务，并且三次出国访问，参加最高国务会议。王光英也不负刘少奇栽培之恩，对刘少奇感激涕零，刘每次来津，多是王光英迎接陪送，王每次进京，也必到刘少奇那里，促膝密谈，领取黑指示，回津后到处販卖，四处鼓吹。刘少奇对反动资本家情深意厚，亲密无间。

至于王槐青和刘少奇就更是打得火热了。解放前刘少奇到天津，王槐青就设宴迎“鴐”，接风洗尘。解放后王槐青一家迁住北京，每逢老鬼生日时，刘少奇、王光美准到，宴后还要摄下“全家福”的照片，合家欢乐。五五年王槐青老鬼死时，刘少奇王光美心碎腸断、悲痛万分。刘少奇亲临收殓，安抚妖婆，并送了一个花圈，无耻写道：

王槐青千古

刘少奇

呸！好一副资产阶级狗奴才的丑恶嘴脸，刘少奇真不愧为资产阶级的乘龙快婿。

《红旗》杂志社论指出：“被推翻了的剥削阶级，把复辟的希望主要寄托在他们身上，剥削阶级的复辟活动主要是通过他们进行的；或者是在他们的包庇下进行的。”刘少奇正是这样的人物。他坚持地主阶级的反动立场，包庇地富破坏土改的罪行，他投入资产阶级的怀抱，帮助资产阶级打进来，搞复辟的事实，都充分证明，刘少奇是一个地地道道的钻进党内的资产阶级代表人物，地主阶级的孝子贤孙。

二、叛徒集团的总头目，包庇牛鬼蛇神的大紅傘

大量事实证明，刘少奇是中国大叛徒集团的总头目，是包庇一切牛鬼蛇神的大红伞。

（一）大叛徒集团的總头目

1936年，日本帝国主义的侵略铁蹄践踏着中国的大好河山，中华民族处于生死存亡的紧要关头。在毛主席的英明领导下，中国共产党肩负起了抗日救国的重任，团结全国人民，进行着艰苦卓绝的斗争。无数中华民族的优秀儿女，不怕杀头，不怕坐牢，刀山敢上，火海敢闯，他们是中华民族的希望。

但是，作为当时北方局书记的刘少奇，却被敌人的屠杀吓破了胆，可耻地背叛了中国共产党。

1．貪生怕死，心怀鬼胎，下达黑指示，讓獄中的共产党員自首叛党

刘少奇一伙怕死鬼认为，白区斗争很残酷，关押在监狱里的一大批共产党员如果再不出来，北京一旦沦陷，这批人就出不来了。刘少奇一伙还借口：形势有了变化，目前抗日第一，中国革命的高潮即将到来，需要大量干部，狱中的共产党员只要能出来就行。“自首”、“启事”老百姓看惯了，起不了多大的坏作用等等。刘少奇这个软骨头还悲观地认为，“人生的斗争就是与死作斗争，就是死的不断克服。”这真是典型的活命哲学！

于是，刘少奇就借假中央的名义，给关押在狱中的共产党员下达黑指示：你们可以履行自首手续，可以登报写反共启事出狱。

接着，刘少奇一方面通过魏梦伶和当时北京的伪统治者宋哲元以及反省院院长阎文海协商密谋；另一方面让徐冰、孔祥祯等人写信送到狱中，说：“党需要你们出来工作，你们可以‘假’自首出狱，可以登报，可以有反共内容。”并说：“登启事出狱虽然有些不好影响，但这样使国民党监狱中保存了残余的同志，保存了革命力量，这是正确的，这是合法斗争与非法斗争结合的正确方针。只要搞好革命，那点影响可以弥补……”。

看！这是一副多么丑恶的叛徒嘴脸！哪里还有半点共产党人的气味！

此后，刘少奇又写信给当时在延安的张闻天，说要让狱中的一批干部履行一个手续出狱。并为狱中干部提出三个条件，让张签字。张签字复信后，刘就瞒着毛主席、党中央和其他领导同志，再次指示狱中干部叛变自首。还恶毒地造谣说：“这是中央的意思，登启事的责任由党来负。”刘少奇还威胁那些坚决反对叛变的革命同志：“如果你们再不出来，那就叫自由行动，就要成为罪人，组织上就不管你了！”刘少奇极尽欺骗，

威胁之能事，但这些只能对怕死鬼起作用，真正的革命者却是嗤之以鼻！

在刘少奇的黑指示下，薄一波、安子文、刘澜涛、杨献珍等几十个叛徒先后索取自首书，签字划押，成了可耻的叛徒。

薄一波等六十多名叛徒出狱后，把刘少奇的黑指示带到全国各地，薄一波带着刘少奇的亲笔信，投奔阎錫山，指示太原狱中的共产党员叛变。

在刘少奇的指示、默认和庇护下，北京、太原、武汉、南京、济南、苏州、合肥等地数百名叛徒，集体变节自首投敌，然后又钻进党内，形成一个庞大的叛徒集团。

以刘少奇为首的这群叛徒，出卖革命，以无数烈士的鲜血换得自己的苟且偷生，和那些坚持斗争、不畏牺牲的共产党人是何等鲜明的对比！

刘少奇之流所謂的“假自首”，“保存革命力量”，不过是骗人的幌子；所謂的“为党工作”，“弥补不好影响”，不过是自欺欺人之谈。说穿了就是一句话，“活命第一”。这与赫鲁晓夫的“脑袋丢了，原则还有什么用！”的活命哲学同出一辙。刘少奇就是中国的赫鲁晓夫！

2．上瞞下騙，极力包庇，招降納叛，結党营私

刘少奇的历史，就是一部反对毛主席、反对毛泽东思想的罪恶史。三十多年来，刘少奇不仅在革命的紧要关头，背叛了中国共产党，而且还极力庇护、提拔、重用这批叛徒，宣扬叛徒的活命哲学，打击揭发他们的革命同志，气焰十分嚣张！

在刘少奇的黑指示下，薄一波等一伙叛徒，一出反省院就更名改姓、乔装打扮，混进党内。这些叛徒，有刘少奇作靠山，狐假虎威，继续为非作歹，有恃而无恐。他们从没向组织汇报过真实情况，相反，却串通一气，订立攻守同盟，在自传上写“组织营救出狱”，或写“按中央指示”，根据“八一”宣言精神，写了一个简单的“启事”，只字不提“反共启事”。

不仅如此，刘少奇、薄一波之流还采取了各种卑鄙手段，上瞒毛主席，下骗全国人民。在刘少奇的黑指示下，1944年薄一波把叛徒集团名单交给彭真，（当时在中央组织部工作）1956年刘澜涛又把名单交给刘少奇，1962年安子文再一次把名单交给邓小平，在中央书记处备案了事。他们还美其名曰：凡是登记者，已作“组织结论”。我们要问，刘少奇之流，你们是什么组织？你们作的是什么结论？你们是反革命组织、是修正主义组织；你们的结论是“叛党有理，革命有罪”。

刘少奇之流竟敢冒天下之大不韙，到处造谣惑众，说毛主席讲这样出狱没有错。这是绝对不能容忍的，谁诬蔑我们的伟大领袖毛主席，我们就和他拼到底！

在刘少奇的指使下，他们利用职权，干尽了毁脏灭证的罪恶勾当。安子文伙同彭真销毁了他们变节叛党的档案，挖掉了登在《华北日报》上的“反共宣言”。他们还把最了解他们叛变情节的当时看守班长牛宝正，从山东请到北京，以“贵宾”相待，用金钱、地位收买了他。

不仅如此，刘少奇还千方百计地要把他们的可耻叛卖行径合法化。

在党的第七次代表大会上，刘少奇企图规定有变节自首行为的人也可以做中央委员，他也的的确确把彭真、薄一波、安子文、刘澜涛、杨献珍等安插在中央、政治局、书记处。

在党的八大以前，刘、邓还专门召集中央各部门负责人开会，研究如何看待登报自首的问题。在刘、邓的操纵下，最后泡制出一个《六条规定》，把一大批变节投敌分子包庇下来，安插在各级领导机关，甚至是要害部门。

在刘少奇的包庇下。长期以来，这群民族的败类，党的叛徒，逍遥法外，甚至有的飞黄腾达，不可一世，窃踞了中央、省、市、企业的一些领导权，为其实现全国性的反革命复辟，做了组织准备和干部准备。

"借问瘟君欲何往，纸船明烛照天烧。"一切敌人不管多么狡猾，多么阴险，也逃不脱毛泽东思想的阳光，逃不脱革命人民的天罗地网，逃不脱他们必然灭亡的命运。在无产阶级文化大革命的熊熊烈火中，刘家王朝彻底完蛋了，大大小小的叛党分子，各色各样的民族败类也都现露了原形。

（二）包庇牛鬼蛇神的大紅伞

刘少奇不仅是大叛徒集团的头子，而且是包庇一切牛鬼蛇神的大红伞。

1．公开为右倾机会主义翻案，狂热地鼓吹"三自一包"、"三合一少"

1958年，我国人民在毛主席的英明领导下，高举三面红旗，掀起了社会主义革命和社会主义建设的新高潮，实现了空前的全面跃进。面对这样的现实，帝国主义、现代修正主义和各国反动派，极端恐慌、极端仇视，他们联合起来，向我们疯狂进攻。钻进党内的一小撮右倾机会主义分子，资产阶级野心家、阴谋家，和帝国主义、修正主义及各国反动派，遥相呼应，紧密配合，恶毒攻击毛主席、攻击三面红旗、攻击社会主义制度，在庐山会议上达到了高峰。反党分子彭德怀等抛出了一个彻头彻尾的修正主义纲领，企图以此代替社会主义建设总路线，把中国拉到资本主义道路上去。这是两个阶级、两条道路的生死搏斗。我们党在毛主席的领导下，一致奋起，给这个反党集团以坚决的回击，彻底粉碎了他们的阴谋。这是全国人民的伟大胜利，是毛泽东思想的伟大胜利。全国人民无不欢欣鼓舞，拍手叫好。

然而，我们打在反党分子彭德怀的身上却痛在刘少奇的心里。他极力混淆是非、颠倒黑白，歪曲反右倾斗争的性质，公开为右倾机会主义翻案。

①极力歪曲反右倾斗争的性质。

刘少奇说："在资本主义工商业的社会主义改造方面，我们党内发生过不同观点的争论"，"在大跃进、人民公社问题上，我们党内也有过不同意见的争论。"（《马克思列宁主义在中国的胜利》）公然把两条道路、两个阶级的斗争、把大事大非的原则问题，歪曲为不同意见的争论。他还说："人民公社的问题，在党内的一笔勾销，不叫机会主义，即使讲了错话，也不叫机会主义，不属于反党集团。"在刘少奇看来，反对人民公社，不是反党，不是机会主义。这不是公开叫嚣右倾机会主义向我们进攻无罪吗？这不是公开为右倾机会主义翻案吗？

②混淆是非，恶毒地攻击反右倾斗争。

1962年初，刘少奇在他主持召开的中央工作会议上，大肆攻击三面红旗，声言要把三面红旗作为"历史教训"来"总结"，为右倾机会主义分子张目。他在1962年1月

27日的讲话中，恶毒地攻击我党的反右倾斗争是"重复了过去三次'左'倾路线时期的那种过火斗争的错误。"

在同年再版的《论共产党员的修养》中，他含沙射影地说："按照这些似乎疯颠的人看来，任何党内和平即便是党内并没有原则的分歧的时候，硬要去搜索斗争的对象，把某些同志当作机会主义者，作为党内斗争射击的草人。"项庄舞剑，意在沛公！很明显，刘少奇认为我们党的反右倾斗争是"搜索斗争对象"，是"把某些同志当作机会主义者"，"作为党内斗争射击的草人"。把攻击的矛头直接指向我们的伟大领袖毛主席，指向伟大的反右倾斗争。这是绝对不能容忍的。

③颠倒黑白，为右倾机会主义翻案，大刮翻案风，单干风，鼓吹"三自一包"、"三和一少"。

1962年初，刘少奇在一次讲话中露骨地说："庐山会议上，彭德怀同志给毛主席写了一封信，看起来没有什么问题"，"信中所谈到的一些具体事情，不少还是符合事实的。"他还胡说什么："反对毛主席只是反对个人"，处理"要留有余地"，"不要一棍子打死！"公然为反党分子彭德怀翻案。

1961年9月，在刘少奇的主持下，制定了一个《中央关于全党干部轮训的决定》，这个决定歪曲党内的思想斗争，别有用心地提出"自由思想"、"自由讨论"、"三不主义"，不讲思想斗争，狂热地鼓吹资产阶级自由化，为地、富、反、坏、右，牛鬼蛇神大开方便之门，唯恐天下不乱，用心何其毒也！

1962年初，刘少奇公然叫嚣："和彭德怀有相同观点的人，只要不是里通外国的，就可以翻案"，"只要本人提出申诉、领导和其他同志认为有必要，就可以翻案"，"在党的会议上讲的，就不定罪"等等。

接着，在同年5月，刘少奇又批转了一个极力歪曲现实，夸大工作中的错误，对形势估计极为悲观的《中央财政小组向中央的报告》。这个文件，在全党进行了传达，学习和讨论，流毒极广，影响极坏。顿时牛鬼蛇神纷纷出笼，掀起了一股"单干风"，"翻案风"。

在刘少奇的黑指示下，在彭真的直接支持下，高级党校杨献珍、王从吾等大刮翻案风。他们以总结工作为名，印发刘少奇的几次讲话，作为他们自己翻案的根据。反革命修正主义分子杨献珍也给翻了案。他们的翻案风还刮到了西安、昆明、北戴河、新疆、东北等地。

不但如此，刘少奇还亲自派钱瑛到安徽去搞"甄别"，给几千名右派翻了案。

此外，1962年，由反党集团的急先锋习仲勋、李维汉、譚政等抛出的彻头彻尾的反革命修正主义货色——"三自一包"、"三和一少"，是在刘少奇、邓小平之流的积极鼓动和策划下泡制出来的。难怪这个货色一出笼，刘邓拍手叫好，欢喜雀跃。

综上所述，不难看出，我国经济暂时困难时期，地、富、反、坏、右，牛鬼蛇神纷纷出笼，沉渣泛起，"三自一包"、"三和一少"、"自由化"、"单干风"、"翻案风"一涌而上，乌云乱翻，恶浪滚滚，其源盖出于党内最大的走资本主义道路的当权派——刘少奇。

2．包庇彭、罗、陆、楊反党黑帮，破坏无产阶級文化大革命伟大的无产阶级文化大革命，敲响了一切牛鬼蛇神的丧钟，揪出了彭、罗、陆、杨反革命集团，这是大好事，是关系到党和国家的前途和命运的大事。这是毛泽东思想的伟大胜利！

然而，党内最大的走资本主义道路的当权派刘少奇却玩弄假批判、真包庇的手段，掩护和开脱他们的罪责，妄图为他的帮凶和打手们翻案。

1966年6月底，彭真被揪出以后，刘少奇还极力为他涂脂抹粉，开脱罪责，胡说什么："彭真实际上是我党的付总书记，常参加常委会，实际上参加领导核心，这个人有能力，有不少缺点，犯过很多错误，他不懂毛泽东思想。"他还说："这个人有工作能力，只是严重的宗派情绪。"住口！刘少奇，你说的多轻松，什么"缺点"、"错误"呀，什么"宗派情绪"呀，统统是扯蛋！彭真这个打着"红旗"反红旗的野心家，吃人的笑面虎，披着羊皮的狼，对人民犯下了滔天的罪行，难道只是"缺点"、"错误"吗？他大反特反毛泽东思想，难道只是什么"不懂"吗？

刘少奇还假惺惺地说："彭真实际不只是反对毛主席的，他还反对周总理、邓小平，也是反对我的。""主席和我们多次批评他，但是对他还是信任的。"

刘少奇心中有鬼，大放烟幕，妄图掩盖他和彭真黑帮的黑线关系。他的话假假真真，真真假假。什么"彭真也是反对我的"呀，"我们多次批评他"呀，统统是当面撒谎，造谣惑众。

最后一句话，"但是对他还是信任的"，泄露了天机。

众所周知，早在三十年代，彭真就是刘少奇的部下，共事北方局，彭真是刘少奇的一员干将。刘少奇经常肉麻地吹捧彭真，是什么"坐过监狱，久经考验的靠得住的好干部。"

刘少奇还不遗余力地提拔彭真，把他安插在中央委员会、政治局。近年来，彭真更是扶摇直上，身兼数职，抛头露面，红的发紫。

在谈到罗瑞卿的问题，刘少奇说："……他讨厌、害怕林彪同志。林彪同志威信高、水平高，讲得话非执行不可，这样就干扰了他，就不能顺当办事，因此他很恨林彪同志。"还说："此人盛气凌人，锋芒毕露"，"不听别人的意见"，"到处突出个人。"

反党野心家罗瑞卿，疯狂地反对毛主席，恶毒地攻击林彪同志，为了达到他篡党篡军的目的，不惜采取种种卑鄙手段，欲置林彪同志于死地，他罪恶滔天，恶贯满盈，决不是什么"盛气凌人""听不得别人的意见"。他反毛泽东思想之道而行之，当然要受到"干扰"，而且必须坚决回击。如果要让他"顺当办事"，毛主席亲手缔造的中国人民解放军将被引向何处，不是很清楚吗？

"四家店"反党头目、"阎王殿"的"阎王"陆定一是漏网大右派。早在1957年牛鬼蛇神纷纷出笼之际，他趁机呼风唤雨，推波助澜，兴妖作怪，心怀鬼胎，到处煽阴风、点邪火。大量事实证明，他是货真价实的大右派。但因其主子刘少奇的掩护、包庇，使其蒙混过关，逃避了人民的制裁，逍遥法外。

近十几年来，反革命修正主义分子、反动的大学阀陆定一，恶毒地攻击毛主席，疯狂地反对毛泽东思想，挥舞"简单化"、"庸俗化"的大棒，反对工农兵群众学习毛主席著作；

看！刘少奇牵的什么綫

一九四一年皖南事变以前的原北方局：

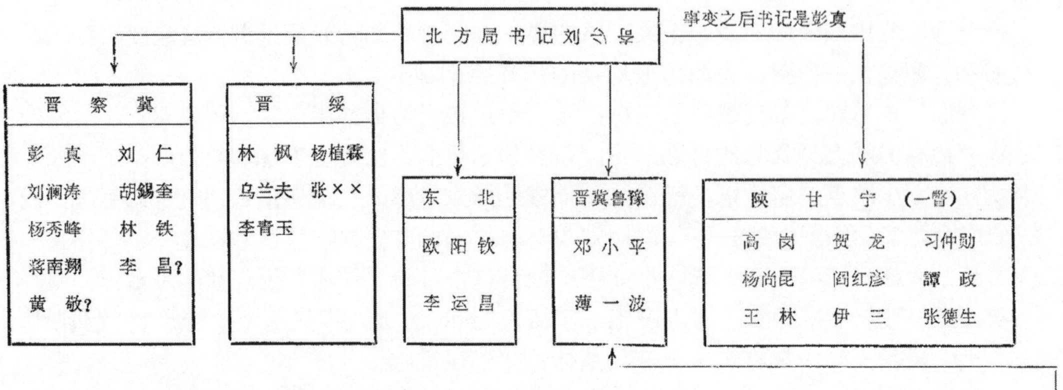

一九四一年皖南事变以后华中局（长江局）书记刘少奇。

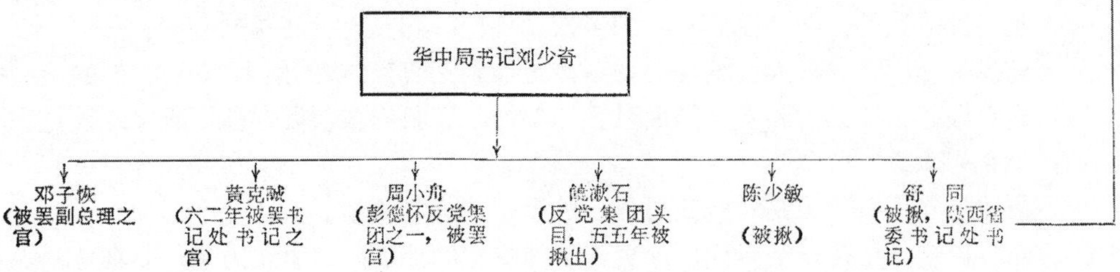

一九四七年三月解放军撤出延安，毛主席、周恩来、任弼时留在陕甘宁，而由刘少奇、陈云、彭真等组成以刘少奇为首的中央工作委员会在一九四八年五月此期间曾派彭真、叶××去东北。一九四八年初林彪率部入关之后，刘少奇便作如下图所示部署，这也正是解放后的布局。

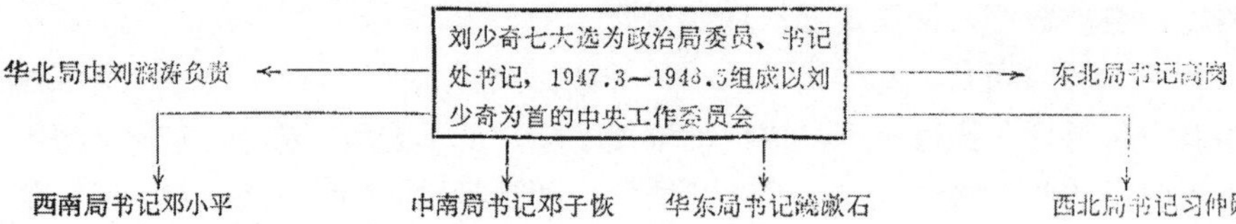

一九五六年刘少奇当选为党中央副主席，一九五九年担任国家主席、国防委员会主席，在刘少奇、邓小平、陈云控制和支持下，又干了些什么呢？请看下图：

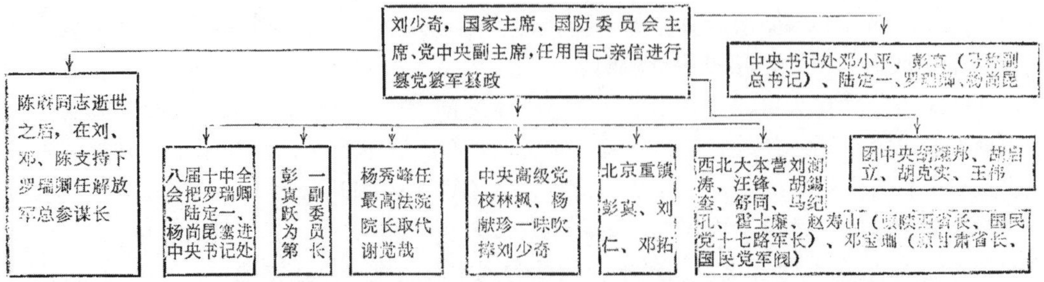

他打击左派包庇右派，对资产阶级大开綠灯，为牛鬼蛇神鸣鑼开道，实行资产阶级专政，长资产阶级威风、灭无产阶级志气，何其毒也！

然而，在文化大革命中，当广大群众起来揭发陆定一、控告陆定一时，刘少奇却大笔一挥，批示曰：陆定一是好同志，人民大学胡闹。妄图再一次包庇陆过关。

“千钧霹雳开新宇，万里东风扫残云。”毛主席发出了“打倒阎王，解放小鬼”的伟大号召，广大革命群众闻风而动，揭竿而起，英勇斗争，直捣阎王殿，生擒陆定一。刘少奇的美梦化为泡影。

在谈到杨尚昆的问题时，刘少奇说：“杨尚昆是严重的违犯党纪和国家纲纪。”我们要问刘少奇，杨尚昆只是违犯“党纪”“国家纲纪”吗？他大反毛主席，攻击社会主义制度，吹捧美苏，里通外国，是个伪君子，阴谋家，难道用“违犯党纪、国法”就能替他减轻罪责吗？办不到，永远办不到。

毛主席说：“世上决没有无缘无故的爱，也没有无缘无故的恨。”刘少奇之流对彭、罗、陆、杨反党集团百般包庇、极力开脱，这说明他们是一丘之貉。

3．看刘少奇牽的什么綫：

几十年来，刘少奇这个野心家、阴谋家，为了篡夺党的最高权力，施展其卑鄙伎俩，玩弄两面手法，窃取了党的付主席和国家主席的重要职务，他任人唯亲，培植党羽，他利用职权招降纳叛，结党营私，网罗叛徒、资产阶级政客、投机分子、反党野心家、阴谋家，以及地、富、反、坏、右、牛鬼蛇神于自己的卵翼之下，结成死党，组织反动的资产阶级司令部，对抗以毛主席为首的无产阶级司令部。他们控制了一些部门，把持了一些大权，并结成了一条又粗又长的黑线。为了说明这个问题，列前表以供分析、参考。

总而言之，上述事实完全证明，刘少奇是中国最大的叛徒集团的头子，是反党野心家、阴谋家，党内走资本主义道路的当权派的靠山，是包庇地、富、反、坏、右、牛鬼蛇神的大红伞，刘少奇是中国的赫鲁晓夫。

三、大反毛主席、大反毛澤东思想

林彪同志说：“毛泽东同志是当代最伟大的马克思列宁主义者。毛泽东同志天才地、创造性地、全面地继承、捍卫和发展了马克思列宁主义，把马克思列宁主义提高到一个崭新的阶段。”

毛泽东思想是在帝国主义走向全面崩溃，社会主义走向全世界胜利时代的马克思列宁主义。毛泽东思想是反对帝国主义的强大的思想武器，是反对修正主义和教条主义的强大的思想武器。毛泽东思想是全党、全军和全国一切工作的指导方针。

对毛主席，对毛泽东思想抱什么态度是原则问题，是大是大非的问题。是革命不革命真革命和假革命、马克思主义和修正主义的分水岭和试金石。

全中国人民、全世界人民都无限热爱毛主席，无限信仰毛泽东思想，满腔热情地歌颂毛泽东同志是“当代的列宁”，“世界革命人民的伟大导师和领袖”，广大工农兵群众如饥似渴地学习毛主席著作。把毛泽东思想作为革命的灯塔、行动的指南。

帝国主义、修正主义和各国反动派，以及国内的阶级敌人，党内一小撮走资本主义道路的当权派，一切牛鬼蛇神，对毛主席、对毛泽东思想都极端仇恨、疯狂反对。党内头号走资本主义道路的当权派刘少奇也不例外，现在我们把刘少奇攻击毛主席、反对毛泽东思想的反革命嘴脸拿来示众。

（一）瘋狂地反对毛主席，公然叫嚣篡党夺权

毛主席是全世界人民心中永远不落的红太阳，是世界革命航船的伟大舵手，毛主席在全世界人民中威信最高。野心勃勃的刘少奇为了达到他复辟资本主义的目的，几十年来，特别是近二十年来，一直把矛头指向我们伟大的领袖，对抗毛主席，攻击毛主席。刘少奇反对毛主席的滔天罪行必须彻底清算。

1．否認毛主席是当代最伟大的馬克思列宁主义者，抵制毛主席著作出版。

1935年1月，具有伟大历史意义的遵义会议，确立了以毛主席为首的党中央的正确领导，毛主席成为全党公认的伟大领袖。然而，刘少奇却一再叫嚣“中国现在没有一个斯大林”（1937年对张闻天的谈话），“全党领袖没有实际形成”（1941年），公然否认毛主席是我们党和国家的伟大领袖，否认毛主席是伟大的马克思列宁主义者。

1947年，他在河北平山召开全国土地会议期间，含沙射影地攻击毛主席，削弱毛主席在广大党员、群众中的威信，他胡说什么：“世界上没有十全十美的领导者，古今中外都没有。如有那是装腔作势，猪鼻子里插葱装象”。毛主席的威信是任何人削弱不了的，谁要这样做，就决没有好下场！

解放前，刘少奇贬低毛主席，反对毛主席，否认毛主席是我们的伟大领袖。解放后，他不但没有改正，反而更变本加厉地、公开地对抗毛主席。

在庆祝中华人民共和国成立十周年时，刘少奇只字不提毛主席对马克思列宁主义的重大发展，对中国革命和世界革命的伟大贡献，却胡说什么毛主席“灵活地运用马克思主义的一般原理，来解决中国革命和建设中的各种问题。”（《马克思列宁主义在中国的胜利》）

时隔两年，在庆祝我们伟大、光荣、正确的中国共产党成立四十周年的时候，刘少奇仍然矢口否认我们中国共产党的缔造者毛主席对马克思列宁主义的创造性地、全面的继承、捍卫和发展，极力贬低毛主席对革命的卓越贡献和不朽功勋。他喋喋不休地说，毛主席仅仅是“正确地提出了和解决了一系列理论问题和策略问题”，“提出了中国革命历史进程的规划”。更令人绝对不能容忍的是，在如此隆重庄严的大会上，罪该万死的刘少奇竟然连一句“毛主席万岁”的口号也不呼。刘少奇对我们伟大导师、伟大领袖、伟大统帅、伟大舵手毛主席抱什么态度，是拥护还是反对，是热爱还是仇视，不是很清楚了吗！

我们的副统帅林彪同志一再号召我们"做毛主席的好学生、好战士"，而刘少奇在1962年再版的《论修养》中，别有用心地提出"做马克思、列宁的好学生"，对抗林彪同志，反对毛主席。

在当前无产阶级文化大革命中，毛主席的威望越来越高，刘少奇怕得要死，恨之入骨，他利用职权，企图削弱我们伟大领袖毛主席的威望，缩小毛主席的影响。1966年7月1日《人民日报》社论《毛泽东思想万岁》是陈伯达同志写的，在原稿中有这样一段："象毛泽东同志经历那样长期、那样复杂、那样激烈、那样多方面的斗争的领袖，在历史上是罕见的，因此，毛泽东同志在我国人民中享有最高的威望，在世界人民中享有最高的威望"。但是，在刘、邓定稿时，却别有用心地在"在历史上是罕见的"前面加上了"同马克思、恩格斯、列宁、斯大林一样"的提法，有意地贬低毛主席，反对毛主席把马克思列宁主义提高到一个崭新阶段的光辉论断。特别不能容许的是，他们竟敢胆大妄为，把"毛泽东同志在全国人民中享有最高的威望，在世界人民中享有最高的威望。"一句完全删掉。真是手段卑鄙之极，居心险恶之极。我们要斩断刘邓的魔爪，挖出刘邓的黑心!

众所周知，毛主席是全世界人民的伟大导师和领袖，毛泽东思想是全世界人民革命的指针。我国人民大力宣传毛主席的身体健康，宣传毛泽东思想，是一项有极大政治意义的光荣而伟大的任务，是责无旁贷的神圣职责。作为党和国家的干部更应该如此。然而，堂堂的国家主席刘少奇却完全相反，多年以来，他不读毛主席的书、不宣传毛泽东思想。在前几年，他连续出访东南亚，理应高举毛泽东思想伟大红旗，高举反帝、反修、反殖的旗帜，宣传毛泽东思想，宣传毛主席的健康。他不但不讲反帝反修，却大讲"和平共处""和平过渡"，兜售赫鲁晓夫的修正主义货色；他不宣传毛主席的健康、不宣传毛泽东思想，只讲吃喝玩乐、游山逛水，大搞"夫人外交"，大树个人威信，反对毛主席。他在国外访问，与他的臭老婆王光美的照片又大又多、比比皆是，而独独没有我们伟大领袖毛主席的照片，他也不加劝阻，欣然领受；不呼"毛主席万岁！"而高呼"刘主席万岁！"并大力报导，他也自鸣得意，不加制止；不出版毛主席著作，也不加提倡，却到处兜售他的私货《论修养》。

在这里必须指出，刘少奇连续出访东南亚是有其个人野心和不可告人的政治目的的，是和他在国内大搞资本主义复辟的活动紧密配合的。他借毛主席在世界人民中的崇高威信，利用中国在世界上的巨大影响，大捞政治资本，抬高自己的身价，为其篡党篡军篡政创造条件。一句话，是他复辟资本主义的一个重要组成部分。

在国内，刘少奇也是"阎王殿"的后台老板，是阻止抵制出版毛主席著作的罪魁。一九六一年底，他借口"纸张紧张"不让出版毛选。过了不久，他就指示印发了大量《论修养》，发行全国。这不是公开对抗毛主席吗？

刘少奇不知道天高地厚，还要出什么《刘少奇选集》，公然对抗毛主席，和毛主席分庭抗礼，妄图大力推销他的修正主义黑货，为复辟资本主义制造舆论。

2．恶毒地咒骂毛主席，疯狂地反对毛主席

一九五六年，赫鲁晓夫在反对"个人迷信"的幌子下，大反斯大林，刘少奇步赫鲁晓夫的后尘，借口"反对个人崇拜"，大反毛主席。

一九五八年，人民公社象初升的太阳一样，出现在亚洲东方的地平线上，伟大的无产阶级革命家毛主席以极大的热情支持这一新生事物，他热烈地赞扬说:“人民公社好！”这是全国人民的呼声，代表着工农兵广大群众的愿望。对此，刘少奇恨之入骨，他恶狠狠地叫骂道，“人民公社不是什么人喊一下就会出现的”。

一九五八年六月底，刘少奇在北京日报社的一个座谈会上，含沙射影地攻击毛主席，竭力地吹捧自己，把自己凌驾于党和毛主席之上。他在谈到工具论时说：“编辑、教授、专家、主席是不是工具。”“报纸、党、国务院、主席、总理是不是工具。……都是。”在这里，刘少奇竟敢把我们伟大的领袖诬蔑为一般的工具。他又恶毒地攻击说：“有些人把党当成汽车，他是开汽车的，想爬到党的身上凌駕党……”，“领袖不是自封的，那得人家承认，自己承认不算数的。强求势必要发生错误，另搞一套不行。一定要这么搞，就会和人民的方向对立起来。”

这是对我们伟大领袖的极大的诽谤和不能容许的诬蔑！我们非常明白，无产阶级的伟大领袖在历史上的重要作用。正如列宁所说：“在历史上，任何一个阶级，如果不推举出自己善于组织运动的政治领袖和先进代表，就不能取得统治地位。”没有伟大的领袖毛主席就不会有新中国。

一九六二年，刘少奇和国内外的阶级敌人串通一气，此呼彼应，大反毛主席。在他再版的破烂货《论修养》中恶毒地、露骨地影射攻击毛主席，“自以为是中国的‘马克思、列宁’装作马克思列宁的姿态在党内出现，并且毫不知耻地要求我们党员，象尊重马克思和列宁那样去尊重他，拥护他为领袖，报答以忠心和热情，”这种人“是党内的投机分子，共产主义运动中的蟊贼。”看，刘少奇对毛主席的攻击和谩骂简直到了不择手段，无以复加的程度。

一九五九年到一九六二年，由于苏修的破坏和捣乱以及连续三年严重的自然灾害，我国遭受了暂时的经济困难。牛鬼蛇神纷纷出笼，向党向社会主义猖狂进攻。刘少奇心怀叵测，以为时机一到，有隙可乘。他周游全国到处造谣，散布流言蜚语，胡说什么：“毛主席犯了错误”，（六一年在湖南宁乡灰子冲与农民的谈话）“工作中有错误，民主人士没有责任，……首先是中央来负，毛主席首先是他来负”，并带有煽动性地说，困难是“三分天害，七分人祸。”（1962.3对党外资产阶级的谈话）

刘少奇就是这样，造谣惑众，夸大缺点，把苏修和天灾造成的困难一古脑儿推到我们伟大领袖毛主席的身上，以便达到他破坏和降低我们伟大领袖在人民群众中的崇高威望，抬高自己的卑鄙目的。这不过是白日作梦而已。毛主席在人民群众中的绝对威信，是任何人的攻击和诽谤所不能动摇的。刘少奇，收起你的鬼把戏吧！

同年，刘少奇在扩大的中央会议上说：“反对毛主席只是反对个人”。他还说，处理时“要全面地看”，“历史地看”，“要留有余地”，“不要一棍子打死”。他甚至更直接了当地说：“可以翻案”，可以“留在党内多重用几次”……等等，不一而足。说来说去一句话，他认为反对毛主席不是反党不是反革命。这是道道地地的反革命谬论。

更严重的是，在无产阶级文化大革命中，在万人大会上，刘少奇再一次重弹了这个反革命烂调，公开叫嚣：“写了‘拥护党中央、反对毛主席’的标语的人，还不能做结论”，“应该加以保护”！为反革命分子壮胆。同时也暴露了他的反革命真面目。

刘少奇卖力地反对毛主席，是适应帝国主义、现代修正主义、各国反动派需要的，是适应国内阶级敌人需要的，是为了实现他反革命复辟的个人野心的。

3．狂妄地叫喊要毛主席“下台”，恬不知耻地抬高自己，自称“刘克思”，公然叫嚣“篡党”。

1935年，具有伟大历史意义的遵义会议，确立了以毛主席为首的党中央的正确领导，从此，中国革命的航船，在伟大舵手毛主席的指引下，绕过了多少暗礁、渡过了多少激流险滩。在每一个革命的紧要关头都是毛主席给我们指明了方向，引导我们从胜利走向胜利。历史雄辩证明，毛主席是无产阶级的革命导师，是杰出的马克思主义者。然而，中国的赫鲁晓夫刘少奇对我们的伟大领袖毛主席极端仇视，疯狂反对，把毛主席视为眼中钉、肉中刺，当作他复辟资本主义的最大障碍。他还无耻地抬高自己，自称“刘克思”，狂妄地叫嚣要毛主席下台，公开叫嚣篡党：

刘少奇胡说什么：“中国革命要靠我们来领导”；还说什么：“外国出了个马克思，中国为什么不出个刘克思。”

刘少奇公然无视我们的伟大领袖，否认毛主席是当代的最伟大的马克思主义者，无耻地抬高自己，赤裸裸地暴露了他的狼子野心。刘少奇否认毛主席，就是否认中国革命。是毛主席亲手缔造了中国共产党，缔造了中国人民解放军，是毛主席创建了第一个根据地——井冈山，是毛主席领导着全国人民跨过了千山万水，打倒了三大敌人，建立了新中国，是毛主席领导着我们建设社会主义、向共产主义进军。毛主席是中国革命的伟大旗手，也是世界革命的伟大旗手。刘少奇反对毛主席就是反革命。

刘少奇不知耻辱地说什么“中国为什么不出个刘克思！”以“马克思”自居，这是对人类伟大的天才马克思的极大诬蔑。列宁说得好：“据说，历史喜欢做弄人，喜欢同人们开玩笑。本来要到这个房间，结果却走进了另一个房间”。正是这样，和‘刘克思’的愿望相反，历史无情地嘲弄了刘少奇这个蠢驴！他是一个彻头彻尾，彻里彻外的赫鲁少奇！这是历史法官的判决。

1947年，在河北平山召开全国土地会议期间，刘少奇狂妄地叫嚣“毛主席也可以反”，“中央过去换过多少负责人，……以后更可以换。”他公然号召人们反对毛主席，是可忍，孰不可忍！谁反对毛主席，谁就是反革命，就砸烂他的狗头！！

历史雄辩的证明，中国革命在毛主席的领导下，就顺利，就发展，就胜利，离开了毛主席的领导，就要受到挫折，走上邪路，甚至失败。刘少奇狗胆包天，公开叫嚷反对毛主席，是道道地地的反革命。就要打倒他，彻底打倒！

1959年庐山会议，刘少奇毫不掩饰的说：“与其你（指彭德怀）篡党，还不如我篡党。”看，刘少奇的个人野心不是昭然若揭了吗？

1963年6、7月间，正是帝国主义、现代修正主义和各国反动派联合反华甚嚣尘上的时候，也正是反修斗争最激烈的时期，刘少奇在同反革命修正主义分子薄一波谈话时咬牙切齿地咒骂毛主席，要毛主席“下台”，“让位”，胡说什么：“老的不行嘛！不要占着茅坑不拉屎，要下台，要让位，不要摆老资格”。刘少奇反对毛主席简直到了丧心病狂的地步！刘少奇，老实告诉你，毛主席，我们现在拥护，将来拥护，永远拥护，你想让毛主席把权交给你们吗？办不到，永远办不到。社会主义的江山是千百万革命先烈抛头颤洒热血换来的，只有在伟大统帅毛主席的领导下，我们才能顺利地进行社会主义革命和社会主义建设，进而达到共产主义。如果依了你们，就是依了大地主、大资产阶级，就势必要步赫鲁晓夫的后尘，复辟资本主义。这是我们绝对不能允许的，是全世界人民绝对不能允许的。

刘少奇不是摆老资格自称“老革命”吗？呸！你是假革命，反革命，你窃取党的大权，人民的大权，我们要毫不留情地统统夺回来，不光要把你赶下台，而且要把你打翻在地，再踏上一只脚，叫你永世不得翻身。

更严重的是，彭罗陆杨反革命集团，伙同贺龙等予谋策划的“二月兵变”是在刘少奇的包庇下进行的。贺龙甚至到新疆看了山头，观了地势，以备兵变不成，落草成寇。难怪刘少奇在六六年六月底对民主人士意味深长地说：“如果我们党内有人搞政变搞成了，他们的政策又合你们意，与你们一个味道，要你们拥护怎么办？”把刘少奇的言与行联系起来，不是很令人深省吗？

毛主席是我们的伟大导师、伟大领袖、伟大统帅、伟大舵手，是我们心中最红最红的红太阳，谁反对毛主席，谁就是反革命，就砸烂他的狗头！刘少奇反对毛主席，由来已久，罪大恶极，铁证如山，刘少奇就是不折不扣的反革命。必须全党共誅之，全国共讨之。

（二）极力詆毀、瘋狂反对毛泽东思想

毛泽东思想是当代马列主义的顶峰，是最高水平的马克思列宁主义。对毛泽东思想采取什么态度，是承认，还是抵制，是拥护还是反对，是热爱还是仇视，这是革命、不革命和反革命，马列主义和修正主义的分水岭和试金石。一切革命者、全世界人民对毛泽东思想无限热爱、无限崇拜、无限信仰；一切反革命，一切反动派，都詆毁、歪曲、仇视、攻击、反对毛泽东思想。刘少奇就属于后一种人。

1．竭力詆毁、瘋狂反对毛泽东思想

1937年，毛主席写了著名的《实践论》、《矛盾论》，把马列主义哲学提高到一个崭新的阶段，对辩证法的基本规律——对立统一规律，作了全面地深刻地阐述和发展。刘少奇却公然和毛主席唱对台戏，在1943年他写的《人为什么会犯错误》一文中，以矛盾的统一性代替矛盾的斗争性，用合二而一代替唯物辩证法。

毛泽东思想是最高最活的马列主义，是最现实的马列主义，而刘少奇却说：“学习马列主义就是学习外国的经验，世界的革命经验，……否则，就是跛足的马克思主义者，而经验主义则是爬行的马克思主义者。”这不是公然否认马列主义和中国革命实践相结合的毛泽东思想吗？

林彪同志说：“全世界谁也不能代替毛泽东思想。”刘少奇却说：“马克思主义的内容，是世界历史以来无比丰富的，世界上大的原则性问题均都解决了。”毛主席“运用了马克思列宁主义的理论”，“提出了和解决了一系列的理论问题和策略问题”，“提出了中国革命历史进程规划。”

我们的一切成就，一切胜利都是毛泽东思想的胜利，这是被历史所证明了的颠扑不

破的真理。然而，刘少奇在1959年国庆时却说："我们的一切胜利，都是马克思列宁主义的新证实和新胜利，"我们"依靠这两个伟大的团结，(全世界人民大团结、全国人民大团结) 我们的事业是无往而不胜的。"刘少奇只字不提毛泽东思想，却高叫"团结"，我们要问，在什么基础上团结？不讲团结的基础是毛泽东思想，难道会有什么真正的团结吗？

毛泽东思想是我党的灵魂，是我党的命根子。1945年"七大"通过的党章明确规定，"中国共产党，以马克思列宁主义与中国革命的实践之统一的思想——毛泽东思想，作为自己一切工作的指针。"可是在1956年"八大"时，刘少奇竟狗胆包天，伸出他的黑手，把"毛泽东思想作为自己一切工作的指针"，这一最根本的东西砍掉了。这是刘少奇害怕、仇视毛泽东思想、妄图把我党变成修正主义的党，以达到他篡党夺权的野心的又一次大暴露。

1962年，在刘少奇的黑指示下，把党员课本《做一个好共产党员》一书原稿中的"毛泽东同志是当代伟大的马克思列宁主义者"(军委原话——编者)删去了，把"毛泽东思想是创造性的发展了的马克思列宁主义"(军委原话——编者) 篡改为"毛泽东同志创造性地发展了马克思主义"。看，刘少奇反对毛主席，对抗毛泽东思想是多么费尽心思不遗余力啊！

用毛泽东思想武装工农兵群众、革命知识分子、革命干部，进一步促进人的思想革命化，是防止修正主义，防止资本主义复辟，是使社会主义和共产主义事业取得胜利的最可靠最根本的保证。

可是，近几年以来，刘少奇根本不讲毛泽东思想，却提出所謂"三大措施"(四清、干部参加劳动、两种劳动制度和两种教育制度) 当作防修反修的三大法宝，到处兜售。这不过是挂着羊头卖狗肉，打着"反修"的旗号，大量贩卖修正主义的私货。

2．誣蔑毛主席的指示是"空話"，否認毛泽东思想是当代馬列主义的頂峰，胡說什么毛泽东思想是是还是非还得研究，公开和林彪同志唱对台戏

刘少奇反毛泽东思想是由来已久的，早在二十年前，他就说：中国党有"极大的弱点，这个弱点就是党在思想上的准备、理论上的修养是不够的，是比较幼稚的。伟大的著作还没有出来，这是中国党一个极大的工作。"公然否认毛主席的著作——马列主义和中国革命实践相结合的典范是伟大的著作。

1964年，在全国掀起群众性的活学活用毛主席著作的高潮，刘少奇反对毛泽东思想到了登峰造极，丧心病狂的地步。他不惜直接用彭真黑帮的黑话来詛咒、攻击毛泽东思想，胡说什么毛主席的著作，讲话是"空话"、"框框"、是"教条"，这是货真价实的反革命谬论，必须坚决回击、痛加批判。群众说得好：毛主席著作篇篇都伟大，句句是真理，字字闪金光。俗语说：恶狗的狂吠，无损于太阳的光辉，刘少奇的咒骂丝毫无损于光焰无际的毛泽东思想。

林彪同志说："毛泽东思想是当代马列主义的顶峰。"刘少奇却说："这种说法不科学，难道马列主义再也不能发展了。"公然和林彪同志唱反调，反对毛泽东思想。在史无前例的无产阶级文化大革命的高潮中，他又一次抛出了他那已经被历史扔进垃圾堆里的破烂货，说什么"毛主席发展了马列主义，也不是到此为止，马列主义还要发展，毛泽东思想是经过长期革命斗争考验的无产阶级的最高真理，说到此为止是错误的，是机械论。"刘少奇坚持他的资产阶级反动立场，根本不可能理解毛泽东思想，更不可能掌握毛泽东思想。如今他跳起来，贬低毛泽东思想，不过是"螳臂挡车"，"蚍蜉撼树"．真理就是真理。顶峰就是顶峰。这是不以刘某人的意志为转移的。

林彪同志说，毛泽东思想是革命的科学，是经过长期革命斗争考验的无产阶级最高真理，是最现实的马克思列宁主义，是放之四海而皆准的真理。

党内最大的走资本主义道路的当权派刘少奇却公然叫喊要人们怀疑毛泽东思想，否定毛泽东思想。他公开叫嚣："马克思列宁主义、毛泽东思想到底是'是'还是'非'要研究一番才知道，没有学习，没有研究，就没有发言权。因此，学习毛泽东思想，还要学习马克思列宁主义。"

毛主席的话水平最高，威信最高，威力最大，句句是真理，一句顶一万句，毛泽东思想是我们行动的指南。刘少奇公然要人们"怀疑"毛泽东思想，否定毛泽东思想，就是为他复辟资本主义开辟道路。刘少奇想削弱毛泽东思想在群众中的威望，动摇群众对毛泽东思想的信仰，这不过是白日作梦，痴心妄想！

（三）竭力反对群衆学习毛主席著作，誣蔑工农兵活学活用毛主席著作是"庸俗化"、"簡单化"、"形式主義"

毛主席的亲密战友、我们的副统帅林彪同志号召我们："读毛主席的书，听毛主席的话，照毛主席的指示办事。"号召我们活学活用毛主席著作，一再强调要反复学、反复用，在"用"字上狠下功夫。

可是，长期以来，刘少奇不但不提倡，不号召，反而直接地或间接地、公开地或隐蔽地反对广大革命群众学习毛主席著作。

1．在学习馬列主义經典著作的幌子下，千方百計地反对学习毛主席著作

早在1949年林彪同志就指示我们："必须学习马克思列宁主义的经典著作，特别是读毛泽东同志的著作。"在1959年，他进一步强调说："主要是学习毛泽东同志的著作，这是学习马克思列宁主义的捷径。"

而刘少奇却说："学习马列主义，就是学习外国的经验，世界各国的经验。""……有的人认为，何必学外国的东西？中国的书还读不完，毛主席的书还读不完呢！或者至少先读中国的书再读外国的书吧！这个说法是不对的！"

他还说，学了马列主义的理论，学了外国的经验，"就站起来了"、"不爬行了"，"否则，就是跛足的马克思主义者"，或者是"爬行的马克思列宁主义者"，"看得不远，迷失方向。"

刘少奇就是这样地拉大旗作虎皮，装腔作势借以吓人，以学习马列主义作幌子，反对广大的工农兵群众活学活用当代最高最活的马克思列宁主义——毛泽东思想。

1963年，刘少奇对黑帮分子林枫说，党校"不管什么专业都要把马列主义学好，不学好就办不好。"根本不提毛泽东思想，妄图把高级党校变成他反毛泽东思想的阵地，变成培养修正主义接班人的苗圃。

2．不遗余力地反对工农兵学习毛主席著作

伟大的战无不胜的毛泽东思想，对人民来说是粮食、武器、方向盘，它一旦被人民群众所掌握，就会变成改造世界的巨大的物质力量，就能克服任何困难，就能致强敌于死地，就能创造出人间奇迹，就能防止修正主义，胜利地向共产主义迈进。所以一切反革命修正主义分子、党内走资本主义道路的当权派，一切牛鬼蛇神，都非常害怕，极端仇视，疯狂反对毛泽东思想，他们更害怕广大的工农兵直接掌握毛泽东思想。因为这样，就铲除了他们赖以生存的根基，绝了他们复辟资本主义的希望。所以，他们下禁令，贴封条，划框框，千方百计地不让毛泽东思想和广大工农兵群众见面。他们挥舞“简单化”、“庸俗化”、“实用主义”等大捧，来反对广大的人民群众活学活用毛主席著作。

林彪同志教导我们，毛主席的著作是最好的教科书和必修课，我们一定要在全国人民面前端出来，同全国人民广泛地见面、广泛的结合，让毛泽东思想更深入人心，进一步促进人的思想革命化。

而刘少奇却借口“通俗”，反对把毛主席的话写进党员教材《做一个好共产党员》中去。胡说什么“党员课本要通俗一点，不要摘引毛主席的话就当课本上的话说”。在这个黑指示下，全书只引用毛主席的话六处，而且不指明是毛主席说的。相反，刘少奇的“阶级调合论”、“阶级斗争熄灭论”等私货塞满了全书。这本书，从１９６３年到现在出版1200多万册，发行全国，流毒极广，害人不浅。

毛主席的书，最通俗、最好懂，毛主席的话最深刻、最生动，一读就懂，一用就灵。这是千百万工农兵群众的实践所证明了的。

然而，刘少奇却大讲这“困难”、那“困难”，胡说什么没有数学、物理知识，没有中国史知识、外国史知识，马列主义的基本知识，“学习毛泽东思想就相当困难。”他还给人们开了个妙方——先学物理、数学、历史，马列主义基本理论，然后再学毛主席著作。他的恶毒用心在于：不让工农兵掌握毛泽东思想，而乖乖地听他们摆布，做他们的奴才，为他复辟资本主义服务。

１９６４年×省委书记写信给刘少奇，信中要求各地、省、市、县委在任何时候，任何问题上都必须学习中央、毛主席和其他负责同志的指示，否则将犯更大的错误。”这本来是应该的、正确的、合情合理的。但是刘少奇却说：“这些话不完全正确”。还说：“这里联系到这样一个原则问题，就是我们应该向谁学习。要向党内外一切有真理的人学习，不管他的职位高低。……我们的原则是向一切有真理的人学习，不只是向职位高的人学习”。他继续说：“官越大，真理越少，官做的越久，真理越少”。在这里刘少奇讲得振振有词，貌似有理，其实，他是在借口“向一切有真理的人学习”，而恶毒地攻击毛主席，疯狂地反对广大工农兵群众，革命干部学习毛主席著作。

3．恶毒地攻击广大工农兵群众学习毛主席著作是“简单化”、“庸俗化”、“实用主义”等

林副统帅諄諄教导我们：“带着问题学，活学活用，学用结合，急用先学，立竿见影。”“在‘用’字上狠下功夫”。这是理论联系实际的方法，是经过实践检验的最有成效的方法，是马列主义、毛泽东思想的方法。

刘少奇特别欣赏反革命修正主义分子杨献珍泡制出来的反马列主义、反毛泽东思想的"十六字方针"（即学习理论、提高认识、联系实际、改造思想），并批示推广，流毒全国，影响极坏。

刘少奇还极力鼓吹"闭门读书""修身养性"那一套遇腐的方法，大讲什么"两耳不闻窗外事，一心只读圣贤书"的教条主义方法。

这一套和他的《论修养》是一脉相承的、贯穿着一条反毛泽东思想的黑线。按照这种方法做去，只能出蠢材、废料，出书呆子，只能是越学越修。

1954年，苏联一个修正主义哲学家给杨献珍来了一封信，诬蔑、攻击我国人民学习毛主席著作是"简单化"、"庸俗化"、"实用主义"。后来杨献珍送给刘少奇，刘极为赞同，并推荐在《人民日报》、《学习》杂志上发表。可见，彭真反党黑帮大反群众学习毛主席著作，挥舞"简单化"、"庸俗化"的大棒，正是从他们的后台老板、资产阶级司令部的黑司令刘少奇那里批发来的。

1964年，活学活用毛主席著作的群众运动越来越广泛、越来越深入。刘少奇看在眼里，恨在心里。他反感，他駡街。他在给×省委书记的信中训斥道，"和不能把马克思列宁主义的学说当作教条一样，也不能把毛主席著作和讲话当成教条"。"现在已经不是你一个人犯这样的错误，党内已有部分干部犯同类性质的错误。"同年，在一次中央工作会议上，他暴跳如雷、歇斯底里大发作，挥舞"形式主义"的大棒，诬蔑攻击学习毛主席著作的群众运动，胡说什么："现在学习毛选出现了一种形式主义，这样搞下去弄虚作假，学习毛主席著作写千万字的读书笔记，千万不要宣传。"看，刘少奇多么仇视工农兵学习毛主席著作，多么害怕工农兵掌握毛泽东思想。

"抽刀断水水更流"！广大工农兵群众学习毛主席著作，势在必行、不可阻挡，劳动人民掌握毛泽东思想的时代开始了，刘少奇想阻止、想反对，只不过是螳臂挡车，蚍蜉撼树。他越反对、越攻击，广大工农兵群众就越是如飢似渴的学习毛主席著作，这是不以人的意志为转移的客观规律。

毛泽东同志是当代最伟大的马克思列宁主义者，是无产阶级最杰出的领袖，是我们心中最红最红的红太阳。毛泽东思想是我们的眼珠子、命根子。谁反对毛主席、反对毛泽东思想就是我们的死对头。刘少奇疯狂地攻击毛主席、极端地仇视毛泽东思想，不遗余力地反对广大的工农兵群众活学活用毛主席著作，刘少奇就是我们的不共戴天的仇敌。"舍得一身剐，敢把皇帝拉下马"，不管刘少奇职位多高、资格多老，他反对毛主席，反对毛泽东思想，我们就要和他做拚死的斗争，把他打翻在地，再踏上一只脚，叫他永世不得翻身！

四、精心炮制反革命修正主义代表作《論修养》，瘋狂鼓吹修正主义的建党綱領

毛主席教导我们："中国共产党是全中国人民的领导核心。没有这样一个核心，社会主义事业就不能胜利。"资产阶级反抗社会主义革命，总是首先把进攻矛头指向我们伟大的党。他们总是采用打进来，拉出去的方法，企图根本上改变我党的性质，使共产党变成一个修正主义的党。他们在共产党内的头号代理人刘少奇正是疯狂地鼓吹修正主义的建党纲领，企图达到篡党夺权的目的。刘氏《论修养》，就是其反革命修正主义的代表作。

早在一九三九年，毛主席提出了"建设一个全国范围的，广大群众性的，思想政治上、组织上完全巩固的布尔什维克化的中国共产党"的伟大战斗号召。而刘少奇却站在右倾机会主义的立场上，打着反"左"的旗号，公然对抗毛主席的建党思想，抛出了一个系统的修正主义建党纲领，臭名昭著的《论修养》。一九六二年，刘少奇为了配合国内外反动势力，抛出了再版的《论修养》。更恶毒、更露骨地攻击我们最最敬爱的伟大领袖毛主席，对抗林彪同志提出的掀起活学活用毛主席著作的群众运动的伟大号召，为其篡党作舆论准备。（解放后，他利用职权，将这株大毒草印了各种文字版本共一千九百七十八万二千五百四十四册，流毒甚广，罪恶滔天！）此外，他又在《论党内斗争》等许多"著作"和一系列的言论中，从各个不同的方面发展了修正主义篡党的黑纲领。

刘少奇在《论修养》等大毒草中，极力贬低我党的理论基础是毛泽东思想，否定毛泽东思想对我党的绝对指导作用，对毛主席的建党思想进行了全面的篡改；它打着马列主义的旗号，向人们灌输苏修的一套资产阶级路线；它把无产阶级政党的铁的组织纪律，偷换成资产阶级的精神枷锁，让人们甘当他的所謂"驯服工具"，永远作他的奴隶；他把我们伟大的党所领导的伟大的无产阶级革命事业变成个人野心家沽名釣誉、步步高升的投机之道；他提倡学习孔、孟，闭门修养，脱离斗争，使我们的党员个个成为謹小慎微的君子，如此等等。照此办理，他要把我们的党引向何处，不是十分明显的了吗？

（一）鼓吹实用主義的組織路綫，宣揚"全民党"的修正主義謬論

中国共产党是一个政治上成熟的马克思列宁主义毛泽东思想的政党，是无产阶级的先锋队。毛主席指出："为了克服困难，战胜敌人，建设新中国，共产党必须扩大自己

的组织，向着真诚革命、信仰党的主义、拥护党的政策、并愿意服从纪律、努力工作的广大工人农民和青年积极分子开门，使党成为一个伟大的群众性的党。在这里，关门主义倾向是不能容许的。但是在同时，对于奸细混入的警觉性也决不可少。……'大胆发展而又不让一个坏分子侵入'，这才是正确的方针。”

当然，有些人由于阶级根源，他们尽管组织上入了党，但思想上没有入党，他们要按照自己的愿望来改造党。毛主席教导我们：“在这种情况下，我们的工作就是向他们大喝一声，说：“'同志'们，你们那一套是不行的，无产阶级是不能迁就你们的，依了你们，实际上就是依了大地主大资产阶级，就有亡党亡国的危险。只能依谁呢？只能依照无产阶级先锋队的面貌改造党，改造世界。”

中国共产党的组织路线必须是毛主席提出的无产阶级的阶级路线，只有坚持这一条路线才可能保证党的纯洁性，才可能保证党的战斗力，若否认了这一点，实际上就否认了无产阶级政党的先进性，革命性，就是从根本上否定了党。

然而，刘少奇却宣称：

“还有人主要还是由于在社会上找不到出路——没有职业、没有工作、没有书读，或者要摆脱家庭束缚和包办婚姻等，而到共产党里来找出路的。甚至还有个别的人为了依靠共产党减轻捐税，为了将来能够'吃的开'，以及被亲戚朋友带进来的等等，……”。“然而即使如此，也不是什么了不起的问题。某些人要来依靠共产党，到共产党里来找出路，赞成共产党的政策，总算还是不错的。他们找共产党并没有找错，除开敌探、汉奸，投降分子和野心家以外，我们对于这些人还是欢迎的。只要他们承认和遵守党纲、党章，愿意在党的一定组织内担任一定的工作，并且缴纳党费，他们是可以加入共产党的。”（《论修养》）

仅此刘少奇犹嫌不足。一九五一年十一月四日他在政协全国委员会学习座谈会上，对资产阶级代表人物们则更加赤裸裸地说：“除了反革命分子以外，凡是具有这八个条件（按：指党员八项标准）及其他一些条件的，就有资格可以做党员。”还说：“家庭出身，我们也注意，但不过分注意。”

一九六〇年一月三十一日刘少奇与王光英一家座谈中又说：“工商界有个参加共产党的好不好？有点榜样，搞几个。可是那就对国外没影响了，我看帽子还可以戴一个时期，有利于工作。你资本家也当了，也没有整你，又入了党，则更好了”。

另外，他还更为猖獗地声称“东北有一万富农党员也不怕”，他甚至认为资产阶级也可能比工人和共产党员“更高明，觉悟更高”，“我们经常教育我们的党员就是这样，当着个人利益与整体利益发生矛盾的时候，应当牺牲个人利益服从整体利益，牺牲少数人的利益，服从大多数人的利益……因为很多共产党员还不能做到，不是共产党员的能做到这一步。那么，他就比共产党员更进步，更好。现在还有很多工人，他们是无产阶级的工人，也不能做到这一点，我们（指资产阶级民主人士）能做到，那就比他们更高明，觉悟更高。”

看，这个党内资产阶级代理人把无产阶级和我们伟大的党糟踏成什么样子！

刘少奇对无产阶级是贬得唯恐不低，对资产阶级捧得唯恐不高，他的建党纲领首先就是为资产阶级打进党内打开道路。

按照刘少奇的这些黑纲领，我党的无产阶级的阶级性，革命性就会一笔勾销，无产阶级的阶级路线就无法贯彻，除了反革命分子以外不管什么人，抱什么动机都可以入党，我们的党就会变成资产阶级、富农及其它种种别有用心的人自由来往的“乐园”，就会变成一个乌七八糟的大杂烩，我们伟大、光荣、正确的中国共产党就会变为修正主义的“全民党”！共产党的印把子就会逐渐从无产阶级手里转到资产阶级手里！那将是多么危险的情景啊！

（二）企图用反动的唯心修养論，把共产党变成修正主義的党

１．竭力鼓吹为“成名成家”而“修养”、“鍛炼”的人生观，轉弯抹角地提倡資产阶级个人主义

毛主席指出：“我们的共产党和共产党所领导的八路军、新四军，是革命的队伍。我们这个队伍完全是为着解放人民的，是彻底地为人民的利益工作的。”“共产党人的一切言论行动，必须以合乎最广大人民群众的最大利益，为最广大人民群众所拥护为最高标准。”

毫不利己，专门利人，一切从人民利益出发，全心全意地为人民服务。这是一个共产党员的最根本的思想品德。“一心为私”，这是资产阶级的世界观；“一心为公”，这是共产党员所必须具备的无产阶级世界观。破私立公，这是党的思想建设的根本方针。

刘少奇出自资产阶级野心家的本性，公然反其道而行之。他挖空心思，转弯抹角地鼓吹的是为了成名成家，为了获得个人私利而奋斗！

“要变成为很好的政治上成熟的革命家，都必须经过长期革命斗争的锻炼……加紧自己的修养，提高自己的思想能力，不要使自己失去对新事物的知觉，这样才能使自己变成品质优良政治坚强的革命家”。（《论修养》）

“由一个幼稚的革命者，变成一个成熟的老练的‘运用自如地掌握革命规律的革命家，要经过一个很长的革命的锻炼和修养的过程，一个长期的改造过程”。（《论修养》）

“我们普通的同志诚然今天还没有马克思列宁主义创始人那样高的人，那样渊博的科学知识，我们大多数同志在无产阶级革命理论方面，不能达到他们那样的高深渊博；但是……成为马克思、列宁式的政治家这是完全可能的”。（《论修养》）

“《孟子》上有这样一句话：‘人皆可以为尧舜，我看这一句话说得不错，每个共产党员，都应该脚踏实地，实事求是，努力锻炼，认真修养，尽可能地逐步提高自己的思想和品质，不应该望到马克思列宁主义创始人那样伟大的革命家的思想和品质，认为高不可攀，就自暴自弃，畏葸不前。如果这样那就会变成是政治上的庸人，不可雕的‘朽木’”（《论修养》）。

类似的言论在《论修养》中俯拾皆是。

一九四二年他在华中党校讲课时说：“只要真有本领，真能起积极作用，则虽然今天没有重要的地位，到明天也会有重要地位给他的。”并野心勃勃的说：“外国有个马克思，中国为什么不可以出个刘克思呢”？

这最后一句话充分道破了他的狼子野心，也道破了他所鼓吹的“修养”、“锻炼”的真实目的。是他的一系列类似论调的谬话 在他的市侩头脑里，那些遵循“老三篇”教导，一心为公、甘当人民勤务员的同志就都是“自暴自弃”“畏葸不前”的胆小鬼，是政治上的“庸人”，“不可雕的‘朽木’”，而只有为成名成家拚命奋斗的人才是有出息的人，才可以“担当大任” 他自己野心家的行动就是范本。因此，他所说的“修养”，“锻炼”，实际上是沽名钓誉，极力向上爬的一种钻营方法。他企图诱使共产党员们沿着这条道路“修养”成为个人主义野心家，成为新历史条件下的资产阶级特权阶层，使我们的党变成资本主义复辟的工具。

他又恶毒地为这种人生目的披上合法的外衣，以加强对党员的欺骗性：

“他绝不计较自己在党内的地位和声誉的高低，绝不以马克思列宁自居，绝不要求人家或幻想人家象尊重马克思、列宁那样尊重他，他认为自己没有这样的权利。然而，正因为他这样做，正因为他在革命事业中始终正直忠诚，英勇坚定，并且表现了卓越的能力，他就能受到广大党员群众自觉的拥护。”（《论修养》）

“事实也证明，党员只有全心全意的争取党的事业的发展，成功和胜利，才能提高自己的能力，增加自己的本领，否则，党员要进步要提高，是根本不可能的，因此，党员个人利益必须而且能够和党的利益完全取得一致。”（《论修养》）

“个人利益完全不应在党和无产阶级利益之外实现出来，党的干部，和党的领导人更应该是党和人民的一般利益的具体代表者，他们的个人利益更应该‘溶化’在党和无产阶级的一般利益和目的之中。”（《论修养》）

这种“公”和“私”的“溶化”，实际上是骗人的鬼话，实际上是要在整体利益的幌子下宣扬“个人利益”，承认坚持“个人利益”的作法是合法的。他所谓的公私“溶化”，实际上是一种个人主义投机之道；是鼓励党员用“溶化”的方法把个人利益巧妙的伪装起来，掩藏在党的利益的幌子下，使之合法化。名正言顺地发展个人主义，搞个人奋斗。一九六〇年十月三十一日，他与王光英一家的谈话中更露骨的说：“不能没有个人利益，个人利益集合起来就是整体利益”。从这里我们可以看到他的所谓“集体利益”不过是虚伪的幌子罢了，容许个人主义在党内自由泛滥是其真正目的。此外在《论修养》中他还一再强调“委曲求全”、“容忍”，实际上也是以“公”为幌子，落实于“私”；高谈党的利益，实际上以个人利益为出发点和归宿，是以“吃小亏占大便宜”的极端利己主义市侩哲学来偷换无产阶级彻底革命精神，从而腐蚀党、改造党。

3．鼓吹脱离阶级斗争的唯心主义修身养性之道，企图诱使共产党员走上修正主义歧途

中国共产党是一个全心全意为人民服务的无产阶级政党，因此，要求全体党员必须努力活学活用马克思列宁主义毛泽东思想。我们的任务是领导一个几万万人口的大民族，进行空前的、伟大的斗争。所以普遍地、深入地研究马克思列宁主义理论的任务，对于我们是一个极待解决并着重地致力才能解决的大问题。

“我们共产党员应该经风雨 见世面；这个风雨，就是群众斗争的大风雨，这个世面，就是群众斗争的大世面。”“学习马克思主义，不但要从书本上学，主要地还要通过阶级斗争、工作实践和接近工农群众，才能真正学到。”这是毛主席建党思想的又一重要方面。

刘少奇为了达到腐蚀党的目的，他在《论修养》及其他谬论中都是故意脱离现实阶级斗争，脱离革命，脱离政治斗争，闭口不谈革命的根本问题是政权问题，闭口不谈无产阶级专政的问题，宣扬唯心主义的"修养"论。不加批判的借来封建贤圣修身养性之道，以这些唯心主义的歪门邪道反对广大党员到群众斗争中去经风雨，见世面，活学活用毛泽东思想。他鼓吹道：

"孔子说：吾十有五而志于学，三十而立，四十而不惑，五十而知天命，六十而耳顺，七十而从心所欲，不逾矩。"这个封建思想家，在这里说的是他自己修身养性的过程。他并不承认他自己是天生的'圣人'"。（《论修养》）

"另一个封建思想家孟子说过，在历史上担当大任起过作用的人物，都经过一个艰苦的锻炼过程，这就是：'必先苦其心志，劳其筋骨，饿其体肤，空乏其身，行拂乱其所为，所以动心忍性，增易其所不能'。共产党员是要担负历史上空前未有的'大任'，所以更必须在革命斗争中的锻炼和修养"。（《论修养》）

"在中国古时，曾子说过'吾日三省吾身'，这就是说自我反省的问题……一个人要求进步，就必须下功夫，郑重其事地去进行自我修养"。（《论修养》）

刘少奇自己拜倒在封建圣贤的唯心主义修养之道的脚下，他又要使我们全体党员也学他那样子。他虽然也大谈什么要学习马克思列宁主义的立场、观点方法，但却不提到现实斗争中去学，去经风雨，见世面，活学活用，而是重在读几本理论书，从书中学知识，"学革命品质"，无异于封建圣贤的修身养性论。按照这唯心主义的修身之道，只是愈"养"愈"修"，以至最后堕落到修正主义的泥坑中去！

（三）否認毛主席关于党内阶級斗爭学說，抹煞党内两种思想的斗爭

毛主席指出："党内不同思想的对立和斗争是经常发生的，这是社会的阶级矛盾和新旧事物的矛盾在党内的反映。党内如果没有矛盾和解决矛盾的思想斗争，党的生命也就停止了。""我们主张积极的思想斗争，因为它是达到党内和革命团体内的团结使之利于战斗的武器。每个共产党员和革命分子，应该拿起这个武器"。

如何对待党内斗争，毛主席指出："党一方面必须对于错误思想进行严肃的斗争，另一方面，又必须充分地给犯错误的同志留有自己觉悟的机会。在这种情况下，过火的斗争，虽然是不适当的，但如果犯错误的人坚持下去，并扩大下去，这种矛盾也就存在着发展为对抗性的东西的可能性"。坚持党内灭资兴无的斗争是保证党的革命性和纯洁性的必要条件。党内斗争学说是毛主席建党思想的又一重要方面，数十年来，我们党正是在坚持两个阶级，两条路线的斗争而以毛主席革命路线不断胜利成长壮大起来的。

刘少奇为了抵制毛主席的革命路线实现其篡党野心，公然否认党内存在的阶级斗争，歪曲党的斗争历史，曲解党内斗争的方法。

1 他打着反"左"的旗号，否認党内斗爭的普遍性，絕对性，否認党内斗爭是阶級爭 反映，用以抵制党内的反修斗爭

"当着党内存在机会主义思想，存在着原则分歧的时候，我们当然必须进行斗争

……但是这绝不是说，在党内不存在原则分歧，没有产生机会主义的时候，硬要把同志间在某些纯粹带实际性质的问题上的不同意见扩大为原则分歧”。（《论修养》）

又说：“党内的“左”倾机会主义者对待党内斗争的态度 他们的错误是很明显的。按照这些似乎疯癫的人看来，任何党内和平，即使是在原则路线完全一致的党内和平，也是要不得的。他们在党内并没有原则分歧的时候，也硬要去搜索斗争对象，把某些同志当作机会主义者作为党内斗争射击的草‘人’。他们认为，党的发展，无产阶级革命斗争的胜利，只有依靠这种错误的斗争，依靠这种射击‘草人 的火力，才能得到灵验如神的开展”（《论修养》）

为了保护党内资产阶级路线的合法地位，他把党内斗争的起因仅仅归结为看问题和处理问题的方法不相同：“在我党内，有一部份人是能够从事物的发展的联系的状态去看事物的，另外一部份人却习惯于从事物的静止的孤立的状态看事物。”“因为各种党员看问题的方法不同，就使他们处理问题的方法也各不相同，就引起党内许多不同意见，不同主张的分歧和争论，就引起党内的斗争。”

出于资产阶级的反动立场，他们对马列主义、毛泽东思想关于党内斗争的普遍性，绝对性的学说仇恨到狂怒的地步，一九四一年十月，刘少奇骂道：“许多同志还是死记着列宁的原理认为党内斗争是必须的，自由主义，调和主义是要不得的，但他却是机械的死板的运用原则。他们认为在党内，不论在什么时候什么情况下，不论在什么问题上都应该而且必须进行不妥协的斗争，而且斗争得愈凶愈好”。（《论党内斗争》）

不分青红皂白主张一概无情打击残酷斗争的“左”倾机会主义是应该反对的，然而刘少奇却站在右倾机会主义的立场上来反‘左’的，因而，反“左”是幌子，他是通过反“左”来否定党内思想斗争的绝对性，普遍性，从而抵制反右倾机会主义的斗争。

2．歪曲党内斗争的历史，为数十年来党内出现的一小撮反革命修正主义分子翻案

在《论党内斗争》中他胡说：“我们党从最初组织起，就有自我批评和思想斗争，就确立了民主集中制，就有严格的组织与纪律，就不允许派别的存在，就严厉反对自由主义、工会独立主义、经济主义等，因此在我们党内公开提出的组织上的机会主义的理论是没有的。”

自建党以来，党内两个阶级，两条路线的斗争从来就没有停止过。而刘少奇却明目张胆地替党内数十年来出现的陈独秀，张国焘，王明一连串的资产阶级代理人翻案，企图把几十年来，党内数次出现的“左”右倾机会主义路线一笔抹去。其最终目的是为了否定毛主席所代表的革命路线。

一九四一年十二月十四日对马列学院的第一班学员的讲话中，他胡说什么，“许多问题列宁早已解决了，因为未看《两个策略》，使中国革命一下子迟了二十年，如果二十年前，全党都研究《两个策略》，就可能使一九二七年大革命不致失败”。

竟把大革命失败歪曲成为看列宁的《两个策略》晚了。企图用此来抹杀陈独秀的右倾机会主义的罪恶，抹杀毛泽东同志代表的正确路线，这一恶毒用心已暴露无余。

一九五九年在《马克思列宁主义在中国的胜利》文中，又公开为当时出现的一小撮反革命修正主义分子开脱罪责。他把反革命修正主义分子极力反对三面红旗，疯狂的向党和毛主席发动进攻的严重阶级斗争的事实说成是“在大跃进和人民公社这些问题上，我们党内也有过不同的意见的争论 。对在社会主义革命问题上两条路线的尖锐斗争，他也说成是"在资本主义工商业的社会主义改造问题上我们党内也发生过不同观点的争论。"

把两条路线的你死我活的斗争说成"不同观点的争论"，这是公开为右倾机会主义分子辩护，公开反对毛主席领导的反右倾机会主义的斗争。

他不仅替右倾机会主义分子辩护，同时还向坚持毛主席革命路线，坚持党内思想斗争的同志倒打一耙。认为"虽则我们党内思想斗争还有不够的地方，但那还是由于理论水平的低下，不能看出原则上的分歧，或者是党的个别负责人采取非常办法压制自我批评的结果。而不是由于党内有什么系统的反对党内斗争的理论"。（《论党内斗争》）他还以反"左"的姿态攻击诬蔑坚持党内斗争的同志："抱这种态度的人，他们认为在什么条件下都要开展党内斗争，而且斗得愈多愈凶愈好。他们把什么小问题都提到所謂'原则的高度'，对什么小缺点也要加上政治上的'机会主义'等大帽子。他们不按照客观需要和客观事物发展的规律来适当地具体地进行党内斗争，而是机械地、主观地、横暴地、不顾一切地来斗争"。"主张这样做的人，并不是什么'布尔什维克'，而是近乎于不可救药的人，或者是以'布尔什维克'名义来投机的人。"（《论修养》）在这里，他对我们伟大领袖毛主席和坚持党内斗争的广大无产阶级革命派进行了恶毒地中伤。他们幻想着我们党在他们面前放下斗争武器，举手投降。

3．在党内斗爭方法問題上，大搞神秘化的同时，大肆販卖折衷主义，投降主义的黑貨

他板着面孔恐吓党员："党内斗争是一件最严重，最负责任的事，我们必须以最严重，最负责的态度来进行，而绝不可单身从事的'强调'，必须是有组织地，有准备地去进行。"（《论党内斗争》）企图束缚广大党员的手脚。

与此同时，则大力鼓吹妥协，贩卖折衷主义、投降主义黑货，要求大家在"纯粹实际性的问题"和"日常政务上"妥协。要求大家估计或批评某个同志时，"即使他们的主张只有一点或一部份是正确的，你们也必须替他指出，不抹杀"。（《论党内斗争》）

他的反对无原则纠纷实际是个幌子，他是借此反对坚持两种思想、两条路线斗争，进一步完全否定毛泽东思想，否定毛主席关于党内斗争普遍性、绝对性的思想，把党内斗争抽象化。他的所謂"摆成绩"，貌似公正，实际是以折衷主义冒充"一分为二"。企图冲淡和取消党内灭资兴无的斗争。

毛主席说："整风运动，是'一个普遍的马克思列宁主义的教育运动'。整风就是全党通过批评和自我批评来学习马克思列宁主义"。可是，刘少奇却强调什么"同一性"，极力反对思想斗争，鼓吹"妥协"。"整风中就是要注意研究，检查党和各方面群众的关系，这个方针就是强调同一性，处理的方针可以着重于他的同一性。因为原来是有同一性的。我们主观上没有必要先强调斗争，故意地人为地使斗争激烈化，使斗争紧张起来，似乎要制造斗争的样子，似乎要斗一下我才舒服，好象我们就有那么一种嗜好，不斗一下就不过瘾。可以采取妥协的办法解决。这样一个方针，我们许多同志不懂得，你们就要在这次整风学习中，运用辩证法，好好研究这个问题。"（一九五七年七月同杨献珍侯维煜的谈话）实际上是取消整风中必须进行的灭资兴无的思想斗争，容许非无产阶级的势力在党内合法存在。

甚至在整党过程中在对待必须清除的党员的问题上，刘少奇也贩卖虚伪的温情主义黑货，用以冲淡严肃的政治斗争："在整党中，最需要严肃而忍耐和謹慎地处理的，是这些不够标准的党员，其中不可避免的会有一部分人要退出党的组织，务使这些退党者能自愿的退出，不要伤感情"。(一九五一年三月十八日中国共产党第一次全国组织工作会议上的报告）对于混入党内的或变质背叛的，我们认为必须进行坚决的，毫不留情的斗争。而刘少奇却唯恐伤了他们的感情，他的立场站在何处不是十分清楚了吗？他想根本上取消党内斗争的目的不是昭然若揭了吗？

此外，刘少奇还胡说什么"自我批评和互相批评还是我们党和我们干部进步的原动力"（《论党》）根本上否定了党内斗争有时表现为对抗形式。把不加前提的"相互批评"看作党和干部进步的原动力，为资产阶级思想进攻提供合法依据。

(四) 鼓吹"組織第一"，提倡奴隶主義

1．鼓吹組織第一，大力提倡奴隶主义

毛主席教导我们："全心全意地为人民服务，一刻也不脱离群众，一切从人民的利益出发，而不是从个人或小集团的利益出发，向人民负责和向党的领导机关负责的一致性，这些就是我们的出发点。"

正因为这样，"共产党员对任何事情都要问一个为什么，都要经过自己头脑的周密思考，想一想它是否合乎实际，是否真有道理，绝对不应盲从，绝对不应提倡奴隶主义。"（《整顿党的作风》）这些正是对共产党员必须突出无产阶级政治和党员的组织观点之间的正确关系的光辉论断。政治路线和组织路线是统一的，而组织路线必须服从政治路线，这是毛主席的光辉建党思想，是反修防修的根本方针之一。坚决贯彻这一正确方针，一切混进党内的走资本主义道路的当权派都将无处容身。

中国头号走资本主义道路的当权派刘少奇，对毛主席的这一建党思想深恶痛绝，他公开鼓吹：

"我曾经听到一个同志说，在党内斗争中只要我的政治主张是对的，在组织上错误一点也是不要紧的，是次要问题，因为他认为在党内斗争中可以采取各种不合组织纪律的手段向反对者斗争。这种说法，这种观点显然是不对的，他把正确的政治路线和组织路线对立起来看，他不知道捣乱党的秩序与组织就是犯了一个更严重更原则的错误，特别是在今天妨碍与破坏党的团结和统一就是最大地帮助了敌人，最大的妨碍了党与无产阶级战斗的利益，就是犯了比其他原则错误更严重的错误"。（《论党内斗争》）

又说："有人说：'党内斗争所注重的是原则问题，是政治问题；如果原则上政治上对了，组织方式是次要问题，可以不必计较的。'这种说法是错误的。组织方式恰是一个大问题，是一个重大的原则问题。如果组织方式错了，可以破坏党的团结和统一，要保证和巩固党的团结和统一，首先要拿稳这个组织原则。"（《组织上和纪律上的修养》）

为了实现篡党的野心，为了隐藏和保护自己和自己的同伙，他在这里竭力鼓吹"组织第一"，把组织观念和突出政治对立起来，从而突出组织，公开认为组织原则等于政治

原则，企图使共产党员都变成奴隶主义者，以便忠实不贰地服从走资本主义道路当权派的统治，使党的组织变成走资本主义道路当权派实现个人野心的得心应手的工具。

从这点出发，他便尽量地以组织压政治，压思想，他教训党员“原则上，思想上的对抗，与组织上，方式上尽可能的不对抗，是我们应该采取的党内斗争的正确方法。”（《论党的斗争》）实际上是把政治与组织对立起来，然后以组织压政治。

为了鼓吹“组织第一”，甚至不惜恶毒歪曲列宁的建党史实。列宁的布尔什维克党与孟什维克党在建党学说上的根本分歧，主要是政治原则上的分歧，而刘少奇却别有用心地歪曲道：“列宁的布尔什维克党，最初与孟什维克党的建党学说分歧就是在组织上——入党条件问题上的分歧。列宁的布尔什维克党的建党学说，是在反对第二国际各党组织上的右倾机会主义的斗争中创立起来的。……”（《论党内斗争》）恶毒地贬低列宁的布尔什维克党政治上的先进性，以便为自己“组织第一”的谬论找依据。这种实用主义的市侩手段，何其毒辣，何其卑鄙！

2．恶毒歪曲党的民主集中制原则，企图扼杀党内民主

毛主席说：“在人民内部，不可以没有自由，也不可以没有纪律；不可以没有民主，也不可以没有集中。这种民主和集中的统一，自由和纪律的统一，就是我们的民主集中制”。“要党有力量，依靠实行党的民主集中制去发动全党的积极性”。“所謂发挥积极性，必须具体地表现在领导机关、干部和党员的创造能力，负责精神，工作的活跃，敢于和善于提出问题、发表意见、批评缺点，以及对于领导机关和领导干部从爱护观点出发的监督作用。没有这些，所謂积极性就是空的。而这些积极性的发挥，有赖于党内生活的民主化。”

可见，民主集中制是民主、集中的辩证统一关系，不能有绝对的民主也不能有绝对的集中。而且民主集中本身都不是目的，都是为了突出无产阶级政治，为了加强党的战斗力。

反党野心家刘少奇为了实现“朕即党”、在党内实现个人专制的野心，为了畅通无阻地推行其资产阶级专政政策，他便将“集中”绝对化，企图砍掉以突出政治为核心的党内民主生活。他明目张胆地说：

“民主集中制的许多基本原则，是绝对的，无条件的；但是有许多人却认为是相对的，有条件的。

据我所知，他们所提的条件，有以下几种：

第一种人说，要我服从上级和多数人是可以的，但上级和多数在原则上、政治上先要正确。若在政治上错了，我就不服从。这就是以多数的，或上级的，或中央的正确不正确为服从的条件。这个条件的提出是不对的，这就是破坏了民主集中制。民主集中制的原则规定：只要是大多数，是上级或中央通过和决定了的，就要服从，就是不对也要服从。恰恰在这时候特别要遵守纪律，要服从多数，要服从上级或中央，不管多数和上级或中央对与不对。”（《组织上的和纪律上的修养》）

对待错误或反动的上级和多数，也要绝对服从，只许唯唯諾諾，不许提出反对意见，更不许进行革命造反。这就是刘少奇实行资产阶级专政的逻辑。在这里刘少奇歪曲民主集中制，是为了以绝对化的“集中”作为“棍棒”，来压制无产阶级革命派，压制共产党员坚持真理，坚持党内斗争的革命造反精神。光是扼杀党内民主，他还感到不够快意，于是进而端出资产阶级专政的一长制来，企图以此来从根本上否定掉民主集中制：

“民主集中制是我们党里面的制度，政府里面也是民主集中制。但是还有些机关，有些地方组织，他们就不是民主集中制。比如我们军队里面的制度是什么制度呢？他就不是民主集中制，或者我们叫他首长制，我们军队里面，叫做首长制。我们有些机关里面也是首长制，工作和机关甚至于学校也是首长制。所以我们现在的组织形式有两种：一种是民主集中制；一种是首长制”（《论发扬民主》，一九四四年冬在延安《关于建党中的几个问题》的报告的一部分）看，何其露骨，何其嚣张！

他又说：“有些同志把党里面或者群众团体里面、地方工作中间那一种工作方法（按：指民主集中制）也带到军队里面来了，什么事情也要讨论，结果就把这个军队搞不好。”（《同上》）企图用法西斯专制制度来改造军队，以便他伸进黑手，把握军权、实现其篡军的野心。

为了砍倒无产阶级专政的组织原则民主集中制，他甚至胡说封建皇帝霸主也有什么“民主集中制”；“赤壁之战，孙权那个地方是民主集中制，他和曹操这个仗要不要打呢？他要讨论，……这样的制度在以前做皇帝他也是有的，他也有民主工作方式，有什么事要讨论的，让大家商量。”（《论发扬民主》）看，把民主集中制这一无产阶级革命原则庸俗化到什么地步！用心何其毒也！

长期以来，刘少奇所鼓吹的“组织第一”、“绝对服从”成了大大小小的党内走资本主义道路的当权派压制群众、扼杀群众革命造反精神的棍棒。“老子就是党”、“反对基层组织就是反对党”、“宁可政治上犯错误也不要组织上犯错误”等反动谬论正是从“组织第一”、“绝对服从”等修正主义理论中派生出来的。然而这一切也没有救他们的狗命，在毛泽东思想武装起来的革命群众面前他们终于碰得头破血流。

综上所述，可见刘少奇通过他的《论修养》等黑货，提出了全面系统的篡党纲领，以其反动的资产阶级的世界观来改造我们的党。这是我们决不能容忍的！我们必须彻底批臭他的黑“修养”，粉碎他的篡党黑纲领！

五、鼓吹阶級斗爭熄滅論，大搞資本主义复辟

十七年来，在我国发生的各种机会主义和修正主义，都来自刘少奇这条黑根黑线。早在民主革命胜利前夕，刘少奇就害怕革命战争，而拜倒于资产阶级脚下，幻想和平过渡。中华人民共和国成立以后，他竭力维护资本主义制度，稳定新民主主义秩序，反对三大改造，企图阻止历史车轮前进。在生产资料所有制方面的社会主义改造基本完成以

后，他又鼓吹阶级斗争熄灭论，为资本主义复辟做舆论准备。当1962年我国暂时经济困难时期，刘少奇以为时机已到，公然抛出一整套右倾机会主义的政策，同国内外阶级敌人相呼应，攻击三面红旗和社会主义制度，大搞“和平演变”和资本主义复辟，妄图改变我们国家的颜色。大量事实表明：刘少奇是党内头号走资本主义道路的当权派，是地地道道的反革命修正主义的祖师爷。

（一）抹煞阶级斗争，鼓吹和平过渡

在1949年３月党的七届二中全会上，毛主席就指出：中国革命在全国胜利以后，工人阶级和资产阶级的矛盾将成为国内基本矛盾。私人资本主义将允许其存在和发展，但是必须受到限制。这种限制必然要受到资产阶级、特别是大资产阶级的反抗，因此，“限制和反限制，将是新民主主义国家内部阶级斗争的主要形式。如果认为我们现在不要限制资本主义，认为可以抛弃‘节制资本’的口号，这是完全错误的，这就是右倾机会主义的观点。”

但是，刘少奇在毛主席讲话后的一个月，便迫不及待地跑到天津，以后又到北京，大肆贩卖他的修正主义黑货，公然与毛主席唱反调。他的天津讲话和其它一些言论，是反革命修正主义的建国纲领。

１．为资产阶级涂脂抹粉，为資本主义評功叫好，充当了“剥削无罪”和“剥削有功”的辯护士

1949年，当我国民主革命事业已胜利，社会主义革命即将到来之时，刘少奇却对资本主义剥削制度高唱赞歌：

“今天资本主义的剥削不但没有罪恶，而且有功劳，封建剥削过去以后，资本主义剥削是有进步性的。今天不是工厂开得太多、工人剥削太多，而是太少了，工人、农民的痛苦在于没有人剥削他们，你们（指工商业家——編者註）有本事多剥削，对国家人民都有利，大家赞成。”（在工商业家座谈会上的讲话）

“对资本家应该承认他们的剥削，赞成他们扩大工厂，剥削有功。”（1949年在北京干部会上的报告）

“多剥削几个人好呢？还是少剥削好呢？还是多剥削几个工人好，……我说剥削得越多功劳越大，马克思也说过：‘资本主义在年青时代是有历史功绩的’，我说这个功绩是永垂不朽的。”（1949年5月12日在青代会上的讲话）

刘少奇还给天津大资本家、“东亚”毛纺厂经理、“文明地狱”的活阎王、叛国犯宋裴卿出谋划策，说：“不是不许你剥削，不是不叫你剥削，就是不要把少数人剥削死了，这样以后可以让你更多地剥削，更大的剥削。”“你现在一个‘东亚’，一千个工人，将来十个‘东亚’，剥削一万个工人，那就更好了。”并且还给许愿、打保票说：“你要好好干，幸福还刚刚开始，无论到什么时候，到共产主义也好，都有你们的前途。该坐小汽车的还坐小汽车，也许那时不叫经理，但地位还是一样。”（1949年４月21日）

直到1951年，刘少奇还继续散布这种极端反动的论调，把资本主义的剥削说成是

“真理”，是“为人民服务”，简直反动透顶！

“有些工商业家向我提出过，‘剥削者’、‘资本家’这些名字是不是可以改一下？……我说：‘好，改一下，那么改成什么呢？剥削者，资本家也很好，很进步嘛！现在有人要请你剥削。’这些问题不是我们故意这样讲，因为这是真理！真理就要宣传，不能隐蔽。”（1951年5月13日在政协全国委员会民主人士学习座谈会上的讲话）

“今天资本家办工厂，要多办几个，办得大一点。这是不是剥削呢？当然是剥削，但是这个剥削有进步作用，剥削得好！……资本主义的经济生产带有进步性，它也能为人民服务，…一个大私商，…开一个舖子，…什么东西都卖给人民，这就是为人民服务嘛！”（1951年5月13日的报告）

刘少奇还利用他的职权，给予他的大舅子资本家王光英以很高的政治地位，冠以“红色资本家”的美名，让他在政治舞台上招摇撞骗；在工厂中大肆剥削，模糊工人阶级和资产阶级的界限，到了无以复加的地步。对宋裴卿这样一个以吸吮工人血汗为乐事的反动资本家，更是小心翼翼，相待如宾，有求必应，以致最后亲自批准给宋二百万元外汇到香港购买机器设备。宋跑到香港就叛国了。刘少奇是一厢情愿，宋裴卿却偏偏不赏脸。这就是刘少奇的所謂“真理”！是他所吹捧的资本家“为人民服务”的具体表现！

2．肆意丑化和恶毒诬蔑工人阶级，是工人阶級的叛徒和工贼

刘少奇对工人阶级——中国革命和无产阶级专政的领导阶级，却极尽丑化污蔑之能事：

“还是多剥削几个工人好，失业工人要求复工，他们想到资本家的厂里做工，也就是说‘请你剥削我一下吧！’他们要你剥削，能剥削，我们倒舒服一些，否则我们觉得痛苦”。（1949年5月12日在青代会上的讲话）

“现在有几百工人在门外等着，要到工厂做工。问题就是：‘资本家先生！我们请求你剥削一下，我要到你工厂里面做工，剥削一下，我就有饭吃，老婆孩子就能活下去。如果不剥削，不让我工作，那就不得了！’”（1951年5月13日的报告）

“资本家能够剥削很多工人那才好，有人剥削，总比没有人剥削好一点，没有人剥削，完全没有饭吃，有人剥削，还能吃个半饱，这总是好一点。”（1949年5月12日在青代会上的讲话）

请看，刘少奇的这种论调，同资本家的论调何其相似乃尔！资本家是乐善好施和大发慈悲的“救世主”，工人则是被资本家养活的愚昧无知、浑浑噩噩、只有生存本能的“动物”！没有资本家，工人就不能活命；为了活命，就得要向资本家卑躬屈膝、乞求恩典。这就是刘少奇这位堂堂的共产党人给新中国工人所开设的药方！

在刘少奇看来，工人阶级是不能依靠、不能当领导的，所以他叫嚣：

“工人阶级不是自然而然可以依靠的，要靠党去工作。椅子本来是可以依靠的，有了毛病，不好靠了，修好了，又可以依靠”。（1949年七届二中全会时的讲话）

“工人阶级在一定的时候，也可能是不能依靠的，……不要以为依靠工人阶级是没有问题的。”（对天津工作的指示）

不知道工人阶级发生了什么“毛病”，刘少奇就认为“不好靠了”。在刘少奇心目中，最好依靠的当然是资产阶级了。这样一来，中国革命的胜利果实，岂不废于一旦！

无产阶级专政，岂不蜕化为资产阶级专政！刘少奇心怀叵测，由此可见！

3。宣扬阶级投降主义，鼓吹和平过渡

刘少奇根本抹杀无产阶级和资产阶级的界限，抹杀社会主义和资本主义的界限。他在对资产阶级美化的同时，宣扬阶级投降主义，要无产阶级放弃对资产阶级的斗争，要向资产阶级学习，从而达到“合二而一”，实行和平过渡，发展资本主义。

１９４９年在北京干部会上，他对资本家讲：“讲革命你们是第四位，讲经济建设，你们是内行，应该把你们摆在前面。”

在天津，他对宋裴卿说：“你现在才办了一个厂子，将来你还可以办两个三个……办八个厂子，到社会主义的时候，国家下个命令，你就把工厂交给国家，或者由国家收买你的，国家一时没有钱，发公债也行。然后，国家把这八个工厂交给你办，你还是经理，不过是国家工厂经理，因为你能干，再加给你八个厂子，一共十六个厂交给你办，薪水不减你的，还要给你增加。”最后，刘少奇对这个反动资本家乞求似地说：“可是你得要办啊！”后来，宋裴卿把他剥削工人、追逐利润的计划告诉刘少奇，刘于1949年５月３日复函说“甚为快慰”，“国家民族之复兴指日可待也”。

请看，刘少奇所希望的“国家民族之复兴”不是别的，正是发展资本主义；他的希望之所寄托，不是别人，正是宋裴卿这样的资本家！他甚至堕落到对宋裴卿说：“必须要和工人斗争，如果不斗，将来你的厂子被工人斗垮了台，那时你就不能怪共产党不好。”这是什么话？！这是什么感情？！这里，刘少奇不仅出卖了自己的灵魂向资本家谄媚取宠，而且，出卖工人阶级的利益，与资本家狼狈为奸。

而对工人，则另是一种腔调：

“斗争不要过分……你们把资本家捉来枪毙了，他便不能办工厂了。有些工人说‘资本家不开我们开，组织起来办合作社工厂’。开了合作工厂没有呢？开了很多，但是没有一个搞好的。”（１９４９年４月２８日在天津职工代表大会上的讲话）

“我切切实实地负责地向你们说，……使资本家、工头能够管理工厂，为了生产的需要，使资本家有雇佣工人和辞退工人的权力。”（同上）

“城市讲生产，资本家的知识比我们多，比工人知道的多，在城市生产方面，他们站有很高的地位，我们必须和他们合作。”（１９４９年４月２４日对天津工作的指示）

事隔六年之后，１９５５年对资本主义工商业正进行生产资料方面的社会主义革命之际，刘少奇不仅旧调重弹，而且调门越来越高：

“资本家有些是很能做事的，甚至他的管理能力超过我们的共产党员。……在资产阶级中间，在资产阶级的老婆中间，在资产阶级的子女中间，有一批积极分子，…他们有功劳，等于在战争中打一大仗，他们是战斗英雄一样。…要夺取资产阶级的堡垒，需要资产阶级里面有一些人起义，起来赞成共产，而且是积极分子。…资本家的老婆，晚上回去一座谈，就比两个付总理还厉害，要这样看他的作用。”（1955年11月的讲话）

刘少奇向工人喋喋不休地说教，要容忍，要合作，要投降！你要斗争吗？那就是把资本家“枪毙了”；你要自力更生开办合作工厂吗？“但是没有一个搞好的”；你要取得应有的劳动权利吗？不行，“资本家有雇佣工人和辞退工人的权力”。一句话，你要安分守己，你要听任资本家剥削。

至于资本家，哎呀呀！那可了不起！比共产党还高明。他们的老婆的一席话，比你“两个付总理还厉害”！看来在这场改造资本主义工商业的“淮海战役”中，充当“战斗英雄”的不是共产党和工人阶级，反而是资本家和他们的老婆！

既然不是共产党改造资本家，而是资本家“溶化”共产党，那么，中国的前途就只有一条，实行和平过渡，发展资本主义。刘少奇也不隐讳这一点，他说：

“我们将来要进入社会主义，只要我们现在的合作搞下去，将来是可以和平进入社会主义的，因为还有多少年的合作嘛！……到那个时候就可以不需要采取激烈的斗争，可以采取说服、法律、开会表决……的办法，甚至可以给他一点代价，用各种方式，采取社会主义步骤，从新民主主义到社会主义可以和平渡过，这个可能性是有的。”（1951年5月13日在政协全国委员会民主人士座谈会上的讲话）

如同铁托、尼赫鲁之流一样，刘少奇表面上也打着“社会主义”的招牌，但世界上还从来没有一个资产阶级领导的社会主义。倒是有一个从社会主义蜕变、“和平长入”资本主义的国家，那就是南斯拉夫。刘少奇走着的，正是这一条道路。可见刘少奇早在建国前夕就早已窝藏了在中国发展资本主义、使之导向资产阶级专政的狼子野心了。

（二）、鼓吹公私企业合作发展，反对社会主義革命

中华人民共和国的成立，宣布了我国无产阶级专政的开始，标志着我国进入了无产阶级社会主义革命的新的历史时期。毛主席指出，这一时期的基本任务，是在恢复国民经济、进行土地改革的基础上，发展社会主义经济，逐步实现对农业、手工业和资本主义工商业的社会主义改造，完成社会主义革命。毛主席对于在人民群众中间蘊藏着的带有社会主义因素的新事物的萌芽，总是给予热情地支持，为它们的出生和发展大喊大叫，鸣锣开道，表现了一个无产阶级革命家的高瞻远瞩和不断革命精神。中国人民正是在毛主席的亲自领导下，从胜利走向胜利，完成了社会主义改造这一历史使命。

但是，刘少奇出于他的资产阶级反动立场和世界观，十分惧怕社会主义革命。他梦寐以求的是资本主义的自由王国，当社会主义革命即将来临之时，他惊慌失措，拚命反对，极力維护新民主主义秩序，抗拒社会主义革命，妄图把历史车轮拉向后退。刘少奇犯下了不可饒恕的罪行。

1．鼓吹公私企业合作发展，竭力維护新民主主义秩序

早在1949年，刘少奇就喧嚷：

“政府的方针，是要使国营私营互相合作配合，减少竞争。……也许将来私营生产会超过公营的，但政府并不可怕，我们的主要目的是在发展生产，并不反对那样生产发展得多，重要的是配合问题。”（在工商业家座谈会上的讲话）

“私营企业的活动范围很大，可以和国营企业平行发展，我们也主张对私人资本有限制，但是今天有好些地方，说限制等于不限制。……将来限制恐怕要多一点，如工厂愈办愈多，中国已不是产业落后，而是已达到进步飽和了，生产不是太少，而是过剩了，那时就必须限制，不然，中国就要变成帝国主义，到国际上去抢市场，一抢就要打

仗。”（同上）

刘少奇的“限制”是假的，“说限制等于不限制”。让资本主义自由泛滥，大肆发展才是他的目的。照他说的，等到中国资本主义发展“达到进步饱和”，“过剩”状态，再来“限制”，那中国不早就变颜色了？

所以在刘少奇看来，重要的不是“那样生产发展得多”，而在于“发展生产”；也就是怎样把当时资本主义经济还占相当比重的新民主主义秩序维持住。至于社会主义那可是遥哉遥哉了！不信你看！

“中国共产党……它现在为巩固新民主主义制度而斗争。”（1951年11月4日讲话）

“中国将来的前途，是要走到社会主义和共产主义去的，……但这是很久以后的事情。”（1949年10月在政协第一届全体会议上的发言）

“将来我们是要搞社会主义的，但是现在不搞，而且在最近十多年内是不搞的，……那怕你跑得怎么快，总还要十年、二十年。……因此，如果现在就采取社会主义步骤，把工业收起来，对人民没有利益。而且人民也不愿意这样搞。如果搞，就要伤害工业生产的积极性。”（1951年5月13日在政协全国委员会民主人士座谈会上的讲话）

2．鼓吹长期保存并不断发展农村资本主义经济，反对农民走社会主义道路

同在城市发展私人资本主义一样，刘少奇也鼓吹在农村发展资本主义。

“有人问：‘僱人耕种的土地是否有限制？’我们的答复是：‘没有限制’。无论僱长工也好，僱零工也好，僱十个八个一百个也好，只要是自己耕种或僱人耕种过自己经营的土地，我们就应该加以保护，不得侵犯。”（1950年6月20日在政协全委会关于土改问题讨论的总结）

这里，完全是赤裸裸地鼓吹，连“限制”之类的遮羞布也不要了。他在农村保护和发展富农经济，为农村资本主义泛滥大开绿灯。

“我们所采取的保护富农经济的政策，当然不是一种暂时的政策，而是一种长期的政策。这就是说，在整个新民主主义的阶段中，都是保护富农经济的。”（1950年关于土地改革问题的报告）

“在农村我们曾经宣传过劳动致富。什么是劳动致富呢？就是劳动发财，农民是喜欢发财的。……伤害私人工业家和个体小生产者的生产积极性，这是破坏作用，这是反动的，就是所謂‘左’的错误，因为它破坏了生产积极性，妨碍生产力的提高。”（1951年5月13日在政协全国委员会民主人士学习座谈会上的讲话）

当1951年山西有些地方出现了把农业互助组提高到农业生产合作社这一社会主义萌芽时，刘少奇不是象毛主席那样热情地给予支持，而是极端仇视，大肆攻击。他在对山西省委的一个报告的批示中说：

“在土地改革后的农村中，在经济发展中，农民的自发势力和阶级分化已经开始表现出来了。党内已经有一些同志对这种自发势力和阶级分化表示害怕，并且企图加强以阻止或避免。他们幻想用劳动互助和供销合作社的办法去达到阻止或避免这种趋势的目的。已有人提出这样的意见：应该逐步地动摇、削弱甚至否定私有基础，把农业互助组提高到农业生产合作社，以此作为新因素，去战胜农业的自发因素。”“这是一种错误的、危险的、空想的农业社会主义思想。所以现在过早地国有化、集体化，是违背大多数人民的利益，违背进步的。”

刘少奇还公开对抗毛主席，说什么：

“几个初级合作社，不能算社会主义萌芽，要合作化，必须象苏联一样，一大片一大片的，要搞合作化，条件不成熟。”（一九五一年在马列学院学员会上的讲话）

3．維护资本主义制度，抗拒三大改造

早在一九四八年胜利即将来临之际，刘少奇就惊慌失措，大嚷什么“现在革命形势发展很快，出于我们预料之外，现在不是怕慢了，而是怕快了。太快，对我们的困难很多，不如慢一点，我们可以从容准备。”（一四九八年十二日十四日对马列学院第一期学员讲话）

解放以后，刘少奇便极力鼓吹保存富农经济，鼓吹四大自由（放债、雇工、土地买卖、经营）反对合作化，企图把这一社会主义新生事物扼杀在摇篮里。当一九五五年全国农村的社会主义高潮即将来临的时候，他更加恐惧万分，伙同邓子恢砍掉了二十万个农业生产合作社，妄图阻止这个轰轰烈烈的合作化运动。正如毛主席所指出的，右倾机会主义者是站在地主、富农的立场上反对社会主义的。刘少奇也是这样。

刘少奇还反对对手工业和资本主义工商业的社会主义改造。他大力宣传“我国正处在社会主义的过渡时期，在我国这个时期，也叫新民主主义时期，这个时期在经济上的特点，就是既有社会主义又有资本主义。”“国家依法保护资本家生产资料所有权和其他资本的所有权。”（一九五四年宪法草案报告）企图把维护资本主义制度合法化。

（三）宣揚阶級斗爭熄灭論，歪曲毛主席的阶級斗爭学說

一九五七年，在生产资料所有制方面的社会主义改造基本完成以后，毛主席及时指出：“在我国，虽然社会主义改造，在所有制方面说来，已经基本完成，革命时期的大规模的急风暴雨式的群众阶级斗争已经基本结束，但是，被推翻的地主买办阶级的残余还是存在，资产阶級还是存在，小资产阶级刚刚在改造。阶级斗争并没有结束。无产阶级和资产阶级之间的阶级斗争，各派政治力量之间的阶级斗争，无产阶级和资产阶级在意识形态方面的阶级斗争，还是长时期的，曲折的，有时甚至是很激烈的。”十年来我国阶级斗争的事实，证明了毛主席这一英明论断的完全正确。

刘少奇却同毛泽东思想大唱反调。一九五七年四月二十七日，即毛主席在最高国务会议上发表《关于正确处理人民内部矛盾的问题》的讲话两个月之后，刘少奇跑到上海等地，到处讲演，大肆放毒。

1．宣揚阶級斗爭熄灭論，社会主义和資本主义誰胜誰負的問題已經解决了

刘少奇首先反对毛主席的阶级斗争学说和对当时阶级斗争形势的估计：

“现在国内敌人已经基本被消灭，地主阶级早已消灭了，资产阶级也基本消灭了，反革命也算是基本上消灭了。……我们说国内主要的阶级斗争已经基本上结束了，或者说，基本上解决了，那就是说敌我矛盾已经基本上解决了，那就是说国内主要矛盾已经不是主要矛盾。”

“公私合营以后，无产阶级与资产阶级的主要矛盾也解决了。”（一九五七年四月二十七日在上海党员干部大会上的讲话）

“改变生产资料私有制为社会主义公有制这个极其复杂和困难的历史任务，现在我国已经基本完成了。我国社会主义和资本主义谁战胜谁的问题现在解决了。”（“八大”政治报告）

这是刘少奇的一切修正主义谬论的出发点：既然在社会主义社会已经没有阶级、阶级矛盾和阶级斗争了，社会主义和资本主义谁胜谁负的问题已经解决了，那么剩下的问题，就是“天下太平了，可以把枕头塞得高高地睡觉了”，可以“合二而一”，和平共处了。这不是明目张胆的反对毛主席是什么？

2．宣揚剝削階級的本性已經改变，号召工人階級同資产階級“和平共处”

果然，刘少奇就唱起赫鲁晓夫修正主义的“和平共处”的调子来，把剥削阶级捧上了天。这次对剥削阶级的吹捧比改造以前的吹捧是更高一级的：

“封建地主阶级，除个别的外，也已经消灭了。富农阶级也正在消灭中。原来剥削农民的地主和富农，正在被改造成为自食其力的新人。民族资产阶级分子正处在由剥削者变为劳动者的转变过程中。”

“在社会主义改造完成以后，民族资产阶级和上层小资产阶级的成员将变成社会主义的劳动者的一部分。各民主党派就将变成这部分劳动者的政党。”（“八大”政治报告）

“在我国，大规模的阶级斗争已经过去，资本家、地主、富农都将进入社会主义。”（一九六五年七月十三日同外宾谈话）

“资产阶级已经没有什么生产资料，没有工厂了，而且多数依靠工人阶级吃饭，当然还拿定息，已不是原来的资产阶级，是政治思想要改造的资产阶级。资产阶级这个说法可以用，因为现在还有定息，再过五、六年，定息也不给了，就不好再讲资产阶级了。中国资产阶级还要香一个时候。”（1957年12月13日的谈话）

特别值得注意的是，在反右派斗争以后的一九五七年十二月，刘少奇公然讲“资产阶级还要香一个时期，”可见他美化资产阶级到了何等肉麻的地步！难怪他号召党和工人阶级同资产阶级搞好“关系”，“照顾”他们，甚至向他们“学习”，实行和平共处。

3．抹煞无产阶級与資产阶級、社会主义与資本主义之間的斗爭，混淆两种不同性質的矛盾

刘少奇一笔抹杀无产阶级同资产阶级之间、社会主义同资本主义之间两个阶级、两条道路的矛盾、斗争，把它们之间的矛盾，说成仅仅是“思想”上的矛盾；而“非无产阶级思想”“是反映过去的阶级的思想情况”。同时却极力渲染人民内部矛盾，把它说成是“比敌我矛盾还要重要”的“主要矛盾”。

“人民内部矛盾已经成为主要矛盾，……今天我们国内的主要矛盾是无产阶级思想与非无产阶级思想的矛盾。”

“在今天我们中国的情况之下，就是说帝国主义已经赶走，地主阶级已经消灭，资产阶级已经基本上消灭的条件之下，无产阶级思想与非无产阶级思想表现在什么地方

呢？表现在人民内部，而且也表现在共产党内部，表现在我们共产党的干部中间。……非无产阶级的思想有农民思想，小资产阶级思想，资产阶级思想，今天还有地主阶级思想。这些思想是反映过去的阶级的思想情况，不是或者大部分不是反映今天的。”（1957年4月27日在上海市党员干部大会上的讲话）

“人民内部矛盾主要的是领导机关和人民的矛盾，更确切地说是人民和领导机关的官僚主义的矛盾。”（在河南省委、部长、地委书记会议上的讲话）

当时正是资产阶级右派利用共产党整风的机会向党发动猖狂进攻的前夕，但是，他们已经蠢蠢欲动，以反对官僚主义等等为名，把进攻的矛头指向党的领导和社会主义制度。而刘少奇却大讲“人民内部矛盾应该缓和”，“应该妥协解决”，“处理的方针可以着重它的同一性，因为它原来就有同一性。”“如果我们处理人民内部矛盾不是强调同一性，而是强调斗争性，使人民内部矛盾没有必要地紧张起来，激化起来，在人民内部造成紧张局面，那就是错误的，那就是处理人民内部矛盾的方针错了。”

刘少奇在这里，第一，歪曲事实。资产阶级右派和阶级敌人的猖狂进攻是必然的，而刘少奇却歪曲说是我们“处理人民内部矛盾的方针错了。”。第二，在阶级敌人进攻面前，使人们放松警惕，松懈斗志，解除思想武装。刘少奇就是这样十分卖力地在共产党内部为资产阶级右派帮了忙。

刘少奇还别有用心地把人民内部矛盾归结为分配问题上的矛盾。他说：

“我想，这矛盾主要表现在分配问题上，工人农民分配不多就要闹事。人民为了关心自己的经济生活，就一定要过问工资、住房、吃饭、坐车这些事，这就表现出社会主义人民民主的积极性了，这是由于社会主义积极性而来的。人民内部矛盾特别表现在分配问题上面。如果生产关系适合生产力，就是说分配关系适合生产力……你分多了，我分少了，大家不愿意干，生产力就受到阻碍，在分配问题上就表现出来。”（1957年4月27日在上海市党员干部大会上的讲话）

综上所述，刘少奇的恶毒用心暴露无遗。

一方面，抹煞两个阶级、两条道路之间你死我活的阶级矛盾和阶级斗争，说这些问题已经解决了。

一方面大肆渲染和特别突出人民内部矛盾，说它不是表现在劳动人民和剥削阶级之间，而仅仅表现在人民内部和共产党内部，而且这些矛盾已经变成为主要矛盾，从而把人们的视线和注意力从严峻的阶级斗争方面移开。

而人民内部矛盾又表现在两个方面：

一方面，人民群众同领导的官僚主义之间；

一方面，人民的分配问题上。

前者，煽动人民去反对党的领导和社会主义制度，如同资产阶级右派已经做的那样。

后者，鼓动人民群众去追求经济主义、物质待遇等等。

刘少奇的用心何其毒也！

(四)攻擊三面紅旗和社会主義制度，实行資本主義復辟

毛主席教导我们："在我国社会主义革命取得基本胜利以后，社会上还有一部分人梦想恢复资本主义制度，他们要从各个方面向工人阶级进行斗争，包括思想方面的斗争。而在这个斗争中，修正主义者就是他们最好的助手。"

刘少奇恰恰就是反革命修正主义的祖师爷。1959年到1962年，正当国内外阶级敌人为了"梦想恢复资本主义制度"，利用我们暂时经济困难向党和社会主义发动猖狂进攻的时候，刘少奇也不示弱，他利令智昏，赤膊上阵，提出了一整套修正主义的政策和措施，攻击总路线、大跃进和人民公社；攻击社会主义制度；大搞反攻倒算；大搞资本主义复辟，掀起了一股反党反社会主义反毛泽东思想的逆流。毛主席在他的《炮打司令部》的第一张大字报中指出："联系到1962年的右倾和1964年的形'左'而实右的错误倾向，岂不是可以令人深省的吗？"

现在，就让我们来翻翻刘少奇的黑底。

1．疯狂攻击和全面否定三面紅旗，恶毒丑化社会主义制度

1962年1月，刘少奇在扩大的中央工作会议上，抛出了一篇右倾机会主义的报告，以总结三面红旗的"历史教训"为名，疯狂攻击和全面否定三面红旗，连右倾机会主义分子也望尘莫及。

他在1962年1月27日的讲话中说：

"我们许多同志执行总路线的时候，没有注意使全国人民真正自觉团结起来，不是由人民群众实事求地去鼓足干劲，不是由人民群众切切实实地去力争上游；而是少数干部，站在群众之上，命令群众形式主义地去鼓足干劲，力争上游；又只注意多快，而不是同时注意好省地进行社会主义建设。"

"工农业生产计划指标过高，基本建设的路线过长，使国民经济各部门的比例关系，消费和积累的比例关系，发生了严重不协调现象。"

"在农业方面乱改耕作制度，任意推行一些不切实际的，违反科学的技术措施，修建一些不仅无益反而有害的水利工程；在工业方面，任意废除规章制度，任意推行一些不切实际的、违反科学的技术措施，使设备损坏，某些产品质量降低，成本提高，劳动生产率下降。"

"有的同志说，人民公社办早了。不办公社是不是更好一点？当时不办，也许可能好一点。迟几年办是可以的。"

"目前，人民公社有一点'一大二公'，兴修了许多已经发挥效益的水利工程，有一些社办企业，也作了一些事情，但是作用不很大，一大二公，还不大明显，还看不大清楚。"

请看，刘少奇对总路线、大跃进和人民社公都一一作了攻击和否定，然后话锋一转，把当时国民经济的形势形容得漆黑一团。

"对困难我们还没有认识清楚"。"目前财政经济的困难是很严重的"，工农业生

产“还要继续下降”，“比例失调”，“货币贬值”，“我们的经济临近了崩溃的边缘。”

然后，刘少奇把矛头直指党中央和毛主席：

“对于这几年来的工作中的缺点、错误，首先负责的是中央。”

“我到湖南的一个地方，农民说是三分天灾，七分人祸。你不承认，人家就不服。全国有一部分地区可以说缺点和错误是主要的，成绩不是主要的。”

“全国是三七开，说九个指头和一个指头不恰当。……有部分地区不止三七开。有的地方是九与一。”

“我们的一些计标，措施，都是缺少根据或者没有根据的，都没有进行充分的调查研究，……这就违反了党的实事求是和群众路线的传统作风，违反了党的生活国家生活和群众组织生活中的民主集中制的原则。这是我们几年在某些工作中犯了严重错误的根本原因。”

刘少奇对三面红旗的攻击和否定，不是偶然的。他对社会主义制度早就怀着不满。1956年6月17日在同外宾谈话中，他就公然否定社会主义制度的优越性：

“把任何一种制度绝对化是不妥当的，认为只有我们的制度是好的，别的都不妥当，那是不好的。”

以后，他又这样描绘社会主义生活图画：

“有人说工人生活好、农民生活差，相差太远了，……工人生活也是差的，工作八小时，空气不好，劳动紧张，寿命也比农民短。”（1957年在湖南的讲话）

“没有一个城里人讲我在城里艰苦，睡的是双层铺，吃饭也是饿肚子，排队买不到东西。”（1957年4月27日在上海市党员干部会上的讲话）

工人的生活这样差，农民的生活比工人更差，这样的社会主义制度还有什么优越性呢？刘少奇不仅散布对社会主义制度的怀疑，而且公开丑化它，公开和资产阶级右派一样，用抽象肯定、具体否定的手法，把社会主义制度全盘否定掉。是可忍，孰不可忍！

2.鼓吹資产阶級自由化，誣蔑反右傾斗爭和反右派斗爭，大刮翻案风

1961年9月，刘少奇主持制定了一个《中央关于全党轮训干部的决定》在全国推行，提倡“三不主义”，“自由思想”，“自由讨论”等资产阶级自由化。结果造成党内思想混乱，右倾机会主义分子和牛鬼蛇神纷纷出笼，在全党全国范围内，大行翻案，反攻倒算，矛头所向是党中央和毛主席。

刘少奇带头向党进攻，带头替右倾机会主义分子翻案：

“最近几年，有些党的组织，重犯了过去三次‘左 倾路线时期的那种过火斗争的错误。”

“仅仅从彭德怀同志的那封信的表面上来看，信中所说的一些具体事情，不少还是符合事实的。”

“有些同志也讲过一些同彭德怀同志讲过的差不多的话，例如什么大炼钢铁‘得不偿失’呀，什么食堂不好，供给制不好呀，人民公社办早了呀，等等。但是这些同志和彭德怀不一样，他们可以讲这些话，因为他们没有组织反党集团，没有要篡党。”（以上均见1962年1月27日讲话）

刘少奇公然煽动说：

“和彭德怀有相同观点的人，只要不里通外国的，就可以翻案。”

“只要本人提出申诉，领导和其他同志认为有必要，就可以翻案。”（1962年1月26日讲话）

刘少奇不仅支持反党分子和右倾机会主义分子翻案，而且跟资产阶级右派分子早就臭气相投，彼此呼应的，他说：

“党内不重视与党外人士合作，清一色观点是不正确的，要批判，右派批评我们不都是错的，如批评我们‘宗派主义’，说我们没有友情，温暖，不和人家谈话，错了也不讲，客客气气，这是有的，要克服。”

“反右派以后，同民主人士更疏远了，这是我们的失败。”（1957年12月13日对参加统战部长会议一部分人的谈话）

刘少奇公然替资产阶级右派翻案，诬蔑我们的反右派斗争“失败了”，真是嚣张到了极点！但这样以来，却正好暴露了他是一个老右派的本质。

3．狂热鼓吹“三自一包”，“三和一少”，大刮单干风，大搞资本主义复辟

在经济困难时期，社会上刮起的“三自一包”、“分田到户”、“三和一少”等修正主义“歪风”，都来自反革命修正主义祖师爷刘少奇。他积极支持和推行了一条反对社会主义、复辟资本主义的修正主义路线。他毫不掩饰地叫嚷：

“过渡时期一切有利于调动农民生产积极性的办法都可以。不要说那一种办法是最好的，唯一的。”

“工业上要退够，农业上也要退够，包括包产到户、单干。”（1962年6月的讲话）

对于自由市场，地下工厂等等资本主义的东西。刘少奇更是狂热地鼓吹：

“自由市场还是要搞下去的，农村自由市场会产生一些资本主义，产生一些资产阶级分子，产生一些暴发户，……社会上产生一些资产阶级分子并不可怕，不要怕资本主义泛滥。”（1960年10月在国务院财贸办公室付主任姚依林汇报时的讲话）

“要利用限制自由市场，私商钻社会主义的空子，不只商业有自由市场，还有工业的地下工厂，另外还要利用农业上的家庭付业、自留地。我们要允许有一部分资本主义工商业、工业地下工厂，要允许他们钻空子。当他们钻空子的时候，我们社会主义经济就立即跟上去。”（1957年5月7日对杨献珍、侯维煜的谈话）

“一到资本主义国家什么都能买到。”社会主义“只搞计划性，没有灵活性，没有多样性，是不行的。……如果我们的经济还不如资本主义灵活多样，而只有呆板的计划性，那还有社会主义的优越性呢？”（同上）

在刘少奇看来，资本主义国家生产的无政府状态、自由市场、自由竞争等等社会主义制度所不允许发展的东西，反倒成了资本主义的“优越性”了。他梦寐以求的正是这些东西。他认为社会主义社会发展这些东西，让社会主义跟着资本主义“团团转”，并不可怕，“无非多了几个资产阶级分子”。刘少奇的最终目的是什么，难道还不明显吗？

刘少奇还别有用心地把社会主义国民经济的计划性同它的多样性、灵活性对立起来，认为有了计划性，就妨碍了多样性、灵活性。这是对社会主义的恶意诬蔑！实际上他是在为“自由市场”，“地下工厂”的存在和发展，寻找合法理由。这样一来，就为资本主义复辟打开缺口，为资本主义自由泛滥大开方便之门。刘少奇包藏的祸心，昭然若揭了！这说明，他是地地道道的走资本主义道路的当权派，是赫鲁晓夫式的个人野心家和阴谋家。

(五)反对政治掛帥，鼓吹物質刺激，实行“和平演变”

毛主席说：“政治工作是一切经济工作的生命线。在社会经济制度发生根本变革的时期，尤其是这样。”

林彪同志也指出：“人的因素第一”。

刘少奇则一贯重视的是物质，是技术，是金钱。他不是政治挂帅，而是鈔票挂帅；不是人的因素第一，而是技术第一；不是又红又专，而是只专不红；不是社会主义，而是资本主义。他对毛泽东思想是那样深恶痛绝，拚命诋毁；而对修正主义、资本主义却那样羡慕、热衷，鹦鹉学舌，亦步亦趋，充当了它们的吹鼓手和推销员。这都是由他的资产阶级反动立场和世界观所决定的。

一、反对突出政治，宣揚技术决定一切

早在抗日战争时期，刘少奇就贩卖脱离政治，脱离阶级斗争，技术决定一切的修正主义黑货：

“我们将来建设新中国，要大家管理国家，那时技术工作就要占首要地位，……到那时技术工作就要决定一切，因此技术工作是最有前途的。”（《组织上和纪律上的修养》）

解放以后，刘少奇吹得更加卖力：

“希望你们到那里搞好关系，学好一门技术。……只要能学好，花点钱并不算什么。今后搞什么都要专门知识，专门技术。”这样，“就会使工作少犯错误，提高生产，本钱就捞回来了，无论干什么事都要打打算盘才行。”（一九五二年七月二十九日对一九五二年暑期留苏学生的讲话）

一九五八年三月二十八日在参观成都量具刃具工厂时，他要学工“在两年中要让他们多学几种技术，一辈子才好做事。”

特别值得注意的是，刘少奇把注意力放在青年一代身上，他是在培养修正主义接班人。

对于有技术的人，刘少奇象柯西金之流一样，把管理国家的大权交给他们。

“现在的厂长并不是工程师出身，相反地应该有一些工程师出身的人去当厂长。”（一九六二年十一月十二日接见中组部与各中央局组织部正副部长的讲话）

“有些技术人员要提级，要把他们放在一定的负责的岗位上，技术上要他们审查，签字，负责任，……要提拔一批工程师，放手使用，……大学毕业生两、三年可当工程师。”（一九六三年十月二十四日在薄一波汇报工业情况时的插话）

在红专关系上，刘少奇自然主张只专不红：

“你们要安心学习，两耳不闻窗外事，一心专读圣贤书。”（一九四八年十二月十四

日对马列学院第一期学员的讲话）

“为了培养专家，可以不让他们入党，不让他们参加政治活动，……苏联培养李森科就是这样做的。”（一九六〇年同安子文的一次谈话）

“不管你们将来干什么，我劝你学一门专业，因为学一门专业知识，对于你将来干什么工作都有好处，如果别的工作不能干，可以干自己的专业。而如果没有一个专门知识，则可能无论什么都难于干好。”（一九五五年——一九五六年间给刘允若的信）

“凡是不畏艰苦，努力学习，努力钻研，不怕犯错误，又勇于改正错误的人，不论是党内的党外的，都能在斗争中得到提高，成为马克思主义者，就可以在学术上作出更多的成就，这是毫无疑问的。”（一九六三年十一月十三日在哲学社会科学部委员第四次扩大会议上的讲话）

这是刘少奇的市侩哲学、食利者哲学的又一具体表现！为了名利地位，就需要有一种本领。为了取得这种本领，可以“苦其心志，劳其筋骨，饿其体肤，空乏其身。”至于什么政治，什么“入党”，什么“红”啦等等，去它的吧！它只能作为达到“专”的垫脚石而已。

刘少奇培养的就是这种只专不红的人才，就是为了让他们将来当厂长、部长、委员、主席，然后去建设一个由这批高薪特权阶层所统治的资本主义国家，这还不明显吗？

２．鼓吹物質刺激，实行鈔票挂帅

因此，很自然地，物质刺激，钞票挂帅，就成了一切工作的“生命线”。“有钱能使鬼推磨”，刘少奇是信奉这种哲学的。１９６０年５月５日刘少奇在参观成都量具刃具厂时，最关心最感兴趣的是问：“有奖励没有？奖励多少？”又说：“物质刺激还是要一点嚯！”

“按需分配是否一定出懒人？给了他，更容易教育他。先给你吃饱，你不好好工作，就好批评。‘将欲取之，必先与之’。”（１９６０年谈政治经济学教科书社会主义部分）

“工资制度要写，不要简单提不计报酬，工人可讲不计报酬，领导上要讲按劳分配，不要又把按劳分配搞掉了。如果领导干部不计报酬，工人还是要计的。”（１９６３年12月26日下午在薄一波汇报时的插话）

“搞那一行的人，对那一行的东西，可以允许他多买一点，……你们应该有这样一个制度。”

“唐山汽车司机给商业部送煤，经常要点东西，可否给他们开点前门。”（１９６１年10月在国务院财贸办公室副主任姚依林汇报时的讲话）

“将欲取之，必先与之”，这是刘少奇处世哲学的最简明的概括，是“吃小亏，占大便宜”的具体化。不信你看：为什么他要商业部给唐山汽车司机“开点前门”？因为唐山汽车司机给商业部送煤。开点前门，正是为了取得更大量的煤，各得其利，但占大利的是我。必先与之是诱饵，最后取之，连本带利。“无论干什么事都得打打算盘才行”，看堂堂国家主席算盘打得多精细，还向他的部下介绍经验哩！

但是，这样做，肥了个人，害了国家。刘少奇不正是通过这样的手段，挖着社会主义的墙脚吗？

3. 大办托拉斯，全盤搬用資本主义經营管理方法，妄图瓦解社会主义經济

刘少奇和赫鲁晓夫一样，对资本主义国家的一套经济制度，羡慕之至。除了号召人们“学习”“研究”以外，还付诸行动，大办托拉斯，把资本主义的一套经营管理制度全盘搬用过来，妄图瓦解社会主义经济，使之蜕化为资本主义经济，为在中国最后复辟资本主义准备基础。

1963年，刘少奇就大力吹捧资本主义托拉斯。同时，对社会主义的工业管理制度大肆诬蔑：

“企业要搞经济核算。管企业，资产阶级有几百年的经验，……组织企业公司，可能比行政管理机构管得好一些。”

“资本主义管理企业的经验，特别是垄断企业的经验要学习。……银行、邮政局、托拉斯、新迪加、国家资本主义等等，……考虑一下，如何管理好。”

“组织全国的专业总公司，……一机部不是很难管吗？你组织几个总公司，垄断这一行，比如电气，美国有直通电公司，它还不是完全垄断，社会主义比资本主义垄断的更厉害。”（以上均见1963年10月24日在薄一波汇报时的插话）

刘少奇诬蔑我国工业管理是“行政管理”，是“超经济的办法，不是资本主义的办法，是封建主义的办法”（见63年10月24日薄一波汇报时的插话）。刘少奇认为“托拉斯”这个“资本主义的办法”很好，所以他大力吹捧，全套搬用。他指示他的爪牙薄一波：

“统统组织公司，……中央党和地方，地方党和政府超脱一点不好吗？站在公司之上，矛盾之上，有问题，我们来裁判，不要作当事人，不好吗？”（同上）

“单独核算不如总核算，公司内部就可以搞，公司考虑怎样有利就怎样干”。（1963年12月26日给薄一波的信）

“企业是生产斗争的最前线，接近工人，干部不行，影响工人。公司可以搞一些吃閒饭的人，如董事之类。”（1963年10月24日在薄一波汇报工业情况时的插话）

很明显，刘少奇所说的“超脱”，就是放弃党对工业企业的领导，让资本主义自由泛滥。所说的“公司考虑怎样有利就怎样干”，就是鼓吹无政府主义的生产，鼓吹利润挂帅和自由竞争。所说的“搞一些吃閒饭的人”，则是明目张胆地培养工人贵族、寄生虫，培养新的资产阶级分子。刘少奇利用托拉斯恢复资本主义，大搞“和平演变”的险恶用心，真是不打自招，一语道破！

于是在刘少奇的亲自指导下，薄一波为其主人卖命不遗余力。从1963年底开始，在半年之内，就在全国试办了十二个全国性的托拉斯，收了三百多个企业工厂。到1965年，刘少奇指示各部都要“统统组织公司，有的部要组织几个公司”。他还特别想把石油、煤炭等部也改为托拉斯。

在刘少奇所办的托拉斯中，实行了高度的集中管理，如把全国大大小小的制药厂，连同它下面附属的制药车间，都组织成一个公司，连生产红药水的地方街道工厂也吞併得一个不留。这样，不但完全反对和否定了毛主席所一贯指示的集中领导和分级管理、以便发挥地方积极性的正确方针；而且为实现其政治野心准备条件，即：独揽大权，控制全国经济命脉，以配合其最后篡党、篡军、篡政的罪恶行动。

刘少奇的险恶用心还在于，他通过对工业企业的托拉斯系统的领导，搞一个象赫鲁晓夫的“工业党”那样的独立机构，把党逐渐变为“全民党”，把党蜕变为管理经济的单位，从而否定党的阶级属性，从根本上取消无产阶级专政。

刘少奇推行的这一套资本主义货色，受到了坚持社会主义方向的不少同志的反对。１９６５年陈伯达同志就曾表示反对。各级工业企业管理部门的一些同志也表示抗拒。但刘少奇指使其爪牙对陈伯达同志进行打击。对其他同志也报以强制的措施，他在给薄一波的信中说：

“听了你汇报，各地对中央组织统一管理的工业企业的公司，在收厂时，有些地方党委持反对的态度是可以想得到的，但是必须坚决地迅速地打破这种反抗，……请你们即对菸草公司的经验，写一个总结报告给中央，……中央将这个报告发给各地。”

刘少奇除了盗用中央名义，滥用他的职权强行贯彻他的黑指示外，还大造舆论，宣传托拉斯的“优越性”。他的忠实走狗薄一波曾指使臭名昭著的修正主义分子孙冶方到处拜访留学外国的资产阶级知识分子，请他们倾谈资本主义托拉斯的“经验”，然后汇集成书出版。此书曾交刘少奇、邓小平参阅。他们还想组织考察团到法国、瑞士等资本主义国家“取经”，结果未遂。

这些事实说明：刘少奇和赫鲁晓夫是一丘之貉！

六、帝国主义和苏修的吹鼓手、应声虫

在激烈的阶级斗争中，国内外的反革命修正主义势力是互相呼应的。它们对帝国主义都是采取投降主义政策，为了瓦解世界共产主义运动、实现全面的资本主义复辟的共同目的，而勾结在一起。多年以来，刘少奇出自其剥削阶级的反动本性，一直在帝国主义和苏修面前扮演着吹鼓手、应声虫的可耻角色。

（一）无耻地为帝国主義涂脂抹粉

毛主席教导我们：“捣乱，失败，再捣乱，再失败，直至灭亡——这就是帝国主义和世界上一切反动派对待人民事业的逻辑，他们决不会违背这个逻辑的。”我们与帝国主义的矛盾是你死我活的不可调和的矛盾，帝国主义对世界各国人民欠下了数不清的血债，是我国人民和全世界人民的死敌。

然而，反革命大野心家刘少奇却早在抗日战争时期，就开始干吹捧帝国主义的勾当了。他在《民主精神与官僚主义》的讲演中，便大肆吹捧美国的“民主精神”：

“在美国，即使他是工程师，赚钱多，本领大一些，但，并不以为比工人高一等。”接着指责我们的干部和党员：“民主精神在我们干部中间，有许多不大够的，真的以为人家要比他低一等，他自己是比人高一等的。”“在我们的同志中，……能懂得民主，而且真正工作中以民主精神对待旁的同志、旁的党员的并不多。”

“美国大总统华盛顿、林肯退职时，就退为平民。美国资产阶级还能够这样的讲民主，但在我们的党员中，却还有要他退为平民，退为普通人民就不满意的。”居然要我们的党员去学习美帝国主义的虛伪的“民主”！

他一九四九年四月二十五日对天津国营企业职员的讲话中说：“听说美国工厂里厂长、工程师和工人很难分别，这是资产阶级的民主精神。在苏联我看到就更难区别。所以我们工厂里也应当如此。”赤裸裸地要我们的社会主义工厂照搬资产阶级的“民主精神”。

我们知道，资产阶级的所謂“民主”，其实是骗人的鬼话，他们的“民主”是资产阶级用来欺骗工人、麻痹工人斗志从而巩固资本主义统治的一种手段。刘少奇对他们的“民主”如此向往、如此吹捧，充分暴露了他对资本主义制度垂涎三尺的反革命修正主义的本来面目。

全国解放以后，刘少奇仍然以美化、吹捧帝国主义为能事：

他在一九五六年“八大”会上说“在美国统治集团内部，也有一些头脑比较清醒的人逐渐认识到，战争政策未必对美国有利”。“英法两国在目前整个国际形势的影响下，……表示了一定的程度的和平共处的愿望。”学着赫鲁晓夫的腔调，公开鼓吹帝国主义统治集团中有“明智派”的谬论。

一九六三年四月，刘少奇接见越南代表团时说什么“现在，帝国主义国家不打社会主义国家，只搞点冷战，所以这个矛盾不突出。”明目张胆地为美帝掩飾其丧心病狂的侵略行径。

一九六五年，刘少奇还欺骗兄弟国家，为美帝国主义摆好。在接见一个兄弟国家代表团时，他竟胡说什么，在越南问题上，“看来美国也不想积极扩大战争”了，公然掩盖美帝在越南逐步升级、不断扩大战争的罪行。

一九六五年十月七日和十月十五日刘少奇在分别接待两个代表团时竟把我们反对帝国主义轻描淡写地归结为是因为美国有沙文主义，说什么“我们为什么同美国、印度都搞不好？因为他们采取大国沙文主义，要比我们高一头，有时不讲道理”。极力掩飾帝国主义的反动本性，进行政治欺骗。

更有甚者，刘少奇还为血债累累的日本军国主义和德国军国主义开脱罪责，为其唱赞歌。他在一九六三年十月二十三日下午听取工业情况汇报时的插话中说：“日本人有日本人的风格。它受压迫，要奋斗。大概是明治维新以后养成的，有那么一股干劲，发奋图强的风气。德国过去也是受欺侮，以后才有那股干劲，铁血宰相俾士麦提倡的。当然，他们是资产阶级的，也是全民族的。”他要把这样的反动结论强加于人，即：日、德军国主义是由于受压迫而产生的，他们后来的极度法西斯化和铁血政策是“发奋图强”，是自强的“干劲”，俨然有值得我们“钦佩”、“借鉴”的地方了！刘少奇这个民族敗类就是这样厚颜无耻地为残暴的法西斯匪徒唱頌歌！

直到一九六五年刘少奇还对一个兄弟国家的代表团讲：“我们和苏联解除了日本关东军的武装以后，苏联把那些日本的将军和伪满政府的日本顾问交给了我们。总共有一千人，关了十多年，很好地对他们做工作，结果，这一千多个战犯都转过来了，他们回到日本以后，只有一个人反对我们”。“不能认为日本军国主义分子就不能改变，只要工作做得好，在一定条件下是可以转变的。”把日本军国主义分子可以转变作为一个普遍的现象来宣扬，公开地美化法西斯军国主义者，宣扬帝国主义和反动派本性可以改变的反动理论，企图诱骗人们去同情帝国主义者，去对双手沾满人民鲜血的刽子手们讲温情。

（二）无耻地为苏修唱贊歌

1．抹煞馬克思列宁主义毛泽东思想与以苏联为首的現代修正主义之間的根本对立，故意掩盖苏修与美帝勾結的反动本質

毛主席教导我们：“否定马克思主义的基本原则，否定马克思主义的普遍真理，这就是修正主义。修正主义是一种资产阶级思想。修正主义者抹杀社会主义和资本主义的区别，抹杀无产阶级专政和资产阶级专政的区别。他们所主张的，在实际上并不是社会主义路线，而是资本主义路线。”以苏联为首的现代修正主义就正是这样的货色，它们与我们的斗争是两个阶级、两条道路之间的不可调和的斗争。

而刘少奇却千方百计地抹杀这种根本对立的界限：

“我们同修正主义者在世界问题上的分歧，主要是对帝国主义的命运根本不同的看法。同我们相反，修正主义者相信帝国主义者当前的统治是稳定的，他们有一个说法，叫做‘不要用武力去试探资本主义的稳固性’”。（一九六二年一月二十六日的讲话）

“帝国主义说苏联好那就糟了。很多人去过苏联，写文章说苏联正在自由化，欣賞苏联物质刺激，说中国才是马列主义，说我们是革命的马列主义，苏联是保守的马列主义，这就需要注意，他们在挑拨我们和苏联的团结”。（一九六〇年一月三十一日和王光英一家的谈话）

“我们共同的敌人——以美国为首的帝国主义，总是千方百计地企图破坏中苏之间的团结。但是，就象看不到太阳从西边出来一样，他们永远也看不到中苏两个伟大的党、伟大的国家、伟大的人民之间的分离。我们的团结是由共同理想和共同事业联系起来的，是在反对共同敌人的共同斗争中发展和巩固起来的，是以马克思列宁主义和无产阶级国际主义为基础的。”（一九六〇年十二月七日在莫斯科各界为欢迎中国党政代表团举行的苏中友好群众大会上的讲话）

他把我们同苏修的根本分歧说成是局部的认识问题。公开地否定二者之间的对抗性矛盾，说什么有共同的马克思列宁主义的共同基础，极力鼓吹什么要维护中苏之间的“团结”。这是在有意抹杀我们与修正主义之间的根本对立，企图为向苏修投降妥协制造舆论。

与此同时，他又千方百计地否定苏修与帝国主义在阶级实质上的一致性，故意掩盖苏修、美帝互相勾结，狼狈为奸，企图主宰世界的反革命罪恶勾当。他在一九六三年一月十九日在中国科学院哲学社会科学部委员第四次扩大会议上说：

“美国现在的主要敌人，主要的对手还是苏联，他们第一个怕的还是苏联，而不是中国。”

“苏联和其他社会主义国家和帝国主义的矛盾是不可调和的，帝国主义与帝国主义之间的矛盾尚且是不可调和的，难道帝国主义就那样喜欢修正主义。美苏在一些不关系到当前利益的问题上，例如不上月球去，可以作些妥协，在关系到当前利益问题上，基本问题上，取得妥协是不可能的。在次要问题上，可能取得一些妥协。”

“（美苏）在基本问题上联合起来是不可能的。”

看！奇少奇这个修正主义的吹鼓手就是如此卖力地吹捧苏修，掩盖苏修与帝国主义同流合污，共同对抗世界革命人民的反动实质！

2．无耻地吹捧苏修，狂热地鼓吹向苏修学习

赫鲁晓夫上台以后，刘少奇便立刻看中了这个修正主义野心家，他曾对他的长子刘允斌说：“赫鲁晓夫是苏联人民的伟大领袖”，“是杰出的马克思列宁主义者。”

《苏共领导同我们分歧的由来和发展》一文指出“苏共第二十次代表大会，是苏共领导走上修正主义道路的第一步。”自此以后，苏联便开始了全面的资本主义复辟，逐渐变成了一个修正主义的国家。我们和苏修的矛盾是水火不相容的。然而，刘少奇这个中国的头号修正主义者却自一九五六年苏共二十大以后，一直充当了苏修的狂热的吹鼓手。

苏共二十大刚刚结束，他便在元月与苏联青年代表团的讲话中吹捧赫鲁晓夫要把“分裂”的世界“联合”起来的外交政策说：“（你们苏联）最近对外政策做得很好，我们支持你们。”

苏共二十大召开不久，刘少奇便在一九五六年“八大”会上公开吹捧苏共二十大是“具有世界意义的重大政治事件，……决定了进一步发展社会主义事业的许多重大政策、方针，批判在党内曾经造成严重后果的个人崇拜现象，而且提出了进一步促进和平共处和国际合作的主张，对于世界紧张局势的缓和作出了显著的贡献。”

“在苏联共产党第二十次代表大会的号召下……，苏联人民现在正沿着建设共产主义的道路前进，强大的苏联已经成为捍卫世界和平的坚强的堡垒。”（同上）

一九五六年七月，刘少奇向杨献珍、侯维煜作的“重要指示”中赤裸裸地说：“我们“同苏联搞好团结、学习苏联经验，是肯定不够的，学习社会主义的经验，只有苏联一家。”还说：“和苏联专家的关系一定要搞好，搞不好关系，有理无理三扁担，这是政治问题。千万不要因为反对教条主义就漠视这个问题。”十足地充当了一个贩卖苏联修正主义货色的祖师爷的角色。刘少奇为什么如此卖力地鼓吹向苏联学习？因为修正主义的苏联正是这个朝夕做着资本主义复辟美梦的反革命野心家心目中的理想兰图。赶快让社会主义的中国改变颜色，走上苏修的道路，这便是刘少奇吹捧苏修的一系列言论的出发点。

一九六〇年，刘少奇率领中国共产党代表团去莫斯科参加各国共产党和工人党代表会议，会上，就许多重大问题向苏修作了妥协投降（如和平共处、和平过渡、苏共二十大等）。会后，又到苏联许多地方去访问，对苏修极尽阿 䛕吹捧之能事。

众所周知，赫鲁晓夫在第十五届联合国大会上出尽了丑态，与美国强盗头子打得火热，公开向美国卖身投靠。然而刘少奇却为之吹捧道：“不久之前，赫鲁晓夫同志率领苏联代表团和其他社会主义国家代表团一起，在第十五届联合国大会上作了新的有益的努力，揭露以美国为首的帝国主义集团的侵略和战争的政策，揭露丑恶的殖民主义制度，苏联为了缓和国际紧张局势而提出的全面彻底裁军，禁止核武器等建议，获得了全世界一切爱好和平的国家和人民的热烈响应和支持。中国人民要感谢赫鲁晓夫同志，因为他在第十五届联合国大会上，坚决地主张恢复中国在联合国的合法权利，严正地驳斥了美国对于中国所作的无耻的污蔑和诽谤。（一九六〇年十二月七日在莫斯科苏中友好群众大会上的讲话）这个无耻的资产阶级政客就这样公然地颠倒黑白，向苏修献媚取宠！

又说："苏联对社会主义兄弟国家履行着兄弟般的相互援助和合作的义务。""（苏联）积极支持资本主义世界被压迫民族和被压迫人民争取解放的斗争。""中国人民在社会主义建设中，正象过去在革命中一样，从苏联得到了巨大的援助。中国人民永远不会忘记苏联的援助"。（同上）

"你们为我国生产了许多成套设备，提供了大批的设计资料，派遣了优秀专家，并且还为我们培养了许多技术干部和建设人才。这是苏联政府和苏联人民对我国社会主义建设的巨大援助的一部份，请允许我在这里代表中国政府和中国人民对你们这种国际主义的援助表示衷心的感谢和崇高的敬意。"（一九六〇年十二月四日在苏共列宁格勒市委员会和市苏维埃执行委员会为中国党政代表团举行的宴会上的讲话）

"你们的工厂供应了很好的设备给中国，帮助了我们的社会主义建设事业，同时我们的技术干部也在你们的工厂进行过实习，学习了技术。我代表中国人民中国共产党和中国政府向你们、并通过你们向全体苏联人民、苏联共产党和苏联政府表示衷心的感谢。"（一九六〇年十二月三日在列宁格勒基洛夫工厂为欢迎中国党政代表团举行的群众大会上的讲话）

十二月九日在伊尔库次克州委员会和州苏维埃执行委员会举行的宴会上则更进一步地说"我们两党——苏联共产党和它们的中央委员会，我们两国政府——苏联政府和中国政府——都反映了我们两国人民和全世界绝大多数人民这种要求团结的强烈愿望，都认真地做了加强我们两党两国之间团结所应该做的一切必要的事情。"

这些献媚取宠之言完全抹杀了苏修镇压被压迫人民的革命斗争，和以大国沙文主义态度企图控制别国的事实；完全抹杀了苏修在同年六月布加勒斯特会议上对中国发动突然袭击，七月又突然单方面决定在一个月内撤走全部专家、撕毁几百个协议合同、挑起边界纠纷等事实，无耻地出卖了灵魂，大捧赫鲁晓夫的臭脚，表现了一付十足的奴才相。是可忍，孰不可忍！

谁都知道，赫鲁晓夫集团篡政以后，就在苏联采取了一系列的复辟资本主义的步骤，短短的几年之中，苏联国内便闹得乌烟瘴气，然而，刘少奇在访问过程中，却闭眼不看苏联资本主义复辟、人民重陷于水深火热之中的惨痛现实，反而一味地为苏修国内实行的反动政策唱颂歌，为之粉饰太平。

"现在苏联人民在以赫鲁晓夫同志为首的苏联共产党中央委员会的领导下，正在胜利地执行着宏伟的七年计划，开展着全面的共产主义建设，以新的成就吸引着全世界各国劳动人民。我们在参观访问中，到处看到苏联人民劳动热情的高涨，看到争取提前完成七年计划的社会主义竞赛的广泛开展，看到共产主义劳动者的队伍的日益扩大。……"（一九六〇年十二月七日在莫斯科苏中友好群众大会上的讲话）

这个民族败类甚至还在莫斯科、列宁格勒、明斯克等地无耻地高呼“以赫鲁晓夫同志为首的苏联共产党中央委员会万岁！”真是混蛋透顶！无耻之极！

一九六一年，苏修的反动嘴脸已彻底暴露，刘少奇在庆祝中国共产党成立四十周年的大会上，竟然又明目张胆地疯狂鼓吹向苏联“学习”，声言“在全国开展一个新的学习运动，这是当前最重要的事情。”“要学习苏联和其他社会主义（兄弟）国家建设社会主义的经验。”他这是想要我们照葫蘆画瓢，学习苏修复辟资本主义的罪恶行径，司马昭之心，路人皆知！

一九六二年，在再版的大毒草《论修养》中，他又把苏修树为社会主义的楷模：

“这样好的共产主义社会是否能够实现呢？我们说，是能够实现的，是必然实现的……苏联社会主义建设的成功，也给了我们以事实上的证明。”

“就目前的形势来说，社会主义已经在世界六分之一的地面上——苏联获得了伟大的胜利。”

直到一九六五年五月，刘少奇在接见一批越南外宾时，竟然还口口声声把苏修称为“社会主义国家”把苏修在越南问题上的叛卖行径说成是认识问题。

如此种种，不一而足。刘少奇与苏修本是一丘之貉，他的这些言论完全发自其反动的本性！完全发自其复辟资本主义的反革命用心！

（三）与赫鲁晓夫一唱一合，贩卖“三和一少”外交政策

毛主席教导我们：“我们说‘帝国主义是很凶恶的’，就是说它的本性是不能改变的，帝国主义分子决不肯放下屠刀，他们也决不能成佛，直至他们的灭亡。”“希望劝说帝国主义者和中国反动派发出善心，回头是岸，是不可能的。唯一的办法是组织力量和他们斗争。”

反革命修正主义分子刘少奇公然对抗毛主席这一光辉论断，完全被苏修牵着鼻子走，充当了帝国主义和苏修的走狗和应声虫。在对外政策上贩卖了一整套修正主义货色。

他对赫鲁晓夫贩卖的修正主义黑货崇拜得五体投地，他曾对他的长子刘允斌说：“他（赫鲁晓夫）提的和平过渡、和平竞赛、和平共处是对马列主义的发展和新贡献。”

“我们在对外关系中一贯执行着坚定的和平政策，主张一切国家间的和平共处和友好合作。”

他在一九五六年，八大报告上公然宣称：“我们以五项原则为基础的和平共处政策不排斥任何国家。对于美国，我们也同样具有同它和平共处的愿望。”

“我们相信社会主义制度的优越性，不怕同资本主义国家进行和平竞赛。”

一九五六年元月他同苏联青年代表团讲话时则具体地阐述了他的投降主义的和平联合外交政策：“目前世界群众运动（工、青、妇、和大等）最突出最严重的现象是分裂状态，都分成两派。”“分裂就是右派的胜利，我们不能只责备右派，我们要採取一些办法克服这种分裂状态；其中一种办法就是由中国派出来号召。南斯拉夫出来号召，也恐怕有好处，要考虑赞成。”“使左、中、右能坐在一起开会，能做到这一点就是胜

利。”“今后工、青、妇、和平运动都由中间派和右派发起，我们参加，让他们坐第一排，我们坐第二排，我们的领导不在形式上、表面上，而在实质上，这样就使全世界大部分青年、妇女、工人团结起来。”看，与当时赫鲁晓夫、铁托所竭力鼓吹的向帝国主义屈膝投降的“联合”论何其相似乃尔！

一九五七年在纪念十月革命四十周年的大会上，刘少奇大张旗鼓地散布修正主义的和平幻想。说什么“世界人民都是反对战争的，要求和平的，苏联、中国和其他社会主义国家的和平政策到处受到欢迎。在纪念十月革命四十周年的时候，我们可以看到，和平运动已经成了世界上最大的运动，人类的持久和平已经有了实现的希望”。他肉麻地吹捧苏共二十大“提出了进一步促进和平共处和国际合作的主张，对于世界紧张局势的缓和作出了显著的贡献。”

一九六〇年刘少奇在访苏期间，几乎每到一处都要叫卖“和平共处”的货色：

“目前，世界各国人民面临着争取世界持久和平、争取不同社会制度国家和平共处……的伟大任务。”（一九六〇年十二月五日在白俄罗斯党中央、部长会议举行的宴会上的讲话）

“（苏联）一贯争取实现不同社会制度国家的和平共处。中国人民坚决支持苏联在国际事务中所实行的这种政策。”（一九六〇年十二月七日在莫斯科苏中友好群众大会上的讲话）

一九六一年在庆祝中国共产党成立四十周年大会上，刘少奇公开叫嚷：“对于美国，我们也同样有同它和平共处的愿望。”最后，修正主义本性大发作，索性大声宣布“我们的门，是对一切人敞开的”。

一九六五年一月七日刘少奇接见某友好国家代表团时，胡说什么：“我们中国有句古话：‘朋友不怕多，敌人不怕少’。还是做朋友好。”“……凡是和我友好的，一律友好”，“我们希望你们同其他所有国家都友好，”大放和平主义毒箭。

同年中日青年友好大联欢时，刘少奇也不放过贩卖和平主义黑货的机会，他在十一月十八日接见日本各青年团代表时，闭口不提两国人民团结反美的共同任务，而一味宣扬什么“我们之间再不要打仗了嘛”，“我们讲友好，讲和平，这样子就好嘛”等等。

对于各国反动派，刘少奇也主张和平共处。一九六五年一月七日那次接见时对该团团长说：“我们和印度关系是不好的。我们并不希望你们也和我们一样和印度关系不好。你们和印度关系好一些，就好嘛。”甚至还帮助印度反动派恐吓外宾说：“在你们那种环境下，如果和印度关系不好，是不好办的。”不准人民进行反抗斗争，只准听随反动派摆布！

“和平共处”与我们所坚持的反帝反修斗争是两种针锋相对的外交政策。在这里同样体现了两个阶级两条道路的不可调和的斗争，所謂“和平共处”实际上就是以苏修为首的修正主义集团向帝国主义妥协投降与帝国主义勾结起来共同镇压各国人民的革命运动和民族解放运动。刘少奇跟在苏修的屁股后面大叫“和平共处”，十足地暴露了他的修正主义丑恶嘴脸。他不仅是中国人民的最大的叛徒，也是世界革命人民的大叛徒！

毛主席说：“已经获得革命胜利的人民，应该援助正在争取解放的人民的斗争，这是我们的国际主义的义务。”然而，修正主义“三和一少”的反动理论却是要在对帝国主义、各国反动派、现代修正主义“和”的同时，对各国人民革命斗争的支援要少。其立场完全是站在帝国主义、反动派、修正主义那边去了。从这样的反革命立场出发，刘少奇公然宣扬“支援多了不行”的反动言论：

一九六五年十月十五日，刘少奇就对亚洲某友好国家代表团讲：“我们国家还要建设，现在我们需要钱，支援多了不行。”

总之，爱其所爱，憎其所憎，从刘少奇在对待帝国主义、各国反动派、现代修正主义的态度和对待各国人民的革命斗争的态度上，再一次充分地暴露了其反革命修正主义的本性。打倒刘少奇，这不仅是我国人民的要求，也是世界革命人民的要求！

七、修正主义教育路綫的总根子

（一）兜售“两种教育制度”的黑貨，为資本主義复辟准备条件

1．抹煞教育事业的阶級性，公然販卖資本主义的“双軌制”

1957年，刘少奇见到了11月8日的《参考资料》上转载的一条消息：《美国大学生有三分之二半工半读》之后，兴致勃勃，欣賞倍至，顺手批示：“此件送团中央一阅，中国是否可个别试办？请你们研究。”

刘少奇所赞賞的美国的“半工半读”，是什么货色呢？这条消息说，美国大学生中，几乎有三分之二的学生“自食其力，靠做事自己维持生活。”“学生以一半时间在校园读书，另一半时间则到各地去工作。每两个学生分享到一份全日的工作；轮流换班；甲在校上课，乙去工作；当乙上课时，则甲去工作。每人一星期可拿到50元，解决求学费用已属相当充裕。”

毛主席教导我们：“在现在世界上，一切文化或文学艺术都是属于一定的阶级，属于一定的政治路线的。为艺术的艺术，超阶级的艺术，和政治并行或互相独立的艺术，实际上是不存在的。”而刘少奇却公然鼓吹美国的“半工半读”，即资产阶级的“双轨制”（全日制正轨教育和职业教育）教育制度，公然将社会主义和资本主义“合二而一”，鼓吹无产阶级和资产阶级的阶级调和，要在社会主义的中国，“试办”资本主义的“双轨制”。1958年以来，刘少奇赤膊上阵，根本不顾毛主席的教育方针，根本不顾“党的总路线和总政策”，拼命鼓吹他的完全是修正主义的“半工半读”制度，贩卖资本主义“双轨制”的黑货。

2．閹割教育必须为无产阶級政治服务的內容，把“半工半讀”納入資本主义的軌道

毛主席为我国教育事业制定了最正确的方针：教育为无产阶级政治服务，教育与生产劳动相结合。1963年以来，毛主席根据国际和国内阶级斗争的经验教训，尖锐地提出培养无产阶级革命事业接班人的问题，对两个阶级争夺青年的重要阵地——教育事业，提

出了更为艰巨而光荣的任务。毛主席给我们指出："学制要缩短，教育要革命，资产阶级知识分子统治我们学校的现象，再也不能继续下去了。"

刘少奇完全违背毛主席的教导，他所鼓吹的"半工半读"，根本不是为无产阶级的政治服务，根本不能消除"资产阶级知识分子统治我们学校的现象"。恰恰相反，刘少奇的"半工半读"，是地地道道的资产阶级实用主义，完全是为资产阶级的政治服务的，只能助长资本主义的势力，只能培养出资产阶级的接班人。

1964年8月2日，刘少奇在中央学制小组的讲话中说："只有采用半工半读的办法，让他们自己搞饭吃，才能减轻国家同家庭的负担，又满足青少年升学的要求。"说穿了，他所讲的"自己搞饭吃"，正是他于57年在《参考资料》中看到的美国的"半工半读"，就是资本主义的"双轨制"。1964年8月7日，他在湖北省委用自己的亲身经历现身说法地说："我就搞过一年。我曾经想到法国勤工俭学，为了学一点做工的本事，在保定留法预备班，上午上四点钟课，下午做四点钟工，晚上自学两小时。……有一个不大的车间，有打铁、翻砂、模样、车床、钻床、钳工，有一个技术员和两个技术工人指导，一班六七十个学生，还赚了钱！我们不要他的工资，而且交学费，吃自己的饭。"这一段生动的"现身说法"，和资产阶级的"双轨制"不正是如出一辙吗？

刘少奇说他的"半工半读"能够"减轻国家的负担"，又是什么意思呢？说穿了，就是鼓吹利用"半工半读"来剥削学生的剩余劳动，实行资本主义复辟。刘少奇的面目极其阴险，手段极其毒辣，他没有一点共产党员的气味，而是一个拜倒在资本家门下的大工贼。1964年3月他对湖北省委说："可以叫农场工人回家去生产，用两个学生顶一个工人。农忙种地，农闲读书。两个学生顶一个工人，农场是愿意干的。"同年8月他对中央学制小组说过："为什么算小账而不算大账？这些学生既有劳动技能，又有文化知识，既能劳动，又能作技术工作，他们能够提高劳动生产率。从长远看，工厂是不会吃亏的，是会赚钱的。"同时在8月份的另一次谈话中，他又说："办这种技工学校、半工半读的学校，四年或四年半毕业，国家不亏本，他创造的价值够教育经费、教员开支以及学校的开支，可能还多。"刘少奇在计算了这笔生意之后，他下令说："与其招收工人，不如招收这种人，比招收工人好得多。""要减少固定工，增加临时工。"（1964年8月对湖北省委的谈话）

刘少奇在这里鼓吹的，到底是社会主义还是资本主义，不是一清二楚了吗？毛主席说，教育为无产阶级政治服务。刘少奇则反其道而行之，竭力鼓吹资产阶级的实用主义，明目张胆地将教育纳入资本主义轨道。这是我们绝对不能允许的。

刘少奇说他的"半工半读"能够"满足青少年的升学要求"，又是什么意思呢？在这里刘少奇抽象地谈什么"青年的升学愿望"，实际上是用"升学"作诱饵来引诱未能升学的城市青年到农村落户。毛主席说："一切可以到农村中去工作的这样的知识分子，应该高兴地到那里去。农村是一个广阔的天地，在那里是可以大有作为的。"可是刘少奇却说："如果让城市初中毕业生到农村光是当农民，他们是不大愿意的；如果下乡后仍旧有书读，半工半读或半农半读，他们可能就愿意下乡了。"他又说："城市青年要下乡，如果下乡种地，还有书读，还可以升学的话，那阻力就小得多。"（1964年8月对湖北省委的讲话）刘少奇根本反对教育为无产阶级政治服务，他的"半工半读"纯粹是资产阶级对青少年的腐蚀剂，是地地道道的培养资产阶级的孝子贤孙的教育制度，是完全与毛主席的教育方针背道而驰的。

3．用反动的"教育救国論"代替突出无产阶級政治

只讲军事，只讲技术，不讲政治，不讲高举毛泽东思想伟大红旗实现人的思想革命化，见物不见人，这是地地道道的修正主义观点。毛主席早在一九二九年就尖锐地批判了那种认为要"军事领导政治"的极端错误的思想，毛主席说："军事只是完成政治任务的工具之一。"

刘少奇对抗毛主席的指示，一贯鼓吹反动的"教育救国论"。1956年6月，他对教育部的指示中说："有人提出疑问，是工业救国，还是教育救国。其实两者并不矛盾，在这种情况下，没有教育救国，就没有工业救国。"1958年以来，刘少奇以"半工半读"为招牌，大力推销"教育救国"的反动黑货，鼓吹"技术决定一切"，根本否定突出政治，否定人的思想革命化。1964年8月，在湖北省委，他谈出了他对半工半读的设计图样。他说："用什么方法办？在农村是不是可以这样：初小可以多办一些全日制学校，到高小就要办半工半读的。……他们可以回家生产，学校不要准备生产资料。……办了小学还要办初中，仅仅办初级农业技术中学还不够，还要办中等农业技术学校。……土壤学、栽培学、兽医学等等，都要学一点。……办到毕业继续升大学。"在这里他只讲技术，一笔勾销了突出毛泽东思想这个最根本的内容。刘少奇紧接着谈出了他的畅想图："大体上，工人、农民、劳动者的文化水平提高，劳动生产率就大提高一步，管理水平也大提高一步，官僚主义也要减少，对当前普及教育、发展生产都有作用。"为什么刘少奇的"半工半读"能够治"官僚主义"呢？他说出了他的秘訣："如果有个厂长是官僚主义，工厂里有许多大学生，他们会叫他下台，因为很多工人都可以而且也有能力当厂长。"不仅如此，他还进一步吹嘘："要贪污也很困难了。因为工人中有大学生会算账。这样国家就会兴旺起来。这是我们的设想。"（对柬埔寨付首相宋双的谈话）这就清楚地看出，刘少奇吹嘘的"半工半读"到底是什么货色。他把"半工半读"盖上"反修防修三项措施之一"的遮羞布，实际上却贩卖技术能够"发展生产"，能够消灭官僚主义和贪污盗窃，能够"决定一切"的修正主义黑货。这清楚地表明刘少奇纯粹是一个挂羊头卖狗肉贩卖修正主义私货的最大走私商。

刘少奇完全陶醉于反动的"教育救国论"和"技术决定一切"的谬论之中。1964年他在广西说："毕业以后可以当工程师，也可以当技术员，也可以当农民，也可以当党委书记、厂长、市长、县长等等。……我觉得这样从中等技术学校毕业的，半工半读毕业出来的，已经是我们的一种新人了。这些人跟我们不一样，跟你们也不一样，跟现在的工人不一样，跟现在的农民不一样，跟现在的知识分子不一样，跟地主资本家当然也不一样。那么他们是什么人呢？就是在我们新社会，在社会主义社会里重新教育出来的一种新人。他既能脑力劳动，又能体力劳动。这一种人就是我们的前途，我们国家的前途，我们所有人的前途。"

刘少奇完全陷入了"全民国家""全民党"的修正主义谬论之中。刘少奇打算把我们国家引导到什么地方不是十分清楚了吗？他把一个个"技术至上"的修正主义苗子，叫做"我们国家的前途"，要他们去当"党委书记、厂长、市长、县长等等"。果真到了那个时候，我们的党和国家就早已改变颜色了。刘少奇在这里鼓吹的，不是一个实现资本主义复辟的反革命纲领又是什么呢？

（二）公开对抗毛主席教育思想，狂妄地和馬克思、列宁并列

1．貪天之功，把“半工半讀”說成是自己的首創

半工半读是毛主席一贯的教育思想。一九五八年一月毛主席在《工作方法六十条》就提出了“半工半读”，同年八月毛主席视察天津，九月视察武汉，都提出了“半工半读”，并且亲自批准了武汉大学所实行的半工半读。1961年主席在给江西共大的信中说：“你们的事业，我是完全赞成的”。

刘少奇根本否认这些事实。他在推销他的所謂“半工半读”的多次谈话中，对毛主席关于马克思主义教育理论的伟大贡献只字不提，贪天之功为己有，张口闭口硬说“半工半读”是1958年他在天津提出来的。刘少奇的奴才，反党分子彭真、陆定一、林枫等人，也跟着刘少奇学舌，公然为刘少奇吹捧，抵制毛主席的教育思想。

毛主席提出的半工半读，和刘少奇的所謂“半工半读”，是有本质区别的。刘少奇在完全歪曲毛主席的教育思想的同时，恬不知耻地把半工半读说成是他自己的首创，就更加暴露了他无视毛主席，把自己凌駕于毛主席之上的狼子野心。

2．狂妄地与馬克思、列宁并列，极力贬低毛主席

毛主席是当代最伟大的马列主义者。毛主席天才地、创造性地、全面地继承、捍卫和发展了马列主义，把马列主义提高到一个崭新的阶段。毛主席对教育工作的一系列指示，同样是马克思主义教育理论的重大发展。

刘少奇在他的讲话中，很少或者根本不提毛主席对教育工作的指示。不仅如此，他还狂妄地将自己与马克思、列宁并列，极力贬低毛主席。1964年8月他在广西的一次讲话中，大言不惭地说：“马克思讲，到共产主义社会，九岁的时候要有两小时的体力劳动，13岁就要四小时。那是什么呢？那就是我所讲的半工半读，或者半农半读，就是这种学校。列宁也讲，要实行一种综合技术教育，我想也是这种学校。”

1965年半工半读会议期间，他在政治局会议上，大引特引马克思、恩格斯、列宁、斯大林的讲话，对毛主席的指示只字不提，并且要教育部搞《马克思、恩格斯、列宁、斯大林论教育与生产劳动相结合》的材料。刘少奇把自己与马克思、列宁并列，恶意贬低毛主席，真是狂妄到了极点！

3．公然篡改毛主席的教育方針

1957年，毛主席指出：“我们的教育方针，应该使受教育者在德育、智育、体育几方面都得到发展，成为有社会主义觉悟的有文化的劳动者。”刘少奇明目张胆的篡改毛主席亲自制定的这一教育方针。1965年刘少奇在全国半工半读会议上说：“半工半读学校要培养有社会主义觉悟的、有文化科学知识、有技术、有实际操作能力的新型劳动者。”刘少奇公然抽掉了毛主席的教育方针中政治领先这个最实质的内容，歪曲和篡改了主席的指示。

4．公然抗拒毛主席的指示

1964年春节毛主席就教育革命问题作了极重要的指示。刘少奇不但不认真贯彻，反

而公然抵制。他在1965年11月的中央政治局扩大会议上说："全日制改革也要抓这个问题，毛主席在去年春节就提出来了，还没解决。请高教部和教育部准备。如何改革，再开一次会。看不准，千万不要瞎指挥。"含沙射影地攻击毛主席。

1964年夏，毛主席在对毛远新谈话中指示"阶级斗争是主课"。可是刘少奇却大唱反调，说什么"参加一期四清，毕业延长一点，补起来。当兵两个月可以不当了。不要因为参加四清，学习质量降低。"

毛主席是中国人民和世界人民心中最红最红的红太阳，毛泽东思想是当代最高最活的马列主义。刘少奇公然贬低毛主席，公然抗拒毛主席的指示，他就是一个罪恶滔天的反革命修正主义分子。

（三）刘少奇是抵制毛主席教育方針、推行修正主義教育路綫的總根子

毛主席的教育思想是一贯正确的。早在1929年，毛主席就提出，要使受教育者"政治化实际化"。1934年毛主席又提出，"苏维埃文化教育的总方针在什么地方呢？在于以共产主义的精神来教育广大的劳苦民众，在于使文化教育为革命战争与阶级斗争服务，在于使教育与劳动联系起来，在于使广大中国民众都成为享受文明幸福的人。"1939年毛主席指出抗大的教育方针是："坚定正确的政治方向，艰苦朴素的工作作风，灵活机动的战略战术。"1948年，毛主席指出，各项工作不能离开党的总路线和总政策。解放以后，毛主席对教育工作又作了一系列指示，给我国教育工作指明了前进的方向。

可是长期以来，在教育战线上，毛主席的教育思想不能得到很好的贯彻，给我国社会主义教育事业的健康发展造成了极严重的损失，其总的祸根就在刘少奇这里。

刘少奇一贯鼓吹修正主义教育路线。1956年他适应国内外阶级敌人的需要，明目张胆地叫嚣要取消党对教育事业的领导。这一年6月，他在对教育部的指示中，把党的领导说成是无关紧要可有可无的东西。他说："开开会，发现干部，总结经验，这就是党的领导。发现优秀教师、校长人材是领导的主要任务。"非常明显，刘少奇这里所谈的"党的领导"，只不过是实行资产阶级专家治校的商标和标签。在这同一个"指示"中，他更露骨地说："在学校中决定一切的问题是教员"，干脆把党的领导取消得一干二净。1957年毛主席明确指出社会主义的教育方针是"使受教育者在德育、智育、体育几方面都得到发展，成为有社会主义觉悟的有文化的劳动者"，提出了进行教育革命的任务。毛主席的讲话刚过几个月，教育革命还没有开展，刘少奇就慌忙站出来大唱反调，抵制毛主席教育方针的贯彻，阻挡教育革命的浪潮。7月20日他对农业教育的指示中说："教学年限，我主张不好规定死为几年，要规定总学时，学完就行，年限可长可短，三年可以，五年也可以。""大学、中等技术学校到底学多少就够了，要按学时算，读几年就几年。总之，质量不要降低，降低人家就说话了，不要规定几年，必须学完那些课程。"刘少奇并不以此罢休，他又从资产阶级的破烂堆里，找到了一根救命稻草，即资本主义的"双轨制"，迫不及待地抛出了他的"两种教育制度"的修正主义黑货。1958年5月他在中央政治局扩大会议上说："我想我们国家应该有两种主要的学校教育制度和

工厂农村的劳动制度；一种是现在的全日制的学校教育制度，小学、中学、大学，整天都是读书，……一种是半工半读的学校教育制度和一种半工半读的工厂劳动制度。”他又说：“学校分两类，第一类是全日制学校，第二类是半工半读、业余教育，主要是半工半读。”“第一类学校是国家办的，质量要求高，阶级成份好，文化质量也较高，这只可能吸收一部分人。因此势必要有第二类学校，即半工半读学校。半工半读是有经济目的的。因为第一类学校收不了这么多学生，同时家庭也供不起，自己也考不取，因此就要不靠家庭、不靠国家，靠自己做工读书。优秀的考上第一类，次一些的就进入第二类。”刘少奇的思想非常明显，他就是用资产阶级的“双轨制”来保护专门培养“优秀”学生的，“整天都读书”的资产阶级教育制度，继续为资产阶级服务。同时，把工人阶级和贫下中农的子女塞入到第二类学校中去。刘少奇抵制毛主席的教育方针，抵制教育革命，实行资本主义复辟，达到何等猖狂的程度！

1964年以来，毛主席对教育工作进一步提出了一系列的极重要的指示，明确地提出缩短学制进行教育革命的任务。也正是在这个时候，刘少奇又跳出来了。他对毛主席的指示不宣传、不执行、不贯彻，反而重新拾起他的“两种教育制度”的破烂货，赤膊上阵，游说十几个省市，顽固地保护资产阶级的教育制度，抵制毛主席思想，抵制教育大革命的潮流。为了保护资产阶级的“全日制”，他到处鼓吹说：“全日制学校现在还是需要的，还得好好地办……真正到了共产主义时代，是否还需要全日制？很难说。”说什么全日制的寿命“大概要一百年、二百年、三百年。”

他亲自组织了一个教育办公室，亲自担任中央教育小组的组长，并且通过黑帮分子彭真、陆定一、林枫等，和教育战线上走资本主义道路的当权派，上下串通，狼狈为奸，猖狂反对毛主席的教育思想，65年一年他们就开了六个全国性会议，把教育战线搞得乌烟瘴气。

刘少奇为了推销修正主义教育路线，不择手段，专横拔扈之极。他说：“对反对半工半读的人，要给他扣大帽子，是反对社会主义，反对共产主义，反对消灭三大差别。”（64年在广西省委的讲话）他甚至不顾党纪国法，滥用职权，竟下令说：“工业厅长思想不通，不愿办半工半读，就撤工业厅长的职。工厂厂长思想不通，也采取撤职的办法来对待。”

刘少奇有一套系统的教育思想，是完全和毛主席的教育思想针锋相对的，完全是修正主义的。毛主席的教育方针，是建筑在社会主义社会仍然存在着阶级、阶级矛盾和阶级斗争的理论基础上的，毛主席的教育方针是为了培养无产阶级革命事业接班人的教育方针。但是刘少奇否认社会主义时期的阶级斗争，鼓吹阶级斗争熄灭论，刘少奇的教育路线就是培养资产阶级接班人实行资本主义复辟的教育路线。

毛主席的教育方针，要求必须加强党对教育事业的领导，实行群众路线，消灭资产阶级知识分子统治我们学校的现象。可是刘少奇却认为党对教育事业的领导是无关紧要可有可无，主张取消党的领导，鼓吹“教员决定一切”，实行资产阶级教授治校，否认群众路线，要资产阶级的知识分子永久统治我们的学校。

毛主席的教育思想，要求必须突出无产阶级政治，高举毛泽东思想伟大红旗，实现人的思想革命化，实现德、智、体三方面全面发展，可是刘少奇却鼓吹反动的“教育救国论”，鼓吹“技术决定一切”的修正主义谬论，鼓吹智育第一，完全取消了人的思想革命化。

毛主席教导我们：“以学为主，兼学别样，即不但学文，也要学工、学农、学军，也要批判资产阶级。”可是刘少奇却主张全日制的学校就是“整天都读书”的学校，反对与生产劳动相结合。反对投入参加三大革命运动。对于半工半读，刘少奇则鼓吹什么“四四制是最好的制度”，把半工半读的学生当成廉价的劳动力，根本不是“以学为主，兼学别样”。

毛主席给我们指出：“学制要缩短，教育要革命”。可是刘少奇却鼓吹“不要定年限”，喋喋不休地叫嚷“要保证质量”，反对缩短学制，反对进行教育革命。

毛主席的教育思想，丰富和发展了马克思主义的教育理论。刘少奇的教育路线是不折不扣的修正主义货色。

长期以来，教育战线上的阶级斗争盖子始终不能揭开，资产阶级的教育思想大肆泛滥，各式各样的牛鬼蛇神盘踞着许多重要的部门，资产阶级知识分子继续统治着我们的学校，毛主席的教育思想得不到贯彻。这个根子在那里？就在中国最大的走资本主义道路的当权派刘少奇这里。长期以来，刘少奇抗拒毛主席的教育思想，竭力阻挡教育革命，拼命推销修正主义黑货，同盘踞在教育战线上的牛鬼蛇神，上下勾结，狼狈为奸，妄图把我国教育事业拉向资产阶级轨道，实行资本主义复辟。刘少奇是我国修正主义教育路线的总根子。我们必须彻底批判他的修正主义教育路线，肃清他的反动影响，把教育战线办成毛泽东思想的大学校。

八、破坏社会主义教育运动的罪魁祸首

（一）反对“前十条”，提出和推行形“左”实右的反动路綫

1．恶毒攻击、全面否定在“十条决定”指导下“社教”运动的伟大成果

1962年9月党的八届十中全会以后，在城市和农村普遍开展了社会主义教育运动。毛主席及时总结了“社教”运动的经验。1963年2月中央工作会议上，向到会同志介绍了湖南和河北的经验。同年5月，毛主席指出，这个运动“有些地方比较认真地贯彻了中央关于社会主义教育运动的指示，做得很好，不但制止了‘单干风’，而且把农村阶级斗争的盖子揭开了，把各种矛盾揭开了，把各种破坏社会主义的牛鬼蛇神揭露出来了”，肯定了运动的成绩。毛主席根据建国十三年来阶级斗争的经验，特别是十中全会以后“社教”运动的经验，亲自主持制定了《中共中央关于目前农村工作若干问题的决定》（草案），即第一个十条，为农村社会主义教育运动制定了正确的路线和政策，有力地指导了全国“社教”运动的开展，狠狠地打击了城乡资本主义的复辟活动。

正当轰轰烈烈的“社教”运动在全国全面展开，取得辉煌战果的时候，刘少奇心怀鬼胎，又一次跳出来，反对毛主席，反对毛主席亲自主持制定的“前十条”，反对社会主义教育运动，妄图阻挡历史的车轮。他亲自派王光美到桃园“蹲点”，兜售他的黑

貨。同时，他自己南下周游十几个省市，煽阴风、点鬼火，到处评头品足，恶意攻击全面否定毛主席亲自领导的“社教”运动。1964年他在广西攻击说：“全国四清运动在一年多的时间里，基本上打了败仗”。并且用绝对的口气咬牙切齿地说在“前十条”指导下的四清运动“都没有走上路”，“连一个公社也没有搞好”。

这一年8月，刘少奇回北京以后，更是大叫大嚷，说过去一年的四清“根本没有入门”，“农村也好，城市也好，多数没搞深透，甚至还没有入门。小平同志去了一次东北，也说工厂五反还没有入门。过去一年没有打胜仗，而是打败仗。过去的工作队太右了”。（8月7日在北京的报告）并且说：“最近找了几个同志讨论了一下，到北京、天津、济南、南京、上海、郑州等地去了一下，给省、地、县委书记讲了一下。正碰上开三级干部会，看了一些简报，其中对社会主义教育运动有所反映，但看不到一个像样的总结，发言一般。”（8月1日的报告）

刘少奇全盘否定一年多来四清运动的伟大成绩，其险恶用心，在于把矛头直接对准毛主席。他在64年10月15日对中组部等单位的领导干部的谈话中，就阴险地说，四清运动没搞好，“这是全国性的”，问题在于“只要领导清醒，领导权在马列主义者手里，出了问题也不要紧，可以解决的。”刘少奇胆大妄为，竟用反革命的语言含沙射影地攻击我们伟大的领袖毛主席不是“马列主义者”，造成四清运动“全国性”的“失败”。毛主席是当代最伟大的马列主义者。这是全世界革命人民公认的铁一般的事实，不论刘少奇如何咒骂，永远也无损于太阳的光辉！

刘少奇全面否定一年多来四清运动的成绩，其险恶用心，还在于妄图否定毛主席亲自主持制定的“十条决定”，否定毛主席的正确的四清运动的路线和政策。其实王光美在去桃园的时候，刘少奇就指示说：“不要先有框框，一切从实际出发，有什么问题，解决什么问题。”刘少奇所讲的是一句黑话，他恶毒地把毛主席主持制定的“十条决定”诬蔑为“框框”。他在8月份北京的报告中，还煽动说：“现在革命形势的发展，阶级斗争出现了许多新特点。……过去的经验都过时了。”又含沙射影地说“十条决定”“过时”了。

刘少奇全盘否定毛主席所领导的“社教”运动，否定毛主席亲自主持制定的“十条决定”，以此来为推销他的形“左”实右的反动路线开辟道路。

2．竭力推销形“左”实右的反动路线

刘少奇在全盘否定毛主席所领导的“社教”运动的同时，大力推销他的形“左”实右的反动路线。他一方面叫嚷“找不到一个像样的经验”，一方面又大肆吹捧王光美在桃园的四清“经验”。64年9月1日，他盗用中央的名义“批示”了王光美的“经验总结”，吹嘘王光美的《关于一个大队社会主义教育运动的经验总结》是“比较全面、比较细致”的。说什么“桃园大队的经验是有普遍意义的”。他一面诬蔑“十条决定”说“过去的经验都过时了”，同时于9月10日，经过他亲自修改，公布了《中共中央关于农村社会主义教育运动的一些具体政策的规定》（修正草案），即“后十条”，与“前十条”对抗。刘少奇的讲话，王光美的“总结”，和“十条规定”，集中地反映了四清运动的形“左”实右的反动路线。这条反动路线，致使四清运动在一个短时期内离开了毛泽东思想的正确轨道而走上了邪路。刘少奇就是破坏四清运动的罪魁祸首。

（二）閹割"社教"运动的灵魂，歪曲"社教"运动的性質

1．以极"左"的面孔，把农村形势说得漆黑一团，长阶级敌人的威风，灭无产阶級的志气

毛主席在"十条决定"中，对我国的形势作了最科学的分析，指出我国农村形势大好，但同时存在严重的、尖锐的阶级斗争。刘少奇反对毛主席的英明论断，他摆出一付极"左"的面孔，捕风捉影，肆意夸大，把农村形势说得一片漆黑，为推销他的反动路线作舆论准备。64年8月份，他在游说十几个省市回北京以后，作了一系列报告，对农村形势大肆渲染，极尽丑化无产阶级专政、美化阶级敌人之能事。他说：

"有些基层单位，原来就被阶级敌人所把持，华北三分之一，河北60—70%，山西几乎全部，……有些单位被敌人打进来，有些被拉过去了，做了阶级敌人的代理人。……基层单位的领导权不在我们手里，我看不少于三分之一。"

"我们要学会在无产阶级专政下，如何进行阶级斗争的经验，在这方面，我们还落后于我们的敌人。"

"阶级敌人已经改变了同我们斗争的方式，阶级敌人对我们的斗争方式摸熟了，知道我们有哪几手。阶级敌人研究我们的政策比我们研究得还清楚，坏干部研究得也很清楚。"

"现在敌人同我们斗争的方式改变了，敌人变聪明了，很会搞合法斗争，很会搞两面政权，很会搞和平演变，搞得比我们共产党更好。我们曾用两面政权的方法斗过日本、汉奸、国民党，国民党没法对付。而现在我们的党、干部，至今没有学会同地主、资本家、蜕化变质分子的两面政权作斗争。全党没有学会，很多干部没有学会。所以斗争中打败仗，斗不赢他。"

刘少奇把农村形势说得简直是一片恐怖，他说："有些地方阶级敌人和干部混在一起，斗争很激烈，你下去后，不一定就斗倒犯错误的干部和四类分子。一开始优势在他们方面，不在我们方面，因为他们有组织准备，而且这些人有一套对付工作组的办法……我就被赶走过，那一年到湖南，扎根串连，……支部书记急了，说'你在这地方妨碍生产'，并且在大队门口骂，说'你们来了，把一切都搞乱了' 你们看，我是国家主席，带着武装去的，他们还赶我，你们去会不赶吗？"

刘少奇对农村形势的这些分析，完全违反了毛主席的英明论断 是反"十条决定"的，反毛泽东思想的。刘少奇惯于打着"红旗"反红旗，他以极"左"的面孔出现，好像是搞阶级斗争，实际上，他根本不懂阶级斗争和两条道路的斗争，在他声嘶力竭地大肆渲染农村形势一片漆黑的同时，却偷偷地抽掉了"社教"运动的灵魂，贩卖了地地道道的修正主义黑货，破坏了"社教"运动。

2．閹割"社教"运动的灵魂——社会主义与資本主义的斗争

毛主席给我们反复指出：社会主义是一个相当长的历史阶段，在社会主义这个历史阶段中，还存在着阶级、阶级矛盾和阶级斗争，存在着社会主义和资本主义两条道路的斗争，存在着资本主义复辟的可能性。毛主席的英明论断，就是我们党十几年来的基本

理论和基本实践，是我们胜利地进行社会主义革命和社会主义建设的可靠保证。伟大的社会主义教育运动就是遵循毛主席的这一伟大教导，反击资本主义势力的猖狂进攻的一场大决战。

可是刘少奇完全不顾毛主席的伟大教导，完全抹煞无产阶级和资产阶级两个阶级，社会主义与资本主义两条道路的斗争，阉割了“社教”运动的灵魂——社会主义与资本主义的斗争，把运动引向邪路。他于64年8月在北京的讲话中，通篇只是笼统地说“敌人”和“我们”，“好人”和“坏人”，“四清”和“四不清”，“干部”和“群众”，就是不讲阶级斗争和两条道路的斗争，完全抹煞了阶级界限。64年，他在关于“蹲点”问题的报告中说：“要么四清改造四不清，要么四不清改造四清。”把“社教”运动干脆说成“四清与四不清的矛盾”。毛主席亲自主持制定的“十条决定”中，严肃地批判了“政治上和平共处，组织上稀里糊涂，经济上马马虎虎”这种极端的错误。可是刘少奇在64年8月还说：“四清的原来的内容扩大了，原来只讲经济四不清，现在连政治上、思想上、组织上四不清都要搞好。现在也讲不清政治上四不清是什么，敌我不清，两条道路不清等等。”可见，四清运动是搞社会主义和资本主义斗争的这个概念，在刘少奇的脑子里根本就不存在。

刘少奇完全混淆阶级界限。抹煞两条道路的斗争，歪曲运动的性质，不加分析地把干部和群众完全对立起来，说什么“所以刚进村时，工作队什么也不清楚，力量对比，原基层干部占优势”。毛主席讲四不清干部在上面的根子是“反对搞社会主义的人”。其中有的本来就是阶级异己分子；有的是蜕化变质分子；有的是接受贿赂、狼狈为奸、违法乱纪。还有的是丧失立场，包庇坏人的人。刘少奇完全离开了马列主义的阶级分析，完全违背了毛主席的教导，把四不清干部上面的根子说成：“……是官僚主义，所以有问题不知道。最坏的是严重包庇坏人坏事。”直接地包庇隐藏在“上面”的走资本主义道路的当权派。

城乡社会主义教育运动，是我们的伟大领袖毛主席亲自提出来的，有着极深远的意义，是使我们党“免除官僚主义、避免修正主义和教条主义，永远立于不败之地”的革命运动，是一场重新教育人、重新组织革命的阶级队伍，“向着正在对我们猖狂进攻的资本主义势力和封建势力作尖锐的针锋相对的斗争”，避免全国性的反革命复辟的极其严肃的阶级斗争。

刘少奇一贯站在反动的资产阶级立场上，每当社会主义革命向前发展的历史关头，总是站在历史车轮的对面，反对以毛主席为代表的革命路线，竭力保护资本主义势力。他在把农村形势渲染成一片漆黑的同时，偷梁换柱，歪曲四清运动的实质，把四清运动说成是“四清与四不清的矛盾”，“党内外矛盾的交叉或者敌我矛盾和人民内部矛盾的交叉”，转移运动的重点，保护真正的走资本主义道路的当权派。如果刘少奇的阴谋得逞，我们的党和国家就要沿着修正主义的道路一步步地滑下去，我们的国家就要改变颜色了。刘少奇的用心，是多么地险恶！

1965年1月，毛主席亲自主持中央工作会议，彻底批判了刘少奇歪曲四清运动性质的种种谬论，制定了“二十三条”，四清运动才纳入了马列主义毛泽东思想的轨道。

(三)大搞包办代替，大搞神秘化

由于刘少奇形“左”实右反动路线的影响，使四清运动一度离开了毛泽东思想的轨道。

第一、毛主席一贯相信群众，依靠群众。“前十条”中明确规定“社教”运动要放手发动群众，大搞群众运动。刘少奇却反其道而行之，他根本不相信群众，而把自己当成解放群众的“救世主”。他说：“不论城市、农村，没有负责干部率领的工作队善始善终地去搞，是斗不过那些有组织的，上下左右有联系的阶级敌人和坏干部的。”（64年8月1日在北京的报告）在这之后，全国四清一度出现了工作队的人海战术，一个20多户的生产队，也要派上五六名工作队员，大搞包办代替，大搞运动群众。

刘少奇把自己当成聪明的“诸葛亮”，完全把群众当成“阿斗”，竭力丑化革命群众。他说：“本来只贪污了一千，群众要他站起来，低下头，这样就可能四五千，七八千，这时积极分子高兴得很。可是第二天，第三天就翻案，积极分子就火了。工作队这时要作冷静的促进派。”请看，刘少奇把四清运动中涌现出来的积极分子诬蔑成什么样子，把我们的积极分子竟说成是毫无政治头脑的，只知道经济数字的庸人。实际上，刘少奇才真正是一个只知道钱财宝貝的伪君子，他以小人之心，度君子之腹。刘少奇哪里还有一点群众观点呢？

第二、“前十条”明确指出，“社教”运动要把毛泽东同志的指示，“十条决定”以及中央其他文件“同当地的具体情况，具体事例，具体工作结合起来，向干部和群众讲解，启发他们，边讨论，边提问题，让他们能够掌握中央和毛泽东同志的思想，懂得正确处理敌我矛盾和人民内部矛盾的方法，学会走群众路线的工作方法……解决多年存在的许多干部和群众之间不正常的关系问题。”

可是刘少奇却直接违背“十条决定”，鼓吹“扎根串连”的工作方法，鼓吹作“秘密工作”，搞得神乎其神。他说：“工作队进村后，要进行一些秘密工作”，“至少要一两个月。”说什么“贫下中农要观察你，不像解决问题的样子，人家不谈。如果表现好……他就和你谈。开始是秘密谈，一个人，谈了说要保密，他是作秘密工作的……”。在刘少奇这种谬论指导下，四清运动完全陷入神密化，运动搞得冷冷清清。

第三、毛主席在“前十条”中专门讲了调查研究的问题。开调查会是毛主席一贯提倡的调查研究的“最简单易行又最忠实可靠的方法”。可是刘少奇却坚决否认毛主席的这一思想，胡说“调查方法，过去的也不行了，搞四清五反，阶级斗争，扎根串连，发动群众，经过这一系列过程，我们才能掌握材料。不是调查会所能解决的。”（64年8月18日报告）64年10月15日他对中组部等单位领导干部谈话中，讲得更加露骨，他说：“现在有许多阶级斗争的问题，你只开调查会已经不行了。找基层干部开调查会，找贫下中农开调查会，几个人座谈，一谈情况就清楚了，没有那回事！”刘少奇如此猖狂反对毛主席，反对毛泽东思想，完全暴露了他的反革命修正主义分子的真面目。

第四、“前十条”指出，“要团结百分之九十五以上的群众，团结百分之九十五以上的干部。”刘少奇却形“左”实右地提出“搞好四清五反后，再团结两个百分之九十五”，“团结百分之九十五以上的群众是团结百分之九十五以上的干部的基础。”在这种思想指导下，工作队一进村，就完全把干部甩在一边，孤立在群众之外。完全违背了主席一贯的“利用矛盾，争取多数，反对少数，各个击破”的思想；违背了严格区别两类不同性质矛盾的问题。

第五、“前十条”指出“必须以教育为主，以惩办为辅”，经济退赔“不能马马虎虎”，“也要合情合理”。刘少奇反对这个政策，提出了形“左”实右的退赔政策。他说：“干部退赔并不难，干部都有四大件，他一卖就可以赔了。”经过刘少奇亲自修改的“后十条”，则强行规定：“贪污盗窃的赃款赃物，不论多少，必须彻底退赔。”把一场严肃的两条道路的政治斗争庸俗成为一场经济斗争，同时也伤害了不少干部的积极性，给运动带来了本来完全可以避免的阻力。

刘少奇的形“左”实右的反动路线，是完全违反毛泽东思想的。这一条反动路线根本不是以阶级斗争为纲，以社会主义和资本主义两条道路的斗争为纲。而是把四清说成是“四清和四不清的矛盾”，说成是“党内外矛盾的交叉，或者是敌我矛盾和人民内部矛盾的交叉”。完全是反马列主义、反毛泽东思想的。

这一条反动路线根本不是相信群众，依靠群众，尊重群众的首创精神，大搞群众运动，既轰轰烈烈又扎扎实实。而是迷信由领导干部率领的工作队，搞人海战术，包办代替，运动群众，表面上大轰大嗡，实际上把群众运动搞得冷冷清清。

这一条反动路线，不是重点打击党内走资本主义道路的当权派，挖出支持这些当权派的上面的和下面的根子。而是转移运动的重点，混淆两类不同性质的矛盾，大整社员群众，保护了走资本主义道路的当权派。

这一条反动路线，对干部不是进行阶级分析，不是一分为二，采取严肃、积极、热情的态度。而是不分青红皂白一律甩开，孤立在群众之外，把干部和群众完全对立起来，“打击一大片，保护一小撮”。

这一条反动路线，不是逐步在运动过程中，发动贫下中农，组织阶级队伍，发现和培养积极分子，逐步形成领导核心，同他们一道工作。而是完全相反，实行所謂“扎根串联”，只在少数人中间活动，搞得神乎其神，大搞神秘化。

这一条反动路线，完全违反了毛主席关于整个社会主义时期存在着阶级、阶级矛盾和阶级斗争，存在着社会主义和资本主义两条道路的斗争的科学论断；完全违反了十几年来我们党的这一基本理论和基本实践。

这一条反动路线，把运动引向了邪路。如果按照这条反动路线滑下去，不贯彻毛主席的路线，不搞阶级斗争，不搞群众运动，不严格区分两类不同性质的矛盾，长阶级敌人的威风，灭无产阶级的志气，“打击一大片，保护一小撮”。那末，“社教”运动不但不能胜利反击资产阶级向我们的猖狂进攻，反而会被资产阶级肆意侵袭腐蚀，一步步地改变我们国家的颜色，实现全国性的反革命复辟。

在这样的关键时刻，伟大领袖毛主席尖锐地指出，这是一条形“左”实右的反动路线。65年1月，毛主席亲自主持中央工作会议，彻底批判了刘少奇的反动路线，制定了“二十三条”，将运动纳入了正轨。“二十三条”是毛主席关于社会主义时期阶级斗争理论和如何进行阶级斗争彻底战胜资本主义的理论的最新概括 为胜利地进行“社教”运动，制定了最系统最完整的马列主义的路线 政策和策略。“二十三条 是毛主席对马列主义的又一新的贡献。

刘少奇的反动思想是一贯的。早在１９４７年土改工作中，刘少奇就违反毛主席的教导，犯了杀人过多侵犯了中农利益的形"左"实右的错误。这一条反动路线流毒极深，是进行社会主义革命的死对头。我们要革命，就要彻底粉碎这条反动路线，肃清它的流毒，让毛泽东思想的伟大红旗高高飘扬，永远飘扬。

九、鎮压无产阶級文化大革命的元凶

去年八月五日，我们伟大的导师、伟大的领袖 伟大的统帅、伟大的舵手毛主席写出第一张大字报"炮打司令部"，毛主席所炮打的这个司令部，就是以刘少奇为首的资产阶级黑司令部。从文化大革命开始以来，中央一直存在着两条路线的殊死斗争。一条是以毛主席为首的无产阶级革命路线，一条是以刘少奇为首的资产阶级反动路线。刘少奇从他的资产阶级反动立场出发，残酷地镇压轰轰烈烈的无产阶级文化大革命，犯下了滔天罪行。正如毛主席在"炮打司令部"这张大字报中所说的那样："站在反动的资产阶级立场上，实行资产阶级专政，将无产阶级轰轰烈烈的文化大革命运动打下去。颠倒是非，混淆黑白，围剿革命派，压制不同意见，实行白色恐怖，自以为得意，长资产阶级威风，灭无产阶级志气，又何其毒也！"

刘少奇在无产阶级文化大革命一开始就泡制出一条资产阶级反动路线，决不是偶然的。因为刘少奇本身就是我们党内最大的走资本主义道路当权派，道道地地的赫鲁晓夫式的个人野心家。他一贯反对毛主席，反对毛泽东思想；招降纳叛，结党营私，妄图篡党、篡军、篡政，在中国实现资本主义复辟。

随着社会主义革命的不断深入，无产阶级和资产阶级的阶级斗争，社会主义和资本主义两条道路的斗争，在这次文化大革命中提高到一个新的阶段。广大工农兵、革命干部和革命知识分子同一小撮党内走资本主义道路的当权派的斗争，是现阶段两个阶级、两条道路斗争的集中表现。党内一小撮走资本主义道路的当权派，是剥削阶级在党内的代言人，剥削阶级的复辟活动，主要是通过他们进行的，或者是在他们包庇之下进行的。无产阶级文化大革命运动的重点就是要整党内那些走资本主义道路的当权派，铲除复辟资本主义的根子，向资产阶级和剥削阶级思想发起总攻击，因此一场两条路线的激烈的决战就是势在必行的了。

（一）千方百計阻撓无产阶級文化大革命興起

１．抗拒文艺改革，包庇文艺黑綫

毛主席在一九六三年十二月关于文艺问题的批示中指出："各种艺术形式——戏剧、曲艺、美术、舞蹈、电影、诗和文学等等，问题不少，人数很多。社会主义改造在许多部门中，至今收效甚微。许多部门至今还是'死人'统治着。"

与此相对抗，刘少奇却百般包庇文艺界这条又黑又粗的黑线。一九六四年一月，他就迫不及待地跳出来支持周扬在一个文艺座谈会上公开抗拒毛主席的批评和指示，称赞“周扬同志讲的情况意见都很好。”他说：“文艺工作中的问题，只是认识上有时候清楚，有时候不清楚。只是工作上有时候抓紧，有时候抓不紧，只是对社会主义的新东西扶植、肯定不够”等等。

江青同志根据毛主席的指示，致力于戏剧现代化改革，但遭到了以彭真为首的旧北京市委的百般刁难和疯狂的迫害。彭真背后的靠山就是刘少奇。就在刘亲自召集的一次中央工作会议上，他与邓小平、彭真等一唱一和、公开与毛主席唱对台戏，说什么“历史剧要演，但不能过多。”妄图阻挠戏剧现代化改革的进行。

2．支持彭真的“五人汇报提纲”。

一九六五年十一月十日，姚文元同志在《文汇报》上发表了《评新编历史剧〈海瑞罢官〉》一文，揭开了批判“三家村”黑帮的序幕，吹响了无产阶级文化大革命的号角。但后来全国冷冷清清，各地报纸迟迟不给转载。而在刘少奇的支持下，黑帮头子彭真搬出了一个“五人小组向中央汇报提纲”，对抗毛主席，竭力把这场政治斗争纳入学术讨论的轨道上去，以达到包庇右派，打击压制左派力量的目的。这个提纲由刘少奇批示作为中央文件，流毒全国，成为在文化革命中资产阶级反动路线的纲领。在这期间，刘少奇还积极配合彭真一伙，把文化大革命引向“学术研究”上去。他说：“写文章要慎重，要有高水平，要写出高明的东西，这是打笔墨官司，不要辱骂。”

3．扼杀北大全国第一张馬列主义大字报

一九六六年五月二十五日北京大学聂元梓等七同志贴出了一张被毛主席誉为“全国第一张马列主义的大字报”，“二十世纪六十年代北京公社宣言”的大字报。由于这张大字报打中了党内一小撮走资本主义道路当权派的要害，从发现这张大字报一开始，刘少奇就拼命反对，对支持这张大字报的康生等同志施加压力。并且，当晚就派人奔赴北大，胡说什么“党有党纪，国有国法。”对聂元梓等同志进行围攻镇压。

（二）瘋狂地破坏无产阶級文化大革命

六月一日，我们伟大的领袖毛主席批准广播聂元梓等七同志的这张大字报。星星之火，顿成燎原之势，无产阶级文化大革命的烈火在全国各地熊熊地燃烧起来了。在这样一个汹涌澎湃的群众运动面前，刘少奇这个党内最大的走资本主义道路当权派，惊慌失措，生怕烈火烧到他的那些走资本主义道路当权派狐群狗党身上，烧到他自己身上。于是，乘毛主席不在北京的机会，极力推行资产阶级反动路线，要把轰轰烈烈的无产阶级文化大革命的群众运动打下去。他一方面匆匆忙忙抛出什么“中央八条”，即所謂“内外有别”、“注意保密”等八条，来束缚群众手脚，另一方面则悍然违抗毛主席的指示和不顾陈伯达同志的坚决反对，派出大批工作组去“控制局面”，占领了各单位文化革命领导岗位，把矛头指向革命群众和大部份好的、比较好的干部，以便在“打击一大片、保护一小撮”的白色恐怖气氛中把文化大革命纳入资产阶级轨道，以保护走资本主义道路当权派过关，为资本主义复辟积蓄力量。刘少奇还亲自出马保护这些被群众揪出来的反党分子说："要斗也可以，但要有材料、有布置"。强调要"争取第二号人物起义"

当群众运动的烈火扑灭不下去并开始起来造资产阶级反动路线的反的时候，刘少奇就暴露出他的反革命凶恶面目，以"排除干扰"为名，下令工作组镇压革命群众，要组织同学揭露他们（革命小将）的"反动面目"，"以500张对50张大字报"的绝对优势"压倒"他们，把革命群众打成"反革命"、"右派"等等。在北京师大一附中，刘少奇一次不放心，两次不放心，唯恐工作组镇压不力，反动命令竟然下达十四次之多。

刘少奇为了把北京作为全国推行资产阶级反动路线的样板，一方面下令总结张承先镇压北大"六·一八"事件的"经验"，在这个反革命"经验"前面，刘还亲自加了一个所谓"中央批示"，指示"别处发生类似情况也要照此处理。"另一方面，赤膊上阵，派"皇后"王光美插手清华大学，把八百多名革命小将和绝大部分基层干部打成"反党"、"反革命"、"假左派"、"真右派"、"黑帮"等等。挑动群众斗群众、群众斗干部（一般干部），干部整群众，制造群众与群众、群众与干部之间的对立。他们还像国民党反动派一样，对广大革命群众和干部广泛采用逼、供、信，限制行动，翻箱倒柜、拆信、查日记，甚至抛人事档案，进行曲解中伤，无所不用其极！手段的残酷，令人发指。优秀的革命闯将蒯大富，高举毛泽东思想伟大红旗，带头造了资产阶级反动路线的反，刘少奇就亲自给工作组下了三点指示：（1）把蒯大富当作"活靶子"打。（2）打倒了蒯大富才能巩固工作组的地位。（3）资产阶级不给我们民主，我们也不给资产阶级民主。因此蒯大富同学不但被当成"活靶子"打了又打，即在全校范围内掀起了所謂"反蒯运动"，甚至完全失掉人身自由，他要求到中央办公厅谈问题，还得有两个人押着去。

刘少奇对革命群众运动一向怀着刻骨仇恨。我们伟大领袖毛主席亲切关怀和巨大支持的红卫兵这样一个新生事物，也被刘少奇这个反革命修正主义分子污蔑为"秘密组织，也是非法的。"真是什么藤结什么瓜，什么阶级说什么话！

（三）負隅頑抗

正当我们无产阶级文化大革命处在生死存亡的关键时刻，我们伟大的舵手毛主席回到了北京，他老人家及时地批判了工作组的错误，做出了撤消工作组的英明决定。但刘少奇从他反动本性出发，对此怀恨在心。请看他七月廿九日在人民大会堂的万人集会上如何为自己推行的资产阶级反动路线辩护，他胡说什么："现在工作组不适合无产阶级文化大革命的需要，中央决定撤消。"并借口"保护少数"，一方面恶毒影射毛主席，一方面对革命小将继续进行恫吓、威胁。晚上王光美在清华大学就更嚣张地说："工作组有成绩、有缺点，我有我自己的看法，但现在不说。"到了八月四日，刘少奇在怀仁堂接见建筑工程学院原工作组骨干时，还气势汹汹地为工作组开脱说："一般地讲，反对群众运动，不让他闹事，让他们干什么？工作组是带着框框办事，暂时群众分裂一下也好，怕反革命上台？蛇出了洞才好打吗！刚出了反革命，你就一锤子，就打不倒。""你们怕反革命上台，因此把不是反革命的也看成了反革命，应当让他们活动，让他们整党员就暴露了他们……。"

工作组不得不撤走以后，刘少奇改头换面用"观察员"、"联络员"的形式，搞变相工作组，继续运动群众，并通过工作组临走时指定的“临时筹备委员会”或恢复所謂“党团活动”，继续贯彻没有工作组的工作组路线，挑动群众斗群众。

党的八届十一中全会宣告资产阶级反动路线的破产，伟大的“十六条”照亮了我国无产阶级文化大革命的道路。毛主席教导我们：“敌人是不会自行消灭的。无论是中国的反动派，或是美国帝国主义在中国的侵略势力，都不会自行退出历史舞台。”刘少奇是不会甘心于自己的失败的，他采用了更隐蔽、更恶毒、更阴险的手法继续和毛主席的无产阶级革命路线相对抗。在中央，他通过陶铸、王任重等这些暂时没被撕下假面具的两面三刀式的人物和毛主席、中央文革相对抗，继续推行资产阶级反动路线；在地方，通过他的一批大大小小走资本主义道路当权派，形形色色的牛鬼蛇神，猖狂地对抗“十六条”，对抗以毛主席为代表的无产阶级革命路线，继续制造更大规模的白色恐怖。曾经嚣张一时的“譚力夫讲话”，以及由王光美鼓吹的“反动血统论”，就是配合新形式下的资产阶级反动路线而出现的。

八月中、下旬，清华大学的革命师生发扬了“舍得一身剐，敢把皇帝拉下马”的大无畏革命精神，贴出了第一批揭发刘少奇、王光美的大字报。此后，分明是在刘少奇的指使下，以刘少奇女儿刘×为首的一伙人联合了十四个学校的红卫兵，于八月廿四日大闹清华园，疯狂地叫嚣“不许右派翻天”，强行撕毁了所有揭露刘少奇、王光美的大字报。革命造反派受到了又一次无情的打击，这就是清华駭人听闻的“八·廿四”事件。

十月三日，《红旗》十三期社论《在毛泽东思想的大路上前进》的发表，敲响了资产阶级反动路线的丧鍾，全国上下风起云湧，广大革命群众起来造了刘少奇的反。刘少奇这只老狐狸感到实在混不下去了，于是在中央工作会议上，假惺惺地抛出了一个所謂“检查”，说什么自己是由于“对文化大革命很不理解”，“错误地估计了形势”，“资产阶级世界观还没有完全改变过来”。真是放他妈的狗屁！而在背地里，他却以十倍的疯狂，作最后的垂死挣扎，于是全国性的资产阶级反动路线一次又一次的大反扑出现了．炮打无产阶级司令部，炮打中央文革，大刮反革命经济主义的黑风，一股自上而下的反革命复辟逆流等等。毛主席教导我们说：“捣乱，失败，再捣乱，再失败，直至灭亡——这就是帝国主义和世界上一切反动派对待人民事业的逻辑，他们决不会违背这个逻辑的。”对刘少奇这个历史小丑说来，也是这样。以毛主席为代表的无产阶级革命路线的光辉将永远普照大地，永远载入伟大的马列主义史册。

十、丑恶的灵魂

毛主席说：“有许多党员，在组织上入了党，思想上并没有完全入党，甚至完全没有入党。这种思想上没有入党的人，头脑里还装着许多剥削阶级的脏东西，根本不知道什么是无产阶级思想，什么是共产主义，什么是党。他们想：什么无产阶级思想，还不是那一套？他们那里知道要得到这一套并不容易，有些人就是一辈子也没有共产党员的气味，只有离开党完事。”

刘少奇在政治上是地主阶级的孝子贤孙、资产阶级个人野心家。在灵魂深处则是个极端利己主义者。他有一整套反动的一心为私的资产阶级的市侩哲学。运用这种市侩哲学，他混入到共产党内来；运用这种市侩哲学，他窃踞了党和国家的领导职位，招降纳叛，成为党内最大的走资本主义道路的当权派。长期以来，他还不断宣扬这种反动的市侩哲学腐蚀青年，培养资产阶级接班人，为复辟资本主义鸣锣开道。

（一）資产阶級世界观

刘少奇是怎样混入到党内来的呢？请看他的自白：“我们加入党，是看到个人问题横竖解决不了，先解决国家利益，国家社会问题解决了，个人问题也就解决了，随着大家利益的提高，个人利益也会提高，只要有贡献，社会一定会有适当的报酬。”很明显，他就是这样抱着商人唯利是图的思想，到党内来搞政治投机的。他的世界观，从来就是资产阶级世界观。

现在我们就来通过他一九六〇年和王光英一家以及与民建会、全国工商联领导人的几段谈话，看看他的世界观是多么丑恶、多么见不得人！

1．鼓吹个人利益第一

毛主席历来教导我们，共产党员要具有“毫不利己，专门利人的精神”，要具有“毫无自私自利之心的精神”。从这点出发，就可以变为“大有利于人民的人”。一个共产党员必须站在“公”字的立场上，无论做什么事，必须以“公”字为出发点和归宿。这就是无产阶级的世界观。与此相反，刘少奇却站在“私”字的立场上，鼓吹什么：“不能没有个人利益”，“个人利益一定要照顾，没有个人利益即无集体利益，个人利益集中起来即是集体利益。因此，不是大公无私，而是大公有私，公私兼顾，先公后私。”刘少奇这里谈到的“公”是假，强调“私”是真，归根到底是个“私”字。按照刘少奇的世界观，人不能没有个人利益，如果大家都没有个人利益，集体利益就化为乌有了。

2．宣揚“吃小亏，占大便宜”的資产阶級处世哲学

毛主席说：“一个人做点好事并不难，难的是一辈子做好事，不做坏事，一贯的有益于广大群众，一贯的有益于青年，一贯的有益于革命，艰苦奋斗几十年如一日，这才是最难最难的呵！”因此我们要“全心全意为人民服务”，“从人民的利益出发，而不是从个人或小集团的利益出发。”

而刘少奇却说：“整天考虑个人，即不会有个人，不考虑个人则最后有个人利益。占小便宜，吃大亏，吃点小亏，占大便宜，这是合乎马列主义无产阶级世界观的。”又说：“与人接触时，情愿吃点亏，遇到困难，人家不愿意做的事，抢做、任劳任怨，最后大家说你是个好人，大家愿意与你交朋友，将来还有大发展。”

刘少奇要人们“吃小亏”，是旨在“占大便宜”。按照他的逻辑，只要我“一年、十年、二十年吃点小亏”，人家就会把“我”“看清楚”，说“我”是“好人”，愿意和“我”“交朋友”，于是“我”就有“大发展”，名利接踵而来，终于占到了“大便宜”。这就是资产阶级攫取名利，“放长线，钓大魚”的阴险手法。实际上，就刘少奇本人来说，不但处处、事事想占“大便宜”，平常“小亏”也是不吃的。比如，他曾对前妻王前说：“你看人家（洛甫的老婆）多聪明，穿得不好，吃得可好呐，吃在肚子里谁也看不见，穿在外面大家不都看见了吗？”还有一次，王前让褓姆去给战士縫衣服，自己在家看孩子，刘知道了就指责说："你真愚蠢，在家带孩子多累，可缝衣服又轻快，又是群众场合，大家都能看到……。"

（二）刘少奇是毒害青年的第一号贩毒犯

刘少奇这个反革命修正主义分子，为复辟资本主义培养资产阶级接班人，长期以来，他打着"红旗"反红旗，对青年灌输了许多毒素。他毒害青年的特点是：为青年在社会主义条件下如何追逐个人名利，开了一个挂羊头卖狗肉的药方。就这样，刘少奇不知把多少青年推进极端个人主义的深坑。刘少奇是不折不扣的杀人不见血的混世魔王。

1．鼓吹资产阶级生活方式

毛主席諄諄教导我们，革命胜利后要防止敌人用糖衣裹着的炮弹的攻击，要继续保持艰苦奋斗的作风。而刘少奇却竭力要使青年忘记革命，去追求资产阶级的物质享受。就在一九五二年，新中国成立仅仅只有两年多，刘少奇在对留苏学生的讲话中就借苏联大讲社会主义社会是"讲生活的时候了"，应该享受了。他说："那里（指苏联）已经什么都变得很漂亮了。人民在一起讲生活，女人搽胭脂，抹口红，带宝石戒指……等等，对这些我们一定又不习惯。在中国，讲生活是落后的，讲政治工作和学习是进步的。对中国来讲是对的，但苏联却不同，它已到讲生活的时候了。他们的生活好，是建立在劳动好的基础上的。革命不是为了把生活搞坏，而是为了把生活搞得更好。"

五七年一月，他给青年团三大提了一个十分荒唐的主张，他说："我们对婚姻恋爱问题，一般是不干涉的，但是有些人找不到，有些害羞，……是否在社会主义国家里，设个介绍男女婚姻的机构'婚姻介绍所'，不要收钱，要帮助调查，不要骗人。"完完全全是西方腐朽的资本主义社会的一套，庸俗、低级、下流。按照刘少奇的想法，中国不是往社会主义走，而是向西方腐朽的资本主义社会看齐。可见毛主席身边的这颗定时炸弹是多么危险！直到六五年，王光美在高镇"四清"时，还十分卖力地贯彻刘少奇的这个主张，毒害了许多青年。

2．鼓吹先苦后甜，追求资产阶级名利

刘少奇对青年进行教育时，很讲究吃苦。但是他的"吃苦"，完全是为了将来个人的"甜"。一九五七年他在与地质学院毕业生代表谈话中说："要搞建设，就得吃点苦，受些限制。""要下定决心，甘愿自己去吃一些苦"，于是最后"人民是会了解你们的，照顾你们的。"刘少奇的"了解"、"照顾"是什么呢？请看他在一九五二年对留苏学生的一种解释："在苏联已无剥削，谁穿的漂亮，谁戴宝石戒指，这就说明谁的劳动好，不是好劳动，就不能穿的那么漂亮。"

刘少奇的"吃苦"，还是为了将来的"大名"。五七年刘对河南许昌的学生代表说："我劝你们回乡后不当干部，连会计都不当，认真种三、五年地，到那时一切农活都学会了。农民能做的事，你们都能做，比任何农民都不差。你们有文化，农民没有，比农民多一条。再加上一条跟群众关系搞得好，具备三条就能当乡、县、省的干部，还可以到中央，那就看个人的本事了……你们是中国第一代有文化的农民，第一代是要得便宜的。参加革命，我是第一代，现在成为中央委员，第二代像这样就当不了。"他在上

海向党员干部谈话中谈到学生升学时，就更露骨地说："这样一讲，他们下乡种田，也就高兴一点，而不是倒霉地下乡种田，垂头丧气的下乡，而是高高兴兴地挺起腰板子下乡，他会认为我要实现我的理想，发展前途更好。"

有个中学生刘维孔，没考上大学，不愿回乡参加劳动，刘少奇对她说："当集体利益和个人利益发生矛盾的时候，个人利益要无条件服从集体利益。因为有了集体利益，才会有个人利益。""只要你受得苦，能钻研农业技术，向老农学习，这样日久天长，群众关系搞好了，生产斗争知识也有了，群众自然会说你好，拥护你，选你做更多的事。你有了先进的农业知识，创建了成功的经验，会把你的经验向全国推广。这样，你的伟大理想，也实现了。如果你的经验推广到全世界学习，这就有助于解放全人类哩！"

看！刘少奇在腐蚀青年的灵魂时，真是使出浑身解数，不仅动用了他的"吃小亏，占大便宜"的市侩哲学，而且搬出了"吃得苦中苦，才能人上人"的封建阶级奴役人民的反动思想。他居然在鼓励青年树立极端的个人野心，要用大利克小利，为将来当中央干部、名扬世界去角逐、去奋斗。这难道不是在替剥削阶级向无产阶级争夺青年吗？

3．鼓吹业务第一，技术第一

毛主席早就强调指出政治是统帅、是灵魂，我们要培养又红又专的无产阶级革命事业的接班人。而刘少奇却鼓吹业务第一，技术第一，他说："只专不红，那只是一手。不红，即使搞得好，可以工作，但不能当领导"（与王光英一家的谈话记要）。刘少奇的意思就是可以走只专不红的道路，最多不能当领导。五二年刘少奇就公开号召过留苏学生埋头业务，不问政治，走只专不红的道路。他说："希望你们到那里搞好关系，学好一门技术"，"到那里后，要按纪律办事，好好学习。祝你们以五分毕业回来，让一步，是四分，三分就不大好了，两分的话，自己就捆背包。回来后还可做点事、吃点饭。"又说："今后搞什么都要专门知识，专门技术……每人要学好一、二门技术就行。"

（三）腐朽糜烂的生活

刘少奇满脑子的资产阶级人生观，所以，他在生活上也必然是十分糜烂的。他一共娶过六个老婆。真是个玩弄女性，道德败坏的大流氓。他娶的老婆中，短的只有两个多月，多的也就几年，惟有和资产阶级分子"交际花"王光美打得火热，时间过得最长。特别要指出的是刘少奇对出身比较穷苦的妻子，则百般虐待，手段毒辣得很，以致几个女同志都程度不同地患有神经病。比如他的第四个妻子王前，婚前才是一个十六岁的小姑娘，刘少奇为了弄到手，不惜采用卑鄙手段 实行物质引诱，隐瞒年令（少说十岁），婚后生有两个孩子，但离婚后就根本不许人家母子相见。第五个妻子王健和刘少奇结婚只有两个多月，以后刘少奇借口王健有神经病，把王健骗往东北治疗，实际上，刘使的是"调虎离山"计，王健走了不到两三个月，刘少奇就和王光美结婚了。

刘少奇表面上装得很廉洁，实际上是个十足的伪君子。他是个历史大贪污犯，远在大革命时期他就贪污了分土豪得来的四个明朝瓷瓶，送回老家珍藏，每个价值一千多元。直到这次文化大革命中，才由他的侄子刘莫邦（富农分子）交出。还有，如大家所知道的，他还贪污过白区工作的党费，打成一个金皮带圈和一个金鞋拔子。

首先提出要建立「毛泽东思想」的第一人是刘少奇。搞到竟落得如此下场，可悲！

在日常生活上，刘少奇热衷于追求腐化堕落的资产阶级生活方式。即使在战争那样艰苦的环境里，别人吃老玉米，可他每天要吃一只燉老母鸡，让副官到处给他买鸡、买魚、买鴨。解放后，特别是自从他五八年当国家主席以来，挥霍无度，生活更加腐化堕落，过的完全是王公贵族的生活。五九年他带着“交际花”王光美，还有大资产阶级的丈母娘，女儿，借休养为名，到海南岛遊山玩水。据当地群众揭发，在海南岛的二十多天里，他们一家吃尽了魚翅、燕窝、鮑魚、南蛇、鹧鴣鳥、黄猄、鹿等山珍海味。为了满足他们一家享受的慾望，竟然下令附近生产队停止生产，全体出动打猎，作为一项“光荣”任务来完成。走前正好是刘少奇六十一岁生日，他公然违抗毛主席不要为领导人祝寿的指示，用飞机从广州订做来寿桃、寿餅，大摆寿宴。真是无耻透顶。又如六六年三月份，刘携带他的臭婆娘王光美出国途经新疆，由于“国王”“皇后”贪生怕死，提出从机场到宾馆这段小小里程要乘直升飞机，于是慌忙兴师动众在宾馆前面修建机场。这在国际上是罕见的，除了美国的侵略头子约翰逊有过这样的派头，世界上还没有第二个。生活上也是腐化无比，仅五六天时间、就花费了四万多元。刘少奇一付“国王”神气，穿衣服、穿鞋要别人给穿，连紐扣也要警卫员给扣。这个人到底是个什么东西，就可想而知了。

刘少奇、王光美这两个民族败类在国内过的生活应该说已经够腐化了，但他们还不满足，为了能到资本主义国家去实现他们在国内所无法达到的享乐慾望。一九六三年和一九六四年，刘少奇先后两次带着他的臭妖婆王光美出访东南亚国家。这两次访问实际上是典型的赫鲁晓夫式旅行，丑事丑闻，罄竹难书。访问印尼时，刘少奇、王光美和苏加诺这个大流氓臭味相投，整天吃喝玩乐鬼混在一起，甚至搞交换老婆拥抱的下流把戏，真是他妈的混账到了极点！丢尽了我们国家的脸。对这种糜烂透顶的生活，刘少奇洋洋自得之余，竟无耻地说：“我和王光美结婚时，没能很好举行仪式，这回算是我们的第二次婚礼。”看刘少奇的丑恶灵魂达到了何等地步！刘少奇一心要在中国实现资本主义复辟的野心昭然若揭。

結　束　語

毛主席教导我们：“修正主义是一种资产阶级思想。修正主义者抹杀社会主义和资本主义的区别，抹杀无产阶级专政和资产阶级专政的区别。他们所主张的，在实际上并不是社会主义路线，而是资本主义路线。……我们现在思想战线上的一个重要任务，就是要开展对于修正主义的批判。”大量事实证明，刘少奇就是中国修正主义的总头目，是中国最大的党内走资本主义道路的当权派。他的思想，是建筑在地主、资产阶级思想基础上，集新老修正主义种种谬论之大成的现代修正主义；他的行动，是采取一切措施，在中国复辟资本主义。因此，不打倒刘少奇，中国就要象苏联一样出现全国性资本主义复辟，就要重新回到半封建，半殖民地的老路上去。

今天，在毛泽东思想的光辉照耀下，刘少奇被揪出来了，我们热烈欢呼毛泽东思想的伟大胜利。但是，“敌人是不会自行消灭的”，在我们庆祝胜利的时候，决不能放松对敌人的警惕！刘少奇人还在，心不死，他还要做最后挣扎的。革命派的战友们，让我们高举毛泽东思想千钧棒，狠打落水狗，把刘少奇彻底斗倒、斗垮、斗臭，不获全胜决不不收兵！

第三輯共五冊，圓背精裝

ISBN：978-986-5633-48-6

第一冊	頁數：239
第二冊	頁數：284
第三冊	頁數：372
第四冊(一)	頁數：368
第四冊(二)	頁數：336

9 789865 633486 25000

古月齋叢書 5 定價 25000元

第一冊：大事記類

第二冊：會議材料類

第三冊：通訊類

第四冊（一）：雜誌、簡報類

第四冊（二）：雜誌、簡報類

第四輯共五冊，圓背精裝

ISBN：978-986-5633-50-9

第一冊	頁數：308
第二冊(一)	頁數：456
第二冊(二)	頁數：424
第三冊(一)	頁數：408
第三冊(二)	頁數：440

9 789865 633509 35000

古月齋叢書 6 定價 35000元

第一冊：參考資料、報紙類

第二冊（一）：戰報類

第二冊（二）：戰報類

第三冊（一）：大批判、大學報集

第三冊（二）：大批判、大學報集

第五輯共五冊，圓背精裝

ISBN：978-986-5633-54-7

第一冊	頁數：468
第二冊	頁數：518
第三冊	頁數：428
第四冊	頁數：452
第五冊	頁數：466

9 789865 633547 30000

古月齋叢書 7 定價 30000元

第一冊－第五冊：

大批判、大學報集

第六輯即將出版

購書方式

書款請匯入：

銀行

戶名：蘭臺網路出版商務有限公司

土地銀行營業部（銀行代號005）

帳號：041-001-173756

劃撥帳號

戶名：蘭臺出版社

帳號：18995335

100 台北市中正區重慶南路1段121號8樓之14

TEL：（8862）2331-1675 FAX：（8862）2382-6225

E-mail：books5w@gmail.com

網址：http://bookstv.com.tw/